LES
MILLE ET UNE
NUITS.

—

TOME TROISIÈME.

LA LAMPE MERVEILLEUSE.

LES MILLE ET UNE NUITS.

TRADUITES PAR GALLAND.

TOME 3.

PARIS,
BOURÉE ET C.ⁱᵉ LIBRAIRES-ÉDITEURS,
QUAI DES AUGUSTINS, 39.
1837.

LES
MILLE ET UNE NUITS.

Suite de l'histoire du dormeur éveillé.

Mesrour était déja sorti pour aller rendre compte de son message, quand Abou Hassan, qui le conduisait jusqu'à la porte, lui marqua qu'il ne méritait pas l'honneur qu'il voulait lui faire. De crainte que Mesrour ne revînt sur ses pas pour lui dire quelque autre chose, il le conduisit de l'œil pendant quelque temps, et lorsqu'il le vit assez éloigné, il rentra chez lui; et en débarrassant Nouzhatoul-Aouadat de tout ce qui l'enveloppait : Voilà déja, lui dit-il, une nouvelle scène de jouée : mais je m'imagine bien que ce ne sera pas la dernière; et certainement la princesse Zobéide ne s'en voudra pas tenir au rapport de Mesrour : au contraire, elle s'en moquera : elle a de trop fortes raisons pour y ajouter foi. Ainsi nous devons nous attendre à quelque nouvel événement. Pendant ce discours d'Abou Hassan, Nouzhatoul-Aouadat eut le temps de reprendre ses habits; ils allèrent tous deux se remettre sur le sofa contre la jalousie, pour tâcher de découvrir ce qui se passait.

Cependant Mesrour arriva chez Zobéide : il entra dans son cabinet en riant et en frappant des mains, comme un homme qui avait quelque chose d'agréable à annoncer.

Le calife était naturellement impatient : il voulait être éclairci promptement de cette affaire; d'ailleurs il était vivement piqué au jeu par le défi de la princesse; c'est pourquoi, dès qu'il vit Mesrour : Méchant esclave, s'écria-t-il, il n'est pas temps de rire. Tu ne dis mot! parle hardiment: qui est mort du mari ou de la femme?

Commandeur des croyants, répondit aussitôt Mesrour en prenant un air sérieux, c'est Nouzhatoul-Aouadat qui est morte, et Abou Hassan en est toujours aussi affligé qu'il l'a paru tantôt devant votre majesté.

Sans donner le temps à Mesrour de poursuivre, le calife l'interrompit: Bonne nouvelle! s'écria-t-il avec un grand éclat de rire; il n'y a qu'un moment que Zobéide ta maîtresse avait à elle le palais des Peintures; il est présentement à moi. Nous en avions fait la gageure contre mon jardin des Délices depuis que tu es parti; ainsi tu ne pouvais me faire un plus grand plaisir; j'aurai soin de t'en récompenser. Mais laissons cela: dis-moi de point en point ce que tu as vu.

Commandeur des croyants, poursuivit Mesrour, en arrivant chez Abou Hassan, je suis entré dans sa chambre qui était ouverte; je l'ai trouvé toujours très affligé, et pleurant la mort de Nouzhatoul-Aouadat sa femme. Il était assis près de la tête de la défunte, qui était ensevelie au milieu de la chambre, les pieds tournés du côté de la Mecque, et couverte de la pièce de brocard dont votre majesté a tantôt fait présent à Abou Hassan. Après lui avoir témoigné la part que je prenais à sa douleur, je me suis approché; et en levant le drap mortuaire du côté de la tête, j'ai reconnu Nouzhatoul-Aouadat qui avait déjà le visage enflé et tout changé. J'ai exhorté du mieux que j'ai pu Abou Hassan à se consoler, et en me retirant je lui ai marqué que je voulais me trouver à l'enterrement de sa femme, et que je le priais d'attendre à faire enlever le corps que je fusse venu. Voilà tout ce que je puis dire à votre majesté sur l'ordre qu'elle m'a donné.

Quand Mesrour eut achevé de faire son rapport: Je ne t'en demandais pas davantage, lui dit le calife en riant de tout son cœur; et je suis très content de ton exactitude. Et en s'adressant à la princesse Zobéide : Hé bien! madame, lui dit le calife, avez-vous encore quelque chose à dire contre une vérité si constante? Croyez-vous toujours que Nouzhatoul-Aouadat soit vivante, et qu'Abou Hassan soit mort; et n'avouez-vous pas que vous avez perdu la gageure?

Zobéide ne demeura nullement d'accord que Mesrour eût rapporté la vérité. Comment! seigneur, reprit-elle, vous imaginez-vous donc que je m'en rapporte à cet esclave? C'est un impertinent qui ne sait ce qu'il dit. Je ne suis ni aveugle ni insensée; j'ai vu de mes propres yeux Nouzhatoul-Aouadat dans sa plus grande affliction. Je lui ai parlé moi-même, et j'ai bien entendu ce qu'elle m'a dit de la mort de son mari.

Madame, reprit Mesrour, je vous jure par votre vie, et par la vie du Commandeur des croyants, choses au monde qui me sont les plus chères, que Nouzhatoul-Aouadat est morte, et qu'Abou Hassan est vivant. Tu mens, esclave vil et méprisable, lui répliqua Zobéide tout en colère; et je veux te confondre tout à l'heure. Aussitôt elle appela ses femmes, en frappant des mains; elles entrèrent à l'instant en grand nombre : Venez çà, leur dit la princesse; dites-moi la vérité. Qui est la personne qui est venue me parler, peu de temps avant que le Commandeur des croyants arrivât ici? Les femmes répondirent toutes que c'était la pauvre affligée Nouzhatoul-Aouadat. Et vous, ajouta-t-elle, en s'adressant à sa trésorière, que vous ai-je commandé de lui donner en se retirant? Madame, répondit la trésorière, j'ai donné à Nouzhatoul-Aouadat, par l'ordre de votre majesté, une bourse de cent pièces de monnaie d'or et une pièce de brocard qu'elle a emportée avec elle. Hé bien! malheureux, esclave indigne, dit alors Zobéide à Mesrour dans une grande indignation, que dis-tu à tout ce que tu viens d'entendre? Qui penses-tu présentement que je doive croire, ou de toi ou de ma trésorière, et de mes autres femmes, et de moi-même?

Mesrour ne manquait pas de raisons à opposer au discours

de la princesse ; mais comme il craignait de l'irriter encore davantage, il prit le parti de la retenue, et demeura dans le silence, bien convaincu pourtant, par toutes les preuves qu'il en avait, que Nouzhatoul-Aouadat était morte, et non pas Abou Hassan.

Pendant cette contestation entre Zobéide et Mesrour, le calife, qui avait vu les témoignages apportés de part et d'autre, dont chacun se faisait fort, et toujours persuadé du contraire de ce que disait la princesse, tant par ce qu'il avait vu lui-même en parlant à Abou Hassan, que par ce que Mesrour venait de lui rapporter, riait de tout son cœur de voir que Zobéide était si fort en colère contre Mesrour. Madame, pour le dire encore une fois, dit-il à Zobéide, je ne sais pas qui est celui qui a dit que les femmes avaient quelquefois des absences d'esprit ; mais vous voulez bien que je vous dise que vous faites voir qu'il ne pouvait rien dire de plus véritable. Mesrour vient tout fraîchement de chez Abou Hassan ; il vous dit qu'il a vu de ses propres yeux Nouzhatoul-Aouadat morte au milieu de la chambre, et Abou Hassan vivant, assis auprès de la défunte ; et nonobstant son témoignage, qu'on ne peut pas raisonnablement récuser, vous ne voulez pas le croire ! C'est ce que je ne puis pas comprendre.

Zobéide, sans vouloir entendre ce que le calife lui représentait : Commandeur des croyants, reprit-elle, pardonnez-moi si je vous tiens pour suspect : je vois bien que vous êtes d'intelligence avec Mesrour pour me chagriner et pour pousser ma patience à bout ; et comme je m'aperçois que le rapport que Mesrour vous a fait est un rapport concerté avec vous, je vous prie de me laisser la liberté d'envoyer aussi quelque personne de ma part chez Abou Hassan, pour savoir si je suis dans l'erreur.

Le calife y consentit, et la princesse chargea sa nourrice de cette importante commission.

C'était une femme fort âgée, qui était toujours restée près de Zobéide depuis son enfance, et qui était là présente parmi ses autres femmes. Nourrice, lui dit-elle, écoute : Va-t'en chez Abou Hassan, ou plutôt chez Nouzhatoul-Aouadat, puisque Abou Hassan est mort. Tu vois quelle est ma dispute avec le Commandeur des croyants et avec Mesrour; il n'est pas besoin de te rien dire davantage : éclaircis-moi de tout; et si tu me rapportes une bonne nouvelle, il y aura un beau présent pour toi. Va vite, et reviens incessamment.

La nourrice partit avec une grande joie du calife, qui était ravi de voir Zobéide dans ces embarras; mais Mesrour, extrêmement mortifié de voir la princesse dans une si grande colère contre lui, cherchait les moyens de l'apaiser, et de faire en sorte que le calife et Zobéide fussent également contents de lui. C'est pourquoi il fut ravi dès qu'il vit que Zobéide prenait le parti d'envoyer sa nourrice chez Abou Hassan, parce qu'il était persuadé que le rapport qu'elle lui ferait ne manquerait pas de se trouver conforme au sien, et à le remettre dans ses bonnes graces.

Abou Hassan, cependant, qui était toujours en sentinelle à la jalousie, aperçut la nourrice d'assez loin : il comprit d'abord que c'était un message de la part de Zobéide. Il appela sa femme; et, sans hésiter un moment sur le parti qu'ils avaient à prendre : Voilà, lui dit-il, la nourrice de la princesse qui vient pour s'informer de la vérité; c'est à moi à faire encore le mort à mon tour.

Tout était préparé. Nouzhatoul-Aouadat ensevelit Abou Hassan promptement, jeta par-dessus lui la pièce de brocard que Zobéide lui avait donnée, et lui mit son turban sur le visage. La nourrice, dans l'empressement où elle était de s'acquitter de sa commission, était venue d'un assez bon pas. En entrant dans la chambre, elle aperçut Nouzhatoul-Aouadat assise à la tête d'Abou Hassan, tout échevelée et tout en pleurs, qui se frappait les joues et la poitrine, en jetant de grands cris.

Elle s'approcha de la fausse veuve : Ma chère Nouzhatoul-Aouadat, lui dit-elle d'un air fort triste, je ne viens pas ici troubler votre douleur, ni vous empêcher de répandre des larmes pour un mari qui vous aimait si tendrement. Ah! bonne mère! interrompit pitoyablement la fausse veuve, vous voyez quelle est ma disgrace, et de quel malheur je me trouve accablée aujourd'hui par la perte de mon cher Abou Hassan, que Zobéide, ma chère maîtresse et la vôtre, et le Commandeur des croyants, m'avaient donné pour mari! Abou Hassan! mon cher époux! s'écria-t-elle encore, que vous ai-je fait pour m'avoir abandonnée si promptement! N'ai-je pas toujours suivi vos volontés plutôt que les miennes? Hélas! que deviendra la pauvre Nouzhatoul-Aouadat?

La nourrice était dans une surprise extrême de voir le contraire de ce que le chef des eunuques avait rapporté au calife: Ce visage noir de Mesrour, s'écria-t elle avec exclamation en élevant les mains, mériterait bien que Dieu le confondît d'avoir excité une grande dissension entre ma bonne maîtresse et le Commandeur des croyants, par un mensonge aussi insigne que celui qu'il leur a fait! Il faut, ma fille, dit-elle en s'adressant à Nouzhatoul-Aouadat, que je vous dise la méchanceté et l'imposture de ce vilain Mesrour, qui a soutenu à notre bonne maîtresse, avec une effronterie inconcevable, que vous étiez morte, et qu'Abou Hassan était vivant!

Hélas! ma bonne mère, s'écria alors Nouzhatoul-Aouadat, plût à Dieu qu'il eût dit vrai! Je ne serais pas dans l'affliction où vous me voyez, et je ne pleurerais pas un époux qui m'était si cher. En achevant ces dernières paroles, elle fondit en larmes, et elle marqua une plus grande désolation par le redoublement de ses pleurs et de ses cris.

La nourrice, attendrie par les larmes de Nouzhatoul-Aouadat, s'assit auprès d'elle, et en les accompagnant des siennes, elle s'approcha insensiblement de la tête d'Abou Hassan, souleva un peu son turban, et lui découvrit le visage pour tâcher de le reconnaître. Ah! pauvre Abou Hassan! dit-elle en le recouvrant aussitôt, je prie Dieu qu'il vous fasse miséricorde! Adieu, ma fille, dit-elle à Nouzhatoul-Aouadat, si je pouvais vous tenir compagnie plus longtemps, je le ferais de bon cœur; mais je ne puis m'arrêter davantage : mon devoir me presse d'aller incessamment délivrer notre bonne maîtresse de l'inquiétude affligeante où ce vilain noir l'a plongée par son impudent mensonge, en assurant, même avec serment, que vous étiez morte.

A peine la nourrice de Zobéide eut fermé la porte en sortant, que Nouzhatoul-Aouadat, qui jugeait bien qu'elle ne reviendrait pas, tant elle avait hâte de rejoindre la princesse, essuya ses larmes, débarrassa au plus tôt Abou Hassan de tout ce qui était autour de lui, et ils allèrent tous deux reprendre leurs places sur le sofa contre la jalousie, en attendant tranquillement la fin de cette tromperie, et toujours prêts à se tirer d'affaire, de quelque côté qu'on voulût les prendre.

La nourrice de Zobéide cependant, malgré sa grande vieillesse, avait pressé le pas en revenant, encore plus qu'elle n'avait fait en allant. Le plaisir de porter à la princesse une bonne nouvelle, et plus encore l'espérance d'une bonne récompense, la firent arriver en peu de temps; elle entra dans le cabinet de la princesse, presque hors d'haleine; et, en lui rendant compte de sa commission, elle raconta naïvement à Zobéide ce qu'elle venait de voir.

Zobéide écouta le rapport de la nourrice avec un plaisir des plus sensibles, et elle le fit bien voir; car dès qu'elle eut achevé, elle dit à sa nourrice d'un ton qui marquait gain de cause : Raconte donc la même chose au Commandeur des croyants, qui nous regarde comme dépourvues de bon sens, et qui, avec cela, voudrait me faire accroire que nous n'avons aucun sentiment de religion, et que nous n'avons pas la crainte de Dieu. Dis-le à ce méchant esclave noir, qui a l'insolence de me soutenir une chose qui n'est pas, et que je sais mieux que lui.

Mesrour, qui s'était attendu que le voyage de la nourrice

et le rapport qu'elle ferait lui seraient favorables, fut vivement mortifié de ce qu'il avait réussi tout au contraire. D'ailleurs, il se trouvait piqué au vif de l'excès de la colère que Zobéide avait contre lui, pour un fait dont il se croyait plus certain qu'aucun autre. C'est pourquoi il fut ravi d'avoir occasion de s'en expliquer librement avec la nourrice, plutôt qu'avec la princesse, à laquelle il n'osait répondre, de crainte de perdre le respect. Vieille sans dents, dit-il à la nourrice, sans aucun ménagement, tu es une menteuse; il n'est rien de tout ce que tu dis : j'ai vu de mes propres yeux Nouzhatoul-Aouadat étendue morte au milieu de sa chambre.

Tu es un menteur, un insigne menteur toi-même, reprit la nourrice d'un ton insultant, d'oser soutenir une telle fausseté, à moi qui sors de chez Abou Hassan que j'ai vu étendu mort, à moi qui viens de quitter sa femme pleine de vie!

Je ne suis pas un imposteur, repartit Mesrour; c'est toi qui cherches à nous jeter dans l'erreur.

Voilà une grande effronterie, répliqua la nourrice, d'oser me démentir ainsi en présence de leurs majestés, moi qui viens de voir de mes propres yeux la vérité de ce que j'ai l'honneur de leur avancer.

Nourrice, repartit encore Mesrour, tu ferais mieux de ne point parler : tu radotes.

Zobéide ne put supporter ce manquement de respect dans Mesrour, qui, sans aucun égard, traitait sa nourrice si injurieusement en sa présence. Ainsi, sans donner le temps à sa nourrice de répondre à cette injure atroce : Commandeur des croyants, dit-elle au calife, je vous demande justice contre cette insolence qui ne vous regarde pas moins que moi. Elle n'en put dire davantage, tant elle était outrée de dépit; le reste fut étouffé par ses larmes.

Le calife, qui avait entendu toute cette contestation, la trouva fort embarrassante; il avait beau rêver, il ne savait que penser de toutes ces contrariétés. La princesse, de son côté, aussi bien que Mesrour, la nourrice et les femmes esclaves qui étaient là présentes, ne savaient que croire de cette aventure, et gardaient le silence. Le calife enfin prit la parole : Madame, dit-il en s'adressant à Zobéide, je vois bien que nous sommes tous des menteurs, moi le premier, toi Mesrour, et toi nourrice : au moins il ne paraît pas que l'un soit plus croyable que l'autre; ainsi levons-nous, et allons nous-mêmes sur les lieux reconnaître de quel côté est la vérité. Je ne vois pas un autre moyen de nous éclaircir de nos doutes et de nous mettre l'esprit en repos.

En disant ces paroles, le calife se leva, la princesse le suivit, et Mesrour, en marchant devant pour ouvrir la portière : Commandeur des croyants, dit-il, j'ai bien de la joie que votre majesté ait pris ce parti, et j'en aurai une bien plus grande quand j'aurai fait voir à la nourrice, non pas qu'elle radote, puisque cette expression a eu le malheur de déplaire à ma bonne maîtresse, mais que le rapport qu'elle lui a fait n'est pas véritable.

La nourrice ne demeura pas sans réplique : Tais-toi, visage noir, reprit-elle; il n'y a ici personne que toi qui puisse radoter.

Zobéide, qui était extraordinairement outrée contre Mesrour, ne put souffrir qu'il vînt encore à la charge contre sa nourrice. Elle prit encore son parti : Méchant esclave, lui dit-elle, quoi que tu puisses dire, je maintiens que ma nourrice a dit la vérité; pour toi, je ne te regarde que comme un menteur.

Madame, reprit Mesrour, si la nourrice est si fortement assurée que Nouzhatoul-Aouadat est vivante, et qu'Abou Hassan est mort, qu'elle gage donc quelque chose contre moi : elle n'oserait.

La nourrice fut prompte à la repartie : Je l'ose si bien, lui dit-elle, que je te prends au mot. Voyons si tu oseras t'en dédire.

Mesrour ne se dédit pas de sa parole : ils gagèrent, la nourrice et lui, en présence du calife et de la princesse, une pièce de brocard d'or à fleurons d'argent, au choix de l'un et de l'autre.

L'appartement d'où le calife et Zobéide sortirent, quoique assez éloigné, était néanmoins vis-à-vis du logement d'Abou Hassan et de Nouzhatoul-Aouadat. Abou Hassan qui les aperçut venir, précédés de Mesrour, et suivis de la nourrice et de la foule des femmes de Zobéide, en avertit aussitôt sa femme, en lui disant qu'il était le plus trompé du monde, s'ils n'allaient être honorés de leur visite. Nouzhatoul-Aouadat regarda aussi par la jalousie, et elle vit la même chose. Quoique son mari l'eût avertie d'avance que cela pourrait arriver, elle en fut néanmoins fort surprise. Que ferons-nous? s'écria-t-elle. Nous sommes perdus!

Point du tout; ne craignez rien, reprit Abou Hassan d'un sens froid; avez-vous déja oublié ce que nous avons dit là-dessus? Faisons seulement les morts, vous et moi comme nous l'avons déja fait séparément, et comme nous en sommes convenus, et vous verrez que tout ira bien. Du pas dont ils viennent, nous serons accommodés avant qu'ils soient à la porte.

En effet, Abou Hassan et sa femme prirent le parti de s'envelopper du mieux qu'il leur fut possible, et, en cet état, après qu'ils se furent mis au milieu de la chambre, l'un près de l'autre, couverts chacun de leur pièce de brocard, ils attendirent en paix la belle compagnie qui leur venait rendre visite.

Cette illustre compagnie arriva enfin. Mesrour ouvrit la porte, et le calife et Zobéide entrèrent dans la chambre, suivis de tous leurs gens. Ils furent fort surpris, et ils demeurèrent comme immobiles à la vue du spectacle funèbre qui se présentait à leurs yeux. Chacun ne savait que penser d'un tel événement. Zobéide enfin rompit le silence : Hélas! dit-elle au calife, ils sont morts tous deux! Vous avez tant fait, continua-t-elle en regardant le calife et Mesrour, à force de vous opiniâtrer à me faire accroire que ma chère esclave était morte, qu'elle l'est en effet, et sans doute ce sera de douleur d'avoir perdu son mari. Dites plutôt, madame, répondit le calife prévenu du contraire, que Nouzhatoul-Aouadat est morte la première et que c'est le pauvre Abou Hassan qui a succombé à son affliction d'avoir vu mourir sa femme votre chère esclave; ainsi vous devez convenir que vous avez perdu la gageure et que votre palais des Peintures est à moi tout de bon.

Et moi, repartit Zobéide, animée par la contradiction du calife, je soutiens que vous avez perdu vous-même, et que votre jardin des Délices m'appartient. Abou Hassan est mort le premier, puisque ma nourrice vous a dit, comme à moi, qu'elle a vu sa femme vivante qui pleurait son mari mort.

Cette contestation du calife et de Zobéide en attira une autre. Mesrour et la nourrice étaient dans le même cas; ils avaient aussi gagé, et chacun prétendait avoir gagné. La dispute s'échauffait violemment, et le chef des eunuques avec la nourrice étaient prêts d'en venir à de grosses injures.

Enfin le calife, en réfléchissant sur tout ce qui s'était passé, convenait tacitement que Zobéide n'avait pas moins de raison que lui, de soutenir qu'elle avait gagné. Dans le chagrin où il était de ne pouvoir démêler la vérité de cette aventure, il s'avança près des deux corps morts et s'assit du côté de la tête, en cherchant lui-même quelque expédient qui lui pût donner la victoire sur Zobéide. Oui, s'écria-t-il un moment après, je jure par le saint nom de Dieu, que je donnerai mille pièces d'or de ma monnaie à celui qui me dira qui est mort le premier des deux.

A peine le calife eut achevé ces dernières paroles, qu'il entendit une voix, de dessous le brocard d'or qui couvrait Abou Hassan, qui lui cria : Commandeur des croyants, c'est moi qui suis mort le premier, donnez-moi les mille pièces d'or. Et en même temps il vit Abou Hassan, qui se débarrassait de la pièce de brocard qui le couvrait, et qui se prosterna à ses pieds. Sa femme se développa de même, et alla pour se jeter aux pieds de Zobéide, en se couvrant de sa pièce de brocard par bienséance ; mais Zobéide fit un grand cri, qui augmenta la frayeur de tous ceux qui étaient là présents. La princesse, enfin revenue de sa peur, se trouva dans une joie inexprimable de voir sa chère esclave ressuscitée presque dans le moment qu'elle était inconsolable de l'avoir vue morte. Ah! méchante, s'écria-t-elle, tu es cause que j'ai bien souffert pour l'amour de toi en plus d'une manière! Je te le pardonne cependant de bon cœur, puisqu'il est vrai que tu n'es pas morte.

Le calife, de son côté, n'avait pas pris la chose si à cœur : loin de s'effrayer en entendant la voix d'Abou Hassan, il pensa au contraire étouffer de rire en les voyant tous deux se débarrasser de tout ce qui les entourait, et en entendant Abou Hassan demander très sérieusement les mille pièces d'or qu'il avait promises à celui qui lui dirait qui était mort le premier. Quoi donc! Abou Hassan, lui dit le calife en éclatant encore de rire, as-tu donc conspiré à me faire mourir à force de rire? Et d'où t'est donc venue la pensée de nous prendre ainsi, Zobéide et moi, par un endroit sur lequel nous n'étions nullement en garde contre toi?

Commandeur des croyants, répondit Abou Hassan, je vais le déclarer sans dissimulation. Votre majesté sait bien que j'ai toujours été fort porté à la bonne chère. La femme qu'elle m'a donnée n'a point ralenti en moi cette passion ; au contraire, j'ai trouvé en elle des inclinations toutes favorables à l'augmenter. Avec de telles dispositions, votre majesté jugera facilement que quand nous aurions eu un trésor aussi grand que la mer, avec tous ceux de votre majesté, nous aurions bientôt trouvé le moyen d'en voir la fin ; c'est aussi ce qui nous est arrivé. Depuis que nous sommes ensemble, nous n'avons rien épargné pour nous bien régaler sur les libéralités de votre majesté. Ce matin, après avoir compté avec notre traiteur, nous avons trouvé qu'en le satisfaisant, et payant d'ailleurs ce que nous pouvions devoir, il ne nous restait rien de tout l'argent que nous avions. Alors les réflexions sur le passé, et les résolutions de mieux faire à l'avenir, sont venues en foule occuper notre esprit et nos pensées; nous avons fait mille projets que nous avons abandonnés ensuite. Enfin, la honte de nous voir réduits à un si triste état, et de n'oser le déclarer à votre majesté, nous a fait imaginer ce moyen de suppléer à nos besoins, en vous divertissant par cette petite tromperie que nous prions votre majesté de vouloir bien nous pardonner.

Le calife et Zobéide furent fort contents de la sincérité d'Abou Hassan; ils ne parurent point fâchés de tout ce qui s'était passé; au contraire, Zobéide, qui avait toujours pris la chose très sérieusement, ne put s'empêcher de rire à son tour en songeant à tout ce qu'Abou Hassan avait imaginé pour réussir dans son dessein. Le calife, qui n'avait pas cessé de rire, tant cette imagination lui paraissait singulière : Suivez-moi l'un et l'autre, dit-il à Abou Hassan et à sa femme en se levant; je veux vous faire donner les mille pièces d'or que je vous ai promises, pour la joie que j'ai de ce que vous n'êtes pas morts.

Commandeur des croyants, reprit Zobéide, contentez-vous, je vous prie, de faire donner mille pièces d'or à Abou Hassan, vous les devez à lui seul. Pour ce qui regarde sa femme, j'en fais mon affaire. En même temps elle commanda à sa trésorière, qui l'accompagnait, de faire donner aussi mille pièces d'or à Nouzhatoul-Aouadat, pour lui marquer, de son côté, la joie qu'elle avait de ce qu'elle était encore en vie.

Par ce moyen, Abou Hassan et Nouzhatoul-Aouadat, sa chère femme, conservèrent longtemps les bonnes graces du calife Haroun-al-Raschid et de Zobéide son épouse, et acquirent de leurs libéralités de quoi pourvoir abondamment à tous leurs besoins pour le reste de leurs jours.

La sultane Scheherazade, en achevant l'histoire d'Abou Hassan, avait promis au sultan Schahriar de lui en raconter une autre le lendemain, qui ne le divertirait pas moins. Dinarzade, sa sœur, ne manqua pas de la faire souvenir avant le jour de tenir sa parole, et que le sultan lui avait témoigné qu'il était prêt de l'entendre. Aussitôt Scheherazade, sans se faire attendre, lui raconta l'histoire qui suit en ces termes :

Histoire d'Aladdin, ou de la lampe merveilleuse.

Sire, dans la capitale d'un royaume de la Chine, très riche et d'une vaste étendue, dont le nom ne me vient pas présentement à la mémoire, il y avait un tailleur nommé Mustafa, sans autre distinction que celle que sa profession lui donnait. Mustafa le tailleur était fort pauvre, et son travail lui produisait à peine de quoi le faire subsister lui et sa femme, et un fils que Dieu leur avait donné.

Le fils, qui se nommait Aladdin, avait été élevé d'une manière très négligée, et qui lui avait fait contracter des inclinations vicieuses. Il était méchant, opiniâtre, désobéissant à son père et à sa mère. Sitôt qu'il fut un peu grand, ses parents ne le purent retenir à la maison ; il sortait dès le matin, et il passait les journées à jouer dans les rues et dans les places publiques, avec de petits vagabonds qui étaient même au-dessous de son âge.

Dès qu'il fut en âge d'apprendre un métier, son père, qui n'était pas en état de lui en faire apprendre un autre que le sien, le prit en sa boutique, et commença à lui montrer de quelle manière il devait manier l'aiguille ; mais ni par douceur, ni par crainte d'aucun châtiment, il ne fut pas possible au père de fixer l'esprit volage de son fils : il ne put le contraindre à se contenir, et à demeurer assidu et attaché au travail, comme il le souhaitait. Sitôt que Mustafa avait le dos tourné, Aladdin s'échappait, et il ne revenait plus de tout le jour. Le père le châtiait; mais Aladdin était incorrigible; et, à son grand regret, Mustafa fut obligé de l'abandonner à son libertinage. Cela lui fit beaucoup de peine; et le chagrin de ne pouvoir faire rentrer ce fils dans son devoir, lui causa une maladie si opiniâtre, qu'il en mourut au bout de quelques mois.

La mère d'Aladdin, qui vit que son fils ne prenait pas le chemin d'apprendre le métier de son père, ferma la boutique, et fit de l'argent de tous les ustensiles de son métier, pour l'aider à subsister, elle et son fils, avec le peu qu'elle pourrait gagner à filer du coton.

Aladdin, qui n'était plus retenu par la crainte d'un père, et qui se souciait si peu de sa mère, qu'il avait même la hardiesse de la menacer à la moindre remontrance qu'elle lui faisait, s'abandonna alors à un plein libertinage. Il fréquentait de plus en plus les enfants de son âge, et ne cessait de jouer avec eux avec plus de passion qu'auparavant. Il continua ce train de vie jusqu'à l'âge de quinze ans, sans aucune ouverture d'esprit pour quoi que ce soit, et sans faire réflexion à ce qu'il pourrait devenir un jour. Il était dans cette situation, lorsqu'un jour qu'il jouait au milieu d'une place avec une troupe de vagabonds, selon sa coutume, un étranger qui passait par cette place s'arrêta à le regarder.

Cet étranger était un magicien insigne, que les auteurs qui ont écrit cette histoire nous font connaître sous le nom de magicien africain : c'est ainsi que nous l'appellerons, d'autant plus volontiers, qu'il était véritablement d'Afrique, et qu'il n'était arrivé que depuis deux jours.

Soit que le magicien africain, qui se connaissait en physionomie, eût remarqué dans le visage d'Aladdin tout ce qui était absolument nécessaire pour l'exécution de ce qui avait fait le sujet de son voyage, ou autrement, il s'informa adroitement de sa famille, de ce qu'il était, et de son inclination. Quand il fut instruit de tout ce qu'il souhaitait, il s'approcha du jeune homme; et en le tirant à part à quelques pas de ses camarades : Mon fils, lui demanda-t-il, votre père ne s'appelle-t-il pas Mustafa le tailleur? Oui, monsieur, répondit Aladdin; mais il y a longtemps qu'il est mort.

A ces paroles, le magicien africain se jeta au cou d'Aladdin, l'embrassa et le baisa par plusieurs fois les larmes aux yeux, accompagnées de soupirs. Aladdin, qui remarqua ses larmes, lui demanda quel sujet il avait de pleurer. Ah! mon fils, s'écria le magicien africain, comment pourrais-je m'en empêcher? Je suis votre oncle, et votre père était mon bon frère. Il y a plusieurs années que je suis en voyage; et dans le moment que j'arrive ici avec l'espérance de le revoir et de lui donner de la joie de mon retour, vous m'apprenez qu'il est mort. Je vous assure que c'est une douleur bien sensible pour moi de me voir privé de la consolation à laquelle je m'attendais. Mais ce qui soulage un peu mon affliction, c'est que, autant que je puis m'en souvenir, je reconnais ses traits sur votre visage, et je vois que je ne me suis pas trompé en m'adressant à vous. Il demanda à Aladdin, en mettant la main à la bourse, où demeurait sa mère. Aussitôt Aladdin satisfit à sa demande, et le magicien africain lui donna en même temps une poignée de menue monnaie, en lui disant : Mon fils, allez trouver votre mère, faites-lui bien mes compliments, et dites-lui que j'irai la voir demain, si le temps me le permet, pour me donner la consolation de voir le lieu où mon bon frère a vécu si longtemps, et où il a fini ses jours.

Dès que le magicien africain eut laissé le neveu qu'il venait de se faire lui-même, Aladdin courut chez sa mère, bien joyeux de l'argent que son oncle venait de lui donner. Ma mère, lui dit-il en arrivant, je vous prie de me dire si j'ai un oncle. Non, mon fils, lui répondit la mère, vous n'avez point d'oncle du côté de feu votre père, ni du mien. Je viens cependant, reprit Aladdin, de voir un homme qui se dit mon oncle du côté de mon père, puisqu'il était son frère, à ce qu'il m'a assuré; il s'est même mis à pleurer et à m'embrasser quand je lui ai dit que mon père était mort. Et pour marque que je dis la vérité, ajouta-t-il en lui montrant la monnaie qu'il avait reçue, voilà ce qu'il m'a donné. Il m'a aussi chargé de vous saluer de sa part, et de vous dire que demain, s'il en a le temps, il viendra vous saluer, pour voir en même temps la maison où mon père a vécu, et où il est mort. Mon fils, repartit la mère, il est vrai que votre père avait un frère; mais il y a longtemps qu'il est mort, et je ne lui ai jamais entendu dire qu'il en eût un autre. Ils n'en dirent pas davantage touchant le magicien africain.

Le lendemain, le magicien africain aborda Aladdin une seconde fois, comme il jouait dans un autre endroit de la ville avec d'autres enfants. Il l'embrassa, comme il avait fait le jour précédent; et en lui mettant deux pièces d'or dans la main, il lui dit : Mon fils, portez cela à votre mère; et dites-lui que j'irai la voir ce soir, et qu'elle achète de quoi souper, afin que nous mangions ensemble : mais auparavant enseignez-moi où je trouverai la maison. Il la lui enseigna, et le magicien africain le laissa aller.

Aladdin porta les deux pièces d'or à sa mère; et dès qu'il eut dit quelle était l'intention de son oncle, elle sortit pour les aller employer, et revint avec de bonnes provisions; et comme elle était dépourvue d'une bonne partie de la vaisselle dont elle avait besoin, elle alla en emprunter chez ses voisins. Elle employa toute la journée à préparer le souper; et sur le soir, dès que tout fut prêt, elle dit à Aladdin : Mon fils, votre oncle ne sait peut-être pas où est notre maison; allez au-devant de lui et l'amenez si vous le voyez.

Quoique Aladdin eût enseigné la maison au magicien africain, il était prêt néanmoins à sortir quand on frappa à la porte. Aladdin ouvrit, et il reconnut le magicien africain, qui entra chargé de bouteilles de vin et de plusieurs sortes de fruits qu'il apportait pour le souper.

Après que le magicien africain eut mis ce qu'il apportait entre les mains d'Aladdin, il salua sa mère, et il la pria de lui montrer la place où son frère Mustafa avait coutume de s'asseoir sur le sofa. Elle la lui montra ; et aussitôt il se prosterna, et il baisa cette place plusieurs fois les larmes aux yeux, en s'écriant : Mon pauvre frère, que je suis malheureux de n'être pas arrivé assez à temps pour vous embrasser encore une fois avant votre mort! Quoique la mère d'Aladdin l'en priât, jamais il ne voulut s'asseoir à la même place : Non, dit-il, je m'en garderai bien; mais souffrez que je me mette ici vis-à-vis, afin que, si je suis privé de la satisfaction de l'y voir en personne, comme père d'une famille qui m'est si chère, je puisse au moins l'y regarder comme s'il était présent. La mère d'Aladdin ne le pressa pas davantage, et elle le laissa dans la liberté de prendre la place qu'il voulut.

Quand le magicien africain se fut assis à la place qu'il lui avait plu de choisir, il commença à s'entretenir avec la mère d'Aladdin : Ma bonne sœur, lui disait-il, ne vous étonnez point de ne m'avoir pas vu tout le temps que vous avez été mariée avec mon frère Mustafa d'heureuse mémoire; il y a quarante ans que je suis sorti de ce pays, qui est le mien aussi bien que celui de feu mon frère. Depuis ce temps-là, après avoir voyagé dans les Indes, dans la Perse, dans l'Arabie, dans la Syrie, en Égypte, séjourné dans les plus belles villes de ces pays-là, je passai en Afrique, où j'ai fait un plus long séjour. A la fin, comme il est naturel à l'homme, quelque éloigné qu'il soit du pays de sa naissance, de n'en perdre jamais la mémoire, non plus que de ses parents et de ceux avec qui il a été élevé, il m'a pris un désir si efficace de revoir le mien et de venir embrasser mon cher frère, pendant que je me sentais encore assez de force et de courage pour entreprendre un si long voyage, que je n'ai pas différé à faire mes préparatifs, et à me mettre en chemin. Je ne vous dis rien de la longueur du temps que j'y ai mis, de tous les obstacles que j'ai rencontrés, et de toutes les fatigues que j'ai souffertes pour arriver jusqu'ici; je vous dirai seulement que rien ne m'a mortifié et affligé davantage dans tous mes voyages, que quand j'ai appris la mort d'un frère que j'avais toujours aimé, et que j'aimais d'une amitié véritablement fraternelle. J'ai remarqué de ses traits dans le visage de mon neveu votre fils, et c'est ce qui me l'a fait distinguer par-dessus tous les autres enfants avec lesquels il était. Il a pu vous dire de quelle manière j'ai reçu la triste nouvelle qu'il n'était plus au monde; mais il faut louer Dieu de toutes choses; je me console de le retrouver dans un fils qui en conserve les traits les plus remarquables.

Le magicien africain, qui s'aperçut que la mère d'Aladdin s'attendrissait sur le souvenir de son mari, en renouvelant sa douleur, changea de discours; et en se retournant du côté d'Aladdin, il lui demanda son nom. Je m'appelle Aladdin, lui dit-il. Hé bien! Aladdin, reprit le magicien, à quoi vous occupez-vous? Savez-vous quelque métier?

A cette demande, Aladdin baissa les yeux, et fut déconcerté; mais sa mère, en prenant la parole : Aladdin, dit-elle, est un fainéant. Son père a fait tout son possible, pendant qu'il vivait, pour lui apprendre son métier, et il n'a pu en venir à bout; et depuis qu'il est mort, nonobstant tout ce que j'ai pu lui dire, et ce que je lui répète chaque jour, il ne fait autre métier que de faire le vagabond, et passer tout son temps à jouer avec les enfants, comme vous l'avez vu, sans considérer qu'il n'est plus enfant; et si vous ne lui en faites honte, et qu'il n'en profite pas, je désespère que jamais il puisse rien valoir. Il sait que son père n'a laissé aucun bien; il voit lui-même qu'à filer du coton pendant tout le jour, comme je fais, j'ai bien de la peine à gagner de quoi nous avoir du pain. Pour moi, je suis résolue de lui fermer la porte un de ces jours, et de l'envoyer en chercher ailleurs.

Après que la mère d'Aladdin eut achevé ces paroles en fondant en larmes, le magicien africain dit à Aladdin : Cela n'est pas bien, mon neveu; il faut songer à vous aider vous-même, et à gagner votre vie. Il y a des métiers de plusieurs

2.

sortes; voyez s'il n'y en a pas quelqu'un pour lequel vous ayez inclination plutôt que pour un autre. Peut-être que celui de votre père vous déplaît, et que vous vous accommoderiez mieux d'un autre : ne dissimulez point ici vos sentiments, je ne cherche qu'à vous aider. Comme il vit qu'Aladdin ne répondait rien : Si vous avez de la répugnance pour apprendre un métier, continua-t-il, et que vous vouliez être honnête homme, je vous lèverai une boutique garnie de riches étoffes et de toiles fines; vous vous mettrez en état de les vendre; et de l'argent que vous en ferez, vous en achèterez d'autres marchandises, et de cette manière vous vivrez honorablement. Consultez-vous vous-même, et dites-moi franchement ce que vous en pensez; vous me trouverez toujours prêt à tenir ma promesse.

Cette offre flatta fort Aladdin, à qui le travail manuel déplaisait d'autant plus, qu'il avait assez de connaissance pour s'être aperçu que les boutiques de ces sortes de marchandises étaient propres et fréquentées, et que les marchands étaient bien habillés et fort considérés. Il marqua au magicien africain, qu'il regardait comme son oncle, que son penchant était plutôt de ce côté-là que d'aucun autre, et qu'il lui serait obligé toute sa vie du bien qu'il voulait lui faire. Puisque cette profession vous agrée, reprit le magicien africain, je vous mènerai demain avec moi, et je vous ferai habiller proprement et richement, conformément à l'état d'un des plus gros marchands de cette ville; et après-demain nous songerons à vous lever une boutique de la manière que je l'entends.

La mère d'Aladdin, qui n'avait pas cru jusqu'alors que le magicien africain fût frère de son mari, n'en douta nullement après tout le bien qu'il promettait de faire à son fils. Elle le remercia de ses bonnes intentions; et après avoir exhorté Aladdin à se rendre digne de tous les biens que son oncle lui faisait espérer, elle servit le souper. La conversation roula sur le même sujet pendant tout le repas, et jusqu'à ce que le magicien, qui vit que la nuit était avancée, prit congé de la mère et du fils, et se retira.

Le lendemain matin, le magicien africain ne manqua pas de revenir chez la veuve de Mustafa le tailleur, comme il l'avait promis. Il prit Aladdin avec lui, et il le mena chez un gros marchand qui ne vendait que des habits tout faits, de toutes sortes de belles étoffes, pour les différents âges et conditions. Il s'en fit montrer de convenables à la grandeur d'Aladdin, et après avoir mis à part tous ceux qui lui plaisaient davantage, et rejeté les autres qui n'étaient pas de la beauté qu'il entendait, il dit à Aladdin : Mon neveu, choisissez dans tous ces habits celui que vous aimez le mieux. Aladdin, charmé des libéralités de son nouvel oncle, en choisit un : le magicien l'acheta, avec tout ce qui devait l'accompagner, et paya le tout sans marchander.

Lorsque Aladdin se vit ainsi habillé magnifiquement depuis les pieds jusqu'à la tête, il fit à son oncle tous les remercîments imaginables : et le magicien lui promit encore de ne le point abandonner, et de l'avoir toujours avec lui. En effet, il le mena dans les lieux les plus fréquentés de la ville, particulièrement dans ceux où étaient les boutiques des riches marchands; et quand il fut dans la rue où étaient les boutiques des plus riches étoffes et des toiles fines, il dit à Aladdin : Comme vous serez bientôt marchand comme ceux que vous voyez, il est bon que vous les fréquentiez, et qu'ils vous connaissent. Il lui fit voir aussi les mosquées les plus belles et les plus grandes, le conduisit dans les khans où logeaient les marchands étrangers, et dans tous les endroits du palais du sultan où il était libre d'entrer. Enfin, après avoir parcouru ensemble tous les beaux endroits de la ville, ils arrivèrent dans le khan où le magicien avait pris son appartement. Il s'y trouva quelques marchands avec lesquels il avait commencé de faire connaissance depuis son arrivée, et qu'il avait assemblés exprès pour les bien régaler, et leur donner en même temps la connaissance de son prétendu neveu.

Le régal ne finit que sur le soir. Aladdin voulut prendre congé de son oncle pour s'en retourner; mais le magicien africain ne voulut pas le laisser aller seul, et le reconduisit lui-même chez sa mère. Dès qu'elle eut aperçu son fils si bien habillé, elle fut transportée de joie; et elle ne cessait de donner mille bénédictions au magicien, qui avait fait une si grande dépense pour son enfant. Généreux parent, lui dit-elle, je ne sais comment vous remercier de votre libéralité. Je sais que mon fils ne mérite pas le bien que vous lui faites, et qu'il en serait indigne, s'il n'en était reconnaissant, et s'il négligeait de répondre à la bonne intention que vous avez de lui donner un établissement si distingué. En mon particulier, ajouta-t-elle, je vous en remercie encore de toute mon ame, et je vous souhaite une vie assez longue pour être témoin de la reconnaissance de mon fils, qui ne peut mieux vous la témoigner qu'en se gouvernant selon vos bons conseils.

Aladdin, reprit le magicien africain, est un bon enfant; il m'écoute assez, et je crois que nous en ferons quelque chose de bon. Je suis fâché d'une chose, de ne pouvoir exécuter demain ce que je lui ai promis. C'est jour de vendredi, les boutiques seront fermées, et il n'y aura pas lieu de songer à en louer une et à la garnir, pendant que les marchands ne penseront qu'à se divertir. Ainsi nous remettrons l'affaire à samedi; mais je viendrai demain le prendre, et je le mènerai promener dans les jardins, où le beau monde a coutume de se trouver. Il n'a peut-être encore rien vu des divertissements qu'on y prend. Il n'a été jusqu'à présent qu'avec des enfants, il faut qu'il voie des hommes. Le magicien africain prit enfin congé de la mère et du fils, et se retira. Aladdin cependant, qui était déjà dans une grande joie de se voir si bien habillé, se fit encore un plaisir par avance de la promenade des jardins des environs de la ville. En effet, jamais il n'était sorti hors des portes, et jamais il n'avait vu les environs, qui étaient d'une grande beauté et très agréables.

Aladdin se leva et s'habilla le lendemain de grand matin, pour être prêt à partir quand son oncle viendrait le prendre. Après avoir attendu longtemps, à ce qu'il lui semblait, l'impatience lui fit ouvrir la porte, et se tenir sur le pas, pour voir s'il ne le verrait point. Dès qu'il l'aperçut, il en avertit sa mère; et en prenant congé d'elle, il ferma la porte, et courut à lui pour le joindre.

Le magicien africain fit beaucoup de caresses à Aladdin quand il le vit. Allons, mon cher enfant, lui dit-il d'un air riant, je veux vous faire voir aujourd'hui de belles choses. Il le mena par une porte qui conduisait à de grandes et belles maisons, ou plutôt à des palais magnifiques qui avaient chacun de très beaux jardins dont les entrées étaient libres. A chaque palais qu'ils rencontraient, il demandait à Aladdin s'il le trouvait beau; et Aladdin, en le prévenant, quand un autre se présentait : Mon oncle, disait-il, en voici un plus beau que ceux que nous venons de voir. Cependant ils avançaient toujours plus avant dans la campagne; et le rusé magicien, qui avait envie d'aller plus loin pour exécuter le dessein qu'il avait dans la tête, prit occasion d'entrer dans un de ces jardins. Il s'assit près d'un grand bassin, qui recevait une très belle eau par un mufle de lion de bronze, et feignit qu'il était las, afin de faire reposer Aladdin. Mon neveu, lui dit-il, vous devez être fatigué aussi bien que moi; reposons-nous ici pour reprendre des forces; nous aurons plus de courage à poursuivre notre promenade.

Quand ils furent assis, le magicien africain tira d'un linge attaché à sa ceinture des gâteaux et plusieurs sortes de fruits dont il avait fait provision, et il l'étendit sur le bord du bassin. Il partagea un gâteau entre lui et Aladdin; et à l'égard des fruits, il lui laissa la liberté de choisir ceux qui seraient le plus à son goût. Pendant ce petit repas, il entretint son prétendu neveu de plusieurs enseignements qui tendaient à l'exhorter à se détacher de la fréquentation des enfants, et de s'approcher plutôt des hommes sages et prudents, de les écouter, et de profiter de leurs entretiens. Bientôt, lui disait-il, vous serez homme comme eux, et vous ne pouvez vous accoutumer de trop bonne heure à dire de bonnes choses à leur exemple. Quand ils eurent achevé ce petit repas, ils se levèrent, et ils poursuivirent leur chemin au travers des jardins, qui n'étaient séparés les uns des autres que par de petits fossés qui en marquaient les limites, mais qui n'en empêchaient pas la communication : la bonne foi faisait que les citoyens de cette capitale n'apportaient pas plus de précaution pour s'empêcher les uns les autres de se nuire. Insensiblement le magicien africain mena Aladdin assez loin au-delà des jardins, et le fit traverser des campagnes qui le conduisirent jusqu'assez près des montagnes.

Aladdin, qui de sa vie n'avait fait tant de chemin, se sentit fort fatigué d'une si longue marche. Mon oncle, dit-il au magicien africain, où allons-nous? Nous avons laissé les jardins bien loin derrière nous, et je ne vois plus que des montagnes. Si nous avançons plus, je ne sais si j'aurai assez de force pour retourner jusqu'à la ville. Prenez courage, mon neveu, lui dit le faux oncle, je veux vous faire voir un autre jardin qui surpasse tous ceux que vous venez de voir ; il n'est pas loin d'ici, il n'y a qu'un pas ; et quand nous y serons arrivés, vous me direz vous-même si vous ne seriez pas fâché de ne l'avoir pas vu, après vous en être approché de si près. Aladdin se laissa persuader, et le magicien le mena encore fort loin, en l'entretenant de différentes histoires amusantes, pour lui rendre le chemin moins ennuyeux, et la fatigue plus supportable.

Ils arrivèrent enfin entre deux montagnes d'une hauteur médiocre et à peu près égales, séparées par un vallon de très peu de largeur. C'était là cet endroit remarquable où le magicien africain avait voulu amener Aladdin pour l'exécution d'un grand dessein qui l'avait fait venir de l'extrémité de l'Afrique jusqu'à la Chine. Nous n'allons pas plus loin, dit-il à Aladdin : je veux vous faire voir ici des choses extraordinaires et inconnues à tous les mortels; et quand vous les aurez vues, vous me remercierez d'avoir été témoin de tant de merveilles que personne au monde n'aura vues que vous. Pendant que je vais battre le fusil, amassez, de toutes les broussailles que vous voyez, celles qui seront les plus sèches, afin d'allumer du feu.

Il y avait une si grande quantité de ces broussailles, qu'Aladdin en eut bientôt fait un amas plus que suffisant, dans le temps que le magicien allumait l'allumette. Il y mit le feu; et dans le moment que les broussailles s'enflammèrent, le magicien africain y jeta d'un parfum qu'il avait tout prêt. Il s'éleva une fumée fort épaisse, qu'il détourna de côté et d'autre, en prononçant des paroles magiques auxquelles Aladdin ne comprit rien.

Dans le même moment, la terre trembla un peu, et s'ouvrit en cet endroit devant le magicien et Aladdin, et fit voir à découvert une pierre d'environ un pied et demi en carré, et d'environ un pied de profondeur, posée horizontalement, avec un anneau de bronze scellé dans le milieu, pour s'en servir à la lever. Aladdin, effrayé de tout ce qui se passait à ses yeux, eut peur, et voulut prendre la fuite. Mais il était nécessaire à ce mystère, et le magicien le retint et le gronda fort, en lui donnant un soufflet si fortement appliqué, qu'il le jeta par terre, et que peu s'en fallut qu'il ne lui enfonçât les dents de devant dans la bouche, comme il y parut par le sang qui en sortit. Le pauvre Aladdin, tout tremblant et les larmes aux yeux : Mon oncle, s'écria-t-il en pleurant, qu'ai-je donc fait pour avoir mérité que vous me frappiez si rudement? J'ai mes raisons pour le faire, lui répondit le magicien. Je suis votre oncle, qui vous tient présentement lieu de père, et vous ne devez pas me répliquer. Mais, mon enfant, ajouta-t-il en se radoucissant, ne craignez rien : je ne demande autre chose de vous, que vous m'obéissiez exactement, si vous voulez bien profiter et vous rendre digne des grands avantages que je veux vous faire. Ces belles promesses du magicien calmèrent un peu la crainte et le ressentiment d'Aladdin; et lorsque le magicien le vit entièrement rassuré : Vous avez vu, continua-t-il, ce que j'ai fait par la vertu de mon parfum et des paroles que j'ai prononcées. Apprenez donc présentement que, sous cette pierre que vous voyez, il y a un trésor caché qui vous est destiné, et qui doit vous rendre un jour plus riche que les plus grands rois du monde. Cela est si vrai, qu'il n'y a personne au monde que vous à qui il soit permis de toucher cette pierre, et de la lever pour y entrer : il m'est même défendu d'y toucher, et de mettre le pied dans le trésor quand il sera ouvert. Pour cela, il faut que vous exécutiez de point en point ce que je vous dirai, sans y manquer : la chose est de grande conséquence et pour vous et pour moi.

Aladdin, toujours dans l'étonnement de ce qu'il voyait et de tout ce qu'il venait d'entendre dire au magicien de ce trésor qui devait le rendre heureux à jamais, oublia tout ce qui s'était passé. Hé bien! mon oncle, dit-il au magicien en se levant, de quoi s'agit-il? Commandez, je suis tout prêt d'obéir. Je suis ravi, mon enfant, lui dit le magicien africain en l'embrassant, que vous ayez pris ce parti ; venez, approchez-vous, prenez cet anneau, et levez la pierre. Mais, mon oncle, reprit Aladdin, je ne suis pas assez fort pour la lever; il faut donc que vous m'aidiez. Non, repartit le magicien africain, vous n'avez pas besoin de mon aide, et nous ne ferions rien, vous et moi, si je vous aidais : il faut que vous la leviez vous seul. Prononcez seulement le nom de votre père et de votre grand-père, en tenant l'anneau, et levez : vous verrez qu'elle viendra à vous sans peine. Aladdin fit comme le magicien lui avait dit : il leva la pierre avec facilité, et il la posa à côté.

Quand la pierre fut ôtée, un caveau de trois à quatre pieds de profondeur se fit voir avec une petite porte et des degrés pour descendre plus bas. Mon fils, dit alors le magicien africain à Aladdin, observez exactement tout ce que je vais vous dire. Descendez dans ce caveau; quand vous serez au bas des degrés que vous voyez, vous trouverez une porte ouverte qui vous conduira dans un grand lieu voûté et partagé en trois grandes salles l'une après l'autre. Dans chacune, vous verrez à droite et à gauche quatre vases de bronze grands comme des cuves, pleins d'or et d'argent; mais gardez-vous bien d'y toucher. Avant d'entrer dans la première salle, levez votre robe, et serrez-la bien autour de vous. Quand vous y serez entré, passez à la seconde sans vous arrêter, et de là à la troisième, aussi sans vous arrêter. Sur toutes choses, gardez-vous bien d'approcher des murs, et d'y toucher même avec votre robe : car si vous y touchiez, vous mourriez sur-le-champ; c'est pour cela que je vous ai dit de la tenir serrée autour de vous. Au bout de la troisième salle, il y a une porte qui vous donnera entrée dans un beau jardin planté de beaux arbres, tous chargés de fruits; marchez tout droit, et traversez ce jardin par un chemin qui vous mènera à un escalier de cinquante marches pour monter sur une terrasse. Quand vous serez sur la terrasse, vous verrez devant vous une niche, et dans la niche une lampe allumée : prenez la lampe, éteignez-la; et quand vous aurez jeté le lumignon et versé la liqueur, mettez-la dans votre sein, et apportez-la moi. Ne craignez pas de gâter votre habit : la liqueur n'est pas de l'huile, et la lampe sera sèche dès qu'il n'y en aura plus. Si les fruits du jardin vous font envie, vous pouvez en cueillir autant que vous en voudrez; cela ne vous est pas défendu.

En achevant ces paroles, le magicien africain tira un anneau qu'il avait au doigt, et il le mit à l'un des doigts d'Aladdin, en lui disant que c'était un préservatif contre tout ce qui pourrait lui arriver de mal, en observant bien tout ce qu'il venait de lui prescrire. Allez, mon enfant, lui dit-il après cette instruction, descendez hardiment; nous allons être riches l'un et l'autre pour toute notre vie.

Aladdin sauta légèrement dans le caveau, et il descendit

jusqu'au bas des degrés : il trouva les trois salles dont le magicien africain lui avait fait la description. Il passa au travers avec d'autant plus de précaution, qu'il appréhendait de mourir s'il manquait à observer soigneusement ce qui lui avait été prescrit. Il traversa le jardin sans s'arrêter, monta sur la terrasse, prit la lampe allumée dans la niche, jeta le lumignon et la liqueur, et en la voyant sans humidité comme le magicien le lui avait dit, il la mit dans son sein ; il descendit de la terrasse, et il s'arrêta dans le jardin à en considérer les fruits qu'il n'avait vus qu'en passant. Les arbres de ce jardin étaient tous chargés de fruits extraordinaires. Chaque arbre en portait de différentes couleurs : il y en avait de blancs, de luisants et de transparents comme le cristal, de rouges, les uns plus chargés, les autres moins; de verts, de bleus, de violets, de tirant sur le jaune, et de plusieurs autres sortes de couleurs. Les blancs étaient des perles; les luisants et transparents, des diamants; les rouges les plus foncés, des rubis; les autres, moins foncés, des rubis-balais; les verts, des émeraudes ; les bleus, des turquoises; les violets, des améthistes; ceux qui tiraient sur le jaune, des saphirs; et ainsi des autres; et ces fruits étaient tous d'une grosseur et d'une perfection à quoi on n'avait encore rien vu de pareil dans le monde. Aladdin, qui n'en connaissait ni le mérite ni la valeur, ne fut pas touché de la vue de ces fruits qui n'étaient pas de son goût, comme l'eussent été des figues, des raisins, et les autres fruits excellents qui sont communs dans la Chine. Aussi n'était-il pas encore dans un âge à en connaître le prix; il s'imagina que tous ces fruits n'étaient que du verre coloré, et qu'ils ne valaient pas davantage. La diversité de tant de belles couleurs néanmoins, la beauté et la grosseur extraordinaire de chaque fruit, lui donna envie d'en cueillir de toutes les sortes. En effet, il en prit plusieurs de chaque couleur, et il en emplit ses deux poches et deux bourses toutes neuves que le magicien lui avait achetées, avec l'habit dont il lui avait fait présent, afin qu'il n'eût rien que de neuf; et comme les deux bourses ne pouvaient tenir dans ses poches qui étaient déja pleines, il les attacha de chaque côté à sa ceinture; il en enveloppa même dans les plis de sa ceinture, qui était d'une étoffe de soie ample et à plusieurs tours, et il les accommoda de manière qu'ils ne pouvaient pas tomber; il n'oublia pas aussi d'en fourrer dans son sein, entre la robe et la chemise autour de lui.

Aladdin, ainsi chargé de tant de richesses, sans le savoir, reprit en diligence le chemin des trois salles, pour ne pas faire attendre trop longtemps le magicien africain; et après avoir passé à travers avec la même précaution qu'auparavant, il remonta par où il était descendu, et se présenta à l'entrée du caveau où le magicien africain l'attendait avec impatience. Aussitôt qu'Aladdin l'aperçut : Mon oncle, lui dit-il, je vous prie de me donner la main pour m'aider à monter. Le magicien africain lui dit : Mon fils, donnez-moi la lampe auparavant; elle pourrait vous embarrasser. Pardonnez-moi, mon oncle, reprit Aladdin, elle ne m'embarrasse pas; je vous la donnerai dès que je serai monté. Le magicien africain s'opiniâtra à vouloir qu'Aladdin lui mît la lampe entre les mains avant de le tirer du caveau; et Aladdin, qui avait embarrassé cette lampe avec tous ces fruits dont il s'était garni de tous côtés, refusa absolument de la donner, qu'il ne fût hors du caveau. Alors le magicien africain, au désespoir de la résistance de ce jeune homme, entra dans une furie épouvantable : il jeta un peu de son parfum sur le feu qu'il avait eu le soin d'entretenir; et à peine eut-il prononcé deux paroles magiques, que la pierre qui servait à fermer l'entrée du caveau se remit d'elle-même à sa place, avec la terre par-dessus, au même état qu'elle était à l'arrivée du magicien africain et d'Aladdin.

Il est certain que le magicien africain n'était pas frère de Mustafa le tailleur, comme il s'en était vanté, ni par conséquent oncle d'Aladdin. Il était véritablement d'Afrique, et il y était né; et comme l'Afrique est un pays où l'on est plus

entêté de la magie que partout ailleurs, il s'y était appliqué
dès sa jeunesse; et après quarante années ou environ d'enchantements, d'opérations de géomance, de suffumigations
et de lecture de livres de magie, il était enfin parvenu à découvrir qu'il y avait dans le monde une lampe merveilleuse,
dont la possession le rendrait plus puissant qu'aucun monarque de l'univers, s'il pouvait en devenir le possesseur. Par
une dernière opération de géomance, il avait connu que cette
lampe était dans un lieu souterrain au milieu de la Chine,
à l'endroit et avec toutes les circonstances que nous venons
de voir. Bien persuadé de la vérité de cette découverte, il
était parti de l'extrémité de l'Afrique, comme nous l'avons
dit, et après un voyage long et pénible, il était arrivé à la
ville qui était si voisine du trésor; mais quoique la lampe
fût certainement dans le lieu dont il avait connaissance, il
ne lui était pas permis néanmoins de l'enlever lui-même, ni
d'entrer en personne dans le lieu souterrain où elle était. Il
fallait qu'un autre y descendît, l'allât prendre, et la lui mît
entre les mains. C'est pourquoi il s'était adressé à Aladdin
qui lui avait paru un jeune enfant sans conséquence, et très
propre à lui rendre ce service qu'il attendait de lui, bien résolu, dès qu'il aurait la lampe dans ses mains, de faire la
dernière suffumigation que nous avons dite, et de prononcer
les deux paroles magiques qui devaient faire l'effet que nous
avons vu, et sacrifier le pauvre Aladdin à son avarice et à sa
méchanceté, afin de n'en avoir pas de témoin. Le soufflet
donné à Aladdin, et l'autorité qu'il avait prise sur lui, n'a-
vaient pour but que de l'accoutumer à le craindre et à lui
obéir exactement, afin que, lorsqu'il lui demanderait cette
fameuse lampe magique, il la lui donnât aussitôt; mais il
lui arriva tout le contraire de ce qu'il s'était proposé. Enfin
il n'usa de sa méchanceté avec tant de précipitation, pour
perdre le pauvre Aladdin, que parce qu'il craignait que, s'il
contestait plus longtemps avec lui, quelqu'un ne vînt à les
entendre, et ne rendît public ce qu'il voulait tenir très caché.

Quand le magicien africain vit ses grandes et belles espérances échouées à n'y revenir jamais, il n'eut pas d'autre parti à prendre que celui de retourner en Afrique; c'est ce qu'il fit dès le même jour. Il prit sa route par des détours, pour ne pas rentrer dans la ville d'où il était sorti avec Aladdin. Il avait à craindre en effet d'être observé par plusieurs personnes qui pouvaient l'avoir vu se promener avec cet enfant, et revenir sans lui.

Selon toutes les apparences, on ne devait plus entendre parler d'Aladdin; mais celui-là même qui avait cru le perdre pour jamais, n'avait pas fait attention qu'il lui avait mis au doigt un anneau qui pouvait servir à le sauver. En effet, ce fut cet anneau qui fut cause du salut d'Aladdin, qui n'en savait nullement la vertu; et il est étonnant que cette perte, jointe à celle de la lampe, n'ait pas jeté ce magicien dans le dernier désespoir. Mais les magiciens sont si accoutumés aux disgraces et aux événements contraires de leurs souhaits, qu'ils ne cessent, tant qu'ils vivent, de se repaître de fumée, de chimères et de visions.

Aladdin, qui ne s'attendait pas à la méchanceté de son faux oncle, après les caresses et le bien qu'il lui avait faits, fut dans un étonnement qu'il est plus aisé d'imaginer que de représenter par des paroles. Quand il se vit enterré tout vif, il appela mille fois son oncle, en criant qu'il était prêt de lui donner la lampe; mais ses cris étaient inutiles, et il n'y avait plus de moyen d'être entendu : ainsi il demeura dans les ténèbres et dans l'obscurité. Enfin, après avoir donné quelque relâche à ses larmes, il descendit jusqu'au bas de l'escalier du caveau pour aller chercher la lumière dans le jardin où il avait déja passé; mais le mur qui s'était ouvert par enchantement, s'était refermé et rejoint par un autre enchantement. Il tâtonne devant lui à droite et à gauche par plusieurs fois, et il ne trouve plus de porte : il redouble ses cris et ses pleurs, et il s'asseoit sur les degrés du caveau, sans espoir de revoir jamais la lumière, et avec la triste certitude, au contraire, de passer, des ténèbres où il était, dans celles d'une mort prochaine.

Aladdin demeura deux jours en cet état, sans manger et sans boire : le troisième jour, enfin, en regardant la mort comme inévitable, il éleva les mains en les joignant, et avec une résignation entière à la volonté de Dieu, il s'écria :

« Il n'y a de force et de puissance qu'en Dieu, le haut, le grand ! »

Dans cette action de mains jointes, il frotta, sans y penser, l'anneau que le magicien africain lui avait mis au doigt, et dont il ne connaissait pas encore la vertu. Aussitôt un génie d'une figure énorme et d'un regard épouvantable s'éleva devant lui comme de dessous la terre, jusqu'à ce qu'il atteignît de la tête à la voûte, et dit à Aladdin ces paroles ·

« Que veux-tu? Me voici prêt à t'obéir comme ton esclave, « et l'esclave de tous ceux qui ont l'anneau au doigt, moi et « les autres esclaves de l'anneau. »

En tout autre temps et en toute autre occasion, Aladdin qui n'était pas accoutumé à de pareilles visions, eût pu être saisi de frayeur, et perdre la parole à la vue d'une figure si extraordinaire ; mais occupé uniquement du danger présent où il était, il répondit sans hésiter : Qui que tu sois, fais-moi sortir de ce lieu, si tu en as le pouvoir. A peine eut-il prononcé ces paroles, que la terre s'ouvrit, et qu'il se trouva hors du caveau, et à l'endroit justement où le magicien l'avait amené.

On ne trouvera pas étrange qu'Aladdin, qui était demeuré si longtemps dans les ténèbres les plus épaisses, ait eu d'abord de la peine à soutenir le grand jour : il y accoutuma ses yeux peu à peu ; et en regardant autour de lui, il fut fort surpris de ne pas voir d'ouverture sur la terre. Il ne put comprendre de quelle manière il se trouvait si subitement hors de ses entrailles ; il n'y eut que la place où les broussailles avaient été allumées, qui lui fit reconnaître à peu près où était le caveau. Ensuite, en se tournant du côté de la ville, il l'aperçut au milieu des jardins qui l'environnaient, il reconnut le chemin par où le magicien africain l'avait amené, et il le reprit en rendant graces à Dieu de se revoir une autre fois au monde, après avoir désespéré d'y revenir jamais. Il arriva jusqu'à la ville, et se traîna chez lui avec bien de la peine. En entrant chez sa mère, la joie de la revoir, jointe à la faiblesse dans laquelle il était de n'avoir pas mangé depuis près de trois jours, lui causèrent un évanouissement qui dura quelque temps. Sa mère, qui l'avait déjà pleuré comme perdu ou comme mort, en le voyant en cet état, n'oublia aucun de ses soins pour le faire revenir. Il revint enfin de son évanouissement, et les premières paroles qu'il prononça furent celles-ci : Ma mère, avant toute chose, je vous prie de me donner à manger ; il y a trois jours que je n'ai pris quoi que ce soit. Sa mère lui apporta ce qu'elle avait, et en le mettant devant lui : Mon fils, lui dit-elle, ne vous pressez pas, cela est dangereux ; mangez peu à peu et à votre aise, et ménagez-vous dans le grand besoin que vous en avez. Je ne veux pas même que vous me parliez : vous aurez assez de temps pour me raconter ce qui vous est arrivé, quand vous serez bien rétabli. Je suis toute consolée de vous revoir, après l'affliction où je me suis trouvée depuis vendredi, et toutes les peines que je me suis données pour apprendre ce que vous étiez devenu, dès que j'eus vu qu'il était nuit, et que vous n'étiez pas revenu à la maison.

Aladdin suivit le conseil de sa mère ; il mangea tranquillement et peu à peu, et il but à proportion. Quand il eut achevé : Ma mère, dit-il, j'aurais de grandes plaintes à vous faire sur ce que vous m'avez abandonné avec tant de facilité à la discrétion d'un homme qui avait dessein de me perdre, et qui tient, à l'heure que je vous parle, ma mort si certaine, qu'il ne doute pas, ou que je ne suis plus en vie, ou que je ne doive la perdre au premier jour ; mais vous avez cru qu'il était mon oncle, et je l'ai cru comme vous : et pouvions-nous avoir d'autre pensée d'un homme qui m'accablait de caresses et de biens, et qui me faisait tant d'autres promesses avantageuses? Sachez, ma mère, que ce n'est qu'un traître, un méchant, un fourbe. Il ne m'a fait tant de bien et tant de promesses, qu'afin d'arriver au but qu'il s'était proposé, de me perdre, comme je l'ai dit, sans que ni vous ni moi nous puissions en deviner la cause. De mon côté, je puis assurer que je ne lui ai donné aucun sujet qui méritât le moindre mauvais traitement. Vous le comprendrez vous-même par le récit fidèle que vous allez entendre de tout ce qui s'est passé depuis que je me suis séparé de vous, jusqu'à l'exécution de son pernicieux dessein.

Aladdin commença à raconter à sa mère tout ce qui lui était arrivé avec le magicien, depuis le vendredi qu'il était venu le prendre pour le mener avec lui voir les palais et les jardins qui étaient hors de la ville; ce qui lui arriva dans le chemin, jusqu'à l'endroit des deux montagnes où se devait opérer le grand prodige du magicien; comment, avec un parfum jeté dans le feu et quelques paroles magiques, la terre s'était ouverte dans un instant, et avait fait voir l'entrée d'un caveau qui conduisait à un trésor inestimable. Il n'oublia pas le soufflet qu'il avait reçu du magicien, et de quelle manière, après s'être un peu radouci, il l'avait engagé par de grandes promesses, et en lui mettant son anneau au doigt, à descendre dans le caveau. Il n'omit aucune circonstance de tout ce qu'il avait vu en passant et en repassant dans les trois salles, dans le jardin, et sur la terrasse où il avait pris la lampe merveilleuse, qu'il montra à sa mère en la retirant de son sein, aussi bien que les fruits transparents et de différentes couleurs qu'il avait cueillis dans le jardin en s'en retournant, auxquels il joignit deux bourses pleines qu'il donna à sa mère, et dont elle fit peu de cas. Ces fruits étaient cependant des pierres précieuses, dont l'éclat, brillant comme le soleil, qu'ils rendaient à la faveur d'une lampe qui éclairait la chambre, devait faire juger de leur grand prix; mais la mère d'Aladdin n'avait pas sur cela plus de connaissance que son fils. Elle avait été élevée dans une condition très médiocre, et son mari n'avait pas eu assez de biens pour lui donner de ces sortes de pierreries. D'ailleurs elle n'en avait jamais vu à aucune de ses parentes ni de ses voisines; ainsi il ne faut pas s'étonner si elle ne les regarda que comme des choses de peu de valeur, et bonnes tout au plus à récréer la vue par la variété de leurs couleurs; ce qui fit qu'Aladdin les mit derrière un des coussins du sofa sur lequel il était assis. Il acheva le récit de son aventure, en lui disant que comme il fut revenu et qu'il se fut présenté à l'entrée du caveau, prêt à en sortir, sur le refus qu'il avait fait au magicien de lui donner la lampe qu'il voulait avoir, l'entrée du caveau s'était refermée en un instant, par la force du parfum que le magicien avait jeté sur le feu qu'il n'avait pas laissé éteindre, et des paroles qu'il avait prononcées. Mais il n'en put dire davantage sans verser des larmes, en lui représentant l'état malheureux où il s'était trouvé lorsqu'il s'était vu enterré tout vivant dans le fatal caveau, jusqu'au moment qu'il en était sorti, et que, pour ainsi dire, il était revenu au monde par l'attouchement de son anneau, dont il ne connaissait pas encore la vertu. Quand il eut fini ce récit : Il n'est pas nécessaire de vous en dire davantage, dit-il à sa mère; le reste vous est connu. Voilà enfin quelle a été mon aventure, et quel est le danger que j'ai couru depuis que vous ne m'avez vu.

La mère d'Aladdin eut la patience d'entendre, sans l'interrompre, ce récit merveilleux et surprenant, et en même temps si affligeant pour une mère qui aimait son fils tendrement, malgré ses défauts. Dans les endroits néanmoins les plus touchants, et qui faisaient connaître davantage la perfidie du magicien africain, elle ne put s'empêcher de faire paraître combien elle le détestait, par les marques de son indignation; mais dès qu'Aladdin eut achevé, elle se déchaîna en mille injures contre cet imposteur : elle l'appela traître, perfide, barbare, assassin, trompeur, magicien, ennemi et destructeur du genre humain. Oui, mon fils, ajouta-t-elle, c'est un magicien, et les magiciens sont des pestes publiques : ils ont commerce avec les démons par leurs enchantements et par leurs sorcelleries. Béni soit Dieu, qui n'a pas voulu que sa méchanceté insigne eût son effet entier contre vous! Vous devez bien le remercier de la grace qu'il vous a faite! La mort vous était inévitable, si vous ne vous fussiez souvenu de lui, et que vous n'eussiez imploré son secours. Elle dit encore beaucoup de choses, en détestant toujours la trahison que le magicien avait faite à son fils; mais en parlant, elle s'aperçut qu'Aladdin, qui n'avait pas dormi depuis trois jours, avait besoin de repos. Elle le fit coucher : et peu de temps après, elle se coucha aussi.

Aladdin, qui n'avait pris aucun repos dans le lieu souterrain où il avait été enseveli à dessein qu'il y perdît la vie, dormit toute la nuit d'un profond sommeil, et ne se réveilla le lendemain que fort tard. Il se leva; et la première chose qu'il dit à sa mère, ce fut qu'il avait besoin de manger, et qu'elle ne pouvait lui faire un plus grand plaisir que de lui donner à déjeuner. Hélas! mon fils, lui répondit sa mère, je n'ai pas seulement un morceau de pain à vous donner; vous mangeâtes hier au soir le peu de provisions qu'il y avait dans la maison; mais donnez-vous un peu de patience, je ne serai pas longtemps à vous en apporter. J'ai un peu de fil de coton de mon travail; je vais le vendre, afin de vous acheter du pain et quelque chose pour notre dîner. Ma mère, reprit Aladdin, réservez votre fil de coton pour une autre fois, et donnez-moi la lampe que j'apportai hier; j'irai la vendre, et l'argent que j'en aurai servira à nous avoir de quoi déjeuner et dîner, et peut-être de quoi souper.

La mère d'Aladdin prit la lampe où elle l'avait mise. La voilà, dit-elle à son fils, mais elle est bien sale; pour peu qu'elle soit nettoyée, je crois qu'elle en vaudra quelque chose davantage. Elle prit de l'eau et un peu de sable fin pour la nettoyer : mais à peine eut-elle commencé à frotter cette lampe, qu'en un instant, en présence de son fils, un génie hideux et d'une grandeur gigantesque s'éleva et parut devant elle, et lui dit d'une voix tonnante : « Que veux-tu ? « me voici prêt à t'obéir comme ton esclave, et de tous ceux « qui ont la lampe à la main, moi avec les autres esclaves de « la lampe. »

La mère d'Aladdin n'était pas en état de répondre, sa vue n'avait pu soutenir la figure hideuse et épouvantable du génie; et sa frayeur avait été si grande dès les premières paroles qu'il avait prononcées, qu'elle était tombée évanouie.

Aladdin, qui avait déjà eu une apparition à peu près semblable dans le caveau, sans perdre de temps ni le jugement, se saisit promptement de la lampe, et en suppléant au défaut de sa mère, il répondit pour elle d'un ton ferme. J'ai faim, dit-il au génie, apporte-moi de quoi manger. Le génie disparut, et un instant après il revint chargé d'un grand bassin d'argent qu'il portait sur sa tête, avec douze plats couverts de même métal, pleins d'excellents mets arrangés dessus, avec six grands pains blancs comme neige sur les plats, deux bouteilles de vin exquis, et deux tasses d'argent à la main. Il posa le tout sur le sofa, et aussitôt il disparut.

Cela se fit en si peu de temps, que la mère d'Aladdin n'était pas encore revenue de son évanouissement quand le génie disparut pour la seconde fois. Aladdin, qui avait déjà commencé de lui jeter de l'eau sur le visage, sans effet, se mit en devoir de recommencer pour la faire revenir ; mais soit que les esprits qui s'étaient dissipés se fussent enfin réunis, ou que l'odeur des mets que le génie venait d'apporter y eût contribué pour quelque chose, elle revint dans le moment. Ma mère, lui dit Aladdin, cela n'est rien ; levez-vous et venez manger : voici de quoi vous remettre le cœur, et en même temps de quoi satisfaire au grand besoin que j'ai de manger. Ne laissons pas refroidir de si bons mets, et mangeons.

La mère d'Aladdin fut extrêmement surprise quand elle vit le grand bassin, les douze plats, les six pains, les deux bouteilles et les deux tasses, et qu'elle sentit l'odeur délicieuse qui s'exhalait de tous ces plats. Mon fils, demanda-t-elle à Aladdin, d'où nous vient cette abondance, et à qui sommes-nous redevables d'une si grande libéralité? Le sultan aurait-il eu connaissance de notre pauvreté, et aurait-il eu compassion de nous? Ma mère, reprit Aladdin, mettons-nous à table et mangeons, vous en avez besoin aussi bien que moi. Je vous dirai ce que vous me demandez quand nous aurons déjeuné. Ils se mirent à table, et ils mangèrent avec d'autant plus d'appétit, que la mère et le fils ne s'étaient jamais trouvés à une table si bien fournie.

Pendant le repas, la mère d'Aladdin ne pouvait se lasser de regarder et d'admirer le bassin et les plats, quoiqu'elle ne sût pas trop distinctement s'ils étaient d'argent ou d'une autre matière, tant elle était peu accoutumée à en voir de pareils; et, à proprement parler, sans avoir égard à leur valeur, qui lui était inconnue, il n'y avait que la nouveauté qui la tenait en admiration, et son fils Aladdin n'en avait pas plus de connaissance qu'elle.

Aladdin et sa mère, qui ne croyaient faire qu'un simple déjeuner, se trouvèrent encore à table à l'heure du dîner : des mets si excellents les avaient mis en appétit; et pendant qu'ils étaient chauds, ils crurent qu'ils ne feraient pas mal de joindre les deux repas ensemble, et de n'en pas faire à deux fois. Le double repas étant fini, il leur resta non seulement de quoi souper, mais même assez de quoi en faire deux autres repas aussi forts le lendemain.

Quand la mère d'Aladdin eut desservi et mis à part les viandes auxquelles ils n'avaient pas touché, elle vint s'asseoir sur le sofa auprès de son fils. Aladdin, lui dit-elle, j'attends que vous satisfassiez à l'impatience où je suis d'entendre le récit que vous m'avez promis. Aladdin lui raconta exactement tout ce qui s'était passé entre le génie et lui pendant son évanouissement, jusqu'à ce qu'elle fût revenue à elle.

La mère d'Aladdin était dans un grand étonnement du

discours de son fils et de l'apparition du génie. Mais, mon fils, reprit-elle, que voulez-vous dire avec vos génies? Jamais, depuis que je suis au monde, je n'ai entendu dire que personne de ma connaissance en eût vu. Par quelle aventure ce vilain génie est-il venu se présenter à moi? Pourquoi s'est-il adressé à moi et non pas à vous, à qui il a déja apparu dans la caveau du trésor?

Ma mère, repartit Aladdin, le génie qui vient de vous apparaître n'est pas le même qui m'est apparu : ils se ressemblent en quelque manière par leur grandeur de géant; mais ils sont entièrement différents par leur mine et par leur habillement : aussi sont-ils à différents maîtres. Si vous vous en souvenez, celui que j'ai vu s'est dit esclave de l'anneau que j'ai au doigt, et celui que vous venez de voir s'est dit esclave de la lampe que vous aviez à la main. Mais je ne crois pas que vous l'ayez entendu : il me semble en effet que vous vous êtes évanouie dès qu'il a commencé à parler.

Quoi! s'écria la mère d'Aladdin, c'est donc votre lampe qui est cause que ce maudit génie s'est adressé à moi plutôt qu'à vous? Ah! mon fils! ôtez-la de devant mes yeux et la mettez où il vous plaira, je ne veux plus y toucher. Je consens plutôt qu'elle soit jetée ou vendue, que de courir le risque de mourir de frayeur en la touchant. Si vous me croyez, vous vous déferez aussi de l'anneau. Il ne faut pas avoir commerce avec des génies : ce sont des démons; et notre prophète l'a dit.

Ma mère, avec votre permission; reprit Aladdin, je me garderai bien présentement de vendre, comme j'étais près de le faire tantôt, une lampe qui va nous être si utile à vous et à moi. Ne voyez-vous pas ce qu'elle vient de nous procurer? Il faut qu'elle continue de nous fournir de quoi nous nourrir et nous entretenir. Vous devez juger comme moi que ce n'était pas sans raison que mon faux et méchant oncle s'était donné tant de mouvement, et avait entrepris un si long et pénible voyage, puisque c'était pour parvenir à la possession de cette lampe merveilleuse, qu'il avait préférée à tout l'or et l'argent qu'il savait être dans les salles, et que j'ai vu moi-même, comme il m'en avait averti. Il savait trop bien le mérite et la valeur de cette lampe, pour me demander autre chose d'un trésor si riche. Puisque le hasard nous en a fait découvrir la vertu, faisons-en un usage qui nous soit profitable, mais d'une manière qui soit sans éclat, et qui ne nous attire pas l'envie et la jalousie de nos voisins. Je veux bien l'ôter de devant vos yeux, et la mettre dans un lieu où je la trouverai quand il en sera besoin, puisque les génies vous font tant de frayeur. Pour ce qui est de l'anneau, je ne saurais aussi me résoudre à le jeter : sans cet anneau, vous ne m'eussiez jamais revu ; et si je vivais à l'heure qu'il est, ce ne serait peut-être que pour peu de moments. Vous me permettrez donc de le garder, et de le porter toujours au doigt bien précieusement. Qui sait s'il ne m'arrivera pas quelque autre danger que nous ne pouvons prévoir ni vous ni moi, dont il pourra me délivrer? Comme le raisonnement d'Aladdin paraissait assez juste, sa mère n'eut rien à répliquer. Mon fils, lui dit-elle, vous pouvez faire comme vous l'entendrez; pour moi, je ne voudrais pas avoir affaire avec des génies. Je vous déclare que je m'en lave les mains, et que je ne vous en parlerai pas davantage.

Le lendemain au soir après le souper, il ne resta rien de la bonne provision que le génie avait apportée. Le jour suivant, Aladdin, qui ne voulait pas attendre que la faim le pressât, prit un des plats d'argent sous sa robe, et sortit du matin pour l'aller vendre. Il s'adressa à un juif qu'il rencontra dans son chemin; il le tira à l'écart, et, en lui montrant le plat, il lui demanda s'il voulait l'acheter.

Le juif rusé et adroit prend le plat, l'examine ; et il n'eut pas plutôt connu qu'il était de bon argent, qu'il demanda à Aladdin combien il l'estimait. Aladdin, qui n'en connaissait pas la valeur et qui n'avait jamais fait commerce de cette marchandise, se contenta de lui dire qu'il savait bien lui-même ce que ce plat pouvait valoir, et qu'il s'en rapportait à sa bonne foi. Le juif se trouva embarrassé de l'ingénuité d'Aladdin. Dans l'incertitude où il était de savoir si Aladdin en connaissait la matière et la valeur, il tira de sa bourse une pièce d'or qui ne faisait au plus que la soixante-douzième partie de la valeur du plat, et il la lui présenta. Aladdin prit la pièce avec un grand empressement, et dès qu'il l'eut dans la main, il se retira si promptement, que le juif, non content du gain exorbitant qu'il faisait par cet achat, fut bien fâché de n'avoir pas pénétré qu'Aladdin ignorait le prix de ce qu'il lui avait vendu, et qu'il aurait pu lui en donner beaucoup moins. Il fut sur le point de courir après le jeune homme, pour tâcher de retirer quelque chose de sa pièce d'or ; mais Aladdin courait, et il était déjà si loin, qu'il aurait eu de la peine à le joindre.

Aladdin, en s'en retournant chez sa mère, s'arrêta à la boutique d'un boulanger, chez qui il fit la provision de pain pour sa mère et pour lui, et qu'il paya sur sa pièce d'or, que le boulanger lui changea. En arrivant il donna le reste à sa mère, qui alla au marché acheter les autres provisions nécessaires pour vivre eux deux pendant quelques jours.

Ils continuèrent ainsi à vivre de ménage, c'est-à-dire qu'Aladdin vendit tous les plats au juif l'un après l'autre jusqu'au douzième, de la même manière qu'il avait vendu le premier, à mesure que l'argent venait à manquer dans la maison. Le juif, qui avait donné une pièce d'or du premier, n'osa lui offrir moins des autres, de crainte de perdre une si bonne aubaine : il les paya tous sur le même pied. Quand l'argent du dernier plat fut dépensé, Aladdin eut recours au bassin, qui pesait lui seul dix fois autant que chaque plat. Il voulut le porter à son marchand ordinaire ; mais son grand poids l'en empêcha. Il fut donc obligé d'aller chercher le juif, qu'il amena chez sa mère ; et le juif, après avoir examiné le poids du bassin, lui compta sur-le-champ dix pièces d'or, dont Aladdin se contenta.

Tant que les dix pièces d'or durèrent, elles furent employées à la dépense journalière de la maison. Aladdin cependant, accoutumé à une vie oisive, s'était abstenu de jouer avec les jeunes gens de son âge, depuis son aventure avec le magicien africain. Il passait les journées à se promener, ou à s'entretenir avec des gens avec lesquels il avait fait connaissance. Quelquefois il s'arrêtait dans les boutiques des gros marchands, où il prêtait l'oreille aux entretiens des gens de distinction qui s'y arrêtaient, ou qui s'y trouvaient comme à une espèce de rendez-vous, et ces entretiens peu à peu lui donnèrent quelque teinture de la connaissance du monde.

Quand il ne resta plus rien des dix pièces d'or, Aladdin eut recours à la lampe : il la prit à la main, chercha le même endroit que sa mère avait touché; et comme il l'eut reconnu à l'impression que le sable y avait laissée, il la frotta comme elle avait fait, et aussitôt le même génie qui s'était déjà fait voir, se présenta devant lui; mais comme Aladdin avait frotté la lampe plus légèrement que sa mère, il lui parla aussi d'un ton plus radouci :

« Que veux-tu? lui dit-il dans les mêmes termes qu'aupa-
« ravant; me voici prêt à t'obéir comme ton esclave, et de
« tous ceux qui ont la lampe à la main, moi, et les autres es-
« claves de la lampe comme moi. »

Aladdin lui dit : J'ai faim, apporte-moi de quoi manger. Le génie disparut, et peu de temps après il reparut, chargé d'un service de table pareil à celui qu'il avait apporté la première fois; il le posa sur le sofa, et dans le moment il disparut.

La mère d'Aladdin, avertie du dessein de son fils, était sortie exprès pour quelque affaire, afin de ne se pas trouver dans la maison dans le temps de l'apparition du génie. Elle rentra peu de temps après, vit la table et le buffet très bien garnis, et demeura presque aussi surprise de l'effet prodigieux de la lampe, qu'elle l'avait été la première fois. Aladdin et sa mère se mirent à table ; et après le repas il leur resta encore de quoi vivre largement les deux jours suivants.

Dès qu'Aladdin vit qu'il n'y avait plus dans la maison ni pain ni autres provisions, ni argent pour en avoir, il prit un plat d'argent, et alla chercher le juif qu'il connaissait, pour le lui vendre. En y allant, il passa devant la boutique d'un orfèvre respectable par sa vieillesse, honnête homme, et d'une grande probité. L'orfèvre, qui l'aperçut, l'appela et le fit entrer. Mon fils, dit-il, je vous ai déjà vu passer plusieurs fois, chargé comme vous l'êtes à présent, vous joindre à un tel juif, et repasser peu de temps après sans être chargé. Je me suis imaginé que vous lui vendez ce que vous portez. Mais vous ne savez peut-être pas que ce juif est un trompeur, et même plus trompeur que les autres juifs, et que personne de ceux qui le connaissent ne veut avoir affaire à lui. Au reste ce que je vous dis ici n'est que pour vous faire plaisir ; si vous voulez me montrer ce que vous portez présentement, et qu'il soit à vendre, je vous en donnerai fidèlement son juste prix, si cela me convient, sinon je vous adresserai à d'autres marchands qui ne vous tromperont pas.

L'espérance de faire plus d'argent du plat fit qu'Aladdin le tira de dessous sa robe, et le montra à l'orfèvre. Le vieillard, qui connut d'abord que le plat était d'argent fin, lui demanda s'il en avait vendu de semblables au juif, et combien il les lui avait payés. Aladdin lui dit naïvement qu'il en avait vendu douze, et qu'il n'avait reçu du juif qu'une pièce d'or de chacun. Ah ! le voleur ! s'écria l'orfèvre. Mon fils, ajouta-t-il, ce qui est fait est fait : il n'y faut plus penser ; mais en vous faisant voir ce que vaut votre plat qui est du meilleur argent dont nous nous servions dans nos boutiques, vous connaîtrez combien le juif vous a trompé.

L'orfèvre prit la balance, il pesa le plat ; et après avoir expliqué à Aladdin ce que c'était qu'un marc d'argent, combien il valait, et ses subdivisions, il lui fit remarquer que, suivant le poids du plat, il valait soixante-douze pièces d'or, qu'il lui compta sur-le-champ en espèces. Voilà, dit-il, la juste valeur de votre plat. Si vous en doutez, vous pouvez vous adresser à celui de nos orfèvres qu'il vous plaira; et s'il vous dit qu'il vaut davantage, je vous promets de vous en payer le double. Nous ne gagnons que la façon de l'argenterie que nous achetons; et c'est ce que les juifs les plus équitables ne font pas.

Aladdin remercia bien fort l'orfèvre du bon conseil qu'il venait de lui donner, et dont il tirait déjà un si grand avantage. Dans la suite, il ne s'adressa plus qu'à lui pour vendre les autres plats aussi bien que le bassin, dont la juste valeur lui fut toujours payée à proportion de son poids. Quoique Aladdin et sa mère eussent une source intarissable d'argent en leur lampe, pour s'en procurer tant qu'ils voudraient, dès qu'il viendrait à leur manquer, ils continuèrent néanmoins de vivre toujours avec la même frugalité qu'auparavant, à la réserve de ce qu'Aladdin en mettait à part pour s'entretenir honnêtement et pour se pourvoir des commodités nécessaires dans leur petit ménage. Sa mère, de son côté, ne prenait la dépense de ses habits que sur ce que lui valait le coton qu'elle filait. Avec une conduite si sobre, il est aisé de juger combien de temps l'argent des douze plats et du bassin, selon le prix qu'Aladdin les avait vendus à l'orfèvre, devait leur avoir duré. Ils vécurent de la sorte pendant quelques années, avec le secours du bon usage qu'Aladdin faisait de la lampe de temps en temps.

Dans cet intervalle, Aladdin, qui ne manquait pas de se trouver avec beaucoup d'assiduité au rendez-vous des personnes de distinction, dans les boutiques des plus gros marchands de draps d'or et d'argent, d'étoffes de soie, de toiles les plus fines, et de joailleries, et qui se mêlait quelquefois dans leurs conversations, acheva de se former et prit insensiblement toutes les manières du beau monde. Ce fut particulièrement chez les joailliers qu'il fut détrompé de la pensée qu'il avait que les fruits transparents qu'il avait cueillis dans le jardin où il était allé prendre la lampe, n'étaient que du verre coloré, et qu'il apprit que c'étaient des pierres de grand prix. A force de voir vendre et acheter de toutes sortes de ces pierreries dans leurs boutiques, il en apprit la connaissance et le prix ; et comme il n'en voyait pas de pareilles aux siennes, ni en beauté ni en grosseur, il comprit qu'au lieu de morceaux de verre qu'il avait regardés comme des bagatelles, il possédait un trésor inestimable. Il eut la prudence de n'en parler à personne, pas même à sa mère ; et il n'y a pas de doute que son silence ne lui ait valu la haute fortune où nous verrons dans la suite qu'il s'éleva.

Un jour, en se promenant dans un quartier de la ville, Aladdin entendit publier à haute voix un ordre du sultan, de fermer les boutiques et les portes des maisons, et de se renfermer chacun chez soi, jusqu'à ce que la princesse Badroulboudour [1], fille du sultan, fût passée pour aller au bain, et qu'elle en fût revenue.

Ce cri public fit naître à Aladdin la curiosité de voir la princesse à découvert ; mais il ne le pouvait qu'en se mettant dans quelque maison de connaissance, et à travers d'une jalousie ; ce qui ne le contentait pas, parceque la princesse, selon la coutume, devait avoir un voile sur le visage en allant au bain. Pour se satisfaire, il s'avisa d'un moyen qui lui réussit : il alla se placer derrière la porte du bain, qui était disposée de manière qu'il ne pouvait manquer de la voir venir en face.

Aladdin n'attendit pas longtemps : la princesse parut, et il la vit venir au travers d'une fente assez grande pour voir sans être vu. Elle était accompagnée d'une grande foule de ses femmes et d'eunuques qui marchaient sur les côtés et à sa suite. Quand elle fut à trois ou quatre pas de la porte du bain, elle ôta le voile qui lui couvrait le visage, et qui la gênait beaucoup ; et de la sorte elle donna lieu à Aladdin de la voir d'autant plus à son aise, qu'elle venait droit à lui

[1] C'est-à-dire pleine lune des pleines lunes. *Note de Galland.*

Jusqu'à ce moment, Aladdin n'avait pas vu d'autres femmes le visage découvert, que sa mère qui était âgée, et qui n'avait jamais eu d'assez beaux traits pour lui faire juger que les autres femmes fussent plus belles. Il pouvait bien avoir entendu dire qu'il y en avait d'une beauté surprenante; mais quelques paroles qu'on emploie pour relever le mérite d'une beauté, jamais elles ne font l'impression que la beauté fait elle-même.

Lorsque Aladdin eut vu la princesse Badroulboudour, il perdit la pensée qu'il avait que toutes les femmes dussent ressembler à peu près à sa mère; ses sentiments se trouvèrent bien différents, et son cœur ne put refuser toutes ses inclinations à l'objet qui venait de le charmer. En effet, la princesse était la plus belle brune que l'on pût voir au monde : elle avait les yeux grands, à fleur de tête, vifs et brillants, le regard doux et modeste, le nez d'une juste proportion et sans défaut, la bouche petite, les lèvres vermeilles et toutes charmantes par leur agréable symétrie; en un mot, tous les traits de son visage étaient d'une régularité accomplie. On ne doit donc pas s'étonner si Aladdin fut ébloui et presque hors de lui-même à la vue de l'assemblage de tant de merveilles qui lui étaient inconnues. Avec toutes ces perfections, la princesse avait encore une riche taille, un port et un air majestueux, qui, à la voir seulement, lui attiraient le respect qui lui était dû.

Quand la princesse fut entrée dans le bain, Aladdin demeura quelque temps interdit et comme en extase, en retraçant et en s'imprimant profondément l'idée d'un objet dont il était charmé et pénétré jusqu'au fond du cœur. Il rentra enfin en lui-même ; et en considérant que la princesse était passée, et qu'il garderait inutilement son poste pour la revoir à la sortie du bain, puisqu'elle devait lui tourner le dos et être voilée, il prit le parti de l'abandonner et de se retirer.

Aladdin, en rentrant chez lui, ne put si bien cacher son

trouble et son inquiétude, que sa mère ne s'en aperçût. Elle fut surprise de le voir ainsi triste et rêveur contre son ordinaire; elle lui demanda s'il lui était arrivé quelque chose, ou s'il se trouvait indisposé. Mais Aladdin ne lui fit aucune réponse, et il s'assit négligemment sur le sofa, où il demeura dans la même situation, toujours occupé à se retracer l'image charmante de la princesse Badroulboudour. Sa mère, qui préparait le souper, ne le pressa pas davantage. Quand il fut prêt, elle le servit près de lui sur le sofa, et se mit à table; mais comme elle s'aperçut que son fils n'y faisait aucune attention, elle l'avertit de manger, et ce ne fut qu'avec bien de la peine qu'il changea de situation. Il mangea beaucoup moins qu'à l'ordinaire, les yeux toujours baissés, et avec un silence si profond, qu'il ne fut pas possible à sa mère de tirer de lui la moindre parole sur toutes les demandes qu'elle lui fit pour tâcher d'apprendre le sujet d'un changement si extraordinaire.

Après le souper, elle voulut recommencer à lui demander le sujet d'une si grande mélancolie; mais elle ne put en rien savoir, et il prit le parti de s'aller coucher plutôt que de donner à sa mère la moindre satisfaction sur cela.

Sans examiner comment Aladdin, épris de la beauté et des charmes de la princesse Badroulboudour, passa la nuit, nous remarquerons seulement que le lendemain, comme il était assis sur le sofa vis-à-vis de sa mère qui filait du coton à son ordinaire, il lui parla en ces termes: Ma mère, dit-il, je romps le silence que j'ai gardé depuis hier à mon retour de la ville: il vous a fait de la peine, et je m'en suis bien aperçu. Je n'étais pas malade, comme il m'a paru que vous l'avez cru, et je ne le suis pas encore: mais je puis vous dire que ce que je sentais, et ce que je ne cesse encore de sentir, est quelque chose de pire qu'une maladie. Je ne sais pas bien quel est ce mal; mais je ne doute pas que ce que vous allez entendre ne vous le fasse connaître. On n'a pas su dans ce quartier, continua Aladdin, et ainsi vous n'avez pu le savoir, qu'hier la princesse Badroulboudour, fille du sultan, alla au bain l'après-dîner. J'appris cette nouvelle en me promenant par la ville. On publia un ordre de fermer les boutiques et de se retirer chacun chez soi, pour rendre à cette princesse l'honneur qui lui est dû, et lui laisser les chemins libres dans les rues par où elle devait passer. Comme je n'étais pas éloigné du bain, la curiosité de la voir le visage découvert me fit naître la pensée d'aller me placer derrière la porte du bain, en faisant réflexion qu'il pouvait arriver qu'elle ôterait son voile quand elle serait près d'y entrer. Vous savez la disposition de la porte, et vous pouvez juger vous-même que je devais la voir à mon aise, si ce que je m'étais imaginé arrivait. En effet, elle ôta son voile en entrant, et j'eus le bonheur de voir cette aimable princesse, avec la plus grande satisfaction du monde. Voilà, ma mère, le grand motif de l'état où vous me vîtes hier quand je rentrai, et le sujet du silence que j'ai gardé jusqu'à présent. J'aime la princesse d'un amour dont la violence est telle que je ne saurais vous l'exprimer; et comme ma passion vive et ardente augmente à tout moment, je sens qu'elle ne peut être satisfaite que par la possession de l'aimable princesse Badroulboudour; ce qui fait que j'ai pris la résolution de la faire demander en mariage au sultan.

La mère d'Aladdin avait écouté le discours de son fils avec assez d'attention jusqu'à ces dernières paroles; mais quand elle eut entendu que son dessein était de faire demander la princesse Badroulboudour en mariage, elle ne put s'empêcher de l'interrompre par un grand éclat de rire. Aladdin voulut poursuivre; mais en l'interrompant encore : Eh! mon fils, lui dit-elle, à quoi pensez-vous? Il faut que vous ayez perdu l'esprit pour me tenir un pareil discours!

Ma mère, reprit Aladdin, je puis vous assurer que je n'ai pas perdu l'esprit, je suis dans mon bon sens. J'ai prévu les reproches de folie et d'extravagance que vous me faites, et ceux que vous pourriez me faire ; mais tout cela ne m'empêchera pas de vous dire encore une fois que ma résolution est prise de faire demander au sultan la princesse Badroulboudour en mariage.

En vérité, mon fils, repartit la mère très sérieusement, je ne saurais m'empêcher de vous dire que vous vous oubliez entièrement ; et quand même vous voudriez exécuter cette résolution, je ne vois pas par qui vous oseriez faire faire cette demande au sultan. Par vous-même, répliqua aussitôt le fils sans hésiter. Par moi ! s'écria la mère d'un air de surprise et d'étonnement ; et au sultan ! Ah ! je me garderai bien de m'engager dans une pareille entreprise ! Et qui êtes-vous, mon fils, continua-t-elle, pour avoir la hardiesse de penser à la fille de votre sultan ? Avez-vous oublié que vous êtes fils d'un tailleur des moindres de sa capitale, et d'une mère dont les ancêtres n'ont pas été d'une naissance plus relevée ? Savez-vous que les sultans ne daignent pas donner leurs filles en mariage, même à des fils de sultans qui n'ont pas l'espérance de régner un jour comme eux ?

Ma mère, répliqua Aladdin, je vous ai déjà dit que j'ai prévu tout ce que vous venez de me dire, et je dis la même chose de tout ce que vous y pourrez ajouter : vos discours ni vos remontrances ne me feront pas changer de sentiment. Je vous ai dit que je ferais demander la princesse Badroulboudour en mariage par votre entremise : c'est une grace que je vous demande avec tout le respect que je vous dois, et je vous supplie de ne me la pas refuser, à moins que vous n'aimiez mieux me voir mourir que de me donner la vie une seconde fois.

La mère d'Aladdin se trouva fort embarrassée quand elle vit l'opiniâtreté avec laquelle Aladdin persistait dans un dessein si éloigné du bon sens. Mon fils, lui dit-elle encore, je suis votre mère ; et, comme une bonne mère qui vous ai mis au monde, il n'y a rien de raisonnable ni de convenable à mon état et au vôtre, que je ne sois prête à faire pour l'amour de vous. S'il s'agissait de parler de mariage pour vous avec la fille de quelqu'un de nos voisins, d'une condition pareille ou approchante de la vôtre, je n'oublierais rien, et je m'emploierais de bon cœur en tout ce qui serait de mon pouvoir; encore, pour y réussir, faudrait-il que vous eussiez quelques biens ou quelques revenus, ou que vous sussiez un métier. Quand de pauvres gens comme nous veulent se marier, la première chose à quoi ils doivent songer, c'est d'avoir de quoi vivre. Mais sans faire réflexion sur la bassesse de votre naissance, sur le peu de mérite et de biens que vous avez, vous prenez votre vol jusqu'au plus haut degré de la fortune, et vos prétentions ne sont pas moindres que de vouloir demander en mariage et d'épouser la fille de votre souverain, qui n'a qu'à dire un mot pour vous précipiter et vous écraser. Je laisse à part ce qui vous regarde, c'est à vous à y faire les réflexions que vous devez, pour peu que vous ayez de bon sens. Je viens à ce qui me touche. Comment une pensée aussi extraordinaire que celle de vouloir que j'aille faire la proposition au sultan de vous donner la princesse sa fille en mariage, a-t-elle pu vous venir dans l'esprit? Je suppose que j'aie, je ne dis pas la hardiesse, mais l'effronterie d'aller me présenter devant sa majesté pour lui faire une demande si extravagante, à qui m'adresserai-je pour m'introduire? Croyez-vous que le premier à qui j'en parlerais ne me traitât de folle, et ne me chassât pas indignement, comme je le mériterais? Je suppose encore qu'il n'y ait pas de difficulté à se présenter à l'audience du sultan; je sais qu'il n'y en a pas quand on s'y présente pour lui demander justice, et qu'il la rend volontiers à ses sujets quand ils la lui demandent. Je sais aussi que quand on se présente à lui pour lui demander une grace, il l'accorde avec plaisir quand il voit qu'on l'a méritée et qu'on en est digne. Mais êtes-vous dans ce cas-là, et croyez-vous avoir mérité la grace que vous voulez que je demande pour vous? En êtes-vous digne? Qu'avez-vous fait pour votre prince ou pour votre patrie, et en quoi vous êtes-vous distingué? Si vous n'avez rien fait pour mériter une si grande grace, et que d'ailleurs vous n'en soyez pas digne, avec quel front pourrais-je la demander? Comment pourrais-je seulement ouvrir la bouche pour la proposer au sultan? Sa présence toute majestueuse et l'éclat de sa cour me fermeraient la bouche aussitôt, à moi qui tremblais devant feu mon mari votre père, quand j'avais à lui demander la moindre chose. Il y a une autre raison, mon fils, à quoi vous ne pensez pas, qui est qu'on ne se présente pas devant nos sultans sans un présent à la main, quand on a quelque grace à leur demander. Les présents ont au moins cet avantage, que s'ils refusent la grace, pour les raisons qu'ils peuvent avoir, ils écoutent au moins la demande de celui qui la fait, sans aucune répugnance. Mais quel présent avez-vous à faire? Et quand vous auriez quelque chose qui fût digne de la moindre attention d'un si grand monarque, quelle proportion y aurait-il de votre présent avec la demande que vous voulez lui faire? Rentrez en vous-même, et songez que vous aspirez à une chose qu'il vous est impossible d'obtenir.

Aladdin écouta fort tranquillement tout ce que sa mère put lui dire pour tâcher de le détourner de son dessein; et après avoir fait réflexion sur tous les points de sa remontrance, il prit enfin la parole, et il lui dit : J'avoue, ma mère, que c'est une grande témérité à moi d'oser porter mes prétentions aussi loin que je fais, et une grande inconsidération d'avoir exigé de vous avec tant de chaleur et de promptitude, d'aller faire la proposition de mon mariage au sultan sans prendre auparavant les moyens propres à vous procurer une audience et un accueil favorables. Je vous en demande pardon; mais dans la violence de la passion qui me possède, ne vous étonnez pas si d'abord je n'ai pas envisagé tout ce qui peut servir à me procurer le repos que je cherche. J'aime la princesse Badroulboudour au-delà de ce que vous pouvez vous imaginer, ou plutôt, je l'adore, et je persévère toujours dans le dessein de l'épouser : c'est une chose arrêtée et résolue dans mon esprit. Je vous suis obligé de l'ouverture que vous venez de me faire : je la regarde comme la première démarche qui doit me procurer l'heureux succès que je me promets. Vous me dites que ce n'est pas la coutume de se présenter devant le sultan sans un présent à la main, et que je n'ai rien qui soit digne de lui. Je tombe d'accord du présent, et je vous avoue que je n'y avais pas pensé. Mais quant à ce que vous me dites que je n'ai rien qui puisse lui être présenté, croyez-vous, ma mère, que ce que j'ai apporté le jour que je fus délivré d'une mort inévitable de la manière que vous savez, ne soit pas de quoi faire un présent très agréable au sultan? Je parle de ce que j'ai apporté dans les deux bourses et dans ma ceinture, et que nous avons pris, vous et moi, pour des verres colorés; mais à présent je suis détrompé, et je vous apprends, ma mère, que ce sont des pierreries d'un prix inestimable, qui ne conviennent qu'à de grands monarques. J'en ai connu le mérite en fréquentant les boutiques de joailliers, et vous pouvez m'en croire sur ma parole. Toutes celles que j'ai vues chez nos marchands joailliers ne sont pas comparables à celles que nous possédons, ni en grosseur, ni en beauté, et cependant ils les font monter à des prix excessifs. A la vérité, nous ignorons, vous et moi, le prix des nôtres. Mais quoi qu'il en puisse être, autant que je puis en juger par le peu d'expérience que j'en ai, je suis persuadé que le présent ne peut être que très agréable au sultan. Vous avez une porcelaine assez grande et d'une forme très propre pour les contenir, apportez-la, et voyons l'effet qu'elles feront quand nous les y aurons arrangées selon leurs différentes couleurs.

La mère d'Aladdin apporta la porcelaine, et Aladdin tira les pierreries des deux bourses, et les arrangea dans la porcelaine. L'effet qu'elles firent au grand jour par la variété de leurs couleurs, par leur éclat et par leur brillant, fut tel que la mère et le fils en demeurèrent presque éblouis : ils en furent dans un grand étonnement, car ils ne les avaient vues l'un et l'autre qu'à la lumière d'une lampe. Il est vrai qu'Aladdin les avait vues chacune sur leur arbre, comme des fruits qui devaient faire un spectacle ravissant ; mais comme il était encore enfant, il n'avait regardé ces pierreries que comme des bijoux propres à s'en jouer, et il ne s'en était chargé que dans cette vue, et sans autre connaissance.

Après avoir admiré quelque temps la beauté du présent, Aladdin reprit la parole : Ma mère, dit-il, vous ne vous excuserez plus d'aller vous présenter au sultan, sous prétexte de n'avoir pas un présent à lui faire ; en voilà un, ce me semble, qui fera que vous serez reçue avec un accueil des plus favorables.

Quoique la mère d'Aladdin, nonobstant la beauté et l'éclat du présent, ne le crût pas d'un prix aussi grand que son fils l'estimait, elle jugea néanmoins qu'il pouvait être agréé, et elle sentait bien qu'elle n'avait rien à lui répliquer sur ce sujet ; mais elle en revenait toujours à la demande qu'Aladdin voulait qu'elle fît au sultan, à la faveur de ce présent ; cela l'inquiétait toujours fortement. Mon fils, lui disait-elle, je n'ai pas de peine à concevoir que le présent fera son effet, et que le sultan voudra bien me regarder de bon œil, mais quand il faudra que je m'acquitte de la demande que vous voulez que je lui fasse, je sens bien que je n'en aurai pas la force, et que je demeurerai muette. Ainsi, non seulement j'aurais perdu mes pas, mais même le présent, qui, selon vous, est d'une richesse si extraordinaire, et je reviendrais avec confusion vous annoncer que vous seriez frustré de votre espérance. Je vous l'ai déjà dit, et vous devez croire que cela arrivera ainsi. Mais, ajouta-t-elle, je veux que je me fasse violence pour me soumettre à votre volonté, et que j'aie assez de force pour oser faire la demande que vous voulez que je fasse, il arrivera très certainement ou que le sultan se moquera de moi et me renverra comme une folle, ou qu'il se mettra dans une juste colère, dont immanquablement nous serons, vous et moi, les victimes.

La mère d'Aladdin dit encore à son fils plusieurs autres raisons pour tâcher de le faire changer de sentiment ; mais les charmes de la princesse Badroulboudour avaient fait une impression trop forte dans son cœur pour le détourner de son dessein. Aladdin persista à exiger de sa mère qu'elle exécutât ce qu'il avait résolu, et autant par la tendresse qu'elle avait pour lui, que par la crainte qu'il ne s'abandonnât à quelque extrémité fâcheuse, elle vainquit sa répugnance, et elle condescendit à la volonté de son fils.

Comme il était trop tard, et que le temps d'aller au palais pour se présenter au sultan ce jour-là était passé, la chose fut remise au lendemain. La mère et le fils ne s'entretinrent d'autre chose le reste de la journée, et Aladdin prit un grand soin d'inspirer à sa mère tout ce qui lui vint dans la pensée pour la confirmer dans le parti qu'elle avait enfin accepté, d'aller se présenter au sultan. Malgré toutes les raisons du fils, la mère ne pouvait se persuader qu'elle pût jamais réussir dans cette affaire ; et véritablement il faut avouer qu'elle avait tout lieu d'en douter. Mon fils, dit-elle à Aladdin, si le sultan me reçoit aussi favorablement que je le souhaite pour l'amour de vous, qu'il écoute tranquillement la proposition que vous voulez que je lui fasse, mais qu'après ce bon accueil il s'avise de me demander où sont vos biens, vos richesses et vos états, car c'est de quoi il s'informera avant toutes choses, plutôt que de votre personne ; si, dis-je, il me fait cette demande, que voulez-vous que je lui réponde ?

Ma mère, répondit Aladdin, ne nous inquiétons point par avance d'une chose qui peut-être n'arrivera pas. Voyons premièrement l'accueil que vous fera le sultan, et la réponse qu'il vous donnera. S'il arrive qu'il veuille être informé de tout ce que vous venez de dire, je verrai alors la réponse que j'aurai à lui faire. J'ai confiance que la lampe, par le moyen de laquelle nous subsistons depuis quelques années, ne me manquera pas dans le besoin.

La mère d'Aladdin n'eut rien à répliquer à ce que son fils venait de lui dire. Elle fit réflexion que la lampe dont il parlait pouvait bien servir à de plus grandes merveilles qu'à leur procurer simplement de quoi vivre. Cela la satisfit, et leva en même temps toutes les difficultés qui auraient pu encore la détourner du service qu'elle avait promis de rendre à son fils auprès du sultan. Aladdin, qui pénétra dans la pensée de sa mère, lui dit : Ma mère, au moins souvenez-vous de garder le secret; c'est de là que dépend tout le bon succès que nous devons attendre, vous et moi, de cette affaire. Aladdin et sa mère se séparèrent pour prendre quelque repos; mais l'amour violent et les grands projets d'une fortune immense dont le fils avait l'esprit tout rempli, l'empêchèrent de passer la nuit aussi tranquillement qu'il aurait bien souhaité. Il se leva avant la pointe du jour, et alla aussitôt éveiller sa mère. Il la pressa de s'habiller le plus promptement qu'elle pourrait, afin d'aller se rendre à la porte du palais du sultan, et d'y entrer à l'ouverture, en même temps que le grand-visir, les visirs subalternes, et tous les grands officiers de l'état y entraient pour la séance du divan, où le sultan assistait toujours en personne.

La mère d'Aladdin fit tout ce que son fils voulut. Elle prit la porcelaine où était le présent de pierreries, l'enveloppa dans un double linge, l'un très fin et très propre, l'autre moins fin, qu'elle lia par les quatre coins pour le porter plus aisément. Elle partit enfin avec une grande satisfaction d'Aladdin, et elle prit le chemin du palais du sultan. Le grand-visir, accompagné des autres visirs, et les seigneurs de la cour les plus qualifiés étaient déjà entrés quand elle arriva à la porte. La foule de tous ceux qui avaient des affaires au divan était grande. On ouvrit, et elle marcha avec eux jusqu'au divan. C'était un très beau salon, profond et spacieux, dont l'entrée était grande et magnifique. Elle s'arrêta, et se rangea de manière qu'elle avait en face le sultan, le grand-visir, et les seigneurs qui avaient séance au conseil à droite et à gauche. On appela les parties les unes après les autres, selon l'ordre des requêtes qu'elles avaient présentées, et leurs affaires furent rapportées, plaidées et jugées jusqu'à l'heure ordinaire de la séance du divan. Alors le sultan se leva, congédia le conseil, et rentra dans son appartement, où il fut suivi par le grand-visir. Les autres visirs et les ministres du conseil se retirèrent. Tous ceux qui s'y étaient trouvés pour des affaires particulières, firent la même chose, les uns contents du gain de leur procès, les autres mal satisfaits du jugement rendu contre eux, et d'autres enfin avec l'espérance d'être jugés dans une autre séance.

La mère d'Aladdin, qui avait vu le sultan se lever et se retirer, jugea bien qu'il ne reparaîtrait pas davantage ce jour-là, en voyant tout le monde sortir; ainsi elle prit le parti de retourner chez elle. Aladdin, qui la vit rentrer avec le présent destiné au sultan, ne sut d'abord que penser du succès de son voyage. Dans la crainte où il était qu'elle n'eût quelque chose de sinistre à lui annoncer, il n'avait pas la force d'ouvrir la bouche pour lui demander quelle nouvelle elle apportait. La bonne mère, qui n'avait jamais mis le pied dans le palais du sultan, et qui n'avait pas la moindre connaissance de ce qui s'y pratiquait ordinairement, tira son fils de l'embarras où il était, en lui disant avec une grande naïveté : Mon fils, j'ai vu le sultan, et je suis bien persuadée qu'il m'a vue aussi. J'étais placée devant lui, et personne ne l'empêchait de me voir ; mais il était si fort occupé par tous ceux qui lui parlaient à droite et à gauche, qu'il me faisait compassion de voir la peine et la patience qu'il se donnait à les écouter. Cela a duré si longtemps, qu'à la fin je crois qu'il s'est ennuyé ; car il s'est levé sans qu'on s'y attendît, et il s'est retiré assez brusquement, sans vouloir entendre quantité d'autres personnes qui étaient en rang pour lui parler à leur tour. Cela m'a fait cependant un grand plaisir. En effet, je commençais à perdre patience, et j'étais extrêmement fatiguée de demeurer debout si longtemps; mais il n'y a rien de gâté : je ne manquerai pas d'y retourner demain; le sultan ne sera peut-être pas si occupé.

Quelque amoureux que fût Aladdin, il fut contraint de se contenter de cette excuse, et de s'armer de patience. Il eut au moins la satisfaction de voir que sa mère avait fait la démarche la plus difficile, qui était de soutenir la vue du sultan, et d'espérer qu'à l'exemple de ceux qui lui avaient parlé en sa présence, elle n'hésiterait pas aussi à s'acquitter de la commission dont elle était chargée, quand le moment favorable de lui parler se présenterait.

Le lendemain, d'aussi grand matin que le jour précédent, la mère d'Aladdin alla encore au palais du sultan avec le présent de pierreries; mais son voyage fut inutile : elle trouva la porte du divan fermée, et elle apprit qu'il n'y avait de conseil que de deux jours l'un, et qu'ainsi il fallait qu'elle revînt le jour suivant. Elle s'en alla porter cette nouvelle à son fils, qui fut obligé de renouveler sa patience. Elle y retourna six autres fois aux jours marqués, en se plaçant toujours devant le sultan, mais avec aussi peu de succès que la première, et peut-être qu'elle y serait retournée cent autres fois aussi inutilement, si le sultan, qui la voyait toujours vis-à-vis de lui à chaque séance, n'eût fait attention à elle. Cela est d'autant plus probable, qu'il n'y avait que ceux qui avaient des requêtes à présenter qui approchaient du sultan, chacun à leur tour, pour plaider leur cause dans leur rang; et la mère d'Aladdin n'était point dans ce cas-là.

Ce jour-là enfin, après la levée du conseil, quand le sultan fut rentré dans son appartement, il dit à son grand-visir : Il y a déjà quelque temps que je remarque une certaine femme qui vient réglément chaque jour que je tiens mon conseil, et qui porte quelque chose d'enveloppé dans un linge; elle se tient debout depuis le commencement de l'audience jusqu'à la fin, et affecte de se mettre toujours devant moi : savez-vous ce qu'elle demande?

Le grand-visir, qui n'en savait pas plus que le sultan, ne voulut pas néanmoins demeurer court. Sire, répondit-il, votre majesté n'ignore pas que les femmes forment souvent des plaintes sur des sujets de rien : celle-ci apparemment vient porter sa plainte devant votre majesté sur ce qu'on lui a vendu de la mauvaise farine, ou sur quelque autre tort d'aussi peu de conséquence. Le sultan ne se satisfit pas de cette réponse. Au premier jour du conseil, reprit-il, si cette femme revient, ne manquez pas de la faire appeler, afin que je l'entende. Le grand-visir ne lui répondit qu'en baisant la main et en la portant au-dessus de sa tête, pour marquer qu'il était prêt de la perdre s'il y manquait.

La mère d'Aladdin s'était déja fait une habitude si grande de paraître au conseil devant le sultan, qu'elle comptait sa peine pour rien, pourvu qu'elle fît connaître à son fils qu'elle n'oubliait rien de tout ce qui dépendait d'elle pour lui complaire. Elle retourna donc au palais le jour du conseil, et elle se plaça à l'entrée du divan, vis-à-vis le sultan, à son ordinaire.

Le grand-visir n'avait pas encore commencé à rapporter aucune affaire quand le sultan aperçut la mère d'Aladdin. Touché de compassion de la longue patience dont il avait été témoin : Avant toutes choses, de crainte que vous ne l'oubliiez, dit-il au grand-visir, voilà la femme dont je vous parlais dernièrement; faites-la venir, et commençons par l'entendre et par expédier l'affaire qui l'amène. Aussitôt le grand-visir montra cette femme au chef des huissiers qui était debout, prêt à recevoir ses ordres, et lui commanda d'aller la prendre et de la faire avancer.

Le chef des huissiers vint jusqu'à la mère d'Aladdin ; et, au signe qu'il fit, elle le suivit jusqu'au pied du trône du sultan, où il la laissa pour aller se ranger à sa place près du grand-visir.

La mère d'Aladdin, instruite par l'exemple de tant d'autres qu'elle avait vus aborder le sultan, se prosterna le front contre le tapis qui couvrait les marches du trône, et elle demeura en cet état jusqu'à ce que le sultan lui commandât de se relever. Elle se leva ; et alors : Bonne femme, lui dit le sultan, il y a longtemps que je vous vois venir à mon divan, et demeurer à l'entrée depuis le commencement jusqu'a la fin : quelle affaire vous amène ici?

La mère d'Aladdin se prosterna une seconde fois, après avoir entendu ces paroles ; et quand elle fut relevée : Monarque au-dessus des monarques du monde, dit-elle, avant d'exposer à votre majesté le sujet extraordinaire, et même presque incroyable, qui me fait paraître devant son trône sublime, je la supplie de me pardonner la hardiesse, pour ne pas dire l'impudence de la demande que je viens lui faire : elle est si peu commune, que je tremble, et que j'ai honte de la proposer à mon sultan. Pour lui donner la liberté entière de s'expliquer, le sultan commanda que tout le monde sortît du divan, et qu'on le laissât seul avec son grand-visir, et alors il lui dit qu'elle pouvait parler et s'expliquer sans crainte.

La mère d'Aladdin ne se contenta pas de la bonté du sultan, qui venait de lui épargner la peine qu'elle eût pu souffrir en parlant devant tout le monde ; elle voulut encore se mettre à couvert de l'indignation qu'elle avait à craindre de la proposition qu'elle devait lui faire, et à laquelle il ne s'attendait pas. Sire, dit-elle en reprenant la parole, j'ose encore supplier votre majesté, au cas qu'elle trouve la demande que j'ai à lui faire offensante ou injurieuse en la moindre chose, de m'assurer auparavant de son pardon, et de m'en accorder la grace. Quoi que ce puisse être, repartit le sultan, je vous le pardonne dès à présent, et il ne vous en arrivera pas le moindre mal : parlez hardiment.

Quand la mère d'Aladdin eut pris toutes ses précautions, en femme qui redoutait la colère du sultan sur une proposition aussi délicate que celle qu'elle avait à lui faire, elle lui raconta fidèlement dans quelle occasion Aladdin avait vu la princesse Badroulboudour, l'amour violent que cette vue fatale lui avait inspiré, la déclaration qu'il lui en avait faite, tout ce qu'elle lui avait représenté pour le détourner d'une passion non moins injurieuse à sa majesté qu'à la princesse sa fille. Mais, continua-t-elle, mon fils, bien loin d'en profiter et de reconnaître sa hardiesse, s'est obstiné à y persévérer jusqu'au point de me menacer de quelque action de désespoir si je refusais de venir demander la princesse en mariage à votre majesté; et ce n'a été qu'après m'être fait une violence extrême que j'ai été contrainte d'avoir cette complaisance pour lui, de quoi je supplie encore une fois votre majesté de m'accorder le pardon, non seulement à moi, mais même à Aladdin mon fils, d'avoir eu la pensée téméraire d'aspirer à une si haute alliance.

Le sultan écouta tout ce discours avec beaucoup de douceur et de bonté, sans donner aucune marque de colère ou d'indignation, et même sans prendre la demande en raillerie.

Mais avant de donner réponse à cette bonne femme, il lui demanda ce que c'était que ce qu'elle avait apporté enveloppé dans un linge. Aussitôt elle prit le vase de porcelaine qu'elle avait mis au pied du trône avant de se prosterner; elle le découvrit et le présenta au sultan.

On ne saurait exprimer la surprise et l'étonnement du sultan, lorsqu'il vit rassemblées dans ce vase tant de pierreries si considérables, si précieuses, si parfaites, si éclatantes, et d'une grosseur dont il n'en avait point encore vu de pareilles. Il resta quelque temps dans une si grande admiration, qu'il en était immobile. Après être enfin revenu à lui, il reçut le présent des mains de la mère d'Aladdin, en s'écriant avec un transport de joie : Ah! que cela est beau! que cela est riche! Après avoir admiré et manié presque toutes les pierreries l'une après l'autre, et les prisant chacune par l'endroit qui les distinguait, il se tourna du côté de son grand-visir, en lui montrant le vase : Vois, dit-il, et conviens qu'on ne peut rien voir au monde de plus riche et de plus parfait. Le visir en fut charmé. Hé bien! continua le sultan, que dis-tu d'un tel présent? N'est-il pas digne de la princesse ma fille, et ne puis-je pas la donner à ce prix-là à celui qui me la fait demander?

Ces paroles mirent le grand-visir dans une étrange agitation. Il y avait quelque temps que le sultan lui avait fait entendre que son intention était de donner la princesse sa fille en mariage à un fils qu'il avait. Il craignit, et ce n'était pas sans fondement, que le sultan, ébloui par un présent si riche et si extraordinaire, ne changeât de sentiment. Il s'approcha du sultan; et en lui parlant à l'oreille : Sire, dit-il, on ne peut disconvenir que le présent ne soit digne de la princesse; mais je supplie votre majesté de m'accorder trois mois avant de se déterminer : j'espère qu'avant ce temps-là, mon fils, sur qui elle a eu la bonté de me témoigner qu'elle avait jeté les yeux, aura de quoi lui en faire un d'un plus grand prix que celui d'Aladdin, que votre majesté ne connaît pas. Le sultan, quoique bien persuadé qu'il n'était pas possible que son grand-visir pût trouver à son fils de quoi faire un présent d'une aussi grande valeur à la princesse sa fille, ne laissa pas néanmoins de l'écouter, et de lui accorder cette grace. Ainsi, en se retournant du côté de la mère d'Aladdin, il lui dit : Allez, bonne femme, retournez chez vous, et dites à votre fils que j'agrée la proposition que vous m'avez faite de sa part, mais que je ne puis marier la princesse ma fille que je ne lui aie fait faire un ameublement qui ne sera prêt que dans trois mois. Ainsi, revenez en ce temps-là.

La mère d'Aladdin retourna chez elle avec une joie d'autant plus grande, que, par rapport à son état, elle avait d'abord regardé l'accès auprès du sultan comme impossible, et que d'ailleurs elle avait obtenu une réponse si favorable, au lieu qu'elle ne s'était attendue qu'à un rebut qui l'aurait couverte de confusion. Deux choses firent juger à Aladdin, quand il vit rentrer sa mère, qu'elle lui apportait une bonne nouvelle : l'une, qu'elle revenait de meilleure heure qu'à l'ordinaire; et l'autre, qu'elle avait le visage gai et ouvert. Hé bien! ma mère, lui dit-il, dois-je espérer? dois-je mourir de désespoir? Quand elle eut quitté son voile, et qu'elle se fut assise sur le sofa avec lui : Mon fils, dit-elle, pour ne vous pas tenir trop longtemps dans l'incertitude, je commencerai par vous dire que, bien loin de songer à mourir, vous avez tout sujet d'être content. En poursuivant son discours, elle lui raconta de quelle manière elle avait eu audience avant tout le monde, ce qui était cause qu'elle était revenue de si bonne heure; les précautions qu'elle avait prises pour faire au sultan, sans qu'il s'en offensât, la proposition de mariage de la princesse Badroulboudour avec lui, et la réponse toute favorable que le sultan lui avait faite de sa propre bouche. Elle ajouta que, autant qu'elle en pouvait juger par les marques que le sultan en avait données, le présent, sur toutes choses, avait fait un puissant effet sur son esprit pour le déterminer à la réponse favorable qu'elle rapportait. Je m'y attendais d'autant moins, dit-elle encore, que le grand-visir lui avait parlé à l'oreille avant qu'il me la fît, et que je craignais qu'il ne le détournât de la bonne volonté qu'il pouvait avoir pour vous.

Aladdin s'estima le plus heureux des mortels en apprenant cette nouvelle. Il remercia sa mère de toutes les peines qu'elle s'était données dans la poursuite de cette affaire, dont l'heureux succès était si important pour son repos; et quoique dans l'impatience où il était de jouir de l'objet de sa passion, trois mois lui parussent d'une longueur extrême, il se disposa néanmoins à attendre avec patience, fondé sur la parole du sultan, qu'il regardait comme irrévocable. Pendant qu'il comptait non seulement les heures, les jours et les semaines, mais même jusqu'aux moments, en attendant que le terme fût passé, environ deux mois s'étaient écoulés, quand sa mère, un soir, en voulant allumer la lampe, s'aperçut qu'il n'y avait plus d'huile dans la maison. Elle sortit pour en aller acheter; et en avançant dans la ville, elle vit que tout y était en fête. En effet, les boutiques, au lieu d'être fermées, étaient ouvertes; on les ornait de feuillages, on y préparait des illuminations, chacun s'efforçait à qui les ferait avec plus de pompe et de magnificence pour mieux marquer son zèle : tout le monde enfin donnait des démonstrations de joie et de réjouissance. Les rues étaient même embarrassées par des officiers en habits de cérémonie, montés sur des chevaux richement harnachés, et environnés d'un grand nombre de valets de pied qui allaient et venaient. Elle demanda au marchand chez qui elle achetait son huile ce que tout cela signifiait. D'où venez-vous, ma bonne dame? lui dit-il; ne savez-vous pas que le fils du grand-visir épouse ce soir la princesse Badroulboudour, fille du sultan? Elle va bientôt sortir du bain, et les officiers que vous voyez s'assemblent pour lui faire cortége jusqu'au palais où se doit faire la cérémonie.

La mère d'Aladdin ne voulut pas en apprendre davantage. Elle revint en si grande diligence, qu'elle rentra chez elle presque hors d'haleine. Elle trouva son fils qui ne s'attendait à rien moins qu'à la fâcheuse nouvelle qu'elle lui apportait. Mon fils, s'écria-t-elle, tout est perdu pour vous! Vous comptiez sur la belle promesse du sultan, il n'en sera rien. Aladdin alarmé de ces paroles : Ma mère, reprit-il, par quel endroit le sultan ne tiendrait-il pas sa promesse? Comment le savez-vous? Ce soir, repartit la mère, le fils du grand-visir épouse la princesse Badroulboudour dans le palais. Elle lui raconta de quelle manière elle venait de l'apprendre, par tant de circonstances qu'il n'eut pas lieu d'en douter.

A cette nouvelle, Aladdin demeura immobile, comme s'il eût été frappé d'un coup de foudre. Tout autre que lui en eût été accablé; mais une jalousie secrète l'empêcha d'y demeurer longtemps. Dans le moment il se souvint de la lampe qui lui avait été si utile jusqu'alors; et sans aucun emportement en vaines paroles contre le sultan, contre le grand-visir, ou contre le fils de ce ministre, il dit seulement : Ma mère, le fils du grand-visir ne sera peut-être pas cette nuit aussi heureux qu'il se le promet. Pendant que je vais dans ma chambre pour un moment, préparez-nous à souper.

La mère d'Aladdin comprit bien que son fils voulait faire usage de la lampe pour empêcher, s'il était possible, que le mariage du fils du grand-visir avec la princesse ne vînt jusqu'à la consommation, et elle ne se trompait pas. En effet, quand Aladdin fut dans sa chambre, il prit la lampe merveilleuse qu'il y avait portée, en l'ôtant de devant les yeux de sa mère, après que l'apparition du génie lui eut fait une si grande peur ; il prit, dis-je, la lampe, et il la frotta au même endroit que les autres fois. A l'instant le génie parut devant lui :

« Que veux-tu ? dit-il à Aladdin ; me voici prêt à t'obéir
« comme ton esclave, et de tous ceux qui ont la lampe à la
« main, moi et les autres esclaves de la lampe. »

Écoute, lui dit Aladdin, tu m'as apporté jusqu'à présent de quoi me nourrir quand j'en ai eu besoin, il s'agit présentement d'une affaire de tout autre importance. J'ai fait demander en mariage au sultan la princesse Badroulboudour sa fille ; il me l'a promise, et il m'a demandé un délai de trois mois. Au lieu de tenir sa promesse, ce soir, avant le terme échu, il la marie au fils du grand-visir : je viens de l'apprendre, et la chose est certaine. Ce que je te demande, c'est que, dès que le nouvel époux et la nouvelle épouse seront couchés, tu les enlèves, et que tu les apportes ici tous deux dans leur lit.

Mon maître, reprit le génie, je vais t'obéir. As-tu autre chose à me commander ?

Rien autre chose pour le présent, repartit Aladdin. En même temps le génie disparut.

Aladdin revint trouver sa mère ; il soupa avec elle, avec la même tranquillité qu'il avait coutume de le faire. Après le souper, il s'entretint quelque temps avec elle du mariage de la princesse, comme d'une chose qui ne l'embarrassait plus. Il retourna à sa chambre, et il laissa sa mère en liberté de se coucher. Pour lui, il ne se coucha pas, mais il attendit le retour du génie et l'exécution du commandement qu'il lui avait fait.

Pendant ce temps-là, tout avait été préparé avec bien de la magnificence dans le palais du sultan pour la célébration des noces de la princesse, et la soirée se passa en cérémonies et en réjouissances jusque bien avant dans la nuit. Quand tout fut achevé, le fils du grand-visir, au signal que lui fit le chef des eunuques de la princesse, s'échappa adroitement, et cet officier l'introduisit dans l'appartement de la princesse son épouse, jusqu'à la chambre où le lit nuptial était préparé. Il se coucha le premier. Peu de temps après, la sultane, accompagnée de ses femmes et de celles de la princesse sa fille, amena la nouvelle épouse. Elle faisait de grandes résistances, selon la coutume des nouvelles mariées. La sultane aida à la déshabiller, la mit dans le lit comme par force, et, après l'avoir embrassée en lui souhaitant la bonne nuit, elle se retira avec toutes les femmes; et la dernière qui sortit ferma la porte de la chambre.

A peine la porte de la chambre fut fermée, que le génie, comme esclave fidèle de la lampe, et exact à exécuter les ordres de ceux qui l'avaient à la main, sans donner le temps à l'époux de faire la moindre caresse à son épouse, enlève le lit avec l'époux et l'épouse, au grand étonnement de l'un et de l'autre, et en un instant le transporte dans la chambre d'Aladdin, où il le pose.

Aladdin, qui attendait ce moment avec impatience, ne souffrit pas que le fils du grand-visir demeurât couché avec la princesse. Prends ce nouvel époux, dit-il au génie, enferme-le dans le privé, et reviens demain matin un peu après la pointe du jour. Le génie enleva aussitôt le fils du grand-visir hors du lit, en chemise, et le transporta dans le lieu qu'Aladdin lui avait dit, où il le laissa, après avoir jeté sur lui un souffle qu'il sentit depuis la tête jusqu'aux pieds, et qui l'empêcha de remuer de la place.

Quelque grande que fût la passion d'Aladdin pour la princesse Badroulboudour, il ne lui tint pas néanmoins un long discours, lorsqu'il se vit seul avec elle. Ne craignez rien, adorable princesse, lui dit-il d'un air tout passionné, vous êtes ici en sûreté ; et quelque violent que soit l'amour que je ressens pour votre beauté et pour vos charmes, il ne me fera jamais sortir des bornes du profond respect que je vous dois. Si j'ai été forcé, ajouta-t-il, d'en venir à cette extrémité, ce n'a pas été dans la vue de vous offenser, mais pour empêcher qu'un injuste rival ne vous possédât, contre la parole donnée par le sultan votre père en ma faveur.

La princesse, qui ne savait rien de ces particularités, fit fort peu d'attention à tout ce qu'Aladdin put lui dire. Elle n'était nullement en état de lui répondre. La frayeur et l'étonnement où elle était d'une aventure si surprenante et si peu attendue, l'avaient mise dans un tel état, qu'Aladdin n'en put tirer aucune parole. Aladdin n'en demeura pas là : il prit le parti de se déshabiller, et il se coucha à la place du fils du grand-visir, le dos tourné du côté de la princesse, après avoir eu la précaution de mettre un sabre entre elle et lui, pour marquer qu'il mériterait d'en être puni s'il attentait à son honneur.

Aladdin, content d'avoir ainsi privé son rival du bonheur dont il s'était flatté de jouir cette nuit-là, dormit assez tranquillement. Il n'en fut pas de même de la princesse Badroulboudour : de sa vie il ne lui était arrivé de passer une nuit aussi fâcheuse et aussi désagréable que celle-là, et si l'on veut bien faire réflexion au lieu et à l'état où le génie avait laissé le fils du grand-visir, on jugera que ce nouvel époux la passa d'une manière beaucoup plus affligeante.

Le lendemain, Aladdin n'eut pas besoin de frotter la lampe pour appeler le génie. Il revint à l'heure qu'il lui avait marquée, et dans le temps qu'il achevait de s'habiller: Me voici, dit-il à Aladdin. Qu'as-tu à me commander?

Va reprendre, lui dit Aladdin, le fils du grand-visir où tu l'as mis, viens le remettre dans ce lit, et reporte-le où tu l'as pris dans le palais du sultan. Le génie alla relever le fils du grand-visir de sentinelle, et Aladdin reprenait son sabre quand il reparut. Il mit le nouvel époux près de la princesse, et en un instant il reporta le lit nuptial dans la même chambre du palais du sultan d'où il l'avait apporté.

Il faut remarquer qu'en tout ceci le génie ne fut aperçu ni de la princesse, ni du fils du grand-visir. Sa forme hideuse eût été capable de les faire mourir de frayeur. Ils n'entendirent même rien des discours d'entre Aladdin et lui ; et ils ne s'aperçurent que de l'ébranlement du lit et de leur transport d'un lieu à un autre : c'était bien assez pour leur donner la frayeur qu'il est aisé d'imaginer.

Le génie ne venait que de poser le lit nuptial en sa place, quand le sultan, curieux d'apprendre comment la princesse sa fille avait passé la première nuit de ses noces, entra dans la chambre pour lui souhaiter le bonjour. Le fils du grand-visir, morfondu du froid qu'il avait souffert toute la nuit, et qui n'avait pas encore eu le temps de se réchauffer, n'eut pas sitôt entendu qu'on ouvrait la porte, qu'il se leva, et passa dans une garde-robe où il s'était déshabillé le soir.

Le sultan approcha du lit de la princesse, la baisa entre les deux yeux, selon la coutume, en lui souhaitant le bonjour, et lui demanda en souriant comment elle se trouvait de la nuit passée; mais en relevant la tête, et en la regardant avec plus d'attention, il fut extrêmement surpris de la voir dans une grande mélancolie, et de ce qu'elle ne lui marquait, ni par la rougeur qui eût pu lui monter au visage, ni par aucun autre signe, ce qui eût pu satisfaire sa curiosité. Elle lui jeta seulement un regard des plus tristes, d'une manière qui marquait une grande affliction, ou un grand mécontentement. Il lui dit encore quelques paroles; mais comme il vit qu'il n'en pouvait tirer d'elle, il s'imagina qu'elle le faisait par pudeur, et il se retira. Il ne laissa pas néanmoins de soupçonner qu'il y avait quelque chose d'extraordinaire dans son silence; ce qui l'obligea d'aller sur-le-champ à l'appartement de la sultane, à qui il fit le récit de l'état où il avait trouvé la princesse, et de la réception qu'elle lui avait faite. Sire, lui dit la sultane, cela ne doit pas surprendre votre majesté : il n'y a pas de nouvelle mariée qui n'ait la même retenue le lendemain de ses noces. Ce ne sera pas la même chose dans deux ou trois jours : alors elle recevra le sultan son père comme elle le doit. Je vais la voir, ajouta-t-elle, et je suis bien trompée si elle me fait le même accueil.

Quand la sultane fut habillée, elle se rendit à l'appartement de la princesse, qui n'était pas encore levée : elle s'approcha de son lit, et elle lui donna le bonjour, en l'embrassant; mais sa surprise fut des plus grandes, non seulement de ce qu'elle ne lui répondait rien, mais même de ce qu'en la regardant, elle s'aperçut qu'elle était dans un grand abattement, qui lui fit juger qu'il lui était arrivé quelque chose qu'elle ne pénétrait pas. Ma fille, lui dit la sultane, d'où vient que vous répondez si mal aux caresses que je vous fais? Est-ce avec votre mère que vous devez faire toutes ces façons? et doutez-vous que je ne sois pas instruite de ce qui peut arriver dans une pareille circonstance que celle où vous êtes? Je veux bien croire que vous n'avez pas cette pensée; il faut donc qu'il vous soit arrivé quelque autre chose; avouez-le-moi franchement, et ne me laissez pas plus longtemps dans une inquiétude qui m'accable.

La princesse Badroulboudour rompit enfin le silence par un grand soupir : Ah! madame et très honorée mère, s'écria-t-elle, pardonnez-moi si j'ai manqué au respect que je vous dois! j'ai l'esprit si fortement occupé des choses extraordinaires qui me sont arrivées cette nuit, que je ne suis pas encore bien revenue de mon étonnement ni de mes frayeurs, et que j'ai même de la peine à me reconnaître moi-même. Alors elle lui raconta avec les couleurs les plus vives, de quelle manière, un instant après qu'elle et son époux furent couchés, le lit avait été enlevé et transporté en un moment dans une chambre malpropre et obscure, où elle s'était vue seule et séparée de son époux, sans savoir ce qu'il était devenu, et où elle avait vu un jeune homme, lequel, après lui avoir dit quelques paroles que la frayeur l'avait empêché d'entendre, s'était couché avec elle à la place de son époux, après avoir mis son sabre entre elle et lui, et que le matin son époux lui avait été rendu, et le lit rapporté en sa place en aussi peu de temps. Tout cela ne venait que d'être fait, ajouta-t-elle, quand le sultan mon père est entré dans ma chambre; j'étais si accablée de tristesse, que je n'ai pas eu la force de lui répondre une seule parole : ainsi je ne doute pas qu'il ne soit indigné de la manière dont j'ai reçu l'honneur qu'il m'a fait; mais j'espère qu'il me pardonnera quand il saura ma triste aventure, et l'état pitoyable où je me trouve encore en ce moment.

La sultane écouta tranquillement tout ce que la princesse voulut bien lui raconter; mais elle ne voulut pas y ajouter foi. Ma fille, lui dit-elle, vous avez bien fait de ne point parler de cela au sultan votre père. Gardez-vous bien d'en rien dire à personne : on vous prendrait pour une folle, si on vous entendait parler de la sorte. Madame, reprit la princesse, je puis vous assurer que je vous parle de bon sens; vous pouvez vous en informer à mon époux, il vous dira la même chose. Je m'en informerai, repartit la sultane, mais quand il m'en parlerait comme vous, je n'en serais pas plus persuadée que je le suis. Levez-vous cependant, et ôtez-vous cette imagination de l'esprit; il ferait beau voir que vous troublassiez par une pareille vision les fêtes ordonnées pour vos noces, et qui doivent se continuer plusieurs jours dans ce palais et dans tout le royaume! N'entendez-vous pas déjà les fanfares et les concerts de trompettes, de timbales et de tambours? Tout cela vous doit inspirer de la joie et le plaisir, et vous faire oublier toutes les fantaisies dont vous venez de me parler. En même temps la sultane appela les femmes de la princesse; et après qu'elle l'eut fait lever, et qu'elle l'eut vue se mettre à sa toilette, elle alla à l'appartement du sultan: elle lui dit que quelque fantaisie avait passé véritablement par la tête de sa fille, mais que ce n'était rien. Elle fit appeler le fils du visir, pour savoir de lui quelque chose de ce que la princesse lui avait dit; mais le fils du visir, qui s'estimait infiniment honoré de l'alliance du sultan, avait pris le parti de dissimuler. Mon gendre, lui dit la sultane, dites-moi, êtes-vous dans le même entêtement que votre épouse? Madame, reprit le fils du visir, oserais-je vous demander à quel sujet vous me faites cette demande? Cela suffit, repartit la sultane, je n'en veux pas savoir davantage : vous êtes plus sage qu'elle.

Les réjouissances continuèrent toute la journée dans le palais; et la sultane, qui n'abandonna pas la princesse, n'oublia rien pour lui inspirer la joie, et pour lui faire prendre part aux divertissements qu'on lui donnait par différentes sortes de spectacles: mais elle était tellement frappée des idées de ce qui lui était arrivé la nuit, qu'il était aisé de voir qu'elle en était tout occupée. Le fils du grand-visir n'était pas moins accablé de la mauvaise nuit qu'il avait passée; mais son ambition le fit dissimuler; et, à le voir, personne ne douta qu'il ne fût un époux très heureux.

Aladdin, qui était bien informé de ce qui se passait au palais, ne douta pas que les nouveaux mariés ne dussent coucher encore ensemble, malgré la fâcheuse aventure qui leur était arrivée la nuit d'auparavant. Aladdin n'avait point envie de les laisser en repos. Ainsi, dès que la nuit fut un peu avancée, il eut recours à la lampe. Aussitôt le génie parut, et fit à Aladdin le même compliment que les autres fois, en lui offrant son service. Le fils du grand-visir et la princesse Badroulboudour, lui dit Aladdin, doivent coucher encore ensemble cette nuit; va, et du moment qu'ils seront couchés, apporte-moi le lit ici, comme hier.

Le génie servit Aladdin avec autant de fidélité et d'exactitude que le jour de devant : le fils du grand-visir passa la nuit aussi froidement et aussi désagréablement qu'il l'avait déjà fait, et la princesse eut la même mortification d'avoir Aladdin pour compagnon de sa couche, le sabre posé entre elle et lui. Le génie, suivant les ordres d'Aladdin, revint le lendemain, remit l'époux auprès de son épouse, enleva le lit avec les nouveaux mariés, et le reporta dans la chambre du palais où il l'avait pris.

Le sultan, après la réception que la princesse Badroulboudour lui avait faite le jour précédent, inquiet de savoir comment elle aurait passé la seconde nuit, et si elle lui ferait une réception pareille à celle qu'elle lui avait déjà faite, se rendit à sa chambre d'aussi bon matin, pour en être éclairci. Le fils du grand-visir, plus honteux et plus mortifié du mauvais succès de cette dernière nuit que de la première, à peine eut entendu venir le sultan, qu'il se leva avec précipitation, et se jeta dans la garde-robe.

Le sultan s'avança jusqu'au lit de la princesse, en lui donnant le bonjour, et après lui avoir fait les mêmes caresses que le jour précédent : Hé bien! ma fille, dit-il, êtes-vous ce matin d'aussi mauvaise humeur que vous l'étiez hier? Me direz-vous comment vous avez passé la nuit? La princesse garda le même silence, et le sultan s'aperçut qu'elle avait l'esprit beaucoup moins tranquille, et qu'elle était plus abattue que la première fois. Il ne douta pas que quelque chose d'extraordinaire ne lui fût arrivé. Alors irrité du mystère qu'elle lui en faisait : Ma fille, lui dit-il tout en colère et le sabre à la main, ou vous me direz ce que vous me cachez, ou je vais vous couper la tête tout à l'heure.

La princesse, plus effrayée du ton et de la menace du sultan offensé, que de la vue du sabre nu, rompit enfin le silence : Mon cher père et mon sultan, s'écria-t-elle les larmes aux yeux, je demande pardon à votre majesté, si je l'ai offensée ; j'espère de sa bonté et de sa clémence qu'elle fera succéder la compassion à la colère, quand je lui aurai fait le récit fidèle du triste et pitoyable état où je me suis trouvée toute cette nuit et toute la nuit passée.

Après ce préambule qui apaisa et qui attendrit un peu le sultan, elle lui raconta fidèlement tout ce qui lui était arrivé pendant ces deux fâcheuses nuits, mais d'une manière si touchante, qu'il en fut vivement pénétré de douleur, par l'amour et par la tendresse qu'il avait pour elle. Elle finit par ces paroles : Si votre majesté a le moindre doute sur le récit que je viens de lui faire, elle peut s'en informer de l'époux qu'elle m'a donné. Je suis persuadée qu'il rendra à la vérité le même témoignage que je lui rends.

Le sultan entra tout de bon dans la peine extrême qu'une aventure aussi surprenante devait avoir causée à la princesse : Ma fille, lui dit-il, vous avez grand tort de ne vous être pas expliquée à moi dès hier sur une affaire aussi étrange que celle que vous venez de m'apprendre, dans laquelle je ne prends pas moins d'intérêt que vous-même. Je ne vous ai pas mariée dans l'intention de vous rendre malheureuse, mais plutôt dans la vue de vous rendre heureuse et contente, et de vous faire jouir de tout le bonheur que vous méritez, et que vous pouviez espérer avec un époux qui m'avait paru vous convenir. Effacez de votre esprit les idées fâcheuses de tout ce que vous venez de me raconter. Je vais mettre ordre à ce qu'il ne vous arrive pas davantage des nuits aussi désagréables et aussi peu supportables que celles que vous avez passées.

Dès que le sultan fut rentré dans son appartement, il envoya appeler son grand-visir : Visir, lui dit-il, avez-vous vu votre fils, et ne vous a-t-il rien dit? Comme le grand-visir lui eut répondu qu'il ne l'avait pas vu, le sultan lui fit le récit de tout ce que la princesse Badroulboudour venait de lui raconter. En achevant : Je ne doute pas, ajouta t-il, que ma fille ne m'ait dit la vérité; je serai bien aise néanmoins d'en avoir la confirmation par le témoignage de votre fils : allez, et demandez-lui ce qui en est.

Le grand-visir ne différa pas d'aller joindre son fils; il lui fit part de ce que le sultan venait de lui communiquer, et il lui enjoignit de ne lui point déguiser la vérité, et de lui dire si tout cela était vrai. Je ne vous la déguiserai pas, mon père, lui répondit le fils, tout ce que la princesse a dit au sultan est vrai ; mais elle n'a pu lui dire les mauvais traitements qui m'ont été faits en mon particulier ; les voici. Depuis mon mariage, j'ai passé deux nuits les plus cruelles qu'on puisse imaginer, et je n'ai pas d'expression pour vous décrire au juste et avec toutes leurs circonstances les maux que j'ai soufferts. Je ne vous parle pas de la frayeur que j'ai eue de me sentir enlever quatre fois dans mon lit, sans voir qui enlevait le lit et le transportait d'un lieu à un autre, et sans pouvoir imaginer comment cela s'est pu faire. Vous jugerez vous-même de l'état fâcheux où je me suis trouvé, lorsque je vous dirai que j'ai passé deux nuits debout et nu en chemise dans une espèce de privé étroit, sans avoir la liberté de remuer de la place où je fus posé, et sans pouvoir faire aucun mouvement, quoiqu'il ne parût devant moi aucun obstacle qui pût vraisemblablement m'en empêcher. Après cela, il n'est pas besoin de m'étendre plus au long pour vous faire le détail de mes souffrances. Je ne vous cacherai pas que cela ne m'a point empêché d'avoir pour la princesse mon épouse tous les sentiments d'amour, de respect et de reconnaissance qu'elle mérite ; mais je vous avoue de bonne foi qu'avec tout l'honneur et tout l'éclat qui rejaillit sur moi d'avoir épousé la fille de mon souverain, j'aimerais mieux mourir que de vivre plus longtemps dans une si haute alliance, s'il faut essuyer des traitements aussi désagréables que ceux que j'ai déjà soufferts. Je ne doute point que la princesse ne soit dans les mêmes sentiments que moi; et elle conviendra aisément que notre séparation n'est pas moins nécessaire pour son repos que pour le mien. Ainsi, mon père, je vous supplie, par la même tendresse qui vous a porté à me procurer un si grand honneur, de faire agréer au sultan que notre mariage soit déclaré nul.

Quelque grande que fût l'ambition du grand-visir de voir son fils gendre du sultan, la ferme résolution néanmoins où il le vit de se séparer de la princesse, fit qu'il ne jugea pas à propos de lui proposer d'avoir encore patience au moins quelques jours pour éprouver si cette traverse ne finirait point. Il le laissa, et il revint rendre réponse au sultan, à qui il avoua de bonne foi que la chose n'était que trop vraie, après ce qu'il venait d'apprendre de son fils. Sans attendre même que le sultan lui parlât de rompre le mariage, à quoi il voyait bien qu'il n'était que trop disposé, il le supplia de permettre que son fils se retirât du palais, et qu'il retournât auprès de lui, en prenant pour prétexte qu'il n'était pas juste que la princesse fût exposée un moment davantage à une persécution si terrible pour l'amour de son fils.

Le grand-visir n'eut pas de peine à obtenir ce qu'il demandait. Dès ce moment, le sultan, qui avait déjà résolu la chose, donna ses ordres pour faire cesser les réjouissances dans son palais et dans la ville, et même dans toute l'étendue de son royaume, où il fit expédier des ordres contraires aux premiers; et en très peu de temps toutes les marques de joie et de réjouissances publiques cessèrent dans toute la ville et dans le royaume.

Ce changement subit et si peu attendu donna occasion à bien des raisonnements différents : on se demandait les uns aux autres d'où pouvait venir ce contre-temps; et l'on n'en disait autre chose, sinon qu'on avait vu le grand-visir sortir du palais, et se retirer chez lui accompagné de son fils, l'un et l'autre avec un air fort triste. Il n'y avait qu'Aladdin qui en savait le secret, et qui se réjouissait en lui-même de l'heureux succès que l'usage de la lampe lui procurait. Ainsi, comme il eut appris avec certitude que son rival avait abandonné le palais, et que le mariage entre la princesse et lui était rompu absolument, il n'eut pas besoin de frotter la lampe davantage, et d'appeler le génie pour empêcher qu'il ne se consommât. Ce qu'il y a de particulier, c'est que ni le sultan, ni le grand-visir, qui avaient oublié Aladdin et la demande qu'il avait fait faire, n'eurent pas la moindre pensée qu'il pût avoir part à l'enchantement qui venait de causer la dissolution du mariage de la princesse.

Aladdin cependant laissa écouler les trois mois que le sultan avait marqués pour le mariage d'entre la princesse Badroulboudour et lui : il en avait compté tous les jours avec grand soin; et quand ils furent achevés, dès le lendemain il ne manqua pas d'envoyer sa mère au palais pour faire souvenir le sultan de sa parole.

La mère d'Aladdin alla au palais comme son fils lui avait dit, et elle se présenta à l'entrée du divan, au même endroit qu'auparavant. Le sultan n'eut pas plus tôt jeté la vue sur elle, qu'il la reconnut, et se souvint en même temps de la demande qu'elle lui avait faite, et du temps auquel il l'avait remis. Le grand-visir lui faisait alors le rapport d'une affaire : Visir, lui dit le sultan en l'interrompant, j'aperçois la bonne femme qui nous fit un si beau présent il y a quelques mois : faites-la venir; vous reprendrez votre rapport quand je l'aurai écoutée. Le grand-visir, en jetant les yeux du côté de l'entrée du divan, aperçut aussi la mère d'Aladdin. Aussitôt il appela le chef des huissiers, et, en la lui montrant, il lui donna ordre de la faire avancer.

La mère d'Aladdin s'avança jusqu'au pied du trône, où elle se prosterna selon la coutume. Après qu'elle se fut relevée, le sultan lui demanda ce qu'elle souhaitait. Sire, lui répondit-elle, je me présente encore devant le trône de votre majesté, pour lui représenter, au nom d'Aladdin mon fils, que les trois mois après lesquels elle l'a remis sur la demande que j'ai eu l'honneur de lui faire, sont expirés, et la supplier de vouloir bien s'en souvenir.

Le sultan, en prenant un délai de trois mois pour répondre à la demande de cette bonne femme la première fois qu'il l'avait vue, avait cru qu'il n'entendrait plus parler d'un mariage qu'il regardait comme peu convenable à la princesse sa fille, à regarder seulement la bassesse et la pauvreté de la mère d'Aladdin, qui paraissait devant lui dans un habillement fort commun. La sommation cependant qu'elle venait de lui faire de tenir sa parole, lui parut embarrassante : il ne jugea pas à propos de lui répondre sur-le-champ; il consulta son grand-visir, et lui marqua la répugnance qu'il avait à conclure le mariage de la princesse avec un inconnu, dont il supposait que la fortune devait être beaucoup au-dessous de la plus médiocre.

Le grand-visir n'hésita pas à s'expliquer au sultan sur ce qu'il en pensait. Sire, lui dit-il, il me semble qu'il y a un moyen immanquable pour éluder un mariage si disproportionné, sans qu'Aladdin, quand même il serait connu de votre majesté, puisse s'en plaindre : c'est de mettre la princesse à un si haut prix, que ses richesses, quelles qu'elles puissent être, ne puissent y fournir. Ce sera le moyen de le faire désister d'une poursuite si hardie, pour ne pas dire si téméraire, à laquelle sans doute il n'a pas bien pensé avant de s'y engager.

Le sultan approuva le conseil du grand-visir. Il se retourna du côté de la mère d'Aladdin ; et après quelques moments de réflexion : Ma bonne femme, lui dit-il, les sultans doivent tenir leur parole ; je suis prêt de tenir la mienne, et de rendre votre fils heureux par le mariage de la princesse ma fille; mais comme je ne puis la marier que je ne sache l'avantage qu'elle y trouvera, vous direz à votre fils que j'accomplirai ma parole dès qu'il m'aura envoyé quarante grands bassins d'or massif, pleins à comble des mêmes choses que vous m'avez déja présentées de sa part, portés par un pareil nombre d'esclaves noirs, qui seront conduits par quarante autres esclaves blancs, jeunes, bien faits et de belle taille, et tous habillés très magnifiquement : voilà les conditions auxquelles je suis prêt de lui donner la princesse ma fille. Allez, bonne femme, j'attendrai que vous m'apportiez sa réponse. La mère d'Aladdin se prosterna encore devant le trône du sultan, et elle se retira.

Dans le chemin, elle riait en elle-même de la folle imagination de son fils. Vraiment, disait-elle, où trouvera-t-il tant de bassins d'or et une si grande quantité de ces verres colorés pour les remplir? Retournera-t-il dans le souterrain dont l'entrée est bouchée, pour en cueillir aux arbres? Et tous ces esclaves tournés comme le sultan les demande, où les prendra-t-il? Le voilà bien éloigné de sa prétention; et je crois qu'il ne sera guère content de mon ambassade. Quand elle fut rentrée chez elle, l'esprit rempli de toutes ces pensées, qui lui faisaient croire qu'Aladdin n'avait plus rien à espérer : Mon fils, lui dit-elle, je vous conseille de ne plus penser au mariage de la princesse Badroulboudour. Le sultan, à la vérité, m'a reçue avec beaucoup de bonté, et je crois qu'il était bien intentionné pour vous; mais le grand-visir, si je ne me trompe, lui a fait changer de sentiment, et vous pouvez le présumer comme moi sur ce que vous allez entendre. Après avoir représenté à sa majesté que les trois mois étaient expirés, et que je la priais de votre part de se souvenir de sa promesse, je remarquai qu'il ne me fit la réponse que je vais vous dire, qu'après avoir parlé bas quelque temps avec le grand-visir. La mère d'Aladdin fit un récit très exact à son fils de tout ce que le sultan lui avait dit, et des conditions auxquelles il consentirait au mariage de la princesse sa fille avec lui. En finissant : Mon fils, lui dit-elle, il attend votre réponse; mais entre nous, continua-t-elle en souriant, je crois qu'il attendra longtemps.

Pas si longtemps que vous croiriez bien, ma mère, reprit Aladdin; et le sultan se trompe lui-même s'il a cru, par ses demandes exorbitantes, me mettre hors d'état de songer à la princesse Badroulboudour. Je m'attendais à d'autres difficultés insurmontables, ou qu'il mettrait mon incomparable princesse à un prix beaucoup plus haut; mais à présent je suis content, et ce qu'il me demande est peu de chose en comparaison de ce que je serais en état de lui donner pour en obtenir la possession. Pendant que je vais songer à le satisfaire, allez nous chercher de quoi dîner, et laissez-moi faire.

Dès que la mère d'Aladdin fut sortie pour aller à la provision, Aladdin prit la lampe, et il la frotta : dans l'instant le génie se présenta devant lui; et dans les mêmes termes que nous avons déja rapportés, il lui demanda ce qu'il avait à commander, en marquant qu'il était prêt à le servir. Aladdin lui dit : Le sultan me donne la princesse sa fille en mariage; mais auparavant il me demande quarante grands bassins d'or massif et bien pesants, pleins à comble des fruits du jardin où j'ai pris la lampe dont tu es esclave. Il exige aussi de moi que ces quarante bassins soient portés par autant d'esclaves noirs, précédés par quarante esclaves blancs, jeunes, bien faits, de belle taille, et habillés très richement. Va, et amène-moi ce présent au plus tôt, afin que je l'envoie au sultan avant qu'il lève la séance du divan. Le génie lui dit que son commandement allait être exécuté incessamment, et il disparut.

Très peu de temps après, le génie se fit revoir accompagné des quarante esclaves noirs, chacun chargé d'un bassin d'or massif du poids de vingt marcs sur la tête, pleins de perles, de diamants, de rubis et d'émeraudes mieux choisies, même pour la beauté et pour la grosseur, que celles qui avaient déja été présentées au sultan; chaque bassin était couvert d'une toile d'argent à fleurons d'or. Tous ces esclaves, tant noirs que blancs, avec les plats d'or, occupaient presque toute la maison, qui était assez médiocre, avec une petite cour sur le devant, et un petit jardin sur le derrière. Le génie demanda à Aladdin s'il était content, et s'il avait encore quelque autre commandement à lui faire. Aladdin lui dit qu'il ne lui demandait rien davantage, et il disparut aussitôt.

La mère d'Aladdin revint du marché ; et en entrant elle fut dans une grande surprise de voir tant de monde et tant de richesses. Quand elle se fut déchargée des provisions qu'elle apportait, elle voulut ôter le voile qui lui couvrait le visage ; mais Aladdin l'en empêcha. Ma mère, dit-il, il n'y a pas de temps à perdre : avant que le sultan achève de tenir le divan, il est important que vous retourniez au palais, et que vous y conduisiez incessamment le présent et la dot de la princesse Badroulboudour qu'il m'a demandés, afin qu'il juge, par ma diligence et par mon exactitude, du zèle ardent et sincère que j'ai de me procurer l'honneur d'entrer dans son alliance.

Sans attendre la réponse de sa mère, Aladdin ouvrit la porte sur la rue, et il fit défiler successivement tous ces esclaves, en faisant toujours marcher un esclave blanc suivi d'un esclave noir, chargé d'un bassin d'or sur la tête, et ainsi jusqu'au dernier. Et après que sa mère fut sortie en suivant le dernier esclave noir, il ferma la porte, et il demeura tranquillement dans sa chambre, avec l'espérance que le sultan, après ce présent tel qu'il l'avait demandé, voudrait bien le recevoir enfin pour son gendre.

Le premier esclave blanc qui était sorti de la maison d'Aladdin avait fait arrêter tous les passants qui l'aperçurent ; et avant que les quatre-vingts esclaves, entremêlés de blancs et de noirs, eussent achevé de sortir, la rue se trouva pleine d'une grande foule de peuple qui accourait de toutes parts pour voir un spectacle si magnifique et si extraordinaire. L'habillement de chaque esclave était si riche en étoffes et en pierreries, que les meilleurs connaisseurs ne crurent pas se tromper en faisant monter chaque habit à plus d'un million. La grande propreté, l'ajustement bien entendu de chaque habillement, la bonne grace, le bel air, la taille uniforme et avantageuse de chaque esclave, leur marche grave à une distance égale les uns des autres, avec l'éclat des pierreries d'une grosseur excessive enchâssées autour de leurs ceintures d'or massif dans une belle symétrie, et les enseignes aussi de pierreries attachées à leurs bonnets qui étaient d'un goût tout particulier, mirent toute cette foule de spectateurs dans une admiration si grande, qu'ils ne pouvaient se lasser de les regarder et de les conduire des yeux aussi loin qu'il leur était possible. Mais les rues étaient tellement bordées de peuple, que chacun était contraint de rester dans la place où il se trouvait.

Comme il fallait passer par plusieurs rues pour arriver au palais, cela fit qu'une bonne partie de la ville, gens de toutes sortes d'états et de conditions, furent témoins d'une pompe si ravissante. Le premier des quatre-vingts esclaves arriva à la porte de la première cour du palais, et les portiers qui s'étaient mis en haie dès qu'ils s'étaient aperçus que cette file merveilleuse approchait, le prirent pour un roi, tant il était richement et magnifiquement habillé : ils s'avancèrent pour lui baiser le bas de la robe; mais l'esclave, instruit par le génie, les arrêta, et il leur dit gravement : Nous ne sommes que des esclaves, notre maître paraîtra quand il en sera temps.

Le premier esclave, suivi de tous les autres, avança jusqu'à la seconde cour qui était très spacieuse, et où la maison du sultan était rangée pendant la séance du divan. Les officiers, à la tête de chaque troupe, étaient d'une grande magnificence; mais elle fut effacée à la présence des quatrevingts esclaves porteurs du présent d'Aladdin, et qui en faisaient eux-mêmes partie. Rien ne parut si beau ni si éclatant dans toute la maison du sultan; et tout le brillant des seigneurs de sa cour, qui l'environnaient, n'était rien en comparaison de ce qui se présentait alors à sa vue.

Comme le sultan avait été averti de la marche et de l'arrivée de ces esclaves, il avait donné ses ordres pour les faire entrer. Ainsi, dès qu'ils se présentèrent, ils trouvèrent l'entrée du divan libre, et ils y entrèrent dans un bel ordre; une partie à droite, et l'autre à gauche. Après qu'ils furent tous entrés et qu'ils eurent formé un grand demi-cercle devant le trône du sultan, les esclaves noirs posèrent chacun le bassin qu'ils portaient sur le tapis de pied. Ils se prosternèrent tous ensemble en frappant du front contre le tapis. Les esclaves blancs firent la même chose en même temps. Ils se relevèrent tous; et les noirs, en le faisant, découvrirent adroitement les bassins qui étaient devant eux, et tous demeurèrent debout, les mains croisées sur la poitrine, avec une grande modestie.

La mère d'Aladdin, qui cependant s'était avancée jusqu'au pied du trône, dit au sultan, après s'être prosternée : Sire, Aladdin mon fils n'ignore pas que ce présent qu'il envoie à votre majesté ne soit beaucoup au-dessous de ce que mérite la princesse Badroulboudour; il espère néanmoins que votre majesté l'aura pour agréable, et qu'elle voudra bien le faire agréer aussi à la princesse, avec d'autant plus de confiance, qu'il a tâché de se conformer à la condition qu'il lui a plu de lui imposer.

Le sultan n'était pas en état de faire attention au compliment de la mère d'Aladdin. Le premier coup d'œil jeté sur les quarante bassins d'or, pleins à comble des joyaux les plus brillants, les plus éclatants, les plus précieux que l'on eût jamais vus au monde, et sur les quatre-vingts esclaves qui paraissaient autant de rois, tant par leur bonne mine que par la richesse et la magnificence surprenante de leur habillement, l'avait frappé d'une manière qu'il ne pouvait revenir de son admiration. Au lieu de répondre au compliment de la mère d'Aladdin, il s'adressa au grand-visir, qui ne pouvait comprendre lui-même d'où une si grande profusion de richesses pouvait être venue. Hé bien, visir, dit-il publiquement, que pensez-vous de celui, quel qu'il puisse être, qui m'envoie un présent si riche et si extraordinaire, et que ni moi ni vous ne connaissons pas? Le croyez-vous indigne d'épouser la princesse Badroulboudour ma fille?

Quelque jalousie et quelque douleur qu'eût le grand-visir de voir qu'un inconnu allait devenir le gendre du sultan préférablement à son fils, il n'osa néanmoins dissimuler son sentiment. Il était trop visible que le présent d'Aladdin était plus que suffisant pour mériter qu'il fût reçu dans une si haute alliance. Il répondit donc au sultan, et en entrant dans son sentiment : Sire, dit-il, bien loin d'avoir la pensée que celui qui fait à votre majesté un présent si digne d'elle, soit indigne de l'honneur qu'elle veut lui faire, j'oserais dire qu'il mériterait davantage, si je n'étais persuadé qu'il n'y a pas de trésor au monde assez riche pour être mis dans la balance avec la princesse fille de votre majesté. Les seigneurs de la cour qui étaient de la séance du conseil témoignèrent par leurs applaudissements que leurs avis n'étaient pas différents de celui du grand-visir.

Le sultan ne différa plus; il ne pensa pas même à s'informer si Aladdin avait les autres qualités convenables à celui qui pouvait aspirer à devenir son gendre. La seule vue de tant de richesses immenses, et la diligence avec laquelle Aladdin venait de satisfaire à sa demande, sans avoir formé la moindre difficulté sur des conditions aussi exorbitantes que celles qu'il lui avait imposées, lui persuadèrent aisément qu'il ne lui manquait rien de tout ce qui pouvait le rendre accompli et tel qu'il le desirait. Ainsi, pour renvoyer la mère d'Aladdin avec la satisfaction qu'elle pouvait desirer, il lui dit : Bonne femme, allez dire à votre fils que je l'attends pour le recevoir à bras ouverts et pour l'embrasser, et que plus il fera de diligence pour venir recevoir de ma main le don que je lui fais de la princesse ma fille, plus il me fera de plaisir.

Dès que la mère d'Aladdin se fut retirée avec la joie dont une femme de sa condition peut être capable en voyant son fils parvenu à une si haute élévation contre son attente, le sultan mit fin à l'audience de ce jour; et en se levant de son trône, il ordonna que les eunuques attachés au service de la princesse vinssent enlever les bassins pour les porter à l'appartement de leur maîtresse, où il se rendit pour les examiner avec elle à loisir; et cet ordre fut exécuté sur-le-champ par les soins du chef des eunuques.

Les quatre-vingts esclaves blancs et noirs ne furent pas oubliés : on les fit entrer dans l'intérieur du palais; et quelque temps après le sultan, qui venait de parler de leur magnificence à la princesse Badroulboudour, commanda qu'on les fit venir devant l'appartement, afin qu'elle les considérât au travers des jalousies, et qu'elle connût que, bien loin d'avoir rien exagéré dans le récit qu'il venait de lui faire, il lui en avait dit beaucoup moins que ce qui en était.

La mère d'Aladdin cependant arriva chez elle avec un air qui marquait par avance la bonne nouvelle qu'elle apportait à son fils. « Mon fils, lui dit-elle, vous avez tout sujet d'être content : vous êtes arrivé à l'accomplissement de vos souhaits contre mon attente, et vous savez ce que je vous en avais dit. Afin de ne vous pas tenir trop longtemps en suspens, le sultan, avec l'applaudissement de toute sa cour, à déclaré que vous êtes digne de posséder la princesse Badroulboudour : il vous attend pour vous embrasser et pour conclure votre mariage. C'est à vous de songer aux préparatifs pour cette entrevue, afin qu'elle réponde à la haute opinion qu'elle a conçue de votre personne; mais après ce que j'ai vu des merveilles que vous savez faire, je suis persuadée que rien n'y manquera. Je ne dois pas oublier de vous dire encore que le sultan vous attend avec impatience, ainsi ne perdez pas de temps à vous rendre auprès de lui.

Aladdin, charmé de cette nouvelle, et tout plein de l'objet qui l'avait enchanté, dit peu de paroles à sa mère, et se retira dans sa chambre. Là, après avoir pris la lampe qui lui avait été si officieuse jusqu'alors en tous ses besoins et en tout ce qu'il avait souhaité, il ne l'eut pas plutôt frottée, que le génie continua de marquer son obéissance, en paraissant d'abord sans se faire attendre. Génie, lui dit Aladdin, je t'ai appelé pour me faire prendre le bain tout à l'heure; et quand je l'aurai pris, je veux que tu me tiennes prêt un habillement le plus riche et le plus magnifique que jamais monarque ait porté. Il eut à peine achevé de parler, que le génie, en le rendant invisible comme lui, l'enleva et le transporta dans un bain tout de marbre le plus fin, et de différentes couleurs les plus belles et les plus diversifiées. Sans voir qui le servait, il fut déshabillé dans un salon spacieux et d'une grande propreté. Du salon, on le fit entrer dans le bain, qui était d'une chaleur modérée; et là il fut frotté et lavé avec plusieurs sortes d'eaux de senteur. Après l'avoir fait passer par tous les degrés de chaleur, selon les différentes pièces du bain, il en sortit, mais tout autre que quand il y était entré : son teint se trouva frais, blanc, vermeil, et son corps beaucoup plus léger et plus dispos. Il rentra dans le salon, et il ne trouva plus l'habit qu'il y avait laissé : le génie avait eu soin de mettre en sa place celui qu'il lui avait demandé. Aladdin fut surpris en voyant la magnificence de l'habit qu'on lui avait substitué. Il s'habilla avec l'aide du génie, en admirant chaque pièce à mesure qu'il la prenait, tant elles étaient toutes au-delà de ce qu'il aurait pu s'imaginer. Quand il eut achevé, le génie le reporta chez lui dans la même chambre où il l'avait pris. Alors il lui demanda s'il avait autre chose à lui commander. Oui, répondit Aladdin; j'attends de toi que tu m'amènes au plus tôt un cheval qui surpasse en beauté et en bonté le cheval le plus estimé qui soit dans l'écurie du sultan, dont la housse, la selle, la bride et tout le harnais vaille plus d'un million. Je demande aussi que tu me fasses venir en même temps vingt esclaves, habillés aussi richement et aussi lestement que ceux qui ont apporté le présent, pour marcher à mes côtés et à ma suite en troupe, et vingt autres semblables pour marcher devant moi en deux files. Fais venir aussi à ma mère six femmes esclaves pour la servir, chacune habillée aussi richement au moins que les femmes esclaves de la princesse Badroulboudour, et chargées chacune d'un habit complet aussi magnifique et aussi pompeux que pour la sultane. J'ai besoin de dix mille pièces d'or en dix bourses. Voilà, ajouta-t-il, ce que j'avais à te commander. Va, et fais diligence.

Dès qu'Aladdin eut achevé de donner ses ordres au génie, le génie disparut, et bientôt après il se fit revoir avec le cheval, avec les quarante esclaves, dont dix portaient chacun une bourse de mille pièces d'or, et avec six femmes esclaves, chargées sur la tête chacune d'un habit différent pour la mère d'Aladdin, enveloppé dans une toile d'argent; et le génie présenta le tout à Aladdin.

Des dix bourses, Aladdin n'en prit que quatre qu'il donna à sa mère, en lui disant que c'était pour s'en servir dans ses besoins. Il laissa les six autres entre les mains des esclaves qui les portaient, avec ordre de les garder et de les jeter au peuple par poignées en passant par les rues, dans la marche qu'ils devaient faire pour se rendre au palais du sultan. Il ordonna aussi qu'ils marcheraient devant lui avec les autres, trois à droite et trois à gauche. Il présenta enfin à sa mère les six femmes esclaves, en lui disant qu'elles étaient à elle, et qu'elle pouvait s'en servir comme leur maîtresse, et que les habits qu'elles avaient apportés étaient pour son usage.

Quand Aladdin eut disposé toutes ses affaires, il dit au génie en le congédiant, qu'il l'appellerait quand il aurait besoin de son service, et le génie disparut aussitôt. Alors Aladdin ne songea plus qu'à répondre au plus tôt au desir que le sultan avait témoigné de le voir. Il dépêcha au palais un des quarante esclaves, je ne dirai pas le mieux fait, ils l'étaient tous également, avec ordre de s'adresser au chef des huissiers, et de lui demander quand il pourrait avoir l'honneur d'aller se jeter aux pieds du sultan. L'esclave ne fut pas longtemps à s'acquitter de son message; il apporta pour réponse, que le sultan l'attendait avec impatience.

Aladdin ne différa pas de monter à cheval, et de se mettre en marche dans l'ordre que nous avons marqué. Quoique jamais il n'eût monté à cheval, il y parut néanmoins pour la première fois avec tant de bonne grace, que le cavalier le plus expérimenté ne l'eût pas pris pour un novice. Les rues par où il passa furent remplies presque en un moment d'une foule innombrable de peuple qui faisait retentir l'air d'acclamations, de cris d'admiration, et de bénédictions, chaque fois particulièrement que les six esclaves qui avaient les bourses faisaient voler des poignées de pièces d'or en l'air à droite et à gauche. Ces acclamations néanmoins ne venaient pas de la part de ceux qui se poussaient et qui se baissaient pour ramasser de ces pièces ; mais de ceux qui, d'un rang au-dessus du menu peuple, ne pouvaient s'empêcher de donner publiquement à la libéralité d'Aladdin les louanges qu'elle méritait. Non seulement ceux qui se souvenaient de l'avoir vu jouer dans les rues dans un âge déja avancé, comme un vagabond, ne le reconnaissaient plus ; ceux mêmes qui l'avaient vu il n'y avait pas longtemps, avaient de la peine à le remettre, tant il avait les traits changés. Cela venait de ce que la lampe avait cette propriété de procurer par degrés à ceux qui la possédaient, les perfections convenables à l'état auquel ils parvenaient par le bon usage qu'ils en faisaient. On fit alors beaucoup plus d'attention à la personne d'Aladdin qu'à la pompe qui l'accompagnait, que la plupart avaient déja remarquée le même jour dans la marche des esclaves qui avaient porté ou accompagné le présent. Le cheval néanmoins fut admiré par les bons connaisseurs, qui surent en distinguer la beauté, sans se laisser éblouir ni par la richesse ni par le brillant des diamants et des autres pierreries dont il était couvert. Comme le bruit s'était répandu que le sultan lui donnait la princesse Badroulboudour en mariage, personne, sans avoir égard à sa naissance, ne porta envie à sa fortune ni à son élévation, tant il en parut digne.

Aladdin arriva au palais, où tout était disposé pour l'y recevoir. Quand il fut à la seconde porte, il voulut mettre pied à terre, pour se conformer à l'usage observé par le grand-visir, par les généraux d'armées et les gouverneurs de provinces du premier rang; mais le chef des huissiers, qui l'y attendait par ordre du sultan, l'en empêcha et l'accompagna jusque près de la salle du conseil ou de l'audience, où il l'aida à descendre de cheval, quoique Aladdin s'y opposât fortement, et ne le voulût pas souffrir; mais il n'en fut pas le maître. Cependant les huissiers faisaient double haie à l'entrée de la salle. Leur chef mit Aladdin à sa droite; et après l'avoir fait passer au milieu, il le conduisit jusqu'au trône du sultan.

Dès que le sultan eut aperçu Aladdin, il ne fut pas moins étonné de le voir vêtu plus richement et plus magnifiquement qu'il ne l'avait jamais été lui-même, que surpris contre son attente de sa bonne mine, de sa belle taille, et d'un certain air de grandeur fort éloigné de l'état de bassesse dans lequel sa mère avait paru devant lui. Son étonnement et sa surprise néanmoins ne l'empêchèrent pas de se lever, et de descendre deux ou trois marches de son trône assez promptement pour empêcher Aladdin de se jeter à ses pieds, et pour l'embrasser avec une démonstration pleine d'amitié. Après cette civilité, Aladdin voulut encore se jeter aux pieds du sultan : mais le sultan le retint par la main, et l'obligea de monter et de s'asseoir entre le visir et lui.

Alors Aladdin prit la parole : Sire, dit-il, je reçois les honneurs que votre majesté me fait, parcequ'elle a la bonté et qu'il lui plaît de me les faire; mais elle me permettra de lui dire que je n'ai pas oublié que je suis né son esclave, que je connais la grandeur de sa puissance, et que je n'ignore pas combien ma naissance me met au-dessous de la splendeur et de l'éclat du rang suprême où elle est élevée. S'il y a quelque endroit, continua-t-il, par où je puisse avoir mérité un accueil si favorable, j'avoue que je ne le dois qu'à la hardiesse qu'un pur hasard m'a fait naître, d'élever mes yeux, mes pensées et mes desirs jusqu'à la divine princesse qui fait l'objet de mes souhaits. Je demande pardon à votre majesté de ma témérité; mais je ne puis dissimuler que je mourrais de douleur, si je perdais l'espérance d'en voir l'accomplissement.

Mon fils, répondit le sultan en l'embrassant une seconde fois, vous me feriez tort de douter un seul moment de la sincérité de ma parole. Votre vie m'est trop chère désormais pour ne vous la pas conserver, en vous présentant le remède qui est en ma disposition. Je préfère le plaisir de vous voir et de vous entendre, à tous mes trésors joints avec les vôtres.

En achevant ces paroles, le sultan fit un signal, et aussitôt on entendit l'air retentir du son des trompettes, des hautbois et des timbales; et en même temps le sultan conduisit Aladdin dans un magnifique salon où l'on servit un superbe festin. Le sultan mangea seul avec Aladdin. Le grand-visir et les seigneurs de la cour, chacun selon leur dignité et selon leur rang, les accompagnèrent pendant le repas. Le sultan, qui avait toujours les yeux sur Aladdin, tant il prenait plaisir à le voir, fit tomber le discours sur plusieurs sujets différents. Dans la conversation qu'ils eurent ensemble pendant le repas, et sur quelque matière qu'il le mît, il parla avec tant de connaissance et de sagesse, qu'il acheva de confirmer le sultan dans la bonne opinion qu'il avait conçue de lui d'abord.

Le repas achevé, le sultan fit appeler le premier juge de sa capitale, et lui commanda de dresser et de mettre au net sur-le-champ le contrat de mariage de la princesse Badroulboudour sa fille et d'Aladdin. Pendant ce temps-là, le sultan s'entretint avec Aladdin de plusieurs choses indifférentes, en présence du grand-visir et des seigneurs de sa cour qui admirèrent la solidité de son esprit, la grande facilité qu'il avait de parler et de s'énoncer, et les pensées fines et délicates dont il assaisonnait son discours.

Quand le juge eut achevé le contrat dans toutes les formes

requises, le sultan demanda à Aladdin s'il voulait rester dans le palais pour terminer les cérémonies du mariage le même jour : Sire, répondit Aladdin, quelque impatience que j'aie de jouir pleinement des bontés de votre majesté, je la supplie de vouloir bien permettre que je les diffère jusqu'à ce que j'aie fait bâtir un palais pour y recevoir la princesse selon son mérite et sa dignité. Je le prie, pour cet effet, de m'accorder une place convenable dans le sien, afin que je sois plus à portée de lui faire ma cour. Je n'oublierai rien pour faire en sorte qu'il soit achevé avec toute la diligence possible. Mon fils, lui dit le sultan, prenez tout le terrain que vous jugerez à propos ; le vide est trop grand devant mon palais, et j'avais déjà songé moi-même à le remplir ; mais souvenez-vous que je ne puis assez tôt vous voir uni avec ma fille, pour mettre le comble à ma joie. En achevant ces paroles, il embrassa encore Aladdin qui prit congé du sultan avec la même politesse que s'il eût été élevé et qu'il eût toujours vécu à la cour.

Aladdin remonta à cheval, et il retourna chez lui dans le même ordre qu'il était venu, au travers de la même foule, et aux acclamations du peuple qui lui souhaitait toute sorte de bonheur et de prospérité. Dès qu'il fut rentré et qu'il eut mis pied à terre, il se retira dans sa chambre en particulier ; il prit la lampe, et il appela le génie, comme il en avait la coutume. Le génie ne se fit pas attendre ; il parut et il lui fit offre de ses services. Génie, lui dit Aladdin, j'ai tout sujet de me louer de ton exactitude à exécuter ponctuellement tout ce que j'ai exigé de toi jusqu'à présent, par la puissance de cette lampe ta maîtresse. Il s'agit aujourd'hui que, pour l'amour d'elle, tu fasses paraître, s'il est possible, plus de zèle et plus de diligence que tu n'as encore fait. Je te demande donc qu'en aussi peu de temps que tu le pourras, tu me fasses bâtir vis-à-vis du palais du sultan, à une juste distance, un palais digne d'y recevoir la princesse Badroulboudour mon épouse. Je laisse à ta liberté le choix des matériaux, c'est-à-dire du porphyre, du jaspe, de l'agate, du lapis et du marbre le plus fin, le plus varié en couleurs, et du reste de l'édifice; mais j'entends qu'au plus haut de ce palais tu fasses élever un grand salon en dôme, à quatre faces égales, dont les assises ne soient d'autres matières que d'or et d'argent massif posées alternativement, avec douze croisées, six à chaque face, et que les jalousies de chaque croisée, à la réserve d'une seule que je veux qu'on laisse imparfaite, soient enrichies, avec art et symétrie, de diamants, de rubis et d'émeraudes, de manière que rien de pareil en ce genre n'ait été vu dans le monde. Je veux aussi que ce palais soit accompagné d'une avant-cour, d'une cour, d'un jardin; mais sur toutes choses, qu'il y ait, dans un endroit que tu me diras, un trésor bien rempli d'or et d'argent monnoyé. Je veux aussi qu'il y ait dans ce palais, des cuisines, des offices, des magasins, des garde-meubles garnis de meubles précieux pour toutes les saisons, et proportionnés à la magnificence du palais; des écuries remplies des plus beaux chevaux, avec leurs écuyers et leurs palefreniers, sans oublier un équipage de chasse. Il faut qu'il y ait aussi des officiers de cuisine et d'office, et des femmes esclaves nécessaires pour le service de la princesse. Tu dois comprendre quelle est mon intention : va, et reviens quand cela sera fait.

Le soleil venait de se coucher quand Aladdin acheva de charger le génie de la construction du palais qu'il avait imaginé. Le lendemain, à la petite pointe du jour, Aladdin, à qui l'amour de la princesse ne permettait pas de dormir tranquillement, était à peine levé, que le génie se présenta à lui : Seigneur, dit-il, votre palais est achevé, venez voir si vous en êtes content. Aladdin n'eut pas plus tôt témoigné qu'il le voulait bien, que le génie l'y transporta en un instant. Aladdin le trouva si fort au-dessus de son attente, qu'il ne pouvait assez l'admirer. Le génie le conduisit en tous les endroits, et partout il ne trouva que richesses, que propreté et que magnificence, avec des officiers et des esclaves, tous habillés selon leur rang et selon les services auxquels ils étaient destinés. Il ne manqua pas, comme une des choses principales, de lui faire voir le trésor, dont la porte fut ouverte par le trésorier ; et Aladdin y vit des tas de bourses de différentes grandeurs, selon les sommes qu'elles contenaient, élevés jusqu'à la voûte, et disposés dans un arrangement qui faisait plaisir à voir. En sortant, le génie l'assura de la fidélité du trésorier. Il le mena ensuite aux écuries ; et là, il lui fit remarquer les plus beaux chevaux qu'il y eût au monde, et les palefreniers dans un grand mouvement, occupés à les panser. Il le fit passer ensuite par des magasins remplis de toutes les provisions nécessaires, tant pour les ornements des chevaux que pour leur nourriture.

Quand Aladdin eut examiné tout le palais, d'appartement en appartement, et de pièce en pièce, depuis le haut jusqu'au bas, et particulièrement le salon à vingt-quatre croisées, et qu'il y eut trouvé des richesses et de la magnificence, avec toutes sortes de commodités au-delà de ce qu'il s'en était promis, il dit au génie : Génie, on ne peut être plus content que je le suis ; et j'aurais tort de me plaindre. Il reste une seule chose dont je ne t'ai rien dit, parce que je ne m'en étais pas avisé, c'est d'étendre depuis la porte du palais du sultan jusqu'à la porte de l'appartement destiné pour la princesse dans ce palais-ci, un tapis du plus beau velours, afin qu'elle marche dessus en venant du palais du sultan. Je reviens dans un moment, dit le génie. Et comme il eut disparu, peu de temps après, Aladdin fut étonné de voir ce qu'il avait souhaité exécuté sans savoir comment cela s'était fait. Le génie reparut, et il reporta Aladdin chez lui dans le temps qu'on ouvrait la porte du palais du sultan.

Les portiers du palais qui venaient d'ouvrir la porte, et qui avaient toujours eu la vue libre du côté où était alors celui d'Aladdin, furent fort étonnés de la voir bornée, et de voir un tapis de velours qui venait de ce côté-là jusqu'à la porte de celui du sultan. Ils ne distinguèrent pas bien d'abord ce que c'était; mais leur surprise augmenta quand ils eurent aperçu distinctement le superbe palais d'Aladdin. La nouvelle d'une merveille si surprenante fut répandue dans tout le palais en très peu de temps. Le grand-visir, qui était arrivé presque à l'ouverture de la porte du palais, n'avait pas été moins surpris de cette nouveauté que les autres; il en fit part au sultan le premier, mais il voulut lui faire passer la chose pour un enchantement. Visir, reprit le sultan, pourquoi voulez-vous que ce soit un enchantement? Vous savez aussi bien que moi que c'est le palais qu'Aladdin a fait bâtir par la permission que je lui en ai donnée en votre présence, pour loger la princesse ma fille. Après l'échantillon de ses richesses que nous avons vu, pouvons-nous trouver étrange qu'il ait fait bâtir ce palais en si peu de temps? Il a voulu nous surprendre, et nous faire voir qu'avec de l'argent comptant on peut faire de ces miracles d'un jour à l'autre. Avouez avec moi que l'enchantement dont vous avez voulu parler, vient d'un peu de jalousie. L'heure d'entrer au conseil l'empêcha de continuer ce discours plus longtemps.

Quand Aladdin eut été reporté chez lui, et qu'il eut congédié le génie, il trouva que sa mère était levée, et qu'elle commençait à se parer d'un des habits qu'il lui avait fait apporter. A peu près vers le temps que le sultan venait de sortir du conseil, Aladdin disposa sa mère à aller au palais avec les mêmes femmes esclaves qui lui étaient venues par le ministère du génie. Il la pria, si elle voyait le sultan, de lui marquer qu'elle venait pour avoir l'honneur d'accompagner la princesse vers le soir, quand elle serait en état de passer à son palais. Elle partit; mais quoiqu'elle et ses femmes esclaves qui la suivaient fussent habillées en sultanes, la foule néanmoins fut d'autant moins grande à les voir passer, qu'elles étaient voilées, et qu'un surtout convenable couvrait la richesse et la magnificence de leurs habillements. Pour ce qui est d'Aladdin, il monta à cheval; et après être sorti de sa maison paternelle, pour n'y plus revenir, sans avoir oublié la lampe merveilleuse, dont le secours lui avait été si avantageux pour parvenir au comble de son bonheur, il se rendit publiquement à son palais avec la même pompe qu'il était allé se présenter au sultan le jour de devant.

Dès que les portiers du palais du sultan eurent aperçu la mère d'Aladdin, ils en avertirent le sultan. Aussitôt l'ordre fut donné aux troupes de trompettes, de timbales, de tambours, de fifres et de hautbois, qui étaient déjà postées en différents endroits des terrasses du palais; et en un moment l'air retentit de fanfares et de concerts qui annoncèrent la joie à toute la ville. Les marchands commencèrent à parer leurs boutiques de beaux tapis, de coussins et de feuillages, et à préparer des illuminations pour la nuit. Les artisans quittèrent leur travail, et le peuple se rendit avec empressement à la grande place, qui se trouva alors entre le palais du sultan et celui d'Aladdin. Ce dernier attira d'abord leur admiration, non tant à cause qu'ils étaient accoutumés à voir celui du sultan, que parce que celui du sultan ne pouvait entrer en comparaison avec celui d'Aladdin; mais le sujet de leur plus grand étonnement fut de ne pouvoir comprendre par quelle merveille inouïe ils voyaient un palais si magnifique dans un lieu où le jour d'auparavant il n'y avait ni matériaux ni fondements préparés.

La mère d'Aladdin fut reçue dans le palais avec honneur, et introduite dans l'appartement de la princesse Badroulboudour par le chef des eunuques. Aussitôt que la princesse l'aperçut, elle alla l'embrasser, et lui fit prendre place sur son sofa; et pendant que ses femmes achevaient de l'habiller et de la parer des joyaux les plus précieux dont Aladdin lui avait fait présent, elle la fit régaler d'une collation magnifique. Le sultan, qui venait pour être auprès de la princesse sa fille le plus de temps qu'il pourrait, avant qu'elle se séparât d'avec lui pour passer au palais d'Aladdin, lui fit aussi de grands honneurs. La mère d'Aladdin avait parlé plusieurs fois au sultan en public; mais il ne l'avait point encore vue sans voile, comme elle était alors. Quoiqu'elle fût dans un âge un peu avancé, on y observait encore des traits qui faisaient assez connaître qu'elle avait été du nombre des belles dans sa jeunesse. Le sultan, qui l'avait toujours vue habillée fort simplement, pour ne pas dire pauvrement, était dans l'admiration de la voir aussi richement et aussi magnifiquement vêtue que la princesse sa fille. Cela lui fit faire cette réflexion, qu'Aladdin était également prudent, sage et entendu en toutes choses.

Quand la nuit fut venue, la princesse prit congé du sultan son père. Leurs adieux furent tendres et mêlés de larmes, ils s'embrassèrent plusieurs fois sans se rien dire, et enfin la princesse sortit de son appartement, et se mit en marche avec la mère d'Aladdin à sa gauche, suivie de cent femmes esclaves, habillées d'une magnificence surprenante. Toutes les troupes d'instruments qui n'avaient cessé de se faire entendre depuis l'arrivée de la mère d'Aladdin, s'étaient réunies et commençaient cette marche; elles étaient suivies par cent chiaoux ¹, et par un pareil nombre d'eunuques noirs en deux files, avec leurs officiers à leur tête. Quatre cents jeunes pages du sultan, en deux bandes, qui marchaient sur les côtés en tenant chacun un flambeau à la main, faisaient une lumière, qui, jointe aux illuminations, tant du palais du sultan que de celui d'Aladdin, suppléait merveilleusement au défaut du jour.

Dans cet ordre, la princesse marcha sur le tapis étendu depuis le palais du sultan jusqu'au palais d'Aladdin; et à mesure qu'elle avançait, les instruments qui étaient à la tête de la marche, en s'approchant et se mêlant avec ceux qui se faisaient entendre du haut des terrasses du palais d'Aladdin, formèrent un concert, qui, tout extraordinaire et confus qu'il paraissait, ne laissait pas d'augmenter la joie, non seulement dans la place remplie d'un grand peuple,

---

¹ Espèce d'huissiers.

mais même dans les deux palais, dans toute la ville, et bien loin au dehors.

La princesse arriva enfin au nouveau palais; et Aladdin courut avec toute la joie imaginable à l'entrée de l'appartement qui lui était destiné pour la recevoir. La mère d'Aladdin avait eu soin de faire distinguer son fils à la princesse, au milieu des officiers qui l'environnaient; et la princesse, en l'apercevant, le trouva si bien fait qu'elle en fut charmée. Adorable princesse, lui dit Aladdin en l'abordant et en la saluant très respectueusement, si j'avais le malheur de vous avoir déplu par la témérité que j'ai eue d'aspirer à la possession d'une si aimable princesse, fille de mon sultan, j'ose vous dire que ce serait à vos beaux yeux et à vos charmes que vous devriez vous en prendre, et non pas à moi. Prince, que je suis en droit de traiter ainsi à présent, lui répondit la princesse, j'obéis à la volonté du sultan mon père; et il me suffit de vous avoir vu, pour vous dire que je lui obéis sans répugnance.

Aladdin, charmé d'une réponse si agréable et si satisfaisante pour lui, ne laissa pas plus longtemps la princesse debout après le chemin qu'elle venait de faire, à quoi elle n'était point accoutumée; il lui prit la main, qu'il baisa avec une grande démonstration de joie, et il la conduisit dans un grand salon éclairé d'une infinité de bougies, où, par les soins du génie, la table se trouva servie d'un superbe festin. Les plats étaient d'or massif, et remplis des viandes les plus délicieuses. Les vases, les bassins, les gobelets, dont le buffet était très bien garni, étaient aussi d'or et d'un travail exquis. Les autres ornements et tous les embellissements du salon répondaient parfaitement à cette grande richesse. La princesse, enchantée de voir tant de richesses rassemblées dans un même lieu, dit à Aladdin : Prince, je croyais que rien au monde n'était plus beau que le palais du sultan mon père; mais à voir ce seul salon, je m'aperçois que je m'étais trompée. Princesse, répondit Aladdin en la faisant mettre à table à la place qui lui était destinée, je reçois une si grande honnêteté, comme je le dois; mais je sais ce que je dois croire.

La princesse Badroulboudour, Aladdin et la mère d'Aladdin, se mirent à table, et aussitôt un chœur d'instruments les plus harmonieux, touchés et accompagnés de très belles voix de femmes, toutes d'une grande beauté, commença un concert qui dura sans interruption jusqu'à la fin du repas. La princesse en fut si charmée, qu'elle dit qu'elle n'avait rien entendu de pareil dans le palais du sultan son père. Mais elle ne savait pas que ces musiciens étaient des fées choisies par le génie esclave de la lampe.

Quand le souper fut achevé, et que l'on eut desservi en diligence, une troupe de danseurs et de danseuses succédèrent aux musiciennes. Ils dansèrent plusieurs sortes de danses figurées, selon la coutume du pays, et ils finirent par un danseur et une danseuse, qui dansèrent seuls avec une légèreté surprenante, et firent paraître chacun à leur tour toute la bonne grace et l'adresse dont ils étaient capables. Il était près de minuit quand, selon la coutume de la Chine dans ce temps-là, Aladdin se leva et présenta la main à la princesse Badroulboudour pour danser ensemble, et terminer ainsi les cérémonies de leurs noces. Ils dansèrent d'un si bon air, qu'ils firent l'admiration de toute la compagnie. En achevant, Aladdin ne quitta pas la main de la princesse, et ils passèrent ensemble dans l'appartement où le lit nuptial était préparé. Les femmes de la princesse servirent à la déshabiller, et la mirent au lit, et les officiers d'Aladdin en firent autant, et chacun se retira. Ainsi furent terminées les cérémonies et les réjouissances des noces d'Aladdin et de la princesse Badroulboudour.

Le lendemain, quand Aladdin fut éveillé, ses valets de chambre se présentèrent pour l'habiller. Ils lui mirent un habit différent de celui du jour des noces, mais aussi riche et aussi magnifique. Ensuite il se fit amener un des chevaux destinés pour sa personne. Il le monta, et il se rendit au palais du sultan, au milieu d'une grande troupe d'esclaves qui marchaient devant lui, à ses côtés et à sa suite. Le sultan le reçut avec les mêmes honneurs que la première fois; il l'embrassa, et, après l'avoir fait asseoir près de lui sur son trône, il commanda qu'on servît le déjeuner. Sire, lui dit Aladdin, je supplie votre majesté de me dispenser aujourd'hui de cet honneur : je viens la prier de me faire celui de venir prendre un repas dans le palais de la princesse, avec son grand-visir et les seigneurs de sa cour. Le sultan lui accorda cette grace avec plaisir. Il se leva à l'heure même; et, comme le chemin n'était pas long, il voulut y aller à pied. Ainsi il sortit avec Aladdin à sa droite, le grand-visir à sa gauche, et les seigneurs à sa suite, précédé par les chiaoux et par les principaux officiers de sa maison.

Plus le sultan approchait du palais d'Aladdin, plus il était frappé de sa beauté. Ce fut tout autre chose quand il fut entré : ses acclamations ne cessaient pas à chaque pièce qu'il voyait. Mais quand ils furent arrivés au salon à vingt-quatre croisées, où Aladdin l'avait invité à monter, qu'il en eut vu les ornements, et surtout qu'il eut jeté les yeux sur les jalousies enrichies de diamants, de rubis et d'émeraudes, toutes pierres parfaites dans leur grosseur proportionnée, et qu'Aladdin lui eut fait remarquer que la richesse était pareille au dehors, il en fut tellement surpris, qu'il demeura comme immobile. Après avoir resté quelque temps en cet état : Visir, dit-il à ce ministre qui était près de lui, est-il possible qu'il y ait en mon royaume, et si près de mon palais, un palais si superbe, et que je l'aie ignoré jusqu'à présent? Votre majesté, reprit le grand-visir, peut se souvenir qu'avant-hier elle accorda à Aladdin, qu'elle venait de reconnaître pour son gendre, la permission de bâtir un palais vis-à-vis du sien; le même jour, au coucher du soleil, il n'y avait pas encore de palais en cette place : et hier j'eus l'honneur de lui annoncer le premier que le palais était fait et achevé. Je m'en souviens, repartit le sultan ; mais jamais je ne me fusse imaginé que ce palais fût une des merveilles du monde. Où en trouve-t-on dans tout l'univers de bâtis d'assises d'or et d'argent massif, au lieu d'assises de pierre ou de marbre, dont les croisées aient des jalousies jonchées de diamants, de rubis et d'émeraudes? Jamais au monde il n'a été fait mention de chose semblable!

Le sultan voulut voir et admirer la beauté des vingt-quatre jalousies. En les comptant, il n'en trouva que vingt-trois qui fussent de la même richesse, et il fut dans un grand étonnement de ce que la vingt-quatrième était demeurée imparfaite. Visir, dit-il (car le grand-visir se faisait un devoir de ne pas l'abandonner), je suis surpris qu'un salon de cette magnificence soit demeuré imparfait par cet endroit. Sire, reprit le grand-visir, Aladdin apparemment a été pressé, et le temps lui a manqué pour rendre cette croisée semblable aux autres; mais on peut croire qu'il a les pierreries nécessaires, et qu'au premier jour il y fera travailler.

Aladdin, qui avait quitté le sultan pour donner quelques ordres, vint le rejoindre en ces entrefaites. Mon fils, lui dit le sultan, voici le salon le plus digne d'être admiré de tous ceux qui sont au monde. Une seule chose me surprend : c'est de voir que cette jalousie soit demeurée imparfaite. Est-ce par oubli, ajouta-t-il, par négligence, ou parce que les ouvriers n'ont pas eu le temps de mettre la dernière main à un si beau morceau d'architecture? Sire, répondit Aladdin, ce n'est par aucune de ces raisons que la jalousie est restée dans l'état que votre majesté la voit. La chose a été faite à dessein, et c'est par mon ordre que les ouvriers n'y ont pas touché; je voulais que votre majesté eût la gloire de faire achever ce salon et le palais en même temps. Je la supplie de vouloir bien agréer ma bonne intention, afin que je puisse me souvenir de la faveur et de la grace que j'aurai reçue d'elle. Si vous l'avez fait dans cette intention, reprit le sultan, je vous en sais bon gré; je vais dès l'heure même donner les ordres pour cela. En effet, il ordonna qu'on fît venir les joailliers les mieux fournis de pierreries, et les orfèvres les plus habiles de sa capitale.

Le sultan cependant descendit du salon, et Aladdin le conduisit dans celui où il avait régalé la princesse Badroulboudour le jour des noces. La princesse arriva un moment après, qui reçut le sultan son père d'un air qui lui fit connaître avec plaisir combien elle était contente de son mariage. Deux tables se trouvèrent fournies des mets les plus délicieux, et servies toutes en vaisselle d'or. Le sultan se mit à la première, et mangea avec la princesse sa fille, Aladdin et le grand-visir. Tous les seigneurs de la cour furent régalés à la seconde, qui était fort longue. Le sultan trouva les mets de bon goût, et il avoua que jamais il n'avait rien mangé de plus excellent. Il dit la même chose du vin, qui était en effet très délicieux. Ce qu'il admira davantage, furent quatre grands buffets garnis et chargés à profusion de flacons, de bassins et de coupes d'or massif, le tout enrichi de pierreries. Il fut charmé aussi des chœurs de musique qui étaient disposés dans le salon, pendant que les fanfares de trompettes accompagnées de timbales et de tambours retentissaient au dehors à une distance proportionnée, pour en avoir tout l'agrément.

Dans le temps que le sultan venait de sortir de table, on l'avertit que les joailliers et les orfèvres qui avaient été appelés par son ordre, étaient arrivés. Il remonta au salon à vingt-quatre croisées; et quand il y fut, il montra aux joailliers et aux orfèvres qui l'avaient suivi, la croisée qui était imparfaite : Je vous ai fait venir, leur dit-il, afin que vous m'accommodiez cette croisée, et que vous la mettiez dans la même perfection que les autres; examinez-les, et ne perdez pas de temps à me rendre celle-ci toute semblable.

Les joailliers et les orfèvres examinèrent les vingt-trois autres jalousies avec une grande attention; et après qu'ils eurent consulté ensemble, et qu'ils furent convenus de ce qu'ils pouvaient contribuer chacun de leur côté, ils revinrent se présenter devant le sultan ; et le joaillier ordinaire du palais, qui prit la parole, lui dit : Sire, nous sommes prêts à employer nos soins et notre industrie pour obéir à votre majesté ; mais entre tous tant que nous sommes de notre profession, nous n'avons pas de pierreries aussi précieuses ni en assez grand nombre pour fournir à un si grand travail. J'en ai, dit le sultan, et au-delà de ce qu'il en faudra ; venez à mon palais, je vous mettrai à même, et vous choisirez.

Quand le sultan fut de retour à son palais, il fit apporter toutes ses pierreries, et les joailliers en prirent une très grande quantité, particulièrement de celles qui venaient du présent d'Aladdin. Ils les employèrent sans qu'il parût qu'ils eussent beaucoup avancé. Ils revinrent en prendre d'autres à plusieurs reprises, et en un mois ils n'avaient pas achevé la moitié de l'ouvrage. Ils employèrent toutes celles du sultan, avec ce que le grand-visir lui prêta des siennes ; et tout ce qu'ils purent faire avec tout cela, fut au plus d'achever la moitié de la croisée.

Aladdin, qui connut que le sultan s'efforçait inutilement de rendre la jalousie semblable aux autres, et que jamais il n'en viendrait à son honneur, fit venir les orfèvres, et leur dit non seulement de cesser leur travail, mais même de défaire tout ce qu'ils avaient fait, et de reporter au sultan toutes ses pierreries avec celles qu'il avait empruntées du grand-visir.

L'ouvrage que les joailliers et les orfèvres avaient mis plus de six semaines à faire, fut détruit en peu d'heures. Ils se retirèrent et laissèrent Aladdin seul dans le salon. Il tira la lampe qu'il avait sur lui, et il la frotta. Aussitôt le génie se présenta : Génie, lui dit Aladdin, je t'avais ordonné de laisser une des vingt-quatre jalousies de ce salon imparfaite, et tu avais exécuté mon ordre ; présentement je t'ai fait venir pour te dire que je souhaite que tu la rendes pareille aux autres. Le génie disparut, et Aladdin descendit du salon. Peu de moments après, comme il fut remonté, il trouva la jalousie dans l'état qu'il l'avait souhaitée, et pareille aux autres.

Les joailliers et les orfèvres cependant arrivèrent au palais, et furent introduits et présentés au sultan dans son appartement. Le premier joaillier, en lui présentant les pierreries qu'ils lui rapportaient, dit au sultan au nom de tous : Sire, votre majesté sait combien il y a de temps que nous travaillons de toute notre industrie à finir l'ouvrage dont elle nous a chargés. Il était déja fort avancé, lorsqu'Aladdin nous a obligés non seulement de cesser, mais même de défaire tout ce que nous avions fait, et de lui rapporter ces pierreries et celles du grand-visir. Le sultan leur demanda si Aladdin ne leur en avait pas dit la raison ; et comme ils lui eurent marqué qu'il ne leur en avait rien témoigné, il donna ordre sur-le-champ qu'on lui amenât un cheval. On le lui amène, il le monte, et part sans autre suite que ses gens, qui l'accompagnèrent à pied. Il arrive au palais d'Aladdin, et il va mettre pied à terre au bas de l'escalier qui conduisait au salon à vingt-quatre croisées. Il y monte sans faire avertir Aladdin ; mais Aladdin s'y trouva fort à propos, et il n'eut que le temps de recevoir le sultan à la porte.

Le sultan, sans donner à Aladdin le temps de se plaindre obligeamment de ce que sa majesté ne l'avait pas fait avertir, et qu'elle l'avait mis dans la nécessité de manquer à son devoir, lui dit : Mon fils, je viens moi-même vous demander quelle raison vous avez de vouloir laisser imparfait un salon aussi magnifique et aussi singulier que celui de votre palais.

Aladdin dissimula la véritable raison, qui était que le sultan n'était pas assez riche en pierreries pour faire une dépense si grande. Mais afin de lui faire connaître combien le palais, tel qu'il était, surpassait, non seulement le sien, mais même tout autre palais qui fût au monde, puisqu'il n'avait pu le parachever dans la moindre de ses parties, il lui répondit : Sire, il est vrai que votre majesté a vu ce salon imparfait ; mais je la supplie de voir présentement si quelque chose y manque.

Le sultan alla droit à la fenêtre dont il avait vu la jalousie imparfaite ; et quand il eut remarqué qu'elle était semblable aux autres, il crut s'être trompé. Il examina non seulement les deux croisées qui étaient aux deux côtés, il les regarda même toutes l'une après l'autre ; et quand il fut convaincu que la jalousie à laquelle il avait fait employer tant de temps, et qui avait coûté tant de journées d'ouvriers, venait d'être achevée dans le peu de temps qui lui était connu, il embrassa Aladdin, et le baisa au front entre les deux yeux. Mon fils, lui dit-il, rempli d'étonnement, quel homme êtes-vous, qui faites des choses si surprenantes, et presque en un clin-d'œil ? Vous n'avez pas votre semblable au monde ; et plus je vous connais, plus je vous trouve admirable !

Aladdin reçut les louanges du sultan avec beaucoup de modestie, et lui répondit en ces termes : Sire, c'est une grande gloire pour moi de mériter la bienveillance et l'approbation de votre majesté. Ce que je puis lui assurer, c'est que je n'oublierai rien pour mériter l'une et l'autre de plus en plus.

Le sultan retourna à son palais de la manière qu'il y était venu, sans permettre à Aladdin de l'y accompagner. En arrivant, il trouva le grand-visir qui l'attendait. Le sultan, encore tout rempli d'admiration de la merveille dont il venait d'être témoin, lui en fit le récit en des termes qui ne firent pas douter à ce ministre que la chose ne fût comme le sultan la racontait, mais qui confirmèrent le visir dans la croyance où il était déjà, que le palais d'Aladdin était l'effet d'un enchantement : croyance dont il s'était ouvert au sultan presque dans le moment que ce palais venait de paraître. Il voulut lui répéter la même chose. Visir, lui dit le sultan en l'interrompant, vous m'avez déjà dit la même chose ;

mais je vois bien que vous n'avez pas encore mis en oubli le mariage de ma fille avec votre fils.

Le grand-visir vit bien que le sultan était prévenu; il ne voulut pas entrer en contestation avec lui, et il le laissa dans son opinion. Tous les jours, réglément, dès que le sultan était levé, il ne manquait pas de se rendre dans un cabinet d'où l'on découvrait tout le palais d'Aladdin, et il y allait encore plusieurs fois pendant la journée, pour le contempler et l'admirer.

Aladdin cependant ne demeurait pas renfermé dans son palais; il avait soin de se faire voir par la ville plus d'une fois chaque semaine, soit qu'il allât faire sa prière tantôt dans une mosquée, tantôt dans une autre, ou que de temps en temps il allât rendre visite au grand-visir, qui affectait d'aller lui faire sa cour à certains jours réglés, ou qu'il fît l'honneur aux principaux seigneurs, qu'il régalait souvent dans son palais, d'aller les voir chez eux. Chaque fois qu'il sortait, il faisait jeter par deux de ses esclaves qui marchaient en troupe autour de son cheval, des pièces d'or à poignées, dans les rues et dans les places par où il passait, et où le peuple se rendait toujours en grande foule.

D'ailleurs pas un pauvre ne se présentait à la porte de son palais, qu'il ne s'en retournât content de la libéralité qu'on y faisait par ses ordres.

Comme Aladdin avait partagé son temps de manière qu'il n'y avait pas de semaine qu'il n'allât à la chasse au moins une fois, tantôt aux environs de la ville, quelquefois plus loin, il exerçait la même libéralité par les chemins et par les villages. Cette inclination généreuse lui fit donner par tout le peuple mille bénédictions, et il était ordinaire de ne jurer que par sa tête. Enfin, sans donner aucun ombrage au sultan, à qui il faisait fort régulièrement sa cour, on peut dire qu'Aladdin s'était attiré par ses manières affables et libérales toute l'affection du peuple, et que généralement parlant, il était plus aimé que le sultan même. Il joignit à toutes ces belles qualités une valeur et un zèle pour le bien de l'état qu'on ne saurait assez louer. Il en donna même des marques à l'occasion d'une révolte vers les confins du royaume. Il n'eut pas plus tôt appris que le sultan levait une armée pour la dissiper, qu'il le supplia de lui en donner le commandement. Il n'eut pas de peine à l'obtenir. Sitôt qu'il fut à la tête de l'armée, il la fit marcher contre les révoltés ; et il se conduisit en toute cette expédition avec tant de diligence, que le sultan apprit plus tôt que les révoltés avaient été défaits, châtiés ou dissipés, que son arrivée à l'armée. Cette action, qui rendit son nom célèbre dans toute l'étendue du royaume, ne changea point son cœur. Il revint victorieux, mais aussi affable qu'il avait toujours été.

Il y avait déja plusieurs années qu'Aladdin se gouvernait comme nous venons de le dire, quand le magicien, qui lui avait donné sans y penser le moyen de s'élever à une si haute fortune, se souvint de lui en Afrique où il était retourné. Quoique jusqu'alors il se fût persuadé qu'Aladdin était mort misérablement dans le souterrain où il l'avait laissé, il lui vint néanmoins en pensée de savoir précisément quelle avait été sa fin. Comme il était grand géomancien, il tira d'une armoire un carré en forme de boîte couverte, dont il se servait pour faire ses observations de géomance. Il s'assied sur son sofa, met le carré devant lui, le découvre ; et après avoir préparé et égalé le sable, avec l'intention de savoir si Aladdin était mort dans le souterrain, il jette les points, il en tire les figures, et il en forme l'horoscope. En examinant l'horoscope pour en porter jugement, au lieu de trouver qu'Aladdin fût mort dans le souterrain, il découvre qu'il en était sorti, et qu'il vivait sur terre dans une grande splendeur, puissamment riche, mari d'une princesse, honoré et respecté.

Le magicien africain n'eut pas plus tôt appris, par les règles de son art diabolique, qu'Aladdin était dans cette grande élévation, que le feu lui en monta au visage. De rage il dit en lui-même : Ce misérable fils de tailleur a découvert le secret et la vertu de la lampe : j'avais cru sa mort certaine, et le voilà qui jouit du fruit de mes travaux et de mes veilles! J'empêcherai qu'il n'en jouisse longtemps, ou je périrai. Il ne fut pas longtemps à délibérer sur le parti qu'il avait à prendre. Dès le lendemain matin il monta un barbe [1] qu'il avait dans son écurie, et il se mit en chemin. De ville en ville et de province en province, sans s'arrêter qu'autant qu'il en était besoin pour ne pas trop fatiguer son cheval, il arriva à la Chine, et bientôt dans la capitale du sultan dont Aladdin avait épousé la fille. Il mit pied à terre dans un khan ou hôtellerie publique, où il prit une chambre à louage. Il y demeura le reste du jour et la nuit suivante, pour se remettre de la fatigue de son voyage.

Le lendemain, avant toutes choses, le magicien africain voulut savoir ce que l'on disait d'Aladdin. En se promenant par la ville, il entra dans le lieu le plus fameux et le plus fréquenté par les personnes de grande distinction, où l'on s'assemblait pour boire d'une certaine boisson chaude [2] qui lui était connue dès son premier voyage. Il n'y eut pas plus tôt pris place, qu'on lui versa de cette boisson dans une tasse, et qu'on la lui présenta. En la prenant, comme il prêtait l'oreille à droite et à gauche, il entendit qu'on s'entretenait du palais d'Aladdin. Quand il eut achevé, il s'approcha d'un de ceux qui s'en entretenaient; et en prenant son temps, il lui demanda en particulier ce que c'était que ce palais dont on parlait si avantageusement. D'où venez-vous? lui dit celui à qui il s'était adressé. Il faut que vous soyez bien nouveau venu, si vous n'avez pas vu, ou plutôt si vous n'avez pas encore entendu parler du palais du prince Aladdin. On n'appelait plus autrement Aladdin depuis qu'il avait épousé la princesse Badroulboudour. Je ne vous dis pas, continua cet homme, que c'est une des merveilles du monde, mais que

[1] Cheval de Barbarie. — [2] Du thé.

c'est la merveille unique qu'il y ait au monde : jamais on n'a rien vu de si grand, de si riche, de si magnifique! Il faut que vous veniez de bien loin, puisque vous n'en avez pas encore entendu parler. En effet, on en doit parler par toute la terre, depuis qu'il est bâti. Voyez-le, et vous jugerez si je vous en aurai parlé contre la vérité. Pardonnez à mon ignorance, reprit le magicien africain; je ne suis arrivé que d'hier, et je viens véritablement de si loin, je veux dire de l'extrémité de l'Afrique, que la renommée n'en était pas encore venue jusque-là quand je suis parti. Et comme, par rapport à l'affaire pressante qui m'amène, je n'ai eu d'autre vue dans mon voyage que d'arriver au plus tôt sans m'arrêter et sans faire aucune connaissance, je n'en savais que ce que vous venez de m'apprendre. Mais je ne manquerai pas de l'aller voir : l'impatience que j'en ai est si grande, que je suis prêt à satisfaire ma curiosité dès à présent, si vous voulez bien me faire la grace de m'en enseigner le chemin.

Celui à qui le magicien africain s'était adressé, se fit un plaisir de lui enseigner le chemin par où il fallait qu'il passât pour avoir la vue du palais d'Aladdin; et le magicien africain se leva et partit dans le moment. Quand il fut arrivé, et qu'il eut examiné le palais de près et de tous les côtés, il ne douta pas qu'Aladdin ne se fût servi de la lampe pour le faire bâtir. Sans s'arrêter à l'impuissance d'Aladdin, fils d'un simple tailleur, il savait bien qu'il n'appartenait de faire de semblables merveilles qu'à des génies esclaves de la lampe, dont l'acquisition lui avait échappé. Piqué au vif du bonheur et de la grandeur d'Aladdin, dont il ne faisait presque pas de différence d'avec celle du sultan, il retourna au khan où il avait pris logement.

Il s'agissait de savoir où était la lampe, si Aladdin la portait avec lui, ou en quel lieu il la conservait, et c'est ce qu'il fallait que le magicien découvrît par une opération de géomance. Dès qu'il fut arrivé où il logeait, il prit son carré et son sable qu'il portait en tous ses voyages. L'opération achevée, il connut que la lampe était dans le palais d'Aladdin, et il eut une joie si grande de cette découverte, qu'à peine il se sentait lui-même. Je l'aurai cette lampe, dit-il, et je défie Aladdin de m'empêcher de la lui enlever, et de le faire descendre jusqu'à la bassesse d'où il a pris un si haut vol.

Le malheur pour Aladdin voulut qu'alors il était allé à une partie de chasse pour huit jours, et qu'il n'y en avait que trois qu'il était parti ; et voici de quelle manière le magicien africain en fut informé. Quand il eut fait l'opération qui venait de lui donner tant de joie, il alla voir le concierge du khan, sous prétexte de s'entretenir avec lui ; et il en avait un fort naturel, qu'il n'était pas besoin d'amener de bien loin. Il lui dit qu'il venait de voir le palais d'Aladdin ; et après lui avoir exagéré tout ce qu'il y avait remarqué de plus surprenant et tout ce qui l'avait frappé davantage, et qui frappait généralement tout le monde : Ma curiosité, ajouta-t-il, va plus loin, et je ne serai pas satisfait que je n'aie vu le maître à qui appartient un édifice si merveilleux. Il ne vous sera pas difficile de le voir, reprit le concierge, il n'y a presque pas de jour qu'il n'en donne occasion quand il est dans la ville ; mais il y a trois jours qu'il est dehors pour une grande chasse qui doit en durer huit.

Le magicien africain ne voulut pas en savoir davantage ; il prit congé du concierge, et en se retirant : Voilà le temps d'agir, dit-il en lui-même ; je ne dois pas le laisser échapper. Il alla à la boutique d'un faiseur et vendeur de lampes : Maître, dit-il, j'ai besoin d'une douzaine de lampes de cuivre ; pouvez-vous me les fournir ? Le vendeur lui dit qu'il en manquait quelques-unes, mais que s'il voulait se donner patience jusqu'au lendemain, il la fournirait complète à l'heure qu'il voudrait. Le magicien le voulut bien : il lui recommanda qu'elles fussent propres et bien polies : après lui avoir promis qu'il le paierait bien, il se retira dans son khan.

Le lendemain, la douzaine de lampes fut livrée au magicien africain, qui les paya au prix qui lui fut demandé, sans en rien diminuer. Il les mit dans un panier dont il s'était pourvu exprès ; et avec ce panier au bras il alla vers le palais d'Aladdin, et quand il s'en fut approché, il se mit à crier :

Qui veut changer de vieilles lampes pour des neuves?

A mesure qu'il marchait, et d'aussi loin que les petits enfants qui jouaient dans la place l'entendirent, ils accoururent, et ils s'assemblèrent autour de lui avec de grandes huées, et le regardèrent comme un fou. Les passants riaient même de sa bêtise, à ce qu'ils s'imaginaient. Il faut, disaient-ils, qu'il ait perdu l'esprit, pour offrir de changer des lampes neuves contre des vieilles.

Le magicien africain ne s'étonna ni des huées ni des enfants, ni de tout ce qu'on pouvait dire de lui ; et pour débiter sa marchandise, il continua de crier :

Qui veut changer de vieilles lampes pour des neuves?

Il répéta si souvent la même chose en allant et en venant dans la place, devant le palais et à l'entour, que la princesse Badroulboudour, qui était alors dans le salon aux vingt-quatre croisées, entendit la voix d'un homme ; mais comme elle ne pouvait distinguer ce qu'il criait, à cause des huées des enfants qui le suivaient, et dont le nombre augmentait de moment en moment, elle envoya une de ses femmes esclaves qui l'approchait de plus près pour voir ce que c'était que ce bruit.

La femme esclave ne fut pas longtemps à remonter ; elle entra dans le salon avec de grands éclats de rire. Elle riait de si bonne grace, que la princesse ne put s'empêcher de rire elle-même en la regardant. Hé bien ! folle, dit la princesse, veux-tu me dire pourquoi tu ris? Princesse, répondit la femme esclave en riant toujours, qui pourrait s'empêcher de rire en voyant un fou avec un panier au bras, plein de belles lampes toutes neuves, qui ne demande pas à les vendre, mais à les changer contre des vieilles? Ce sont les enfants dont il est si fort environné qu'à peine peut-il avancer, qui font tout le bruit qu'on entend, en se moquant de lui.

Sur ce récit, une autre femme esclave, en prenant la parole : A propos de vieilles lampes, dit-elle, je ne sais si la princesse a pris garde qu'en voilà une sur la corniche ; celui à qui elle appartient ne sera pas fâché d'en trouver une neuve au lieu de cette vieille. Si la princesse le veut bien, elle peut avoir le plaisir d'éprouver si ce fou est véritablement assez fou pour donner une lampe neuve en échange d'une vieille, sans en rien demander de retour.

La lampe dont la femme esclave parlait était la lampe merveilleuse dont Aladdin s'était servi pour s'élever au point de grandeur où il était arrivé ; il l'avait mise lui-même sur la corniche avant d'aller à la chasse, dans la crainte de la perdre, et il avait pris la même précaution toutes les autres fois qu'il y était allé. Mais ni les femmes esclaves, ni les eunuques, ni la princesse même, n'y avaient pas fait attention une seule fois jusqu'alors pendant son absence ; hors du temps de la chasse, il la portait toujours sur lui. On dira que la précaution d'Aladdin était bonne, mais au moins qu'il aurait dû enfermer la lampe. Cela est vrai ; mais on a fait de semblables fautes de tout temps, on en fait encore aujourd'hui, et l'on ne cessera d'en faire.

La princesse Badroulboudour, qui ignorait que la lampe fût aussi précieuse qu'elle l'était, et qu'Aladdin, sans parler d'elle-même, eût un intérêt aussi grand qu'il l'avait qu'on n'y touchât pas et qu'elle fût conservée, entra dans la plaisanterie, et elle commanda à un eunuque de la prendre et d'en aller faire l'échange. L'eunuque obéit. Il descendit du salon ; et il ne fut pas plus tôt sorti de la porte du palais, qu'il aperçut le magicien africain ; il l'appela ; et quand il fut venu à lui, et en lui montrant la vieille lampe : Donne-moi, dit-il, une lampe neuve pour celle-ci.

Le magicien africain ne douta pas que ce ne fût la lampe qu'il cherchait ; il ne pouvait pas y en avoir d'autres dans le palais d'Aladdin, où toute la vaisselle n'était que d'or ou d'argent : il la prit promptement de la main de l'eunuque, et après l'avoir fourrée bien avant dans son sein, il lui présenta son panier, et lui dit de choisir celle qui lui plairait. L'eunuque choisit; et après avoir laissé le magicien, il porta la lampe neuve à la princesse Badroulboudour; mais l'échange ne fut pas plus tôt fait, que les enfants firent retentir la place de plus grands éclats qu'ils n'avaient encore fait, en se moquant, selon eux, de la bêtise du magicien.

Le magicien africain les laissa criailler tant qu'ils voulurent; mais sans s'arrêter plus longtemps aux environs du palais d'Aladdin, il s'en éloigna insensiblement et sans bruit, c'est-à-dire sans crier, et sans parler davantage de changer des lampes neuves pour des vieilles. Il n'en voulait pas d'autres que celle qu'il emportait; et son silence enfin fit que les enfants s'écartèrent, et qu'ils le laissèrent aller.

Dès qu'il fut hors de la place qui était entre les deux palais, il s'échappa par les rues les moins fréquentées; et comme il n'avait plus besoin des autres lampes ni du panier, il posa le panier et les lampes au milieu d'une rue où il vit qu'il n'y avait personne. Alors, dès qu'il eut enfilé une autre rue, il pressa le pas jusqu'à ce qu'il arriva à une des portes de la ville. En continuant son chemin par le faubourg, qui était fort long, il fit quelques provisions avant qu'il en sortît. Quand il fut dans la campagne, il se détourna du chemin dans un lieu à l'écart, hors de la vue du monde, où il resta jusqu'au moment qu'il jugea à propos, pour achever d'exécuter le dessein qui l'avait amené. Il ne regretta pas le barbe qu'il laissait dans le khan où il avait pris logement; il se crut bien dédommagé par le trésor qu'il venait d'acquérir.

Le magicien africain passa le reste de la journée dans ce lieu, jusqu'à une heure de nuit que les ténèbres furent le plus obscures. Alors il tira la lampe de son sein, et il la frotta. A cet appel, le génie lui apparut. « Que veux-tu, lui demanda le génie; me voilà prêt à t'obéir comme ton esclave, « et de tous ceux qui ont la lampe à la main, moi et ses autres esclaves. » Je te commande, reprit le magicien africain, qu'à l'heure même tu enlèves le palais, que toi ou les autres esclaves de la lampe ont bâti dans cette ville, tel qu'il est, avec tout ce qu'il y a de vivant, et que tu le transportes avec moi en même temps dans un tel endroit de l'Afrique. Sans lui répondre, le génie, avec l'aide d'autres génies, esclaves de la lampe comme lui, le transportèrent en très peu de temps, lui et son palais en son entier, au propre lieu de l'Afrique qui lui avait été marqué. Nous laisserons le magicien africain et le palais avec la princesse Badroulboudour en Afrique, pour parler de la surprise du sultan.

Dès que le sultan fut levé, il ne manqua pas, selon sa coutume, de se rendre au cabinet ouvert, pour avoir le plaisir de contempler et d'admirer le palais d'Aladdin. Il jeta la vue du côté où il avait coutume de voir ce palais, et il ne vit qu'une place vide, telle qu'elle était avant qu'on l'y eût bâti : il crut qu'il se trompait, et il se frotta les yeux ; mais il ne vit rien de plus que la première fois, quoique le temps fût serein, le ciel net, et que l'aurore, qui avait commencé de paraître, rendît tous les objets fort distincts. Il regarda par les deux ouvertures à droite et à gauche, et il ne vit que ce qu'il avait coutume de voir par ces deux endroits. Son étonnement fut si grand, qu'il demeura longtemps dans la même place, les yeux tournés du côté où le palais avait été et où il ne le voyait plus, en cherchant ce qu'il ne pouvait comprendre ; savoir, comment il se pouvait faire qu'un palais aussi grand et aussi apparent que celui d'Aladdin, qu'il avait vu presque chaque jour depuis qu'il avait été bâti avec sa permission, et tout récemment le jour de devant, se fût évanoui de manière qu'il n'en paraissait pas le moindre vestige. Je ne me trompe pas, disait-il en lui-même, il était dans la place que voilà : s'il s'était écroulé, les matériaux paraîtraient en monceaux ; et si la terre l'avait englouti, on en verrait quelque marque. De quelque manière que cela fût arrivé, et quoique convaincu que le palais n'y était plus, il ne laissa pas néanmoins d'attendre encore quelque temps, pour voir si en effet il ne se trompait pas. Il se retira enfin ; et après avoir regardé encore derrière lui avant de s'éloigner, il revint à son appartement : il commanda qu'on lui fît venir le grand-visir en toute diligence ; et cependant il s'assit, l'esprit agité de pensées si différentes, qu'il ne savait quel parti prendre.

Le grand-visir ne fit pas attendre le sultan : il vint même avec une si grande précipitation, que ni lui ni ses gens ne firent pas réflexion, en passant, que le palais d'Aladdin n'était plus à sa place ; les portiers mêmes, en ouvrant la porte du palais, ne s'en étaient pas aperçus.

En abordant le sultan : Sire, lui dit le grand-visir, l'empressement avec lequel votre majesté m'a fait appeler, m'a fait juger que quelque chose de bien extraordinaire était arrivé, puisqu'elle n'ignore pas qu'il est aujourd'hui jour de conseil, et que je ne dois pas manquer de me rendre à mon devoir dans peu de moments. Ce qui est arrivé est véritablement extraordinaire, comme tu le dis, et tu vas en convenir. Dis-moi où est le palais d'Aladdin. Le palais d'Aladdin, sire ! répondit le grand-visir avec étonnement ; je viens de passer devant, et il m'a semblé qu'il était à sa place : des bâtiments aussi solides que celui-là ne changent pas de place si facilement. Va voir au cabinet, répondit le sultan, et tu viendras me dire si tu l'auras vu.

Le grand-visir alla au cabinet ouvert et il lui arriva la même chose qu'au sultan. Quand il se fut bien assuré que le palais d'Aladdin n'était plus où il avait été, et qu'il n'en paraissait pas le moindre vestige, il revint se présenter au sultan. Hé bien, as-tu vu le palais d'Aladdin ? lui demanda le sultan. Sire, répondit le grand-visir, votre majesté peut se souvenir que j'ai eu l'honneur de lui dire que ce palais, qui faisait le sujet de son admiration avec ses richesses immenses, n'était qu'un ouvrage de magie et d'un magicien ; mais votre majesté n'a pas voulu y faire attention.

Le sultan, qui ne pouvait disconvenir de ce que le grand-visir lui représentait, entra dans une colère d'autant plus grande qu'il ne pouvait désavouer son incrédulité. Où est, dit-il, cet imposteur, ce scélérat, que je lui fasse couper la tête? Sire, reprit le grand-visir, il y a quelques jours qu'il est venu prendre congé de votre majesté : il faut lui envoyer demander où est son palais; il ne doit pas l'ignorer. Ce serait le traiter avec trop d'indulgence, repartit le sultan; va donner ordre à trente de mes cavaliers de me l'amener chargé de chaînes. Le grand-visir alla donner l'ordre du sultan aux cavaliers, et il instruisit leur officier de quelle manière il devait s'y prendre, afin qu'il ne leur échappât point. Ils partirent, et ils rencontrèrent Aladdin à cinq ou six lieues de la ville, qui revenait en chassant. L'officier lui dit en l'abordant, que le sultan, impatient de le revoir, les avait envoyés pour le lui témoigner, et revenir avec lui en l'accompagnant.

Aladdin n'eut pas le moindre soupçon du véritable sujet qui avait amené ce détachement de la garde du sultan : il continua de revenir en chassant; mais quand il fut à une demi-lieue de la ville, ce détachement l'environna, et l'officier, en prenant la parole, lui dit : Prince Aladdin, c'est avec grand regret que nous vous déclarons l'ordre que nous avons du sultan de vous arrêter, et de vous mener à lui en criminel d'état; nous vous supplions de ne pas trouver mauvais que nous nous acquittions de notre devoir, et de nous le pardonner.

Cette déclaration fut un sujet de grande surprise à Aladdin, qui se sentait innocent; il demanda à l'officier s'il savait de quel crime il était accusé. A quoi il répondit que ni lui ni ses gens n'en savaient rien.

Comme Aladdin vit que ses gens étaient de beaucoup inférieurs au détachement, et même qu'ils s'éloignaient, il mit pied à terre. Me voilà, dit-il; exécutez l'ordre que vous avez. Je puis dire néanmoins que je ne me sens coupable d'aucun crime, ni envers la personne du sultan, ni envers l'état. On lui passa aussitôt au cou une chaîne fort grosse et fort longue, dont on le lia aussi par le milieu du corps, de manière qu'il n'avait pas les bras libres. Quand l'officier se fut mis à la tête de sa troupe, un cavalier prit le bout de la chaîne ; et en marchant après l'officier il mena Aladdin, qui fut obligé de le suivre à pied ; et dans cet état il fut conduit vers la ville.

Quand les cavaliers furent entrés dans le faubourg, les premiers qui virent qu'on menait Aladdin en criminel d'état ne doutèrent pas que ce ne fût pour lui couper la tête. Comme il était aimé généralement, les uns prirent le sabre et d'autres armes, et ceux qui n'en avaient pas s'armèrent de pierres, et ils suivirent les cavaliers. Quelques uns qui étaient à la queue firent volte-face, en faisant mine de vouloir les dissiper ; mais bientôt ils grossirent en si grand nombre, que les cavaliers prirent le parti de dissimuler, trop heureux s'ils pouvaient arriver jusqu'au palais du sultan sans qu'on leur enlevât Aladdin. Pour y réussir, selon que les rues étaient plus ou moins larges, ils eurent grand soin d'occuper toute la largeur du terrain, tantôt en s'étendant, tantôt en se resserrant ; de la sorte ils arrivèrent à la place du palais, où ils se mirent tous sur une ligne, en faisant face à la populace armée, jusqu'à ce que leur officier et le cavalier qui menait Aladdin fussent entrés dans le palais, et que les portiers eussent fermé la porte pour empêcher qu'elle n'entrât.

Aladdin fut conduit devant le sultan, qui l'attendait sur un balcon, accompagné du grand-visir ; et sitôt qu'il le vit, il commanda au bourreau, qui avait eu ordre de se trouver là, de lui couper la tête, sans vouloir l'entendre, ni tirer de lui aucun éclaircissement.

Quand le bourreau se fut saisi d'Aladdin, il lui ôta la chaîne qu'il avait au cou et autour du corps ; et après avoir étendu sur la terre un cuir teint du sang d'une infinité de criminels qu'il avait exécutés, il l'y fit mettre à genoux, et lui banda les yeux. Alors il tira son sabre; il prit sa mesure pour donner le coup, en s'essayant et en faisant flamboyer le sabre en l'air par trois fois, et il attendit que le sultan lui donnât le signal pour trancher la tête d'Aladdin.

En ce moment le grand-visir aperçut que la populace qui avait forcé les cavaliers, et qui avait rempli la place, venait d'escalader les murs du palais en plusieurs endroits, et commençait à les démolir pour faire brèche. Avant que le sultan donnât le signal, il lui dit : Sire, je supplie votre majesté de penser mûrement à ce qu'elle va faire. Elle va courir risque de voir son palais forcé ; et si ce malheur arrivait, l'événement pourrait en être funeste. Mon palais forcé! reprit le sultan. Qui peut avoir cette audace? Sire, repartit le grand-visir, que votre majesté jette les yeux sur les murs de son palais et sur la place, elle connaîtra la vérité de ce que je lui dis.

L'épouvante du sultan fut si grande quand il eut vu une émotion si vive et si animée, que dans le moment même il commanda au bourreau de remettre son sabre dans le fourreau, d'ôter le bandeau des yeux d'Aladdin, et de le laisser libre. Il donna aussi ordre aux chiaoux de crier que le sultan lui faisait grace, et que chacun eût à se retirer.

Alors tous ceux qui étaient déjà montés au haut des murs du palais, témoins de ce qui venait de se passer, abandonnèrent leur dessein. Ils descendirent en peu d'instants; et pleins de joie d'avoir sauvé la vie d'un homme qu'ils aimaient véritablement, ils publièrent cette nouvelle à tous ceux qui étaient autour d'eux ; elle passa bientôt à toute la populace qui était dans la place du palais; et les cris des chiaoux, qui annonçaient la même chose du haut des terrasses où ils étaient montés, achevèrent de la rendre publique. La justice que le sultan venait de rendre à Aladdin en lui faisant grace, désarma la populace, fit cesser le tumulte, et insensiblement chacun se retira chez soi.

Quand Aladdin se vit libre, il leva la tête du côté du balcon; et comme il eut aperçut le sultan : Sire, dit-il en élevant la voix d'une manière touchante, je supplie votre majesté d'ajouter une nouvelle grace à celle qu'elle vient de me faire, c'est de vouloir bien me faire connaître quel est mon crime. Quel est ton crime, perfide! répondit le sultan, ne le sais-tu pas? Monte jusqu'ici, continua-t-il, je te le ferai connaître.

Aladdin monta, et quand il se fut présenté : Suis-moi, lui dit le sultan, en marchant devant lui sans le regarder. Il le mena jusqu'au cabinet ouvert, et quand il fut arrivé à la porte : Entre, lui dit le sultan; tu dois savoir où était ton palais; regarde de tous côtés, et dis-moi ce qu'il est devenu.

Aladdin regarde, et ne voit rien; il s'aperçoit bien de tout le terrain que son palais occupait; mais comme il ne pouvait deviner comment il avait pu disparaître, cet événement extraordinaire et surprenant le mit dans une confusion et dans un étonnement qui l'empêchèrent de pouvoir répondre un seul mot au sultan.

Le sultan impatient : Dis-moi donc, répéta-t-il à Aladdin, où est ton palais, et où est ma fille! Alors Aladdin rompit le silence. Sire, dit-il, je vois bien, et je l'avoue, que le palais que j'ai fait bâtir n'est plus à la place où il était; je vois qu'il a disparu, et je ne puis dire à votre majesté où il peut être; mais je puis l'assurer que je n'ai aucune part à cet événement.

Je ne me mets pas en peine de ce que ton palais est devenu, reprit le sultan, j'estime ma fille un million de fois davantage. Je veux que tu me la retrouves, autrement je te ferai couper la tête, et nulle considération ne m'en empêchera.

Sire, repartit Aladdin, je supplie votre majesté de m'accorder quarante jours pour faire mes diligences; et si dans cet intervalle je n'y réussis pas, je lui donne ma parole que j'apporterai ma tête au pied de son trône, afin qu'elle en dispose à sa volonté. Je t'accorde les quarante jours que tu me demandes, lui dit le sultan ; mais ne crois pas abuser de la grace que je te fais, en pensant échapper à mon ressentiment : en quelque endroit de la terre que tu puisses être, je saurai bien te retrouver.

Aladdin s'éloigna de la présence du sultan dans une grande humiliation et dans un état à faire pitié ; il passa au travers des cours du palais la tête baissée, sans oser lever les yeux, dans la confusion où il était, et les principaux officiers de la cour, dont il n'avait pas désobligé un seul, quoique amis, au lieu de s'approcher de lui pour le consoler ou pour lui offrir une retraite chez eux, lui tournèrent le dos, autant pour ne le pas voir, qu'afin qu'il ne pût les reconnaître. Mais quand ils se fussent approchés de lui pour lui dire quelque chose de consolant, ou pour lui faire offre de service, ils n'eussent plus reconnu Aladdin ; il ne se reconnaissait pas lui-même, et il n'avait plus la liberté de son esprit. Il le fit bien connaître quand il fut hors du palais : car sans penser à ce qu'il faisait, il demandait de porte en porte, et à tous ceux qu'il rencontrait, si l'on n'avait pas vu son palais, ou si on ne pouvait pas lui en donner des nouvelles.

Ces demandes firent croire à tout le monde qu'Aladdin avait perdu l'esprit. Quelques uns n'en firent que rire ; mais les gens les plus raisonnables, et particulièrement ceux qui avaient eu quelque liaison d'amitié et de commerce avec lui, en furent véritablement touchés de compassion. Il demeura trois jours dans la ville, en allant tantôt d'un côté, tantôt d'un autre, et en ne mangeant que ce qu'on lui présentait par charité, et sans prendre aucune résolution.

Enfin, comme il ne pouvait plus, dans l'état malheureux où il se voyait, rester dans une ville où il avait fait une si belle figure, il en sortit, et il prit le chemin de la campagne. Il se détourna des grandes routes ; et après avoir traversé plusieurs campagnes dans une incertitude affreuse, il arriva enfin, à l'entrée de la nuit, au bord d'une rivière. Là, il lui prit une pensée de désespoir : Où irai-je chercher mon palais? dit-il en lui-même. En quelle province, en quel pays, en quelle partie du monde le trouverai-je, aussi bien que ma chère princesse que le sultan me demande? Jamais je n'y réussirai ; il vaut donc mieux que je me délivre de tant de fatigues qui n'aboutiraient à rien, et de tous les chagrins cuisants qui me rongent. Il allait se jeter dans la rivière, selon la résolution qu'il venait de prendre ; mais il crut, en bon musulman fidèle à sa religion, qu'il ne devait pas le faire, sans avoir auparavant fait sa prière. En venant s'y préparer, il s'approcha du bord de l'eau pour se laver les mains et le visage, suivant la coutume du pays ; mais comme cet endroit était un peu en pente, et mouillé par l'eau qui y battait, il glissa, et il serait tombé dans la rivière, s'il ne se fût retenu à un petit roc élevé hors de terre environ de deux pieds. Heureusement pour lui il portait encore l'anneau que le magicien africain lui avait mis au doigt avant qu'il descendît dans le souterrain pour aller enlever la précieuse lampe qui venait de lui être enlevée. Il frotta cet anneau assez fortement contre le roc en se retenant ; dans l'instant le même génie qui lui était apparu dans ce souterrain où le magicien africain l'avait enfermé, lui apparut encore :

« Que veux-tu? lui dit le génie. Me voici prêt à t'obéir
« comme ton esclave et de tous ceux qui ont l'anneau au
« doigt, moi et les autres esclaves de l'anneau. »

Aladdin, agréablement surpris par une apparition si peu attendue dans le désespoir où il était, répondit : Génie, sauve-moi la vie une seconde fois, en m'enseignant où est le palais que j'ai fait bâtir, ou en faisant qu'il soit rapporté incessamment où il était. Ce que tu me demandes, reprit le génie, n'est pas de mon ressort : je ne suis esclave que de l'anneau, adresse-toi à l'esclave de la lampe. Si cela est, repartit Aladdin, je te commande donc, par la puissance de l'anneau, de me transporter jusqu'au lieu où est mon palais, en quelque endroit de la terre qu'il soit, et de me poser sous les fenêtres de la princesse Badroulboudour. A peine eut-il achevé de parler que le génie le transporta en Afrique au milieu d'une grande prairie où était le palais, peu éloigné d'une grande ville, et le posa précisément au-dessous des fenêtres de l'appartement de la princesse, où il le laissa. Tout cela se fit en un instant.

Nonobstant l'obscurité de la nuit, Aladdin reconnut fort bien son palais et l'appartement de la princesse Badroulboudour; mais comme la nuit était avancée, et que tout était tranquille dans le palais, il se retira un peu à l'écart, et il s'assit au pied d'un arbre. Là, rempli d'espérance, en faisant réflexion à son bonheur, dont il était redevable à un pur hasard, il se trouva dans une situation beaucoup plus paisible que depuis qu'il avait été arrêté, amené devant le sultan, et délivré du danger présent de perdre la vie. Il s'entretint quelque temps dans ces pensées agréables; mais enfin, comme il y avait cinq ou six jours qu'il ne dormait point, il ne put s'empêcher de se laisser aller au sommeil qui l'accablait, et il s'endormit au pied de l'arbre où il était.

Le lendemain, dès que l'aurore commença à paraître, Aladdin fut éveillé agréablement, non seulement par le ramage des oiseaux qui avaient passé la nuit sur l'arbre sous lequel il était couché, mais même sur les arbres touffus du jardin de son palais. Il jeta d'abord les yeux sur cet admirable édifice, et alors il se sentit une joie inexprimable d'être sur le point de s'en revoir bientôt le maître, et en même temps de posséder encore une fois sa chère princesse Badroulboudour. Il se leva, et se rapprocha de l'appartement de la princesse. Il se promena quelque temps sous ses fenêtres, en attendant qu'il fût jour chez elle et qu'on pût l'apercevoir. Dans cette attente, il cherchait en lui-même d'où pouvait être venue la cause de son malheur; et après avoir bien rêvé, il ne douta plus que toute son infortune ne vînt d'avoir quitté sa lampe de vue. Il s'accusa lui-même de négligence et du peu de soin qu'il avait eu de ne s'en pas dessaisir un seul moment. Ce qui l'embarrassait davantage, c'est qu'il ne pouvait s'imaginer qui était le jaloux de son bonheur. Il l'eût compris d'abord, s'il eût su que lui et son palais se trouvaient alors en Afrique ; mais le génie, esclave de l'anneau, ne lui en avait rien dit; il ne s'en était point informé lui-même. Le seul nom de l'Afrique lui eût rappelé dans sa mémoire le magicien africain, son ennemi déclaré.

La princesse Badroulboudour se levait plus matin qu'elle n'avait de coutume depuis son enlèvement et son transport en Afrique par l'artifice du magicien africain, dont jusqu'alors elle avait été contrainte de supporter la vue une fois chaque jour, parcequ'il était maître du palais; mais elle l'avait traité si durement chaque fois, qu'il n'avait encore osé prendre la hardiesse de s'y loger. Quand elle fut habillée, une de ses femmes, en regardant au travers d'une jalousie, aperçoit Aladdin. Elle court aussitôt en avertir sa maîtresse. La princesse, qui ne pouvait croire cette nouvelle, vient vite se présenter à la fenêtre, et aperçoit Aladdin. Elle ouvre la jalousie. Au bruit que la princesse fait en l'ouvrant, Aladdin lève la tête ; il la reconnaît, et il la salue d'un air qui exprimait l'excès de sa joie. Pour ne pas perdre de temps, lui dit la princesse, on est allé vous ouvrir la porte secrète ; entrez et montez. Et elle ferma la jalousie.

La porte secrète était au-dessous de l'appartement de la princesse; elle se trouva ouverte, et Aladdin monta à l'appartement de la princesse. Il n'est pas possible d'exprimer la joie que ressentirent ces deux époux de se revoir après s'être crus séparés pour jamais. Ils s'embrassèrent plusieurs fois, et se donnèrent toutes les marques d'amour et de tendresse qu'on peut s'imaginer, après une séparation aussi triste et aussi peu attendue que la leur. Après ces embrassements mêlés de larmes de joie, ils s'assirent ; et Aladdin en prenant la parole : Princesse, dit-il, avant de vous entretenir de toute autre chose je vous supplie au nom de Dieu, autant pour votre propre intérêt et pour celui du sultan votre respectable père, que pour le mien en particulier, de me dire ce qu'est devenue une vieille lampe que j'avais mise sur la corniche du salon à vingt-quatre croisées, avant d'aller à la chasse.

Ah! cher époux! répondit la princesse, je m'étais bien doutée que notre malheur réciproque venait de cette lampe! et ce qui me désole, c'est que j'en suis la cause moi-même! Princesse, reprit Aladdin, ne vous en attribuez pas la cause, elle est toute sur moi, et je devais avoir été plus soigneux de la conserver : ne songeons qu'à réparer cette perte; et pour cela faites-moi la grace de me raconter comment la chose s'est passée, et en quelles mains elle est tombée.

Alors la princesse Badroulboudour raconta à Aladdin ce qui s'était passé dans l'échange de la lampe vieille pour la neuve, qu'elle fit apporter afin qu'il la vît; et comment la nuit suivante, après s'être aperçue du transport du palais, elle s'était trouvée le matin dans le pays inconnu où elle lui parlait, et qui était l'Afrique; particularité qu'elle avait apprise de la bouche même du traître qui l'y avait fait transporter par son art magique.

Princesse, dit Aladdin en l'interrompant, vous m'avez fait connaître le traître en me marquant que je suis en Afrique avec vous. Il est le plus perfide de tous les hommes. Mais ce n'est ni le temps ni le lieu de vous faire une peinture plus ample de ses méchancetés. Je vous prie seulement de me dire ce qu'il a fait de la lampe, et où il l'a mise. Il la porte dans son sein, enveloppée bien précieusement, reprit la princesse, et je puis en rendre témoignage, puisqu'il l'en a tirée et développée en ma présence, pour m'en faire un trophée.

Ma princesse, dit alors Aladdin, ne me sachez pas mauvais gré de tant de demandes dont je vous fatigue; elles sont également importantes pour vous et pour moi. Pour venir à ce qui m'intéresse plus particulièrement, apprenez-moi, je vous en conjure, comment vous vous trouvez du traitement d'un homme aussi méchant et aussi perfide? Depuis que je suis en ce lieu, reprit la princesse, il ne s'est présenté devant moi qu'une fois chaque jour; et je suis bien persuadée que le peu de satisfaction qu'il tire de ses visites, fait qu'il ne m'importune pas plus souvent. Tous les discours qu'il me tient chaque fois ne tendent qu'à me persuader de rompre la foi que je vous ai donnée, et de le prendre pour époux, en voulant me faire entendre que je ne dois pas espérer de vous revoir jamais, que vous ne vivez plus, et que le sultan mon père vous a fait couper la tête. Il ajoute, pour se justifier, que vous êtes un ingrat, que votre fortune n'est venue que de lui, et mille autres choses que je lui laisse dire.

Et comme il ne reçoit de moi pour réponse que mes plaintes douloureuses et mes larmes, il est contraint de se retirer aussi peu satisfait que quand il arrive. Je ne doute pas néanmoins que son intention ne soit de laisser passer mes plus vives douleurs, dans l'espérance que je changerai de sentiment, et à la fin d'user de violence si je persévère à lui faire résistance. Mais, cher époux, votre présence a déjà dissipé mes inquiétudes.

Princesse, interrompit Aladdin, j'ai confiance que ce n'est pas en vain, puisqu'elles sont dissipées, et que je crois avoir trouvé le moyen de vous délivrer de votre ennemi et du mien. Mais pour cela il est nécessaire que j'aille à la ville. Je serai de retour vers le midi, et alors je vous communiquerai quel est mon dessein, et ce qu'il faudra que vous fassiez pour contribuer à le faire réussir. Mais afin que vous en soyez avertie, ne vous étonnez pas de me voir revenir avec un autre habit, et donnez ordre qu'on ne me fasse pas attendre à la porte secrète au premier coup que je frapperai.

La princesse lui promit qu'on l'attendrait à la porte, et que l'on serait prompt à lui ouvrir.

Quand Aladdin fut descendu de l'appartement de la princesse, et qu'il fut sorti par la même porte, il regarda de côté et d'autre, et il aperçut un paysan qui prenait le chemin de la campagne.

Comme le paysan allait au-delà du palais, et qu'il était un peu éloigné, Aladdin pressa le pas; et quand il l'eut joint, il lui proposa de changer d'habit, et il fit tant que le paysan y consentit. L'échange se fit à la faveur d'un buisson ; et quand ils se furent séparés, Aladdin prit le chemin de la ville. Dès qu'il y fut rentré, il enfila la rue qui aboutissait à la porte ; et se détournant par les rues les plus fréquentées, il arriva à l'endroit où chaque sorte de marchands et d'artisans avaient leur rue particulière. Il entra dans celle des droguistes ; et en s'adressant à la boutique la plus grande et la mieux fournie, il demanda au marchand s'il avait une certaine poudre qu'il lui nomma.

Le marchand, qui s'imagina qu'Aladdin était pauvre, à le regarder par son habit, et qu'il n'avait pas assez d'argent pour la payer, lui dit qu'il en avait, mais qu'elle était chère. Aladdin pénétra dans la pensée du marchand; il tira sa bourse, et, en faisant voir de l'or, il demanda une demi-dragme de cette poudre. Le marchand la pesa, l'enveloppa, et en la présentant à Aladdin il en demanda une pièce d'or. Aladdin la lui mit entre les mains, et sans s'arrêter dans la ville, qu'autant de temps qu'il en fallut pour prendre un peu de nourriture, il revint à son palais. Il n'attendit pas à la porte secrète ; elle lui fut ouverte d'abord, et il monta à l'appartement de la princesse Badroulboudour : Princesse, lui dit-il, l'aversion que vous avez pour votre ravisseur, comme vous me l'avez témoigné, fera peut-être que vous aurez de la peine à suivre le conseil que j'ai à vous donner. Mais permettez-moi de vous dire qu'il est à propos que vous dissimuliez, et même que vous vous fassiez violence, si vous voulez vous délivrer de sa persécution, et donner au sultan votre père et mon seigneur la satisfaction de vous revoir.

Si vous voulez donc suivre mon conseil, continua Aladdin, vous commencerez dès à présent à vous habiller d'un de vos plus beaux habits, et quand le magicien africain viendra, ne faites pas difficulté de le recevoir avec tout le bon accueil possible, sans affectation et sans contrainte, avec un visage ouvert, de manière néanmoins que, s'il y reste quelque nuage d'affliction, il puisse apercevoir qu'il se dissipera avec le temps. Dans la conversation, donnez-lui à connaître que vous faites vos efforts pour m'oublier; et afin qu'il soit persuadé davantage de votre sincérité, invitez-le à souper avec vous, et marquez-lui que vous seriez bien aise de goûter du meilleur vin de son pays; il ne manquera pas de vous quitter pour en aller chercher. Alors, en attendant qu'il revienne, quand le buffet sera mis, mettez dans un des gobelets pareils à celui dans lequel vous avez coutume de boire, la poudre que voici; et en le mettant à part, avertissez celle de vos femmes qui vous donne à boire, de vous l'apporter plein de vin au signal que vous lui ferez, dont vous conviendrez avec elle, et de prendre bien garde de ne pas se tromper. Quand le magicien sera revenu, et que vous serez à table, après avoir mangé et bu autant de coups que vous le jugerez à propos, faites-vous apporter le gobelet où sera la poudre, et changez votre gobelet avec le sien; il trouvera la faveur que vous lui ferez, si grande, qu'il ne la refusera pas : il boira même sans rien laisser dans le gobelet, et à peine l'aura-t-il vidé, que vous le verrez tomber à la renverse. Si vous avez de la répugnance à boire dans son gobelet; faites semblant de boire, vous le pouvez sans crainte : l'effet de la poudre sera si prompt, qu'il n'aura pas le temps de faire attention si vous buvez ou si vous ne buvez pas.

Quand Aladdin eut achevé : Je vous avoue, lui dit la princesse, que je me fais une grande violence, en consentant à faire au magicien les avances que je vois bien qu'il est nécessaire que je fasse; mais quelle résolution ne peut-on pas prendre contre un cruel ennemi! Je ferai donc ce que vous me conseillez, puisque de là mon repos ne dépend pas moins que le vôtre. Ces mesures prises avec la princesse, Aladdin prit congé d'elle, et il alla passer le reste du jour aux environs du palais, en attendant la nuit qu'il se rapprocha de la porte secrète.

La princesse Badroulboudour, inconsolable, non seulement de se voir séparée d'Aladdin, son cher époux, qu'elle avait aimé d'abord, et qu'elle continuait d'aimer encore, plus par inclination que par devoir, mais même d'avec le sultan son père qu'elle chérissait, et dont elle était tendrement aimée, était toujours demeurée dans une grande négligence de sa personne depuis le moment de cette douloureuse séparation. Elle avait même, pour ainsi dire, oublié la propreté qui sied si bien aux personnes de son sexe, particulièrement après que le magicien africain se fut présenté à elle la première fois, et qu'elle eut appris par ses femmes, qui l'avaient reconnu, que c'était lui qui avait pris la vieille lampe en échange de la neuve, et que, par cette fourberie insigne, il lui fut devenu en horreur. Mais l'occasion d'en prendre vengeance comme il le méritait, et plus tôt qu'elle n'avait osé l'espérer, fit qu'elle résolut de contenter Aladdin. Ainsi, dès qu'il se fut retiré, elle se mit à sa toilette, se fit coiffer par ses femmes de la manière qui lui était la plus avantageuse, et elle prit un habit le plus riche et le plus convenable à son dessein. La ceinture dont elle se ceignit n'était qu'or et que diamants enchâssés, les plus gros et les mieux assortis; et elle accompagna la ceinture d'un collier de perles seulement, dont les six de chaque côté étaient d'une telle proportion avec celle du milieu qui était la plus grosse et la plus précieuse, que les plus grandes sultanes et les plus grandes reines se seraient estimées heureuses d'en avoir un complet de la grosseur des deux plus petits de celui de la princesse. Les bracelets, entremêlés de diamants et de rubis, répondaient merveilleusement bien à la richesse de la ceinture et du collier.

Quand la princesse Badroulboudour fut entièrement habillée, elle consulta son miroir, prit l'avis de ses femmes sur tout son ajustement; et après qu'elle eut vu qu'il ne lui manquait aucun des charmes qui pouvaient flatter la folle passion du magicien africain, elle s'assit sur son sofa, en attendant qu'il arrivât.

Le magicien ne manqua pas de venir à son heure ordinaire. Dès que la princesse le vit entrer dans son salon aux vingt-quatre croisées où elle l'attendait, elle se leva avec tout son appareil de beauté et de charmes, et elle lui montra de la main la place honorable où elle attendait qu'il se mît, pour s'asseoir en même temps que lui : civilité distinguée qu'elle ne lui avait pas encore faite.

Le magicien africain, plus ébloui de l'éclat des beaux yeux de la princesse que du brillant des pierreries dont elle était ornée, fut fort surpris. Son air majestueux, et un certain air gracieux dont elle l'accueillait, si opposé aux rebuts avec lesquels elle l'avait reçu jusqu'alors, le rendit confus. D'abord il voulut prendre place sur le bord du sofa; mais comme il vit que la princesse ne voulait pas s'asseoir dans la sienne, qu'il ne se fût assis où elle souhaitait, il obéit.

Quand le magicien africain fut placé, la princesse, pour le tirer de l'embarras où elle le voyait, prit la parole en le regardant d'une manière à lui faire croire qu'il ne lui était plus odieux, comme elle l'avait fait paraître auparavant, et elle lui dit : Vous vous étonnerez sans doute de me voir aujourd'hui tout autre que vous ne m'avez vue jusqu'à présent; mais vous n'en serez plus surpris quand je vous dirai que je suis d'un tempérament si opposé à la tristesse, à la mélancolie, aux chagrins et aux inquiétudes, que je cherche à les éloigner le plus tôt qu'il m'est possible, dès que je trouve que le sujet en est passé. J'ai fait réflexion sur ce que vous m'avez représenté du destin d'Aladdin : et de l'humeur dont je connais le sultan mon père, je suis persuadée, comme vous, qu'il n'a pu éviter l'effet terrible de son courroux. Ainsi, quand je m'opiniâtrerais à le pleurer toute ma vie, je vois bien que mes larmes ne le feraient pas revivre. C'est pour cela qu'après lui avoir rendu, même jusque dans le tombeau, les devoirs que mon amour demandait que je lui rendisse, il m'a paru que je devais chercher tous les moyens de me consoler. Voilà les motifs du changement que vous voyez en moi. Pour commencer donc à éloigner tout sujet de tristesse, résolue à la bannir entièrement, et persuadée que vous voudrez bien me tenir compagnie, j'ai commandé qu'on nous préparât à souper. Mais comme je n'ai que du vin de la Chine, et que je me trouve en Afrique, il m'a pris une envie de goûter de celui qu'elle produit, et j'ai cru, s'il y en a, que vous en trouverez du meilleur.

Le magicien africain, qui avait regardé comme impossible le bonheur de parvenir si promptement et si facilement à entrer dans les bonnes graces de la princesse Badroulboudour, lui marqua qu'il ne trouvait pas de termes assez forts pour lui témoigner combien il était sensible à ses bontés; et en effet, pour finir au plutôt un entretien dont il eût eu peine à se tirer s'il s'y fût engagé plus avant, il se jeta sur le vin d'Afrique dont elle venait de lui parler, et il lui dit que parmi les avantages dont l'Afrique pouvait se glorifier, celui de produire d'excellent vin était un des principaux, particulièrement dans la partie où elle se trouvait, qu'il en avait une pièce de sept ans qui n'était pas entamée, et que, sans le trop priser, c'était un vin qui surpassait en bonté les vins les plus excellents du monde. Si ma princesse, ajouta-t-il, veut me le permettre, j'irai en prendre deux bouteilles, et je serai de retour incessamment. Je serais fâchée de vous donner cette peine, lui dit la princesse; il vaudrait mieux que vous y envoyassiez quelqu'un. Il est nécessaire que j'y aille moi-même, repartit le magicien africain : personne que moi ne sait où est la clef du magasin, et personne que moi aussi n'a le secret de l'ouvrir. Si cela est ainsi, dit la princesse, allez donc et revenez promptement. Plus vous mettrez de temps, plus j'aurai d'impatience de vous revoir, et songez que nous nous mettrons à table dès que vous serez de retour.

Le magicien africain, plein d'espérance de son prétendu bonheur, ne courut pas chercher son vin de sept ans, il y vola plutôt, et il revint fort promptement. La princesse, qui n'avait pas douté qu'il ne fît diligence, avait jeté elle-même la poudre qu'Aladdin lui avait apportée, dans un gobelet qu'elle avait mis à part, et elle venait de faire servir. Ils se mirent à table vis-à-vis l'un de l'autre, de manière que le magicien avait le dos tourné au buffet. En lui présentant ce qu'il y avait de meilleur, la princesse lui dit : Si vous voulez, je vous donnerai le plaisir des instruments et des voix; mais comme nous ne sommes que vous et moi, il me semble que la conversation nous donnera plus de plaisir. Le magicien regarda ce choix de la princesse pour une nouvelle faveur.

Après qu'ils eurent mangé quelques morceaux, la princesse demanda à boire Elle but à la santé du magicien; et quand elle eut bu : Vous aviez raison, dit-elle, de faire l'éloge de votre vin, jamais je n'en avais bu de si délicieux. Charmante princesse, répondit-il, en tenant à la main le gobelet qu'on venait de lui présenter, mon vin acquiert une nouvelle bonté par l'approbation que vous lui donnez. Buvez à ma santé, reprit la princesse; vous trouverez vous-même que je m'y connais. Il but à la santé de la princesse; et en rendant le gobelet : Princesse, dit-il, je me tiens heureux d'avoir réservé cette pièce pour une si bonne occasion, j'avoue moi-même que je n'en ai bu de ma vie de si excellent en plus d'une manière.

Quand ils eurent continué de manger et de boire trois autres coups, la princesse, qui avait achevé de charmer le magicien africain par ses honnêtetés et par ses manières tout obligeantes, donna enfin le signal à la femme qui lui donnait à boire, en disant en même temps qu'on lui apportât son gobelet plein de vin, qu'on emplît de même celui du magicien africain, et qu'on le lui présentât. Quand ils eurent chacun leur gobelet à la main : Je ne sais, dit-elle au magicien africain, comment on en use chez vous quand on s'aime bien, et qu'on boit ensemble comme nous le faisons. Chez nous, à la Chine, l'amant et l'amante se présentent réciproquement à chacun leur gobelet, et de la sorte ils boivent à la santé l'un de l'autre. En même temps elle lui présenta le gobelet qu'elle tenait, en avançant l'autre main pour recevoir le sien. Le magicien africain se hâta de faire cet échange avec d'autant plus de plaisir qu'il regarda cette faveur comme la marque la plus certaine de la conquête entière du cœur de la princesse ; ce qui le mit au comble de son bonheur. Avant qu'il bût : Princesse, dit-il le gobelet à la main, il s'en faut beaucoup que nos Africains soient aussi raffinés dans l'art d'assaisonner l'amour de tous ses agréments que les Chinois ; et en m'instruisant d'une leçon que j'ignorais, j'apprends aussi à quel point je dois être sensible à la grace que je reçois. Jamais je ne l'oublierai, aimable princesse, d'avoir retrouvé, en buvant dans votre gobelet, une vie dont votre cruauté m'eût fait perdre l'espérance, si elle eût continué.

La princesse Badroulboudour, qui s'ennuyait du discours à perte de vue du magicien africain : Buvons, dit-elle en l'interrompant ; vous reprendrez après ce que vous voulez me dire. En même temps elle porta à la bouche le gobelet qu'elle ne toucha que du bout des lèvres, pendant que le magicien africain se pressa si fort de la prévenir, qu'il vida le sien sans en laisser une goutte. En achevant de le vider, comme il avait un peu penché la tête en arrière pour montrer sa diligence, il demeura quelque temps en cet état, jusqu'à ce que la princesse, qui avait toujours le bord du gobelet sur ses lèvres, vit que les yeux lui tournaient, et qu'il tomba sur le dos sans sentiment.

La princesse n'eut pas besoin de commander qu'on allât ouvrir la porte secrète à Aladdin. Ses femmes, qui avaient le mot, s'étaient disposées d'espace en espace depuis le salon jusqu'au bas de l'escalier; de manière que le magicien africain ne fut pas plutôt tombé à la renverse, que la porte lui fut ouverte presque dans le moment.

Aladdin monta, et il entra dans le salon. Dès qu'il eut vu le magicien africain étendu sur le sofa, il arrêta la princesse Badroulboudour qui s'était levée, et qui s'avançait pour lui témoigner sa joie en l'embrassant. Princesse, dit-il, il n'est pas encore temps; obligez-moi de vous retirer à votre appartement, et faites qu'on me laisse seul, pendant que je vais travailler à vous faire retourner à la Chine avec la même diligence que vous en avez été éloignée.

En effet, quand la princesse fut hors du salon avec ses femmes et ses eunuques, Aladdin ferma la porte; et après qu'il se fut approché du cadavre du magicien africain, qui était demeuré sans vie, il ouvrit sa veste, et il en tira la lampe enveloppée de la manière que la princesse lui avait marqué. Il la développa, et il la frotta. Aussitôt le génie se présenta avec son compliment ordinaire. Génie, lui dit Aladdin, je t'ai appelé pour t'ordonner, de la part de la lampe, ta bonne maîtresse que tu vois, de faire que ce palais soit reporté incessamment à la Chine, au même lieu et à la même place d'où il a été apporté ici. Le génie, après avoir marqué, par une inclination de tête, qu'il allait obéir, disparut. En effet, le transport se fit, et on ne le sentit que par deux agitations fort légères : l'une, quand il fut enlevé du lieu où il était en Afrique, et l'autre, quand il fut posé dans la Chine vis-a-vis le palais du sultan ; ce qui se fit dans un intervalle de très peu de durée.

Aladdin descendit à l'appartement de la princesse; et alors en l'embrassant : Princesse, dit-il, je puis vous assurer que votre joie et la mienne seront complètes demain matin. Comme la princesse n'avait pas achevé de souper, et qu'Aladdin avait besoin de manger, la princesse fit apporter du salon aux vingt-quatre croisées les mets qu'on y avait servis, et auxquels on n'avait presque pas touché. La princesse et Aladdin mangèrent ensemble, et burent du bon vin vieux du magicien africain; après quoi, sans parler de leur entretien, qui ne pouvait être que très satisfaisant, ils se retirèrent dans leur appartement.

Depuis l'enlèvement du palais d'Aladdin et de la princesse Badroulboudour, le sultan, père de cette princesse, était inconsolable de l'avoir perdue, comme il se l'était imaginé. Il ne dormait presque ni nuit ni jour; et au lieu d'éviter tout ce qui pouvait l'entretenir dans son affliction, c'était au contraire ce qu'il cherchait avec plus de soin. Ainsi, au lieu qu'auparavant il n'allait que le matin au cabinet ouvert de son palais, pour se satisfaire par l'agrément de cette vue dont il ne pouvait se rassasier, il y allait plusieurs fois le jour renouveler ses larmes, et se plonger de plus en plus dans ses profondes douleurs, par l'idée de ne voir plus ce qui lui avait tant plu, et d'avoir perdu ce qu'il avait de plus cher au monde. L'aurore ne faisait encore que de paraître, lorsque le sultan vint à ce cabinet, le même matin que le palais d'Aladdin venait d'être rapporté à sa place. En y entrant, il était si recueilli en lui-même et si pénétré de sa douleur, qu'il jeta les yeux d'une manière triste du côté de la place où il ne croyait voir que l'air vide, sans apercevoir le palais. Mais comme il vit que ce vide était rempli, il s'imagina d'abord que c'était l'effet d'un brouillard. Il regarde avec plus d'attention, et il connaît à n'en pas douter, que c'était le palais d'Aladdin. Alors la joie et l'épanouissement du cœur succédèrent aux chagrins et à la tristesse. Il retourne à son appartement en pressant le pas, et il commande qu'on lui selle et qu'on lui amène un cheval. On le lui amène, il le monte, il part, et il lui semble qu'il n'arrivera pas assez tôt au palais d'Aladdin.

Aladdin, qui avait prévu ce qui pouvait arriver, s'était levé dès la petite pointe du jour; et dès qu'il eut pris un des habits les plus magnifiques de sa garde-robe, il était monté au salon aux vingt-quatre croisées, d'où il aperçut que le sultan venait. Il descendit, et il fut assez à temps pour le recevoir au bas du grand escalier, et à l'aider à mettre pied à terre. Aladdin, lui dit le sultan, je ne puis vous parler que je n'aie vu et embrassé ma fille.

Aladdin conduisit le sultan à l'appartement de la princesse Badroulboudour. Et la princesse, qu'Aladdin, en se levant, avait avertie de se souvenir qu'elle n'était plus en Afrique, mais dans la Chine et dans la ville capitale du sultan son père, voisine de son palais, venait d'achever de s'habiller. Le sultan l'embrassa à plusieurs fois, le visage baigné de larmes de joie, et la princesse, de son côté, lui donna toutes les marques du plaisir extrême qu'elle avait de le revoir.

Le sultan fut quelque temps sans pouvoir ouvrir la bouche pour parler, tant il était attendri d'avoir retrouvé sa chère fille, après l'avoir pleurée sincèrement comme perdue; et la princesse, de son côté, était tout en larmes de la joie qu'elle avait de revoir le sultan son père.

Le sultan prit enfin la parole : Ma fille, dit-il, je veux croire que c'est la joie que vous avez de me revoir qui fait que vous me paraissez aussi peu changée que s'il ne vous était rien arrivé de fâcheux. Je suis persuadé néanmoins que vous avez beaucoup souffert. On n'est pas transporté dans un palais tout entier, aussi subitement que vous l'avez été, sans de grandes alarmes et de terribles angoisses. Je veux que vous me racontiez ce qui en est, et que vous ne me cachiez rien.

La princesse se fit un plaisir de donner au sultan son père la satisfaction qu'il demandait. Sire, dit la princesse, si je parais si peu changée, je supplie votre majesté de considérer que je commençai à respirer dès hier de grand matin par la présence d'Aladdin mon cher époux et mon libérateur, que j'avais regardé et pleuré comme perdu pour moi, et que le bonheur que je viens d'avoir de l'embrasser, me remet à peu près dans la même assiette qu'auparavant. Toute ma peine néanmoins, à proprement parler, n'a été que de me voir arrachée à votre majesté et à mon cher époux, non seulement par rapport à mon inclination à l'égard de mon époux, mais même par l'inquiétude où j'étais sur les tristes effets du courroux de votre majesté, auquel je ne doutais pas qu'il ne dût être exposé, tout innocent qu'il était. J'ai moins souffert de l'insolence de mon ravisseur qui m'a tenu des discours qui ne me plaisaient pas. Je les ai arrêtés par l'ascendant que j'ai su prendre sur lui. D'ailleurs j'étais aussi peu contrainte que je le suis présentement. Pour ce qui regarde le fait de mon enlèvement, Aladdin n'y a aucune part; j'en suis la cause moi seule, mais très innocente.

Pour persuader au sultan qu'elle disait la vérité, elle lui fit le détail du déguisement du magicien africain en marchand de lampes neuves à changer contre les vieilles, et du divertissement qu'elle s'était donné en faisant l'échange de la lampe d'Aladdin, dont elle ignorait le secret et l'importance; de l'enlèvement du palais et de sa personne après cet échange, et du transport de l'un et de l'autre en Afrique avec le magicien africain qui avait été reconnu par deux de ses femmes et par l'eunuque qui avait fait l'échange de la lampe, quand il avait pris la hardiesse de venir se présenter à elle la première fois après le succès de son audacieuse entreprise, et de lui faire la proposition de l'épouser; enfin de la persécution qu'elle avait soufferte jusqu'à l'arrivée d'Aladdin; des mesures qu'ils avaient prises conjointement pour lui enlever la lampe qu'il portait sur lui; comment ils y avaient réussi, elle particulièrement en prenant le parti de dissimuler avec lui, et enfin de l'inviter à souper avec elle, jusqu'au gobelet mixtionné qu'elle lui avait présenté. Quant au reste, ajouta-t-elle, je laisse à Aladdin à vous en rendre compte.

Aladdin eut peu de chose à dire au sultan : Quand, dit-il, on m'eut ouvert la porte secrète, que j'eus monté au salon aux vingt-quatre croisées, et que j'eus vu le traître étendu mort sur le sofa par la violence de la poudre; comme il ne convenait pas que la princesse restât davantage, je la priai de descendre à son appartement avec ses femmes et ses eunuques. Je restai seul; et après avoir tiré la lampe du sein du magicien, je me servis du même secret dont il s'était servi pour enlever ce palais en ravissant la princesse. J'ai fait en sorte que le palais se trouve en sa place, et j'ai eu le bonheur de ramener la princesse à votre majesté, comme elle me l'avait commandé. Je n'en impose pas à votre majesté; et si elle veut se donner la peine de monter au salon, elle verra le magicien puni comme il le méritait.

Pour s'assurer entièrement de la vérité, le sultan se leva et monta; et quand il eut vu le magicien africain mort, le visage déjà livide par la violence du poison, il embrassa Aladdin avec beaucoup de tendresse, en lui disant : Mon fils, ne me sachez pas mauvais gré du procédé dont j'ai usé contre vous; l'amour paternel m'y a forcé, et je mérite que vous me pardonniez l'excès où je me suis porté. Sire, reprit Aladdin, je n'ai pas le moindre sujet de plainte contre la conduite de votre majesté, elle n'a fait que ce qu'elle devait faire. Ce magicien, cet infâme, ce dernier des hommes, est la cause unique de ma disgrace. Quand votre majesté en aura le loisir, je lui ferai le récit d'une autre malice qu'il m'a faite, non moins noire que celle-ci, dont j'ai été préservé par une grâce de Dieu toute particulière. Je prendrai ce loisir exprès, repartit le sultan, et bientôt. Mais songeons à nous réjouir, et faites ôter cet objet odieux.

Aladdin fit enlever le cadavre du magicien africain, avec ordre de le jeter à la voirie pour servir de pâture aux animaux et aux oiseaux. Le sultan cependant, après avoir commandé que les tambours, les timbales, les trompettes et les autres instruments annonçassent la joie publique, fit proclamer une fête de dix jours, en réjouissance du retour de la princesse Badroulboudour et d'Aladdin avec son palais.

C'est ainsi qu'Aladdin échappa pour la seconde fois du danger presque inévitable de perdre la vie; mais ce ne fut pas le dernier, il en courut un troisième dont nous allons rapporter les circonstances.

La magicien africain avait un frère cadet qui n'était pas moins habile que lui dans l'art magique ; on peut même dire qu'il le surpassait en méchanceté et en artifices pernicieux. Comme ils ne demeuraient pas toujours ensemble ou dans la même ville, et que souvent l'un se trouvait au Levant, pendant que l'autre était au Couchant, chacun de son côté, ils ne manquaient pas chaque année de s'instruire, par la géomance, en quelle partie du monde ils étaient, en quel état ils se trouvaient, et s'ils n'avaient pas besoin du secours l'un de l'autre.

Quelque temps après que le magicien africain eut succombé dans son entreprise contre le bonheur d'Aladdin, son cadet, qui n'avait pas eu de ses nouvelles depuis un an, et qui n'était pas en Afrique, mais dans un pays très éloigné, voulut savoir en quel endroit de la terre il était, comment il se portait, et ce qu'il y faisait. En quelque lieu qu'il allât, il portait toujours avec lui son carré géomantique aussi bien que son frère. Il prend ce carré, il accommode le sable, il jette les points, il en tire les figures, et enfin il forme l'horoscope. En parcourant chaque maison, il trouve que son frère n'était plus au monde ; dans une autre maison, qu'il avait été empoisonné, et qu'il était mort subitement ; dans une autre, que cela était arrivé à la Chine ; et dans une autre, que c'était dans une capitale de la Chine, située en tel endroit ; et enfin, que celui par qui il avait été empoisonné était un homme de basse naissance, qui avait épousé une princesse fille d'un sultan.

Quand le magicien eut appris de la sorte quelle avait été la triste destinée de son frère, il ne perdit pas le temps en des regrets qui ne lui eussent pas redonné la vie. La résolution prise sur-le-champ de venger sa mort, il monte à cheval, et il se met en chemin en prenant sa route vers la Chine. Il traverse plaines, rivières, montagnes, déserts ; et après une longue traite, sans s'arrêter en aucun endroit, avec des fatigues incroyables, il arriva enfin à la Chine, et peu de temps après à la capitale que la géomance lui avait enseignée. Certain qu'il ne s'était pas trompé, et qu'il n'avait pas pris un royaume pour un autre, il s'arrête dans cette capitale et il y prend logement.

Le lendemain de son arrivée, le magicien sort; et en se promenant par la ville, non pas tant pour en remarquer les beautés qui lui étaient fort indifférentes, que dans l'intention de commencer à prendre des mesures pour l'exécution de son dessein pernicieux, il s'introduisit dans les lieux les plus fréquentés, et il prêta l'oreille à ce que l'on disait. Dans un lieu où l'on passait le temps à jouer à plusieurs sortes de jeux, et où, pendant que les uns jouaient, d'autres s'entretenaient, les uns des nouvelles et des affaires du temps, d'autres de leurs propres affaires, il entendit qu'on s'entretenait et qu'on racontait des merveilles de la vertu et de la piété d'une femme retirée du monde, nommée Fatime, et même de ses miracles. Comme il crut que cette femme pouvait lui être utile à quelque chose dans ce qu'il méditait, il prit à part un de ceux de la compagnie, et il le pria de vouloir bien lui dire plus particulièrement quelle était cette sainte femme, et quelle sorte de miracles elle faisait.

Quoi! lui dit cet homme, vous n'avez pas encore vu cette femme, ni entendu parler d'elle? Elle fait l'admiration de toute la ville par ses jeûnes, par ses austérités et par le bon exemple qu'elle donne. A la réserve du lundi et du vendredi, elle ne sort pas de son petit ermitage; et les jours qu'elle se fait voir par la ville, elle fait des biens infinis, et il n'y a personne affligé du mal de tête qui ne reçoive la guérison par l'imposition de ses mains.

Le magicien ne voulut pas en savoir davantage sur cet article; il demanda seulement au même homme en quel quartier de la ville était l'ermitage de cette sainte femme. Cet homme le lui enseigna; sur quoi, après avoir conçu et arrêté le dessein détestable dont nous allons parler bientôt, afin de le savoir plus sûrement, il observa toutes ses démarches le premier jour qu'elle sortit, après avoir fait cette enquête, sans la perdre de vue jusqu'au soir, qu'il la vit rentrer dans son ermitage. Quand il eut bien remarqué l'endroit, il se retira dans un des lieux que nous avons dit, où l'on buvait d'une certaine boisson chaude, et où l'on pouvait passer la nuit si l'on voulait, particulièrement dans les grandes chaleurs, que l'on aime mieux en ces pays-là coucher sur la natte que dans un lit.

Le magicien, après avoir contenté le maître du lieu, en lui payant le peu de dépense qu'il avait faite, sortit vers le minuit, et il alla droit à l'ermitage de Fatime la sainte femme, nom sous lequel elle était connue dans toute la ville. Il n'eut pas de peine à ouvrir la porte : elle n'était fermée qu'avec un loquet; il le referma sans faire de bruit quand il fut entré, et il aperçut Fatime à la clarté de la lune, couchée à l'air, et qui dormait sur un sofa garni d'une méchante natte, et appuyée contre sa cellule. Il s'approcha d'elle, et après avoir tiré un poignard qu'il portait au côté, il l'éveilla.

En ouvrant les yeux, la pauvre Fatime fut fort étonnée de voir un homme prêt à la poignarder. En lui appuyant le poignard contre le cœur, prêt à l'y enfoncer : Si tu cries, dit-il, ou si tu fais le moindre bruit, je te tue; mais lève-toi, et fais ce que je te dirai.

Fatime, qui était couchée dans son habit, se leva en tremblant de frayeur. Ne crains pas, lui dit le magicien, je ne demande que ton habit, donne-le-moi et prends le mien. Ils firent l'échange d'habit; et quand le magicien se fut habillé de celui de Fatime, il lui dit : Colore-moi le visage comme le tien, de manière que je te ressemble, et que la couleur ne s'efface pas. Comme il vit qu'elle tremblait encore, pour la rassurer, et afin qu'elle fît ce qu'il souhaitait avec plus d'assurance, il lui dit : Ne crains pas, te dis-je encore une fois, je te jure par le nom de Dieu que je te donne la vie. Fatime le fit entrer dans sa cellule, elle alluma sa lampe; et en prenant d'une certaine liqueur dans un vase avec un pinceau, elle lui en frotta le visage, et lui assura que la couleur ne changerait pas, et qu'il avait le visage de la même couleur qu'elle, sans différence. Elle lui mit ensuite sa propre coiffure sur la tête, avec un voile, dont elle lui enseigna comment il fallait qu'il se cachât le visage en allant par la ville. Enfin, après qu'elle lui eut mis autour du cou un gros chapelet qui lui pendait par devant jusqu'au milieu du corps, elle lui mit à la main le même bâton qu'elle avait coutume de porter; et en lui présentant un miroir : Regardez, dit-elle, vous verrez que vous me ressemblez on ne peut pas mieux. Le magicien se trouva comme il l'avait souhaité; mais il ne tint pas à la bonne Fatime le serment qu'il lui avait fait si solennellement. Afin qu'on ne vît pas de sang en la perçant de son poignard, il l'étrangla; et quand il vit qu'elle avait rendu l'ame, il traîna le cadavre par les pieds jusqu'à la citerne de l'ermitage, et il la jeta dedans.

Le magicien, déguisé ainsi en Fatime la sainte femme, passa le reste de la nuit dans l'ermitage, après s'être souillé d'un meurtre si détestable. Le lendemain, à une heure ou deux du matin, quoique dans un jour que la sainte femme n'avait pas coutume de sortir, il ne laissa pas de le faire, bien persuadé qu'on ne l'interrogerait pas là-dessus, et au cas qu'on l'interrogeât, prêt à répondre. Comme une des premières choses qu'il avait faites en arrivant avait été d'aller reconnaître le palais d'Aladdin, et que c'était là qu'il avait projeté de jouer son rôle, il prit son chemin de ce côté-là.

Dès qu'on eut aperçu la sainte femme, comme tout le peuple se l'imagina, le magicien fut bientôt environné d'une grande affluence de monde. Les uns se recommandaient à ses prières, d'autres lui baisaient la main, d'autres, plus réservés, ne lui baisaient que le bas de sa robe; et d'autres, soit qu'ils eussent mal à la tête, ou que leur intention fût seulement d'en être préservés, s'inclinaient devant lui, afin qu'il leur imposât les mains: ce qu'il faisait en marmottant quelques paroles en guise de prières, et il imitait si bien la sainte femme, que tout le monde le prenait pour elle. Après s'être arrêté souvent pour satisfaire ces sortes de gens qui ne recevaient ni bien ni mal de cette sorte d'imposition de mains, il arriva enfin dans la place du palais d'Aladdin, où, comme l'affluence fut plus grande, l'empressement fut aussi plus grand à qui s'approcherait de lui. Les plus forts et les plus zélés fendaient la foule pour se faire place; et de là s'émurent des querelles dont le bruit se fit entendre du salon aux vingt-quatre croisées où était la princesse Badroulboudour.

La princesse demanda ce que c'était que ce bruit; et comme personne ne put lui en rien dire, elle commanda qu'on allât voir, et qu'on vînt lui en rendre compte. Sans sortir du salon, une de ses femmes regarda par une jalousie, et elle revint lui dire que le bruit venait de la foule du monde qui environnait la sainte femme pour se faire guérir du mal de tête par l'imposition de ses mains.

La princesse, qui depuis longtemps avait entendu dire beaucoup de bien de la sainte femme, mais qui ne l'avait pas encore vue, eut la curiosité de la voir et de s'entretenir avec elle. Comme elle en eut témoigné quelque chose, le chef de ses eunuques qui était présent, lui dit que si elle le souhaitait, il était aisé de la faire venir, et qu'elle n'avait qu'à commander. La princesse y consentit; et aussitôt il détacha quatre eunuques, avec ordre d'amener la prétendue sainte femme.

Dès que les eunuques furent sortis de la porte du palais d'Aladdin, et qu'on eut vu qu'ils venaient du côté où était le magicien déguisé, la foule se dissipa, et quand il fut libre, et qu'il eut vu qu'ils venaient à lui, il fit une partie du chemin avec d'autant plus de joie qu'il voyait que sa fourberie prenait un bon chemin. Celui des eunuques qui prit la parole, lui dit : Sainte femme, la princesse veut vous voir, venez, suivez-nous. La princesse me fait bien de l'honneur, reprit la feinte Fatime, je suis prête à lui obéir; et en même temps elle suivit les eunuques, qui avaient déja repris le chemin du palais.

Quand le magicien, qui sous un habit de sainteté cachait un cœur diabolique, eut été introduit dans le salon aux vingt-quatre croisées, et qu'il eut aperçu la princesse, il débuta par une prière qui contenait une longue énumération de vœux et de souhaits pour sa santé, pour sa prospérité, et pour l'accomplissement de tout ce qu'elle pouvait desirer. Il déploya ensuite toute sa rhétorique d'imposteur et d'hypocrite pour s'insinuer dans l'esprit de la princesse, sous le manteau d'une grande piété; il lui fut d'autant plus aisé de réussir, que la princesse, qui était bonne naturellement, était persuadée que tout le monde était bon comme elle, ceux et celles particulièrement qui faisaient profession de servir Dieu dans la retraite.

Quand la fausse Fatime eut achevé sa longue harangue : Ma bonne mère, lui dit la princesse, je vous remercie de vos bonnes prières; j'y ai grande confiance, et j'espère que Dieu les exaucera : approchez-vous, asseyez-vous près de moi. La fausse Fatime s'assit avec une modestie affectée; et alors en reprenant la parole : Ma bonne mère, dit la princesse, je vous demande une chose qu'il faut que vous m'accordiez; ne me refusez pas, je vous en prie : c'est que vous demeuriez avec moi, afin que vous m'entreteniez de votre vie, et que j'apprenne de vous et par vos bons exemples, comment je dois servir Dieu.

Princesse, dit alors la feinte Fatime, je vous supplie de ne pas exiger de moi une chose à laquelle je ne puis consentir sans me détourner et me distraire de mes prières et de mes exercices de dévotion. Que cela ne vous fasse pas de peine, reprit la princesse; j'ai plusieurs appartements qui ne sont pas occupés; vous choisirez celui qui vous conviendra le mieux; et vous y ferez tous vos exercices avec la même liberté que dans votre ermitage.

Le magicien, qui n'avait d'autre but que de s'introduire

dans le palais d'Aladdin, où il lui serait plus aisé d'exécuter la méchanceté qu'il méditait, en y demeurant sous les auspices et la protection de la princesse, que s'il eût été obligé d'aller et de venir de l'ermitage au palais, et du palais à l'ermitage, ne fit pas de plus grandes instances pour s'excuser d'accepter l'offre obligeante de la princesse. Princesse, dit-il, quelque résolution qu'une femme pauvre et misérable comme je le suis, ait faite de renoncer au monde, à ses pompes et à ses grandeurs, je n'ose prendre la hardiesse de résister à la volonté et au commandement d'une princesse si pieuse et si charitable.

Sur cette réponse du magicien, la princesse, en se levant elle-même, lui dit : Levez-vous, et venez avec moi, que je vous fasse voir les appartements vides que j'ai, afin que vous choisissiez. Il suivit la princesse Badroulboudour; et de tous les appartements qu'elle lui fit voir, qui étaient très propres et très bien meublés, il choisit celui qui lui parut l'être moins que les autres, en disant par hypocrisie qu'il était trop bon pour lui, et qu'il ne le choisissait que pour complaire à la princesse.

La princesse voulut ramener le fourbe au salon aux vingt-quatre croisées, pour le faire dîner avec elle; mais comme pour manger il eût fallu qu'il se fût découvert le visage qu'il avait toujours eu voilé jusqu'alors, et qu'il craignit que la princesse ne reconnût qu'il n'était pas Fatime la sainte femme, comme elle le croyait, il la pria avec tant d'instance de l'en dispenser, en lui représentant qu'il ne mangeait que du pain et quelques fruits secs, et de lui permettre de prendre son petit repas dans son appartement, qu'elle le lui accorda. Ma bonne mère, lui dit-elle, vous êtes libre, faites comme si vous étiez dans votre ermitage; je vais vous faire apporter à manger; mais souvenez-vous que je vous attends dès que vous aurez pris votre repas.

La princesse dîna, et la fausse Fatime ne manqua pas de venir la retrouver dès qu'elle eut appris par un eunuque qu'elle avait prié de l'en avertir, qu'elle était sortie de table. Ma bonne mère, lui dit la princesse, je suis ravie de posséder une sainte femme comme vous, qui va faire la bénédiction de ce palais. A propos de ce palais, comment le trouvez-vous? Mais avant que je vous fasse voir pièce par pièce, dites-moi premièrement ce que vous pensez de ce salon.

Sur cette demande, la fausse Fatime, qui pour mieux jouer son rôle avait affecté jusqu'alors d'avoir la tête baissée, sans même la détourner pour regarder d'un côté ou de l'autre, la leva enfin, et parcourut le salon des yeux d'un bout jusqu'à l'autre; et quand elle l'eut bien considéré: Princesse, dit-elle, ce salon est véritablement admirable et d'une grande beauté. Autant néanmoins qu'en peut juger une solitaire, qui ne s'entend pas à ce qu'on trouve beau dans le monde, il me semble qu'il y manque une chose. Quelle chose, ma bonne mère? reprit la princesse Badroulboudour. Apprenez-le-moi, je vous en conjure. Pour moi, j'ai cru, et je l'avais entendu dire ainsi, qu'il n'y manquait rien. S'il y manque quelque chose, j'y ferai remédier.

Princesse, repartit la fausse Fatime avec une grande dissimulation, pardonnez-moi la liberté que je prends; mon avis, s'il peut être de quelque importance, serait que, si au haut et au milieu de ce dôme il y avait un œuf de roc suspendu, ce salon n'aurait point de pareil dans les quatre parties du monde, et votre palais serait la merveille de l'univers.

La bonne mère, demanda la princesse, quel oiseau est-ce que le roc, et où pourrait-on en trouver un œuf? Princesse, répondit la fausse Fatime, c'est un oiseau d'une grandeur prodigieuse, qui habite au plus haut du mont Caucase: et l'architecte de votre palais peut vous en trouver un.

Après avoir remercié la fausse Fatime de son bon avis, à ce qu'elle croyait, la princesse Badroulboudour continua de s'entretenir avec elle sur d'autres sujets; mais elle n'oublia pas l'œuf de roc, qui fit qu'elle compta bien d'en parler à Aladdin dès qu'il serait revenu de la chasse. Il y avait six jours qu'il y était allé; et le magicien, qui ne l'avait pas ignoré, avait voulu profiter de son absence. Il revint le même jour sur le soir, dans le temps que la fausse Fatime venait de prendre congé de la princesse, et de se retirer à son appartement. En arrivant, il monta à l'appartement de la princesse, qui venait d'y rentrer : il la salua, et il l'embrassa; mais il lui parut qu'elle le recevait avec un peu de froideur. Ma princesse, dit-il, je ne retrouve pas en vous la même gaîté que j'ai coutume d'y trouver. Est-il arrivé quelque chose pendant mon absence qui vous ait déplu et causé du chagrin ou du mécontentement? Au nom de Dieu, ne me le cachez pas; il n'y a rien que je ne fasse pour vous le faire dissiper s'il est en mon pouvoir. C'est peu de chose, reprit la princesse, et cela me donne si peu d'inquiétude, que je n'ai pas cru qu'il eût rejailli sur mon visage pour vous en faire apercevoir. Mais puisque, contre mon attente, vous y apercevez quelque altération, je ne vous en dissimulerai pas la cause, qui est de très peu de conséquence. J'avais cru avec vous, continua la princesse Badroulboudour, que notre palais était le plus superbe, le plus magnifique et le plus accompli qu'il y eût au monde. Je vous dirai néanmoins ce qui m'est venu dans la pensée après avoir bien examiné le salon aux vingt-quatre croisées. Ne trouvez-vous pas comme moi qu'il n'y aurait plus rien à desirer, si un œuf de roc était suspendu au milieu de l'enfoncement du dôme? Princesse, repartit Aladdin, il suffit que vous trouviez qu'il y manque un œuf de roc, pour y trouver le même défaut. Vous verrez par la diligence que je vais apporter à le réparer qu'il n'y a rien que je ne fasse pour l'amour de vous.

Dans le moment, Aladdin quitta la princesse Badroulboudour, il monta au salon aux vingt-quatre croisées; et là, après avoir tiré de son sein la lampe qu'il portait toujours sur lui, en quelque lieu qu'il allât, depuis le danger qu'il avait couru pour avoir négligé de prendre cette précaution, il la frotta. Aussitôt le génie se présenta devant lui. Génie, lui dit Aladdin, il manque à ce dôme un œuf de roc suspendu au milieu de l'enfoncement ; je te demande, au nom de la lampe que je tiens, que tu fasses en sorte que ce défaut soit réparé.

Aladdin n'eut pas achevé de prononcer ces paroles, que le génie fit un cri si bruyant et si épouvantable, que le salon en fut ébranlé, et qu'Aladdin en chancela prêt à tomber de son haut. Quoi! misérable, lui dit le génie d'une voix à faire trembler l'homme le plus assuré, ne te suffit-il pas que mes compagnons et moi nous ayons fait toute chose en ta considération, pour me demander, par une ingratitude qui n'a pas de pareille, que je t'apporte mon maître et que je le pende au milieu de la voûte de ce dôme? Cet attentat mériterait que vous fussiez réduits en cendre sur-le-champ, toi, ta femme et ton palais. Mais tu es heureux de n'en être pas l'auteur, et que la demande ne vienne pas directement de ta part. Apprends quel en est le véritable auteur : c'est le frère du magicien africain, ton ennemi, que tu as exterminé comme il le méritait. Il est dans ton palais, déguisé sous l'habit de Fatime la sainte femme, qu'il a assassinée, et c'est lui qui a suggéré à ta femme de faire la demande pernicieuse que tu m'as faite. Son dessein est de te tuer ; c'est à toi d'y prendre garde. Et en achevant ces mots, il disparut.

Aladdin ne perdit pas une des dernières paroles du génie ; il avait entendu parler de Fatime la sainte femme, et il n'ignorait pas de quelle manière elle guérissait le mal de tête, à ce que l'on prétendait. Il revint à l'appartement de la princesse, et sans parler de ce qui venait de lui arriver, il s'assit en disant qu'un grand mal de tête venait de le prendre tout à coup, et en s'appuyant la main contre le front. La princesse commanda aussitôt qu'on fît venir la sainte femme ; et pendant qu'on alla l'appeler, elle raconta à Aladdin à quelle occasion elle se trouvait dans le palais, où elle lui avait donné un appartement.

La fausse Fatime arriva ; et dès qu'elle fut entrée : Venez, ma bonne mère, lui dit Aladdin, je suis bien aise de vous voir, et de ce que mon bonheur veut que vous vous trouviez ici. Je suis tourmenté d'un furieux mal de tête qui vient de me saisir. Je demande votre secours par la confiance que j'ai en vos bonnes prières, et j'espère que vous ne me refuserez pas la grace que vous faites à tant d'affligés de ce mal. En achevant ces paroles, il se leva en baissant la tête; et la fausse Fatime s'avança de son côté, mais en portant la main sur un poignard qu'elle avait à sa ceinture sous sa robe. Aladdin, qui l'observait, lui saisit la main avant qu'elle l'eût tiré; et en lui perçant le cœur du sien, il la jette morte sur le plancher.

Mon cher époux, qu'avez-vous fait? s'écria la princesse dans sa surprise. Vous avez tué la sainte femme! Non, ma princesse, répondit Aladdin sans s'émouvoir, je n'ai pas tué Fatime; mais un scélérat qui m'allait assassiner, si je ne l'eusse prévenu. C'est ce méchant homme que vous voyez, ajouta-t-il en le dévoilant, qui a étranglé Fatime que vous avez cru regretter en m'accusant de sa mort, et qui s'était déguisé sous son habit pour me poignarder. Et afin que vous le connaissiez mieux, il était frère du magicien africain votre ravisseur. Aladdin lui raconta ensuite par quelle voie il avait appris ces particularités; après quoi il fit enlever le cadavre.

C'est ainsi qu'Aladdin fut délivré de la persécution des deux frères magiciens. Peu d'années après le sultan mourut dans une grande vieillesse. Comme il ne laissa pas d'enfants mâles, la princesse Badroulboudour, en qualité de légitime héritière, lui succéda, et communiqua la puissance suprême à Aladdin. Ils régnèrent ensemble de longues années, et laissèrent une illustre postérité.

Sire, dit la sultane Scheherazade en achevant l'histoire des aventures arrivées à l'occasion de la lampe merveilleuse, votre majesté, sans doute, aura remarqué, dans la personne du magicien africain, un homme abandonné à la passion démesurée de posséder des trésors par des voies condamnables, qui lui en découvrirent d'immenses dont il ne jouit point parce qu'il s'en rendit indigne. Dans Aladdin, elle voit au contraire un homme qui, d'une basse naissance, s'élève jusqu'à la royauté en se servant des mêmes trésors qui lui viennent sans les chercher, seulement à mesure qu'il en a besoin pour parvenir à la fin qu'il s'est proposée. Dans le sultan, elle aura appris combien un monarque bon, juste et équitable, court de dangers et risque même d'être détrôné, lorsque, par une injustice criante, et contre toutes les règles de l'équité, il ose, par une promptitude déraisonnable, condamner un innocent sans vouloir l'entendre dans sa justification. Enfin elle aura eu horreur des abominations de deux scélérats magiciens, dont l'un sacrifie sa vie pour posséder des trésors, et l'autre sa vie et sa religion à la vengeance d'un scélérat comme lui, et qui, comme lui aussi, reçoit le châtiment de sa méchanceté.

Le sultan des Indes témoigna à la sultane Scheherazade, son épouse, qu'il était très satisfait des prodiges qu'il venait d'entendre de la lampe merveilleuse, et que les contes qu'elle lui faisait chaque nuit lui faisaient beaucoup de plaisir. En effet, ils étaient divertissants et presque toujours assaisonnés d'une bonne morale. Il voyait bien que la sultane les faisait adroitement succéder les uns aux autres, et il n'était pas fâché qu'elle lui donnât occasion, par ce moyen, de tenir en suspens, à son égard, l'exécution du serment qu'il avait fait si solennellement de ne garder une femme qu'une nuit, et de la faire mourir le lendemain. Il n'avait presque plus d'autre pensée que de voir s'il ne viendrait point à bout de lui en faire tarir le fond.

Dans cette intention, après avoir entendu la fin de l'histoire d'Aladdin et de Badroulboudour, toute différente de ce qui lui avait été raconté jusqu'alors, dès qu'il fut éveillé, il prévint Dinarzade, et il l'éveilla lui-même, en demandant à la sultane, qui venait de s'éveiller aussi, si elle était à la fin de ses contes.

A la fin de mes contes, sire! répondit la sultane en se récriant sur la demande; j'en suis bien éloignée : le nombre en est si grand qu'il ne me serait pas possible à moi-même d'en dire le compte précisément à votre majesté. Ce que je crains, sire, c'est qu'à la fin votre majesté ne s'ennuie et ne se lasse de m'entendre, plutôt que je manque de quoi l'entretenir sur cette matière.

Otez-vous cette crainte de l'esprit, reprit le sultan, et voyons ce que vous avez de nouveau à me raconter.

La sultane Scheherazade, encouragée par ces paroles du sultan des Indes, commença de lui raconter une nouvelle histoire en ces termes : Sire, dit-elle, j'ai entretenu plusieurs fois votre majesté de quelques aventures arrivées au fameux calife Haroun-al-Raschid; il lui en est arrivé grand nombre d'autres, dont celle que voici n'est pas moins digne de votre curiosité.

Les Aventures du calife Haroun-al-Raschid.

Quelquefois, comme votre majesté ne l'ignore pas, et comme elle peut l'avoir expérimenté par elle-même, nous sommes dans des transports de joie si extraordinaires, que nous communiquons d'abord cette passion à ceux qui nous approchent, ou que nous participons aisément à la leur. Quelquefois aussi nous sommes dans une mélancolie si profonde, que nous sommes insupportables à nous-mêmes, et que, bien loin d'en pouvoir dire la cause si on nous la demandait, nous ne pourrions la trouver nous-mêmes si nous la cherchions.

Le calife était un jour dans cette situation d'esprit, quand Giafar, son grand-visir, fidèle et aimé, vint se présenter devant lui. Ce ministre le trouva seul, ce qui lui arrivait rarement; et comme il s'aperçut, en s'avançant, qu'il était enseveli dans une humeur sombre, et même qu'il ne levait pas les yeux pour le regarder, il s'arrêta en attendant qu'il daignât les jeter sur lui.

Le calife enfin leva les yeux, et regarda Giafar; mais il les détourna aussitôt, en demeurant dans la même posture, aussi immobile qu'auparavant.

Comme le grand-visir ne remarqua rien de fâcheux dans les yeux du calife, qui le regardât personnellement, il prit la parole : Commandeur des croyants, dit-il, votre majesté me permet-elle de lui demander d'où peut venir la mélancolie qu'elle fait paraître, et dont il m'a toujours paru qu'elle était si peu susceptible?

Il est vrai, visir, répondit le calife en changeant de situation, que j'en suis peu susceptible; et sans toi, je ne me serais pas aperçu de celle où tu me trouves, et dans laquelle je ne veux pas demeurer davantage. S'il n'y a rien de nouveau qui t'ait obligé de venir, tu me feras plaisir d'inventer quelque chose pour me la faire dissiper.

Commandeur des croyants, reprit le grand-visir Giafar, mon devoir seul m'a obligé de me rendre ici, et je prends la liberté de faire souvenir à votre majesté qu'elle s'est imposé elle-même un devoir de s'éclaircir en personne de la bonne police qu'elle veut qui soit observée dans sa capitale et aux environs. C'est aujourd'hui le jour qu'elle a bien voulu se prescrire pour s'en donner la peine; et c'est l'occasion la plus propre qui s'offre d'elle-même pour dissiper les nuages qui offusquent sa gaîté ordinaire.

Je l'avais oublié, répliqua le calife, et tu m'en fais ressouvenir fort à propos : va donc changer d'habit pendant que je ferai la même chose de mon côté.

Ils prirent chacun un habit de marchand étranger; et sous ce déguisement ils sortirent seuls par une porte secrète du jardin du palais qui donnait sur la campagne. Ils firent une partie du circuit de la ville par les dehors, jusqu'aux bords de l'Euphrate, à une distance assez éloignée de la porte de la ville, qui était de ce côté-là, sans avoir rien observé qui fût contre le bon ordre. Ils traversèrent ce fleuve sur le premier bateau qui se présenta; et après avoir achevé le tour de l'autre partie de la ville, opposée à celle qu'ils venaient de quitter, ils reprirent le chemin du pont qui en faisait la communication.

Ils passèrent ce pont, au bout duquel ils rencontrèrent un aveugle assez âgé, qui demandait l'aumône. Le calife se détourna et lui mit une pièce de monnaie d'or dans la main.

L'aveugle à l'instant lui prit la main et l'arrêta : Charitable personne, dit-il, qui que vous soyez, que Dieu a inspiré de me faire l'aumône, ne me refusez pas la grace que je vous demande de me donner un soufflet : je l'ai mérité, et même un plus grand châtiment.

En achevant ces paroles, il quitta la main du calife pour lui laisser la liberté de lui donner le soufflet; mais de crainte qu'il ne passât outre sans le faire, il le prit par son habit.

Le calife, surpris de la demande et de l'action de l'aveugle : Bon homme, dit-il, je ne puis t'accorder ce que tu me demandes : je me garderai bien d'effacer le mérite de mon aumône par le mauvais traitement que tu prétends que je te fasse. Et en achevant ces paroles, il fit un effort pour faire quitter prise à l'aveugle.

L'aveugle, qui s'était douté de la répugnance de son bienfaiteur, par l'expérience qu'il en avait depuis longtemps, fit un plus grand effort pour le retenir. Seigneur, reprit-il, pardonnez-moi ma hardiesse et mon importunité; donnez-moi, je vous prie, un soufflet, ou reprenez votre aumône; je ne puis la recevoir qu'à cette condition, sans contrevenir à un serment solennel que j'ai fait devant Dieu; et si vous en saviez la raison, vous tomberiez d'accord avec moi, que la peine en est très légère.

Le calife, qui ne voulait pas être retardé plus longtemps, céda à l'importunité de l'aveugle, et lui donna un soufflet assez léger. L'aveugle quitta prise aussitôt en le remerciant et en le bénissant. Le calife continua son chemin avec le grand-visir ; mais à quelques pas de là, il dit au visir : Il faut que le sujet qui a porté cet aveugle à se conduire ainsi avec tous ceux qui lui font l'aumône, soit un sujet grave. Je serais bien aise d'en être informé : ainsi, retourne, et dis-lui qui je suis, qu'il ne manque pas de se trouver demain au palais, au temps de la prière de l'après-dînée, et que je veux lui parler.

Le grand-visir retourna sur ses pas, fit son aumône à l'aveugle ; et après lui avoir donné un soufflet, il lui donna l'ordre, et il revint rejoindre le calife.

Ils rentrèrent dans la ville, et en passant par une place, ils y trouvèrent grand nombre de spectateurs qui regardaient un homme jeune et bien mis, monté sur une cavale qu'il poussait à toute bride autour de la place, et qu'il maltraitait cruellement à coups de fouet et d'éperons, sans aucun relâche, de manière qu'elle était tout en écume et tout en sang.

Le calife, étonné de l'inhumanité du jeune homme, s'arrêta pour demander si l'on savait quel sujet il avait de maltraiter ainsi sa cavale, et il apprit qu'on l'ignorait, mais qu'il y avait déjà quelque temps que chaque jour, à la même heure, il lui faisait faire ce pénible exercice.

Ils continuèrent de marcher ; et le calife dit au grand-visir de bien remarquer cette place, et de ne pas manquer de lui faire venir demain ce jeune homme à la même heure que l'aveugle.

Avant que le calife arrivât au palais, dans une rue par où il y avait longtemps qu'il n'avait passé, il remarqua un édifice nouvellement bâti, qui lui parut être l'hôtel de quelque seigneur de la cour. Il demanda au grand-visir s'il savait à qui il appartenait. Le grand-visir répondit qu'il l'ignorait, mais qu'il allait s'en informer.

En effet, il interrogea un voisin, qui lui dit que cette maison appartenait à Cogia Hassan, surnommé Alhabbal, à cause de la profession de cordier, qu'il lui avait vu lui-même exercer dans une grande pauvreté, et que, sans savoir par quel endroit la fortune l'avait favorisé, il avait acquis de si grands biens, qu'il soutenait fort honorablement et splendidement la dépense qu'il avait faite à la faire bâtir.

Le grand-visir alla rejoindre le calife, et lui rendit compte de ce qu'il venait d'apprendre. Je veux voir ce Cogia Hassan Alhabbal, lui dit le calife; va lui dire qu'il se trouve aussi demain à mon palais, à la même heure que les deux autres. Le grand-visir ne manqua pas d'exécuter les ordres du calife.

Le lendemain, après la prière de l'après-dînée, le calife entra dans son appartement; et le grand-visir y introduisit aussitôt les trois personnages dont nous avons parlé, et les présenta au calife.

Ils se prosternèrent tous trois devant le trône du sultan; et quand ils furent relevés, le calife demanda à l'aveugle comment il s'appelait.

Je me nomme Baba-Abdalla, répondit l'aveugle.

Baba-Abdalla, reprit le calife, ta manière de demander l'aumône me parut hier si étrange, que si je n'eusse été retenu par de certaines considérations, je me fusse bien gardé d'avoir la complaisance que j'eus pour toi; je t'aurais empêché dès-lors de donner davantage au public le scandale que tu lui donnes. Je t'ai donc fait venir ici pour savoir de toi quel est le motif qui t'a poussé à faire un serment aussi indiscret que le tien; et sur ce que tu vas me dire, je jugerai si tu as bien fait, et si je dois te permettre de continuer une pratique qui me paraît d'un très mauvais exemple. Dis-moi donc, sans me rien déguiser, d'où t'est venue cette pensée extravagante : ne me cache rien, car je veux le savoir absolument.

Baba-Abdalla, intimidé par cette réprimande, se prosterna une seconde fois le front contre terre devant le trône du calife; et après s'être relevé : Commandeur des croyants, dit-il aussitôt, je demande très humblement pardon à votre majesté de la hardiesse avec laquelle j'ai osé exiger d'elle et la forcer de faire une chose qui, à la vérité, paraît hors du bon sens. Je reconnais mon crime; mais comme je ne connaissais pas alors votre majesté, j'implore sa clémence, et j'espère qu'elle aura égard à mon ignorance. Quant à ce qu'il lui plaît de traiter ce que je fais d'extravagance, j'avoue que c'en est une, et mon action doit paraître telle aux yeux des hommes; mais à l'égard de Dieu, c'est une pénitence très modique d'un péché énorme dont je suis coupable, et que je n'expierais pas quand tous les mortels m'accableraient de soufflets les uns après les autres. C'est de quoi votre majesté sera le juge elle-même, quand, par le récit de mon histoire que je vais lui raconter, en obéissant à ses ordres, je lui aurai fait connaître quelle est cette faute énorme.

Histoire de l'aveugle Baba-Abdalla.

Commandeur des croyants, continua Baba-Abdalla, je suis né à Bagdad, avec quelques biens dont je devais hériter de mon père et de ma mère, qui moururent tous deux à peu de jours près l'un de l'autre. Quoique je fusse dans un âge peu avancé; je n'en usai pas néanmoins en jeune homme, qui les eût dissipés en peu de temps par des dépenses inutiles et dans la débauche. Je n'oubliai rien au contraire pour les augmenter par mon industrie, par mes soins et par les peines que je me donnais. Enfin, j'étais devenu assez riche pour posséder à moi seul quatre-vingts chameaux, que je louais aux marchands des caravanes, et qui me valaient de grosses sommes chaque voyage que je faisais en différents endroits de l'étendue de l'empire de votre majesté, où je les accompagnais.

Au milieu de ce bonheur et avec un puissant désir de devenir encore plus riche, un jour, comme je venais de Balsora à vide, avec mes chameaux que j'y avais conduits chargés de marchandises d'embarquement pour les Indes, et que je les faisais paître dans un lieu fort éloigné de toute habitation, et où le bon pâturage m'avait fait arrêter, un derviche, à pied, qui allait à Balsora, vint m'aborder, et s'assit auprès de moi pour se délasser. Je lui demandai d'où il venait, et où il allait. Il me fit les mêmes demandes; et après que nous eûmes satisfait notre curiosité de part et d'autre, nous mîmes nos provisions en commun, et nous mangeâmes ensemble. En faisant notre repas, après nous être entretenus de plusieurs choses indifférentes, le derviche me dit que, dans un lieu peu éloigné de celui où nous étions, il avait connaissance d'un trésor plein de tant de richesses immenses, que quand mes quatre-vingts chameaux seraient chargés de l'or et des pierreries qu'on en pouvait tirer, il ne paraîtrait presque pas qu'on en eût rien enlevé.

Cette bonne nouvelle me surprit et me charma en même temps. La joie que je ressentis en moi-même faisait que je ne me possédais plus. Je ne croyais pas le derviche capable de m'en faire accroire; ainsi je me jetai à son cou, en lui disant: Bon derviche, je vois bien que vous vous souciez peu des biens du monde; ainsi à quoi peut vous servir la connaissance de ce trésor? Vous êtes seul, et vous ne pouvez en emporter que très peu de chose. Enseignez-moi où il est, j'en chargerai mes quatre-vingts chameaux, et je vous en ferai présent d'un en reconnaissance du bien et du plaisir que vous m'aurez fait.

J'offrais peu de chose, il est vrai, mais c'était beaucoup à ce qu'il me paraissait, par rapport à l'excès d'avarice qui s'était emparé tout à coup de mon cœur, depuis qu'il m'avait fait cette confidence; et je regardais les soixante-dix-neuf charges qui devaient rester, comme presque rien en comparaison de celle dont je me priverais en la lui abandonnant.

Le derviche, qui vit ma passion étrange pour les richesses, ne se scandalisant pourtant pas de l'offre déraisonnable que je venais de lui faire : Mon frère, me dit-il sans s'émouvoir, vous voyez bien vous-même que ce que vous m'offrez n'est pas proportionné au bienfait que vous demandez de moi. Je pouvais me dispenser de vous parler du trésor et garder mon secret ; mais ce que j'ai bien voulu vous en dire peut vous faire connaître la bonne intention que j'avais, et que j'ai encore de vous obliger et de vous donner lieu de vous souvenir de moi à jamais, en faisant votre fortune et la mienne. J'ai donc une autre proposition plus juste et plus équitable à vous faire, c'est à vous de voir si elle vous accommode. Vous dites, continua le derviche, que vous avez quatre-vingts chameaux ; je suis prêt à vous mener au trésor, nous les chargerons, vous et moi, d'autant d'or et de pierreries qu'ils en pourront porter, à condition que, quand nous les aurons chargés, vous m'en céderez la moitié avec leur charge, et que vous retiendrez pour vous l'autre moitié; après quoi nous nous séparerons, et les emmènerons où bon nous semblera, vous de votre côté et moi du mien. Vous voyez que le partage n'a rien qui ne soit dans l'équité, et que, si vous me faites grace de quarante chameaux, vous aurez aussi par mon moyen de quoi en acheter un millier d'autres.

Je ne pouvais disconvenir que la condition que le derviche me proposait ne fût très équitable. Sans avoir égard néanmoins aux grandes richesses qui pouvaient m'en revenir en l'acceptant, je regardais comme une grande perte la cession de la moitié de mes chameaux, particulièrement quand je considérais que le derviche ne serait pas moins riche que moi. Enfin je payais déja d'ingratitude un bienfait purement gratuit que je n'avais pas encore reçu du derviche; mais il n'y avait pas à balancer : il fallait accepter la condition, ou me résoudre à me repentir toute ma vie d'avoir, par ma faute, perdu l'occasion de me faire une haute fortune.

Dans le moment même je rassemblai mes chameaux, et nous partîmes ensemble. Après avoir marché quelque temps, nous arrivâmes dans un vallon assez spacieux, mais dont l'entrée était fort étroite. Mes chameaux ne purent passer qu'un à un; mais comme le terrain s'élargissait, ils trouvèrent moyen d'y tenir tous ensemble sans s'embarrasser. Les deux montagnes qui formaient ce vallon, en se terminant en un demi-cercle à l'extrémité, étaient si élevées, si escarpées et si impraticables, qu'il n'y avait pas à craindre qu'aucun mortel nous pût jamais apercevoir.

Quand nous fûmes arrivés entre ces deux montagnes : N'allons pas plus loin, me dit le derviche; arrêtez vos chameaux, et faites-les coucher sur le ventre dans l'espace que vous voyez, afin que nous n'ayons pas de peine à les charger; et quand vous aurez fait, je procéderai à l'ouverture du trésor.

Je fis ce que le derviche m'avait dit, et je l'allai rejoindre aussitôt. Je le trouvai un fusil à la main, qui amassait un peu de bois sec pour faire du feu. Dès qu'il en eut fait, il y jeta du parfum, en prononçant quelques paroles dont je ne compris pas bien le sens, et aussitôt une grosse fumée s'éleva en l'air. Il sépara cette fumée; et dans le moment, quoique le roc qui était entre les deux montagnes, et qui s'élevait fort haut en ligne perpendiculaire, parût n'avoir aucune apparence d'ouverture, il s'en fit une, grande au moins comme une espèce de porte à deux battants, pratiquée dans le même roc et de la même manière, avec un artifice admirable.

Cette ouverture exposa à nos yeux, dans un grand enfoncement creusé dans ce roc, un palais magnifique, pratiqué plutôt par le travail des génies que par celui des hommes : car il ne paraissait pas que des hommes eussent pu même s'aviser d'une entreprise si hardie et si surprenante.

Mais, Commandeur des croyants, c'est après coup que je fais cette observation à votre majesté, car je ne la fis pas dans le moment. Je n'admirai pas même les richesses infinies que je voyais de tous côtés, et sans m'arrêter à observer l'économie qu'on avait gardée dans l'arrangement de tant de trésors, comme l'aigle fond sur sa proie, je me jetai sur le premier tas de monnaie d'or qui se présenta devant moi, et je commençai à en mettre dans un sac dont je m'étais déjà saisi, autant que je jugeais pouvoir en porter. Les sacs étaient grands, et je les eusse volontiers emplis tous; mais il fallait les proportionner aux forces de mes chameaux.

Le derviche fit la même chose que moi ; mais je m'aperçus qu'il s'attachait plutôt aux pierreries; et comme il m'en eut fait comprendre la raison, je suivis son exemple, et nous enlevâmes beaucoup plus de toutes sortes de pierres précieuses que d'or monnoyé. Nous achevâmes enfin d'emplir tous nos sacs, et nous en chargeâmes les chameaux. Il ne restait plus qu'à refermer le trésor et à nous en aller.

Avant que de partir, le derviche rentra dans le trésor; et comme il y avait plusieurs grands vases d'orfèvrerie de toutes sortes de façons, et d'autres matières précieuses, j'observai qu'il prit dans un de ces vases une petite boîte d'un certain bois qui m'était inconnu, et qu'il la mit dans son sein, après m'avoir fait voir qu'il n'y avait qu'une espèce de pommade.

Le derviche fit la même cérémonie pour fermer le trésor, qu'il avait faite pour l'ouvrir, et après avoir prononcé certaines paroles, la porte du trésor se referma, et le rocher nous parut aussi entier qu'auparavant.

Alors nous partageâmes nos chameaux, que nous fîmes lever avec leurs charges. Je me mis à la tête des quarante que je m'étais réservés, et le derviche à la tête des autres que je lui avais cédés.

Nous défilâmes par où nous étions entrés dans le vallon, et nous marchâmes ensemble jusqu'au grand chemin, où nous devions nous séparer, le derviche pour continuer sa route vers Balsora, et moi pour revenir à Bagdad. Pour le remercier d'un si grand bienfait, j'employai les termes les plus forts, et ceux qui pouvaient lui marquer davantage ma reconnaissance, de m'avoir préféré à tout autre mortel pour me faire part de tant de richesses. Nous nous embrassâmes tous deux avec bien de la joie ; et, après nous être dit adieu, nous nous éloignâmes chacun de notre côté.

Je n'eus pas fait quelques pas pour rejoindre mes chameaux, qui marchaient toujours dans le chemin où je les avais mis, que le démon de l'ingratitude et de l'envie s'empara de mon cœur. Je déplorais la perte de mes quarante chameaux, et encore plus les richesses dont ils étaient chargés. Le derviche n'a pas besoin de toutes ces richesses, disais-je en moi-même ; il est le maître des trésors, et il en aura tant qu'il voudra. Ainsi je me livrai à la plus noire ingratitude, et je me déterminai tout à coup à lui enlever ses chameaux avec leurs charges.

Pour exécuter mon dessein, je commençai par faire arrêter mes chameaux ; ensuite je courus après le derviche, que j'appelai de toute ma force, pour lui faire comprendre que j'avais encore quelque chose à lui dire, et je lui fis signe de faire arrêter les siens et de m'attendre. Il entendit ma voix, et il s'arrêta.

Quand je l'eus rejoint : Mon frère, lui dis-je, je ne vous ai pas eu plutôt quitté, que j'ai considéré une chose à laquelle je n'avais pas pensé auparavant et à laquelle peut-être n'avez-vous pas pensé vous-même. Vous êtes un bon derviche, accoutumé à vivre tranquillement, dégagé du soin des choses du monde, et sans autre embarras que celui de servir Dieu. Vous ne savez peut-être pas à quelle peine vous vous êtes engagé en vous chargeant d'un si grand nombre de chameaux. Si vous vouliez me croire, vous n'en emmèneriez que trente, et je crois que vous aurez encore bien de la difficulté à les gouverner. Vous pouvez vous en rapporter à moi ; j'en ai l'expérience.

Je crois que vous avez raison, reprit le derviche, qui ne se voyait pas en état de pouvoir me rien disputer ; et j'avoue, ajouta-t-il, que je n'y avais pas fait réflexion. Je commençais déjà à être inquiet sur ce que vous me représentez. Choisissez donc les dix qu'il vous plaira, emmenez-les, et allez à la garde de Dieu.

J'en mis à part dix; et après les avoir détournés, je les mis en chemin pour aller se mettre à la suite des miens. Je ne croyais pas trouver dans le derviche une si grande facilité à se laisser persuader. Cela augmenta mon avidité, et je me flattai que je n'aurais pas plus de peine à en obtenir encore dix autres.

En effet, au lieu de le remercier du riche présent qu'il venait de me faire : Mon frère, lui dis-je encore, par l'intérêt que je prends à votre repos, je ne puis me résoudre à me séparer d'avec vous sans vous prier de considérer encore une fois combien trente chameaux chargés sont difficiles à mener, à un homme comme vous particulièrement, qui n'êtes pas accoutumé à ce travail. Vous vous trouveriez beaucoup mieux si vous me faisiez une pareille grace que celle que vous venez de me faire. Ce que je vous en dis, comme vous voyez, n'est pas tant pour l'amour de moi et pour mon intérêt, que pour vous faire un plus grand plaisir. Soulagez-vous donc de ces dix autres chameaux sur un homme comme moi, à qui il ne coûte pas plus de prendre soin de cent que d'un seul.

Mon discours fit l'effet que je souhaitais, et le derviche me céda sans aucune résistance les dix chameaux que je lui demandais, de manière qu'il ne lui en resta plus que vingt; et je me vis maître de soixante charges, dont la valeur surpassait les richesses de beaucoup de souverains. Il semble après cela que je devais être content.

Mais, Commandeur des croyants, semblable à un hydropique, qui, plus il boit, plus il a soif, je me sentis plus enflammé qu'auparavant de l'envie de me procurer les vingt autres qui restaient encore au derviche.

Je redoublai mes sollicitations, mes prières et mes importunités, pour faire condescendre le derviche à m'en accorder encore dix des vingt. Il se rendit de bonne grace; et quant aux dix autres qui lui restaient, je l'embrassai, je le baisai et je lui fis tant de caresses, en le conjurant de ne me les pas refuser, et de mettre par là le comble à l'obligation que je lui aurais éternellement, qu'il me combla de joie en m'annonçant qu'il y consentait.

Faites-en un bon usage, mon frère, ajouta-t-il, et souvenez-vous que Dieu peut nous ôter les richesses comme il nous les donne, si nous ne nous en servons à secourir les pauvres qu'il se plaît à laisser dans l'indigence exprès pour donner lieu aux riches de mériter par leurs aumônes une plus grande récompense dans l'autre monde.

Mon aveuglement était si grand, que je n'étais pas en état de profiter d'un conseil si salutaire. Je ne me contentai pas de me revoir possesseur de mes quatre-vingts chameaux, et de savoir qu'ils étaient chargés d'un trésor inestimable qui devait me rendre le plus fortuné des hommes. Il me vint dans l'esprit que la petite boîte de pommade dont le derviche s'était saisi et qu'il m'avait montrée, pouvait être quelque chose de plus précieux que toutes les richesses dont je lui étais redevable.

L'endroit où le derviche l'a prise, disais-je en moi-même, et le soin qu'il a eu de s'en saisir, me fait croire qu'elle enferme quelque chose de mystérieux.

Cela me détermina à faire en sorte de l'obtenir. Je venais de l'embrasser en lui disant adieu : A propos, lui dis-je en retournant à lui, que voulez-vous faire de cette petite boîte de pommade? Elle me paraît si peu de chose, ajoutai-je, qu'elle ne vaut pas la peine que vous l'emportiez; je vous prie de m'en faire présent. Aussi bien, un derviche comme vous, qui a renoncé aux vanités du monde, n'a pas besoin de pommade.

Plût à Dieu qu'il me l'eût refusée cette boîte! Mais quand il l'aurait voulu faire, je ne me possédais plus; j'étais plus fort que lui, et bien résolu à la lui enlever par force, afin que, pour mon entière satisfaction, il ne fût pas dit qu'il eût emporté la moindre chose du trésor, quelque grande que fût l'obligation que je lui avais.

Loin de me la refuser, le derviche la tira d'abord de son sein ; et en me la présentant de la meilleure grace du monde : Tenez, mon frère, me dit-il, la voilà ; qu'à cela ne tienne que vous ne soyez content. Si je puis faire davantage pour vous, vous n'avez qu'à demander, je suis prêt à vous satisfaire.

Quand j'eus la boîte entre les mains, je l'ouvris ; et en considérant la pommade : Puisque vous êtes de si bonne volonté, lui dis-je, et que vous ne vous lassez pas de m'obliger, je vous prie de vouloir bien me dire quel est l'usage particulier de cette pommade.

L'usage en est surprenant et merveilleux, repartit le derviche. Si vous appliquez un peu de cette pommade autour de l'œil gauche et sur la paupière, elle fera paraître devant vos yeux tous les trésors qui sont cachés dans le sein de la terre ; mais si vous en appliquez de même à l'œil droit, elle vous rendra aveugle.

Je voulais avoir moi-même l'expérience d'un effet si admirable. Prenez la boîte, dis-je au derviche en la lui présentant, et appliquez-moi vous-même de cette pommade à l'œil gauche : vous entendez cela mieux que moi. Je suis dans l'impatience d'avoir l'expérience d'une chose qui me paraît incroyable.

Le derviche voulut bien se donner cette peine ; il me fit fermer l'œil gauche, et m'appliqua la pommade. Quand il eut fait, j'ouvris l'œil, et j'éprouvai qu'il m'avait dit la vérité. Je vis en effet un nombre infini de trésors remplis de richesses si prodigieuses et si diversifiées, qu'il ne me serait pas possible d'en faire le détail au juste. Mais comme j'étais obligé de tenir l'œil droit fermé avec la main, et que cela me fatiguait, je priai le derviche de m'appliquer aussi de cette pommade autour de cet œil.

Je suis prêt à le faire, me dit le derviche; mais vous devez vous souvenir, ajouta-t-il, que je vous ai averti que si vous en mettez sur l'œil droit, vous deviendrez aveugle aussitôt. Telle est la vertu de cette pommade, il faut que vous vous y accommodiez.

Loin de me persuader que le derviche me dit la vérité, je m'imaginai au contraire qu'il y avait encore quelque nouveau mystère qu'il voulait me cacher.

Mon frère, repris-je en souriant, je vois bien que vous voulez m'en faire accroire; il n'est pas naturel que cette pommade fasse deux effets si opposés l'un à l'autre.

La chose est pourtant comme je vous le dis, repartit le derviche, en prenant le nom de Dieu à témoin, et vous devez m'en croire sur ma parole; car je ne sais point déguiser la vérité.

Je ne voulus pas me fier à la parole du derviche, qui me parlait en homme d'honneur; l'envie insurmontable de contempler à mon aise tous les trésors de la terre, et peut-être d'en jouir toutes les fois que je voudrais m'en donner le plaisir, fit que je ne voulus pas écouter ses remontrances, ni me persuader d'une chose qui cependant n'était que trop vraie, comme je l'expérimentai bientôt après à mon grand malheur.

Dans la prévention où j'étais, j'allai m'imaginer que si cette pommade avait la vertu de me faire voir tous les trésors de la terre en l'appliquant sur l'œil gauche, elle avait peut-être la vertu de les mettre à ma disposition en l'appliquant sur le droit. Dans cette pensée, je m'obstinai à presser le derviche de m'en appliquer lui-même autour de l'œil droit; mais il refusa constamment de le faire.

Après vous avoir fait un si grand bien, mon frère, me dit-il, je ne puis me résoudre à vous faire un si grand mal. Considérez bien vous-même quel malheur est celui d'être privé de la vue, et ne me réduisez pas à la nécessité fâcheuse de vous complaire dans une chose dont vous aurez à vous repentir toute votre vie.

Je poussai mon opiniâtreté jusqu'au bout. Mon frère, lui dis-je assez fermement, je vous prie de passer par-dessus toutes les difficultés que vous me faites; vous m'avez accordé fort généreusement tout ce que je vous ai demandé jusqu'à présent, voulez-vous que je me sépare de vous mal satisfait, pour une chose de si peu de conséquence? Au nom de Dieu, accordez-moi cette dernière faveur. Quoi qu'il en arrive, je ne m'en prendrai pas à vous, et la faute en sera sur moi seul.

Le derviche fit toute la résistance possible; mais comme il vit que j'étais en état de l'y forcer : Puisque vous le voulez absolument, me dit-il, je vais vous contenter.

Il prit un peu de cette pommade fatale, et me l'appliqua donc sur l'œil droit, que je tenais fermé; mais, hélas! quand je vins à l'ouvrir, je ne vis que ténèbres épaisses de mes deux yeux, et je demeurai aveugle comme vous me voyez.

Ah! malheureux derviche, m'écriai-je dans le moment, ce que vous m'avez prédit n'est que trop vrai! Fatale curiosité, ajoutai-je, desir insatiable des richesses, dans quel abîme de malheurs m'allez-vous jeter! Je sens bien à présent que je me les suis attirés; mais vous, cher frère, m'écriai-je encore, en m'adressant au derviche, qui êtes si charitable et si bienfaisant, entre tant de secrets merveilleux dont vous avez la connaissance, n'en avez-vous pas quelqu'un pour rendre la vue?

Malheureux, me répondit alors le derviche, il n'a pas tenu à moi que tu n'aies évité ce malheur; mais tu n'as que ce que tu mérites, et c'est l'aveuglement du cœur qui a attiré celui du corps. Il est vrai que j'ai des secrets : tu l'as pu connaître dans le peu de temps que j'ai été avec toi; mais je n'en ai pas pour te rendre la vue. Adresse-toi à Dieu, si tu crois qu'il y en ait un : il n'y a que lui qui puisse te la rendre. Il t'avait donné des richesses dont tu étais indigne; il te les a ôtées, et il va les donner par mes mains à des hommes qui n'en seront pas méconnaissants comme toi.

Le derviche ne m'en dit pas davantage, et je n'avais rien à lui répliquer. Il me laissa seul, accablé de confusion, et plongé dans un accès de douleur qu'on ne peut exprimer : et après avoir rassemblé mes quatre-vingts chameaux, il les emmena, et poursuivit son chemin jusqu'à Balsora.

Je le priai de ne me point abandonner en cet état malheureux, et de m'aider du moins à me conduire jusqu'à la première caravane; mais il fut sourd à mes prières et à mes cris. Ainsi privé de la vue et de tout ce que je possédais au monde, je serais mort d'affliction et de faim, si le lendemain une caravane qui revenait de Balsora ne m'eût bien voulu recevoir charitablement, et me remener à Bagdad.

D'un état à m'égaler à des princes, sinon en forces et en puissance, au moins en richesses et en magnificence, je me vis réduit à la mendicité sans aucune ressource. Il fallut donc me résoudre à demander l'aumône, et c'est ce que j'ai fait jusqu'à présent; mais pour expier mon crime envers Dieu, je m'imposai en même temps la peine d'un soufflet de la part de chaque personne charitable qui aurait compassion de ma misère.

Voilà enfin, Commandeur des croyants, le motif de ce qui parut hier si étrange à votre majesté, et de ce qui doit m'avoir fait encourir son indignation; je lui en demande pardon encore une fois comme son esclave, en me soumettant à recevoir le châtiment que j'ai mérité. Et si elle daigne de prononcer sur la pénitence que je me suis imposée, je suis persuadé qu'elle la trouvera trop légère, et beaucoup au-dessous de mon crime.

Quand l'aveugle eut achevé son histoire, le calife lui dit : Baba-Abdalla, ton péché est grand; mais Dieu soit loué de ce que tu en as connu l'énormité, et de la pénitence publique que tu en as faite jusqu'à présent. C'est assez; il faut que dorénavant tu la continues dans le particulier, en ne cessant de demander pardon à Dieu dans chacune des prières auxquelles tu es obligé chaque jour par ta religion; et afin que tu n'en sois pas détourné par le soin de demander ta vie, je te fais une aumône ta vie durant de quatre dragmes d'argent par jour de ma monnaie, que mon grand-visir te fera donner. Ainsi, ne t'en retourne pas, et attends qu'il ait exécuté mon ordre.

A ces paroles, Baba-Abdalla se prosterna devant le trône du calife, et en se relevant il lui fit son remercîment, en lui souhaitant toute sorte de bonheur et de prospérité.

Le calife Haroun-al-Raschid, content de l'histoire de Baba-Abdalla et du derviche, s'adressa au jeune homme qu'il avait vu maltraiter sa cavale, et il lui demanda son nom, comme il avait fait à l'aveugle. Le jeune homme lui dit qu'il s'appelait Sidi Nouman.

Sidi Nouman, lui dit alors le calife, j'ai vu exercer des chevaux toute ma vie et souvent j'en ai exercé moi-même; mais je n'en ai jamais vu pousser d'une manière aussi barbare que celle dont tu poussais hier ta cavale en pleine place, au grand scandale des spectateurs, qui en murmuraient hautement. Je n'en fus pas moins scandalisé qu'eux, et il s'en fallut peu que je ne me fisse connaître, contre mon intention, pour remédier à ce désordre. Ton air néanmoins ne me marque pas que tu sois un homme barbare et cruel. Je veux même croire que tu n'en uses pas ainsi sans sujet. Puisque je sais que ce n'est pas la première fois, et qu'il y a déjà bien du temps que chaque jour tu fais ce mauvais traitement à ta cavale, je veux savoir quel en est le sujet, et je t'ai fait venir ici afin que tu me l'apprennes. Surtout dis-moi la chose comme elle est, et ne me déguise rien.

Sidi Nouman comprit aisément ce que le calife exigeait de lui. Ce récit lui faisait de la peine : il changea de couleur plusieurs fois, et fit voir malgré lui combien était grand l'embarras où il se trouvait. Il fallut pourtant se résoudre à en dire le sujet. Ainsi, avant que de parler, il se prosterna devant le trône du calife, et, après s'être relevé, il essaya de commencer; mais il demeura comme interdit, moins frappé de la majesté du calife devant lequel il paraissait, que par la nature du récit qu'il avait à lui faire.

Quelque impatience naturelle que le calife eût d'être obéi dans ses volontés, il ne témoigna néanmoins aucune aigreur du silence de Sidi Nouman : il vit bien qu'il fallait, ou qu'il manquât de hardiesse devant lui, ou qu'il fût intimidé du ton dont il lui avait parlé, ou enfin que, dans ce qu'il avait à lui dire, il pouvait y avoir des choses qu'il eût bien voulu cacher.

Sidi Nouman, lui dit le calife pour le rassurer, reprends tes esprits, et fais état que ce n'est pas à moi que tu dois raconter ce que je te demande, mais à quelque ami qui t'en prie. S'il y a quelque chose dans ce récit qui te fasse de la peine, et dont tu croies que je pourrais être offensé, je te le pardonne dès à présent. Défais-toi donc de toutes tes inquiétudes ; parle-moi à cœur ouvert, et ne me dissimule rien, non plus qu'au meilleur de tes amis.

Sidi Nouman, rassuré par les dernières paroles du calife, prit enfin la parole : Commandeur des croyants, dit-il, quelque saisissement dont tout mortel doive être frappé à la seule approche de votre majesté et de l'éclat de son trône, je me sens néanmoins assez de force pour croire que ce saisissement respectueux ne m'interdira pas la parole jusqu'au point de manquer à l'obéissance que je lui dois, en lui donnant satisfaction sur toute autre chose que ce qu'elle exige de moi présentement. Je n'ose pas me dire le plus parfait des hommes; je ne suis pas assez méchant pour avoir commis, et même pour avoir eu la volonté de commettre rien contre les lois, qui puisse me donner lieu d'en redouter la sévérité. Quelque bonne néanmoins que soit mon intention, je reconnais que je ne suis pas exempt de pécher par ignorance; cela m'est arrivé. En ce cas-là, je ne dis pas que j'aie confiance au pardon qu'il a plu à votre majesté de m'accorder, sans m'avoir entendu; je me soumets au contraire à sa justice, et à être puni si je l'ai mérité. J'avoue que la manière dont je traite ma cavale depuis quelque temps, comme votre majesté en a été témoin, est étrange, cruelle et de très mauvais exemple; mais j'espère qu'elle en trouvera le motif bien fondé, et qu'elle jugera que je suis plus digne de compassion que de châtiment. Mais je ne dois pas la tenir en suspens plus longtemps par un préambule ennuyeux. Voici ce qui m'est arrivé :

Histoire de Sidi Nouman.

Commandeur des croyants, continua Sidi Nouman, je ne parle pas à votre majesté de ma naissance : elle n'est pas d'un assez grand éclat pour mériter qu'elle y fasse attention. Pour ce qui est des biens de la fortune, mes ancêtres, par leur économie, m'en ont laissé autant que j'en pouvais souhaiter pour vivre en honnête homme, sans ambition, et sans être à charge à personne.

Avec ces avantages, la seule chose que je pouvais desirer, pour rendre mon bonheur accompli, était de trouver une femme aimable, qui eût toute ma tendresse, et qui, en m'aimant véritablement, voulût bien le partager avec moi : mais il n'a pas plu à Dieu de me l'accorder; au contraire, il m'en a donné une qui, dès le lendemain de mes noces, a commencé d'exercer ma patience d'une manière qui ne peut être concevable qu'à ceux qui auraient été exposés à une pareille épreuve.

Comme la coutume veut que nos mariages se fassent sans voir et sans connaître celles que nous devons épouser, votre majesté n'ignore pas qu'un mari n'a pas lieu de se plaindre, quand il trouve que la femme qui lui est échue n'est pas laide à donner de l'horreur, qu'elle n'est pas contrefaite, et que les bonnes mœurs, le bon esprit et la bonne conduite corrigent quelque légère imperfection du corps qu'elle pourrait avoir.

La première fois que je vis ma femme le visage découvert, après qu'on l'eut amenée chez moi avec les cérémonies ordinaires, je me réjouis de voir qu'on ne m'avait pas trompé dans le rapport qu'on m'avait fait de sa beauté : je la trouvai à mon gré, et elle me plut.

Le lendemain de nos noces, on nous servit un dîner de plusieurs mets; je me rendis où la table était mise; et comme je n'y vis pas ma femme, je la fis appeler. Après m'avoir fait attendre longtemps, elle arriva. Je dissimulai mon impatience, et nous nous mîmes à table.

Je commençai par le riz, que je pris avec une cuillère comme à l'ordinaire. Ma femme, au contraire, au lieu de se servir d'une cuillère, comme tout le monde fait, tira d'un étui qu'elle avait dans sa poche une espèce de cure-oreille, avec lequel elle commença à prendre du riz et à le porter à sa bouche grain à grain; car il ne pouvait pas en tenir davantage.

Surpris de cette manière de manger : Amine, lui dis-je, car c'était son nom, avez-vous appris dans votre famille à manger le riz de la sorte? Le faites-vous ainsi parce que vous êtes une petite mangeuse, ou bien voulez-vous en compter les grains, afin de n'en pas manger plus une fois que l'autre? Si vous en usez ainsi par épargne et pour m'apprendre à ne pas être prodigue, vous n'avez rien à craindre de ce côté-là; et je puis vous assurer que nous ne nous ruinerons jamais par cet endroit-là. Nous avons, par la grace de Dieu, de quoi vivre aisément sans nous priver du nécessaire. Ne vous contraignez pas, ma chère Amine, et mangez comme vous me voyez manger.

L'air affable avec lequel je lui faisais ces remontraces semblait devoir m'attirer quelque réponse obligeante; mais, sans me dire un seul mot, elle continua toujours à manger de la même manière; et afin de me faire plus de peine, elle ne mangea plus de riz que de loin en loin; et au lieu de manger des autres mets avec moi, elle se contenta de porter à sa bouche de temps en temps un peu de pain émietté, à peu près autant qu'un moineau en eût pu prendre.

Son opiniâtreté me scandalisa. Je m'imaginai néanmoins, pour lui faire plaisir et pour l'excuser, qu'elle n'était pas accoutumée à manger avec des hommes, encore moins avec un mari, devant qui on lui avait peut-être enseigné qu'elle devait avoir une retenue qu'elle poussait trop loin par simplicité. Je crus aussi qu'elle pouvait avoir déjeuné; ou, si elle ne l'avait pas fait, qu'elle se réservait pour manger seule en liberté. Ces considérations m'empêchèrent de lui rien dire qui pût l'effaroucher, ou lui donner aucune marque de mécontentement. Après le dîner, je la quittai avec le même air que si elle ne m'eût pas donné sujet d'être très mal satisfait de ses manières extraordinaires, et je la laissai seule.

Le soir au souper ce fut la même chose; le lendemain, et toutes les fois que nous mangions ensemble, elle se comportait de la même manière. Je voyais bien qu'il n'était pas possible qu'une femme pût vivre du peu de nourriture qu'elle prenait, et qu'il y avait là-dessous quelque mystère qui m'était inconnu. Cela me fit prendre le parti de dissimuler. Je fis semblant de ne pas faire attention à ses actions, dans l'espérance qu'avec le temps elle s'accoutumerait à vivre avec moi comme je le souhaitais; mais mon espérance était vaine, et je ne fus pas longtemps à en être convaincu.

Une nuit qu'Amine me croyait fort endormi, elle se leva tout doucement, et je remarquai qu'elle s'habillait avec de grandes précautions pour ne pas faire de bruit, de crainte de m'éveiller. Je ne pouvais comprendre à quel dessein elle troublait ainsi son repos; et la curiosité de savoir ce qu'elle voulait devenir me fit feindre un profond sommeil. Elle acheva de s'habiller, et un moment après elle sortit de la chambre sans faire le moindre bruit.

Dès qu'elle fut sortie, je me levai en jetant ma robe sur mes épaules; j'eus le temps d'apercevoir par une fenêtre qui donnait sur la cour, qu'elle ouvrit la porte de la rue, et qu'elle sortit.

Je courus aussitôt à la porte, qu'elle avait laissée entr'ouverte; et, à la faveur du clair de la lune, je la suivis jusqu'à ce que je la visse entrer dans un cimetière qui était voisin de notre maison. Alors je gagnai le bout d'un mur qui se terminait au cimetière; et après m'être précautionné pour ne pas être vu, j'aperçus Amine avec une goule.

Votre majesté n'ignore pas que les goules de l'un et de l'autre sexe sont des démons errants dans les campagnes. Ils habitent d'ordinaire les bâtiments ruinés, d'où ils se jettent par surprise sur les passants, qu'ils tuent et dont ils mangent la chair. Au défaut des passants, ils vont la nuit dans les cimetières se repaître de celle des morts qu'ils déterrent.

Je fus dans une surprise épouvantable, lorsque je vis ma femme avec cette goule. Elles déterrèrent un mort qu'on avait enterré le même jour, et la goule en coupa des morceaux de chair à plusieurs reprises, qu'elles mangèrent ensemble, assises sur le bord de la fosse. Elles s'entretenaient fort tranquillement, en faisant un repas si cruel et si inhumain; mais j'étais trop éloigné, et il ne me fut pas possible de rien comprendre de leur entretien, qui devait être aussi étrange que leur repas, dont le souvenir me fait encore frémir.

Quand elles eurent fini cet horrible repas, elles jetèrent le reste du cadavre dans la fosse qu'elles remplirent de la terre qu'elles en avaient ôtée. Je les laissai faire, et je regagnai en diligence notre maison. En entrant, je laissai la porte de la rue entr'ouverte, comme je l'avais trouvée; et après être rentré dans ma chambre, je me recouchai, et je fis semblant de dormir.

Amine rentra peu de temps après, sans faire de bruit; elle se déshabilla, et elle se recoucha de même avec la joie, comme je me l'imaginai, d'avoir si bien réussi, sans que je m'en fusse aperçu.

L'esprit rempli de l'idée d'une action aussi barbare et

aussi abominable que celle dont je venais d'être témoin, avec la répugnance que j'avais de me voir couché près de celle qui l'avait commise, je fus longtemps à pouvoir me rendormir. Je dormis pourtant; mais d'un sommeil si léger, que la première voix qui se fit entendre pour appeler à la prière publique de la pointe du jour, me réveilla. Je m'habillai, et je me rendis à la mosquée.

Après la prière, je sortis hors de la ville, et je passai la matinée à me promener dans les jardins, et à songer au parti que je prendrais pour obliger ma femme à changer de manière de vivre. Je rejetai toutes les voies de violence qui se présentèrent à mon esprit, et je résolus de n'employer que celles de la douceur, pour la retirer de la malheureuse inclination qu'elle avait. Ces pensées me conduisirent insensiblement jusque chez moi, où je rentrai justement à l'heure du dîner.

Dès qu'Amine me vit, elle fit servir, et nous nous mîmes à table. Comme je vis qu'elle persistait toujours à ne manger le riz que grain à grain : Amine, lui dis-je avec toute la modération possible, vous savez combien j'eus lieu d'être surpris le lendemain de mes noces, quand je vis que vous ne mangiez que du riz, en si petite quantité, et d'une manière dont tout autre mari que moi eût été offensé ; vous savez aussi que je me contentai de vous faire connaître la peine que cela me faisait, en vous priant de manger aussi des autres viandes qui nous sont servies, et que l'on a soin d'accommoder de différentes manières, afin de tâcher de trouver votre goût. Depuis ce temps-là, vous avez vu notre table toujours servie de la même manière, en changeant pourtant quelques uns des mets, afin de ne pas manger toujours des mêmes choses. Mes remontrances néanmoins ont été inutiles, et jusqu'à ce jour vous n'avez cessé d'en user de même, et de me faire la même peine. J'ai gardé le silence, parce que je n'ai pas voulu vous contraindre, et je serais fâché que ce que je vous en dis présentement vous fît la moindre peine; mais, Amine, dites-moi, je vous en conjure, les viandes que l'on nous sert ici ne valent-elles pas mieux que de la chair de mort?

Je n'eus pas plus tôt prononcé ces dernières paroles, qu'A-mine, qui comprit fort bien que je l'avais observée la nuit, entra dans une fureur qui surpasse l'imagination : son visage s'enflamma, les yeux lui sortirent presque hors de la tête, et elle écuma de rage.

Cet état affreux où je la voyais me remplit d'épouvante : je devins comme immobile, et hors d'état de me défendre de l'horrible méchanceté qu'elle méditait contre moi, et dont votre majesté va être surprise. Dans le fort de son emportement, elle prit un vase d'eau qu'elle trouva sous sa main ; elle y plongea ses doigts, en marmottant entre ses dents quelques paroles que je n'entendis pas ; et en me jetant de cette eau au visage, elle me dit d'un ton furieux :

Malheureux! reçois la punition de ta curiosité, et deviens chien.

A peine Amine, que je n'avais pas encore connue pour magicienne, eut-elle vomi ces paroles diaboliques, que tout à coup je me vis changé en chien. L'étonnement et la surprise où j'étais d'un changement si subit et si peu attendu m'empêchèrent de songer d'abord à me sauver, ce qui lui donna le temps de prendre un bâton pour me maltraiter. En effet, elle m'en appliqua de si grands coups, que je ne sais comment je ne demeurai pas mort sur la place. Je crus échapper à sa rage en fuyant dans la cour, mais elle m'y poursuivit avec la même fureur, et de quelque souplesse que je pusse me servir en courant de côté et d'autre pour les éviter, je ne fus pas assez adroit pour m'en défendre, et il fallut en essuyer beaucoup d'autres. Lassée enfin de me frapper et de me poursuivre, et au désespoir de ne m'avoir pas assommé, comme elle en avait envie, elle imagina un nouveau moyen de le faire : elle entr'ouvrit la porte de la rue, afin de m'y écraser au moment où je la passerais pour m'enfuir. Tout chien que j'étais, je me doutai de son pernicieux dessein; et comme le danger présent donne souvent de l'esprit pour se conserver la vie, je pris si bien mon temps, en observant sa contenance, ses mouvements, que je trompai sa vigilance, et que je passai assez vite pour me sauver la vie et éluder sa méchanceté : j'en fus quitte pour avoir le bout de la queue un peu foulé.

La douleur que j'en ressentis ne laissa pas de me faire crier et aboyer en courant le long de la rue, ce qui fit sortir sur moi quelques chiens, dont je reçus quelques coups de dents. Pour éviter leurs poursuites, je me jetai dans la boutique d'un vendeur de têtes, de langues et de pieds de moutons cuits, où je me sauvai.

Mon hôte prit d'abord mon parti avec beaucoup de compassion, en chassant les chiens qui me poursuivaient, et qui voulaient pénétrer jusque dans sa maison. Pour moi, mon premier soin fut de me fourrer dans un coin où je me dérobai à leur vue. Je ne trouvai pas néanmoins chez lui l'asile et la protection que j'avais espérés. C'était un de ces superstitieux à outrance, qui, sous prétexte que les chiens sont immondes, ne trouvent pas assez d'eau ni de savon pour laver leur habit, quand par hasard un chien les a touchés en passant près d'eux. Après que les chiens qui m'avaient donné la chasse furent retirés, il fit tout ce qu'il put, à plusieurs fois, pour me chasser dès le même jour ; mais j'étais caché et hors de ses atteintes. Ainsi je passai la nuit dans sa boutique malgré lui, et j'avais besoin de ce repos pour me remettre du mauvais traitement qu'Amine m'avait fait.

Afin de ne pas ennuyer votre majesté par des circonstances de peu de conséquence, je ne m'arrêterai pas à lui particulariser les tristes réflexions que je fis alors sur ma métamorphose; je lui ferai remarquer seulement que le lendemain, mon hôte étant sorti avant le jour pour faire emplette, il revint chargé de têtes, de langues et de pieds de moutons, et qu'après avoir ouvert sa boutique, et pendant qu'il étalait sa marchandise, je sortis de mon coin; et je m'en allais, lorsque je vis plusieurs chiens du voisinage, attirés par l'odeur de ces viandes, assemblés autour de la boutique de mon hôte, en attendant qu'il leur jetât quelque chose; je me mêlai avec eux en posture de suppliant.

Mon hôte, autant qu'il me le parut, par la considération que je n'avais pas mangé depuis que je m'étais sauvé chez lui, me distingua en me jetant des morceaux plus gros et plus souvent qu'aux autres chiens. Quand il eut achevé ses libéralités, je voulus rentrer dans sa boutique, en le regardant et en remuant la queue d'une manière qui pouvait lui marquer que je le suppliais de me faire encore cette faveur; mais il fut inflexible, et il s'opposa à mon dessein le bâton à la main, et d'un air si impitoyable, que je fus contraint de m'éloigner.

A quelques maisons plus loin, je m'arrêtai devant celle d'un boulanger, qui, tout au contraire du vendeur de têtes de moutons que la mélancolie dévorait, me parut un homme gai et de bonne humeur, et qui l'était en effet. Il déjeunait alors, et quoique je ne lui eusse donné aucune marque d'avoir besoin de manger, il ne laissa pas néanmoins de me jeter un morceau de pain. Avant que de me jeter dessus avec avidité, comme le font les autres chiens, je le regardai avec un signe de tête et un mouvement de queue, pour lui témoigner ma reconnaissance. Il me sut bon gré de cette espèce de civilité, et il sortit. Je n'avais pas besoin de manger; cependant pour lui faire plaisir je pris le morceau de pain, et je le mangeai assez lentement pour lui faire connaître que je le faisais par honneur. Il remarqua tout cela, et voulut bien me souffrir près de sa boutique. J'y demeurai assis et tourné du côté de la rue, pour lui marquer que pour le présent je ne lui demandais autre chose que sa protection.

Il me l'accorda, et même me fit des caresses qui me donnèrent l'assurance de m'introduire dans sa maison. Je le fis d'une manière à lui faire comprendre que ce n'était qu'avec sa permission. Il ne le trouva pas mauvais : au contraire, il me montra un endroit où je pouvais me placer sans lui être incommode, et je me mis en possession de la place que je conservai tout le temps que je demeurai chez lui.

J'y fus toujours fort bien traité; et il ne déjeunait, ne dînait et ne soupait pas, que je n'eusse ma part à suffisance. De mon côté, j'avais pour lui toute l'attache et toute la fidélité qu'il pouvait exiger de ma reconnaissance.

Mes yeux étaient toujours attachés sur lui, et il ne faisait pas un pas dans la maison que je ne fusse derrière lui à le suivre. Je faisais la même chose quand le temps lui permettait de faire quelque voyage dans la ville pour ses affaires. J'y étais d'autant plus exact, que je m'étais aperçu que mon attention lui plaisait, et que souvent, quand il avait besoin de sortir, sans me donner lieu de m'en apercevoir, il m'appelait par le nom de Rougeau qu'il m'avait donné.

A ce nom, je m'élançais aussitôt de ma place dans la rue, je sautais, je faisais des gambades et des courses devant la porte. Je ne cessais toutes ces caresses que quand il était sorti ; et alors je l'accompagnais fort exactement, en le suivant et en courant devant lui, et en le regardant de temps en temps pour lui marquer ma joie.

Il y avait déja du temps que j'étais dans cette maison, lorsqu'un jour une femme vint acheter du pain. En le payant à mon hôte, elle lui donna une pièce d'argent fausse avec d'autres bonnes. Le boulanger, qui s'aperçut de la pièce fausse, la rendit à la femme en lui en demandant une autre.

La femme refusa de la reprendre, et prétendit qu'elle était bonne. Mon hôte soutint le contraire; et dans la contestation : La pièce, dit-il à cette femme, est si visiblement fausse, que je suis assuré que mon chien, qui n'est qu'une bête, ne s'y tromperait pas. Viens çà, Rougeau, dit-il aussitôt en m'appelant. A sa voix, je sautai légèrement sur le comptoir; et le boulanger, en jetant devant moi les pièces d'argent : Vois, ajouta-t-il, n'y a-t-il pas là une pièce fausse?

Je regarde toutes ces pièces, et en mettant la patte dessus la fausse, je la séparai des autres en regardant mon maître, comme pour la lui montrer.

Le boulanger, qui ne s'en était rapporté à mon jugement que par manière d'acquit, et pour se divertir, fut extrêmement surpris de voir que j'avais si bien rencontré sans hésiter. La femme, convaincue de la fausseté de sa pièce, n'eut rien à dire, et fut obligée d'en donner une autre bonne à la place. Dès qu'elle fut partie, mon maître appela ses voisins et leur exagéra fort ma capacité en leur racontant ce qui s'était passé.

Les voisins en voulurent avoir l'expérience, et de toutes les pièces fausses qu'ils me montrèrent, mêlées avec d'autres de bon aloi, il n'y en eut pas une sur laquelle je ne misse la patte et que je ne séparasse d'avec les bonnes.

La femme, de son côté, ne manqua pas de raconter à toutes les personnes de sa connaissance qu'elle rencontra dans son chemin, ce qui venait de lui arriver. Le bruit de mon habileté à distinguer la fausse monnaie se répandit en peu de temps, non seulement dans le voisinage, mais même dans tout le quartier, et insensiblement dans toute la ville.

Je ne manquai pas d'occupation toute la journée : il fallut contenter tous ceux qui venaient acheter du pain chez mon maître, et leur faire voir ce que je savais faire. C'était un attrait pour tout le monde, et l'on venait des quartiers les plus éloignés de la ville pour éprouver mon habileté. Ma réputation procura à mon maître tant de pratiques, qu'à peine pouvait-il suffire à les contenter. Cela dura longtemps, et mon maître ne put s'empêcher d'avouer à ses voisins et à ses amis que je lui valais un trésor.

Mon petit savoir-faire ne manqua pas de lui attirer des jaloux. On dressa des embûches pour m'enlever, et il était obligé de me garder à vue. Un jour, une femme, attirée par cette nouvelle, vint acheter du pain comme les autres. Ma place ordinaire était alors sur le comptoir ; elle y jeta six pièces d'argent devant moi, parmi lesquelles il y en avait une fausse. Je la débrouillai d'avec les autres, et, en mettant la patte sur la pièce fausse, je la regardai comme pour lui demander si ce n'était pas celle-là.

Oui, me dit cette femme en me regardant de même, c'est la fausse, tu ne t'es pas trompé.

Elle continua longtemps à me regarder et à me considérer avec admiration pendant que je la regardais de même. Elle paya le pain qu'elle était venue acheter; et quand elle voulut se retirer, elle me fit signe de la suivre à l'insu du boulanger.

J'étais toujours attentif aux moyens de me délivrer d'une métamorphose aussi étrange que la mienne. J'avais remarqué l'attention avec laquelle cette femme m'avait examiné. Je m'imaginai qu'elle avait peut-être connu quelque chose de mon infortune et de l'état malheureux où j'étais réduit, et je ne me trompais pas. Je la laissai pourtant en aller, et je me contentai de la regarder. Après avoir fait deux ou trois pas, elle se retourna, et voyant que je ne faisais que de la regarder sans bouger de ma place, elle me fit encore signe de la suivre.

Alors, sans délibérer davantage, comme je vis que le boulanger était occupé à nettoyer son four pour une cuisson, et qu'il ne prenait pas garde à moi, je sautai à bas du comptoir, et je suivis cette femme, qui me parut en être fort joyeuse.

Après avoir fait quelque chemin, elle arriva à sa maison. Elle en ouvrit la porte; et quand elle fut entrée : Entre, me dit-elle, tu ne te repentiras pas de m'avoir suivie. Quand je fus entré et qu'elle eut refermé la porte, elle me mena à sa chambre, où je vis une jeune demoiselle d'une grande beauté qui brodait. C'était la fille de la femme charitable qui m'avait amené, habile et expérimentée dans l'art magique, comme je le connus bientôt.

Ma fille, lui dit la mère, je vous amène le chien fameux

du boulanger, qui sait si bien distinguer la fausse monnaie d'avec la bonne. Vous savez que je vous ai dit ma pensée dès le premier bruit qui s'en est répandu, en vous témoignant que ce pouvait bien être un homme changé en chien par quelque méchanceté. Aujourd'hui je me suis avisée d'aller acheter du pain chez ce boulanger. J'ai été témoin de la vérité qu'on a publiée, et j'ai eu l'adresse de me faire suivre par ce chien si rare qui fait la merveille de Bagdad. Qu'en dites-vous, ma fille? me suis-je trompée dans ma conjecture? — Vous ne vous êtes pas trompée, ma mère, répondit la fille; je vais vous le faire voir.

La demoiselle se leva; elle prit un vase plein d'eau, dans lequel elle plongea la main; et en me jetant de cette eau, elle dit :

« Si tu es né chien, demeure chien; mais si tu es né homme,
« reprends la forme d'homme par la vertu de cette eau. »

A l'instant l'enchantement fut rompu; je perdis la figure de chien, et je me vis homme comme auparavant.

Pénétré de la grandeur d'un si grand bienfait, je me jetai aux pieds de la demoiselle; et après lui avoir baisé le bas de sa robe : Ma chère libératrice, lui dis-je, je sens si vivement l'excès de votre bonté, qui n'a pas d'égale, envers un inconnu tel que je suis, que je vous supplie de m'apprendre vous-même ce que je puis faire pour vous en rendre dignement ma reconnaissance; ou plutôt disposez de moi comme d'un esclave qui vous appartient à juste titre : je ne suis plus à moi, je suis à vous; et afin que vous connaissiez celui qui vous est acquis, je vous dirai mon histoire en peu de mots.

Alors, après lui avoir dit qui j'étais, je lui fis le récit de mon mariage avec Amine, de ma complaisance et de ma patience à supporter son humeur, de ses manières tout extraordinaires, et de l'indignité avec laquelle elle m'avait traité par une méchanceté inconcevable, et je finis, en remerciant la mère du bonheur inexprimable qu'elle venait de me procurer.

Sidi Nouman, me dit la fille, ne parlons pas de l'obligation que vous dites que vous m'avez : la seule connaissance d'avoir fait plaisir à un honnête homme comme vous, me tient lieu de toute reconnaissance. Parlons d'Amine votre femme : je l'ai connue avant votre mariage ; et comme je savais qu'elle était magicienne, elle n'ignorait pas aussi que j'avais quelque connaissance du même art, puisque nous avions pris des leçons de la même maîtresse. Nous nous rencontrions même souvent au bain. Mais comme nos humeurs ne s'accordaient pas, j'avais un grand soin d'éviter toute occasion d'avoir aucune liaison avec elle ; en quoi il m'a été d'autant moins difficile de réussir, que, par la même raison, elle évitait de son côté d'en avoir avec moi. Je ne suis donc pas surprise de sa méchanceté. Pour revenir à ce qui vous regarde, ce que je viens de faire pour vous ne suffit pas ; je veux achever ce que j'ai commencé. En effet, ce n'est pas assez d'avoir rompu l'enchantement par lequel elle vous avait exclu si méchamment de la société des hommes, il faut que vous l'en punissiez comme elle le mérite, en rentrant chez vous pour y reprendre l'autorité qui vous appartient, et je veux vous en donner le moyen. Entretenez-vous avec ma mère, je vais revenir.

Ma libératrice entra dans un cabinet ; et pendant qu'elle y resta, j'eus le temps de témoigner encore une fois à la mère combien je lui étais obligé, aussi bien qu'à sa fille.

Ma fille, me dit-elle, comme vous le voyez, n'est pas moins expérimentée dans l'art magique qu'Amine ; mais elle en fait un si bon usage, que vous seriez étonné d'apprendre tout le bien qu'elle a fait et qu'elle fait presque chaque jour par le moyen de la connaissance qu'elle en a. C'est pour cela que je l'ai laissé faire, et que je la laisse faire encore jusqu'à présent. Je ne le souffrirais pas, si je m'apercevais qu'elle en abusât en la moindre chose.

La mère avait commencé à me raconter quelques unes des

merveilles dont elle avait été témoin, quand sa fille rentra avec une petite bouteille à la main.

Sidi Nouman, me dit-elle, mes livres que je viens de consulter m'apprennent qu'Amine n'est pas chez vous à l'heure qu'il est, mais qu'elle doit y revenir incessamment. Ils m'apprennent aussi que la dissimulée fait semblant, devant vos domestiques, d'être dans une grande inquiétude de votre absence; et elle leur a fait accroire qu'en dînant avec vous, vous vous étiez souvenu d'une affaire qui vous avait obligé de sortir sans différer, qu'en sortant vous aviez laissé la porte ouverte, et qu'un chien était entré, et était venu jusque dans la salle où elle achevait de dîner, et qu'elle l'avait chassé à grands coups de bâton. Retournez donc à votre maison sans perdre de temps avec la petite bouteille que voici, et que je vous mets entre les mains. Quand on vous aura ouvert, attendez dans votre chambre qu'Amine rentre : elle ne vous fera pas attendre longtemps. Dès qu'elle sera rentrée, descendez dans la cour, et présentez-vous à elle face à face. Dans la surprise où elle sera de vous revoir contre son attente, elle tournera le dos pour prendre la fuite; alors jetez-lui de l'eau de cette bouteille que vous tiendrez prête; et en la jetant, prononcez hardiment ces paroles :

« Reçois le châtiment de ta méchanceté. »

Je ne vous en dis pas davantage : vous en verrez l'effet.

Après ces paroles de ma bienfaitrice, que je n'oubliai pas, comme rien ne m'arrêtait plus, je pris congé d'elle et de sa mère, avec tous les témoignages de la plus parfaite reconnaissance, et une protestation sincère que je me souviendrais éternellement de l'obligation que je leur avais, et je retournai chez moi.

Les choses se passèrent comme la jeune magicienne me l'avait prédit. Amine ne fut pas longtemps à rentrer. Comme elle s'avançait, je me présentai à elle, l'eau dans la main, prêt à la lui jeter. Elle fit un grand cri; et comme elle se fut retournée pour regagner la porte, je lui jetai l'eau en prononçant les paroles que la jeune magicienne m'avait enseignées, et aussitôt elle fut changée en une cavale, et c'est celle que votre majesté vit hier.

A l'instant et dans la surprise où elle était, je la saisis au crin ; et malgré sa résistance je la tirai dans mon écurie. Je lui passai un licou, et après l'avoir attachée en lui reprochant son crime et sa méchanceté, je la châtiai à grands coups de fouet si longtemps que la lassitude enfin m'obligea de cesser; mais je me réservai de lui faire chaque jour un pareil châtiment.

Commandeur des croyants, ajouta Sidi Nouman en achevant son histoire, j'ose espérer que votre majesté ne désapprouvera pas ma conduite et qu'elle trouvera qu'une femme si méchante et si pernicieuse est traitée avec plus d'indulgence qu'elle ne mérite.

Quand le calife vit que Sidi Nouman n'avait plus rien à dire : Ton histoire est singulière, lui dit le sultan, et la méchanceté de ta femme n'est pas excusable. Aussi je ne condamne pas absolument le châtiment que tu lui en as fait sentir jusqu'à présent. Mais je veux que tu considères combien son supplice est grand d'être réduite au rang des bêtes, et je souhaite que tu te contentes de la laisser faire pénitence en cet état. Je t'ordonnerais même d'aller t'adresser à la jeune magicienne qui l'a fait métamorphoser de la sorte, pour faire cesser l'enchantement, si l'opiniâtreté et la dureté incorrigible des magiciens et des magiciennes qui abusent de leur art, ne m'étaient connues, et que je ne craignisse de sa part contre toi un effet de sa vengeance plus cruel que le premier.

Le calife, naturellement doux et plein de compassion envers ceux qui souffrent, même selon leurs mérites, après avoir déclaré sa volonté à Sidi Nouman, s'adressa au troisième que le grand-visir Giafar avait fait venir.

Cogia Hassan, lui dit-il, en passant hier devant ton hôtel il me parut si magnifique, que j'eus la curiosité de savoir à qui il appartenait. J'appris que tu l'avais fait bâtir, après avoir fait profession d'un métier qui te produisait à peine de quoi vivre. On me dit aussi que tu ne te méconnaissais pas, que tu faisais un bon usage des richesses que Dieu t'a données, et que tes voisins disaient mille biens de toi. Tout cela m'a fait plaisir, ajouta le calife, et je suis bien persuadé que les voies dont il a plu à la Providence de te gratifier de ses dons, doivent être extraordinaires. Je suis curieux de les apprendre par toi-même, et c'est pour me donner cette satisfaction que je t'ai fait venir. Parle-moi donc avec sincérité, afin que je me réjouisse en prenant part à ton bonheur avec plus de connaissance. Et afin que ma curiosité ne te soit point suspecte, et que tu ne croies pas que j'y prenne autre intérêt que celui que je viens de te dire, je te déclare que, loin d'y avoir aucune prétention, je te donne ma protection pour en jouir en toute sûreté.

Sur ces assurances du calife, Cogia Hassan se prosterna devant son trône, frappa de son front le tapis dont il était couvert; et après qu'il se fut relevé : Commandeur des croyants, dit-il, tout autre que moi, qui ne se serait pas senti la conscience aussi pure et aussi nette que je me la sens, aurait pu être troublé en recevant l'ordre de venir paraître devant le trône de votre majesté : mais comme je n'ai jamais eu pour elle que des sentiments de respect et de vénération, et que je n'ai rien fait contre l'obéissance que je lui dois, ni contre les lois, qui ait pu m'attirer son indignation, la seule chose qui m'ait fait de la peine, est la crainte dont j'ai été saisi, de n'en pouvoir soutenir l'éclat. Néanmoins, sur la bonté avec laquelle la renommée publie que votre majesté reçoit et écoute le moindre de ses sujets, je me suis rassuré, et je n'ai pas douté qu'elle ne me donnât elle-même le courage et la confiance de lui procurer la satisfaction qu'elle pourrait exiger de moi. C'est, Commandeur des croyants, ce que votre majesté vient de me faire expérimenter, en m'accordant sa puissante protection, sans savoir si je la mérite. J'espère néanmoins qu'elle demeurera dans un sentiment qui m'est si avantageux, quand, pour satisfaire à son commandement, je lui aurai fait le récit de mes aventures.

Après ce petit compliment, pour se concilier la bienveillance et l'attention du calife, et après avoir, pendant quelques moments, rappelé dans sa mémoire ce qu'il avait à dire, Cogia Hassan reprit la parole en ces termes :

Histoire de Cogia Hassan Alhabbal.

Commandeur des croyants, dit-il, pour mieux faire entendre à votre majesté par quelles voies je suis parvenu au grand bonheur dont je jouis, je dois avant toute chose commencer par lui parler de deux amis intimes, citoyens de cette même ville de Bagdad, qui vivent encore, et qui peuvent rendre témoignage de la vérité, auxquels j'en suis redevable après Dieu, le premier auteur de tout bien et de tout bonheur.

Ces deux amis s'appellent, l'un Saadi, et l'autre Saad. Saadi, qui est puissamment riche, a toujours été du sentiment qu'un homme ne peut être heureux en ce monde, qu'autant qu'il a des biens et de grandes richesses pour vivre hors de la dépendance de qui que ce soit.

Saad est d'un autre sentiment : il convient qu'il faut véritablement avoir des richesses, autant qu'elles sont nécessaires à la vie ; mais il soutient que la vertu doit faire le bonheur des hommes, sans d'autre attache aux biens du monde, que par rapport aux besoins qu'ils peuvent en avoir, et pour en faire des libéralités selon leur pouvoir. Saad est de ce nombre, et il vit très heureux et très content dans l'état où il se trouve. Quoique Saadi, pour ainsi dire, soit infiniment plus riche que lui, leur amitié néanmoins est très sincère, et le plus riche ne s'estime pas plus que l'autre. Ils n'ont jamais eu de contestation que sur ce seul point ; en toutes choses leur union a toujours été très uniforme

Un jour, dans leur entretien, à peu près sur la même matière, comme je l'ai appris d'eux-mêmes, Saadi prétendait que les pauvres n'étaient pauvres que parce qu'ils étaient nés dans la pauvreté, ou que, nés avec des richesses, ils les avaient perdues ou par débauche, ou par quelqu'une des fatalités imprévues qui ne sont pas extraordinaires.

Mon opinion, disait-il, est que ces pauvres ne le sont que parce qu'ils ne peuvent parvenir à amasser une somme d'argent assez grosse pour se tirer de la misère, en employant leur industrie à la faire valoir ; et mon sentiment est que, s'ils venaient à ce point, et qu'ils fissent un usage convenable de cette somme, ils ne deviendraient pas seulement riches, mais très opulents avec le temps

Saad ne convint pas de la proposition de Saadi. Le moyen que vous proposez, reprit-il, pour faire qu'un pauvre devienne riche, ne me paraît pas aussi certain que vous le croyez. Ce que vous en pensez est fort équivoque, et je pourrais appuyer mon sentiment contre le vôtre de plusieurs bonnes raisons, qui nous mèneraient trop loin. Je crois, au moins avec autant de probabilité, qu'un pauvre peut devenir riche par tout autre moyen qu'avec une somme d'argent : on fait souvent, par un hasard, une fortune plus grande et plus surprenante qu'avec une somme d'argent, telle que vous le prétendez, quelque ménagement et quelque économie que l'on apporte pour la faire multiplier par un négoce bien conduit.

Saad, repartit Saadi, je vois bien que je ne gagnerais rien avec vous, en persistant à soutenir mon opinion contre la vôtre ; je veux en faire l'expérience pour vous en convaincre, en donnant, par exemple, en pur don, une somme telle que je me l'imagine à un de ces artisans, pauvre de père en fils, qui vivent aujourd'hui au jour la journée, et qui meurent aussi gueux que quand ils sont nés. Si je ne réussis pas, nous verrons si vous réussirez mieux de la manière que vous l'entendez.

Quelques jours après cette contestation, il arriva que les deux amis, en se promenant, passèrent par le quartier où je travaillais de mon métier de cordier, que j'avais appris de mon père, et qu'il avait appris lui-même de mon aïeul, et ce dernier de nos ancêtres. A voir mon équipage et mon habillement, il n'eut pas de peine à juger de ma pauvreté.

Saad, qui se souvint de l'engagement de Saadi, lui dit : Si vous n'avez pas oublié à quoi vous vous êtes engagé avec moi, voilà un homme, ajouta-t-il en me désignant, qu'il y a longtemps que je vois faisant le métier de cordier, et toujours dans le même état de pauvreté. C'est un sujet digne de votre libéralité, et tout propre à faire l'expérience dont vous parliez l'autre jour.

Je m'en souviens si bien, reprit Saadi, que je porte sur moi de quoi faire l'expérience que vous dites, et je n'attendais que l'occasion que nous nous trouvassions ensemble, et que vous en fussiez témoin. Abordons-le, et sachons si véritablement il en a besoin.

Les deux amis vinrent à moi; et comme je vis qu'ils voulaient me parler, je cessai mon travail. Ils me donnèrent l'un et l'autre le salut ordinaire du souhait de paix; et Saadi, en prenant la parole, me demanda comment je m'appelais.

Je leur rendis le même salut; et pour répondre à la demande de Saadi : Seigneur, lui dis-je, mon nom est Hassan; et à cause de ma profession, je suis connu communément sous le nom de Hassan Alhabbal.

Hassan, reprit Saadi, comme il n'y a pas de métier qui ne nourrisse son maître, je ne doute pas que le vôtre ne vous fasse gagner de quoi vivre à votre aise; et même je m'étonne que, depuis le temps que vous l'exercez, vous n'ayez pas fait quelque épargne, et que vous n'ayez pas acheté une bonne provision de chanvre pour faire plus de travail, tant par vous-même que par des gens à gage que vous auriez pris pour vous aider, et pour vous mettre insensiblement plus au large.

Seigneur, lui repartis-je, vous cesserez de vous étonner

que je ne fasse pas d'épargne, et que je ne prenne pas le chemin que vous dites pour devenir riche, quand vous saurez qu'avec tout le travail que je puis faire depuis le matin jusqu'au soir, j'ai de la peine à gagner de quoi me nourrir, moi et ma famille, de pain et de quelques légumes. J'ai une femme et cinq enfants dont pas un n'est en âge de m'aider en la moindre chose; il faut les entretenir et les habiller; et dans un ménage, si petit qu'il soit, il y a toujours mille choses nécessaires dont on ne peut se passer. Quoique le chanvre ne soit pas cher, il faut néanmoins de l'argent pour en acheter, et c'est le premier que je mets à part de la vente de mes ouvrages; sans cela il ne me serait pas possible de fournir à la dépense de ma maison. Jugez, seigneur, ajouta-t-il, s'il est possible que je fasse des épargnes pour me mettre plus au large, moi et ma famille. Il nous suffit que nous soyons contents du peu que Dieu nous donne, et qu'il nous ôte la connaissance et le desir de ce qui nous manque; mais nous ne trouvons pas que rien nous manque, quand nous avons pour vivre ce que nous avons accoutumé d'avoir, et que nous ne sommes pas dans la nécessité d'en demander à personne.

Quand j'eus fait tout ce détail à Saadi : Hassan, me dit-il, je ne suis plus dans l'étonnement où j'étais, et je comprends toutes les raisons qui vous obligent à vous contenter de l'état où vous vous trouvez. Mais si je vous faisais présent d'une bourse de deux cents pièces d'or, n'en feriez-vous pas un bon usage, et ne croyez-vous pas qu'avec cette somme vous deviendriez bientôt au moins aussi riche que les principaux de votre profession?

Seigneur, repris-je, vous me paraissez un si honnête homme, que je suis persuadé que vous ne voudriez pas vous divertir de moi, et que l'offre que vous me faites est sérieuse. J'ose donc vous dire, sans trop présumer de moi, qu'une somme beaucoup moindre me suffirait, non seulement pour devenir aussi riche que les principaux de ma profession, mais même pour le devenir en peu de temps plus moi seul, qu'ils ne le sont tous ensemble dans cette grande ville de Bagdad, aussi grande et aussi peuplée qu'elle est.

Le généreux Saadi me fit voir sur-le-champ qu'il m'avait parlé sérieusement. Il tira la bourse de son sein, et en me la mettant entre les mains : Prenez, dit-il, voilà la bourse ; vous y trouverez les deux cents pièces d'or bien comptées. Je prie Dieu qu'il y donne sa bénédiction, et qu'il vous fasse la grace d'en faire le bon usage que je souhaite ; et croyez que mon ami Saad que voici, et moi, nous aurons un très grand plaisir quand nous apprendrons qu'elles vous auront servi à vous rendre plus heureux que vous ne l'êtes.

Commandeur des croyants, quand j'eus reçu la bourse, et que d'abord je l'eus mise dans mon sein, je fus dans un transport de joie si grand, et je fus si fort pénétré de ma reconnaissance, que la parole me manqua, et qu'il ne me fut pas possible d'en donner une autre marque à mon bienfaiteur, que d'avancer la main pour lui prendre le bord de sa robe et la baiser ; mais il la retira en s'éloignant, et ils continuèrent leur chemin, lui et son ami.

En reprenant mon ouvrage après leur éloignement, la première pensée qui me vint, fut d'aviser où je mettrais la bourse pour être en sûreté. Je n'avais dans ma petite et pauvre maison, ni coffre, ni armoire qui fermât, ni aucun lieu où je pusse m'assurer qu'elle ne serait pas découverte si je l'y cachais.

Dans cette perplexité, comme j'avais coutume, avec les pauvres gens de ma sorte, de cacher le peu de monnaie que j'avais, dans les plis de mon turban, je quittai mon ouvrage, et je rentrai chez moi sous prétexte de le raccommoder. Je pris si bien mes précautions, que, sans que ma femme et mes enfants s'en aperçussent, je tirai dix pièces d'or de la bourse que je mis à part pour les dépenses les plus pressées, et j'enveloppai le reste dans les plis de la toile qui entourait mon bonnet.

La principale dépense que je fis dès le même jour, fut d'acheter une bonne provision de chanvre. Ensuite, comme il y avait longtemps qu'on n'avait vu de viande dans la famille, j'allai à la boucherie, et j'en achetai pour le souper.

En m'en revenant, je tenais ma viande à la main, lorsqu'un milan affamé, sans que je pusse me défendre, fondit dessus, et me l'eût arrachée de la main, si je n'eusse tenu ferme contre lui. Mais, hélas! j'aurais bien mieux fait de la lui lâcher, pour ne pas perdre ma bourse. Plus il trouvait en moi de résistance, plus il s'opiniâtrait de la vouloir avoir. Il me traînait de côté et d'autre, pendant qu'il se soutenait en l'air sans quitter prise; mais il arriva malheureusement que, dans les efforts que je faisais, mon turban tomba par terre.

Aussitôt le milan lâcha prise, et se jeta sur mon turban avant que j'eusse eu le temps de le ramasser, et l'enleva. Je poussai des cris si perçants, que les hommes, femmes et enfants du voisinage en furent effrayés, et joignirent leurs cris aux miens pour tâcher de faire quitter prise au milan.

On réussit souvent, par ce moyen, à forcer ces sortes d'oiseaux voraces à lâcher ce qu'ils ont enlevé; mais les cris n'épouvantèrent pas le milan : il emporta mon turban si loin, que nous le perdîmes tous de vue avant qu'il l'eût lâché. Ainsi, il eût été inutile de me donner la peine et la fatigue de courir après pour le recouvrer.

Je retournai chez moi fort triste de la perte que je venais de faire de mon turban et de mon argent. Il fallut cependant en racheter un autre, ce qui fit une nouvelle diminution aux dix pièces d'or que j'avais tirées de la bourse J'en avais déjà dépensé pour l'achat du chanvre, et ce qui me restait ne suffisait pas pour me donner lieu de remplir les belles espérances que j'avais conçues.

Ce qui me fit le plus de peine fut le peu de satisfaction que mon bienfaiteur aurait d'avoir si mal placé sa libéralité, quand il apprendrait le malheur qui m'était arrivé, qu'il regarderait peut-être comme incroyable, et par conséquent comme une vaine excuse.

Tant que dura le peu de pièces d'or qui me restaient, nous nous en ressentîmes ma petite famille et moi; mais je retombai bientôt dans le même état et dans la même impuissance de me tirer hors de misère qu'auparavant. Je n'en murmurai pourtant pas. Dieu, disais-je, a voulu m'éprouver en me donnant du bien dans le temps que je m'y attendais le moins; il me l'a ôté presque dans le même temps, parcequ'il lui a plu ainsi, et qu'il était à lui. Qu'il en soit loué, comme je l'avais loué jusqu'alors des bienfaits dont il m'a favorisé, tels qu'il lui avait plu aussi! Je me soumets à sa volonté.

J'étais dans ces sentiments pendant que ma femme, à qui je n'avais pu m'empêcher de faire part de la perte que j'avais faite, et par quel endroit elle m'était venue, était inconsolable. Il m'était échappé aussi, dans le trouble où j'étais, de dire à mes voisins, qu'en perdant mon turban je perdais une bourse de cent quatre-vingt-dix pièces d'or. Mais comme ma pauvreté leur était connue, et qu'ils ne pouvaient pas comprendre que j'eusse gagné une si grosse somme par mon travail, ils ne firent qu'en rire, et les enfants plus qu'eux.

Il y avait environ six mois que le milan m'avait causé le malheur que je viens de raconter à votre majesté, lorsque les deux amis passèrent peu loin du quartier où je demeurais. Le voisinage fit que Saad se souvint de moi. Il dit à Saadi : Nous ne sommes pas loin de la rue où demeure Hassan Alhabbal; passons-y, et voyons si les deux cents pièces d'or que vous lui avez données ont contribué en quelque chose à le mettre en chemin de faire au moins une fortune meilleure que celle dans laquelle nous l'avons vu.

Je le veux bien, reprit Saadi : il y a quelques jours, ajouta-t-il, que je pensais à lui, en me faisant un grand plaisir de la satisfaction que j'aurais en vous rendant témoin de la preuve de ma proposition. Vous allez voir un grand changement en lui, et je m'attends que nous aurons de la peine à le reconnaître.

Les deux amis s'étaient déjà retournés, et ils entraient dans la rue en même temps que Saadi parlait encore. Saad, qui m'aperçut de loin le premier, dit à son ami : Il me semble que vous prenez gain de cause trop tôt. Je vois Hassan Alhabbal, mais il ne me paraît aucun changement en sa personne. Il est aussi mal habillé qu'il l'était quand nous lui avons parlé ensemble. La différence que j'y vois, c'est que son turban est un peu moins malpropre. Voyez vous-même si je me trompe.

En approchant, Saadi, qui m'avait aperçu aussi, vit bien que Saad avait raison; et il ne savait sur quoi fonder le peu de changement qu'il voyait en ma personne. Il en fut même si fort étonné, que ce ne fut pas lui qui me parla quand ils m'eurent abordé. Saad, après m'avoir donné le salut ordinaire : Hé bien, Hassan, me dit-il, nous ne vous demandons pas comment vont vos petites affaires depuis que nous ne vous avons vu : elles ont pris sans doute un meilleur train; les deux cents pièces d'or doivent y avoir contribué.

Seigneurs, repris-je, en m'adressant à tous les deux, j'ai une grande mortification d'avoir à vous apprendre que vos souhaits, vos vœux et vos espérances, aussi bien que les miennes, n'ont pas eu le succès que vous aviez lieu d'attendre, et que je m'étais promis à moi-même. Vous aurez de la peine à ajouter foi à l'aventure extraordinaire qui m'est arrivée. Je vous assure néanmoins, en homme d'honneur, et vous devez me croire, que rien n'est plus véritable que ce que vous allez entendre.

Alors je leur racontai mon aventure avec les mêmes circonstances que je viens d'avoir l'honneur d'exposer à votre majesté.

Saadi rejeta mon discours bien loin : Hassan, dit-il, vous vous moquez de moi, et vous voulez me tromper. Ce que vous me dites est une chose incroyable. Les milans n'en veulent pas aux turbans, ils ne cherchent que de quoi contenter leur avidité. Vous avez fait comme tous les gens de votre sorte ont coutume de faire. S'ils font un gain extraordinaire, ou que quelque bonne fortune qu'ils n'attendaient pas leur arrive, ils abandonnent leur travail, ils se divertissent, ils se régalent, ils font bonne chère tant que l'argent dure; et dès qu'ils ont tout mangé, ils se trouvent dans la même nécessité et dans les mêmes besoins qu'auparavant. Vous ne croupissez dans votre misère que parceque vous le méritez, et que vous vous rendez vous-même indigne du bien que l'on vous fait.

Seigneur, repris-je, je souffre tous ces reproches, et je suis prêt à en souffrir encore d'autres bien plus atroces que vous pourriez me faire ; mais je les souffre avec d'autant plus de patience, que je ne crois pas en avoir mérité aucun. La chose est si publique dans le quartier, qu'il n'y a personne qui ne vous en rende témoignage. Informez-vous-en vous-même, vous trouverez que je ne vous en impose pas. J'avoue que je n'avais pas entendu dire que des milans eussent enlevé des turbans; mais la chose m'est arrivée, comme une infinité d'autres qui ne sont jamais arrivées, et qui cependant arrivent tous les jours.

Saad prit mon parti, et il raconta à Saadi tant d'autres histoires de milans, non moins surprenantes, dont quelques unes ne lui étaient pas inconnues, qu'à la fin il tira sa bourse de son sein. Il me compta deux cents pièces d'or dans la main, que je mis à mesure dans mon sein, faute de bourse. Quand Saadi eut achevé de me compter cette somme : Hassan, me dit-il, je veux bien vous faire encore présent de deux cents pièces d'or; mais prenez garde de les mettre dans un lieu si sûr, qu'il ne vous arrive pas de les perdre aussi malheureusement que vous avez perdu les autres, et de faire en sorte qu'elles vous procurent l'avantage que les premières devraient vous avoir procuré.

Je lui témoignai que l'obligation que je lui avais de cette

seconde grace était d'autant plus grande, que je ne la méritais pas après ce qui m'était arrivé, et que je n'oublierais rien pour profiter de son bon conseil. Je voulais poursuivre, mais il ne m'en donna pas le temps. Il me quitta, et il continua sa promenade avec son ami.

Je ne repris pas mon travail après leur départ; je rentrai chez moi, où ma femme ni mes enfants ne se trouvaient pas alors. Je mis à part dix pièces d'or des deux cents, et j'enveloppai les cent quatre-vingt-dix autres dans un linge que je nouai. Il s'agissait de cacher le linge dans un lieu de sûreté. Après y avoir bien songé, je m'avisai de le mettre au fond d'un grand vase de terre, plein de son, qui était dans un coin, où je m'imaginai bien que ma femme ni mes enfants n'iraient pas le chercher. Ma femme revint peu de temps après; et comme il ne me restait que très peu de chanvre, sans lui parler des deux amis, je lui dis que j'allais en acheter.

Je sortis; mais pendant que j'étais allé faire cette emplette, un vendeur de terre à décrasser dont les femmes se servent au bain, vint à passer par la rue, et se fit entendre par son cri.

Ma femme, qui n'avait plus de cette terre, appelle le vendeur; et comme elle n'avait pas d'argent, elle lui demanda s'il voulait lui donner de sa terre en échange pour du son. Le vendeur demanda à voir le son; ma femme lui montre le vase; le marché se fait, il se conclut. Elle reçoit la terre à décrasser, et le vendeur emporte le vase avec le son.

Je revins chargé de chanvre autant que j'en pouvais porter, suivi de cinq porteurs, chargés comme moi de la même marchandise, dont j'emplis une soupente que j'avais ménagée dans ma maison. Je satisfis les porteurs pour leur peine, et après qu'ils furent partis, je pris quelques moments pour me remettre de ma lassitude. Alors je jetai les yeux du côté où j'avais laissé le vase de son, et je ne le vis plus.

Je ne puis exprimer à votre majesté quelle fut ma surprise, ni l'effet qu'elle produisit en moi dans ce moment. Je demandai à ma femme avec précipitation ce qu'il était devenu; et elle me raconta le marché qu'elle en avait fait, comme une chose en quoi elle croyait avoir beaucoup gagné.

Ah! femme infortunée! m'écriai-je, vous ignorez le mal que vous nous avez fait, à moi, à vous-même et à vos enfants, en faisant un marché qui nous perd sans ressource! Vous avez cru ne vendre que le son; et avec ce son, vous avez enrichi votre vendeur de terre à décrasser de cent quatre-vingt-dix pièces d'or, dont Saadi, accompagné de son ami, venait de me faire présent pour la seconde fois.

Il s'en fallut peu que ma femme ne se désespérât quand elle eut appris la grande faute qu'elle avait commise par ignorance. Elle se lamenta, se frappa la poitrine, et s'arracha les cheveux; et déchirant l'habit dont elle était revêtue : Malheureuse que je suis, s'écria-t-elle, suis-je digne de vivre après une méprise si cruelle? Où chercherai-je ce vendeur de terre? Je ne le connais pas; il n'a passé par notre rue que cette seule fois, et peut-être ne le reverrai-je jamais. Ah! mon mari, ajouta-t-elle, vous avez un grand tort; pourquoi avez-vous été si réservé à mon égard dans une affaire de cette importance? Cela ne fût pas arrivé si vous m'eussiez fait part de votre secret.

Je ne finirais pas si je rapportais à votre majesté tout ce que la douleur lui mit alors dans la bouche. Elle n'ignore pas combien les femmes sont éloquentes dans leurs afflictions.

Ma femme, lui dis-je, modérez-vous, vous ne comprenez pas que vous nous allez attirer tout le voisinage par vos cris et par vos pleurs : il n'est pas besoin qu'ils soient informés de nos disgraces. Bien loin de prendre part à notre malheur, ou de nous donner de la consolation, ils se feraient un plaisir de se railler de votre simplicité et de la mienne. Le parti le meilleur que nous ayons à prendre, c'est de dissimuler cette perte, de la supporter patiemment, de manière qu'il n'en paraisse pas la moindre chose, et de nous soumettre à la volonté de Dieu. Bénissons-le, au contraire, de ce que, de deux cents pièces d'or qu'il nous avait données, il n'en a retiré que cent quatre-vingt-dix, et qu'il nous en a laissé dix par sa libéralité, dont l'emploi que je viens de faire ne laisse pas de nous apporter quelque soulagement.

Quelque bonnes que fussent mes raisons, ma femme eut bien de la peine à les goûter d'abord. Mais le temps, qui adoucit les maux les plus grands et qui paraissent le moins supportables, fit qu'à la fin elle s'y rendit.

Nous vivons pauvrement, lui disais-je, il est vrai ; mais qu'ont les riches que nous n'ayons pas? Ne respirons-nous pas le même air? Ne jouissons-nous pas de la même lumière et de la même chaleur du soleil? Quelques commodités qu'ils ont plus que nous pourraient nous faire envier leur bonheur, s'ils ne mouraient pas comme nous mourons. A le bien prendre, munis de la crainte de Dieu, que nous devons avoir sur toutes choses, l'avantage qu'ils ont plus que nous est si peu considérable, que nous ne devons pas nous y arrêter.

Je n'ennuierai pas votre majesté plus longtemps par mes réflexions morales. Nous nous consolâmes, ma femme et moi, et je continuai mon travail, l'esprit aussi libre que si je n'eusse pas fait des pertes si mortifiantes, à peu de temps l'une de l'autre.

La seule chose qui me chagrinait, et cela arrivait souvent, c'était quand je me demandais à moi-même comment je pourrais soutenir la présence de Saadi, lorsqu'il viendrait me demander compte de l'emploi de ses deux cents pièces d'or, et de l'avancement de ma fortune, par le moyen de sa libéralité, et que je n'y voyais autre remède que de me résoudre à la confusion que j'en aurais, quoique cette seconde fois, non plus que la première, je n'eusse en rien contribué à ce malheur par ma faute.

Les deux amis furent plus longtemps à revenir apprendre des nouvelles de mon sort que la première fois. Saad en avait parlé souvent à Saadi ; mais Saadi avait toujours différé.

Plus nous différerons, disait-il, plus Hassan se sera enrichi, et plus la satisfaction que j'en aurai sera grande.

Saad n'avait pas la même opinion de l'effet de la libéralité de son ami.

Vous croyez donc, reprenait-il, que votre présent aura été mieux employé par Hassan cette fois que la première? Je ne vous conseille pas de vous en trop flatter, de crainte que votre mortification n'en fût plus sensible si vous trouviez que le contraire fût arrivé.

Mais, répétait Saadi, il n'arrive pas tous les jours qu'un milan emporte un turban. Hassan y a été attrapé, il aura pris ses précautions pour ne pas l'être une seconde fois.

Je n'en doute pas, répliqua Saad; mais, ajouta-t-il, tout autre accident que nous ne pouvons imaginer, ni vous, ni moi, pourra être arrivé. Je vous le dis encore une fois, modérez votre joie, et n'inclinez pas plus à vous prévenir sur le bonheur de Hassan, que sur son malheur. Pour vous dire ce que je pense, et ce que j'ai toujours pensé, quelque mauvais gré que vous puissiez me savoir de ma persuasion, j'ai un pressentiment que vous n'aurez pas réussi, et que je réussirai mieux que vous à prouver qu'un homme pauvre peut plutôt devenir riche, de toute autre manière qu'avec de l'argent.

Un jour enfin que Saad se trouvait chez Saadi, après une longue contestation ensemble : C'en est trop, dit Saadi, je veux être éclairci dès aujourd'hui de ce qui en est. Voilà le temps de la promenade, ne le perdons pas, et allons savoir lequel de nous deux aura perdu la gageure.

Les deux amis partirent, et je les vis venir de loin. J'en fus tout ému, et je fus sur le point de quitter mon ouvrage et d'aller me cacher, pour ne point paraître devant eux. Attaché à mon travail, je fis semblant de ne les avoir pas aperçus; et je ne levai les yeux pour les regarder, que quand ils furent si près de moi, et que, m'ayant donné le salut de paix, je ne pus honnêtement m'en dispenser. Je les baissai aussitôt; et en leur contant ma dernière disgrâce dans toutes ses circonstances, je leur fis connaître pourquoi ils me trouvaient aussi pauvre que la première fois qu'ils m'avaient vu.

Quand j'eus achevé : Vous pouvez me dire, ajoutai-je, que je devais cacher les cent quatre-vingt-dix pièces d'or ailleurs que dans un vase de son, qui devait le même jour être emporté de ma maison. Mais il y avait plusieurs années que ce vase y était, qu'il servait à cet usage, et que toutes les fois que ma femme avait vendu le son, à mesure qu'il était plein, le vase était toujours resté. Pouvais-je deviner que ce jour-là même, en mon absence, un vendeur de terre à décrasser passerait à point nommé; que ma femme se trouverait sans argent, et qu'elle ferait avec lui l'échange qu'elle a fait? Vous pourriez me dire que je devais avertir ma femme; mais je ne croirai jamais que des personnes aussi sages que je suis persuadé que vous êtes, m'eussent donné ce conseil. Pour ce qui est de ne les avoir pas cachées ailleurs, quelle certitude pouvais-je avoir qu'elles y eussent été en plus grande sûreté? Seigneur, dis-je, en m'adressant à Saadi, il n'a pas plu à Dieu que votre libéralité servît à m'enrichir, par un de ses secrets impénétrables, que nous ne devons pas approfondir. Il me veut pauvre, et non pas riche. Je ne laisse pas de vous en avoir la même obligation que si elle avait eu son effet entier, selon vos souhaits.

Je me tus; et Saadi, qui prit la parole, me dit : Hassan, quand je voudrais me persuader que tout ce que vous venez de nous dire est aussi vrai que vous prétendez nous le faire croire, et que ce ne serait pas pour cacher vos débauches ou votre mauvaise économie, comme cela pourrait être, je me garderai bien néanmoins de passer outre, et de m'opiniâtrer à faire une expérience capable de me ruiner. Je ne regrette pas les quatre cents pièces d'or dont je me suis privé pour essayer de vous tirer de la pauvreté; je l'ai fait par rapport à Dieu, sans attendre autre récompense de votre part, que le plaisir de vous avoir fait du bien. Si quelque chose était capable de m'en faire repentir, ce serait de m'être adressé à vous plutôt qu'à un autre, qui peut-être en aurait mieux profité. Et en se tournant du côté de son ami : Saad, continua-t-il, vous pouvez connaître par ce que je viens de dire, que je ne vous donne pas entièrement gain de cause. Il vous est pourtant libre de faire l'expérience de ce que vous prétendez contre moi depuis si longtemps. Faites-moi voir qu'il y ait d'autres moyens que l'argent capables de faire la fortune d'un pauvre homme, de la manière que je l'entends et que vous l'entendez, et ne cherchez pas un autre sujet que Hassan. Quoi que vous puissiez lui donner, je ne puis me persuader qu'il devienne plus riche qu'il n'a pu faire avec quatre cents pièces d'or.

Saad tenait un morceau de plomb dans la main qu'il montrait à Saadi.

Vous m'avez vu, reprit-il, ramasser à mes pieds ce morceau de plomb; je vais le donner à Hassan : vous verrez ce qu'il lui vaudra.

Saadi fit un éclat de rire en se moquant de Saad.

Un morceau de plomb! s'écria-t-il. Hé! que peut-il valoir à Hassan qu'une obole, et que fera-t-il donc d'une obole?

Saad, en me présentant le morceau de plomb, me dit : Laissez rire Saadi, et ne laissez pas de le prendre. Vous nous direz un jour des nouvelles du bonheur qu'il vous aura porté.

Je crus que Saad ne parlait pas sérieusement, et que ce qu'il en faisait n'était que pour se divertir. Je ne laissai pas de recevoir le morceau de plomb, en le remerciant; et pour le contenter, je le mis dans ma veste, comme par manière d'acquit. Les deux amis me quittèrent pour achever leur promenade, et je continuai mon travail.

Le soir, comme je me déshabillais pour me coucher, et que j'eus ôté ma ceinture, le morceau de plomb que Saad m'avait donné, auquel je n'avais plus songé depuis, tomba par terre; je le ramassai et le mis dans le premier endroit que je trouvai.

La même nuit, il arriva qu'un pêcheur de mes voisins, en accommodant ses filets, trouva qu'il y manquait un morceau de plomb; il n'en avait pas d'autre pour le remplacer, et il n'était pas heure d'en envoyer acheter; les boutiques étaient fermées. Il fallait cependant, s'il voulait avoir pour vivre le lendemain, lui et sa famille, qu'il allât à la pêche deux heures avant le jour. Il témoigne son chagrin à sa femme, et il l'envoie en demander dans le voisinage pour y suppléer.

La femme obéit à son mari : elle va de porte en porte, des deux côtés de la rue, et ne trouve rien. Elle rapporte cette réponse à son mari, qui lui demande, en lui nommant plusieurs de ses voisins, si elle avait frappé à leur porte. Elle répondit qu'oui. Et chez Hassan Alhabbal, ajouta-t-il, je gage que vous n'y avez pas été?

Il est vrai, reprit la femme, je n'ai pas été jusque-là, parcequ'il y a trop loin; et quand j'en aurais pris la peine, croyez-vous que j'en eusse trouvé? Quand on n'a besoin de rien, c'est justement chez lui qu'il faut aller : je le sais par expérience.

Cela n'importe, reprit le pêcheur; vous êtes une paresseuse, je veux que vous y alliez. Vous avez été cent fois chez lui sans trouver ce que vous cherchiez, vous y trouverez peut-être aujourd'hui le plomb dont j'ai besoin; encore une fois, je veux que vous y alliez.

La femme du pêcheur sortit en murmurant et en grondant, et vint frapper à ma porte. Il y avait déjà quelque temps que je dormais; je me réveillai en demandant ce qu'on voulait.

Hassan Alhabbal, dit la femme en haussant la voix, mon

mari a besoin d'un peu de plomb pour accommoder ses filets ; si par hasard vous en avez, il vous prie de lui en donner.

La mémoire du morceau de plomb que Saad m'avait donné, m'était si récente, surtout après ce qui m'était arrivé en me déshabillant, que je ne pouvais l'avoir oublié. Je répondis à la voisine que j'en avais, qu'elle attendît un moment, et que ma femme allait lui en donner un morceau.

Ma femme, qui s'était aussi éveillée au bruit, se lève, trouve à tâtons le plomb où je lui avais enseigné qu'il était, entr'ouvre la porte et le donne à la voisine.

La femme du pêcheur, ravie de n'être pas venue en vain : Voisine, dit-elle à ma femme, le plaisir que vous nous faites, à mon mari et à moi, est si grand, que je vous promets tout le poisson que mon mari amènera du premier jet de ses filets, et je vous assure qu'il ne me dédira pas.

Le pêcheur, ravi d'avoir trouvé, contre son espérance, le plomb qui lui manquait, approuva la promesse que sa femme nous avait faite.

Je vous sais bon gré, dit-il, d'avoir suivi en cela mon intention.

Il acheva d'accommoder ses filets, et il alla à la pêche deux heures avant le jour, selon sa coutume. Il n'amena qu'un seul poisson du premier jet de ses filets, mais long de plus d'une coudée, et gros à proportion. Il en fit ensuite plusieurs autres qui furent tous heureux ; mais il s'en fallut de beaucoup que de tout le poisson qu'il amena, il y en eût un seul qui approchât du premier.

Quand le pêcheur eut achevé sa pêche, et qu'il fut revenu chez lui, le premier soin qu'il eut, fut de songer à moi ; et je fus extrêmement surpris, comme je travaillais, de le voir se présenter devant moi chargé de ce poisson.

Voisin, me dit-il, ma femme vous a promis cette nuit le poisson que j'amènerais du premier jet de mes filets, en reconnaissance du plaisir que vous nous avez fait, et j'ai approuvé sa promesse. Dieu ne m'a envoyé pour vous que celui-ci, je vous prie de l'agréer. S'il m'en eût envoyé plein mes filets, ils eussent de même tous été pour vous. Acceptez-le, je vous prie, tel qu'il est, comme s'il était plus considérable.

Voisin, repris-je, le morceau de plomb que je vous ai envoyé est si peu de chose, qu'il ne méritait pas que vous le missiez à un si haut prix. Les voisins doivent se secourir les uns les autres dans leurs petits besoins; je n'ai fait pour vous que ce que je pouvais en attendre dans une occasion semblable. Ainsi je refuserais de recevoir votre présent, si je n'étais persuadé que vous me le faites de bon cœur; je croirais même vous offenser si j'en usais de la sorte. Je le reçois donc puisque vous le voulez ainsi, et je vous en fais mon remercîment.

Nos civilités en demeurèrent là, et je portai le poisson à ma femme.

Prenez, lui dis-je, ce poisson que le pêcheur notre voisin vient de m'apporter, en reconnaissance du morceau de plomb qu'il nous envoya demander la nuit dernière. C'est, je crois, tout ce que nous pouvons espérer de ce présent que Saad me fit hier, en me promettant qu'il me porterait bonheur.

Ce fut alors que je lui parlai du retour des deux amis, et de ce qui s'était passé entre eux et moi.

Ma femme fut embarrassée de voir un poisson si grand et si gros.

Que voulez-vous, dit-elle, que nous en fassions? Notre gril n'est propre qu'à rôtir des petits poissons; et nous n'avons pas de vase assez grand pour le faire cuire au court-bouillon.

C'est votre affaire, lui dis-je, accommodez-le comme il vous plaira; rôti ou bouilli, j'en serai content. En disant ces paroles, je retournai à mon travail.

En accommodant le poisson, ma femme tira avec les entrailles un gros diamant, qu'elle prit pour du verre quand elle l'eut nettoyé. Elle avait bien entendu parler de diamants ; et si elle en avait vu ou manié, elle n'en avait pas assez de connaissance pour en faire la distinction. Elle le donna au plus petit de nos enfants pour en faire un jouet avec ses frères et ses sœurs qui voulaient le voir et le manier tour à tour, en se le donnant les uns aux autres pour en admirer la beauté, l'éclat et le brillant.

Le soir, quand la lampe fut allumée, nos enfants, qui continuèrent leur jeu, en se cédant le diamant pour le considérer l'un après l'autre, s'aperçurent qu'il rendait de la lumière à mesure que ma femme leur cachait la clarté de la lampe, en se donnant du mouvement pour achever de préparer le souper ; et cela engageait les enfants à se l'arracher pour en faire l'expérience. Mais les petits pleuraient quand les plus grands ne le leur laissaient pas autant de temps qu'ils voulaient, et ceux-ci étaient contraints de le leur rendre pour les apaiser.

Comme peu de chose est capable d'amuser les enfants, et de causer de la dispute entre eux, et que cela leur arrive ordinairement, ni ma femme ni moi nous ne fîmes pas d'attention à ce qui faisait le sujet du bruit et du tintamarre dont ils nous étourdissaient. Ils cessèrent enfin quand les plus grands se furent mis à table pour souper avec nous, et que ma femme eut donné aux plus petits chacun leur part.

Après le souper, les enfants se rassemblèrent, et ils recommencèrent le même bruit qu'auparavant. Alors je voulus savoir quelle était la cause de leur dispute. J'appelai l'aîné, et je lui demandai quel sujet ils avaient de faire ainsi grand bruit. Il me dit : Mon père, c'est un morceau de verre qui fait de la lumière quand nous le regardons le dos tourné à la lampe. Je me le fis apporter, et j'en fis l'expérience.

Cela me parut extraordinaire, et me fit demander à ma femme ce que c'était que ce morceau de verre.

Je ne sais, dit-elle, c'est un morceau de verre que j'ai tiré du ventre du poisson en le préparant.

Je ne m'imaginai pas, non plus qu'elle, que ce fût autre chose que du verre. Je poussai néanmoins l'expérience plus loin. Je dis à ma femme de cacher la lampe dans la cheminée ; elle le fit, et je vis que le prétendu morceau de verre faisait une lumière si grande, que nous pouvions nous passer de la lampe pour nous coucher. Je la fis éteindre, et je mis moi-même le morceau de verre sur le bord de la cheminée pour nous éclairer.

Voici, dis-je, un autre avantage que le morceau de plomb, que l'ami de Saadi m'a donné, nous procure, en nous épargnant d'acheter de l'huile.

Quand mes enfants virent que j'avais fait éteindre la lampe, et que le morceau de verre y suppléait, sur cette merveille ils poussèrent des cris d'admiration si hauts et avec tant d'éclat, qu'ils retentirent bien loin dans le voisinage.

Nous augmentâmes le bruit, ma femme et moi, à force de crier pour les faire taire, et nous ne pûmes le gagner entièrement sur eux que quand ils furent couchés et qu'ils se furent endormis, après s'être entretenus un temps considérable, à leur manière, de la lumière merveilleuse du morceau de verre.

Nous nous couchâmes après eux, ma femme et moi, et le lendemain de grand matin, sans penser davantage au morceau de verre, j'allai travailler à mon ordinaire. Il ne doit pas être étrange que cela soit arrivé à un homme comme moi, qui étais accoutumé à voir du verre, et qui n'avais jamais vu de diamants; et si j'en avais vu, je n'avais pas fait d'attention à en connaître la valeur.

Je ferai remarquer à votre majesté, en cet endroit, qu'entre ma maison et celle de mon voisin la plus prochaine, il n'y avait qu'une cloison de charpente et de maçonnerie fort légère pour toute séparation. Cette maison appartenait à un juif fort riche, joaillier de profession; et la chambre où lui et sa femme couchaient, joignait à la cloison. Ils étaient déjà couchés et endormis quand mes enfants avaient fait le plus grand bruit. Cela les avait éveillés, et ils avaient été longtemps à se rendormir.

Le lendemain, la femme du juif, tant de la part de son mari qu'en son propre nom, vint porter ses plaintes à la mienne de l'interruption de leur sommeil dès le premier somme.

Ma bonne Rachel, c'est ainsi que s'appelait la femme du juif, lui dit ma femme, je suis bien fâchée de ce qui est arrivé, et je vous en fais mes excuses. Vous savez ce que c'est que les enfants : un rien les fait rire, de même que peu de chose les fait pleurer. Entrez, et je vous montrerai le sujet qui fait celui de vos plaintes.

La juive entra, et ma femme prit le diamant, puisqu'enfin c'en était un, et un d'une grande singularité. Il était encore sur la cheminée; et en le lui présentant : Voyez, dit-elle, c'est ce morceau de verre qui est cause de tout le bruit que vous avez entendu hier au soir. Pendant que la juive, qui avait connaissance de toutes sortes de pierreries, examinait ce diamant avec admiration, elle lui raconta comment elle l'avait trouvé dans le ventre du poisson, et tout ce qui en était arrivé.

Quand ma femme eut achevé, la juive qui savait comment elle s'appelait : Aishach, dit-elle en lui remettant le diamant entre les mains, je crois comme vous que ce n'est que du verre; mais comme il est plus beau que du verre ordinaire, et que j'ai un morceau de verre à peu près semblable dont je me pare quelquefois, et qu'il y ferait un accompagnement, je l'achèterais si vous vouliez me le vendre.

Mes enfants, qui entendirent parler de vendre leur jouet, interrompirent la conversation en se récriant contre, en priant leur mère de le leur garder; ce qu'elle fut contrainte de leur promettre pour les apaiser.

La juive, obligée de se retirer, sortit; et avant de quitter ma femme qui l'avait accompagnée jusqu'à la porte, elle la pria, en parlant bas, si elle avait dessein de vendre le morceau de verre, de ne le faire voir à personne qu'auparavant elle ne lui en eût donné avis.

Le juif était allé à sa boutique de grand matin dans le quartier des joailliers. La juive alla l'y trouver, et elle lui annonça la découverte qu'elle venait de faire ; elle lui rendit compte de la grosseur, du poids à peu près, de la beauté, de la belle eau et de l'éclat du diamant, et surtout de sa singularité, qui était de rendre de la lumière la nuit, sur le rapport de ma femme, d'autant plus croyable qu'il était naïf.

Le juif renvoya sa femme avec ordre d'en traiter avec la mienne, de lui en offrir d'abord peu de chose, autant qu'elle jugerait à propos, et d'augmenter à proportion de la difficulté qu'elle trouverait, et enfin de conclure le marché à quelque prix que ce fût.

La juive, selon l'ordre de son mari, parla à ma femme en particulier, sans attendre qu'elle se fût déterminée à vendre le diamant, et elle lui demanda si elle en voulait vingt pièces d'or. Pour un morceau de verre, comme elle le pensait, ma femme trouva la somme considérable. Elle ne voulut répondre néanmoins ni oui ni non. Elle dit seulement à la juive qu'elle ne pouvait l'écouter qu'elle ne m'eût parlé auparavant.

Dans ces entrefaites, je venais de quitter mon travail, et je voulais rentrer chez moi pour dîner, comme elles parlaient à la porte. Ma femme m'arrête, et me demande si je consentais à vendre le morceau de verre qu'elle avait trouvé dans le ventre du poisson, pour vingt pièces d'or que la juive, notre voisine, en offrait.

Je ne répondis pas sur-le-champ : je fis réflexion à l'assurance avec laquelle Saad m'avait promis, en me donnant le morceau de plomb, qu'il ferait ma fortune ; et la juive crut que c'était parceque je méprisais la somme qu'elle avait offerte, que je ne répondais rien.

Voisin, me dit-elle, je vous en donnerai cinquante : en êtes-vous content ?

Comme je vis que de vingt pièces d'or la juive augmentait si promptement jusqu'à cinquante, je tins ferme, et je lui dis qu'elle était bien éloignée du prix auquel je prétendais le vendre.

Voisin, reprit-elle, prenez-en cent pièces d'or : c'est beaucoup. Je ne sais même si mon mari m'avouera.

A cette nouvelle augmentation, je lui dis que je voulais en avoir cent mille pièces d'or; que je voyais bien que le diamant valait davantage ; mais que, pour lui faire plaisir à elle et à son mari, comme voisins, je me bornais à cette somme que je voulais en avoir absolument, et que s'ils le refusaient à ce prix-là, d'autres joailliers m'en donneraient davantage.

La juive me confirma elle-même dans ma résolution par l'empressement qu'elle témoigna de conclure le marché, en m'offrant à plusieurs reprises jusqu'à cinquante mille pièces d'or que je refusai.

Je ne puis, dit-elle, en offrir davantage sans le consentement de mon mari. Il reviendra ce soir ; la grâce que je vous demande, c'est d'avoir la patience qu'il vous ait parlé, et qu'il ait vu le diamant. Ce que je lui promis.

Le soir, quand le juif fut revenu chez lui, il apprit de sa femme qu'elle n'avait rien avancé avec la mienne ni avec moi, l'offre qu'elle m'avait faite de cinquante mille pièces d'or, et la grâce qu'elle m'avait demandée.

Le juif observa le temps que je quittai mon ouvrage et que je voulus rentrer chez moi. Voisin Hassan, dit-il en m'abordant, je vous prie de me montrer le diamant que votre femme a montré à la mienne. Je le fis entrer, et je le lui montrai.

Comme il faisait fort sombre, et que la lampe n'était pas encore allumée, il connut d'abord, par la lumière que le diamant rendait, et par son grand éclat au milieu de la main qui en était éclairée, que sa femme lui avait fait un rapport fidèle. Il le prit ; et après l'avoir examiné longtemps, et en ne cessant de l'admirer : Eh bien! voisin, dit-il, ma femme, à ce qu'elle m'a dit, vous en a offert cinquante mille pièces d'or; afin que vous soyez content, je vous en offre vingt mille davantage.

Voisin, repris-je, votre femme a pu vous dire que je l'ai mis à cent mille : ou vous me les donnerez, ou le diamant me demeurera; il n'y a pas de milieu.

Il marchanda longtemps dans l'espérance que je le lui donnerais à quelque chose de moins; mais il ne put rien obtenir; et la crainte qu'il eut que je ne le fisse voir à d'autres joailliers, comme je l'eusse fait, fit qu'il ne me quitta pas sans conclure le marché, au prix que je demandais. Il me dit qu'il n'avait pas les cent mille pièces d'or chez lui; mais que le lendemain il me consignerait toute la somme avant qu'il fût la même heure, et il m'en apporta le même jour deux sacs, chacun de mille, pour que le marché fût conclu.

Le lendemain, je ne sais si le juif emprunta de ses amis, ou s'il fit société avec d'autres joailliers; quoi qu'il en soit, il me fit la somme de cent mille pièces d'or, qu'il m'apporta dans le temps qu'il m'en avait donné parole; et je lui mis le diamant entre les mains.

La vente du diamant ainsi terminée, et riche infiniment au-dessus de mes espérances, je remerciai Dieu de sa bonté et de sa libéralité, et je fusse allé me jeter aux pieds de Saad, pour lui témoigner ma reconnaissance, si j'eusse su où il demeurait. J'en eusse usé de même à l'égard de Saadi, à qui j'avais la première obligation de mon bonheur, quoiqu'il n'eût pas réussi dans la bonne intention qu'il avait pour moi.

Je songeai ensuite au bon usage que je devais faire d'une somme aussi considérable. Ma femme, l'esprit déjà rempli de la vanité ordinaire à son sexe, me proposa d'abord de riches habillements pour elle et pour ses enfants, d'acheter une maison et de la meubler richement. Ma femme, lui dis-je, ce n'est point par ces sortes de dépenses que nous devons commencer. Remettez-vous-en à moi : ce que vous demandez viendra avec le temps. Quoique l'argent ne soit fait que pour le dépenser, il faut néanmoins y procéder de manière qu'il produise un fonds dont on puisse tirer sans qu'il tarisse. C'est à quoi je pense, et dès demain je commencerai à établir ce fonds.

Le jour suivant, j'employai la journée à aller chez une bonne partie des gens de mon métier, qui n'étaient pas plus à leur aise que je l'avais été jusqu'alors; et en leur donnant de l'argent d'avance, je les engageai à travailler pour moi à différentes sortes d'ouvrages de corderie, chacun selon son habileté et son pouvoir, avec promesse de ne pas les faire attendre, et d'être exact à les bien payer de leur travail, à mesure qu'ils m'apporteraient de leurs ouvrages. Le jour d'après, j'achevai d'engager de même les autres cordiers de ce rang à travailler pour moi; et depuis ce temps-là, tout ce qu'il y en a dans Bagdad continuent ce travail, très contents de mon exactitude à leur tenir la parole que je leur ai donnée.

Comme ce grand nombre d'ouvriers devait produire des grands ouvrages à proportion, je louai des magasins en différents endroits; et dans chacun j'établis un commis, tant pour les recevoir, que pour la vente en gros et en détail; et bientôt, par cette économie, je me fis un gain et un revenu considérables.

Ensuite, pour réunir en un seul endroit tant de magasins dispersés, j'achetai une grande maison, qui occupait un grand terrain, mais qui tombait en ruine. Je la fis mettre à bas; et, à la place, je fis bâtir celle que votre majesté vit hier. Mais quelque apparence qu'elle ait, elle n'est composée que de magasins qui me sont nécessaires, et de logements qu'autant que j'en ai besoin pour moi et pour ma famille.

Il y avait déja quelque temps que j'avais abandonné mon ancienne et petite maison, pour venir m'établir dans cette nouvelle, quand Saadi et Saad, qui n'avaient plus pensé à moi jusqu'alors, s'en souvinrent. Ils convinrent d'un jour de promenade; et en passant par la rue où ils m'avaient vu, ils furent dans un grand étonnement de ne m'y pas voir occupé à mon petit train de corderie, comme ils m'y avaient vu. Ils demandèrent ce que j'étais devenu, si j'étais mort ou vivant. Leur étonnement augmenta, quand ils eurent appris que celui qu'ils demandaient était devenu un gros marchand, et qu'on ne l'appelait plus simplement Hassan, mais Cogia Hassan Alhabbal, c'est-à-dire le marchand Hassan le cordier, et qu'il s'était fait bâtir, dans une rue qu'on leur nomma, une maison qui avait l'apparence d'un palais.

Les deux amis vinrent me chercher dans cette rue; et dans le chemin, comme Saadi ne pouvait s'imaginer que le morceau de plomb que Saad m'avait donné fût la cause d'une si haute fortune :

J'ai une joie parfaite, dit-il à Saad d'avoir fait la fortune de Hassan Alhabbal; mais je ne puis approuver qu'il m'ait fait deux mensonges pour me tirer quatre cents pièces d'or, au lieu de deux cents : car d'attribuer sa fortune au morceau de plomb que vous lui donnâtes, c'est ce que je ne puis, et personne non plus que moi ne l'y attribuerait.

C'est votre pensée, reprit Saad; mais ce n'est pas la mienne, et je ne vois pas pourquoi vous voulez faire à Cogia Hassan l'injustice de le prendre pour un menteur. Vous me permettrez de croire qu'il nous a dit la vérité, qu'il n'a pensé à rien moins qu'à nous la déguiser, et que c'est le morceau de plomb que je lui donnai qui est la cause unique de son bonheur. C'est de quoi Cogia Hassan va bientôt nous éclaircir vous et moi.

Ces deux amis arrivèrent dans la rue où est ma maison en tenant de semblables discours. Ils demandèrent où elle était, on la leur montra; et à en considérer la façade, ils eurent de la peine à croire que ce fût elle. Ils frappèrent à la porte, et mon portier ouvrit.

Saadi, qui craignait de commettre une incivilité s'il prenait la maison de quelque seigneur de marque pour celle qu'il cherchait, dit au portier : On nous a enseigné cette maison pour celle de Cogia Hassan Alhabbal; dites-nous si nous ne nous trompons pas.

Non, seigneur, vous ne vous trompez pas, répondit le portier, en ouvrant la porte plus grande; c'est elle-même. Entrez; il est dans la salle, et vous trouverez parmi les esclaves quelqu'un qui vous annoncera.

Les deux amis me furent annoncés, et je les reconnus. Dès que je les vis paraître, je me levai de ma place, je courus à eux, et voulus leur prendre le bord de la robe pour la baiser. Ils m'en empêchèrent, et il fallut que je souffrisse malgré moi qu'ils m'embrassassent. Je les invitai à monter sur un grand sofa, en leur en montrant un plus petit à quatre personnes qui avançait sur mon jardin. Je les priai de prendre place, et ils voulurent que je me misse à la place d'honneur.

Seigneurs, leur dis-je, je n'ai pas oublié que je suis le pauvre Hassan Alhabbal, et quand je serais tout autre que je ne suis, et que je ne vous aurais pas les obligations que je vous ai, je sais ce qui vous est dû : je vous supplie de ne me pas couvrir plus longtemps de confusion.

Ils prirent la place qui leur était due, et je pris la mienne vis-à-vis d'eux.

Alors Saadi en prenant la parole, et en me l'adressant : Cogia Hassan, dit-il, je ne puis exprimer combien j'ai de joie de vous voir à peu près dans l'état que je souhaitais, quand je vous fis présent, sans vous en faire un reproche, des deux cents pièces d'or, tant la première que la seconde fois; et je suis persuadé que les quatre cents pièces ont fait en vous le changement merveilleux de votre fortune, que je vois avec plaisir. Une seule chose me fait de la peine, qui est que je ne comprends pas quelle raison vous pouvez avoir eue de me déguiser la vérité deux fois, en alléguant des pertes arrivées par des contre-temps qui m'ont paru et qui me paraissent encore incroyables. Ne serait-ce pas que, quand nous nous vîmes la dernière fois, vous aviez encore si peu avancé vos petites affaires tant avec les deux cents premières, qu'avec les deux cents dernières pièces d'or, que vous eûtes honte d'en faire un aveu? Je veux le croire ainsi par avance, et je m'attends que vous allez me confirmer dans mon opinion.

Saad entendit ce discours de Saadi avec grande impatience, pour ne pas dire indignation, et il le témoigna les yeux baissés en branlant la tête. Il le laissa parler néanmoins jusqu'à la fin sans ouvrir la bouche. Quand il eut achevé : Saadi, reprit-il, pardonnez si, avant que Cogia vous réponde, je le préviens pour vous dire que j'admire votre prévention contre sa sincérité, et que vous persistiez à ne vouloir pas ajouter foi aux assurances qu'il vous en a données ci-devant. Je vous ai déja dit, et je vous le répète, que je l'ai cru d'abord, sur le simple récit des deux accidents qui lui sont arrivés; et quoi que vous en puissiez dire, je suis persuadé qu'ils sont véritables. Mais laissons-le parler; nous allons être éclaircis par lui-même, qui de nous deux lui rend justice.

Après le discours de ces deux amis, je pris la parole, et en la leur adressant également : Seigneurs, leur dis-je, je me condamnerais à un silence perpétuel sur l'éclaircissement que vous me demandez, si je n'étais certain que la dispute que vous avez à mon occasion n'est pas capable de rompre le nœud d'amitié qui unit vos cœurs. Je vais donc m'expliquer, puisque vous l'exigez de moi ; mais auparavant, je vous proteste que c'est avec la même sincérité que je vous ai exposé ci-devant ce qui m'était arrivé.

Alors je leur racontai la chose de point en point comme votre majesté l'a entendue, sans oublier la moindre circonstance.

Mes protestations ne firent pas assez d'impression sur l'esprit de Saadi pour le guérir de sa prévention. Quand j'eus cessé de parler : Cogia Hassan, reprit-il, l'aventure du poisson, et du diamant trouvé dans son ventre à point nommé, me paraît aussi peu croyable que l'enlèvement de votre turban par un milan, et que le vase de son échangé pour de la terre à décrasser. Quoi qu'il en puisse être, je n'en suis pas moins convaincu que vous n'êtes plus pauvre, mais riche, comme mon intention était que vous le devinssiez par mon moyen, et je m'en réjouis très sincèrement.

Comme il était tard, il se leva pour prendre congé, et Saad en même temps que lui. Je me levai de même, et en les arrêtant : Seigneurs, leur dis-je, trouvez bon que je vous demande une grâce, et que je vous supplie de ne me la pas refuser ; c'est de souffrir que j'aie l'honneur de vous donner un souper frugal, et ensuite à chacun un lit, pour vous mener demain par eau à une petite maison de campagne, que j'ai achetée pour y aller prendre l'air de temps en temps, d'où je vous ramènerai par terre le même jour, chacun sur un cheval de mon écurie.

Si Saad n'a pas d'affaire qui l'appelle ailleurs, j'y consens de bon cœur

Je n'en ai point, reprit Saad, dès qu'il s'agit de jouir de votre compagnie. Il faut donc, continua-t-il, envoyer chez vous et chez moi avertir qu'on ne nous attende pas.

Je leur fis venir un esclave ; et pendant qu'ils le chargèrent de cette commission, je pris le temps de donner ordre pour le souper.

En attendant l'heure du souper, je fis voir ma maison et tout ce qui la compose à mes bienfaiteurs, qui la trouvèrent bien entendue, par rapport à mon état. Je les appelai mes bienfaiteurs l'un et l'autre sans distinction, parceque, sans Saadi, Saad ne m'eût pas donné le morceau de plomb, et que, sans Saad, Saadi ne se fût pas adressé à moi pour me donner les quatre cents pièces d'or à quoi je rapporte la source de mon bonheur. Je les ramenai dans la salle, où ils me firent plusieurs questions sur le détail de mon négoce, et je leur répondis de manière qu'ils parurent contents de ma conduite.

On vint enfin m'avertir que le souper était servi. Comme la table était mise dans une autre salle, je les y fis passer. Ils se récrièrent sur l'illumination dont elle était éclairée, sur la propreté du lieu, sur le buffet, et sur les mets qu'ils trouvèrent à leur goût. Je les régalai aussi d'un concert de voix et d'instruments pendant le repas, et, quand on eut desservi, d'une troupe de danseurs et de danseuses et d'autres divertissements, en tâchant de leur faire connaître, autant qu'il m'était possible, combien j'étais pénétré de reconnaissance à leur égard.

Le lendemain, comme j'avais fait convenir Saadi et Saad de partir de grand matin, afin de jouir de la fraîcheur, nous nous rendîmes sur le bord de la rivière, avant que le soleil fût levé. Nous nous embarquâmes sur un bateau très propre et garni de tapis, qu'on nous tenait prêt; et, à la faveur de six bons rameurs et du courant de l'eau, environ en une heure et demie de navigation nous abordâmes à ma maison de campagne.

En mettant pied à terre, les deux amis s'arrêtèrent, moins pour en considérer la beauté par le dehors, que pour en admirer la situation avantageuse pour les belles vues, ni trop bornées, ni trop étendues, qui la rendaient agréable de tous les côtés. Je les menai dans les appartements, je leur en fis remarquer les accompagnements, les dépendances et les commodités, qui la leur firent trouver toute riante et très charmante.

Nous entrâmes ensuite dans le jardin, où ce qui leur plut davantage fut une forêt d'orangers et de citronniers de toute sorte d'espèces, chargés de fruits et de fleurs, dont l'air était embaumé, plantés par allées à distance égale, et arrosés par une rigole perpétuelle, d'arbre en arbre, d'une eau vive détournée de la rivière. L'ombrage, la fraîcheur dans la plus grande ardeur du soleil, le doux murmure de l'eau, le ramage harmonieux d'une infinité d'oiseaux, et plusieurs autres agréments les frappèrent, de manière qu'ils s'arrêtaient presque à chaque pas, tantôt pour me témoigner l'obligation qu'ils m'avaient de les avoir amenés dans un lieu si délicieux, tantôt pour me féliciter de l'acquisition que j'avais faite, et pour me faire d'autres compliments obligeants.

Je les menai jusqu'au bout de cette forêt, qui est fort longue et fort large, où je leur fis remarquer un bois de grands arbres, qui termine mon jardin. Je les menai jusqu'à un cabinet ouvert de tous les côtés, mais ombragé par un bouquet de palmiers qui n'empêchaient pas qu'on n'y eût la vue libre, et je les invitai à y entrer, et à s'y reposer sur un sofa garni de tapis et de coussins.

Deux de mes fils, que nous avions trouvés dans la maison, et que j'y avais envoyés depuis quelque temps avec leur précepteur, pour y prendre l'air, nous avaient quittés pour entrer dans le bois; et comme ils cherchaient des nids d'oiseaux, ils en aperçurent un entre les branches d'un grand arbre. Ils tentèrent d'abord d'y monter; mais comme ils n'avaient ni la force, ni l'adresse pour l'entreprendre, ils le montrèrent à un esclave que je leur avais donné, qui ne les abandonnait pas, et ils lui dirent de leur dénicher les oiseaux.

L'esclave monta sur l'arbre; et quand il fut arrivé jusqu'au nid, il fut fort étonné de voir qu'il était pratiqué dans un turban. Il enlève le nid tel qu'il était, descend de l'arbre, et fait remarquer le turban à mes enfants; mais comme il ne douta pas que ce ne fût une chose que je serais bien aise de voir, il le leur témoigna, et il le donna à l'aîné pour me l'apporter.

Je les vis venir de loin avec la joie ordinaire aux enfants qui ont trouvé un nid; et en me le présentant : Mon père, me dit l'aîné, voyez-vous ce nid dans un turban?

Saadi et Saad ne furent pas moins surpris que moi de la

nouveauté; mais je le fus bien plus qu'eux, en reconnaissant que le turban était celui que le milan m'avait enlevé. Dans mon étonnement, après l'avoir bien examiné et tourné de tous les côtés, je demandai aux deux amis : Seigneurs, avez-vous la mémoire assez bonne pour vous souvenir que c'est là le turban que je portais le jour que vous me fîtes l'honneur de m'aborder la première fois?

Je ne pense pas, répondit Saad, que Saadi y ait fait attention non plus que moi; mais ni lui ni moi nous ne pourrons en douter, si les cent quatre-vingt-dix pièces d'or s'y trouvent.

Seigneur, repris-je, ne doutez pas que ce ne soit le même turban : outre que je le reconnais fort bien, je m'aperçois aussi à la pesanteur que ce n'en est pas un autre, et vous vous en apercevrez vous-même si vous prenez la peine de le manier.

Je le lui présentai après en avoir ôté les oiseaux que je donnai à mes enfants; il le prit entre ses mains, et le présenta à Saadi, pour juger du poids qu'il pouvait avoir.

Je veux croire que c'est votre turban, me dit Saadi; j'en serai néanmoins mieux convaincu, quand je verrai les cent quatre-vingt-dix pièces d'or en espèces.

Au moins, seigneurs, ajoutai-je quand j'eus repris le turban, observez bien, je vous en supplie, avant que j'y touche, que ce n'est pas d'aujourd'hui qu'il s'est trouvé sur l'arbre, et que l'état où vous le voyez, et le nid qui y est si proprement accommodé, sans que main d'homme y ait touché, sont des marques certaines qu'il s'y trouvait depuis le jour que le milan me l'a emporté, et qu'il l'a laissé tomber ou posé sur cet arbre dont les branches ont empêché qu'il ne soit tombé jusqu'à terre. Et ne trouvez pas mauvais que je vous fasse faire cette remarque : j'ai un trop grand intérêt de vous ôter tout soupçon de fraude de ma part.

Saad me seconda dans mon dessein. Saadi, reprit-il, cela vous regarde, et non pas moi qui suis bien persuadé que Cogia Hassan ne nous en impose pas.

Pendant que Saad parlait, j'ôtai la toile qui environnait en plusieurs tours le bonnet qui faisait partie du turban, et j'en tirai la bourse, que Saadi reconnut pour la même qu'il m'avait donnée. Je la vidai sur le tapis devant eux, et je leur dis : Seigneurs, voilà les pièces d'or; comptez-les vous-mêmes, et voyez si le compte n'y est pas. Saadi les arrangea par dizaines, jusqu'au nombre de cent quatre-vingt-dix; et alors Saadi, qui ne pouvait nier une vérité si manifeste, prit la parole; et en me l'adressant : Cogia Hassan, dit-il, je conviens que ces cent quatre-vingt-dix pièces d'or n'ont pu servir à vous enrichir; mais les cent quatre-vingt-dix autres que vous avez cachées dans un vase de son, comme vous voulez me le faire accroire, ont pu y contribuer.

Seigneur, repris-je, je vous ai dit la vérité aussi bien à l'égard de cette dernière somme, qu'à l'égard de la première. Vous ne voudriez pas que je me rétractasse pour vous dire un mensonge.

Cogia Hassan, me dit Saad, laissez Saadi dans son opinion. Je consens de bon cœur qu'il croie que vous lui êtes redevable de la moitié de votre bonne fortune, par le moyen de la dernière somme, pourvu qu'il tombe d'accord que j'y ai contribué de l'autre moitié, par le moyen du morceau de plomb que je vous ai donné, et qu'il ne révoque pas en doute le précieux diamant trouvé dans le ventre du poisson.

Saad, reprit Saadi, je veux ce que vous voulez, pourvu que vous me laissiez la liberté de croire qu'on n'amasse de l'argent qu'avec de l'argent.

Quoi! repartit Saad, si le hasard voulait que je trouvasse un diamant de cinquante mille pièces d'or, et qu'on m'en donnât la somme, aurais-je acquis cette somme avec de l'argent?

La contestation en demeura là. Nous nous levâmes, et rentrant dans la maison, comme le dîner était servi, nous nous mîmes à table. Après le dîner, je laissai à mes hôtes la liberté de passer la grande chaleur du jour à se tranquilliser, pendant que j'allai donner des ordres à mon concierge et à mon jardinier. Je les rejoignis, et nous nous entretînmes de choses indifférentes, jusqu'à ce que la plus grande chaleur fût passée, que nous retournâmes au jardin, où nous restâmes à la fraîcheur presque jusqu'au coucher du soleil. Alors les deux amis et moi nous montâmes à cheval, et suivis d'un esclave, nous arrivâmes à Bagdad environ à deux heures de nuit, avec beau clair de lune.

Je ne sais par quelle négligence de mes gens il était arrivé qu'il manquait d'orge chez moi pour les chevaux. Les magasins étaient fermés, et ils étaient trop éloignés pour en aller faire provision si tard.

En cherchant dans le voisinage, un de mes esclaves trouva un vase de son dans une boutique : il acheta le son, et l'apporta avec le vase, à la charge de rapporter et de rendre le vase le lendemain. L'esclave vida le son dans l'auge ; et en l'étendant, afin que les chevaux en eussent chacun leur part, il sentit sous sa main un linge lié qui était pesant. Il m'apporta le linge sans y toucher, et dans l'état où il l'avait trouvé, et il me le présenta, en me disant que c'était peut-être le linge dont il m'avait entendu parler souvent, en racontant mon histoire à mes amis.

Plein de joie, je dis à mes bienfaiteurs : Seigneurs, Dieu ne veut pas que vous vous sépariez d'avec moi que vous ne soyez pleinement convaincus de la vérité, dont je n'ai cessé de vous assurer. Voici, continuai-je, en m'adressant à Saadi, les autres cent quatre-vingt-dix pièces d'or que j'ai reçues de votre main : je le connais au linge que vous voyez.

Je déliai le linge, et je comptai la somme devant eux. Je me fis aussi apporter le vase, je le reconnus, et je l'envoyai à ma femme pour lui demander si elle le connaissait, avec ordre de ne lui rien dire de ce qui venait d'arriver. Elle le connut d'abord, et elle m'envoya dire que c'était le même vase qu'elle avait échangé plein de son, pour de la terre à décrasser.

Saadi se rendit de bonne foi; et, revenu de son incrédulité, il dit à Saad : Je vous cède, et je reconnais avec vous que l'argent n'est pas toujours un moyen sûr pour en amasser d'autre et pour devenir riche.

Quand Saadi eut achevé : Seigneur, lui dis-je, je n'oserais vous proposer de reprendre les trois cent quatre-vingts pièces qu'il a plu à Dieu de faire reparaître aujourd'hui pour vous détromper de l'opinion de ma mauvaise foi. Je suis persuadé que vous ne m'en avez pas fait présent dans l'intention que je vous les rendisse. De mon côté, je ne prétends pas en profiter, aussi content que je le suis de ce qu'il m'a envoyé d'ailleurs; mais j'espère que vous approuverez que je les distribue demain aux pauvres, afin que Dieu nous en donne la récompense à vous et à moi.

Les deux amis couchèrent encore chez moi cette nuit-là; et le lendemain, après m'avoir embrassé, ils retournèrent chacun chez soi, très contents de la réception que je leur avais faite, et d'avoir connu que je n'abusais pas du bonheur dont je leur étais redevable après Dieu. Je n'ai pas manqué d'aller les remercier chez eux chacun en particulier, et depuis ce temps-là, je tiens à grand honneur la permission qu'ils m'ont donnée de cultiver leur amitié et de continuer de les voir.

Le calife Haroun-al-Raschid donnait à Cogia Hassan une attention si grande, qu'il ne s'aperçut de la fin de son histoire que par son silence. Il lui dit : Cogia Hassan, il y avait longtemps que je n'avais rien entendu qui m'ait fait un si grand plaisir que les voies toutes merveilleuses par lesquelles il a plu à Dieu de te rendre heureux dans ce monde. C'est à toi de continuer à lui rendre grâces, par le bon usage que tu fais de ses bienfaits. Je suis bien aise que tu saches que le diamant qui a fait ta fortune est dans mon trésor; et, de mon côté, je suis ravi d'apprendre par quel moyen il y est entré. Mais parcequ'il se peut faire qu'il reste encore quelque doute dans l'esprit de Saadi sur la singularité de ce diamant, que je regarde comme la chose la plus précieuse et la plus digne d'être admirée de tout ce que je possède, je veux que tu l'amènes avec Saad, afin que le garde de mon trésor le lui montre; et pour peu qu'il soit encore incrédule, qu'il reconnaisse que l'argent n'est pas toujours un moyen certain à un homme pauvre pour acquérir de grandes richesses en peu de temps et sans beaucoup de peines. Je veux aussi que tu racontes ton histoire au garde de mon trésor, afin qu'il la fasse mettre par écrit, et qu'elle y soit conservée avec le diamant.

En achevant ces paroles, comme le calife eut témoigné par une inclination de tête à Cogia Hassan, à Sidi Nouman et à Baba Abdalla, qu'il était content d'eux, ils prirent congé en se prosternant devant son trône; après quoi ils se retirèrent.

La sultane Scheherazade voulut commencer un autre conte; mais le sultan des Indes, qui s'aperçut que l'aurore commençait à paraître, remit à lui donner audience le jour suivant.

Histoire d'Ali Baba et de quarante voleurs, exterminés par une esclave.

La sultane Scheherazade, éveillée par la vigilance de Dinarzade sa sœur, raconta au sultan des Indes, son époux, l'histoire à laquelle il s'attendait :

Puissant sultan, dit-elle, dans une ville de Perse, aux confins des états de votre majesté, il y avait deux frères, dont l'un se nommait Cassim, et l'autre Ali Baba. Comme leur père ne leur avait laissé que peu de biens, et qu'ils les avaient partagés également, il semble que leur fortune devait être égale : le hasard néanmoins en disposa autrement.

Cassim épousa une femme qui, peu de temps après leur mariage, devint héritière d'une boutique bien garnie, d'un magasin rempli de bonnes marchandises, et de biens en fonds de terre, qui le mirent tout à coup à son aise, et le rendirent un des marchands les plus riches de la ville.

Ali Baba, au contraire, qui avait épousé une femme aussi pauvre que lui, était logé fort pauvrement, et il n'avait d'autre industrie, pour gagner sa vie et de quoi s'entretenir lui et ses enfants, que d'aller couper du bois dans une forêt voisine, et de venir le vendre à la ville, chargé sur trois ânes qui faisaient toute sa possession.

Ali Baba était un jour dans la forêt, et il achevait d'avoir coupé à peu près assez de bois pour faire la charge de ses ânes, lorsqu'il aperçut une grosse poussière qui s'élevait en l'air, et qui avançait droit du côté où il était. Il regarde attentivement, et il distingue une troupe nombreuse de gens à cheval qui venaient d'un bon train.

Quoiqu'on ne parlât pas de voleurs dans le pays, Ali Baba néanmoins eut la pensée que ces cavaliers pouvaient en être. Sans considérer ce que deviendraient ses ânes, il songea à sauver sa personne. Il monta sur un gros arbre, dont les branches à peu de hauteur se séparaient en rond, si près les unes des autres, qu'elles n'étaient séparées que par un très petit espace. Il se posta au milieu avec d'autant plus d'assurance, qu'il pouvait voir sans être vu ; et l'arbre s'élevait au pied d'un rocher isolé de tous les côtés, beaucoup plus haut que l'arbre, et escarpé de manière qu'on ne pouvait monter au haut par aucun endroit.

Les cavaliers, grands, puissants, tous bien montés et bien armés, arrivèrent près du rocher, où ils mirent pied à terre; et Ali Baba, qui en compta quarante, à leur mine et à leur équipement ne douta pas qu'ils ne fussent des voleurs. Il ne se trompait pas : en effet, c'étaient des voleurs, qui, sans faire aucun tort aux environs, allaient exercer leurs brigandages bien loin, et avaient là leur rendez-vous ; et ce qu'il les vit faire le confirma dans cette opinion.

Chaque cavalier débrida son cheval, l'attacha, lui passa

au cou un sac plein d'orge qu'il avait apporté sur la croupe, et ils se chargèrent chacun de leur valise ; et la plupart des valises parurent si pesantes à Ali Baba, qu'il jugea qu'elles étaient pleines d'or et d'argent monnayé.

Le plus apparent, chargé de sa valise comme les autres, qu'Ali Baba prit pour le capitaine des voleurs, s'approcha du rocher, fort près du gros arbre où il s'était réfugié ; et après qu'il se fut fait chemin au travers de quelques arbrisseaux, il prononça ces paroles si distinctement : « Sesame, ouvre-toi ! » qu'Ali Baba les entendit. Dès que le capitaine des voleurs les eut prononcées, une porte s'ouvrit ; et après qu'il eut fait passer tous ses gens devant lui, et qu'ils furent tous entrés, il entra aussi, et la porte se ferma.

Les voleurs demeurèrent longtemps dans le rocher, et Ali Baba, qui craignait que quelqu'un d'eux, ou que tous ensemble ne sortissent s'il quittait son poste pour se sauver, fut contraint de rester sur l'arbre, et d'attendre avec patience. Il fut tenté néanmoins de descendre pour se saisir de deux chevaux, en monter un, et mener l'autre par la bride, et de gagner la ville en chassant ses trois ânes devant lui ; mais l'incertitude de l'événement fit qu'il prit le parti le plus sûr.

La porte se rouvrit enfin ; les quarante voleurs sortirent ; et au lieu que le capitaine était entré le dernier, il sortit le premier ; et après les avoir vus défiler devant lui, Ali Baba entendit qu'il fit refermer la porte, en prononçant ces paroles : « Sesame, referme-toi ! » Chacun retourna à son cheval, le brida, rattacha sa valise, et remonta dessus. Quand ce capitaine enfin vit qu'ils étaient tous prêts à partir, il se mit à la tête, et il reprit avec eux le chemin par où ils étaient venus.

Ali Baba ne descendit pas de l'arbre d'abord ; il dit en lui-même : Ils peuvent avoir oublié quelque chose à les obliger de revenir, et je me trouverais attrapé si cela arrivait. Il les conduisit de l'œil jusqu'à ce qu'il les eût perdus de vue, et il ne descendit que longtemps après, pour plus grande sûreté. Comme il avait retenu les paroles par lesquelles le capitaine des voleurs avait fait ouvrir et refermer la porte, il eut la curiosité d'éprouver si, en les prononçant, elles feraient le même effet. Il passa au travers des arbrisseaux, et il aperçut la porte qu'ils cachaient. Il se présenta devant, et il dit : « Sesame, ouvre-toi! » et dans l'instant la porte s'ouvrit toute grande.

Ali Baba s'était attendu à voir un lieu de ténèbres et d'obscurité; mais il fut surpris d'en voir un bien éclairé, vaste et spacieux, creusé en voûte fort élevée, de main d'homme, qui recevait la lumière du haut du rocher, par une ouverture pratiquée de même. Il vit de grandes provisions de bouche, des ballots de riches marchandises en piles, des étoffes de soie et de brocart, des tapis de grand prix, et surtout de l'or et de l'argent monnayé par tas, et dans des sacs ou grandes bourses de cuir les unes sur les autres; et à voir toutes ces choses, il lui parut qu'il y avait non pas de longues années, mais des siècles, que cette grotte servait de retraite à des voleurs qui avaient succédé les uns aux autres.

Ali Baba ne balança pas sur le parti qu'il devait prendre : il entra dans la grotte, et dès qu'il y fut entré, la porte se referma; mais cela ne l'inquiéta pas : il savait le secret de la faire ouvrir. Il ne s'attacha pas à l'argent, mais à l'or monnayé, et particulièrement à celui qui était dans des sacs. Il en enleva à plusieurs fois autant qu'il pouvait en porter, et en quantité suffisante pour faire la charge de ses trois ânes. Il rassembla ses trois ânes qui étaient dispersés; et quand il les eut fait approcher du rocher, il les chargea des sacs; et pour les cacher, il accommoda du bois par-dessus, de manière qu'on ne pouvait les apercevoir. Quand il eut achevé, il se présenta devant la porte; et il n'eut pas prononcé ces paroles : « Sesame, referme-toi, » qu'elle se ferma; car elle s'était fermée d'elle-même chaque fois qu'il y était entré, et demeurée ouverte chaque fois qu'il en était sorti.

Cela fait, Ali Baba reprit le chemin de la ville; et arrivant chez lui, il fit entrer ses ânes dans une petite cour, et referma la porte avec grand soin. Il mit bas le peu de bois qui couvrait les sacs, et il porta les sacs dans sa maison, qu'il posa et arrangea devant sa femme qui était assise sur un sofa.

Sa femme mania les sacs; et comme elle se fut aperçue qu'ils étaient pleins d'argent, elle soupçonna son mari de les avoir volés; de sorte que quand il eut achevé de les apporter tous, elle ne put s'empêcher de lui dire : Ali Baba, seriez-vous assez malheureux pour... Ali Baba l'interrompit. Paix, ma femme, dit-il, ne vous alarmez pas; je ne suis pas voleur, à moins que ce ne soit l'être que de prendre sur les voleurs. Vous cesserez d'avoir cette mauvaise opinion de moi quand je vous aurai raconté ma bonne fortune.

Il vida les sacs, qui firent un gros tas d'or dont sa femme fut éblouie; et quand il eut fait, il lui fit le récit de son aventure, depuis le commencement jusqu'à la fin; et en achevant, il lui recommanda sur toutes choses de garder le secret.

La femme, revenue et guérie de son épouvante, se réjouit avec son mari du bonheur qui leur était arrivé, et elle voulut compter, pièce par pièce, tout l'or qui était devant elle.

Ma femme, lui dit Ali Baba, vous n'êtes pas sage : que prétendez-vous faire? Quand auriez-vous achevé de compter? Je vais creuser une fosse et l'enfouir dedans; nous n'avons pas de temps à perdre.

Il est bon, reprit la femme, que nous sachions au moins à peu près la quantité qu'il y en a. Je vais chercher une petite mesure dans le voisinage, et je le mesurerai pendant que vous creuserez la fosse.

Ma femme, repartit Ali Baba, ce que vous voulez faire n'est bon à rien; vous vous en abstiendriez si vous vouliez me croire. Faites néanmoins ce qu'il vous plaira; mais souvenez-vous de garder le secret.

Pour se satisfaire, la femme d'Ali Baba sort, et elle va chez Cassim, son beau-frère, qui ne demeurait pas loin. Cassim n'était pas chez lui; et à son défaut, elle s'adresse à sa femme, qu'elle prie de lui prêter une mesure pour quelques moments. La belle-sœur lui demanda si elle la voulait grande ou petite, et la femme d'Ali Baba lui en demanda une petite.

Très volontiers, dit la belle-sœur; attendez un moment, je vais vous l'apporter.

La belle-sœur va chercher la mesure; elle la trouve; mais comme elle connaissait la pauvreté d'Ali Baba, curieuse de savoir quelle sorte de grain sa femme voulait mesurer, elle s'avisa d'appliquer adroitement du suif au-dessous de la mesure, et elle y en appliqua. Elle revint, et en la présentant à la femme d'Ali Baba, elle s'excusa de l'avoir fait attendre sur ce qu'elle avait eu de la peine à la trouver.

La femme d'Ali Baba revint chez elle; elle posa la mesure sur le tas d'or, l'emplit et la vida un peu plus loin sur le sofa, jusqu'à ce qu'elle eut achevé; et elle fut contente du bon nombre de mesures qu'elle en trouva, dont elle fit part à son mari qui venait d'achever de creuser la fosse.

Pendant qu'Ali Baba enfouit l'or, sa femme, pour marquer son exactitude et sa diligence à sa belle-sœur, lui reporte sa mesure, mais sans prendre garde qu'une pièce d'or s'était attachée au-dessous.

Belle-sœur, dit-elle en la rendant, vous voyez que je n'ai pas gardé longtemps votre mesure; je vous en suis bien obligée, je vous la rends.

La femme d'Ali Baba n'eut pas tourné le dos, que la femme de Cassim regarda la mesure par le dessous, et elle fut dans un étonnement inexprimable d'y voir une pièce d'or attachée. L'envie s'empara de son cœur dans le moment.

Quoi! dit-elle, Ali Baba a de l'or par mesure! et où le misérable a-t-il pris cet or?

Cassim, son mari, n'était pas à la maison, comme nous

l'avons dit; il était à sa boutique, d'où il ne devait revenir que le soir. Tout le temps qu'il se fit attendre fut un siècle pour elle, dans la grande impatience où elle était de lui apprendre une nouvelle dont il ne devait pas être moins surpris qu'elle.

A l'arrivée de Cassim chez lui : Cassim, lui dit sa femme, vous croyez être riche, vous vous trompez : Ali Baba l'est infiniment plus que vous, il ne compte pas son or comme vous, il le mesure.

Cassim demanda l'explication de cette énigme, et elle lui en donna l'éclaircissement en lui apprenant de quelle adresse elle s'était servie pour faire cette découverte, et elle lui montra la pièce de monnaie qu'elle avait trouvée attachée au-dessous de la mesure : pièce si ancienne, que le nom du prince qui y était marqué lui était inconnu.

Loin d'être sensible au bonheur qui pouvait être arrivé à son frère pour se tirer de la misère, Cassim en conçut une jalousie mortelle. Il en passa presque la nuit sans dormir. Le lendemain il alla chez lui, que le soleil n'était pas levé. Il ne le traita pas de frère : il avait oublié ce nom depuis qu'il avait épousé la riche veuve. Ali Baba, dit-il en l'abordant, vous êtes bien réservé dans vos affaires; vous faites le pauvre, le misérable, le gueux, et vous mesurez l'or!

Mon frère, reprit Ali Baba, je ne sais de quoi vous voulez me parler : expliquez-vous. Ne faites pas l'ignorant, repartit Cassim. Et en lui montrant la pièce d'or que sa femme lui avait mise entre les mains : Combien avez-vous de pièces, ajouta-t-il, semblables à celle-ci que ma femme a trouvée attachée au-dessous de la mesure que la vôtre vint lui emprunter hier?

A ce discours, Ali Baba connut que Cassim et la femme de Cassim (par un entêtement de sa propre femme) savaient déjà ce qu'il avait un si grand intérêt de tenir caché; mais la faute était faite : elle ne pouvait se réparer. Sans donner à son frère la moindre marque d'étonnement ni de chagrin, il lui avoua la chose, et il lui raconta par quel hasard il avait découvert la retraite des voleurs, et en quel endroit; et il lui offrit, s'il voulait garder le secret, de lui faire part du trésor.

Je le prétends bien ainsi, reprit Cassim d'un air fier; mais, ajouta-t-il, je veux savoir aussi où est précisément ce trésor, les enseignes, les marques; et comment je pourrais y entrer moi-même, s'il m'en prenait envie; autrement je vais vous dénoncer à la justice. Si vous le refusez, non seulement vous n'aurez plus à en espérer, vous perdrez même ce que vous avez enlevé, au lieu que j'en aurai ma part pour vous avoir dénoncé.

Ali Baba, plutôt par son bon naturel, qu'intimidé par les menaces insolentes d'un frère barbare, l'instruisit pleinement de ce qu'il souhaitait; et même des paroles dont il fallait qu'il se servît, tant pour entrer dans la grotte que pour en sortir.

Cassim n'en demanda pas davantage à Ali Baba. Il le quitta, résolu de le prévenir; et plein d'espérance de s'emparer du trésor lui seul, il part le lendemain de grand matin, avant la pointe du jour, avec dix mulets chargés de grands coffres, qu'il se proposa de remplir, en se réservant d'en mener un plus grand nombre dans un second voyage, à proportion des charges qu'il trouverait dans la grotte. Il prend le chemin qu'Ali Baba lui avait enseigné; il arrive près du rocher, et il reconnaît les enseignes, et l'arbre sur lequel Ali Baba s'était caché. Il cherche la porte, il la trouve; et pour la faire ouvrir, il prononça les paroles : « Sesame, ouvre-toi. » La porte s'ouvre, il entre, et aussitôt elle se referme. En examinant la grotte, il est dans une grande admiration de voir beaucoup plus de richesses qu'il ne l'avait compris par le récit d'Ali Baba ; et son admiration augmenta à mesure qu'il examina chaque chose en particulier. Avare et amateur des richesses, comme il était, il eût passé la journée à se repaître les yeux de la vue de tant d'or, s'il n'eût songé qu'il était venu pour l'enlever et pour en charger ses dix mulets. Il en prend un nombre de sacs, autant qu'il en peut porter; et en venant à la porte pour la faire ouvrir, l'esprit rempli de toute autre idée que ce qui lui importait davantage, il se trouve qu'il oublie le mot nécessaire, et au lieu de Sesame, il dit : « Orge, ouvre-toi; » et il est bien étonné de voir que la porte, loin de s'ouvrir, demeure fermée. Il nomme plusieurs autres noms de grains, autres que celui qu'il fallait, et la porte ne s'ouvre pas.

Cassim ne s'attendait pas à cet événement. Dans le grand danger où il se voit, la frayeur se saisit de sa personne, et plus il fait d'efforts pour se souvenir du mot de Sesame, plus il embrouille sa mémoire, et il en demeure exclus absolument comme si jamais il n'en avait entendu parler. Il jette par terre les sacs dont il était chargé, il se promène à grands pas dans la grotte, tantôt d'un côté, tantôt de l'autre, et toutes les richesses dont il se voit environné ne le touchent plus. Laissons Cassim déplorant son sort, il ne mérite pas de compassion.

Les voleurs revinrent à leur grotte vers le midi; et quand ils furent à peu de distance, et qu'ils eurent vu les mulets de Cassim autour du rocher, chargés de coffres, inquiets de cette nouveauté, ils avancèrent à toute bride, et firent prendre la fuite aux dix mulets que Cassim avait négligé d'attacher, et qui paissaient librement; de manière qu'ils se dispersèrent deçà et delà dans la forêt, si loin qu'ils les eurent bientôt perdus de vue.

Les voleurs ne se donnèrent pas la peine de courir après les mulets : il leur importait davantage de trouver celui à qui ils appartenaient. Pendant que quelques uns tournent autour du rocher pour le chercher, le capitaine, avec les autres, met pied à terre et va droit à la porte le sabre à la main, prononce les paroles, et la porte s'ouvre.

Cassim, qui entendit le bruit des chevaux du milieu de la grotte, ne douta pas de l'arrivée des voleurs, non plus que de sa perte prochaine. Résolu au moins de faire un effort pour échapper de leurs mains et se sauver, il s'était tenu prêt à se jeter dehors dès que la porte s'ouvrirait. Il ne la vit pas plus tôt ouverte, après avoir entendu prononcer le mot de Sesame, qui était échappé de sa mémoire, qu'il s'élança si brusquement, qu'il renversa le capitaine par terre. Mais il n'échappa pas aux autres voleurs, qui avaient aussi le sabre à la main, et qui lui ôtèrent la vie sur-le-champ.

Le premier soin des voleurs, après cette exécution, fut d'entrer dans la grotte : ils trouvèrent près de la porte les sacs que Cassim avait commencé d'enlever pour les emporter, et en charger ses mulets; et ils les remirent à leur place sans s'apercevoir de ceux qu'Ali Baba avait emportés auparavant. En tenant conseil et en délibérant ensemble sur cet événement, ils comprirent bien comment Cassim avait pu sortir de la grotte; mais qu'il y eût pu entrer, c'est ce qu'ils ne pouvaient s'imaginer. Il leur vint en pensée qu'il pouvait être descendu par le haut de la grotte; mais l'ouverture par où le jour y venait était si élevée, et le haut du rocher était si inaccessible par dehors, outre que rien ne leur marquait qu'il l'eût fait, qu'ils tombèrent d'accord que cela était hors de leur connaissance. Qu'il fût entré par la porte, c'est ce qu'ils ne pouvaient se persuader, à moins qu'il n'eût eu le secret de la faire ouvrir; mais ils tenaient pour certain qu'ils étaient les seuls qui l'avaient; en quoi ils se trompaient, en ignorant qu'ils avaient été épiés par Ali Baba qui le savait.

De quelque manière que la chose fût arrivée, comme il s'agissait que leurs richesses communes fussent en sûreté, ils convinrent de faire quatre quartiers du cadavre de Cassim, et de les mettre près de la porte en dedans de la grotte, deux d'un côté, deux de l'autre, pour épouvanter quiconque aurait la hardiesse de faire une pareille entreprise; sauf à ne revenir dans la grotte que dans quelque temps, après que la puanteur du cadavre serait exhalée. Cette résolution prise, ils l'exécutèrent, et quand ils n'eurent plus rien qui les arrêtât, ils laissèrent le lieu de leur retraite bien fermé, remontèrent à cheval, et allèrent battre la campagne sur les routes fréquentées par les caravanes, pour les attaquer et exercer leurs brigandages accoutumés.

La femme de Cassim cependant fut dans une grande inquiétude quand elle vit qu'il était nuit close et que son mari n'était pas revenu. Elle alla chez Ali Baba tout alarmée, et elle dit : Beau-frère, vous n'ignorez pas, comme je le crois, que Cassim votre frère est allé à la forêt, et pour quel sujet. Il n'est pas encore revenu, et voilà la nuit avancée; je crains que quelque malheur ne lui soit arrivé.

Ali Baba s'était douté de ce voyage de son frère, après le discours qu'il lui avait tenu; et ce fut pour cela qu'il s'était abstenu d'aller à la forêt ce jour-là, afin de ne lui pas donner d'ombrage. Sans lui faire aucun reproche dont elle pût s'offenser, ni son mari, s'il eût été vivant, il lui dit qu'elle ne devait pas encore s'alarmer, et que Cassim apparemment avait jugé à propos de ne rentrer dans la ville que bien avant dans la nuit.

La femme de Cassim le crut ainsi, d'autant plus facilement, qu'elle considéra combien il était important que son mari fît la chose secrètement. Elle retourna chez elle, et elle attendit patiemment jusqu'à minuit. Mais après cela ses alarmes redoublèrent avec une douleur d'autant plus sensible, qu'elle ne pouvait la faire éclater, ni la soulager par des cris dont elle vit bien que la cause devait être cachée au voisinage. Alors, si sa faute était irréparable, elle se repentit de la folle curiosité qu'elle avait eue, par une envie condamnable de pénétrer dans les affaires de son beau-frère et de sa belle-sœur. Elle passa la nuit dans les pleurs; et dès la pointe du jour elle courut chez eux, et elle leur annonça le sujet qui l'amenait, plutôt par ses larmes que par ses paroles.

Ali Baba n'attendit pas que sa belle-sœur le priât de se donner la peine d'aller voir ce que Cassim était devenu. Il partit sur-le-champ avec ses trois ânes, après lui avoir recommandé de modérer son affliction, et il alla à la forêt. En approchant du rocher, après n'avoir vu dans le chemin ni son frère, ni les dix mulets, il fut étonné du sang répandu qu'il aperçut près de la porte, et il en prit un mauvais augure. Il se présenta devant la porte, il prononça les paroles, elle s'ouvrit; et il fut frappé du triste spectacle du corps de son frère mis en quatre quartiers. Il n'hésita pas sur le parti qu'il devait prendre, pour rendre les derniers devoirs à son frère, en oubliant le peu d'amitié fraternelle qu'il avait eu pour lui. Il trouva dans la grotte de quoi faire deux paquets des quatre quartiers, dont il fit la charge d'un de ses ânes, avec du bois pour les cacher. Il chargea les deux autres ânes de sacs pleins d'or et de bois par-dessus, comme la première fois, sans perdre de temps; et dès qu'il eut achevé, et qu'il eut commandé à la porte de se refermer, il reprit le chemin de la ville; mais il eut la précaution de s'arrêter à la sortie de la forêt, assez de temps pour n'y rentrer que de nuit. En arrivant chez lui, il ne fit entrer chez lui que les deux ânes chargés d'or; et après avoir laissé à sa femme le soin de les décharger, et lui avoir fait part en peu de mots de ce qui était arrrivé à Cassim, il conduisit l'autre âne chez sa belle-sœur.

Ali Baba frappa à la porte, qui lui fut ouverte par Morgiane : cette Morgiane était une esclave adroite, entendue, et féconde en inventions pour faire réussir les choses les plus difficiles; et Ali Baba la connaissait pour telle. Quand il fut entré dans la cour, il déchargea l'âne du bois et des deux paquets; et en prenant Morgiane à part : Morgiane, dit-il, la première chose que je te demande, c'est un secret inviolable : tu vas voir combien il nous est nécessaire autant à ta maîtresse qu'à moi. Voilà le corps de ton maître dans ces deux paquets; il s'agit de le faire enterrer comme s'il était mort de sa mort naturelle. Fais-moi parler à ta maîtresse, et sois attentive à ce que je lui dirai.

Morgiane avertit sa maîtresse, et Ali Baba, qui la suivait, entra. Hé bien! beau-frère, demanda la belle-sœur à Ali Baba avec grande impatience, quelle nouvelle apportez-vous de mon mari? Je n'aperçois rien sur votre visage qui doive me consoler.

Belle-sœur, répondit Ali Baba, je ne puis vous rien dire, qu'auparavant vous ne me promettiez de m'écouter depuis le commencement jusqu'à la fin sans ouvrir la bouche. Il ne vous est pas moins important qu'à moi, dans ce qui est arrivé, de garder un grand secret pour votre bien et pour votre repos.

Ah! s'écria la belle-sœur sans élever la voix, ce préambule me fait connaître que mon mari n'est plus; mais en même temps je connais la nécessité du secret que vous me demandez. Il faut bien que je me fasse violence : dites, je vous écoute.

Ali Baba raconta à sa belle-sœur tout le succès de son voyage jusqu'à son arrivée avec le corps de Cassim. Belle-sœur, ajouta-t-il, voilà un sujet d'affliction pour vous d'autant plus grand que vous vous y attendiez le moins. Quoique le mal soit sans remède, si quelque chose néanmoins est capable de vous consoler, je vous offre de joindre le peu de bien que Dieu m'a envoyé au vôtre, en vous epousant, et en vous assurant que ma femme n'en sera pas jalouse, et que vous vivrez bien ensemble. Si la proposition vous agrée, il faut songer à faire en sorte qu'il paraisse que mon frère est mort de sa mort naturelle; c'est un soin dont il me semble que vous pouvez vous reposer sur Morgiane, et j'y contribuerai de mon côté de tout ce qui sera en mon pouvoir.

Quel meilleur parti pouvait prendre la veuve de Cassim, que celui qu'Ali Baba lui proposait, elle qui, avec les biens qui lui demeuraient par la mort de son premier mari, en trouvait un autre plus riche qu'elle, et qui, par la découverte du trésor qu'il avait faite, pouvait le devenir davantage? Elle ne refusa pas le parti : elle le regarda au contraire comme un motif raisonnable de consolation. En essuyant ses larmes qu'elle avait commencé de verser en abondance, en supprimant les cris perçants ordinaires aux femmes qui ont perdu leurs maris, elle témoigna suffisamment à Ali Baba qu'elle acceptait son offre.

Ali Baba laissa la veuve de Cassim dans cette disposition ; et, après avoir recommandé à Morgiane de bien s'acquitter de son personnage, il retourna chez lui avec son âne.

Morgiane ne s'oublia pas ; elle sortit en même temps qu'Ali Baba, et alla chez un apothicaire qui était dans le voisinage. Elle frappe à la boutique, on ouvre, et elle demande d'une sorte de tablette très salutaire dans les maladies les plus dangereuses. L'apothicaire lui en donna pour l'argent qu'elle avait présenté, en demandant qui était malade chez son maître.

Ah! dit-elle avec un grand soupir, c'est Cassim lui-même, mon bon maître! On n'entend rien à sa maladie ; il ne parle, ni ne peut manger.

Avec ces paroles, elle emporte les tablettes dont véritablement Cassim n'était plus en état de faire usage.

Le lendemain, la même Morgiane revient chez le même apothicaire, et demande, les larmes aux yeux, d'une essence dont on avait coutume de ne faire prendre aux malades qu'à la dernière extrémité ; et qu'on n'espérait rien de leur vie si cette essence ne les faisait revivre.

Hélas! dit-elle avec une grande affliction, en la recevant des mains de l'apothicaire, je crains fort que ce remède ne fasse pas plus d'effet que les tablettes! Ah! que je perds un bon maître!

D'un autre côté, comme on vit toute la journée Ali Baba et sa femme d'un air triste faire plusieurs allées et venues chez Cassim, on ne fut pas étonné sur le soir d'entendre des cris lamentables de la femme de Cassim, et surtout de Morgiane, qui annonçaient que Cassim était mort.

Le jour suivant, de grand matin, lorsque le jour ne faisait que commencer à paraître, Morgiane, qui savait qu'il y avait sur la place un bon homme de savetier fort vieux, qui ouvrait tous les jours sa boutique le premier, longtemps avant les autres, sort, et elle va le trouver. En l'abordant, et en lui donnant le bonjour, elle lui mit une pièce d'or dans la main.

Baba Moustafa, connu de tout le monde sous ce nom, Baba Moustafa, dis-je, qui était naturellement gai, et qui avait toujours le mot pour rire, en regardant la pièce d'or, à cause qu'il n'était pas encore bien jour, et en voyant que c'était de l'or : Bonne étrenne! dit-il; de quoi s'agit-il? Me voilà prêt à bien faire.

Baba Moustafa, lui dit Morgiane, prenez ce qui vous est nécessaire pour coudre, et venez avec moi promptement; mais à condition que je vous banderai les yeux quand nous serons dans un tel endroit.

A ces paroles, Baba Moustafa fit le difficile. Oh! oh! reprit-il, vous voulez donc me faire faire quelque chose contre ma conscience, ou contre mon honneur? En lui mettant une autre pièce d'or dans la main : Dieu garde, reprit Morgiane, que j'exige rien de vous que vous ne puissiez faire en tout honneur! Venez seulement, et ne craignez rien. Baba Moustafa se laissa mener; et Morgiane, après lui avoir bandé les yeux avec un mouchoir à l'endroit qu'elle avait marqué, le mena chez défunt son maître, et ne lui ôta le mouchoir que dans la chambre où elle avait mis le corps, chaque quartier à sa place. Quand elle le lui eut ôté : Baba Moustafa, dit-elle, c'est pour vous faire coudre les pièces que voilà, que je vous ai amené. Ne perdez pas de temps; et quand vous aurez fait, je vous donnerai une autre pièce d'or.

Quand Baba Moustafa eut achevé, Morgiane lui rebanda les yeux dans la même chambre; et après lui avoir donné la troisième pièce d'or qu'elle lui avait promise, et lui avoir recommandé le secret, elle le remena jusqu'à l'endroit où elle lui avait bandé les yeux en l'amenant; et là, après lui avoir encore ôté le mouchoir, elle le laissa retourner chez lui, et le conduisant de vue jusqu'à ce qu'elle ne le vît plus, afin de lui ôter la curiosité de revenir sur ses pas pour l'observer elle-même.

Morgiane avait fait chauffer de l'eau pour laver le corps de Cassim : ainsi Ali Baba, qui arriva comme elle venait de rentrer, le lava, le parfuma d'encens, et l'ensevelit avec les cérémonies accoutumées. Le menuisier apporta aussi la bière, qu'Ali Baba avait pris le soin de commander.

Afin que le menuisier ne pût s'apercevoir de rien, Morgiane reçut la bière à la porte; et après l'avoir payé et renvoyé, elle aida à Ali Baba à mettre le corps dedans; et quand Ali Baba eut bien cloué les planches par-dessus, elle alla à la mosquée avertir que tout était prêt pour l'enterrement. Les gens de la mosquée, destinés pour laver les corps morts, s'offrirent pour venir s'acquitter de leur fonction; mais elle leur dit que la chose était faite.

Morgiane, de retour, ne faisait que de rentrer quand l'iman et d'autres ministres de la mosquée arrivèrent. Quatre des voisins assemblés chargèrent la bière sur leurs épaules; et en suivant l'iman, qui récitait des prières, ils la portèrent au cimetière. Morgiane, en pleurs, comme esclave du défunt, suivit la tête nue, en poussant des cris pitoyables, en se frappant la poitrine de grands coups, et en s'arrachant les cheveux; et Ali Baba marchait après, accompagné des voisins qui se détachaient tour à tour, de temps en temps, pour relayer et soulager les autres voisins qui portaient la bière, jusqu'à ce qu'on arrivât au cimetière.

Pour ce qui est de la femme de Cassim, elle resta dans sa maison, en se désolant et en poussant des cris lamentables avec les femmes du voisinage, qui, selon la coutume, y accoururent pendant la cérémonie de l'enterrement; et qui, en joignant leurs lamentations aux siennes, remplirent tout le quartier de tristesse bien loin aux environs.

De la sorte, la mort funeste de Cassim fut cachée et dissimulée entre Ali Baba, sa femme, la veuve de Cassim et Morgiane, avec un ménagement si grand, que personne de la ville, loin d'en avoir connaissance, n'en eut pas le moindre soupçon.

Trois ou quatre jours après l'enterrement de Cassim, Ali Baba transporta le peu de meubles qu'il avait, avec l'argent qu'il avait enlevé du trésor des voleurs, qu'il ne porta que de nuit, dans la maison de la veuve de son frère, pour s'y établir; ce qui fit connaître son nouveau mariage avec sa belle-sœur. Et comme ces sortes de mariages ne sont pas extraordinaires dans notre religion, personne n'en fut surpris.

Quant à la boutique de Cassim, Ali Baba avait un fils, qui depuis quelque temps avait achevé son apprentissage chez un autre gros marchand, qui avait toujours rendu témoignage de sa bonne conduite; il la lui donna, avec promesse, s'il continuait de se gouverner sagement, qu'il ne serait pas longtemps à le marier avantageusement selon son état.

Laissons Ali Baba jouir des commencements de sa bonne fortune, et parlons des quarante voleurs. Ils revinrent à leur retraite de la forêt, dans le temps dont ils étaient convenus; mais ils furent dans un grand étonnement de ne pas trouver le corps de Cassim, et il augmenta quand ils se furent aperçus de la diminution de leurs sacs d'or.

Nous sommes découverts et perdus, dit le capitaine, si nous n'y prenons garde, et que nous ne cherchions promptement à y apporter le remède; insensiblement nous allons perdre tant de richesses, que nos ancêtres et nous avons amassées avec tant de peines et de fatigues. Tout ce que nous pouvons juger du dommage qu'on nous a fait, c'est que le voleur que nous avons surpris a eu le secret de faire ouvrir la porte, et que nous sommes arrivés heureusement à point nommé dans le temps qu'il en allait sortir. Mais il n'était pas le seul : un autre doit l'avoir comme lui. Son corps emporté et notre trésor diminué en sont des marques incontestables; et comme il n'y a pas d'apparence que plus de deux personnes aient eu ce secret, après avoir fait périr l'un, il faut que nous fassions périr l'autre de même. Qu'en dites-vous, braves gens, n'êtes-vous pas du même avis que moi?

La proposition du capitaine des voleurs fut trouvée si raisonnable par sa compagnie, qu'ils l'approuvèrent tous, et qu'ils tombèrent d'accord qu'il fallait abandonner toute autre entreprise, pour ne s'attacher uniquement qu'à celle-ci, et ne s'en départir qu'ils n'y eussent réussi.

Je n'en attendais pas moins de votre courage et de votre bravoure, reprit le capitaine; mais avant toutes choses, il faut que quelqu'un de vous, hardi, adroit et entreprenant, aille à la ville, sans armes, et en habit de voyageur et d'étranger, et qu'il emploie tout son savoir-faire pour découvrir si on n'y parle pas de la mort étrange de celui que nous avons massacré comme il le méritait, qui il était, et en quelle maison il demeurait. C'est ce qu'il nous est important que nous sachions d'abord, pour ne rien faire dont nous ayons lieu de nous repentir, en nous découvrant nous-mêmes dans un pays où nous sommes inconnus depuis si longtemps, et où nous avons un si grand intérêt de continuer de l'être. Mais afin d'animer celui de vous qui s'offrira pour se charger de cette commission, et l'empêcher de se tromper, en nous venant faire un rapport faux, au lieu d'un véritable, qui serait capable de causer notre ruine, je vous demande si vous ne jugez pas à propos qu'en ce cas-là il se soumette à la peine de mort.

Sans attendre que les autres donnassent leurs suffrages : Je m'y soumets, dit l'un des voleurs, et je fais gloire d'exposer ma vie, en me chargeant de la commission. Si je n'y réussis pas, vous vous souviendrez au moins que je n'aurai manqué ni de bonne volonté ni de courage pour le bien commun de la troupe.

Ce voleur, après avoir reçu de grandes louanges du capitaine et de ses camarades, se déguisa de manière que personne ne pouvait le prendre pour ce qu'il était. En se séparant de la troupe, il partit la nuit, et il prit si bien ses mesures, qu'il entra dans la ville dans le temps que le jour ne faisait que commencer à paraître. Il avança jusqu'à la place, où il n'y vit qu'une seule boutique ouverte, et c'était celle de Baba Moustafa.

Baba Moustafa était assis sur son siége, l'alêne à la main, prêt à travailler de son métier. Le voleur alla l'aborder, en lui souhaitant le bonjour; et comme il se fut aperçu de son grand âge : Bon homme, dit-il, vous commencez à travailler de grand matin, il n'est pas possible que vous y voyiez encore clair, âgé comme vous l'êtes; et quand il ferait plus clair, je doute que vous ayez d'assez bons yeux pour coudre.

Qui que vous soyez, reprit Baba Moustafa, il faut que vous ne me connaissiez pas. Si vieux que vous me voyez, je ne laisse pas d'avoir les yeux excellents; et vous n'en douterez pas quand vous saurez qu'il n'y a pas longtemps que j'ai cousu un mort dans un lieu où il ne faisait guère plus clair qu'il fait présentement.

Le voleur eut une grande joie de s'être adressé en arrivant à un homme qui d'abord, comme il n'en douta pas, lui donnait de lui-même nouvelle de ce qui l'avait amené, sans le lui demander.

Un mort! reprit-il avec étonnement. Et pour le faire parler : Pourquoi coudre un mort? ajouta-t-il. Vous voulez dire apparemment que vous avez cousu le linceul dans lequel il a été enseveli. Non, non, reprit Baba Moustafa : je sais ce que je veux dire. Vous voudriez me faire parler; mais vous n'en saurez pas davantage.

Le voleur n'avait pas besoin d'un éclaircissement plus ample pour être persuadé qu'il avait découvert ce qu'il était venu chercher. Il tira une pièce d'or; et en la mettant dans la main de Baba Moustafa, il lui dit : Je n'ai garde de vouloir entrer dans votre secret, quoique je puisse vous assurer que je ne le divulguerais pas si vous me l'aviez confié. La seule chose dont je vous prie, c'est de me faire la grace de m'enseigner, ou de venir me montrer la maison où vous avez cousu ce mort. Quand j'aurais la volonté de vous accorder ce que vous me demandez, reprit Baba Moustafa, en tenant la pièce d'or prêt à la rendre, je vous assure que je ne pourrais pas le faire, et vous devez m'en croire sur ma parole. En voici la raison : c'est qu'on m'a mené jusqu'à un certain endroit où l'on m'a bandé les yeux, et de là, en me laissant conduire, jusque dans la maison, d'où, après avoir fait ce que je devais faire, on me ramena de la même manière jusqu'au même endroit. Vous voyez l'impossibilité qu'il y a que je puisse vous rendre service.

Au moins, repartit le voleur, vous devez vous souvenir à peu près du chemin qu'on vous a fait faire les yeux bandés. Venez, je vous prie, avec moi, je vous banderai les yeux en cet endroit-là, et nous marcherons ensemble par le même chemin et par les mêmes détours que vous pourrez vous remettre dans la mémoire d'avoir marché; et comme toute peine mérite récompense, voici une autre pièce d'or. Venez, faites-moi le plaisir que je vous demande. Et en disant ces paroles, il lui mit une autre pièce dans la main.

Les deux pièces d'or tentèrent Baba Moustafa; il les regarda quelque temps dans sa main sans dire un mot, en se consultant pour savoir ce qu'il devait faire. Il tira enfin sa bourse de son sein, et en les mettant dedans : Je ne puis vous assurer, dit-il au voleur, que je me souvienne précisément du chemin qu'on me fit faire; mais puisque vous le voulez ainsi, allons, je ferai ce que je pourrai pour m'en souvenir.

Baba Moustafa se leva à la grande satisfaction du voleur; et sans fermer sa boutique, où il n'y avait rien de conséquence à perdre, il mena le voleur avec lui jusqu'à l'endroit où Morgiane lui avait bandé les yeux. Quand ils furent arrivés : C'est ici, dit Baba Moustafa, qu'on m'a bandé, et j'étais tourné comme vous me voyez. Le voleur, qui avait son mouchoir prêt, les lui banda, et il marcha à côté de lui, en partie en le conduisant, en partie en se laissant conduire par lui, jusqu'à ce qu'il s'arrêta.

Alors : Il me semble, dit Baba Moustafa, que je n'ai point passé plus loin. Et il se trouva véritablement devant la maison de Cassim, où Ali Baba demeurait alors. Avant de lui ôter le mouchoir de devant les yeux, le voleur fit promptement une marque à la porte avec de la craie qu'il tenait prête; et quand il le lui eut ôté, il lui demanda s'il savait à qui appartenait la maison. Baba Moustafa lui répondit qu'il n'était pas du quartier, et ainsi qu'il ne pouvait lui en rien dire.

Comme le voleur vit qu'il ne pouvait apprendre rien davantage de Baba Moustafa, il le remercia de la peine qu'il lui avait fait prendre; et après qu'il l'eut quitté et laissé retourner à sa boutique, il prit le chemin de la forêt, persuadé qu'il serait bien reçu.

Peu de temps après que le voleur et Baba Moustafa se furent séparés, Morgiane sortit de la maison d'Ali Baba pour quelque affaire; et en revenant, elle remarqua la marque que le voleur y avait faite; elle s'arrêta pour y faire attention. Que signifie cette marque? dit-elle en elle-même; quelqu'un voudrait-il du mal à mon maître, ou l'a-t-on faite pour se divertir? A quelque intention qu'on l'ait pu faire, ajouta-t-elle, il est bon de se précautionner contre tout événement. Elle prit aussitôt de la craie; et comme les deux ou trois portes au-dessus et au-dessous étaient semblables, elle les marqua au même endroit, et elle rentra dans la maison, sans parler de ce qu'elle venait de faire, ni à son maître ni à sa maîtresse.

Le voleur cependant, qui continuait son chemin, arriva à la forêt, et rejoignit sa troupe de bonne heure. En arrivant il fit le rapport du succès de son voyage, en exagérant le bonheur qu'il avait eu d'avoir trouvé d'abord un homme par lequel il avait appris le fait dont il était venu s'informer, ce que personne que lui n'eût pu lui apprendre. Il fut écouté avec une grande satisfaction ; et le capitaine, en prenant la parole, après l'avoir loué de sa diligence : Camarades, dit-il en s'adressant à tous, nous n'avons pas de temps à perdre ; partons bien armés, sans qu'il paraisse que nous le soyions ; et quand nous serons entrés dans la ville séparément, les uns après les autres, pour ne pas donner de soupçon, que le rendez-vous soit dans la grande place, les uns d'un côté, les autres de l'autre, pendant que j'irai reconnaître la maison avec notre camarade qui vient de nous apporter une si bonne nouvelle, afin que là-dessus je juge du parti qui nous conviendra le mieux.

Le discours du capitaine des voleurs fut applaudi, et ils furent bientôt en état de partir. Ils défilèrent deux à deux, trois à trois ; et en marchant à une distance raisonnable les uns des autres, ils entrèrent dans la ville sans donner aucun soupçon. Le capitaine et celui qui était venu le matin y entrèrent les derniers. Celui-ci mena le capitaine dans la rue où il avait marqué la maison d'Ali Baba ; et quand il fut devant une des portes qui avaient été marquées par Morgiane, il la lui fit remarquer en lui disant que c'était celle-là. Mais en continuant leur chemin sans s'arrêter, afin de ne pas se rendre suspects, comme le capitaine eut observé que la porte qui suivait était marquée de la même marque et au même endroit, il le fit remarquer à son conducteur, et il lui demanda si c'était celle-ci ou la première. Le conducteur demeura confus, et il ne sut que répondre, encore moins quand il eut vu avec le capitaine que les quatre ou cinq portes qui suivaient avaient aussi la même marque. Il assura au capitaine, avec serment, qu'il n'en avait marqué qu'une. Je ne sais, ajouta-t-il, qui peut avoir marqué les autres avec tant de ressemblance ; mais dans cette confusion, j'avoue que je ne peux distinguer laquelle est celle que j'ai marquée.

Le capitaine, qui vit son dessein avorté, se rendit à la grande place, où il fit dire à ses gens, par le premier qu'il rencontra, qu'ils avaient perdu leur peine et fait un voyage inutile, et qu'ils n'avaient d'autre parti à prendre que de reprendre le chemin de leur retraite commune. Il en donna l'exemple, et ils le suivirent tous dans le même ordre qu'ils étaient venus.

Quand la troupe se fut rassemblée dans la forêt, le capitaine leur expliqua la raison pourquoi il les avait fait revenir. Aussitôt le conducteur fut déclaré digne de mort tout d'une voix, et il s'y condamna lui-même, en reconnaissant qu'il aurait dû prendre mieux ses précautions, et il présenta le cou avec fermeté à celui qui se présenta pour lui couper la tête.

Comme il s'agissait, pour la conservation de la bande, de ne pas laisser sans vengeance le tort qui lui avait été fait, un autre voleur, qui se promit de mieux réussir que celui qui venait d'être châtié, se présenta, et demanda en grace d'être préféré. Il est écouté. Il marche; il corrompt Baba Moustafa, comme le premier l'avait corrompu, et Baba Moustafa lui fait connaître la maison d'Ali Baba, les yeux bandés. Il la marqua de rouge dans un endroit moins apparent, en comptant que c'était un moyen sûr pour la distinguer d'avec celles qui étaient marquées de blanc.

Mais peu de temps après, Morgiane sortit de la maison comme le jour précédent; et quand elle revint, la marque rouge n'échappa pas à ses yeux clairvoyants. Elle fit le même raisonnement qu'elle avait fait, et elle ne manqua pas de faire la même marque de crayon rouge aux autres portes voisines et aux mêmes endroits.

Le voleur, à son retour vers sa troupe dans la forêt, ne manqua pas de faire valoir la précaution qu'il avait prise, comme infaillible, disait-il, pour ne pas confondre la maison d'Ali Baba avec les autres. Le capitaine et ses gens croient avec lui que la chose doit réussir. Ils se rendent à la ville dans le même ordre et avec les mêmes soins qu'auparavant, armés aussi de même, prêts à faire le coup qu'ils méditaient:

et le capitaine et le voleur, en arrivant, vont à la rue d'Ali Baba; mais ils trouvent la même difficulté que la première fois. Le capitaine en est indigné, et le voleur dans une confusion aussi grande que celui qui l'avait précédé avec la même commission.

Ainsi, le capitaine fut contraint de se retirer encore ce jour-là avec ses gens, aussi peu satisfait que le jour d'auparavant. Le voleur, comme auteur de la méprise, subit pareillement le châtiment auquel il s'était soumis volontairement

Le capitaine, qui vit sa troupe diminuée de deux braves sujets, craignit de la voir diminuer davantage s'il continuait de s'en rapporter à d'autres pour être informé au vrai de la maison d'Ali Baba. Leur exemple lui fit connaître qu'ils n'étaient propres, tous, qu'à des coups de main, et nullement à agir de tête dans les occasions. Il se chargea de la chose lui-même; il vint à la ville, et avec l'aide de Baba Moustafa, qui lui rendit le même service qu'aux deux députés de sa troupe, il ne s'amusa pas à faire aucune marque pour connaître la maison d'Ali Baba; mais il l'examina si bien, non seulement en la considérant attentivement, mais même en passant et en repassant à diverses fois par-devant, qu'il n'était pas possible qu'il s'y méprît.

Le capitaine des voleurs, satisfait de son voyage, et instruit de ce qu'il avait souhaité, retourna à la forêt; et quand il fut arrivé dans sa grotte où la troupe l'attendait : Camarades, dit-il, rien enfin ne peut plus nous empêcher de prendre une pleine vengeance du dommage qui nous a été fait. Je connais avec certitude la maison du coupable sur qui elle doit tomber, et dans le chemin j'ai songé aux moyens de la lui faire sentir si adroitement, que personne ne pourra avoir connaissance du lieu de notre retraite, non plus que de notre trésor : car c'est le but que nous devons avoir dans notre entreprise; autrement, au lieu de nous être utile, elle nous serait funeste. Pour parvenir à ce but, continua le capitaine, voici ce que j'ai imaginé. Quand je vous l'aurai exposé, si quelqu'un sait un expédient meilleur, il pourra le communiquer. Alors il leur expliqua de quelle manière il prétendait s'y comporter; et comme ils lui eurent tous donné leur approbation, il les chargea, en se partageant dans les bourgs et dans les villages d'alentour, et même dans les villes, d'acheter des mulets, jusqu'au nombre de dix-neuf, et trente-huit grands vases de cuir à transporter de l'huile, l'un plein, les autres vides.

En deux ou trois jours de temps, les voleurs eurent fait tout cet amas. Comme les vases vides étaient un peu étroits par la bouche pour l'exécution de son dessein, le capitaine les fit un peu élargir; et après avoir fait entrer un de ses gens dans chacun avec les armes qu'il avait jugées nécessaires, en laissant ouvert ce qu'il avait fait découdre, afin de leur laisser la respiration libre, il les ferma de manière qu'ils paraissaient pleins d'huile; et pour les mieux déguiser, il les frotta par le dehors d'huile qu'il prit du vase qui en était plein.

Les choses ainsi disposées, quand les mulets furent chargés des trente-sept voleurs, sans y comprendre le capitaine, chacun caché dans un des vases, et du vase qui était plein d'huile, leur capitaine, comme conducteur, prit le chemin de la ville, dans le temps qu'il avait résolu, et y arriva à la brune, environ une heure après le coucher du soleil, comme il se l'était proposé. Il y entra, et il alla droit à la maison d'Ali Baba, dans le dessein de frapper à la porte, et de demander à y passer la nuit avec ses mulets, sous le bon plaisir du maître. Il n'eut pas la peine de frapper; il trouva Ali Baba à la porte, qui prenait le frais après le souper. Il fit arrêter ses mulets; et en s'adressant à Ali Baba : Seigneur, dit-il, j'amène l'huile que vous voyez, de bien loin, pour la vendre demain au marché; et à l'heure qu'il est, je ne sais où aller loger. Si cela ne vous incommode pas, faites-moi le plaisir de me recevoir chez vous pour y passer la nuit : je vous en aurai obligation.

Quoique Ali Baba eût vu dans la forêt celui qui lui parlait, et même entendu sa voix, comment eût-il pu le reconnaître pour le capitaine des quarante voleurs, sous le déguisement d'un marchand d'huile?

Vous êtes le bien venu, lui dit-il, entrez. Et en disant ces paroles, il lui fit place pour le laisser passer avec ses mulets, comme il le fit.

En même temps, Ali Baba appela un esclave qu'il avait, et lui commanda, quand les mulets seraient déchargés, de les mettre non seulement à couvert dans l'écurie, mais même de leur donner du foin et de l'orge. Il prit aussi la peine d'entrer dans la cuisine, et d'ordonner à Morgiane d'apprêter promptement à souper pour l'hôte qui venait d'arriver, et de lui préparer un lit dans une chambre.

Ali Baba fit plus : pour faire à son hôte tout l'accueil possible, quand il vit que le capitaine des voleurs avait déchargé ses mulets, que les mulets avaient été menés dans l'écurie, comme il l'avait commandé, et qu'il cherchait une place pour passer la nuit à l'air, il alla le prendre pour le faire entrer dans la salle où il recevait son monde, en lui disant qu'il ne souffrirait pas qu'il couchât dans la cour. Le capitaine des voleurs s'en excusa fort, sous prétexte de ne vouloir pas être incommode, mais, dans le vrai, pour avoir lieu d'exécuter ce qu'il méditait avec plus de liberté, et il ne céda aux honnêtetés d'Ali Baba qu'après de fortes instances.

Ali Baba, non content de tenir compagnie à celui qui en voulait à sa vie, jusqu'à ce que Morgiane lui eût servi le souper, continua de l'entretenir de plusieurs choses qu'il crut pouvoir lui faire plaisir, et il ne le quitta que quand il eut achevé le repas dont il l'avait régalé.

Je vous laisse le maître, lui dit-il; vous n'avez qu'à demander toutes les choses dont vous pouvez avoir besoin; il n'y a rien chez moi qui ne soit à votre service.

Le capitaine des voleurs se leva en même temps qu'Ali Baba, et l'accompagna jusqu'à la porte; et pendant qu'Ali Baba alla dans la cuisine pour parler à Morgiane, il entra dans la cour, sous prétexte d'aller à l'écurie voir si rien ne manquait à ses mulets.

Ali Baba, après avoir recommandé de nouveau à Morgiane de prendre un grand soin de son hôte, et de ne le laisser manquer de rien : Morgiane, ajouta-t-il, je t'avertis que demain je vais au bain avant le jour; prends soin que mon linge de bain soit prêt, et de le donner à Abdalla (c'était le nom de son esclave), et fais-moi un bon bouillon, pour le prendre à mon retour. Après lui avoir donné ces ordres, il se retira pour se coucher.

Le capitaine des voleurs, cependant, à la sortie de l'écurie, alla donner à ses gens l'ordre de ce qu'ils devaient faire. En commençant depuis le premier vase jusqu'au dernier, il dit à chacun : Quand je jetterai de petites pierres de la chambre où l'on me loge, ne manquez pas de vous faire ouverture, en fendant le vase depuis le haut jusqu'en bas avec le couteau dont vous êtes muni, et d'en sortir : aussitôt je serai à vous. Le couteau dont il parlait était pointu et affilé pour cet usage.

Cela fait, il revint; et comme il se fut présenté à la porte de la cuisine, Morgiane prit de la lumière, et elle le conduisit à la chambre qu'elle lui avait préparée, où elle le laissa après lui avoir demandé s'il avait besoin de quelque autre chose. Pour ne pas donner de soupçon, il éteignit la lumière peu de temps après, et il se coucha tout habillé; prêt à se lever dès qu'il aurait fait son premier somme.

Morgiane n'oublia pas les ordres d'Ali Baba : elle prépare son linge de bain, elle en charge Abdalla, qui n'était pas encore allé se coucher, elle met le pot au feu pour le bouillon, et pendant qu'elle écume le pot, la lampe s'éteint. Il n'y avait plus d'huile dans la maison, et la chandelle y manquait aussi. Que faire? Elle a besoin cependant de voir clair pour écumer son pot; elle en témoigne sa peine à Abdalla. Te voilà bien embarrassée, lui dit Abdalla. Va prendre de l'huile dans un des vases que voilà dans la cour.

16.

Morgiane remercia Abdalla de l'avis, et pendant qu'il va se coucher près de la chambre d'Ali Baba, pour le suivre au bain, elle prend la cruche à l'huile et elle va dans la cour. Comme elle se fut approchée du premier vase qu'elle rencontra, le voleur qui était caché dedans demanda en parlant bas : Est-il temps?

Quoique le voleur eût parlé bas, Morgiane néanmoins fut frappée de la voix d'autant plus facilement, que le capitaine des voleurs, dès qu'il eut déchargé ses mulets, avait ouvert, non seulement ce vase, mais même tous les autres, pour donner de l'air à ses gens, qui, d'ailleurs y étaient fort mal à leur aise, sans y être encore privés de la facilité de respirer.

Toute autre esclave que Morgiane, aussi surprise qu'elle le fut, en trouvant un homme dans un vase, au lieu d'y trouver de l'huile qu'elle cherchait, eût fait un vacarme capable de causer de grands malheurs. Mais Morgiane était au-dessus de ses semblables : elle comprit en un instant l'importance de garder le secret, le danger pressant où se trouvait Ali Baba et sa famille, et où elle se trouvait elle-même, et la nécessité d'y apporter promptement le remède, sans faire d'éclat; et par sa capacité elle en pénétra d'abord les moyens. Elle rentra donc en elle-même dans le moment, et sans faire paraître aucune émotion, en prenant la place du capitaine des voleurs, elle répondit à la demande, et elle dit : Pas encore, mais bientôt. Elle s'approcha du vase qui suivait, et la même demande lui fut faite; et ainsi de suite, jusqu'à ce qu'elle arriva au dernier qui était plein d'huile; et, à la même demande, elle donna la même réponse.

Morgiane connut par là que son maître Ali Baba, qui avait cru ne donner à loger chez lui qu'à un marchand d'huile, y avait donné entrée à trente-huit voleurs, en y comprenant le faux marchand leur capitaine. Elle remplit en diligence sa cruche d'huile, qu'elle prit du dernier vase; elle revint dans sa cuisine, où, après avoir mis de l'huile dans la lampe et l'avoir rallumée, elle prend une grande chaudière, elle retourne à la cour où elle l'emplit de l'huile du vase. Elle la rapporte, la met sur le feu, et met dessous force bois, parceque plus tôt l'huile bouillira, plus tôt elle aura exécuté ce qui doit contribuer au salut commun de la maison, qui ne demande pas de retardement. L'huile bout enfin ; elle prend la chaudière, et elle va verser dans chaque vase assez d'huile bouillante, depuis le premier jusqu'au dernier, pour les étouffer et leur ôter la vie, comme elle la leur ôta.

Cette action, digne du courage de Morgiane, exécutée sans bruit, comme elle l'avait projeté, elle revient dans la cuisine avec la chaudière vide, et ferme la porte. Elle éteint le grand feu qu'elle avait allumé, et elle n'en laisse qu'autant qu'il en faut pour achever de faire cuire le pot du bouillon d'Ali Baba. Ensuite elle souffle la lampe, et elle demeure dans un grand silence, résolue de ne pas se coucher qu'elle n'eût observé ce qui arriverait, par une fenêtre de la cuisine qui donnait sur la cour, autant que l'obscurité de la nuit pouvait le permettre.

Il n'y avait pas encore un quart d'heure que Morgiane attendait, quand le capitaine des voleurs s'éveilla. Il se lève ; il regarde par la fenêtre qu'il ouvre ; et comme il n'aperçoit aucune lumière et qu'il voit régner un grand repos et un profond silence dans la maison, il donne le signal en jetant de petites pierres, dont plusieurs tombèrent sur les vases, comme il n'en douta point par le son qui lui en vint aux oreilles. Il écoute, et n'entend ni n'aperçoit rien qui lui fasse connaître que ses gens se mettent en mouvement. Il en est inquiet : il jette des petites pierres une seconde et une troisième fois. Elles tombent sur les vases, et cependant pas un des voleurs ne donne le moindre signe de vie, et il n'en peut comprendre la raison. Il descend dans la cour tout alarmé, avec le moins de bruit qu'il lui est possible ; il approche de même du premier vase, et quand il veut demander au voleur, qu'il croit vivant, s'il dort, il sent une odeur d'huile chaude et de brûlé, qui s'exhale du vase, par où il connaît que son entreprise contre Ali Baba, pour lui ôter la vie et piller sa maison, et pour emporter, s'il pouvait, l'or qu'il avait enlevé à sa communauté, était échouée. Il passe au vase qui suivait, et à tous les autres l'un après l'autre, et il trouve que ses gens avaient péri par le même sort ; et par la diminution de l'huile dans le vase qu'il avait apporté plein, il connut la manière dont on s'y était pris pour le priver du secours qu'il en attendait. Au désespoir d'avoir manqué son coup, il enfila la porte du jardin d'Ali Baba, qui donnait dans la cour, et de jardin en jardin, en passant pardessus les murs, il se sauva.

Quand Morgiane n'entendit plus de bruit et qu'elle ne vit pas revenir le capitaine des voleurs, après avoir attendu quelque temps, elle ne douta pas du parti qu'il avait pris, plutôt que de chercher à se sauver par la porte de la maison, qui était fermée à double tour. Satisfaite et dans une grande joie d'avoir si bien réussi à mettre toute la maison en sûreté, elle se coucha enfin, et elle s'endormit.

Ali Baba cependant sortit avant le jour, et alla au bain, suivi de son esclave, sans rien savoir de l'événement étonnant qui était arrivé chez lui pendant qu'il dormait, au sujet duquel Morgiane n'avait pas jugé à propos de l'éveiller, avec d'autant plus de raison, qu'elle n'avait pas de temps à perdre dans le temps du danger, et qu'il était inutile de troubler son repos, après qu'elle l'eut détourné.

En revenant des bains, et en rentrant chez lui, que le soleil était levé, Ali Baba fut si surpris de voir encore les vases d'huile dans leur place, et que le marchand ne se fût pas rendu au marché avec ses mulets, qu'il en demanda la raison à Morgiane qui lui était venue ouvrir, et qui avait laissé toutes choses dans l'état où il les voyait, pour lui en donner le spectacle, et lui expliquer plus sensiblement ce qu'elle avait fait pour sa conservation.

Mon bon maître, dit Morgiane en répondant à Ali Baba, Dieu vous conserve, vous et toute votre maison! Vous apprendrez mieux ce que vous desirez savoir, quand vous aurez vu ce que j'ai à vous faire voir : prenez la peine de venir avec moi.

Ali Baba suivit Morgiane. Quand elle eut fermé la porte, elle le mena au premier vase : Regardez dans le vase, lui dit-elle, et voyez s'il y a de l'huile.

Ali Baba regarda; et comme il eut vu un homme dans le vase, il se retira en arrière, tout effrayé, avec un grand cri.

Ne craignez rien, lui dit Morgiane, l'homme que vous voyez ne vous fera pas de mal; il en a fait, mais il n'est plus en état d'en faire, ni à vous, ni à personne : il n'a plus de vie.

Morgiane, s'écria Ali Baba, que veut dire ce que tu viens de me faire voir? Explique-le-moi.

Je vous l'expliquerai, dit Morgiane; mais modérez votre étonnement, et n'éveillez pas la curiosité des voisins d'avoir connaissance d'une chose qu'il est très important que vous teniez cachée. Voyez auparavant tous les autres vases.

Ali Baba regarda dans les autres vases l'un après l'autre, depuis le premier jusqu'au dernier où il y avait de l'huile, dont il remarqua que l'huile était notablement diminuée; et quand il eut fait, il demeura comme immobile, tantôt en jetant les yeux sur les vases, tantôt en regardant Morgiane, sans dire mot, tant la surprise où il était, était grande. A la fin, comme si la parole lui fût revenue : Et le marchand, demanda-t-il, qu'est-il devenu?

Le marchand, répondit Morgiane, est aussi peu marchand que je suis marchande. Je vous dirai aussi qui il est, et ce qu'il est devenu. Mais vous apprendrez toute l'histoire plus commodément dans votre chambre, car il est temps, pour le bien de votre santé, que vous preniez un bouillon après être sorti du bain.

Pendant qu'Ali Baba se rendit dans sa chambre, Morgiane alla à la cuisine prendre le bouillon ; elle le lui apporta ; et avant de le prendre, Ali Baba lui dit : Commence toujours à satisfaire l'impatience où je suis, et raconte-moi une histoire si étrange, avec toutes ses circonstances.

Morgiane, pour obéir à Ali Baba, lui dit : Seigneur, hier au soir, quand vous vous fûtes retiré pour vous coucher, je préparai votre linge de bain, comme vous veniez de me le commander, et j'en chargeai Abdalla. Ensuite je mis le pot au feu pour le bouillon ; et comme je l'écumais, la lampe, faute d'huile, s'éteignit tout à coup, et il n'y en avait pas une goutte dans la cruche. Je cherchai quelques bouts de chandelle, et je n'en trouvai pas un. Abdalla, qui me vit embarrassée, me fit souvenir des vases pleins d'huile qui étaient dans la cour, comme il n'en doutait pas, non plus que moi, et comme vous l'avez cru vous-même. Je pris la cruche et je courus au vase le plus voisin. Mais comme je fus près du vase, il en sortit une voix qui me demanda : Est-il temps ? Je ne m'effrayai pas ; mais en comprenant sur-le-champ la malice du faux marchand, je répondis sans hésiter : Pas encore, mais bientôt. Je passai au vase qui suivait ; et une autre voix me fit la même demande, à laquelle je répondis de même. J'allai aux autres vases l'un après l'autre : à pareille demande, pareille réponse, et je ne trouvai de l'huile que dans le dernier vase, dont j'emplis la cruche. Quand j'eus considéré qu'il y avait trente-sept voleurs au milieu de votre cour, qui n'attendaient que le signal ou le commandement de leur chef que vous aviez pris pour un marchand, et à qui vous aviez fait un si grand accueil, pour mettre toute la maison en combustion, je ne perdis pas de temps : je rapportai la cruche, j'allumai la lampe ; et après avoir pris la chaudière la plus grande de la cuisine, j'allai l'emplir d'huile. Je la mis sur le feu, et quand elle fut bien bouillante, j'en allai verser dans chaque vase où étaient les voleurs, autant qu'il en fallut pour les empêcher tous d'exécuter le pernicieux dessein qui les avait amenés. La chose ainsi terminée de la manière que je l'avais méditée, je revins dans la cuisine, j'éteignis la lampe; et avant que je me couchasse, je me mis à examiner tranquillement, par la fenêtre, quel parti prendrait le faux marchand d'huile. Au bout de quelque temps, j'entendis que pour signal il jeta de sa fenêtre de petites pierres qui tombèrent sur les vases. Il en jeta une seconde et troisième fois; et comme il n'aperçut ou n'entendit aucun mouvement, il descendit, et je le vis aller de vase en vase jusqu'au dernier; après quoi l'obscurité de la nuit fit que je le perdis de vue. J'observai encore quelque temps; et comme je vis qu'il ne revenait pas, je ne doutai pas qu'il ne se fût sauvé par le jardin, désespéré d'avoir si mal réussi. Ainsi, persuadée que la maison était en sûreté, je me couchai.

En achevant, Morgiane ajouta : Voilà quelle est l'histoire que vous m'avez demandée, et je suis convaincue que c'est la suite d'une observation que j'avais faite depuis deux ou trois jours, dont je n'avais pas cru devoir vous entretenir, qui est qu'une fois en revenant de la ville de bon matin, j'aperçus que la porte de la rue était marquée de blanc, et le jour d'après de rouge, après la marque blanche; et que chaque fois, sans savoir à quel dessein cela pouvait avoir été fait, j'avais marqué de même, et au même endroit, deux ou trois portes de nos voisins, au-dessus et au-dessous. Si vous joignez cela avec ce qui vient d'arriver, vous trouverez que le tout a été machiné par les voleurs de la forêt, dont je ne sais pourquoi la troupe est diminuée de deux. Quoi qu'il en soit, la voilà réduite à trois au plus. Cela fait voir qu'ils avaient juré votre perte, et qu'il est bon que vous vous teniez sur vos gardes, tant qu'il sera certain qu'il en restera quelqu'un au monde. Quant à moi, je n'oublierai rien pour veiller à votre conservation, comme j'y suis obligée.

Quand Morgiane eut achevé, Ali Baba, pénétré de la grande obligation qu'il lui avait, lui dit : Je ne mourrai pas que je ne t'aie récompensée comme tu le mérites. Je te dois la vie; et pour commencer à t'en donner une marque de reconnaissance, je te donne la liberté dès à présent, en attendant que j'y mette le comble de la manière que je me le propose. Je suis persuadé avec toi que les quarante voleurs m'ont dressé ces embûches. Dieu m'a délivré par ton moyen. J'espère qu'il continuera de me préserver de leur méchanceté, et qu'en achevant de la détourner de dessus ma tête, il délivrera le monde de leur persécution et de leur engeance maudite. Ce que nous avons à faire, c'est d'enterrer incessamment les corps de cette peste du genre humain, avec un si grand secret, que personne ne puisse rien soupçonner de leur destinée; et c'est à quoi je vais travailler avec Abdalla.

Le jardin d'Ali Baba était d'une grande longueur, terminé par de grands arbres. Sans différer, il alla sous ces arbres avec son esclave, creuser une fosse longue et large à proportion des corps qu'ils avaient à y enterrer. Le terrain était aisé à remuer, et ils ne mirent pas un long temps à l'achever. Ils tirèrent les corps hors des vases, et ils mirent à part les armes dont les voleurs s'étaient munis. Ils transportèrent ces corps au bout du jardin, et ils les arrangèrent dans la fosse; et après les avoir couverts de la terre qu'ils en avaient tirée, ils dispersèrent ce qui en restait aux environs, de manière que le terrain parut égal comme auparavant. Ali Baba fit cacher soigneusement les vases à l'huile et les armes; et quant aux mulets, dont il n'avait pas besoin pour lors, il les envoya au marché à différentes fois, où il les fit vendre par son esclave.

Pendant qu'Ali Baba prenait toutes ces mesures pour ôter à la connaissance du public par quel moyen il était devenu riche en peu de temps, le capitaine des quarante voleurs était retourné à la forêt avec une mortification inconcevable; et dans l'agitation, ou plutôt dans la confusion où il était d'un succès si malheureux et si contraire à ce qu'il s'était promis, il était rentré dans la grotte, sans avoir pu s'arrêter à aucune résolution, dans le chemin, sur ce qu'il devait faire ou ne pas faire à Ali Baba.

La solitude où il se trouva dans cette sombre demeure lui parut affreuse. Braves gens, s'écria-t-il, compagnons de mes veilles, de mes courses et de mes travaux, où êtes-vous? que puis-je faire sans vous? Vous avais-je assemblés et choisis pour vous voir périr tous à la fois par une destinée si fatale et si indigne de votre courage? Je vous regretterais moins si vous étiez morts le sabre à la main en vaillants hommes. Quand aurai-je fait une autre troupe de gens de main comme vous? Et quand je le voudrais, pourrais-je l'entreprendre, et ne pas exposer tant d'or, tant d'argent, tant de richesses à la proie de celui qui s'est déjà enrichi d'une partie? Je ne puis et je ne dois y songer, qu'auparavant je ne lui aie ôté la vie. Ce que je n'ai pu faire avec un secours si puissant, je le ferai moi seul; et quand j'aurai pourvu de la sorte à ce que ce trésor ne soit plus exposé au pillage, je travaillerai à faire en sorte qu'il ne demeure ni sans successeurs ni sans maître après moi, qu'il se conserve et qu'il s'augmente dans toute la postérité.

Cette résolution prise, il ne fut pas embarrassé à chercher les moyens de l'exécuter; et alors, plein d'espérance et l'esprit tranquille, il s'endormit, et il passa la nuit assez paisiblement.

Le lendemain, le capitaine des voleurs, éveillé de grand matin, comme il se l'était proposé, prit un habit fort propre, conformément au dessein qu'il avait médité, et il vint à la ville, où il prit un logement dans un khan; et comme il s'attendait que ce qui s'était passé chez Ali Baba pouvait avoir fait de l'éclat, il demanda au concierge, par manière d'entretien, s'il y avait quelque chose de nouveau dans la ville; sur quoi le concierge parla de tout autre chose que de ce qui lui importait de savoir. Il jugea de là que la raison pourquoi Ali Baba gardait un si grand secret, venait de ce qu'il ne voulait pas que la connaissance qu'il avait du trésor, et du moyen d'y entrer, fût divulguée, et de ce qu'il n'ignorait pas que c'était pour ce sujet qu'on en voulait à sa vie. Cela l'anima davantage à ne rien négliger pour se défaire de lui par la même voie du secret.

Le capitaine des voleurs se pourvut d'un cheval, dont il se servit pour transporter à son logement plusieurs sortes de riches étoffes et de toiles fines, en faisant plusieurs voyages à la forêt avec les précautions nécessaires pour cacher le lieu où il les allait prendre. Pour débiter ces marchandises, quand il en eut amassé ce qu'il avait jugé à propos, il chercha une boutique. Il en trouva une; et après l'avoir prise à louage du propriétaire, il la garnit, et il s'y établit. La boutique qui se trouva vis-à-vis de la sienne, était celle qui avait appartenu à Cassim, et qui était occupée par le fils d'Ali Baba il n'y avait pas longtemps.

Le capitaine des voleurs, qui avait pris le nom de Cogia Houssain, comme nouveau venu, ne manqua pas de faire civilité aux marchands ses voisins, selon la coutume. Mais comme le fils d'Ali Baba était jeune, bien fait, qu'il ne manquait pas d'esprit, et qu'il avait occasion plus souvent de lui parler et de s'entretenir avec lui qu'avec les autres, il eut bientôt fait amitié avec lui. Il s'attacha même à le cultiver plus fortement et plus assidûment, quand, trois ou quatre jours après son établissement, il eut reconnu Ali Baba qui vint voir son fils, qui s'arrêta à s'entretenir avec lui, comme il avait coutume de le faire de temps en temps, et qu'il eut appris du fils, après qu'Ali Baba l'eut quitté, que c'était son père. Il augmenta ses empressements auprès de lui; il le caressa, il lui fit de petits présents, et le régala même, et il lui donna plusieurs fois à manger.

Le fils d'Ali Baba ne voulut pas avoir tant d'obligation à Cogia Houssain sans lui rendre la pareille. Mais il était logé étroitement, et il n'avait pas la même commodité que lui pour le régaler comme il le souhaitait. Il parla de son dessein à Ali Baba son père, en lui faisant remarquer qu'il ne serait pas séant qu'il demeurât plus longtemps sans reconnaître les honnêtetés de Cogia Houssain.

Ali Baba se chargea du régal avec plaisir. Mon fils, dit-il, il est demain vendredi ; comme c'est un jour que les gros marchands, comme Cogia Houssain et comme vous, tiennent leurs boutiques fermées, faites avec lui une partie de promenade pour l'après-dînée, et en revenant faites en sorte que vous le fassiez passer par chez moi, et que vous le fassiez entrer. Il sera mieux que la chose se fasse de la sorte, que si vous l'invitiez dans les formes. Je vais ordonner à Morgiane de faire le souper, et de le tenir prêt.

Le vendredi, le fils d'Ali Baba et Cogia Houssain se trouvèrent l'après-dînée au rendez-vous qu'ils s'étaient donné, et ils firent leur promenade. En revenant, comme le fils d'Ali Baba avait affecté de faire passer Cogia Houssain par la rue où demeurait son père, quand ils furent arrivés devant la porte de la maison, il l'arrêta, et en frappant : C'est, lui dit-il, la maison de mon père, lequel sur le récit que je lui ai fait de l'amitié dont vous m'honorez, m'a chargé de lui procurer l'honneur de votre connaissance. Je vous prie d'ajouter ce plaisir à tous les autres dont je vous suis redevable.

Quoique Cogia Houssain fût arrivé au but qu'il s'était proposé, qui était d'avoir entrée chez Ali Baba, et de lui ôter la vie, sans hasarder la sienne, en ne faisant pas d'éclat, il ne laissa pas néanmoins de s'excuser, et de faire semblant de prendre congé du fils ; mais comme l'esclave d'Ali Baba venait d'ouvrir, le fils le prit obligeamment par la main, et en entrant le premier, il le tira, et le força en quelque manière d'entrer comme malgré lui.

Ali Baba reçut Cogia Houssain avec un visage ouvert, et avec le bon accueil qu'il pouvait souhaiter. Il le remercia des bontés qu'il avait pour son fils. L'obligation qu'il vous en a, et que je vous en ai moi-même, ajouta-t-il, est d'autant plus grande, que c'est un jeune homme qui n'a pas encore l'usage du monde, et que vous ne dédaignez pas de contribuer à le former.

Cogia Houssain rendit compliment pour compliment à Ali Baba, en lui assurant que si son fils n'avait pas encore acquis l'expérience de certains vieillards, il avait un bon sens qui lui tenait lieu de l'expérience d'une infinité d'autres.

Après un entretien de peu de durée sur d'autres sujets indifférents, Cogia Houssain voulut prendre congé. Ali Baba l'arrêta. Seigneur, dit-il, où voulez-vous aller? Je vous prie de me faire l'honneur de souper avec moi. Le repas que je veux vous donner est beaucoup au-dessous de ce que vous méritez; mais, tel qu'il est, j'espère que vous l'agréerez d'aussi bon cœur que j'ai intention de vous le donner.

Seigneur Ali Baba, reprit Cogia Houssain, je suis très persuadé de votre bon cœur; et si je vous demande en grace de ne pas trouver mauvais que je me retire sans accepter l'offre obligeante que vous me faites, je vous supplie de croire que je ne le fais ni par mépris, ni par incivilité, mais parceque j'en ai une raison que vous approuveriez si elle vous était connue.

Et quelle peut être cette raison, seigneur? reprit Ali Baba. Peut-on vous la demander? Je puis la dire, répliqua Cogia Houssain : c'est que je ne mange ni viande ni ragoût où il y ait du sel; jugez vous-même de la contenance que je ferais à votre table. Si vous n'avez que cette raison, insista Ali Baba, elle ne doit pas me priver de l'honneur de vous posséder à souper, à moins que vous ne le vouliez autrement. Premièrement, il n'y a pas de sel dans le pain que l'on mange chez moi; et, quant à la viande et aux ragoûts, je vous promets qu'il n'y en aura pas dans ce qui sera servi devant vous; je vais y donner ordre. Ainsi faites-moi la grace de demeurer, je reviens à vous dans un moment.

Ali Baba alla à la cuisine, et il ordonna à Morgiane de ne pas mettre de sel sur la viande qu'elle avait à servir, et de préparer promptement deux ou trois ragoûts, entre ceux qu'il lui avait commandés, où il n'y eût pas de sel.

Morgiane, qui était prête à servir, ne put s'empêcher de témoigner son mécontentement sur ce nouvel ordre, et de s'en expliquer à Ali Baba. Qui est donc, dit-elle, cet homme si difficile, qui ne mange pas de sel? Votre souper ne sera plus bon à manger si je le sers plus tard.

Ne te fâche pas, Morgiane, reprit Ali Baba, c'est un honnête homme. Fais ce que je te dis.

Morgiane obéit, mais à contre-cœur, et elle eut la curiosité de connaître cet homme qui ne mangeait pas de sel. Quand elle eut achevé, et qu'Abdalla eut préparé la table, elle l'aida à porter les plats. En regardant Cogia Houssain, elle le reconnut d'abord pour le capitaine des voleurs, malgré son déguisement; et en l'examinant avec attention, elle aperçut qu'il avait un poignard caché sous son habit. Je ne m'étonne plus, dit-elle en elle-même, que le scélérat ne veuille pas manger de sel avec mon maître : c'est son plus fier ennemi, il veut l'assassiner; mais je l'en empêcherai.

Quand Morgiane eut achevé de servir ou de faire servir par Abdalla, elle prit le temps pendant que l'on soupait, et fit les préparatifs nécessaires pour l'exécution d'un coup des plus hardis; et elle venait d'achever, lorsque Abdalla vint l'avertir qu'il était temps de servir le fruit. Elle porta le fruit; et dès qu'Abdalla eut levé ce qui était sur la table, elle le servit. Ensuite elle posa près d'Ali Baba une petite table sur laquelle elle mit le vin avec trois tasses; et en sortant elle emmena Abdalla avec elle, comme pour aller souper ensemble, et donner à Ali Baba, selon la coutume, la liberté de s'entretenir et de se réjouir agréablement avec son hôte, et de le faire bien boire.

Alors le faux Cogia Houssain, ou plutôt le capitaine des quarante voleurs, crut que l'occasion favorable pour ôter la vie à Ali Baba était venue. Je vais, dit-il en lui-même, faire enivrer le père et le fils; et le fils, à qui je veux bien donner la vie, ne m'empêchera pas d'enfoncer le poignard dans le cœur du père; et je me sauverai par le jardin, comme je l'ai déjà fait, pendant que la cuisinière et l'esclave n'auront pas encore achevé de souper ou seront endormis dans la cuisine.

Au lieu de souper, Morgiane, qui avait pénétré dans l'intention du faux Cogia Houssain, ne lui donna pas le temps de venir à l'exécution de sa méchanceté. Elle s'habilla d'un habit de danseuse fort propre, prit une coiffure convenable, et se ceignit d'une ceinture d'argent doré, où elle attacha un poignard, dont la gaîne et le poignard étaient de même métal; et avec cela elle appliqua un fort beau masque sur son visage. Quand elle se fut déguisée de la sorte, elle dit à Abdalla : Prends ton tambour de basque, et allons donner à l'hôte de notre maître et ami de son fils, le divertissement que nous lui donnons quelquefois.

Abdalla prend le tambour de basque; il commence à en jouer en marchant devant Morgiane, et il entre dans la salle. Morgiane, en entrant après lui, fait une profonde révérence d'un air délibéré et à se faire regarder, comme en demandant la permission de faire voir ce qu'elle savait faire.

Comme Abdalla vit qu'Ali Baba voulait parler, il cessa de toucher le tambour de basque.

Entre, Morgiane, entre, dit Ali Baba : Cogia Houssain jugera de quoi tu es capable, et il nous dira ce qu'il en pensera. Au moins, seigneur, dit-il à Cogia Houssain en se tournant de son côté, ne croyez pas que je me mette en dépense pour vous donner ce divertissement. Je le trouve chez moi, et vous voyez que ce sont mon esclave et ma cuisinière, et dépensière en même temps, qui me le donnent. J'espère que vous ne le trouverez pas désagréable.

Cogia Houssain ne s'attendait pas qu'Ali Baba dût ajouter ce divertissement au souper qu'il lui donnait. Cela lui fit craindre de ne pouvoir pas profiter de l'occasion qu'il croyait avoir trouvée. Au cas que cela arrivât, il se consola par l'espérance de la retrouver en continuant de ménager l'amitié du père et du fils. Ainsi, quoiqu'il eût mieux aimé qu'Ali Baba eût bien voulu ne le lui pas donner, il fit semblant néanmoins de lui en avoir obligation, et il eut la complaisance de lui témoigner que ce qui lui faisait plaisir ne pouvait pas manquer de lui en faire aussi.

Quand Abdalla vit qu'Ali Baba et Cogia Houssain avaient cessé de parler, il recommença à toucher son tambour de basque et l'accompagna de sa voix sur un air à danser ; et Morgiane, qui ne cédait pas à aucun danseur ou danseuse de profession, dansa d'une manière à se faire admirer, même de toute autre compagnie que celle à laquelle elle donnait ce spectacle, dont il n'y avait peut-être que le faux Cogia Houssain qui y donnât le moins d'attention.

Après avoir dansé plusieurs danses avec le même agrément et de la même force, elle tira enfin son poignard ; et en le tenant à la main, elle en dansa une dans laquelle elle se surpassa par les figures différentes, par les mouvements légers, par les sauts surprenants, et par les efforts merveilleux dont elle les accompagna, tantôt en présentant le poignard en avant, comme pour frapper, tantôt en faisant semblant de s'en frapper elle-même dans le sein.

Comme hors d'haleine enfin, elle arracha le tambour de basque des mains d'Abdalla, de la main gauche, et, en tenant le poignard de la droite, elle alla présenter le tambour de basque par le creux à Ali Baba, à l'imitation des danseurs et danseuses de profession, qui en usent ainsi pour solliciter la libéralité de leurs spectateurs.

Ali Baba jeta une pièce d'or dans le tambour de basque de Morgiane. Morgiane s'adressa ensuite au fils d'Ali Baba, qui suivit l'exemple de son père. Cogia Houssain, qui vit qu'elle allait venir aussi à lui, avait déjà tiré la bourse de son sein pour lui faire son présent, et il y mettait la main, dans le moment que Morgiane, avec un courage digne de sa fermeté et de sa résolution, lui enfonça le poignard au milieu du cœur, si avant qu'elle ne le retira qu'après lui avoir ôté la vie.

Ali Baba et son fils, épouvantés de cette action, poussèrent un grand cri : Ah! malheureuse! s'écria Ali Baba; qu'as-tu fait? Est-ce pour nous perdre, moi et ma famille?

Ce n'est pas pour vous perdre, répondit Morgiane : je l'ai fait pour votre conservation.

Alors en ouvrant la robe de Cogia Houssain, et en montrant à Ali Baba le poignard dont il était armé : Voyez, dit-elle, à quel fier ennemi vous aviez affaire, et regardez-le bien au visage : vous y reconnaîtrez le faux marchand d'huile, et le capitaine des quarante voleurs. Ne considérez-vous pas aussi qu'il n'a pas voulu manger de sel avec vous? En voulez-vous davantage pour vous persuader de son dessein pernicieux? Avant que je l'eusse vu, le soupçon m'en était venu, du moment que vous m'avez fait connaître que vous aviez un tel convive. Je l'ai vu, et vous voyez que mon soupçon n'était pas mal fondé.

Ali Baba, qui connut la nouvelle obligation qu'il avait à Morgiane de lui avoir conservé la vie une seconde fois, l'embrassa. Morgiane, dit-il, je t'ai donné la liberté, et alors je t'ai promis que ma reconnaissance n'en demeurerait pas là, et que bientôt j'y mettrais le comble. Ce temps est venu, et je te fais ma belle-fille. Et en s'adressant à son fils : Mon fils, ajouta Ali Baba, je vous crois assez bon fils pour ne pas trouver étrange que je vous donne Morgiane pour femme sans vous consulter. Vous ne lui avez pas moins d'obligation que moi. Vous voyez que Cogia Houssain n'avait recherché votre amitié que dans le dessein de mieux réussir à m'arracher la vie par sa trahison; et s'il y eût réussi, vous ne devez pas douter qu'il ne vous eût sacrifié aussi à sa vengeance. Considérez de plus qu'en épousant Morgiane, vous épousez le soutien de ma famille, tant que je vivrai, et l'appui de la vôtre jusqu'à la fin de vos jours.

Le fils, bien loin de témoigner aucun mécontentement, marqua qu'il consentait à ce mariage, non seulement parcequ'il ne voulait pas désobéir à son père, mais même parcequ'il y était porté par sa propre inclination.

On songea ensuite dans la maison d'Ali Baba à enterrer le corps du capitaine auprès de ceux des trente-sept voleurs; et cela se fit si secrètement, qu'on n'en eut connaissance qu'après de longues années, lorsque personne ne se trouvait plus intéressé dans la publication de cette histoire mémorable.

Peu de jours après, Ali Baba célébra les noces de son fils et de Morgiane avec grande solennité, et par un festin somptueux, accompagné de danses, de spectacles et des divertissements accoutumés, et il eut la satisfaction de voir que ses amis et ses voisins, qu'il avait invités, sans avoir connaissance des vrais motifs du mariage, mais qui d'ailleurs n'ignoraient pas les belles et bonnes qualités de Morgiane, le louèrent hautement de sa générosité et de son bon cœur.

Après le mariage, Ali Baba, qui s'était abstenu de retourner à la grotte depuis qu'il en avait tiré et rapporté le corps de son frère Cassim sur un de ses trois ânes, avec l'or dont il les avait chargés, par la crainte de les y trouver ou d'y être surpris, s'en abstint encore après la mort des trente-huit voleurs, en y comprenant leur capitaine, parcequ'il supposa que les deux autres, dont le destin ne lui était pas connu, étaient encore vivants.

Mais au bout d'un an, comme il eut vu qu'il ne s'était fait aucune entreprise pour l'inquiéter, la curiosité le prit d'y faire un voyage, en prenant les précautions nécessaires pour sa sûreté. Il monta à cheval; et quand il fut arrivé près de la grotte, il prit un bon augure de ce qu'il n'aperçut aucun vestige ni d'hommes ni de chevaux. Il mit pied à terre; il attacha son cheval, et, en se présentant devant la porte, il prononça ces paroles : « Sésame, ouvre-toi, » qu'il n'avait pas oubliées. La porte s'ouvrit; il entra, et l'état où il trouva toutes choses dans la grotte lui fit juger que personne n'y était entré depuis environ le temps que le faux Cogia Houssain était venu lever boutique dans la ville, et ainsi, que la troupe des quarante voleurs était entièrement dissipée et exterminée depuis ce temps-là, et ne douta plus qu'il ne fût le seul au monde qui eût le secret de faire ouvrir la grotte, et que le trésor qu'elle enfermait était à sa disposition. Il s'était muni d'une valise; il la remplit d'autant d'or que son cheval en put porter, et il revint à la ville.

Depuis ce temps-là, Ali Baba, son fils, qu'il mena à la grotte, et à qui il enseigna le secret pour y entrer, et après eux leur postérité, à laquelle ils firent passer le même secret, en profitant de leur fortune avec modération, vécurent dans une grande splendeur, et honorés des premières dignités de la ville.

Après avoir achevé de raconter cette histoire au sultan Schahriar, Scheherazade, qui vit qu'il n'était pas encore jour, commença de lui faire le récit de celle que nous allons voir.

Histoire d'Ali Cogia, marchand de Bagdad.

Sous le règne du calife Haroun-al-Raschid, dit la sultane Scheherazade, il y avait à Bagdad un marchand nommé Ali Cogia, qui n'était ni des plus riches, ni aussi du dernier ordre, lequel demeurait dans sa maison paternelle, sans femme et sans enfants. Dans le temps que, libre de ses actions, il vivait content de ce que son négoce lui produisait, il eut trois jours de suite un songe, dans lequel un vieillard vénérable lui apparut avec un regard sévère, qui le réprimandait de ce qu'il ne s'était pas encore acquitté du pèlerinage de la Mecque.

Ce songe troubla Ali Cogia et le mit dans un grand embarras. Comme bon musulman, il n'ignorait pas l'obligation où il était de faire ce pèlerinage : mais comme il était chargé d'une maison, de meubles et d'une boutique, il avait toujours cru que c'étaient des motifs assez puissants pour s'en dispenser, en tâchant d'y suppléer par des aumônes, et par d'autres bonnes œuvres. Mais depuis le songe, sa conscience le pressait si vivement, que la crainte qu'il ne lui arrivât quelque malheur, le fit résoudre de ne pas différer davantage à s'en acquitter.

Pour se mettre en état d'y satisfaire dans l'année qui courait, Ali Cogia commença par la vente de ses meubles ; il vendit ensuite sa boutique, et la plus grande partie des marchandises dont elle était garnie, en réservant celles qui pouvaient être de débit à la Mecque ; et pour ce qui est de la maison, il trouva un locataire à qui il en fit un bail. Les choses ainsi disposées, il se trouva prêt à partir dans le temps que la caravane de Bagdad pour la Mecque se mettrait en chemin. La seule chose qui lui restait à faire, était de mettre en sûreté une somme de mille pièces d'or qui l'eût embarrassé dans le pèlerinage, après avoir mis à part l'argent qu'il jugea à propos d'emporter avec lui, pour sa dépense et pour d'autres besoins.

Ali Cogia choisit un vase d'une capacité convenable, il y mit les mille pièces d'or, et il acheva de le remplir d'olives. Après avoir bien bouché le vase, il le porte chez un marchand de ses amis. Il lui dit : Mon frère, vous n'ignorez pas que dans peu de jours je pars comme pèlerin de la Mecque avec la caravane ; je vous demande en grâce de vouloir bien vous charger d'un vase d'olives que voici, et de me le conserver jusqu'à mon retour.

Le marchand lui dit obligeamment : Tenez, voilà la clef de mon magasin ; portez-y vous-même votre vase, et mettez-le où il vous plaira ; je vous promets que vous l'y retrouverez.

Le jour du départ de la caravane de Bagdad arrivé, Ali Cogia, avec un chameau chargé des marchandises dont il avait fait choix, et qui lui servit de monture dans le chemin, s'y joignit; et il arriva heureusement à la Mecque. Il y visita, avec tous les autres pèlerins, le temple si célèbre et si fréquenté chaque année par toutes les nations musulmanes qui y abordent de tous les endroits de la terre où elles sont répandues, en observant très religieusement les cérémonies qui leur sont prescrites. Quand il se fut acquitté des devoirs de son pèlerinage, il exposa les marchandises qu'il avait apportées, pour les vendre et pour les échanger.

Deux marchands qui passaient et qui virent les marchandises d'Ali Cogia, les trouvèrent si belles qu'ils s'arrêtèrent pour les considérer, quoiqu'ils n'en eussent pas besoin. Quand ils eurent satisfait leur curiosité, l'un dit à l'autre, en se retirant : Si ce marchand savait le gain qu'il ferait au Caire sur ses marchandises, il les y porterait, plutôt que de les vendre ici, où elles sont à bon marché.

Ali Cogia entendit ces paroles; et comme il avait entendu parler mille fois des beautés de l'Égypte, il résolut sur-le-champ de profiter de l'occasion et d'en faire le voyage. Ainsi, après avoir rempaqueté et remballé ses marchandises, au lieu de retourner à Bagdad, il prit le chemin de l'Égypte, en se joignant à la caravane du Caire. Quand il fut arrivé au Caire, il n'eut pas lieu de se repentir du parti qu'il avait pris : il y trouva si bien son compte, qu'en très peu de jours il eut achevé de vendre toutes ses marchandises avec un avantage beaucoup plus grand qu'il n'avait espéré. Il en acheta d'autres dans le dessein de passer à Damas; et en attendant la commodité d'une caravane qui devait partir dans six semaines, il ne se contenta pas de voir tout ce qui était digne de sa curiosité dans le Caire, il alla aussi admirer les pyramides, et il remonta le Nil jusqu'à une certaine distance, et il vit les villes les plus célèbres situées sur l'un et l'autre bord.

Dans le voyage de Damas, comme le chemin de la caravane était de passer par Jérusalem, notre marchand de Bagdad profita de l'occasion de visiter le temple, regardé par tous les musulmans comme le plus saint, après celui de la Mecque, d'où cette ville prend le titre de Noble Sainteté.

Ali Cogia trouva la ville de Damas un lieu si délicieux par l'abondance de ses eaux, par ses prairies et par ses jardins enchantés, que tout ce qu'il avait lu de ses agréments dans nos histoires, lui parut beaucoup au-dessous de la vérité, et qu'il y fit un long séjour. Comme néanmoins il n'oubliait pas qu'il était de Bagdad, il en prit enfin le chemin : il arriva à Alep, où il fit encore quelque séjour : et de là, après avoir passé l'Euphrate, il prit le chemin de Moussoul, dans l'intention d'abréger son retour en descendant le Tigre.

Mais quand Ali Cogia fut arrivé à Moussoul, des marchands de Perse avec lesquels il était venu d'Alep, et avec qui il avait contracté une grande amitié, avaient pris un si grand ascendant sur son esprit, par leurs honnêtetés et par leurs entretiens agréables, qu'ils n'eurent pas de peine à lui persuader de ne pas abandonner leur compagnie jusqu'à Schiraz, d'où il lui serait aisé de retourner à Bagdad avec un gain considérable. Ils le menèrent par les villes de Sultanie, de Reï, de Coam, de Caschan, d'Ispahan, et de là à Schiraz, d'où il eut encore la complaisance de les accompagner aux Indes et de revenir à Schiraz avec eux.

De la sorte, en comptant le séjour qu'il avait fait dans chaque ville, il y avait bientôt sept ans qu'Ali Cogia était parti de Bagdad, quand enfin il résolut d'en prendre le chemin ; et jusqu'alors l'ami auquel il avait confié le vase d'olives avant son départ pour le lui garder, n'avait songé à lui ni au vase. Dans le temps qu'il était en chemin avec une caravane partie de Schiraz, un soir que ce marchand son ami soupait en famille, on vint à parler d'olives, et sa femme témoigna quelque désir d'en manger, en disant qu'il y avait longtemps qu'on n'en avait vu dans la maison.

A propos d'olives, dit le mari, vous me faites souvenir

qu'Ali Cogia m'en laissa un vase en allant à la Mecque il y a sept ans, qu'il mit lui-même dans mon magasin, pour le reprendre à son retour. Mais où est Ali Cogia depuis qu'il est parti? Il est vrai qu'au retour de la caravane quelqu'un me dit qu'il avait passé en Égypte. Il faut qu'il y soit mort, puisqu'il n'est pas revenu depuis tant d'années : nous pouvons désormais manger les olives si elles sont bonnes. Qu'on me donne un plat et de la lumière, j'en irai prendre, et nous en goûterons.

Mon mari, reprit la femme, gardez-vous bien, au nom de Dieu, de commettre une action si noire; vous savez que rien n'est plus sacré qu'un dépôt. Il y a sept ans, dites-vous, qu'Ali Cogia est allé à la Mecque, et qu'il n'est pas revenu; mais l'on vous a dit qu'il était allé en Égypte; et d'Égypte, que savez-vous s'il n'est pas allé plus loin? Il suffit que vous n'ayez pas de nouvelles de sa mort : il peut revenir demain, après-demain. Quelle infamie ne serait-ce pas pour vous et pour votre famille s'il revenait, et que vous ne lui rendissiez pas son vase dans le même état et tel qu'il vous l'a confié! Je vous déclare que je n'ai pas envie de ces olives, et que je n'en mangerai pas. Si j'en ai parlé, je ne l'ai fait que par manière d'entretien. De plus, croyez-vous qu'après tant de temps les olives soient encore bonnes? Elles sont pourries et gâtées. Et si Ali Cogia revient, comme un pressentiment me le dit, et qu'il s'aperçoive que vous y ayez touché, quel jugement fera-t-il de votre amitié et de votre fidélité? Abandonnez votre dessein, je vous en conjure.

La femme ne tint un si long discours à son mari, que parcequ'elle lisait son obstination sur son visage. En effet, il n'écouta pas de si bons conseils : il se leva, et il alla à son magasin avec de la lumière et un plat.

Alors, souvenez-vous au moins, lui dit sa femme, que je ne prends pas de part à ce que vous allez faire, afin que vous ne m'en attribuiez pas la faute s'il vous arrive de vous en repentir.

Le marchand eut encore les oreilles fermées, et il persista dans son dessein. Quand il fut dans son magasin, il prend le vase, il le découvre, et il voit les olives toutes pourries. Pour s'éclaircir si le dessous était aussi gâté que le dessus, il en verse dans le plat, et de la secousse avec laquelle il les versa, quelques pièces d'or y tombèrent avec bruit.

A la vue de ces pièces, le marchand, naturellement avide et attentif, regarde dans le vase, et aperçoit qu'il avait versé presque toutes les olives dans le plat, et que le reste était tout or en belle monnaie. Il remet dans le vase ce qu'il avait versé d'olives, il le recouvre, et il revient.

Ma femme, dit-il en rentrant, vous aviez raison : les olives sont pourries; et j'ai rebouché le vase de manière qu'Ali Cogia ne s'apercevra pas que j'y ai touché, si jamais il revient. Vous eussiez mieux fait de me croire, reprit la femme, et de n'y pas toucher. Dieu veuille qu'il n'en arrive aucun mal!

Le marchand fut aussi peu touché de ces dernières paroles de sa femme, que de la remontrance qu'elle lui avait faite. Il passa la nuit presque entière à songer au moyen de s'approprier l'or d'Ali Cogia, et à faire en sorte qu'il lui demeurât, au cas qu'il revînt et qu'il lui demandât le vase. Le lendemain de grand matin, il va acheter des olives de l'année ; il revient, il jette les vieilles du vase d'Ali Cogia, il en prend l'or, il le met en sûreté; et après l'avoir rempli des olives qu'il venait d'acheter, il le recouvre du même couvercle, et il le remet à la même place où Ali Cogia l'avait mis.

Environ un mois après que le marchand eut commis une action aussi lâche, et qui devait lui coûter cher, Ali Cogia arriva à Bagdad de son long voyage. Comme il avait loué sa maison avant son départ, il mit pied à terre dans un khan, où il prit un logement en attendant qu'il eût signifié son arrivée à son locataire, et que le locataire se fût pourvu ailleurs d'un logement.

Le lendemain Ali Cogia alla trouver le marchand son ami,

qui le reçut en l'embrassant, et en lui témoignant la joie qu'il avait de son retour, après une absence de tant d'années, qui, disait-il, avait commencé de lui faire perdre l'espérance de jamais le revoir.

Après les compliments de part et d'autre, accoutumés dans une semblable rencontre, Ali Cogia pria le marchand de vouloir bien lui rendre le vase d'olives qu'il avait confié à sa garde, et de l'excuser de la liberté qu'il avait prise de l'en embarrasser.

Ali Cogia, mon cher ami, reprit le marchand, vous avez tort de me faire des excuses, je n'ai été nullement embarrassé de votre vase; et dans une pareille occasion, j'en eusse usé avec vous de la même manière que vous en avez usé avec moi. Tenez, voilà la clef de mon magasin, allez le prendre, vous le trouverez à la même place où vous l'avez mis.

Ali Cogia alla au magasin du marchand, il en apporta son vase; et après lui avoir rendu la clef, l'avoir bien remercié du plaisir qu'il en avait reçu, il retourne au khan où il avait pris un logement. Il découvre le vase; et en y mettant la main à la hauteur où les mille pièces d'or qu'il y avait cachées devaient être, il est dans une grande surprise de ne les y pas trouver. Il crut se tromper; et pour se tirer hors de peine promptement, il prend une partie des plats et autres vases de sa cuisine de voyage, et il verse tout le vase d'olives sans y trouver une seule pièce d'or. Il demeura immobile d'étonnement; et en élevant les mains et les yeux au ciel : Est-il possible, s'écria-t-il, qu'un homme que je regardais comme mon bon ami, m'ait fait une infidélité si insigne!

Ali Cogia, sensiblement alarmé par la crainte d'avoir fait une perte si considérable, revient chez le marchand. Mon ami, lui dit-il, ne soyez pas surpris de ce que je reviens sur mes pas : j'avoue que j'ai reconnu le vase d'olives que j'ai repris dans votre magasin pour celui que j'y avais mis: mais avec les olives, j'y avais mis mille pièces d'or que je n'y trouve pas. Peut-être en avez-vous eu besoin, et que vous

vous en êtes servi pour votre négoce. Si cela est, elles sont à votre service. Je vous prie seulement de me tirer hors de peine et de m'en donner une reconnaissance, après quoi vous me les rendrez à votre commodité.

Le marchand, qui s'était attendu qu'Ali Cogia viendrait lui faire ce compliment, avait médité aussi ce qu'il devait lui répondre : Ali Cogia, mon ami, dit-il, quand vous m'avez apporté votre vase d'olives, y ai-je touché? Ne vous ai-je pas donné la clef de mon magasin? ne l'y avez-vous pas porté vous-même, et ne l'avez-vous pas retrouvé à la même place où vous l'aviez mis, dans le même état et couvert de même? Si vous y aviez mis de l'or, vous devez l'y avoir trouvé. Vous m'avez dit qu'il y avait des olives, je l'ai cru. Voilà tout ce que j'en sais. Vous m'en croirez si vous voulez; mais je n'y ai pas touché.

Ali Cogia prit toutes les voies de douceur pour faire en sorte que le marchand se rendît justice à lui-même. Je n'aime, dit-il, que la paix, et je serais fâché d'en venir à des extrémités qui ne vous feraient pas honneur dans le monde, et dont je ne me servirais qu'avec un regret extrême. Songez que des marchands comme nous doivent abandonner tout intérêt pour conserver leur bonne réputation. Encore une fois, je serais au désespoir si votre opiniâtreté m'obligeait de prendre les voies de la justice, moi qui ai toujours mieux aimé perdre quelque chose de mon droit que d'y recourir.

Ali Cogia, reprit le marchand, vous convenez que vous avez mis chez moi un vase d'olives en dépôt; vous l'avez repris; vous l'avez emporté, et vous venez me demander mille pièces d'or! M'avez-vous dit qu'elles fussent dans le vase? J'ignore même qu'il y ait des olives; vous ne me les avez pas montrées. Je m'étonne que vous ne me demandiez des perles ou des diamants plutôt que de l'or. Croyez-moi, retirez-vous, et ne faites pas assembler le monde devant ma boutique.

Quelques uns s'y étaient déjà arrêtés : et ces dernières paroles du marchand, prononcées du ton d'un homme qui sortait hors des bornes de la modération, firent que non seulement il s'y en arrêta un plus grand nombre, mais même que les marchands voisins sortirent de leurs boutiques et vinrent pour prendre connaissance de la dispute qui était entre lui et Ali Cogia, et tâcher de les mettre d'accord. Quand Ali Cogia leur eut exposé le sujet, les plus apparents demandèrent au marchand ce qu'il avait à répondre.

Le marchand avoua qu'il avait gardé le vase d'Ali Cogia dans son magasin; mais il nia qu'il y eût touché, et il fit serment qu'il ne savait qu'il y eût des olives, que parcequ'Ali Cogia le lui avait dit, et qu'il les prenait tous à témoin de l'insulte qu'il venait lui faire jusque chez lui.

Vous vous l'attirez vous-même l'affront, dit alors Ali Cogia en prenant le marchand par le bras; mais puisque vous en usez si méchamment, je vous cite à la loi de Dieu : voyons si vous aurez le front de dire la même chose devant le cadi.

A cette sommation, à laquelle tout bon musulman doit obéir, à moins de se rendre rebelle à la religion, le marchand n'eut pas la hardiesse de faire résistance. Allons, dit-il, c'est ce que je demande ; nous verrons qui a tort, vous ou moi.

Ali Cogia mena le marchand devant le tribunal du cadi, où il l'accusa de lui avoir volé un dépôt de mille pièces d'or, en exposant le fait de la manière que nous venons de voir. Le cadi lui demanda s'il avait des témoins. Il répondit que c'était une précaution qu'il n'avait pas prise, parcequ'il avait cru que celui à qui il confiait son dépôt était son ami, et que jusqu'alors il l'avait reconnu pour honnête homme.

Le marchand ne dit autre chose pour sa défense que ce qu'il avait déja dit à Ali Cogia, et en présence de ses voisins; et il acheva en disant qu'il était prêt d'affirmer par serment, non seulement qu'il était faux qu'il eût pris les mille pièces d'or, comme on l'en accusait, mais même qu'il n'en avait aucune connaissance. Le cadi exigea de lui le serment; après quoi il le renvoya absous.

Ali Cogia, extrêmement mortifié de se voir condamné à une perte si considérable, protesta contre le jugement, en déclarant au cadi qu'il en porterait sa plainte au calife Haroun-al-Raschid, qui lui ferait justice; mais le cadi ne s'étonna point de la protestation, il la regarda comme l'effet du ressentiment ordinaire à tous ceux qui perdent leur procès, et il crut avoir fait son devoir en renvoyant absous un accusé contre lequel on ne lui avait pas produit de témoins.

Pendant que le marchand retournait chez lui en triomphant d'Ali Cogia avec la joie d'avoir ses mille pièces d'or à si bon marché, Ali Cogia alla dresser un placet; et dès le lendemain, après avoir pris le temps que le calife devait retourner de la mosquée après la prière du midi, il se mit dans une rue sur le chemin, et, dans le temps qu'il passait, il éleva le bras en tenant le placet à la main; et un officier chargé de cette fonction, qui marchait devant le calife et qui se détacha de son rang, vint le prendre pour le lui donner.

Comme Ali Cogia savait que la coutume du calife Haroun-al-Raschid, en rentrant dans son palais, était de lire lui-même les placets qu'on lui présentait de la sorte, il suivit la marche, entra dans le palais, et attendit que l'officier qui avait pris le placet, sortît de l'appartement du calife. En sortant, l'officier lui dit que le calife avait lu son placet, lui marqua l'heure à laquelle il lui donnerait audience le lendemain; et après avoir appris de lui la demeure du marchand, il envoya lui signifier de se trouver aussi le lendemain à la même heure.

Le soir du même jour, le calife avec le grand-visir Giafar, et Mesrour le chef des eunuques, l'un et l'autre déguisés comme lui, alla faire sa tournée dans la ville, comme j'ai déjà fait remarquer à votre majesté qu'il avait coutume de le faire de temps en temps.

En passant par une rue, le calife entendit du bruit, il pressa le pas, et il arriva à une porte qui donnait entrée dans une cour où dix ou douze enfants, qui n'étaient pas encore retirés, jouaient au clair de la lune; de quoi il s'aperçut en regardant par une fente.

Le calife, curieux de savoir à quel jeu ces enfants jouaient, s'assit sur un banc de pierre qui se trouva à propos à côté de la porte; et comme il continuait de regarder par la fente, il entendit qu'un des enfants, le plus vif et le plus éveillé de tous, dit aux autres : Jouons au cadi. Je suis le cadi : amenez-moi Ali Cogia et le marchand qui lui a volé mille pièces d'or.

A ces paroles de l'enfant, le calife se souvint du placet qui lui avait été présenté le même jour, et qu'il avait lu; et cela lui fit redoubler son attention, pour voir quel serait le succès du jugement.

Comme l'affaire d'Ali Cogia et du marchand était nouvelle, et qu'elle faisait grand bruit dans la ville de Bagdad, jusque parmi les enfants, les autres enfants acceptèrent la proposition avec joie, et convinrent du personnage que chacun devait jouer. Personne ne refusa à celui qui s'était offert de faire le cadi, d'en représenter le rôle. Quand il eut pris séance avec le semblant et la gravité d'un cadi, un autre, comme officier compétent du tribunal, lui en présenta deux, dont il appela l'un Ali Cogia, et l'autre le marchand contre qui Ali Cogia portait sa plainte.

Alors le feint cadi prit la parole; et en interrogeant gravement le feint Ali Cogia : Ali Cogia, dit-il, que demandez-vous au marchand que voilà?

Le feint Ali Cogia, après une profonde révérence, informa le feint cadi du fait de point en point; et en achevant, il conclut, en le suppliant, à ce qu'il lui plût interposer l'autorité de son jugement, pour empêcher qu'il ne fît une perte aussi considérable.

Le feint cadi, après avoir écouté le feint Ali Cogia, se

tourna du côté du feint marchand, et lui demanda pourquoi il ne rendait pas à Ali Cogia la somme qu'il lui demandait.

Le feint marchand apporta les mêmes raisons que le véritable avait alléguées devant le cadi de Bagdad; et il demanda de même à affirmer par serment que ce qu'il disait était la vérité.

N'allons pas si vite, reprit le feint cadi : avant que nous en venions à votre serment, je suis bien aise de voir le vase d'olives. Ali Cogia, ajouta-t-il, en s'adressant au feint marchand de ce nom, avez-vous apporté le vase? Comme il eut répondu qu'il ne l'avait pas apporté : Allez le prendre, reprit-il, apportez-le-moi.

Le feint Ali Cogia disparaît pour un moment; et en revenant, il feint de poser un vase devant le feint cadi, en disant que c'était le même vase qu'il avait mis chez l'accusé, et qu'il avait retiré de chez lui. Pour ne rien omettre de la formalité, le feint cadi demanda au feint marchand s'il le reconnaissait aussi pour le même vase. Et comme le feint marchand eut témoigné par son silence qu'il ne pouvait le nier, il commanda qu'on le découvrît. Le feint Ali Cogia fit semblant d'ôter le couvercle, et le feint cadi en faisant semblant de regarder le vase : Voilà de belles olives, dit-il, que j'en goûte. Il fit semblant d'en prendre une et d'en goûter, et il ajouta : Elles sont excellentes.

Mais, continua le feint cadi, il me semble que les olives gardées pendant sept ans ne devraient pas être si bonnes. Qu'on fasse venir des marchands d'olives, et qu'ils voient ce qui en est.

Deux enfants lui furent présentés en qualité de marchands d'olives. Etes-vous marchands d'olives? leur demanda le feint cadi. Comme ils eurent répondu que c'était leur profession : Dites-moi, reprit-il, savez-vous combien de temps des olives accommodées par des gens qui s'y entendent peuvent se conserver bonnes à manger? Seigneur, répondirent les feints machands, quelque peine que l'on prenne pour les garder, elles ne valent plus rien la troisième année : elles n'ont plus ni saveur ni couleur; elles ne sont bonnes qu'à jeter. Si cela est, reprit le feint cadi, voyez le vase que voilà, et dites-moi combien il y a de temps qu'on y a mis les olives qui y sont.

Les marchands feints firent semblant d'examiner les olives et d'en goûter, et témoignèrent au cadi qu'elles étaient récentes et bonnes.

Vous vous trompez, reprit le feint cadi : voilà Ali Cogia qui dit qu'il les a mises dans le vase il y a sept ans. Seigneur, repartirent les feints marchands appelés comme experts, ce que nous pouvons assurer, c'est que les olives sont de cette année, et nous maintenons que, de tous les marchands de Bagdad, il n'y en a pas un seul qui ne rende le même témoignage que nous.

Le feint marchand accusé par le feint Ali Cogia voulut ouvrir la bouche contre le témoignage des marchands experts; mais le feint cadi ne lui en donna pas le temps. Tais-toi, dit-il, tu es un voleur. Qu'on le pende! De la sorte, les enfants mirent fin à leur jeu avec une grande joie, en frappant des mains, et en se jetant sur le feint criminel, comme pour le mener pendre.

On ne peut exprimer combien le calife Haroun-al-Raschid admira la sagesse et l'esprit de l'enfant qui venait de rendre un jugement si sage sur l'affaire qui devait être plaidée devant lui le lendemain. En cessant de regarder par la fente, et en se levant, il demanda à son grand-visir, qui avait été attentif aussi à ce qui venait de se passer, s'il avait entendu le jugement que l'enfant venait de rendre, et ce qu'il en pensait. Commandeur des croyants, répondit le grand-visir Giafar, on ne peut être plus surpris que je le suis d'une si grande sagesse, dans un âge si peu avancé.

Mais, reprit le calife, sais-tu une chose, qui est que j'ai à prononcer demain sur la même affaire, et que le véritable

Ali Cogia m'en a présenté le placet aujourd'hui? Je l'apprends de votre majesté, répond le grand-visir. Crois-tu, reprit encore le calife, que je puisse en rendre un autre jugement que celui que nous venons d'entendre? Si l'affaire est la même, repartit le grand-visir, il ne me paraît pas que votre majesté puisse y procéder d'une autre manière, ni prononcer autrement. Remarque donc bien cette maison, lui dit le calife; et amène-moi demain l'enfant, afin qu'il juge la même affaire en ma présence. Mande aussi au cadi qui a renvoyé absous le marchand voleur de s'y trouver, afin qu'il apprenne son devoir de l'exemple d'un enfant, et qu'il se corrige. Je veux aussi que tu prennes le soin de faire avertir Ali Cogia d'apporter son vase d'olives, et que deux marchands d'olives se trouvent à mon audience. Le calife lui donna cet ordre en continuant sa tournée, qu'il acheva sans rencontrer autre chose qui méritât son attention.

Le lendemain, le grand-visir Giafar vint à la maison où le calife avait été témoin du jeu des enfants, et il demanda à parler au maître. Au défaut du maître, qui était sorti, on le fit parler à la maîtresse. Il lui demanda si elle avait des enfants. Elle répondit qu'elle en avait trois, et elle les fit venir devant lui. Mes enfants, leur demanda le grand-visir, qui de vous faisait le cadi hier au soir que vous jouiez ensemble? Le plus grand, qui était l'aîné, répondit que c'était lui; et comme il ignorait pourquoi il lui faisait cette demande, il changea de couleur. Mon fils, lui dit le grand-visir, venez avec moi, le Commandeur des croyants veut vous voir.

La mère fut dans une grande alarme, quand elle vit que le grand-visir voulait emmener son fils. Elle lui demanda : Seigneur, est-ce pour enlever mon fils que le Commandeur des croyants le demande? Le grand-visir la rassura, en lui promettant que son fils lui serait renvoyé en moins d'une heure, et qu'elle apprendrait à son retour le sujet pourquoi il était appelé, dont elle serait contente. Si cela est ainsi, seigneur, reprit la mère, permettez-moi qu'auparavant je lui fasse prendre un habit plus propre, et qui le rende plus digne de paraître devant le Commandeur des croyants. Et elle le lui fit prendre sans perdre de temps.

Le grand-visir emmena l'enfant, et il le présenta au calife à l'heure qu'il avait donnée à Ali Cogia et au marchand pour les entendre.

Le calife, qui vit l'enfant un peu interdit, et qui voulut le préparer à ce qu'il attendait de lui : Venez, mon fils, dit-il, approchez. Est-ce vous qui jugiez hier l'affaire d'Ali Cogia et du marchand qui lui a volé son or? Je vous ai vu, et je vous ai entendu : je suis bien content de vous. L'enfant ne se déconcerta pas; il répondit modestement que c'était lui. Mon fils, reprit le calife, je veux vous faire voir aujourd'hui le véritable Ali Cogia et le véritable marchand. Venez vous asseoir près de moi.

Alors le calife prit l'enfant par la main, monta et s'assit sur son trône; et quand il l'eut fait asseoir près de lui, il demanda où étaient les parties. On les fit avancer, et on les lui nomma pendant qu'ils se prosternaient et qu'ils frappaient de leur front le tapis qui couvrait le trône. Quand ils se furent relevés, le calife leur dit : Plaidez chacun votre cause : l'enfant que voici vous écoutera et vous fera justice; et s'il manque en quelque chose, j'y suppléerai.

Ali Cogia et le marchand parlèrent l'un après l'autre; et quand le marchand vint à demander à faire le même serment qu'il avait fait dans son premier jugement, l'enfant dit qu'il n'était pas encore temps, et qu'auparavant il était à propos de voir le vase d'olives.

A ces paroles, Ali Cogia présenta le vase, le posa aux pieds du calife, et le découvrit. Le calife regarda les olives, et il en prit une dont il goûta. Le vase fut donné à examiner aux marchands experts qui avaient été appelés, et leur rapport fut que les olives étaient bonnes, et de l'année. L'enfant leur dit qu'Ali Cogia assurait qu'elles y avaient été mises il y avait sept ans : à quoi ils firent la même réponse que les enfants feints marchands experts, comme nous l'avons vu.

Ici, quoique le marchand accusé vît bien que les deux marchands experts venaient de prononcer sa condamnation, il ne laissa pas néanmoins de vouloir alléguer quelque chose pour se justifier; mais l'enfant se garda bien de l'envoyer pendre; il regarda le calife : Commandeur des croyants, dit-il, ceci n'est pas un jeu : c'est à votre majesté de condamner à mort sérieusement, et non pas à moi, qui ne le fis hier que pour rire.

Le calife, instruit pleinement de la mauvaise foi du marchand, l'abandonna aux ministres de la justice pour le faire pendre; ce qui fut exécuté, après qu'il eut déclaré où il avait caché les mille pièces d'or, qui furent rendues à Ali Cogia. Ce monarque enfin, plein de justice et d'équité, après avoir averti le cadi qui avait rendu le premier jugement, lequel était présent, d'apprendre d'un enfant à être plus exact dans sa fonction, embrassa l'enfant et le renvoya avec une bourse de cent pièces d'or, qu'il lui fit donner pour marque de sa libéralité.

Histoire du cheval enchanté.

Scheherazade, en continuant de raconter au sultan des Indes ses histoires si agréables, et auxquelles il prenait un si grand plaisir, l'entretint de celle du cheval enchanté.

Sire, dit-elle, comme votre majesté ne l'ignore pas, le Nevroux, c'est-à-dire le nouveau jour qui est le premier de l'année et du printemps, ainsi nommé par excellence, est une fête si solennelle et si ancienne dans toute l'étendue de la Perse, dès les premiers temps même de l'idolâtrie, que la religion de notre prophète, toute pure qu'elle est, et que nous tenons pour la véritable, en s'y introduisant, n'a pu jusqu'à nos jours venir à bout de l'abolir, quoique l'on puisse dire qu'elle est toute païenne, et que les cérémonies qu'on y observe sont superstitieuses. Sans parler des grandes villes, il n'y en a ni petite, ni bourg, ni village, ni hameau, où elle ne soit célébrée avec des réjouissances extraordinaires.

Mais les réjouissances qui se font à la cour les surpassent toutes infiniment par la variété des spectacles surprenants et nouveaux, et les étrangers des états voisins, et même des plus éloignés, y sont attirés par les récompenses et par la libéralité des rois envers ceux qui excellent par leurs inventions et par leur industrie; de manière qu'on ne voit rien dans les autres parties du monde qui approche de cette magnificence.

Dans une de ces fêtes, après que les plus habiles et les plus ingénieux du pays, avec les étrangers qui s'étaient rendus à Schiraz, où la cour était alors, eurent donné au roi et à toute sa cour le divertissement de leurs spectacles, et que le roi leur eut fait ses largesses, à chacun selon ce qu'il avait mérité et ce qu'il avait fait paraître de plus extraordinaire, de plus merveilleux et de plus satisfaisant, ménagées avec une égalité qu'il n'y en avait pas un qui ne s'estimât dignement récompensé; dans le temps qu'il se préparait à se retirer et à congédier la grande assemblée, un Indien parut au pied de son trône, en faisant avancer un cheval sellé, bridé, et richement harnaché, représenté avec tant d'art, qu'à le voir on l'eût pris d'abord pour un véritable cheval.

L'Indien se prosterna devant le trône; et quand il se fut relevé, en montrant le cheval au roi : Sire, dit-il, quoique je me présente le dernier devant votre majesté pour entrer en lice, je puis l'assurer néanmoins que dans ce jour de fête elle n'a rien vu d'aussi merveilleux et d'aussi surprenant que le cheval sur lequel je la supplie de jeter les yeux.

Je ne vois dans ce cheval, lui dit le roi, autre chose que l'art et l'industrie de l'ouvrier à lui donner la ressemblance du naturel, qui lui a été possible. Mais un autre ouvrier pourrait en faire un semblable, qui le surpasserait même en perfection.

Sire, reprit l'Indien, ce n'est pas aussi par sa construction, ni par ce qu'il paraît à l'extérieur, que j'ai dessein de faire regarder mon cheval par votre majesté comme une merveille ; c'est par l'usage que j'en sais faire, et que tout homme comme moi peut en faire, par le secret que je puis lui communiquer. Quand je le monte, en quelque endroit de la terre, si éloigné qu'il puisse être, que je veuille me transporter par la région de l'air, je puis l'exécuter en très peu de temps. En peu de mots, sire, voilà en quoi consiste la merveille de mon cheval : merveille dont personne n'a jamais entendu parler, et dont je m'offre de faire voir l'expérience à votre majesté, si elle me le commande.

Le roi de Perse, qui était curieux de tout ce qui tenait du merveilleux, et qui, après tant de choses de cette nature qu'il avait vues, et qu'il avait cherché et desiré de voir, n'avait rien vu qui en approchât, ni entendu dire qu'on eût vu rien de semblable, dit à l'Indien qu'il n'y avait que l'expérience qu'il venait de lui proposer qui pouvait le convaincre de la prééminence de son cheval, et qu'il était prêt d'en voir la vérité.

L'Indien mit aussitôt le pied dans l'étrier, se jeta sur le cheval avec une grande légèreté ; et quand il eut mis le pied dans l'autre étrier, et qu'il se fut bien assuré sur la selle, il demanda au roi de Perse où il lui plaisait de l'envoyer.

Environ à trois lieues de Schiraz, il y avait une haute montagne qu'on découvrait à plein de la grande place où le roi de Perse était devant son palais, remplie de tout le peuple qui s'y était rendu. Vois-tu cette montagne? dit le roi en la montrant à l'Indien ; c'est où je souhaite que tu ailles : la distance n'est pas longue ; mais elle suffit pour faire juger de la diligence que tu feras pour aller et pour revenir. Et parcequ'il n'est pas possible de te conduire des yeux jusquelà, pour marque certaine que tu y seras allé, j'entends que tu m'apportes une palme d'un palmier qui est au pied de la montagne.

A peine le roi de Perse eut achevé de déclarer sa volonté

par ces paroles, que l'Indien ne fit que tourner une cheville, qui s'élevait un peu au défaut du cou du cheval, en approchant du pommeau de la selle. Dans l'instant le cheval s'éleva de terre, et enleva le cavalier en l'air comme un éclair, si haut, qu'en peu de moments ceux qui avaient les yeux les plus perçants le perdirent de vue; et cela se fit avec une grande admiration du roi et de ses courtisans, et de grands cris d'étonnement de la part de tous les spectateurs assemblés.

Il n'y avait presque pas un quart d'heure que l'Indien était parti, quand on l'aperçut au haut de l'air qui revenait la palme à la main. On le vit enfin arriver au-dessus de la place, où il fit plusieurs caracoles aux acclamations de joie du peuple qui lui applaudissait, jusqu'à ce qu'il vînt se poser devant le trône du roi, à la même place d'où il était parti, sans aucune secousse du cheval qui pût l'incommoder. Il mit pied à terre; et en s'approchant du trône, il se prosterna, et il posa la palme aux pieds du roi.

Le roi de Perse, qui fut témoin, avec non moins d'admiration que d'étonnement, du spectacle inouï que l'Indien venait de lui donner, conçut en même temps une forte envie de posséder le cheval; et comme il se persuadait qu'il ne trouverait pas de difficultés à en traiter avec l'Indien, quelque somme qu'il lui en demandât, résolu de la lui accorder, il le regardait déjà comme la pièce la plus précieuse qu'il aurait dans son trésor, dont il comptait de l'enrichir.

A juger de ton cheval par son apparence extérieure, dit-il à l'Indien, je ne comprenais pas qu'il dût être considéré autant que tu viens de me faire voir qu'il le mérite. Je t'ai obligation de m'avoir désabusé; et pour te marquer combien j'en fais d'estime, je suis prêt de l'acheter s'il est à vendre.

Sire, reprit l'Indien, je n'ai pas douté que votre majesté, qui passe entre tous les rois qui règnent aujourd'hui sur la terre, pour celui qui sait juger le mieux de toutes choses et les estimer selon leur juste valeur, rendrait à mon cheval la justice qu'elle lui rend, dès que je lui aurais fait connaître par où il était digne de son attention. J'avais même prévu qu'elle ne se contenterait pas de l'admirer et de le louer, mais même qu'elle desirerait d'abord d'en être possesseur, comme elle vient de me le témoigner. De mon côté, sire, quoique j'en connaisse le prix autant qu'on peut le connaître, et que sa possession me donne un relief pour rendre mon nom immortel dans le monde, je n'y ai pas néanmoins une attache si forte, que je ne veuille bien m'en priver pour satisfaire la noble passion de votre majesté. Mais en lui faisant cette déclaration, j'en ai une autre à lui faire touchant la condition sans laquelle je ne puis me résoudre à le laisser passer en d'autres mains, qu'elle ne prendra peut-être pas en bonne part. Votre majesté aura donc pour agréable, continua l'Indien, que je lui marque que je n'ai pas acheté ce cheval : je ne l'ai obtenu de l'inventeur et du fabricateur, qu'en lui donnant en mariage ma fille unique qu'il me demanda ; et en même temps il exigea de moi que je ne le vendrais pas, et que, si j'avais à lui donner un autre possesseur, ce serait par un échange tel que je le jugerais à propos.

L'Indien voulait poursuivre ; mais au mot d'échange, le roi de Perse l'interrompit : Je suis prêt, repartit-il, de t'accorder tel échange que tu me demanderas. Tu sais que mon royaume est grand, qu'il est rempli de grandes villes, puissantes, riches et peuplées. Je laisse à ton choix celle qu'il te plaira de choisir en pleine puissance et souveraineté pour le reste de tes jours.

Cet échange parut véritablement royal à toute la cour de Perse; mais il était fort au-dessous de ce que l'Indien s'était proposé. Il avait porté ses vues à quelque chose de beaucoup plus élevé. Il répondit au roi : Sire, je suis infiniment obligé à votre majesté de l'offre qu'elle me fait, et je ne puis assez la remercier de sa générosité. Je la supplie néanmoins de ne pas s'offenser si je prends la hardiesse de lui témoigner que je ne puis mettre mon cheval en sa possession, qu'en recevant de sa main la princesse sa fille pour épouse. Je suis résolu de n'en perdre la propriété qu'à ce prix.

Les courtisans qui environnaient le roi de Perse ne purent s'empêcher de faire un grand éclat de rire à la demande extravagante de l'Indien. Mais le prince Firouz Schah, fils aîné du roi, et héritier présomptif du royaume, ne l'entendit qu'avec indignation. Le roi pensa tout autrement, et il crut qu'il pouvait sacrifier la princesse de Perse à l'Indien pour satisfaire sa curiosité. Il balança néanmoins, savoir s'il devait prendre ce parti.

Le prince Firouz Schah, qui vit que le roi son père hésitait sur la réponse qu'il devait faire à l'Indien, craignit qu'il ne lui accordât ce qu'il demandait : chose qu'il eût regardée comme également injurieuse à la dignité royale, à la princesse sa sœur, et à sa propre personne. Il prit donc la parole, et en le prévenant : Sire, dit-il, que votre majesté me pardonne si j'ose lui demander s'il est possible qu'elle balance un moment sur le refus qu'elle doit faire à la demande insolente d'un homme de rien et d'un bateleur infâme, et qu'elle lui donne lieu de se flatter un moment qu'il va entrer dans l'alliance d'un des plus puissants monarques de la terre. Je la supplie de considérer ce qu'elle se doit, non seulement à soi-même, mais même à son sang et à la haute noblesse de ses aïeux.

Mon fils, reprit le roi de Perse, je prends votre remontrance en bonne part, et je vous sais bon gré du zèle que vous témoignez pour vous conserver l'éclat de votre naissance dans le même état que vous l'avez reçu; mais vous ne considérez pas assez l'excellence de ce cheval, ni que l'Indien qui me propose cette voie pour l'acquérir, peut, si je le rebute, aller faire la même proposition ailleurs, où l'on passera par-dessus le point d'honneur, et que je serais au désespoir si un autre monarque pouvait se vanter de m'avoir surpassé en générosité, et de m'avoir privé de la gloire de posséder le cheval, que j'estime la chose la plus singulière et la plus digne d'admiration qu'il y ait au monde. Je ne veux pas dire néanmoins que je consente à lui accorder ce qu'il demande. Peut-être n'est-il pas bien d'accord avec lui-même, sur l'exorbitance de sa prétention; et que, la princesse ma fille à part, je ferai telle autre convention qu'il voudra. Mais avant que je vienne à la dernière discussion du marché, je suis bien aise que vous examiniez le cheval, et que vous en fassiez l'essai vous-même, afin que vous m'en disiez votre sentiment. Je ne doute pas qu'il ne veuille bien le permettre.

Comme il est naturel de se flatter dans ce que l'on souhaite, l'Indien, qui crut entrevoir dans le discours qu'il venait d'entendre que le roi de Perse n'était pas absolument éloigné de le recevoir dans son alliance, en acceptant le cheval à ce prix, et que le prince, au lieu de lui être contraire, comme il venait de le faire paraître, pourrait lui devenir favorable, loin de s'opposer au desir du roi, en témoigna de la joie; et pour marque qu'il y consentait avec plaisir, il prévint le prince en s'approchant du cheval, prêt à l'aider à le monter, et l'avertit ensuite de ce qu'il fallait qu'il fît pour le bien gouverner.

Le prince Firouz Schah, avec une adresse merveilleuse, monta le cheval sans le secours de l'Indien; et il n'eut pas plus tôt le pied assuré dans l'un et l'autre étrier, que, sans attendre aucun avis de l'Indien, il tourna la cheville qu'il lui avait vu tourner peu de temps auparavant lorsqu'il l'avait monté. Du moment qu'il l'eut retournée, le cheval l'enleva avec la même vitesse qu'une flèche tirée par l'archer le plus fort et le plus adroit; et de la sorte, en peu de moments, le roi, toute la cour, et toute la nombreuse assemblée le perdirent de vue.

Le cheval ni le prince Firouz Schah ne paraissaient plus dans l'air, et le roi de Perse faisait des efforts inutiles pour l'apercevoir, quand l'Indien, alarmé de ce qui venait d'arriver, se prosterna devant le trône, et obligea le roi de jeter les yeux sur lui, et de faire attention au discours qu'il lui tint en ces termes : Sire, dit-il, votre majesté elle-même a vu que le prince ne m'a pas permis, par sa promptitude, de lui donner l'instruction nécessaire pour gouverner mon cheval. Sur ce qu'il m'a vu faire, il a voulu marquer qu'il n'avait pas besoin de mon avis pour partir et s'élever en l'air; mais il ignore l'avis que j'avais à lui donner pour faire détourner le cheval en arrière, et pour le faire revenir au lieu d'où il est parti. Ainsi, sire, la grâce que je demande à votre majesté, c'est de ne me pas rendre garant de ce qui pourra arriver de sa personne. Elle est trop équitable pour m'imputer le malheur qui peut en arriver.

Le discours de l'Indien affligea fort le roi de Perse, qui comprit que le danger où était le prince son fils était inévitable, s'il était vrai, comme l'Indien le disait, qu'il y eût un secret pour faire revenir le cheval, différent de celui qui le faisait partir et élever en l'air. Il lui demanda pourquoi il ne l'avait pas rappelé dans le moment qu'il l'avait vu partir.

Sire, répondit l'Indien, votre majesté elle-même a été témoin de la rapidité avec laquelle le cheval et le prince ont été enlevés : la surprise où j'en ai été, et où j'en suis encore, m'a d'abord ôté la parole ; et quand j'ai été en état de m'en servir, il était déjà si éloigné, qu'il n'eût pas entendu ma voix ; et quand il l'eût entendue, il n'eût pu gouverner le cheval pour le faire revenir, puisqu'il n'en savait pas le secret, et qu'il ne s'est pas donné la patience de l'apprendre de moi. Mais, sire, ajouta-t-il, il y a lieu d'espérer néanmoins que le prince, dans l'embarras où il se trouvera, s'apercevra d'une autre cheville, et qu'en la tournant, le cheval aussitôt cessera de s'élever, et descendra du côté de la terre, où il pourra se poser en tel lieu convenable qu'il jugera à propos, en le gouvernant avec la bride.

Nonobstant le raisonnement de l'Indien, qui avait toute

l'apparence possible, le roi de Perse, alarmé du péril évident où était le prince son fils : Je suppose, reprit-il, chose néanmoins très incertaine, que le prince mon fils s'aperçoive de l'autre cheville, et qu'il en fasse l'usage que tu dis, le cheval, au lieu de descendre jusqu'en terre, ne peut-il pas tomber sur des rochers, ou se précipiter avec lui jusqu'au profond de la mer?

Sire, repartit l'Indien, je puis délivrer votre majesté de cette crainte, en l'assurant que le cheval passe les mers sans jamais y tomber, et qu'il porte toujours le cavalier où il a intention de se rendre; et votre majesté peut s'assurer que, pour peu que le prince s'aperçoive de l'autre cheville que j'ai dit, le cheval ne le portera qu'où il voudra se rendre; et il n'est pas croyable qu'il se rende ailleurs que dans un lieu où il pourra trouver du secours, et se faire connaître.

A ces paroles de l'Indien : Quoi qu'il en soit, répliqua le roi de Perse, comme je ne puis me fier à l'assurance que tu me donnes, ta tête me répondra de la vie de mon fils, si dans trois mois je ne le vois revenir sain et sauf, ou que je n'apprenne certainement qu'il soit vivant.

Il commanda qu'on s'assurât de sa personne, et qu'on le resserrât dans une prison étroite; après quoi il se retira dans son palais, extrêmement affligé de ce que la fête du Nevroux, si solennelle dans la Perse, se fût terminée d'une manière si triste pour lui et pour sa cour.

Le prince Firouz Schah cependant fut enlevé dans l'air avec la rapidité que nous avons dit, et en moins d'une heure il se vit si haut, qu'il ne distinguait plus rien sur la terre, où les montagnes et les vallées lui paraissaient confondues avec les plaines. Ce fut alors qu'il songea à revenir au lieu d'où il était parti. Pour y réussir, il s'imagina qu'à tourner la même cheville à contre-sens, et en tournant la bride en même temps, il y réussirait; mais son étonnement fut extrême, quand il vit que le cheval l'enlevait toujours avec la même rapidité. Il la tourna et retourna plusieurs fois, mais inutilement. Ce fut alors qu'il reconnut la grande faute qu'il avait commise, de ne pas prendre de l'Indien tous les renseignements nécessaires pour bien gouverner le cheval avant d'entreprendre de le monter. Il comprit dans le moment la grandeur du péril où il était ; mais cette connaissance ne lui fit pas perdre le jugement : il se recueillit en lui-même avec le bon sens dont il était capable ; et en examinant la tête et le cou du cheval avec attention, il aperçut une autre cheville plus petite et moins apparente que la première, à côté de l'oreille droite du cheval. Il tourna la cheville ; et dans le moment il remarqua qu'il descendait vers la terre, par une ligne semblable à celle par laquelle il avait monté, mais moins rapidement.

Il y avait une demi-heure que les ténèbres de la nuit couvraient la terre à l'endroit où le prince Firouz Schah se trouvait perpendiculairement, quand il tourna la cheville. Mais comme le cheval continua de descendre, le soleil se coucha aussi pour lui en peu de temps, jusqu'à ce qu'il se trouva entièrement dans les ténèbres de la nuit. De la sorte, loin de choisir un lieu où aller mettre pied à terre à sa commodité, il fut contraint de lâcher la bride sur le cou du cheval, en attendant avec patience qu'il achevât de descendre, non sans inquiétude du lieu où il s'arrêterait, savoir si ce serait un lieu habité, un désert, un fleuve ou la mer.

Le cheval enfin s'arrêta et se posa qu'il était plus de minuit ; et le prince Firouz Schah mit pied à terre, mais avec une grande faiblesse, qui venait de ce qu'il n'avait rien pris depuis le matin du jour qui venait de finir, avant qu'il sortît du palais avec le roi son père, pour assister au spectacle de la fête. La première chose qu'il fit dans l'obscurité de la nuit, fut de reconnaître le lieu où il était, et il se trouva sur le toit en terrasse d'un palais magnifique, couronné d'une balustrade de marbre à hauteur d'appui. En examinant la terrasse, il rencontra l'escalier par où l'on y montait du palais, dont la porte n'était pas fermée, mais entr'ouverte.

Tout autre que le prince Firouz Schah n'eût peut-être pas hasardé de descendre dans la grande obscurité qui régnait alors dans l'escalier, outre la difficulté qui se présentait, s'il trouverait amis ou ennemis : considération qui ne fut pas capable de l'arrêter. Je ne viens pas pour faire mal à personne, se dit-il à lui-même ; et apparemment ceux qui me verront les premiers, et qui ne me verront pas les armes à la main, auront l'humanité de m'écouter avant qu'ils attentent à ma vie. Il ouvrit la porte davantage sans faire de bruit, et il descendit de même avec grande précaution, pour s'empêcher de faire quelque faux pas, dont le bruit eût pu éveiller quelqu'un. Il réussit ; et dans un entrepôt de l'escalier, il trouva la porte ouverte d'une grande salle, où il y avait de la lumière.

Le prince Firouz Schah s'arrêta à la porte ; et en prêtant l'oreille, il n'entendit d'autre bruit que des gens qui dormaient profondément, et qui ronflaient en différentes manières. Il avança un peu dans la salle ; et, à la lumière d'une lanterne, il vit que ceux qui dormaient étaient des eunuques noirs, chacun avec le sabre nu près de soi ; et cela lui fit connaître que c'était la garde de l'appartement d'une reine ou d'une princesse, et il se trouva que c'était celui d'une princesse.

La chambre où couchait la princesse suivait après cette salle, et la porte qui était ouverte le faisait connaître à la grande lumière dont elle était éclairée, qui se laissait voir au travers d'une portière d'une étoffe de soie fort légère.

Le prince Firouz Schah s'avance jusqu'à la portière, le pied en l'air, sans éveiller les eunuques. Il l'ouvrit ; et quand il fut entré, sans s'arrêter à considérer la magnificence de la chambre, qui était toute royale, circonstance qui lui importait peu dans l'état où il était, il ne fit attention qu'à ce qui lui importait davantage. Il vit plusieurs lits, un seul sur le sofa, et les autres au bas. Des femmes de la princesse étaient couchées dans ceux-ci pour lui tenir compagnie et l'assister dans ses besoins, et la princesse dans le premier.

A cette distinction, le prince Firouz Schah ne se trompa pas dans le choix qu'il avait à faire pour s'adresser à la princesse elle-même. Il s'approcha de son lit sans l'éveiller, ni pas une de ses femmes. Quand il fut assez près, il vit une beauté si extraordinaire et si surprenante, qu'il en fut charmé et enflammé d'amour dès la première vue. Ciel! s'écria-t-il en lui-même, ma destinée m'a-t-elle amené en ce lieu pour me faire perdre ma liberté, que j'ai conservée entière jusqu'à présent? Ne dois-je pas m'attendre à un esclavage certain, dès qu'elle aura ouvert les yeux, si ces yeux, comme je dois m'y attendre, achèvent de donner le lustre et la perfection à un assemblage d'attraits et de charmes si merveilleux? Il faut bien m'y résoudre, puisque je ne puis reculer sans me rendre homicide de moi-même, et que la nécessité l'ordonne ainsi.

En achevant ces réflexions, par rapport à l'état où il se trouvait et à la beauté de la princesse, le prince Firouz Schah se mit sur les deux genoux, et en prenant l'extrémité de la manche pendante de la chemise de la princesse, d'où sortait un bras blanc comme de la neige et fait au tour, il la tira fort légèrement.

La princesse ouvrit les yeux; et dans la surprise où elle fut de voir devant elle un homme bien fait, bien mis, et de bonne mine, elle demeura interdite, sans donner néanmoins aucun signe de frayeur ou d'épouvante.

Le prince profita de ce moment favorable; il baissa la tête presque jusque sur le tapis de pied, et en la relevant: Respectable princesse, dit-il, par une aventure la plus extraordinaire et la plus merveilleuse qu'on puisse imaginer, vous voyez à vos pieds un prince suppliant, fils du roi de Perse, qui se trouvait hier au matin près du roi son père, au milieu des réjouissances d'une fête solennelle, et qui se trouve à l'heure qu'il est dans un pays inconnu, où il est en danger de périr si vous n'avez la bonté et la générosité de l'assister de votre secours et de votre protection. Je l'implore cette protection, adorable princesse, avec la confiance que vous ne me la refuserez pas. J'ose me le persuader avec d'autant plus de fondement, qu'il n'est pas possible que l'inhumanité se rencontre avec tant de beauté, tant de charmes et tant de majesté.

La princesse, à qui le prince Firouz Schah s'était adressé si heureusement, était la princesse de Bengale, fille aînée du roi du royaume de ce nom, qui lui avait fait bâtir ce palais peu éloigné de la capitale, où elle venait souvent prendre le divertissement de la campagne. Après qu'elle l'eut écouté avec toute la bonté qu'il pouvait desirer, elle lui répondit avec la même bonté. Prince, dit-elle, rassurez-vous ; vous n'êtes pas dans un pays barbare : l'hospitalité, l'humanité et la politesse ne règnent pas moins dans le royaume de Bengale que dans le royaume de Perse. Ce n'est pas moi qui vous accorde la protection que vous me demandez ; vous l'avez trouvée tout acquise non seulement dans mon palais, mais même dans tout le royaume : vous pouvez m'en croire et vous fier à ma parole.

Le prince de Perse voulait remercier la princesse de Bengale de son honnêteté, et de la grâce qu'elle venait de lui accorder si obligeamment, et il avait déja baissé la tête fort bas pour lui en faire son compliment ; mais elle ne lui donna pas le temps de parler. Quelque forte envie, ajouta-t-elle, que j'aie d'apprendre de vous par quelle merveille vous avez mis si peu de temps à venir de la capitale de Perse, et par quel enchantement vous avez pu pénétrer jusqu'à vous présenter devant moi si secrètement que vous avez trompé la vigilance de ma garde ; comme néanmoins il n'est pas possible que vous n'ayez besoin de nourriture, et en vous regardant en qualité d'un hôte qui est le bien venu, j'aime mieux remettre ma curiosité à demain matin, et donner ordre à mes femmes de vous loger dans une de mes chambres, de vous bien régaler, et de vous y laisser reposer et délasser, jusqu'à ce que vous soyez en état de satisfaire ma curiosité, et moi de vous entendre.

Les femmes de la princesse, qui s'étaient éveillées dès les premières paroles que le prince Firouz Schah avait adressées à la princesse leur maîtresse, avec un étonnement d'autant plus grand de le voir au chevet du lit de la princesse, qu'elles ne concevaient comment il avait pu y arriver sans les éveiller, ni elles ni les eunuques; ces femmes, dis-je, n'eurent pas plutôt compris l'intention de la princesse, qu'elles s'habillèrent en diligence, et qu'elles furent prêtes à exécuter ses ordres dans le moment qu'elle les leur eut donnés. Elles prirent chacune une des bougies en grand nombre qui éclairaient la chambre de la princesse; et quand le prince eut pris congé, en se retirant très respectueusement, elles marchèrent devant lui et le conduisirent dans une très belle chambre, où les unes lui préparèrent un lit, pendant que les autres allèrent à la cuisine et à l'office.

Quoiqu'à une heure indue, ces dernières femmes néanmoins de la princesse de Bengale ne firent pas attendre longtemps le prince Firouz Schah. Elles apportèrent plusieurs sortes de mets en grande affluence. Il choisit ce qu'il lui plut; et quand il eut mangé suffisamment, selon le besoin qu'il en avait, elles desservirent, et le laissèrent en liberté de se coucher, après lui avoir montré plusieurs armoires où il trouverait toutes les choses qui pouvaient lui être nécessaires.

La princesse de Bengale, remplie des charmes, de l'esprit, de la politesse et de toutes les autres belles qualités du prince de Perse, dont elle avait été frappée dans le peu d'entretien qu'elle venait d'avoir avec lui, n'avait encore pu se rendormir quand ses femmes rentrèrent dans sa chambre pour se coucher. Elle leur demanda si elles avaient eu bien soin de lui, si elles l'avaient laissé content, si rien ne lui manquait, et sur toutes choses ce qu'elles pensaient de ce prince.

Les femmes de la princesse, après l'avoir satisfaite sur les premiers articles, répondirent sur le dernier : Princesse, nous ne savons pas ce que vous en pensez vous-même. Pour nous, nous vous estimerions très heureuse si le roi votre père vous donnait pour époux un prince si aimable. Il n'y en a pas un à la cour de Bengale qui puisse lui être comparé, et nous n'apprenons pas aussi qu'il y en ait dans les états voisins qui soient dignes de vous.

Ce discours flatteur ne déplut pas à la princesse de Bengale ; mais comme elle ne voulait pas déclarer son sentiment, elle leur imposa silence. Vous êtes des conteuses, dit-elle ; recouchez-vous, et laissez-moi me rendormir.

Le lendemain, la première chose que fit la princesse quand elle fut levée, fut de se mettre à sa toilette. Jusqu'alors elle n'avait pas encore pris autant de peine qu'elle en prit ce jour-là pour se coiffer et s'ajuster, en consultant son miroir. Jamais ses femmes n'avaient eu besoin de plus de patience pour faire et défaire plusieurs fois la même chose, jusqu'à ce qu'elle fût contente.

Je n'ai pas déplu au prince de Perse en déshabillé, je m'en suis bien aperçue, disait-elle en elle-même : il verra autre chose quand je serai dans mes atours.

Elle s'orna la tête de diamants les plus gros et les plus brillants, avec un collier, des bracelets, et une ceinture de pierreries semblables, le tout d'un prix inestimable ; et l'habit qu'elle prit était d'une étoffe la plus riche de toutes les Indes, qu'on ne travaillait que pour les rois, les princes et les princesses, et d'une couleur qui achevait de la parer avec tous ses avantages. Après qu'elle eut encore consulté son miroir plusieurs fois, et qu'elle eut demandé à ses femmes, l'une après l'autre, s'il manquait quelque chose à son ajustement, elle envoya savoir si le prince de Perse était éveillé ; et au cas qu'il le fût, et habillé, comme elle ne doutait pas qu'il ne demandât de venir se présenter devant elle, de lui marquer qu'elle allait venir elle-même, et qu'elle avait ses raisons pour en user de la sorte.

Le prince de Perse qui avait gagné sur le jour ce qu'il avait perdu la nuit, et qui s'était remis parfaitement de son voyage pénible, venait d'achever de s'habiller, quand il reçut le bonjour de la princesse de Bengale par une de ses femmes.

Le prince, sans donner à la femme de la princesse le temps de lui faire part de ce qu'elle avait à lui dire, lui demanda si la princesse était en état qu'il pût lui rendre son devoir et ses respects. Mais quand la femme se fut acquittée auprès de lui de l'ordre qu'elle avait : La princesse, dit-il, est la maîtresse, et je ne suis chez elle que pour exécuter ses commandements.

La princesse de Bengale n'eut pas plus tôt appris que le prince de Perse l'attendait, qu'elle vint le trouver. Après les compliments réciproques de la part du prince, sur ce qu'il avait éveillé la princesse au plus fort de son sommeil, dont il lui demanda mille pardons, et de la part de la princesse, qui lui demanda comment il avait passé la nuit, et en quel état il se trouvait, la princesse s'assit sur le sofa, et le prince fit la même chose, en se plaçant à quelque distance par respect.

Alors la princesse, en prenant la parole : Prince, dit-elle, j'eusse pu vous recevoir dans la chambre où vous m'avez trouvée couchée cette nuit; mais comme le chef de mes eunuques a la liberté d'y entrer, et que jamais il ne pénètre ici sans ma permission, dans l'impatience où je suis d'apprendre de vous l'aventure surprenante qui me procure le bonheur de vous voir, j'ai mieux aimé venir vous en sommer ici, comme dans un lieu où ni vous ni moi ne serons pas interrompus. Obligez-moi donc, je vous en conjure, de me donner la satisfaction que je vous demande.

Pour satisfaire à la princesse de Bengale, le prince Firouz Schah commença son discours par la fête solennelle et annuelle du Nevroux, dans tout le royaume de Perse, avec le récit de tous les spectacles dignes de sa curiosité, qui avaient fait le divertissement de la cour de Perse, et presque généralement de la ville de Schiraz. Il vint ensuite au cheval enchanté, dont la description avec le récit des merveilles que l'Indien monté dessus avait fait voir devant une assemblée si célèbre, convainquit la princesse qu'on ne pouvait rien imaginer au monde de plus surprenant en ce genre. Princesse, continua le prince de Perse, vous jugez bien que le roi mon père, qui n'épargne aucune dépense pour augmenter ses trésors des choses les plus rares et les plus curieuses dont il peut avoir connaissance, doit avoir été enflammé d'un grand desir d'y ajouter un cheval de cette nature. Il le fut en effet, et il n'hésita pas à demander à l'Indien ce qu'il l'estimait.

La réponse de l'Indien fut des plus extravagantes. Il dit qu'il n'avait pas acheté le cheval; mais qu'il l'avait acquis en échange d'une fille unique qu'il avait, et que, comme il ne pouvait s'engager à s'en priver que sous une condition semblable, il ne pouvait le lui céder qu'en épousant, avec son consentement, la princesse ma sœur.

La foule des courtisans qui environnaient le trône du roi mon père, qui entendirent l'extravagance de cette proposition, s'en moquèrent hautement; et en mon particulier j'en conçus une indignation si grande qu'il ne me fut pas possible de la dissimuler, d'autant plus que je m'aperçus que le roi mon père balançait sur ce qu'il devait répondre. En effet, je crus voir le moment qu'il allait lui accorder ce qu'il demandait, si je ne lui eusse représenté vivement le tort qu'il allait faire à sa gloire. Ma remontrance néanmoins ne fut pas capable de lui faire abandonner entièrement le dessein de sacrifier la princesse ma sœur à un homme si méprisable. Il crut que je pourrais entrer dans son sentiment si une fois je pouvais comprendre comme lui, à ce qu'il s'imaginait, combien ce cheval était estimable par sa singularité. Dans cette vue, il voulut que je l'examinasse, que je le montasse, et que j'en fisse l'essai moi-même.

Pour complaire au roi mon père, je montai le cheval ; et dès que je fus dessus, comme j'avais vu l'Indien mettre la main à une cheville et la tourner pour se faire enlever avec le cheval, sans prendre d'autre renseignement de lui, je fis la même chose, et dans l'instant je fus enlevé en l'air d'une vitesse beaucoup plus grande que d'une flèche décochée par l'archer le plus robuste et le plus expérimenté.

En peu de temps je fus si fort éloigné de la terre, que je ne distinguais plus aucun objet, et il me semblait que j'approchais si fort de la voûte du ciel, que je craignais d'aller m'y briser la tête. Dans le mouvement rapide dont j'étais emporté, je fus longtemps comme hors de moi-même, et hors d'état de faire attention au danger présent auquel j'étais exposé en plusieurs manières. Je voulus tourner à contre-sens la cheville que j'avais tournée d'abord ; mais je n'en expérimentai pas l'effet que je m'étais attendu. Le cheval continua de m'emporter vers le ciel, et ainsi de m'éloigner de la terre de plus en plus. Je m'aperçus enfin d'une autre cheville : je la tournai ; et le cheval, au lieu de s'élever davantage, commença à décliner vers la terre ; et comme je me trouvai bientôt dans les ténèbres de la nuit, et qu'il n'était pas possible de gouverner le cheval pour me faire poser dans un lieu où je ne courusse pas de danger, je tins la bride en un même état, et je me remis à la volonté de Dieu sur ce qui pourrait arriver de mon sort.

Le cheval enfin se posa : je mis pied à terre ; et en examinant le lieu, je me trouvai sur la terrasse de ce palais. Je trouvai la porte de l'escalier qui était entr'ouverte, je descendis sans bruit, et une porte ouverte, avec un peu de lumière, se présenta devant moi. J'avançai la tête ; et comme j'eus vu des eunuques endormis, et une grande lumière au travers d'une portière, la nécessité pressante où j'étais, nonobstant le danger inévitable dont j'étais menacé si les eunuques se fussent éveillés, m'inspira la hardiesse, pour ne pas dire la témérité, d'avancer légèrement et d'ouvrir la portière.

Il n'est pas besoin, princesse, ajouta le prince, de vous dire le reste; vous le savez. Il ne me reste qu'à vous remercier de votre bonté et de votre générosité, et vous supplier de me marquer par quel endroit je puis vous témoigner ma reconnaissance d'un si grand bienfait, tel que vous en soyez satisfaite. Comme, selon le droit des gens, je suis déjà votre esclave, et que je ne puis plus vous offrir ma personne, il ne me reste plus que mon cœur. Que dis-je, princesse? il n'est plus à moi ce cœur, vous me l'avez ravi par vos charmes, et d'une manière que, bien loin de vous le redemander, je vous l'abandonne. Ainsi, permettez-moi de vous déclarer que je ne vous connais pas moins pour maîtresse de mon cœur que de mes volontés.

Ces dernières paroles du prince Firouz Schah furent prononcées d'un ton et d'un air qui ne laissèrent pas douter la princesse de Bengale un seul moment de l'effet qu'elle avait attendu de ses attraits. Elle ne fut pas scandalisée de la déclaration du prince de Perse, comme trop précipitée. Le rouge qui lui en monta au visage ne servit qu'à la rendre plus belle et plus aimable aux yeux du prince.

Quand le prince Firouz Schah eut achevé de parler : Prince, reprit la princesse de Bengale, si vous m'avez fait un plaisir des plus sensibles en me racontant les choses surprenantes et merveilleuses que je viens d'entendre, d'un autre côté, je n'ai pu vous regarder sans frayeur dans la plus haute région de l'air; et quoique j'eusse le bien de vous voir devant moi sain et sauf, je n'ai cessé néanmoins de craindre, que dans le moment où vous m'avez appris que le cheval de l'Indien était venu se poser si heureusement sur la terrasse de mon palais. La même chose pouvait arriver en mille autres endroits; mais je suis ravie de ce que le hasard m'a donné la préférence, et l'occasion de vous faire connaître que le même hasard pouvait vous adresser ailleurs, mais non pas où vous puissiez être reçu plus agréablement et avec plus de plaisir.

Ainsi, prince, je me tiendrais offensée très sensiblement si je voulais croire que la pensée que vous m'avez témoignée d'être mon esclave fût sérieuse, et que je ne l'attribuasse pas à votre honnêteté plutôt qu'à un sentiment sincère ; et la réception que je vous fis hier doit vous faire connaître suffisamment que vous n'êtes pas moins libre qu'au milieu de la cour de Perse.

Quant à votre cœur, ajouta la princesse de Bengale d'un ton qui ne marquait rien moins qu'un refus, comme je suis bien persuadée que vous n'avez pas attendu jusqu'à présent à en disposer, et que vous ne devez avoir fait choix que d'une princesse qui le mérite, je serais fort fâchée de vous donner lieu de lui faire une infidélité.

Le prince Firouz Schah voulut protester à la princesse de Bengale qu'il était venu de Perse maître de son cœur ; mais, dans le moment qu'il allait prendre la parole, une des femmes de la princesse, qui en avait l'ordre, vint avertir que le dîner était servi.

Cette interruption délivra le prince et la princesse d'une explication qui les eût embarrassés également, et dont ils n'avaient pas besoin. La princesse de Bengale demeura pleinement convaincue de la sincérité du prince de Perse ; et quant au prince, quoique la princesse ne se fût pas expliquée, il jugea néanmoins par ses paroles, et à la manière favorable dont il avait été écouté, qu'il avait lieu d'être content de son bonheur.

Comme la femme de la princesse tenait la portière ouverte, la princesse de Bengale, en se levant, dit au prince de Perse, qui fit la même chose, qu'elle n'avait pas coutume de dîner de si bonne heure ; mais, comme elle ne doutait pas qu'on ne lui eût fait faire un méchant souper, qu'elle avait donné ordre qu'on servît le dîner plus tôt qu'à l'ordinaire : et en disant ces paroles, elle le conduisit dans un salon magnifique, où la table était préparée et chargée d'une grande abondance d'excellents mets. Ils se mirent à table :

et dès qu'ils eurent pris place, des femmes esclaves de la princesse, en grand nombre, belles et richement habillées, commencèrent un concert agréable d'instruments et de voix, qui dura pendant tout le repas.

Comme le concert était des plus doux, et ménagé de manière qu'il n'empêchait pas le prince et la princesse de s'entretenir, ils passèrent une grande partie du repas, la princesse à servir le prince et à l'inviter de manger, et le prince, de son côté, à servir la princesse de ce qui lui paraissait le meilleur, afin de la prévenir avec des manières et des paroles qui lui attiraient de nouvelles honnêtetés et de nouveaux compliments de la part de la princesse; et dans ce commerce réciproque de civilités et d'attentions l'un pour l'autre, l'amour fit plus de progrès, de part et d'autre, qu'un tête-à-tête prémédité.

Le prince et la princesse se levèrent enfin de table. La princesse mena le prince de Perse dans un cabinet grand et magnifique par sa structure et par l'or et l'azur qui l'embellissaient avec symétrie, et richement meublé. Ils s'assirent sur le sofa, qui avait une vue très agréable sur le jardin du palais, qui fut admiré par le prince Firouz Schah, par la variété des fleurs, des arbustes et des arbres, tous différents de ceux de Perse, auxquels ils ne cédaient pas en beauté. En prenant occasion de lier la conversation avec la princesse par cet endroit : Princesse, dit-il, j'avais cru qu'il n'y avait au monde que la Perse où il y eût des palais superbes et des jardins admirables, dignes de la majesté des rois; mais je vois que partout où il y a de grands rois, les rois savent se faire bâtir des demeures convenables à leur grandeur et à leur puissance; et s'il y a de la différence dans la manière de bâtir et dans les accompagnements, elles se ressemblent dans la grandeur et dans la magnificence.

Prince, reprit la princesse de Bengale, comme je n'ai aucune idée des palais de Perse, je ne puis porter mon jugement sur la comparaison que vous en faites avec le mien, pour vous en dire mon sentiment ; mais quelque sincère que vous puissiez être, j'ai de la peine à me persuader qu'elle soit juste : vous voudrez bien que je croie que la complaisance y a beaucoup de part. Je ne veux pourtant pas mépriser mon palais devant vous : vous avez de trop bons yeux, et vous êtes d'un trop bon goût pour n'en pas juger sainement ; mais je vous assure que je le trouve très médiocre, quand je le mets en parallèle avec celui du roi mon père, qui le surpasse infiniment en grandeur, en beauté et en richesses. Vous m'en direz vous-même ce que vous en penserez quand vous l'aurez vu. Puisque le hasard vous a amené jusqu'à la capitale de ce royaume, je ne doute pas que vous ne vouliez bien le voir, et y saluer le roi mon père, afin qu'il vous rende les honneurs dus à un prince de votre rang et de votre mérite.

En faisant naître au prince de Perse la curiosité de voir le palais de Bengale et d'y saluer le roi son père, la princesse se flattait que, si elle pouvait y réussir, son père, en voyant un prince si bien fait, si sage et si accompli en toutes sortes de belles qualités, pourrait peut-être se résoudre à lui proposer une alliance, en offrant de la lui donner pour épouse ; et par là, comme elle était bien persuadée qu'elle n'était pas indifférente au prince, et que le prince ne refuserait pas d'entrer dans cette alliance, elle espérait de parvenir à l'accomplissement de ses souhaits, en gardant la bienséance convenable à une princesse qui voulait paraître être soumise aux volontés du roi son père. Mais le prince de Perse ne lui répondit pas sur cet article conformément à ce qu'elle en avait pensé.

Princesse, reprit le prince, le rapport que vous venez de me faire de la préférence du palais du roi de Bengale, que vous donnez au vôtre, me suffit pour ne pas faire difficulté de croire qu'il est sincère. Quant à la proposition que vous me faites de rendre mes respects au roi votre père, je me ferais non seulement un plaisir, mais même un grand honneur de m'en acquitter. Mais, princesse, ajouta-t-il, je vous en fais juge vous-même : me conseilleriez-vous de me présenter devant la majesté d'un si grand monarque comme un aventurier, sans suite et sans un train convenable à mon rang?

Prince, repartit la princesse, que cela ne vous fasse pas de peine ; vous n'avez qu'à vouloir : l'argent ne vous manquera pas pour vous faire tel train qu'il vous plaira, je vous en fournirai. Nous avons ici des négociants de votre nation en grand nombre ; vous pouvez en choisir autant que vous le jugerez à propos pour vous faire une maison qui vous fera honneur.

Le prince Firouz Schah pénétra l'intention de la princesse de Bengale ; et la marque sensible qu'elle lui donnait de son amour par cet endroit augmenta la passion qu'il avait conçue pour elle ; mais quelque forte qu'elle fût, elle ne lui fit pas oublier son devoir. Il lui répliqua sans hésiter :

Princesse, dit-il, j'accepterais de bon cœur l'offre obligeante que vous me faites, dont je ne puis assez vous marquer ma reconnaissance, si l'inquiétude où le roi mon père doit être de mon éloignement ne m'en empêchait absolument. Je serais indigne des bontés et de la tendresse qu'il a toujours eues pour moi, si je ne retournais au plus tôt, et ne me rendais auprès de lui pour les faire cesser. Je le connais ; et pendant que j'ai le bonheur de jouir de l'entretien d'une princesse si aimable, je suis persuadé qu'il est plongé dans des douleurs mortelles, et qu'il a perdu l'espérance de me revoir. J'espère que vous me ferez la justice de comprendre que je ne puis sans ingratitude, et même sans crime, me dispenser d'aller lui rendre la vie, dont un retour différé trop longtemps pourrait lui causer la perte.

Après cela, princesse, continua le prince de Perse, si vous me jugiez digne d'aspirer au bonheur de devenir votre époux, comme le roi mon père m'a toujours témoigné qu'il ne voulait pas me contraindre dans le choix d'une épouse, je n'aurais pas de peine à obtenir de lui de revenir, non pas en inconnu, mais en prince, demander de sa part au roi de Bengale de contracter alliance avec lui par notre mariage. Je suis persuadé qu'il s'y portera de lui-même dès que je l'aurai informé de la générosité avec laquelle vous m'avez accueilli dans ma disgrace.

De la manière que le prince de Perse venait de s'expliquer, la princesse de Bengale était trop raisonnable pour insister à lui persuader de se faire voir au roi de Bengale, et d'exiger de lui de rien faire contre son devoir et contre son honneur; mais elle fut alarmée du prompt départ qu'il méditait, à ce qu'il lui parut, et elle craignit, s'il prenait congé d'elle si tôt, que, bien loin de lui tenir la promesse qu'il lui faisait, il ne l'oubliât dès qu'il aurait cessé de la voir. Pour l'en détourner, elle lui dit : Prince, en vous faisant la proposition de contribuer à vous mettre en état de voir le roi mon père, mon intention n'a pas été de m'opposer à une excuse aussi légitime que celle que vous m'apportez, et que je n'avais pas prévue. Je me rendrais complice moi-même de la faute que vous commettriez, si j'en avais la pensée; mais je ne puis approuver que vous songiez à partir aussi promptement que vous semblez vous le proposer. Accordez au moins à mes prières la grace que je vous demande, de vous donner le temps de vous reconnaître; et puisque mon bonheur a voulu que vous soyez arrivé dans le royaume de Bengale plutôt qu'au milieu d'un désert, ou que sur le sommet d'une montagne si escarpée qu'il vous eût été impossible d'en descendre, d'y faire un séjour suffisant pour en porter des nouvelles un peu détaillées à la cour de Perse.

Ce discours de la princesse de Bengale avait pour but que le prince Firouz, en faisant avec elle un séjour de quelque durée, devînt insensiblement plus passionné pour ses charmes, dans l'espérance que par ce moyen l'ardent désir qu'elle apercevait en lui de retourner en Perse se ralentirait, et qu'alors il pourrait se déterminer à paraître en public et à se faire voir au roi de Bengale. Le prince de Perse ne put honnêtement lui refuser la grace qu'elle lui demandait, après la réception et l'accueil favorable qu'il en avait reçu. Il eut la complaisance d'y condescendre; et la princesse ne songea plus qu'à lui rendre son séjour agréable par tous les divertissements qu'elle put imaginer.

Pendant plusieurs jours ce ne furent que fêtes, que bals, que concerts, que festins ou collations magnifiques, que promenades dans le jardin, et que chasses dans le parc du palais, où il y avait toutes sortes de bêtes fauves, de cerfs, biches, daims, chevreuils, et d'autres semblables, particulières au royaume de Bengale, dont la chasse, non dangereuse, pouvait convenir à la princesse.

A la fin de ces chasses, le prince et la princesse se rejoignaient dans quelque bel endroit du parc, où on leur étendait un grand tapis avec des coussins, afin qu'ils fussent assis plus commodément. Là, en reprenant leurs esprits, et en se remettant de l'exercice violent qu'ils venaient de se donner, ils s'entretenaient sur divers sujets. Sur toutes choses, la princesse de Bengale prenait un grand soin de faire tomber la conversation sur la grandeur, la puissance, les richesses et le gouvernement de la Perse, afin que du discours du prince Firouz Schah elle pût à son tour prendre occasion de lui parler du royaume de Bengale et de ses avantages, et par là gagner sur son esprit de le faire résoudre à s'y arrêter; mais il arriva le contraire de ce qu'elle s'était proposé.

En effet, le prince de Perse, sans rien exagérer, lui fit un détail si avantageux de la grandeur du royaume de Perse, de la magnificence et de l'opulence qui y régnaient, de ses forces militaires, de son commerce par terre et par mer jusqu'aux pays les plus éloignés, dont quelques uns lui étaient inconnus, et de la multitude de ses grandes villes, presque aussi peuplées que celle qu'il avait choisie pour sa résidence, où il avait même des palais tout meublés, prêts à le recevoir selon les différentes saisons, de manière qu'il était à son choix de jouir d'un printemps perpétuel, qu'avant qu'il eût achevé, la princesse regarda le royaume de Bengale comme de beaucoup inférieur à celui de Perse par plusieurs endroits. Il arriva même que, quand il eut fini son discours, et qu'il l'eut priée de l'entretenir à son tour des avantages du royaume de Bengale, elle ne put s'y résoudre qu'après plusieurs instances de la part du prince.

La princesse de Bengale donna donc cette satisfaction au prince Firouz Schah, mais en diminuant plusieurs avantages par où il était constant que le royaume de Bengale surpassait le royaume de Perse. Elle lui fit si bien connaître la disposition où elle était de l'y accompagner, qu'il jugea qu'elle pourrait y consentir à la première proposition qu'il lui en ferait; mais il crut qu'il ne serait à propos de la lui faire que quand il aurait eu la complaisance de demeurer avec elle assez de temps pour la mettre dans son tort au cas qu'elle voulût le retenir un peu plus longtemps, et l'empêcher de satisfaire au devoir indispensable de se rendre auprès du roi son père.

Pendant deux mois entiers le prince Firouz Schah s'abandonna entièrement aux volontés de la princesse de Bengale, en se présentant à tous les divertissements qu'elle put imaginer, et qu'elle voulut bien lui donner, comme si jamais il n'eût dû faire autre chose que de passer la vie avec elle de la sorte. Mais dès que ce terme fut écoulé, il lui déclara sérieusement qu'il n'y avait que trop longtemps qu'il manquait à son devoir, et il la pria de lui accorder enfin la liberté de s'en acquitter, en lui répétant la promesse qu'il lui avait déjà faite de revenir incessamment, et dans un équipage digne d'elle et digne de lui, la demander en mariage dans les formes au roi de Bengale.

Princesse, ajouta le prince, mes paroles peut-être vous seront suspectes, et que, sur la permission que je vous demande, vous m'avez déjà mis au rang de ces faux amants qui mettent l'objet de leur amour en oubli dès qu'ils en sont éloignés; mais pour marque de la passion non feinte et non simulée avec laquelle je suis persuadé que la vie ne me peut être agréable qu'avec une princesse aussi aimable que vous l'êtes, et qui m'aime, comme je ne veux pas en douter, j'oserais vous demander la grace de vous emmener avec moi, si je ne craignais que vous ne prissiez ma demande pour une offense.

Comme le prince Firouz Schah se fut aperçu que la princesse avait rougi à ces dernières paroles, et que, sans aucune marque de colère, elle hésitait sur le parti qu'elle devait prendre : Princesse, continua-t-il, pour ce qui est du consentement du roi mon père, et de l'accueil avec lequel il vous recevra dans son alliance, je puis vous en assurer. Quant à ce qui regarde le roi de Bengale, après les marques de tendresse, d'amitié et de considération qu'il a toujours eues et qu'il conserve encore pour vous, il faudrait qu'il fût tout autre que vous ne me l'avez dépeint, c'est-à-dire ennemi de votre repos et de votre bonheur, s'il ne recevait avec bienveillance l'ambassade que le roi mon père lui enverrait, pour obtenir de lui l'approbation de notre mariage.

La princesse de Bengale ne répondit rien à ce discours du prince de Perse; mais son silence et ses yeux baissés lui firent connaître mieux qu'aucune autre déclaration, qu'elle n'avait pas de répugnance à l'accompagner en Perse, et qu'elle y consentait. La seule difficulté qu'elle parut y trouver fut que le prince de Perse ne fût pas assez expérimenté pour gouverner le cheval, et qu'elle craignait de se trouver avec lui dans le même embarras que quand il en avait fait l'essai. Mais le prince Firouz Schah la délivra si bien de cette crainte, en lui persuadant qu'elle pouvait s'en fier à lui, et qu'après ce qui lui était arrivé, il pouvait défier l'Indien même de le gouverner avec plus d'adresse que lui, qu'elle ne songea plus qu'à prendre avec lui des mesures pour partir si secrètement, que personne de son palais ne pût avoir le moindre soupçon de leur dessein.

Elle réussit; et dès le lendemain matin, un peu avant la pointe du jour, que tout son palais était encore enseveli dans un profond sommeil, comme elle se fut rendue sur la terrasse avec le prince, le prince tourna le cheval du côté de la Perse, dans un endroit où la princesse pouvait elle-même s'asseoir en croupe aisément. Il monta le premier, et quand la princesse se fut assise derrière lui à sa commodité, qu'elle l'eut embrassé de la main, pour une plus grande sûreté, et qu'elle lui eut marqué qu'il pouvait partir, il tourna la même cheville qu'il avait tournée dans la capitale de Perse, et le cheval les enleva en l'air.

Le cheval fit sa diligence ordinaire; et le prince Firouz Schah le gouverna de manière qu'environ en deux heures et demie il découvrit la capitale de la Perse. Il n'alla pas descendre dans la grande place d'où il était parti, ni dans le palais du sultan, mais dans un palais de plaisance, peu éloigné de la ville. Il mena la princesse dans le plus bel appartement, où il lui dit que pour lui faire rendre les honneurs qui lui étaient dus, il allait avertir le sultan son père de leur arrivée, et qu'elle le reverrait incessamment; que cependant il donnait ordre au concierge du palais, qui était présent, de ne lui laisser manquer de rien de toutes les choses dont elle pouvait avoir besoin.

Après avoir laissé la princesse dans l'appartement, le prince Firouz Schah commanda au concierge de lui faire seller un cheval. Le cheval lui fut amené, il le monta; et après avoir renvoyé le concierge auprès de la princesse, avec ordre, sur toutes choses, de la faire déjeuner de ce qui pouvait lui être servi le plus promptement, il partit, et dans le chemin et dans les rues de la ville par où il passa pour se rendre au palais, il fut reçu aux acclamations du peuple, qui changea sa tristesse en joie, après avoir désespéré de le revoir jamais, depuis qu'il avait disparu. Le sultan son père donnait audience quand il se présenta devant lui au milieu de son conseil, qui était tout en habit de deuil, comme le sultan, depuis le jour que le cheval l'avait emporté. Il le reçut en l'embrassant avec des larmes de joie et de tendresse ; il lui demanda avec empressement ce que le cheval de l'Indien était devenu.

Cette demande donna lieu au prince de prendre l'occasion de raconter au sultan son père l'embarras et le danger où il s'était trouvé après que le cheval l'eut enlevé dans l'air, de quelle manière il s'en était tiré, et comment il était arrivé ensuite au palais de la princesse de Bengale; la bonne réception qu'elle lui avait faite; le motif qui l'avait obligé de faire avec elle un plus long séjour qu'il ne devait, et la complaisance qu'elle avait eue de ne le pas désobliger, jusqu'à obtenir d'elle enfin de venir en Perse avec lui, après lui avoir promis de l'épouser. Et, sire, ajouta le prince en achevant, après lui avoir promis en même temps que vous ne me refuseriez pas votre consentement, je viens de l'amener avec moi sur le cheval de l'Indien. Elle attend dans un des palais de plaisance de votre majesté, où je l'ai laissée, que j'aille lui annoncer que je ne lui en ai pas fait la promesse en vain.

A ces paroles, le prince se prosterna devant le sultan son père pour le fléchir ; mais le sultan l'en empêcha, il le retint, et en l'embrassant une seconde fois : Mon fils, dit-il, non seulement je consens à votre mariage avec la princesse de Bengale, je veux même aller au-devant d'elle en personne, la remercier de l'obligation que je lui ai en mon particulier, l'amener dans mon palais, et célébrer ses noces dès aujourd'hui.

Ainsi le sultan, après avoir donné les ordres pour l'entrée qu'il voulait faire à la princesse de Bengale, ordonna que l'on quittât l'habit de deuil, et que les réjouissances commençassent par le concert des timbales, des trompettes et des tambours, avec les autres instruments guerriers; il commanda qu'on allât faire sortir l'Indien de prison, et qu'on le lui amenât.

L'Indien lui fut amené; et quand on le lui eut présenté :
Je m'étais assuré de ta personne, lui dit le sultan, afin que
ta vie, qui cependant n'eût pas été une victime suffisante,
ni à ma colère, ni à ma douleur, me répondît de celle du
prince mon fils. Rends graces à Dieu de ce que je l'ai retrouvé. Va, reprends ton cheval, et ne parais plus devant
moi.

Quand l'Indien fut hors de la présence du sultan de Perse,
comme il avait appris de ceux qui étaient venus le délivrer
de prison que le prince Firouz Schah était de retour avec la
princesse qu'il avait amenée avec lui sur le cheval enchanté,
le lieu où il avait mis pied à terre, et où il l'avait laissée, et
que le sultan se disposait à aller la prendre et l'amener à son
palais, il n'hésita pas à le devancer, lui et le prince de Perse,
et sans perdre de temps il se rendit en diligence au palais
de plaisance; et en s'adressant au concierge, il dit qu'il venait de la part du sultan et du prince de Perse, pour prendre
la princesse de Bengale en croupe sur le cheval, et la mener
en l'air au sultan qui l'attendait, disait-il, dans la place de
son palais pour la recevoir, et donner ce spectacle à sa cour
et à la ville de Schiraz.

L'Indien était connu du concierge, qui savait que le sultan l'avait fait arrêter; et le concierge fit d'autant moins de
difficulté à ajouter foi à sa parole, qu'il le voyait en liberté.
Il se présenta à la princesse de Bengale, et la princesse n'eut
pas plus tôt appris qu'il venait particulièrement de la part
du prince de Perse, qu'elle consentit à ce que le prince souhaitait, comme elle se le persuadait.

L'Indien, ravi en lui-même de la facilité qu'il trouvait à
faire réussir sa méchanceté, monta le cheval, prit la princesse en croupe avec l'aide du concierge : il tourna la cheville, et aussitôt le cheval les enleva, lui et la princesse, au
plus haut de l'air.

Dans le même moment, le sultan de Perse, suivi de sa
cour, sortait de son palais pour se rendre au palais de plai-

sance, et le prince de Perse venait de prendre le devant pour préparer la princesse de Bengale à le recevoir, comme l'Indien affectait de passer au-dessus de la ville avec sa proie, pour braver le sultan et le prince, et pour se venger du traitement injuste qui lui avait été fait, comme il le prétendait.

Quand le sultan de Perse eut aperçu le ravisseur, qu'il ne méconnut pas, il s'arrêta avec un étonnement d'autant plus sensible et plus affligeant, qu'il n'était pas possible de le faire repentir de l'affront insigne qu'il lui faisait avec un si grand éclat. Il le chargea de mille imprécations avec ses courtisans, et avec tous ceux qui furent témoins d'une insolence si signalée, et de cette méchanceté sans égale.

L'Indien, peu touché de ces malédictions, dont le bruit arriva jusqu'à lui, continua sa route pendant que le sultan de Perse rentra dans le palais, extrêmement mortifié de recevoir une injure aussi atroce, et de se voir dans l'impuissance d'en punir l'auteur.

Mais quelle fut la douleur du prince Firouz Schah, quand il vit qu'à ses propres yeux, sans pouvoir y apporter empêchement, l'Indien lui enlevait la princesse de Bengale, qu'il aimait si passionnément, qu'il ne pouvait plus vivre sans elle. A cet objet auquel il ne s'était pas attendu, il demeura comme immobile; et avant qu'il eût délibéré s'il se déchaînerait en injures contre l'Indien, ou s'il plaindrait le sort déplorable de la princesse, et s'il lui demanderait pardon du peu de précaution qu'il avait pris pour se la conserver, elle qui s'était livrée à lui d'une manière qui marquait si bien combien il en était aimé, le cheval qui emportait l'un et l'autre avec une rapidité incroyable, les avait dérobés à sa vue. Quel parti prendre? Retournera-t-il au palais du sultan son père, se renfermer dans son appartement, pour se plonger dans l'affliction, sans se donner aucun mouvement à la poursuite du ravisseur, pour délivrer sa princesse de ses mains et le punir comme il le méritait? Sa générosité, son amour, son courage, ne le permettent pas. Il continue son chemin jusqu'au palais de plaisance.

A l'arrivée du prince, le concierge qui s'était aperçu de sa crédulité, et qu'il s'était laissé tromper par l'Indien, se présente devant lui les larmes aux yeux, se jette à ses pieds, s'accuse lui-même du crime qu'il croit avoir commis, et se condamne à la mort qu'il attend de sa main.

Lève-toi, lui dit le prince; ce n'est pas à toi que j'impute l'enlèvement de ma princesse, je ne l'impute qu'à moi-même et qu'à ma simplicité. Sans perdre de temps, va me chercher un habillement de derviche, et prends garde de dire que c'est pour moi.

Peu loin du palais de plaisance, il y avait un couvent de derviches, dont le scheik ou supérieur était ami du concierge. Le concierge alla le trouver ; et en lui faisant une fausse confidence de la disgrace d'un officier de considération de la cour, auquel il avait de grandes obligations, et qu'il était bien aise de favoriser pour lui donner lieu de se soustraire à la colère du sultan, il n'eut pas de peine à obtenir ce qu'il demandait; il apporta l'habillement complet du derviche au prince Firouz Schah. Le prince Firouz Schah s'en revêtit, après s'être dépouillé du sien. Déguisé de la sorte, et, pour la dépense et pour le besoin du voyage qu'il allait entreprendre, muni d'une boîte de perles et de diamants qu'il avait apportée pour en faire présent à la princesse de Bengale, il sortit du palais de plaisance à l'entrée de la nuit, et incertain de la route qu'il devait prendre; mais résolu de ne pas revenir qu'il n'eût retrouvé sa princesse, et qu'il ne la ramenât, il se mit en chemin.

Revenons à l'Indien : il gouverna le cheval enchanté de manière que le même jour il arriva de bonne heure dans un bois près de la capitale du royaume de Kaschmir. Comme il avait besoin de manger, et qu'il jugea que la princesse de Bengale pouvait être dans le même besoin, il mit pied à terre dans ce bois, en un endroit où il laissa la princesse sur un gazon, près d'un ruisseau d'une eau très fraîche et très claire.

Pendant l'absence de l'Indien, la princesse de Bengale, qui se voyait sous la puissance d'un indigne ravisseur, dont elle redoutait la violence, avait songé à se dérober et à chercher un lieu d'asile; mais comme elle avait mangé fort légèrement le matin, à son arrivée au palais de plaisance, elle se trouva dans une faiblesse si grande, quand elle eût voulu exécuter son dessein, qu'elle fut contrainte de l'abandonner, et de demeurer sans autre ressource que dans son courage, avec une ferme résolution de souffrir plutôt la mort que de manquer de fidélité au prince de Perse. Ainsi elle n'attendit pas que l'Indien l'invitât une seconde fois à manger; elle mangea, et elle reprit assez de force pour répondre courageusement aux discours insolents qu'il commença de lui tenir à la fin du repas. Après plusieurs menaces, comme elle vit que l'Indien se préparait à lui faire violence, elle se leva pour lui résister, en poussant de grands cris. Ces cris attirèrent en un moment une troupe de cavaliers qui les environnèrent, elle et l'Indien.

C'était le sultan du royaume de Kaschmir, lequel, en revenant de la chasse avec sa suite, passait par cet endroit-là, heureusement pour la princesse de Bengale, et qui était accouru au bruit qu'il avait entendu. Il s'adressa à l'Indien, et il lui demanda qui il était, et ce qu'il prétendait de la dame qu'il voyait. L'Indien répondit avec impudence que c'était sa femme, et qu'il n'appartenait à personne d'entrer en connaissance du démêlé qu'il avait avec elle.

La princesse, qui ne connaissait ni la qualité, ni la dignité de celui qui se présentait si à propos pour la délivrer, démentit l'Indien. Seigneur, qui que vous soyez, reprit-elle, que le ciel envoie à mon secours, ayez compassion d'une princesse, et n'ajoutez pas foi à un imposteur : Dieu me garde d'être femme d'un Indien aussi vil et aussi méprisable! C'est un magicien abominable, qui m'a enlevée aujourd'hui au prince de Perse, auquel j'étais destinée pour épouse, et qui m'a amenée ici sur le cheval enchanté que vous voyez.

La princesse de Bengale n'eut pas besoin d'un plus long discours pour persuader au sultan de Kaschmir qu'elle disait la vérité. Sa beauté, son air de princesse et ses larmes parlèrent pour elle; elle voulut poursuivre; mais au lieu de l'écouter, le sultan de Kaschmir, justement indigné de l'insolence de l'Indien, le fit environner sur-le-champ, et commanda qu'on lui coupât la tête. Cet ordre fut exécuté avec d'autant plus de facilité, que l'Indien, qui avait commis ce rapt à la sortie de sa prison, n'avait aucune arme pour se défendre.

La princesse de Bengale, délivrée de la persécution de l'Indien, tomba dans une autre qui ne lui fut pas moins douloureuse. Le sultan, après lui avoir fait donner un cheval, l'emmena à son palais, où il la logea dans l'appartement le plus magnifique après le sien, et il lui donna un grand nombre de femmes esclaves pour être auprès d'elle, et pour la servir, avec des eunuques pour sa garde. Il la mena lui-même jusque dans cet appartement, où, sans lui donner le temps de le remercier de la grande obligation qu'elle lui avait, de la manière qu'elle l'avait médité : Princesse, lui dit-il, je ne doute pas que vous n'ayez besoin de repos; je vous laisse en liberté de le prendre ; demain vous serez plus en état de m'entretenir des circonstances de l'étrange aventure qui vous est arrivée. Et, en achevant ces paroles, il se retira.

La princesse de Bengale était dans une joie inexprimable de se voir en si peu de temps délivrée de la persécution d'un homme qu'elle ne pouvait regarder qu'avec horreur; et elle se flatta que le sultan de Kaschmir voudrait bien mettre le comble à sa générosité, en la renvoyant au prince de Perse, quand elle lui aurait appris de quelle manière elle était à lui, et qu'elle l'aurait supplié de lui faire cette grace : mais elle était bien éloignée de voir l'accomplissement de l'espérance qu'elle avait conçue.

En effet, le roi de Kaschmir avait résolu de l'épouser le lendemain, et il en avait fait annoncer les réjouissances dès la pointe du jour par le son des timbales, des tambours, des trompettes, et d'autres instruments propres à inspirer la joie, qui retentissaient non seulement dans le palais, mais même par toute la ville. La princesse de Bengale fut éveillée par le bruit de ces concerts tumultueux; et elle en attribua la cause à tout autre motif que celui pour lequel il se faisait entendre. Mais quand le sultan de Kaschmir, qui avait donné ordre qu'on l'avertît lorsqu'elle serait en état de recevoir visite, fut venu la lui rendre, et qu'après s'être informé de sa santé, il lui eut fait connaître que les fanfares qu'elle entendait étaient pour rendre leurs noces solennelles, et l'eut priée en même temps d'y prendre part, elle en fut dans une consternation si grande qu'elle tomba évanouie. Les femmes de la princesse, qui étaient présentes, accoururent à son secours, et le sultan lui-même s'employa pour la faire revenir; mais elle demeura longtemps dans cet état avant qu'elle reprît ses esprits. Elle les reprit enfin : et alors, plutôt que de manquer à la foi qu'elle avait promise au prince Firouz Schah, en consentant aux noces que le sultan de Kaschmir avait résolues sans la consulter, elle prit le parti de feindre que l'esprit venait de lui tourner dans l'évanouissement. Dès lors elle commença à dire des extravagances en présence du sultan; elle se leva même comme pour se jeter sur lui; de manière que le sultan fut fort surpris et fort affligé de ce contre-temps fâcheux. Comme il vit qu'elle ne revenait pas en son bon sens, il la laissa avec ses femmes, auxquelles il recommanda de ne la pas abandonner, et de prendre un grand soin de sa personne. Pendant la journée il prit celui d'envoyer souvent s'informer de l'état où elle se trouvait, et chaque fois on lui rapporta, ou qu'elle était au même état, ou que le mal augmentait plutôt que de diminuer. Le mal parut même plus violent sur le soir que pendant le jour; et de la sorte, le sultan de Kaschmir ne fut pas cette nuit-là aussi heureux qu'il se l'était promis.

La princesse de Bengale ne continua pas seulement le lendemain ses discours extravagants, et d'autres marques d'une grande aliénation d'esprit, ce fut la même chose les jours suivants, jusqu'à ce que le sultan de Kaschmir fut contraint d'assembler les médecins de sa cour, de leur parler de cette maladie, et de leur demander s'ils ne savaient pas de remèdes pour la guérir.

Les médecins, après une consultation entre eux, répondirent d'un commun accord, qu'il y avait plusieurs sortes et plusieurs degrés de cette maladie, dont les unes, selon leur nature, pouvaient se guérir, et les autres étaient incurables, et qu'ils ne pouvaient juger de quelle nature était celle de la princesse de Bengale qu'ils ne la vissent. Le sultan ordonna aux eunuques de les introduire dans la chambre de la princesse, l'un après l'autre, chacun selon son rang.

La princesse, qui avait prévu ce qui arrivait, et qui craignit que, si elle laissait approcher des médecins de sa personne, et qu'ils vinssent à lui tâter le pouls, le moins expérimenté ne vînt à connaître qu'elle était en bonne santé, et que sa maladie n'était qu'une feinte; à mesure qu'il en paraissait, elle entrait dans des transports d'aversion si grands, prête à les dévisager s'ils approchaient, que pas un n'eut la hardiesse de s'y exposer. Quelques uns de ceux qui se prétendaient plus habiles que les autres, et qui se vantaient de juger des maladies à la seule vue des malades, lui ordonnèrent de certaines potions qu'elle faisait d'autant moins de difficulté de prendre, qu'elle était sûre qu'il était en son pouvoir d'être malade autant qu'il lui plairait et qu'elle le jugerait à propos, et que ces potions ne pouvaient pas lui faire de mal.

Quand le sultan de Kaschmir vit que les médecins de sa cour n'avaient rien opéré pour la guérison de la princesse, il appela ceux de sa capitale, dont la science, l'habileté et l'expérience n'eurent pas un meilleur succès. Ensuite il fit appeler les médecins des autres villes de son royaume, ceux particulièrement les plus renommés dans la pratique de leur profession. La princesse ne leur fit pas un meilleur accueil qu'aux premiers, et tout ce qu'ils ordonnèrent ne fit aucun effet. Il dépêcha enfin dans les états, dans les royaumes et dans les cours des princes voisins, des exprès avec des consultations en forme pour être distribuées aux médecins les plus fameux, avec promesse de bien payer le voyage de ceux qui viendraient se rendre à la capitale de Kaschmir, et d'une récompense magnifique à celui qui guérirait la malade.

Plusieurs de ces médecins entreprirent le voyage; mais pas un ne put se vanter d'avoir été plus heureux que ceux de sa cour et de son royaume, et lui remettre l'esprit dans son assiette : chose qui ne dépendait ni d'eux, ni de leur art, mais de la volonté de la princesse elle-même.

Dans cet intervalle, le prince Firouz Schah, déguisé sous l'habit de derviche, avait parcouru plusieurs provinces et les principales villes de ces provinces avec d'autant plus de peine d'esprit, sans mettre les fatigues du chemin en compte, qu'il ignorait s'il ne tenait pas un chemin opposé à celui qu'il eût dû prendre pour avoir des nouvelles de ce qu'il cherchait.

Attentif aux nouvelles qu'on débitait dans chaque lieu par où il passait, il arriva enfin dans une grande ville des Indes, où l'on s'entretenait fort d'une princesse de Bengale, à qui l'esprit avait tourné le même jour que le sultan de Kaschmir avait destiné pour la célébration de ses noces avec elle. Au nom de princesse de Bengale, en supposant que c'était celle qui faisait le sujet de son voyage, avec d'autant plus de vraisemblance, qu'il n'avait pas appris qu'il y eût à la cour de Bengale une autre princesse que la sienne; sur la foi du bruit commun qui s'en était répandu, il prit la route du royaume et de la capitale de Kaschmir. A son arrivée dans cette capitale, il se logea dans un khan, où il apprit dès le même jour l'histoire de la princesse de Bengale, et la malheureuse fin de l'Indien (telle qu'il la méritait) qui l'avait amenée sur le cheval enchanté, circonstance qui lui fit connaître, à ne pouvoir pas s'y tromper, que la princesse était celle qu'il venait chercher; enfin la dépense inutile que le sultan avait faite en médecins, qui n'avaient pu la guérir.

Le prince de Perse, bien informé de toutes ces particularités, se fit faire un habit de médecin dès le lendemain; et avec cet habit et la longue barbe qu'il s'était laissé croître dans le voyage, il se fit connaître pour médecin en marchant par les rues. Dans l'impatience où il était de voir sa princesse, il ne différa pas d'aller au palais du sultan, où il demanda à parler à un officier. On l'adressa au chef des huissiers, auquel il marqua qu'on pourrait peut-être regarder en lui comme une témérité, qu'en qualité de médecin il vînt se présenter pour tenter la guérison de la princesse après que tant d'autres avant lui n'avaient pu réussir; mais qu'il espérait, par la vertu de quelques remèdes spécifiques qui lui étaient connus, et dont il avait l'expérience, de lui procurer la guérison qu'ils n'avaient pu lui donner. Le chef des huissiers lui dit qu'il était bien venu, que le sultan le verrait avec plaisir; et s'il réussissait à lui donner la satisfaction de voir la princesse dans sa première santé, qu'il pouvait s'attendre à une récompense convenable à la libéralité du sultan son seigneur et maître. Attendez-moi, ajouta-t-il, je serai à vous dans un moment.

Il y avait du temps qu'aucun médecin ne s'était présenté; et le sultan de Kaschmir, avec grande douleur, avait comme perdu l'espérance de revoir la princesse de Bengale dans l'état de santé où il l'avait vue, et en même temps dans celui de lui témoigner en l'épousant jusqu'à quel point il l'aimait. Cela fit qu'il commanda au chef des huissiers de lui amener promptement le médecin qu'il venait de lui annoncer.

Le prince de Perse fut présenté au sultan de Kaschmir

sous l'habit et le déguisement de médecin, et le sultan, sans perdre de temps en des discours superflus, après lui avoir marqué que la princesse de Bengale ne pouvait supporter la vue d'un médecin sans entrer dans des transports qui ne faisaient qu'augmenter son mal, le fit monter dans un cabinet en soupente, d'où il pouvait la voir par une jalousie sans être vu.

Le prince Firouz Schah monta; et il aperçut son aimable princesse assise négligemment, qui chantait, les larmes aux yeux, une chanson par laquelle elle déplorait sa malheureuse destinée, qui la privait peut-être pour toujours de l'objet qu'elle aimait si tendrement.

Le prince, attendri de la triste situation où il vit sa chère princesse, n'eut pas besoin d'autres marques pour comprendre que sa maladie était feinte, et que c'était pour l'amour de lui qu'elle se trouvait dans une contrainte si affligeante. Il descendit du cabinet; et après avoir rapporté au sultan de quelle nature était la maladie de la princesse, et qu'elle n'était pas incurable, il lui dit que, pour parvenir à sa guérison, il était nécessaire qu'il lui parlât en particulier, et seul à seul; et quant aux emportements où elle entrait à la vue des médecins, il espérait qu'elle le recevrait et l'écouterait favorablement.

Le sultan fit ouvrir la porte de la chambre de la princesse, et le prince Firouz Schah entra. Dès que la princesse le vit paraître, comme elle le prenait pour un médecin, dont il avait l'habit, elle se leva comme en furie, en le menaçant et en le chargeant d'injures. Cela ne l'empêcha pas d'approcher; et quand il fut assez près pour se faire entendre, comme il ne voulait être entendu que d'elle seule, il lui dit d'un ton bas et d'un air respectueux à se rendre croyable : Princesse, je ne suis pas médecin. Reconnaissez, je vous en supplie, le prince de Perse qui vient vous mettre en liberté.

Au ton de voix et aux traits du haut du visage qu'elle reconnut en même temps, nonobstant la longue barbe que le prince s'était laissé croître, la princesse de Bengale se calma, et en un instant elle fit paraître sur son visage la joie que ce que l'on desire le plus et à quoi l'on s'attend le moins est capable de causer quand il arrive. La surprise agréable où elle se trouva lui ôta la parole pour un temps, et donna lieu au prince Firouz Schah de lui raconter le désespoir dans lequel il s'était trouvé plongé, dans le moment qu'il avait vu l'Indien la ravir et l'enlever à ses yeux; la résolution qu'il avait prise dès lors d'abandonner toute chose pour la chercher en quelque endroit de la terre qu'elle pût être, et de ne pas cesser qu'il ne l'eût trouvée et arrachée des mains du perfide; et par quel bonheur enfin, après un voyage ennuyeux et fatigant, il avait la satisfaction de la retrouver dans le palais du sultan de Kaschmir. Quand il eut achevé, en moins de paroles qu'il lui fut possible, il pria la princesse de l'informer de ce qui lui était arrivé depuis son enlèvement, jusqu'au moment qu'il avait le bonheur de lui parler, en lui marquant qu'il était important qu'il eût cette connaissance, afin de prendre des mesures justes pour ne la pas laisser plus longtemps sous la tyrannie du sultan de Kaschmir.

La princesse de Bengale n'avait pas un long discours à tenir au prince de Perse, puisqu'elle n'avait qu'à lui raconter de quelle manière elle avait été délivrée de la violence de l'Indien, par le sultan de Kaschmir, en revenant de la chasse; mais traitée cruellement le lendemain par la déclaration qu'il était venu lui faire du dessein précipité qu'il avait pris de l'épouser le même jour, sans lui avoir fait la moindre honnêteté pour prendre son consentement : conduite violente et tyrannique, qui lui avait causé un évanouissement, après lequel elle n'avait vu de parti à prendre que celui qu'elle avait pris comme le meilleur pour se conserver au prince auquel elle avait donné son cœur et sa foi, ou mourir plutôt que de se livrer à un sultan qu'elle n'aimait pas et qu'elle ne pouvait aimer.

Le prince de Perse, à qui la princesse n'avait en effet autre chose à dire, lui demanda si elle savait ce que le cheval enchanté était devenu après la mort de l'Indien. J'ignore, répondit-elle, quel ordre le sultan peut avoir donné là-dessus ; mais après ce que je lui en ai dit, il est à croire qu'il ne l'aura pas négligé.

Comme le prince Firouz Schah ne douta pas que le sultan de Kaschmir n'eût fait garder le cheval soigneusement, il communiqua à la princesse le dessein qu'il avait de s'en servir pour la ramener en Perse, après être convenu avec elle des moyens qu'ils devaient prendre pour y réussir, afin que rien n'empêchât l'exécution, et particulièrement qu'au lieu d'être en déshabillé, comme elle était alors, elle s'habillerait le lendemain pour recevoir le sultan avec civilité, quand il le lui amènerait, sans l'obliger néanmoins de lui parler.

Le sultan de Kaschmir fut dans une grande joie quand le prince de Perse lui eut appris ce qu'il avait opéré dès la première visite, pour l'avancement de la guérison de la princesse de Bengale. Le lendemain il le regarda comme le premier médecin du monde, quand la princesse l'eut reçu d'une manière qui lui persuada que véritablement sa guérison était bien avancée, comme il le lui avait fait entendre.

En la voyant en cet état, il se contenta de lui marquer combien il était ravi de la voir en disposition de recouvrer bientôt sa santé parfaite ; et après qu'il l'eut exhortée à concourir avec un médecin si habile pour achever ce qu'il avait si bien commencé, en lui donnant toute sa confiance, il se retira sans attendre d'elle aucune parole.

Le prince de Perse, qui avait accompagné le sultan de Kaschmir, sortit avec lui de la chambre de la princesse ; et en l'accompagnant, il lui demanda si, sans manquer au respect qui lui était dû, il pouvait lui faire cette demande, par quelle aventure une princesse de Bengale se trouvait seule dans le royaume de Kaschmir, si fort éloignée de son pays, comme s'il l'eût ignoré, et que la princesse ne lui en eût rien dit; mais il le fit pour le faire tomber sur le discours du cheval enchanté, et apprendre de sa bouche ce qu'il en avait fait.

Le sultan de Kaschmir, qui ne pouvait pénétrer par quel motif le prince de Perse lui faisait cette demande, ne lui en fit pas un mystère : il lui dit à peu près la même chose que ce qu'il avait appris de la princesse de Bengale; et quant au cheval enchanté, qu'il l'avait fait porter dans son trésor, comme une grande rareté, quoiqu'il ignorât comment on pouvait s'en servir.

Sire, reprit le feint médecin, la connaissance que votre majesté vient de me donner, me fournit le moyen d'achever la guérison de la princesse. Comme elle a été portée sur ce cheval, et que le cheval est enchanté, elle a contracté quelque chose de l'enchantement, qui ne peut être dissipé que par de certains parfums qui me sont connus. Si votre majesté veut en avoir le plaisir, et donner un spectacle des plus surprenants à sa cour, et au peuple de sa capitale, que demain elle fasse apporter le cheval au milieu de la place, devant son palais, et qu'elle s'en remette sur moi pour le reste; je promets de faire voir à ses yeux et à toute l'assemblée, en très peu de moments, la princesse de Bengale aussi saine d'esprit et de corps que jamais de sa vie; et afin que la chose se fasse avec tout l'éclat qu'elle mérite, il est à propos que la princesse soit habillée le plus magnifiquement qu'il sera possible, avec les joyaux les plus précieux que votre majesté peut avoir.

Le sultan de Kaschmir eût fait des choses plus difficiles que celles que le prince de Perse lui proposait, pour arriver à la jouissance de ses desirs qu'il regardait si prochaine.

Le lendemain, le cheval enchanté fut tiré du trésor par son ordre, et posé de grand matin dans la grande place du palais; et le bruit se répandit bientôt dans toute la ville, que c'était un préparatif pour quelque chose d'extraordinaire qui devait s'y passer : l'on y accourut en foule de tous les quartiers. Les gardes du sultan y furent disposés pour empêcher le désordre, et pour laisser un grand vide autour du cheval.

Le sultan de Kaschmir parut; et quand il eut pris place sur un échafaud, environné des principaux seigneurs et officiers de sa cour, la princesse de Bengale, accompagnée de toute la troupe des femmes que le sultan lui avait assignées, s'approcha du cheval enchanté, et ses femmes l'aidèrent à monter dessus. Quand elle fut sur la selle, les pieds dans l'un et l'autre étrier, avec la bride à la main, le feint médecin fit poser autour du cheval plusieurs cassolettes pleines de feu, qu'il avait fait apporter; et, en tournant à l'entour, il jeta dans chacune un parfum composé de plusieurs sortes d'odeurs les plus exquises. Ensuite, recueilli en lui-même, les yeux baissés et les mains appliquées sur la poitrine, il tourna trois fois autour du cheval, en faisant semblant de prononcer certaines paroles; et dans le moment que les cassolettes exhalaient à la fois une fumée la plus épaisse, d'une odeur très suave, et que la princesse en était environnée, de manière qu'on avait de la peine à la voir, ni elle ni le cheval, il prit son temps, il se jeta légèrement en croupe derrière la princesse, porta la main à la cheville du départ, qu'il tourna; et dans le moment que le cheval les enlevait en l'air, lui et la princesse, il prononça ces paroles à haute voix, si distinctement, que le sultan lui-même les entendit : Sultan de Kaschmir, quand tu voudras épouser des princesses qui imploreront ta protection, apprends auparavant à avoir leur consentement.

Ce fut de la sorte que le prince de Perse recouvra et délivra la princesse de Bengale, et la ramena le même jour en peu de temps à la capitale de Perse, où il n'alla pas mettre pied à terre au palais de plaisance, mais au milieu du palais, devant l'appartement du roi son père; et le roi de Perse ne différa la solennité de son mariage avec la princesse de Bengale, qu'autant de temps qu'il en fallut pour les préparatifs, afin d'en rendre la cérémonie plus pompeuse, et qui marquât davantage la part qu'il y prenait.

Dès que le nombre des jours arrêtés pour les réjouissances fut accompli, le premier soin que le roi de Perse se donna, fut de nommer et d'envoyer une ambassade célèbre au roi de Bengale pour lui rendre compte de tout ce qui s'était passé, et pour lui demander l'approbation et la ratification de l'alliance qu'il venait de contracter avec lui par ce mariage : ratification que le roi de Bengale, bien informé de toutes choses, se fit un honneur et un plaisir d'accorder.

Histoire du prince Ahmed et de la fée Pari-Banou.

La sultane Scheherazade fit suivre l'histoire du cheval enchanté par celle du prince Ahmed et de la fée Pari-Banou [1]; et en prenant la parole elle dit :

Sire, un sultan, l'un des prédécesseurs de votre majesté, qui occupait paisiblement le trône des Indes depuis plusieurs années, avait dans sa vieillesse la satisfaction de voir que trois princes ses fils, dignes imitateurs de ses vertus, avec une princesse sa nièce, faisaient l'ornement de sa cour. L'aîné des princes se nommait Houssain, le second Ali, le plus jeune Ahmed, et la princesse sa nièce Nourounnihar [2].

La princesse Nourounnihar était fille d'un prince, cadet du sultan, que le sultan avait partagé d'un apanage d'un grand revenu, mais qui était mort peu d'années après avoir été marié, en la laissant dans un fort bas âge. Le sultan, en considération de ce que le prince son frère avait toujours parfaitement correspondu à l'amitié fraternelle qui était entre eux, avec une grande attache à sa personne, s'était chargé de l'éducation de sa fille, et l'avait fait venir dans son palais

---

[1] Ce sont deux mots persans qui signifient la même chose, c'est-à-dire, *génie femelle, fée.* (*Note de Galland.*)

[2] Mot arabe qui signifie *lumière du jour*. (*Note de Galland.*)

pour être élevée avec les trois princes. Avec une beauté singulière, et avec toutes les perfections du corps qui pouvaient la rendre accomplie, cette princesse avait aussi infiniment de l'esprit; et sa vertu sans reproche la distinguait entre toutes les princesses de son temps.

Le sultan, oncle de la princesse, qui s'était proposé de la marier dès qu'elle serait en âge, et de faire alliance avec quelque prince de ses voisins, en la lui donnant pour épouse, y songeait sérieusement, lorsqu'il s'aperçut que les trois princes ses fils l'aimaient passionnément. Il en eut une grande douleur. Cette douleur ne venait pas tant de ce que leur passion l'empêchait de contracter l'alliance qu'il avait méditée, que de la difficulté, comme il le prévoyait, à obtenir d'eux qu'ils s'accordassent, et que les deux cadets au moins consentissent à la céder à leur aîné. Il leur parla à chacun en particulier; et après leur avoir remontré l'impossibilité qu'il y avait qu'une seule princesse devînt l'épouse des trois, et les troubles qu'ils allaient causer s'ils persistaient dans leur passion, il n'oublia rien pour leur persuader, ou de s'en rapporter à la déclaration que la princesse en ferait en faveur de l'un des trois, ou de se désister de leurs prétentions, et de songer à d'autres noces dont il leur laissait la liberté du choix, et de convenir entre eux de permettre qu'elle fût mariée à un prince étranger. Mais quand il eut trouvé en eux une opiniâtreté insurmontable, il les fit venir tous trois devant lui et il leur tint ce discours :

Mes enfants, dit-il, puisque pour votre bien et pour votre repos je n'ai pu réussir à vous persuader de ne plus aspirer à épouser la princesse ma nièce et votre cousine, comme je ne veux pas user de mon autorité en la donnant à l'un préférablement aux deux autres, il me semble que j'ai trouvé un moyen propre à vous rendre contents, et à conserver l'union qui doit être entre vous, si vous voulez m'écouter, et que vous exécutiez ce que vous allez entendre. Je trouve donc à propos que vous alliez voyager chacun séparément dans un pays différent, de manière que vous ne puissiez pas vous rencontrer ; et comme vous savez que je suis curieux, sur toutes choses, de tout ce qui peut passer pour rare et singulier, je promets la princesse ma nièce en mariage à celui qui m'apportera la rareté la plus extraordinaire et la plus singulière. De la sorte, comme le hasard fera que vous jugerez vous-mêmes de la singularité des choses que vous aurez apportées, par la comparaison que vous en ferez, vous n'aurez pas de peine à vous faire justice, en cédant la préférence à celui de vous qui l'aura méritée. Pour les frais du voyage et pour l'achat de la rareté dont vous aurez à faire l'acquisition, je vous donnerai la même somme à chacun convenable à votre naissance, sans l'employer néanmoins en dépenses de suite et d'équipage, qui, en vous faisant connaître pour ce que vous êtes, vous priverait de la liberté dont vous avez besoin, non seulement pour vous bien acquitter du motif que vous avez à vous proposer, mais même pour mieux observer les choses qui mériteront votre attention, et enfin pour tirer une plus grande utilité de votre voyage.

Comme les trois princes avaient toujours été très soumis aux volontés du sultan leur père, et que chacun, de son côté, se flattait que la fortune lui serait favorable, et lui donnerait lieu de parvenir à la possession de Nourounnihar, ils lui marquèrent qu'ils étaient prêts d'obéir. Sans différer, le sultan leur fit compter la somme qu'il venait de leur promettre ; et dès le même jour ils donnèrent les ordres pour les préparatifs de leur voyage : ils prirent même congé du sultan pour être en état de partir de grand matin dès le lendemain. Ils sortirent par la même porte de la ville, bien montés et bien équipés, habillés en marchands, chacun avec un seul officier de confiance, déguisé en esclave, et ils se rendirent ensemble au premier gîte, où le chemin se partageait en trois, par l'un desquels ils devaient continuer leur voyage chacun de son côté. Le soir, en se régalant d'un souper qu'ils s'étaient fait préparer, ils convinrent que leur voyage serait d'un an, et se donnèrent rendez-vous au même gîte, à la charge que le premier qui arriverait attendrait les deux autres, et les deux le troisième, afin que, comme ils avaient pris congé du sultan leur père tous les trois ensemble, ils se présentassent de même devant lui à leur retour. Le lendemain à la pointe du jour, après s'être embrassés et souhaité réciproquement un heureux voyage, ils montèrent à cheval, et prirent chacun l'un des trois chemins, sans se rencontrer dans leur choix.

Le prince Houssain, l'aîné des trois frères, qui avait entendu dire des merveilles de la grandeur, des forces, des richesses et de la splendeur du royaume de Bisnagar, prit sa route du côté de la mer des Indes; et après une marche d'environ trois mois, en se joignant à différentes caravanes, tantôt par des déserts et par des montagnes stériles, tantôt par des pays très peuplés, les mieux cultivés et les plus fertiles qu'il y eût en aucun autre endroit de la terre, il arriva à Bisnagar, ville qui donne le nom à tout le royaume dont elle est la capitale, et qui est la demeure de ses rois. Il se logea dans un khan destiné pour les marchands étrangers; et comme il avait appris qu'il y avait quatre quartiers principaux où les marchands de toutes les sortes de marchandises avaient leurs boutiques, au milieu desquels était situé le château, ou plutôt le palais des rois, lequel occupait un terrain très vaste, comme au centre de la ville, qui avait trois enceintes et deux lieues en tous sens d'une porte à l'autre, dès le lendemain il se rendit à l'un de ces quartiers.

Le prince Houssain ne put voir le quartier où il se trouva sans admiration : il était vaste, coupé et traversé par plusieurs rues toutes voûtées contre l'ardeur du soleil, et néanmoins très bien éclairées. Les boutiques étaient d'une même grandeur et d'une même symétrie, et celles des marchands d'une même sorte de marchandises n'étaient pas dispersées, mais rassemblées dans une même rue, et il en était de même des boutiques des artisans.

La multitude des boutiques, remplies d'une même sorte de marchandises, comme des toiles les plus fines de différents endroits des Indes; des toiles peintes des couleurs les plus vives qui représentaient au naturel des personnages, des paysages, des arbres, des fleurs; d'étoffes de soie et de brocard, tant de la Perse que de la Chine et d'autres lieux; de porcelaines du Japon et de la Chine ; de tapis de pied de toutes les grandeurs; le surprirent si extraordinairement, qu'il ne savait s'il devait s'en rapporter à ses propres yeux. Mais quand il fut arrivé aux boutiques des orfèvres et des joailliers, car les deux professions étaient exercées par les mêmes marchands, il fut comme ravi en extase à la vue de la quantité prodigieuse d'excellents ouvrages en or et en argent, et comme ébloui par l'éclat des perles, des diamants, des rubis, des émeraudes, des saphirs et d'autres pierreries qui y étaient en vente et en confusion. S'il fut étonné de tant de richesses réunies en un seul endroit, il le fut bien davantage quand il vint à juger de la richesse du royaume en général, en considérant qu'à la réserve des brahmines et des ministres des idoles, qui faisaient profession d'une vie éloignée de la vanité du monde, il n'y avait dans toute son étendue ni Indien ni Indienne qui n'eût des colliers, des bracelets et des ornements aux jambes et aux pieds, de perles ou de pierreries, qui paraissaient avec d'autant plus d'éclat, qu'ils étaient tous noirs, d'un noir à en relever parfaitement le brillant.

Une autre particularité qui fut admirée par le prince Houssain, fut le grand nombre de vendeurs de roses, qui faisaient la plus grande foule dans les rues par leur multitude. Il comprit qu'il fallait que les Indiens fussent grands amateurs de cette fleur, puisqu'il n'y en avait pas un qui n'en portât un bouquet à la main, ou à la tête en guirlandes; ni de marchand qui n'en eût plusieurs vases garnis dans sa boutique; de manière que le quartier, si grand qu'il était, en était tout embaumé.

Le prince Houssain, enfin, après avoir parcouru le quartier de rue en rue, l'idée remplie de tant de richesses qui s'étaient présentées à ses yeux, eut besoin de se reposer. Il le témoigna à un marchand; et le marchand, fort civilement, l'invita à entrer et à s'asseoir dans sa boutique; ce qu'il accepta. Il n'y avait pas longtemps qu'il était assis dans la boutique, quand il vit passer un crieur avec un tapis sur le bras, d'environ six pieds en carré, qui le criait à trente bourses à l'enchère. Il appela le crieur, et il demanda à voir le tapis, qui lui parut d'un prix exorbitant, non seulement pour sa petitesse, mais même pour sa qualité. Quand il eut bien examiné le tapis, il dit au crieur qu'il ne comprenait pas comment un tapis de pied si petit et de si peu d'apparence, était mis à un si haut prix.

Le crieur, qui prenait le prince Houssain pour un marchand, lui dit pour réponse : Seigneur, si ce prix vous paraît excessif, votre étonnement sera beaucoup plus grand quand vous saurez que j'ai ordre de le faire monter jusqu'à quarante bourses, et de ne le livrer qu'à celui qui en comptera la somme. Il faut donc, reprit le prince Houssain, qu'il soit précieux par quelque endroit qui ne m'est pas connu. Vous l'avez deviné, seigneur, repartit le crieur, et vous en conviendrez quand vous saurez qu'en s'asseyant sur ce tapis, aussitôt on est transporté avec le tapis où l'on souhaite d'aller, et l'on s'y trouve presque dans le moment sans que l'on soit arrêté par aucun obstacle.

Ce discours du crieur fit que le prince des Indes, en considérant que le motif principal de son voyage, était d'en rapporter au sultan son père quelque rareté singulière dont on n'eût pas entendu parler, jugea qu'il n'en pouvait acquérir aucune dont le sultan dût être plus satisfait.

Si le tapis, dit-il au crieur, avait la vertu que tu lui donnes, non seulement je ne trouverais pas que ce serait l'acheter trop chèrement que d'en donner les quarante bourses qu'on en demande, je pourrais même me résoudre à m'en accommoder pour le prix, et avec cela, je te ferais un présent dont tu aurais lieu d'être content. Seigneur, reprit le crieur, je vous ai dit la vérité, et il serait aisé de vous en convaincre dès que vous aurez arrêté le marché à quarante bourses, en y mettant la condition que je vous en ferai voir l'expérience. Alors, comme vous n'avez pas ici les quarante bourses, et qu'il faudrait que, pour les recevoir, je vous accompagnasse jusqu'au khan où vous devez être logé comme étranger, avec la permission du maître de la boutique, nous entrerons dans l'arrière-boutique ; j'y étendrai le tapis, et quand nous y serons assis, vous et moi, que vous aurez formé le souhait d'être transporté avec moi dans l'appartement que vous avez pris dans le khan, si nous n'y sommes pas transportés sur-le-champ, il n'y aura pas de marché fait, et vous ne serez tenu à rien. Quant au présent, comme c'est au vendeur à me récompenser de ma peine, je le recevrai comme une grace que vous aurez bien voulu me faire, et dont je vous aurai l'obligation.

Sur la bonne foi du crieur, le prince accepta le parti. Il conclut le marché sous la condition proposée, après quoi il entra dans l'arrière-boutique du marchand, après en avoir obtenu la permission. Le crieur étendit le tapis ; ils s'assirent dessus l'un et l'autre ; et dès que le prince eut formé le desir d'être transporté au khan dans son appartement, il s'y trouva avec le crieur dans la même situation. Comme il n'avait pas besoin d'autre certitude de la vertu du tapis, il compta au crieur la somme des quarante bourses en or, et il y ajouta un présent de vingt pièces d'or, dont il gratifia le crieur.

De la sorte, le prince Houssain demeura possesseur du tapis avec une joie extrême d'avoir acquis à son arrivée à Bisnagar une pièce si rare, qui devait, comme il n'en doutait pas, lui valoir la possession de Nourounnihar. En effet, il tenait comme une chose impossible que les princes ses cadets rapportassent rien de leur voyage qui pût entrer en comparaison avec ce qu'il avait rencontré si heureusement. Sans faire un plus long séjour à Bisnagar, il pouvait en s'asseyant sur le tapis, se rendre le même jour au rendez-vous dont il était convenu avec eux; mais il eût été obligé de les attendre trop longtemps : cela fit que, curieux de voir le roi de Bisnagar et sa cour, et de prendre connaissance des forces, des lois, des coutumes, de la religion et de l'état de tout le royaume, il résolut d'employer quelques mois à satisfaire sa curiosité.

La coutume du roi de Bisnagar était de donner accès auprès de sa personne une fois la semaine aux marchands étrangers. Ce fut sous ce titre que le prince Houssain, qui ne voulait point passer pour ce qu'il était, le vit plusieurs fois; et comme ce prince, qui d'ailleurs était très bien fait de sa personne, avait infiniment d'esprit, et qu'il était d'une politesse achevée (c'était par où il se distinguait des marchands avec lesquels il paraissait devant le roi), c'était à lui préférablement aux marchands, qu'il adressait la parole pour s'informer de la personne du sultan des Indes, des forces, des richesses et du gouvernement de son empire.

Les autres jours, le prince les employait à voir ce qu'il y avait de plus remarquable dans la ville et aux environs. Entre autres choses dignes d'être admirées, il vit un temple d'idoles, dont la structure était particulière, en ce qu'elle était toute de bronze; il avait dix coudées en carré dans son assiette et quinze en hauteur, et ce qui en faisait la plus grande beauté, était une idole d'or massif, de la hauteur d'un homme, dont les yeux étaient d'un rubis, appliqué avec tant d'art, qu'il semblait à ceux qui la regardaient qu'elle avait les yeux sur eux, de quelque côté qu'ils se tournassent pour la voir. Il en vit un autre qui n'était pas moins admirable. C'était dans un village : il y avait une plaine d'environ dix arpents, laquelle n'était qu'un jardin délicieux, parsemé de roses et d'autres fleurs agréables à la vue, et tout cet espace était environné d'un petit mur environ à hauteur d'appui, pour empêcher que les animaux n'en approchassent. Au milieu de la plaine, il s'élevait une terrasse à hauteur d'homme, revêtue de pierres jointes ensemble, avec tant de soin et d'industrie, qu'il semblait que ce ne fût qu'une seule pierre. Le temple, qui était en dôme, était posé au milieu de la terrasse, haut de cinquante coudées, ce qui faisait qu'on le découvrait de plusieurs lieues à l'entour. La longueur était de trente, et la largeur de vingt; et le marbre rouge dont il était bâti était extrêmement poli. La voûte du dôme était ornée de trois rangs de peintures fort vives et de bon goût; et tout le temple était généralement rempli de tant d'autres peintures, de bas-reliefs et d'idoles, qu'il n'y avait aucun endroit où il n'y en eût depuis le haut jusqu'au bas.

Le soir et le matin, on faisait des cérémonies superstitieuses dans ce temple, lesquelles étaient suivies de jeux, de concerts d'instruments, de danses, de chants et de festins; et les ministres du temple et les habitants du lieu ne subsistent que des offrandes que les pèlerins en foule y apportent des endroits les plus éloignés du royaume, pour s'acquitter de leurs vœux.

Le prince Houssain fut encore spectateur d'une fête solennelle qui se célèbre tous les ans à la cour de Bisnagar, à laquelle les gouverneurs des provinces, les commandants des places fortifiées, les gouverneurs et les juges des villes, et les brahmines les plus célèbres par leur doctrine, sont obligés de se trouver : il y en a de si éloignés, qu'ils ne mettent pas moins de quatre mois à s'y rendre. L'assemblée, composée d'une multitude innombrable d'Indiens, se fait dans une plaine d'une vaste étendue, où ils font un spectacle surprenant, tant que la vue peut s'étendre. Comme au centre de cette plaine il y avait une place d'une grande longueur et largeur, fermée d'un côté par un bâtiment superbe en forme d'échafaudage à neuf étages, soutenu par quarante colonnes, et destiné pour le roi, pour sa cour et pour les étrangers qu'il honorait de son audience une fois la semaine; en dedans il était meublé et orné magnifiquement, et au dehors, peint de paysages, où l'on voyait toutes sortes d'animaux, d'oiseaux, d'insectes, et même de mouches et de moucherons, le tout au naturel; et d'autres échafauds, hauts au moins de quatre ou cinq étages, et peints à peu près les uns de même que les autres, formaient les trois autres côtés; et ces échafauds avaient cela de particulier, qu'on les faisait tourner et changer de face et de décoration d'heure en heure.

De chaque côté de la place, à peu de distance les uns des autres, étaient rangés mille éléphants avec des harnais d'une grande somptuosité, chargés chacun d'une tour carrée de bois doré, et des joueurs d'instruments ou des farceurs dans chaque tour. La trompe de ces éléphants, leurs oreilles et le reste du corps, étaient peints de cinabre et d'autres couleurs qui représentaient des figures grotesques.

Dans tout ce spectacle, ce qui fit admirer davantage au prince Houssain l'industrie, l'adresse et le génie inventif des Indiens, fut de voir un des éléphants, le plus puissant et le plus gros, les quatre pieds posés sur l'extrémité d'un poteau enfoncé perpendiculairement, et hors de terre d'environ deux pieds, jouer, en battant l'air de sa trompe, à la cadence des instruments. Il n'admira pas moins un autre éléphant, non moins puissant, au bout d'une poutre posée en travers sur un poteau, à la hauteur de six pieds, avec une pierre d'une grosseur prodigieuse attachée et suspendue à l'autre bout, qui lui servait de contre-poids, par le moyen duquel, tantôt haut, tantôt bas, en présence du roi et de sa cour, il marquait, par les mouvements de son corps et de sa trompe, les cadences des instruments, de même que l'autre éléphant. Les Indiens, après avoir attaché la pierre de contre-poids, avaient attiré l'autre bout jusqu'en terre à force d'hommes, et y avaient fait monter l'éléphant.

Le prince Houssain eût pu faire un plus long séjour à la cour et dans le royaume de Bisnagar : une infinité d'autres merveilles eussent pu l'y arrêter agréablement jusqu'au dernier jour de l'année révolue dont les princes ses frères et lui étaient convenus pour se rejoindre ; mais, pleinement satisfait de ce qu'il avait vu, comme il était continuellement occupé de l'objet de son amour, et que, depuis l'acquisition qu'il avait faite, la beauté et les charmes de la princesse Nourounnihar augmentaient de jour en jour la violence de sa passion, il lui sembla qu'il aurait l'esprit plus tranquille, et qu'il serait plus près de son bonheur quand il se serait approché d'elle. Après avoir satisfait le concierge du khan pour le louage de l'appartement qu'il y avait occupé, et lui avoir marqué l'heure qu'il pourrait venir prendre la clef, qu'il laisserait à la porte, sans lui avoir marqué de quelle manière il partirait, il y rentra en fermant la porte sur lui et en y laissant la clef. Il étendit le tapis, et s'y assit avec l'officier qu'il avait amené avec lui. Alors il se recueillit en lui-même ; et après avoir souhaité sérieusement d'être transporté au gîte où les princes ses frères devaient se rendre comme lui, il s'aperçut bientôt qu'il y était arrivé. Il s'y arrêta, et sans se faire connaître que pour un marchand, il les attendit.

Le prince Ali, frère puîné du prince Houssain, qui avait projeté de voyager en Perse, pour se conformer à l'intention du sultan des Indes, en avait pris la route avec une caravane, à laquelle il s'était joint à la troisième journée après sa séparation d'avec les deux princes ses frères. Après une marche de près de quatre mois il arriva enfin à Schiraz, qui était alors la capitale du royaume de Perse. Comme il avait fait amitié et société en chemin avec un petit nombre de marchands sans se faire connaître pour autre que pour marchand joaillier, il prit logement avec eux dans un même khan.

Le lendemain, pendant que les marchands ouvraient leurs ballots de marchandises, le prince Ali, qui ne voyageait que pour son plaisir, et qui ne s'était embarrassé que des choses nécessaires pour le faire commodément, après avoir changé d'habit, se fit conduire au quartier où se vendaient les pierreries, les ouvrages en or et en argent, brocards, étoffes de soie, toiles fines, et les autres marchandises les plus rares et les plus précieuses. Ce lieu, qui était spacieux et bâti solidement, était voûté, et la voûte était soutenue de gros piliers, autour desquels les boutiques étaient ménagées de même que le long des murs, tant en dedans qu'en dehors, et il était connu communément à Schiraz, sous le nom de *bezestein*. D'abord le prince Ali parcourut le bezestein en long et en large de tous les côtés, et il jugea avec admiration des richesses qui y étaient renfermées par la quantité prodigieuse des marchandises les plus précieuses qu'il y vit étalées. Parmi tous les crieurs qui allaient et venaient, chargés de différentes pièces, en les criant à l'encan, il ne fut pas peu surpris d'en voir un qui tenait à la main un tuyau d'ivoire, long d'environ un pied, et de la grosseur d'un peu plus d'un pouce, qu'il criait à trente bourses. Il s'imagina d'abord que le crieur n'était pas dans son bon sens. Pour s'en éclaircir, en s'approchant de la boutique d'un marchand : Seigneur, dit-il au marchand en lui montrant le crieur, dites-moi, je vous prie, si je me trompe? Cet homme qui crie un petit tuyau d'ivoire à trente bourses a-t-il l'esprit bien sain? Seigneur, répondit le marchand, à moins qu'il ne l'ait perdu depuis hier, je puis vous assurer que c'est le plus sage de tous nos crieurs, et le plus employé, comme celui en qui l'on a le plus de confiance, quand il s'agit de la vente de quelque chose de grand prix; et quant au tuyau qu'il crie à trente bourses, il faut qu'il les vaille, et même davantage, par quelque endroit qui ne paraît pas. Il va repasser dans un moment, nous l'appellerons, et vous vous en informerez par vous-même; asseyez-vous cependant sur mon sofa, et reposez-vous.

Le prince Ali ne refusa pas l'offre obligeante du marchand; et peu de temps après qu'il se fut assis, le crieur repassa. Comme le marchand l'eut appelé par son nom, il s'approcha. Alors, en lui montrant le prince Ali, il lui dit : Répondez à ce seigneur qui demande si vous êtes dans votre bon sens, de crier à trente bourses un tuyau d'ivoire qui paraît de si peu de conséquence. J'en serais étonné moi-même, si je ne savais pas que vous êtes un homme sage. Le crieur, en s'adressant au prince Ali, lui dit : Seigneur, vous n'êtes pas le seul qui me traite de fou, à l'occasion de ce tuyau; mais vous jugerez vous-même si je le suis, quand je vous en aurai dit la propriété, et j'espère qu'alors vous y mettrez une enchère, comme ceux à qui je l'ai déja montré, qui avaient une aussi mauvaise opinion de moi que vous.

Premièrement, seigneur, poursuivit le crieur, en présentant le tuyau au prince, remarquez que ce tuyau est garni d'un verre à chaque extrémité, et considérez qu'en regardant par l'un des deux, quelque chose qu'on puisse souhaiter de voir, on la voit aussitôt. Je suis prêt de vous faire réparation d'honneur, reprit le prince Ali, si vous me faites connaître la vérité de ce que vous avancez. Et comme il avait le tuyau à la main, après avoir observé les deux verres : Montrez-moi, continua-t-il, par où il faut regarder, afin que je m'en éclaircisse. Et le crieur le lui montra. Le prince regarda, et en souhaitant de voir le sultan des Indes son père, il le vit en parfaite santé, assis sur son trône au milieu de son conseil. Ensuite, comme après le sultan il n'avait rien de plus cher au monde que la princesse Nourounnihar, il souhaita de la voir, et il la vit assise à sa toilette, environnée de ses femmes, riante et de belle humeur. Le prince Ali n'eut pas besoin d'autre preuve pour se persuader que ce tuyau était la chose la plus précieuse qu'il y eût alors, non seulement dans la ville de Schiraz, mais même dans tout l'univers; et il crut que s'il négligeait de l'acheter, jamais il ne rencontrerait une rareté pareille à remporter de son voyage, ni à Schiraz, quand il y demeurerait dix ans, ni ailleurs. Il dit au crieur : Je me rétracte de la pensée déraisonnable que j'ai eue de votre peu de bon sens, mais je crois que vous serez pleinement satisfait de la réparation que je suis prêt de vous en faire, en achetant le tuyau. Comme je serais fâché qu'un autre que moi le possédât, dites-moi au juste à quel prix le vendeur le fixe : sans vous donner la peine de le crier davantage, et de vous fatiguer à aller et venir, vous n'aurez qu'à venir à moi, je vous en compterai la somme. Le crieur lui assura avec serment qu'il avait ordre de lui en porter quarante bourses : et pour peu qu'il en doutât, qu'il était prêt de le mener à lui-même. Le prince indien ajouta foi à sa parole : il l'emmena avec lui ; et quand ils furent arrivés au khan où était son logement, il lui compta les quarante bourses en belle monnaie d'or, et de la sorte il demeura possesseur du tuyau d'ivoire.

Quand le prince Ali eut fait cette acquisition, la joie qu'il en eut fut d'autant plus grande, que les princes ses frères, comme il se le persuada, n'auraient rencontré rien d'aussi rare et aussi digne d'admiration, et ainsi que la princesse Nourounnihar serait la récompense des fatigues de son voyage. Il ne songea plus qu'à prendre connaissance de la cour de Perse sans se faire connaître, et qu'à voir ce qu'il y avait de curieux à Schiraz et aux environs, en attendant que la caravane avec laquelle il était venu reprît la route des Indes. Il avait achevé de satisfaire sa curiosité quand la caravane fut en état de partir. Le prince ne manqua pas de s'y joindre, et elle se mit en chemin. Aucun accident ne troubla ni n'interrompit la marche ; et sans autre incommodité que la longueur ordinaire des journées et la fatigue du voyage, elle arriva heureusement au rendez-vous, où le prince Houssain était déjà arrivé. Le prince l'y trouva, et il resta avec lui en attendant le prince Ahmed.

Le prince Ahmed avait pris le chemin de Samarcande, et comme dès le lendemain de son arrivée il eut imité les deux princes ses frères, et qu'il se fut rendu au bezestein, à peine il y était entré qu'un crieur se présenta devant lui avec une pomme artificielle à la main, qu'il criait à trente-cinq bourses. Il arrêta le crieur en lui disant : Montrez-moi cette pomme, et apprenez-moi quelle vertu ou quelle propriété si extraordinaire elle peut avoir pour être criée à un si haut prix. En la lui mettant dans la main, afin qu'il l'examinât : Seigneur, lui dit le crieur, cette pomme, à ne la regarder que par l'extérieur, est véritablement peu de chose; mais si on en considère les propriétés, les vertus, et l'usage admirable qu'on en peut faire pour le bien des hommes, on peut dire qu'elle n'a pas de prix, et il est certain que qui la possède possède un trésor. En effet, il n'y a pas de malade affligé de quelque maladie mortelle que ce soit, comme de fièvre continue, de fièvre pourprée, de pleurésie, de peste, et d'autres maladies de cette nature, même moribond, qu'elle ne guérisse, et auquel elle ne fasse sur-le-champ recouvrer la santé aussi parfaite, que si jamais de sa vie il n'eût été malade; et cela se fait par le moyen du monde le plus facile, puisque c'est simplement en la faisant flairer par la personne.

Si l'on vous en doit croire, reprit le prince Ahmed, voilà une pomme d'une vertu merveilleuse, et l'on peut dire qu'elle n'a pas de prix; mais sur quoi peut se fonder un honnête homme comme moi qui aurait envie de l'acheter, pour se persuader qu'il n'y a ni déguisement ni exagération dans l'éloge que vous en faites?

Seigneur, repartit le crieur, la chose est connue et avérée dans toute la ville de Samarcande; et sans aller plus loin, interrogez tous les marchands qui sont ici rassemblés, vous verrez ce qu'ils vous en diront, et vous en trouverez qui ne vivraient pas aujourd'hui, comme ils vous le témoigneront eux-mêmes, s'ils ne se fussent servis de cet excellent remède. Pour vous faire mieux comprendre ce qui en est, c'est le fruit de l'étude et des veilles d'un philosophe très célèbre de cette ville, qui s'était appliqué toute sa vie à la connaissance de la vertu des plantes et des minéraux, et qui enfin était parvenu à en faire la composition que vous voyez, par laquelle il a fait dans cette ville des cures si surprenantes, que jamais sa mémoire n'y sera en oubli. Une mort si subite, qu'elle ne lui donna pas le temps de faire lui-même son remède souverain, l'enleva il y a peu de temps; et sa veuve, qu'il a laissée avec très peu de bien, et chargée d'un nombre d'enfants en bas âge, s'est enfin résolue de la mettre en vente, pour se mettre plus à l'aise, elle et sa famille.

Pendant que le crieur informait le prince Ahmed des vertus de la pomme artificielle, plusieurs personnes s'arrêtèrent et les environnèrent, dont la plupart confirmèrent tout le bien qu'il en disait; et comme l'un d'eux eut temoigné qu'il avait un ami malade si dangereusement, qu'on n'espérait plus rien de sa vie, et que c'était une occasion présente et favorable pour en faire voir l'expérience au prince Ahmed, le prince Ahmed prit la parole, et dit au crieur qu'il en donnerait quarante bourses si elle guérissait le malade en la lui faisant sentir.

Le crieur, qui avait ordre de la vendre ce prix-là : Seigneur, dit-il au prince Ahmed, allons faire cette expérience, la pomme sera pour vous; et je le dis avec d'autant plus de confiance, qu'il est indubitable qu'elle ne fera pas moins son effet que toutes les fois qu'elle a été employée pour faire revenir des portes de la mort tant de malades dont la vie était désespérée.

L'expérience réussit; et le prince, après avoir compté les quarante bourses au crieur qui lui consigna la pomme artificielle, attendit avec grande impatience le départ de la première caravane pour retourner aux Indes. Il employa ce temps-là à voir à Samarcande et aux environs tout ce qui était digne de sa curiosité, et principalement la vallée de la Sogde, ainsi nommée de la rivière du même nom qui l'arrose, et que les Arabes reconnaissent pour l'un des quatre paradis de l'univers, par la beauté de ses campagnes et de ses jardins accompagnés de palais, par sa fertilité en toutes sortes de fruits, et par les délices dont on y jouit dans la belle saison.

Le prince Ahmed enfin ne perdit pas l'occasion de la première caravane qui prit la route des Indes. Il partit; et nonobstant les incommodités inévitables dans un long voyage, il arriva en parfaite santé au gîte où les princes Houssain et Ali l'attendaient.

Le prince Ali, en arrivant quelque temps avant le prince Ahmed, demanda au prince Houssain, qui était venu le premier, combien il y avait de temps qu'il était arrivé. Comme il eut appris de lui qu'il y avait près de trois mois : Il faut donc, reprit-il, que vous ne soyez pas allé bien loin? Je ne vous dirai rien présentement, repartit le prince Houssain, du lieu où je suis allé ; mais je puis vous assurer que j'ai mis plus de trois mois à m'y rendre. Si cela est, répliqua le prince Ali, il faut donc que vous y ayez fait fort peu de séjour? Mon frère, lui dit le prince Houssain, vous vous trompez : le séjour que j'y ai fait a été de quatre à cinq mois, et il n'a tenu qu'à moi de le faire plus long. A moins que vous ne soyez revenu en volant, reprit encore le prince Ali, je ne comprends pas comment il peut y avoir trois mois que vous êtes de retour, comme vous voulez me le faire accroire.

Je vous ai dit la vérité, ajouta le prince Houssain; et c'est une énigme dont je ne vous donnerai l'explication qu'à l'arrivée du prince Ahmed, notre frère, en déclarant en même temps quelle est la rareté que j'ai rapportée de mon voyage. Pour vous, je ne sais pas ce que vous avez rapporté; il faut que ce soit peu de chose : en effet, je ne vois pas que vos charges soient augmentées. Et vous, prince, reprit le prince Ali, à la réserve d'un tapis d'assez peu de conséquence, dont votre sofa est garni, et dont vous devez avoir fait acquisition, il me semble que je pourrais vous rendre raillerie pour raillerie. Mais comme il paraît que vous voulez faire un mystère de la rareté que vous avez rapportée, vous trouverez bon que j'en use de même à l'égard de celle dont j'ai fait acquisition.

Le prince repartit : Je tiens la rareté que j'ai apportée si fort au-dessus de toute autre, quelle qu'elle puisse être, que je ne ferais pas de difficulté de vous la montrer, et de vous en faire tomber d'accord, en vous déclarant par quel endroit je la tiens telle, sans craindre que celle que vous apportez, comme je le suppose, puisse lui être préférée. Mais il est à propos que nous attendions que le prince Ahmed, notre frère, soit arrivé; alors nous pourrons nous faire part, avec plus d'égard et de bienséance les uns pour les autres, de la bonne fortune qui nous sera échue.

Le prince Ali ne voulut pas entrer plus avant en contestation avec le prince Houssain sur la préférence qu'il donnait à la rareté qu'il avait apportée; il se contenta d'être bien persuadé que si le tuyau qu'il avait à lui montrer n'était pas préférable, il n'était pas possible au moins qu'il fût inférieur, et il convint avec lui d'attendre à le produire que le prince Ahmed fût arrivé.

Quand le prince Ahmed eut rejoint les deux princes ses frères, qu'ils se furent embrassés avec beaucoup de tendresse, et fait compliment sur le bonheur qu'ils avaient de se revoir dans le même lieu où ils s'étaient séparés, le prince Houssain, comme l'aîné, prit la parole, et dit : Mes frères, nous aurons du temps de reste à nous entretenir des particularités chacun de son voyage; parlons de ce qui nous est le plus important de savoir; et comme je tiens pour certain que vous vous êtes souvenus comme moi du principal motif qui nous y a engagés, ne nous cachons pas ce que nous apportons; et nous le montrant, faisons-nous justice par avance, et voyons en faveur de qui le sultan notre père pourra juger de la préférence.

Pour donner l'exemple, continua le prince Houssain, je vous dirai que la rareté que j'ai rapportée du voyage que j'ai fait au royaume de Bisnagar, est le tapis sur lequel je suis assis : il est commun et sans apparence, comme vous le voyez; mais quand je vous aurai déclaré quelle est sa vertu, vous serez dans une admiration d'autant plus grande, que jamais vous n'avez rien entendu de pareil; et vous allez en convenir. En effet, tel qu'il vous paraît, si l'on est assis dessus, comme nous y sommes, et que l'on desire d'être transporté en quelque lieu, si éloigné qu'il puisse être, on se trouve dans ce lieu presque dans le moment. J'en ai fait l'expérience avant de compter les quarante bourses qu'il m'a coûtées, sans les regretter; et quand j'eus satisfait ma curiosité pleinement à la cour et dans le royaume de Bisnagar, et que je voulus revenir, je ne me suis pas servi d'autre voiture que de ce tapis merveilleux pour me ramener ici, moi et mon domestique, qui peut vous dire combien de temps j'ai mis à m'y rendre. Je vous en ferai voir l'expérience à l'un et à l'autre quand vous le jugerez à propos. J'attends que vous m'appreniez si ce que vous avez apporté peut entrer en comparaison avec mon tapis.

Le prince Houssain acheva en cet endroit d'exalter l'excellence de son tapis; et le prince Ali, en prenant la parole, la lui adressa en ces termes : Mon frère, dit-il, il faut avouer que votre tapis est une des choses les plus merveilleuses que l'on puisse imaginer, s'il a, comme je ne veux pas en douter, la propriété que vous venez de nous dire. Mais vous avouerez qu'il peut y avoir d'autres choses, je ne dis pas plus, mais au moins aussi merveilleuse dans un autre genre; et pour vous en faire tomber d'accord, continua-t-il, le tuyau d'ivoire que voici, non plus que votre tapis, à le voir, ne paraît pas une rareté qui mérite une grande attention. Je n'en ai pas moins payé cependant que vous de votre tapis, et je ne suis pas moins content de mon marché que vous l'êtes du vôtre. Équitable même comme vous l'êtes, vous tomberez d'accord que je n'ai pas été trompé, quand vous saurez et que vous en aurez vu l'expérience, qu'en regardant par un des bouts, on voit tel objet que l'on souhaite de voir. Je ne veux pas que vous m'en croyiez à ma parole, ajouta le prince Ali en lui présentant le tuyau; voilà le tuyau, voyez si je vous en impose.

Le prince Houssain prit le tuyau d'ivoire de la main du prince Ali; et comme il eut approché l'œil du bout que le prince Ali avait marqué en le lui présentant, avec intention de voir la princesse Nourounnihar, et d'apprendre comment elle se portait, le prince Ali et le prince Ahmed, qui avaient les yeux sur lui, furent extrêmement étonnés de le voir tout à coup changer de visage, d'une manière qui marquait une surprise extraordinaire, jointe à une grande affliction. Le prince Houssain ne leur donna pas le temps de lui en demander le sujet. Princes, s'écria-t-il, c'est inutilement que vous et moi nous avons entrepris un voyage si pénible dans l'espérance d'en être récompensés par la possession de la charmante Nourounnihar : dans peu de moments cette aimable princesse ne sera plus en vie; je viens de la voir dans son lit, environnée de ses femmes et de ses eunuques qui sont en pleurs, et qui paraissent n'attendre autre chose que de la voir rendre l'âme. Tenez ; voyez-la vous-mêmes dans ce pitoyable état, et joignez vos larmes aux miennes.

Le prince Ali reçut le tuyau d'ivoire de la main du prince Houssain; il regarda : après avoir vu le même objet avec un déplaisir sensible, il le présenta au prince Ahmed, afin qu'il vît aussi un spectacle si triste et si affligeant, qui devait les intéresser tous également.

Quand le prince Ahmed eut pris le tuyau d'ivoire des mains du prince Ali, qu'il eut regardé, et qu'il eut vu la princesse Nourounnihar si peu éloignée de la fin de ses jours, il prit la parole, et en l'adressant aux deux princes ses frères : Princes, dit-il, la princesse Nourounnihar, qui fait également le sujet de nos vœux, est véritablement dans un état qui l'approche de la mort de bien près; mais, autant qu'il me le paraît, pourvu que nous ne perdions pas de temps, il y a encore lieu de la préserver de ce moment fatal.

Alors le prince Ahmed tira de son sein la pomme artificielle qu'il avait acquise; et en la montrant aux princes ses frères, il leur dit : La pomme que vous voyez ne m'a pas moins coûté que le tapis et que le tuyau d'ivoire que vous avez apporté chacun de votre voyage. L'occasion qui se présente de vous en faire voir la vertu merveilleuse, fait que je ne regrette pas les quarante bourses qu'elle m'a coûté. Pour ne vous pas tenir en suspens, elle a la vertu qu'un malade, en la sentant, même à l'agonie, recouvre la santé sur-le-champ : l'expérience que j'en ai faite m'empêche d'en douter; et je puis vous en faire voir l'effet à vous-mêmes, en la personne de la princesse Nourounnihar, si nous faisons la diligence que nous devons pour la secourir.

Si cela est ainsi, reprit le prince Houssain, nous ne pouvons faire une plus grande diligence qu'en nous transportant à l'instant jusque dans la chambre de la princesse, par le moyen de mon tapis. Ne perdons pas de temps; approchez-vous, asseyez-vous-y comme moi, il est assez grand pour nous contenir tous trois sans nous presser; mais avant toutes choses, donnons ordre chacun à notre domestique de partir ensemble incessamment, et de venir nous trouver au palais.

Quand cet ordre eut été donné, le prince Ali et le prince Ahmed s'assirent sur le tapis avec le prince Houssain ; et comme ils avaient tous trois le même intérêt, ils formèrent aussi tous trois le même désir d'être transportés dans la chambre de la princesse Nourounnihar. Leur désir fut exécuté, et ils furent transportés si promptement, qu'ils s'aperçurent d'être arrivés au lieu où ils avaient souhaité, et nullement d'être partis de celui qu'ils venaient de quitter.

La présence des trois princes, si peu attendue, effraya les femmes et les eunuques de la princesse, qui ne comprenaient pas par quel enchantement trois hommes se trouvaient au milieu d'eux. Ils les méconnurent même d'abord, et les eunuques étaient près de se jeter sur eux comme sur des gens qui avaient pénétré jusque dans un lieu dont il ne leur était pas même permis d'approcher ; mais ils revinrent bientôt de leur erreur, en les reconnaissant pour ce qu'ils étaient.

Le prince Ahmed ne se vit pas plutôt dans la chambre de Nourounnihar, et il n'eut pas plutôt aperçu cette princesse mourante, qu'il se leva de dessus le tapis, ce que firent aussi les deux autres princes, s'approcha du lit, et lui mit la pomme merveilleuse sous les narines. Quelques moments après, la princesse ouvrit les yeux, tourna la tête de côté et d'autre en regardant les personnes qui l'environnaient, et elle se mit sur son séant en demandant à s'habiller, avec la même liberté et la même connaissance que si elle n'eût fait que de se réveiller après un long sommeil. Ses femmes lui eurent bientôt appris d'une manière qui marquait leur joie, que c'était aux trois princes ses cousins, et particulièrement au prince Ahmed, qu'elle avait l'obligation du recouvrement si subit de sa santé. Aussitôt, en témoignant la joie qu'elle avait de les revoir, elle les remercia tous ensemble, et le prince Ahmed en particulier. Comme elle avait demandé à s'habiller, les princes se contentèrent de lui marquer combien était grand le plaisir qu'ils avaient d'être arrivés assez à temps pour contribuer chacun en quelque chose à la tirer du danger évident où ils l'avaient vue, et les vœux ardents qu'ils faisaient pour la longue durée de sa vie; après quoi ils se retirèrent.

Pendant que la princesse s'habillait, les princes, en sortant de son appartement, allèrent se jeter aux pieds du sultan leur père et lui rendre leurs respects; et en paraissant devant lui, ils trouvèrent qu'ils avaient été prévenus par le principal eunuque de la princesse, qui l'informait de leur arrivée imprévue, et de quelle manière la princesse venait d'être guérie parfaitement par leur moyen. Le sultan les reçut et les embrassa avec une joie d'autant plus grande, qu'en même temps qu'il les voyait de retour, il apprenait que la princesse sa nièce, qu'il aimait comme si elle eût été sa propre fille, après avoir été abandonnée par les médecins, venait de recouvrer la santé d'une manière toute merveilleuse. Après les compliments de part et d'autre, ordinaires dans une pareille occasion, les princes lui présentèrent chacun la rareté qu'ils avaient apportée : le prince Houssain, le tapis qu'il avait eu soin de reprendre en sortant de la chambre de la princesse; le prince Ali, le tuyau d'ivoire; et le prince Ahmed, la pomme artificielle; et après en avoir fait l'éloge, chacun en la lui mettant entre les mains, à son rang, ils le supplièrent de prononcer sur celle à laquelle il donnait la préférence, et ainsi de déclarer auquel des trois il donnait la princesse Nourounnihar pour épouse, selon sa promesse.

Le sultan des Indes, après avoir écouté avec bienveillance tout ce que les princes voulurent lui représenter à l'avantage de ce qu'ils avaient apporté, sans les interrompre, et bien informé de ce qui venait de se passer dans la guérison de la princesse Nourounnihar, demeura quelque temps dans le silence, comme s'il eût pensé à ce qu'il avait à leur répondre. Il l'interrompit enfin, et il leur tint ce discours plein de sagesse : Mes enfants, dit-il, je déclarerais l'un de vous avec un grand plaisir, si je pouvais le faire avec justice; mais considérez vous-mêmes si je le puis. Vous, prince Ahmed, il est vrai que la princesse ma nièce est redevable de sa guérison à votre pomme artificielle; mais, je vous le demande, la lui eussiez-vous procurée, si auparavant le tuyau d'ivoire du prince Ali ne vous eût donné lieu de connaître le danger où elle était, et que le tapis du prince Houssain ne vous eût servi à venir la secourir promptement? Vous, prince Ali, votre tuyau d'ivoire a servi à vous faire connaître, à vous et aux princes vos frères, que vous alliez perdre la princesse votre cousine, et en cela il faut convenir qu'elle vous a une grande obligation. Il faut aussi que vous conveniez que cette connaissance serait demeurée inutile pour le bien qui lui en est arrivé, sans la pomme artificielle et sans le tapis. Et vous enfin, prince Houssain, la princesse serait une ingrate si elle ne vous marquait sa reconnaissance en considération de votre tapis, qui s'est trouvé si nécessaire pour lui procurer la guérison. Mais considérez qu'il n'eût été d'aucun usage pour y contribuer, si vous n'eussiez eu connaissance.

de la maladie par le moyen du tuyau d'ivoire du prince Ali, et que le prince Ahmed n'eût employé sa pomme artificielle pour la guérir. Ainsi, comme ni le tapis, ni le tuyau d'ivoire, ni la pomme artificielle ne donnent pas la moindre préférence à l'un plus qu'à l'autre, mais au contraire une parfaite égalité à chacun, et que je ne puis accorder la princesse Nourounnihar qu'à un seul, vous voyez vous-mêmes que le seul fruit que vous avez rapporté de votre voyage, est la gloire d'avoir contribué également à lui rendre la santé.

Si cela est vrai, ajouta le sultan, vous voyez aussi que c'est à moi à recourir à une autre voie, pour me déterminer certainement au choix que je dois faire entre vous. Comme il y a encore du temps jusqu'à la nuit, c'est ce que je veux faire dès aujourd'hui. Allez donc, prenez chacun un arc et une flèche, et rendez vous hors de la ville à la grande plaine des exercices de chevaux ; je vais me préparer pour m'y rendre, et je déclare que je donnerai la princesse Nourounnihar pour épouse à celui de vous qui aura tiré le plus loin.

Au reste, je n'oublie pas que je dois vous remercier en général, et chacun en particulier, comme je le fais, du présent que vous m'avez apporté. J'ai bien des raretés dans mon cabinet ; mais il n'y a rien qui approche de la singularité du tapis, du tuyau d'ivoire et de la pomme artificielle, dont je vais l'augmenter et l'enrichir. Ce sont trois pièces qui vont y tenir le premier lieu, et que j'y conserverai précieusement, non pas par simple curiosité, mais pour en tirer dans les occasions l'usage avantageux que l'on peut en faire.

Les trois princes n'eurent rien à répondre à la décision que le sultan venait de prononcer. Quand ils furent hors de sa présence, on leur fournit à chacun un arc et une flèche, qu'ils remirent à un de leurs officiers qui s'étaient assemblés dès qu'ils avaient appris la nouvelle de leur arrivée, et ils se rendirent, suivis d'une foule innombrable de peuple, à la plaine des exercices de chevaux.

Le sultan ne se fit pas attendre; et dès qu'il fut arrivé, le prince Houssain, comme l'aîné, prit son arc et la flèche, et tira le premier; le prince Ali tira ensuite, et l'on vit tomber la flèche plus loin que celle du prince Houssain; le prince Ahmed tira le dernier; mais on perdit la sienne de vue, et personne ne la vit tomber. On courut, on chercha; mais quelque diligence que l'on fît, et que le prince Ahmed fît lui-même, il ne fut pas possible de trouver la flèche, ni près ni loin. Quoiqu'il fût croyable que c'était lui qui avait tiré le plus loin, et ainsi qu'il avait mérité que la princesse Nourounnihar lui fût accordée; comme néanmoins il était nécessaire que la flèche se trouvât pour rendre la chose évidente et certaine, quelque remontrance qu'il fît au sultan, le sultan ne laissa pas de juger en faveur du prince Ali. Ainsi il donna les ordres pour les préparatifs de la solennité des noces, et peu de jours après, elles se célébrèrent avec une grande magnificence.

Le prince Houssain n'honora pas la fête de sa présence. Comme sa passion pour la princesse Nourounnihar était très sincère et très vive, il ne se sentit pas assez de force pour soutenir avec patience la mortification de la voir passer entre les bras du prince Ali, lequel, disait-il, ne la méritait pas mieux, ni ne l'aimait plus parfaitement que lui. Il en eut au contraire un déplaisir si sensible qu'il abandonna la cour, et qu'il renonça au droit qu'il avait de succéder à la couronne, pour aller se faire derviche et se mettre sous la discipline d'un scheik très fameux, lequel était dans une grande réputation de mener une vie exemplaire, et qui avait établi sa demeure et celle de ses disciples, qui étaient en grand nombre, dans une agréable solitude.

Le prince Ahmed, par le même motif que le prince Houssain, n'assista pas aux noces du prince Ali et de la princesse Nourounnihar; mais il ne renonça pas au monde comme lui. Comme il ne pouvait comprendre comment la flèche qu'il avait tirée était, pour ainsi dire, devenue invisible, il se déroba à ses gens, et, résolu de la chercher de manière à n'avoir rien à se reprocher, il se rendit à l'endroit où celles des princes Houssain et Ali avaient été ramassées. De là, en marchant droit devant lui, et en regardant à droite et à gauche, il alla si loin sans trouver ce qu'il cherchait, qu'il jugea que la peine qu'il se donnait était inutile. Attiré néanmoins comme malgré lui, il ne laissa pas de poursuivre son chemin jusqu'à des rochers fort élevés où il eût été obligé de se détourner quand il eût voulu passer outre; et ces rochers, extrêmement escarpés, étaient situés dans un lieu stérile, à quatre lieues loin d'où il était parti.

En approchant de ces rochers, le prince Ahmed aperçoit une flèche : il la ramasse, il la considère, et il fut dans un grand étonnement de voir que c'était la même qu'il avait tirée. C'est elle, dit-il en lui-même; mais ni moi ni aucun mortel au monde nous n'avons la force de tirer une flèche si loin. Comme il l'avait trouvée couchée par terre, et non pas enfoncée par la pointe, il jugea qu'elle avait donné contre le rocher, et qu'elle avait été renvoyée par sa résistance. Il y a du mystère, dit-il encore, dans une chose si extraordinaire, et ce mystère ne peut être qu'avantageux pour moi. La fortune, après m'avoir affligé en me privant de la possession d'un bien qui devait, comme je l'espérais, faire le bonheur de ma vie, m'en réserve peut-être un autre pour ma consolation.

Dans cette pensée, comme la face de ces rochers s'avançait en pointes et se reculait en plusieurs enfoncements, le prince entra dans un de ces enfoncements: et comme il jetait les yeux de coin en coin, une porte de fer se présenta sans apparence de serrure. Il craignit qu'elle ne fût fermée; mais, en la poussant, elle s'ouvrit en dedans, et il vit une descente douce en pente, sans degrés, par où il descendit avec la flèche à la main. Il crut qu'il allait entrer dans des ténèbres; mais bientôt une autre lumière toute différente succéda à celle qu'il quittait; et en entrant dans une place spacieuse, à cinquante ou soixante pas ou environ, il aperçut un palais magnifique, dont il n'eut pas le temps d'admirer la structure admirable. En effet, en même temps une dame d'un air et d'un port majestueux, et d'une beauté à laquelle la richesse des étoffes dont elle était habillée, et les pierreries dont elle était ornée, n'ajoutaient aucun avantage, s'avança jusque sur le vestibule, accompagnée d'une troupe de femmes, dont il eut peu de peine à distinguer la maîtresse.

Dès que le prince Ahmed eut aperçu la dame, il pressa le pas pour aller lui rendre ses respects; et la dame, de son côté, qui le vit venir, le prévint par ces paroles, en élevant la voix : Prince Ahmed, dit-elle, approchez, vous êtes le bienvenu.

La surprise du prince ne fut pas médiocre, quand il s'entendit nommer dans un pays dont il n'avait jamais entendu parler, quoique ce pays fût si voisin de la capitale du sultan son père; et il ne comprenait pas comment il pouvait être connu d'une dame qu'il ne connaissait pas. Il aborde enfin la dame en se jetant à ses pieds, et en se relevant : Madame, dit-il, à mon arrivée dans un lieu où j'avais à craindre que ma curiosité ne m'eût fait pénétrer imprudemment, je vous rends mille grâces de l'assurance que vous me donnez d'être le bienvenu; mais, madame, sans commettre une incivilité, oserais-je vous demander par quelle aventure il arrive, comme vous me l'apprenez vous-même, que je ne vous sois pas inconnu, à vous, dis-je, qui êtes si fort dans notre voisinage, sans que j'en aie eu connaissance qu'aujourd'hui? Prince, lui dit la dame, entrons dans le salon : j'y satisferai à votre demande plus commodément pour vous et pour moi.

En achevant ces paroles, la dame, pour montrer le chemin au prince Ahmed, le mena dans un salon, dont la structure merveilleuse, l'or et l'azur qui en embellissaient la voûte en dôme, et la richesse inestimable des meubles, lui parurent une nouveauté si grande, qu'il en témoigna son admiration, en s'écriant qu'il n'avait rien vu de semblable, et qu'il ne croyait pas qu'on pût rien voir qui en approchât. Je vous assure néanmoins, reprit la dame, que c'est la moindre pièce de mon palais, et vous en tomberez d'accord quand je vous en aurai fait voir tous les appartements. Elle monta, et elle s'assit sur un sofa ; et quand le prince eut pris place auprès d'elle, à la prière qu'elle lui en fit : Prince, dit-elle, vous êtes surpris, dites-vous, de ce que je vous connais sans que vous me connaissiez ; votre surprise cessera quand vous saurez qui je suis. Vous n'ignorez pas, sans doute, une chose que votre religion vous enseigne, qui est que le monde est habité par des génies, aussi bien que par des hommes. Je suis fille d'un de ces génies, des plus puissants et des plus distingués parmi eux, et mon nom est Pari-Banou. Ainsi vous devez cesser d'être surpris que je vous connaisse, vous, le sultan votre père, les princes vos frères et la princesse Nourounnihar. Je suis informée de même de votre amour et de votre voyage, dont je pourrais vous dire toutes les circonstances, puisque c'est moi qui ai fait mettre en vente à Samarcande la pomme artificielle que vous y avez achetée ; à Bisnagar, le tapis que le prince Houssain y a trouvé ; et à Schiraz, le tuyau d'ivoire que le prince Ali en a rapporté. Cela doit suffire pour vous faire comprendre que je n'ignore rien de ce qui vous touche. La seule chose que j'ajoute, c'est que vous m'avez paru digne d'un sort plus heureux que celui de posséder la princesse Nourounnihar, et que pour vous y faire acheminer, comme je me trouvais présente dans le temps que vous tirâtes la flèche, que je vois que vous tenez, et que je prévis qu'elle ne passerait pas même au-delà de celle du prince Houssain, je la pris en l'air, et lui donnai le mouvement nécessaire pour venir frapper les rochers près desquels vous venez de la trouver. Il ne tiendra qu'à vous de profiter de l'occasion qu'elle vous présente, de devenir plus heureux.

Comme la fée Pari-Banou prononça ces dernières paroles d'un ton différent, en regardant même le prince Ahmed d'un air tendre, en baissant aussitôt les yeux par modestie, avec une rougeur qui lui monta au visage, le prince n'eut pas de peine à comprendre de quel bonheur elle entendait parler. Il considéra tout d'une vue que la princesse Nourounnihar ne pouvait plus être à lui, et que la fée Pari-Banou la surpassait infiniment en beauté, en appas, en agréments, de même que par un esprit transcendant et par des richesses immenses, autant qu'il pouvait le conjecturer par la magnificence du palais où il se trouvait; et il bénit le moment que la pensée lui était venue de chercher une seconde fois la flèche qu'il avait tirée; et en cédant au penchant qui l'entraînait du côté du nouvel objet qui l'enflammait : Madame, reprit-il, quand je n'aurais toute ma vie que le bonheur d'être votre esclave et l'admirateur de tant de charmes qui me ravissent à moi-même, je m'estimerais le plus heureux de tous les mortels. Pardonnez-moi la hardiesse qui m'inspire de vous demander cette grâce, et ne dédaignez pas, en me la refusant, d'admettre dans votre cour un prince qui se dévoue tout à vous.

Prince, repartit la fée, comme il y a longtemps que je suis maîtresse de mes volontés, du consentement de mes parents, ce n'est pas comme esclave que je veux vous admettre à ma cour, mais comme maître de ma personne et de tout ce qui m'appartient et peut m'appartenir conjointement avec moi, en me donnant votre foi, et en voulant bien m'agréer pour votre épouse. J'espère que vous ne prendrez pas en mauvaise part que je vous prévienne par cette offre. Je vous ai déjà dit que je suis maîtresse de mes volontés : j'ajouterai qu'il n'en est pas de même chez les fées que chez les dames envers les hommes, lesquelles n'ont pas coutume de faire de telles avances, et tiendraient à grand déshonneur d'en user ainsi. Pour nous, nous les faisons, et nous tenons qu'on doit nous en avoir obligation.

Le prince Ahmed ne répondit rien à ce discours de la fée; mais, pénétré de reconnaissance, il crut ne pouvoir mieux la lui marquer qu'en s'approchant pour lui baiser le bas de sa robe. Elle ne lui en donna pas le temps; elle lui présenta la main, qu'il baisa; et en retenant et en serrant la sienne : Prince Ahmed, dit-elle, ne me donnez-vous pas votre foi, comme je vous donne la mienne? Eh! madame, reprit le prince ravi de joie, que pourrais-je faire de mieux et qui me fît plus de plaisir? Oui, ma sultane, ma reine, je vous la donne avec mon cœur, sans réserve. Si cela est, repartit la fée, vous êtes mon époux, et je suis votre épouse. Les mariages ne se contractent pas parmi nous avec d'autres cérémonies : ils sont plus fermes et plus indissolubles que parmi les hommes, nonobstant les formalités qu'ils y apportent. Présentement, poursuivit-elle, pendant qu'on préparera le festin de nos noces pour ce soir, et qu'apparemment vous n'avez rien pris d'aujtion de, on va vous apporter de quoi faire un léger repas marquyoi je vous ferai voir les appartements de mon palace et vous jugerez s'il n'est pas vrai, comme je vous l'ai dit, que ce salon en est la moindre pièce.

Quelques unes des femmes de la fée, qui étaient entrées dans ce salon avec elle, et qui comprirent quelle était son intention, sortirent, et peu de temps après apportèrent quelques mets et d'excellent vin.

Quand le prince Ahmed eut mangé et bu autant qu'il voulut, la fée Pari-Banou le mena d'appartement en appartement, où il vit le diamant, le rubis, l'émeraude et toutes sortes de pierreries fines, employés avec les perles, l'agate, le jaspe, le porphyre, et toutes sortes de marbres les plus précieux, sans parler des ameublements qui étaient d'une richesse inestimable : le tout employé dans une profusion si étonnante, que, bien loin d'avoir rien vu d'approchant, il avoua qu'il ne pouvait rien y avoir de pareil au monde. Prince, lui dit la fée, si vous admirez si fort mon palais, qui à la vérité a de grandes beautés, que diriez-vous des palais des chefs de nos génies, qui sont tout autrement beaux, spacieux et magnifiques? Je pourrais vous faire admirer aussi la beauté de mon jardin; mais, ajouta-t-elle, ce sera pour une autre fois : la nuit approche, et il est temps de nous mettre à table.

La salle où la fée fit entrer le prince Ahmed, et où la table était servie, était la dernière pièce du palais qui restait à faire voir au prince; elle n'était inférieure à aucune de toutes celles qu'il venait de voir. En entrant, il admira l'illumination d'une infinité de bougies parfumées d'ambre, dont la multitude, loin de faire de la confusion, était dans une symétrie bien entendue, qui faisait plaisir à voir. Il admira de même un grand buffet chargé de vaisselle d'or, que l'art rendait plus précieuse que la matière; plusieurs chœurs de femmes, toutes d'une beauté ravissante et richement habillées, qui commencèrent un concert de voix et de toutes sortes d'instruments les plus harmonieu· le plus qu't jamais entendus. Ils se mirent à table; et comm{iesse qui nou prit un grand soin de servir au prince Ahmed des mez, les plus délicats, qu'elle lui nommait à mesure, en l'invitant à en goûter, et comme le prince n'en avait jamais entendu parler, et qu'il les trouvait exquis, il en faisait l'éloge, en s'écriant que la bonne chère qu'elle lui faisait surpassait toutes celles que l'on faisait parmi les hommes. Il s'écria de même sur l'excellence du vin qui lui fut servi, dont ils ne commencèrent à boire, la fée et lui, qu'au dessert, qui n'était que de fruits, que de gâteaux et d'autres choses propres à le faire trouver meilleur.

Après le dessert enfin, la fée Pari-Banou et le prince Ahmed s'éloignèrent de la table, qui fut emportée sur-le-champ, et s'assirent sur le sofa à leur commodité, le dos appuyé de coussins d'étoffe de soie à grands fleurons de différentes couleurs : ouvrage à l'aiguille d'une grande délicatesse. Aussitôt un grand nombre de génies et de fées entrèrent dans la salle, et commencèrent un bal des plus surprenants, qu'ils continuèrent jusqu'à ce que la fée et le prince Ahmed se levèrent. Alors les génies et les fées, en continuant de danser, sortirent de la salle, et marchèrent devant les nouveaux mariés, jusqu'à la porte de la chambre où le lit nuptial était préparé. Quand ils y furent arrivés, ils se rangèrent en haie pour les laisser entrer; après quoi ils se retirèrent, et les laissèrent dans la liberté de se coucher.

La fête des noces fut continuée le lendemain; ou plutôt les jours qui en suivirent la célébration furent une fête continuelle que la fée Pari-Banou, à qui la chose était aisée, sut diversifier par de nouveaux ragoûts et de nouveaux mets dans les festins, de nouveaux concerts, de nouvelles danses, de nouveaux spectacles et de nouveaux divertissements, tous si extraordinaires, que le prince Ahmed n'eût pu se les imaginer en toute sa vie parmi les hommes, quand elle eût été de mille ans.

L'intention de la fée ne fut pas seulement de donner au prince des marques essentielles de la sincérité de son amour et de l'excès de sa passion par tant d'endroits; elle voulut aussi lui faire connaître par là que comme il n'avait plus rien à prétendre à la cour du sultan son père, et qu'en aucun endroit du monde, sans parler de sa beauté ni des charmes qui l'accompagnaient, il ne trouverait rien de comparable au bonheur dont il jouissait auprès d'elle, il fallait qu'il s'attachât à elle entièrement, et que jamais il ne s'en séparât. Elle réussit parfaitement dans ce qu'elle s'était proposé; l'amour du prince Ahmed ne diminua pas par la possession: il augmenta à un point, qu'il n'était plus à son pouvoir de cesser de l'aimer, quand elle-même elle eût pu se résoudre à ne plus l'aimer.

Au bout de six mois, le prince Ahmed, qui avait toujours aimé et honoré le sultan son père, conçut un grand desir d'apprendre de ses nouvelles; et comme il ne pouvait se satisfaire qu'en s'absentant pour en aller apprendre lui-même, il en parla à Pari-Banou dans un entretien, et il la pria de vouloir bien le lui permettre. Ce discours alarma la fée, et elle craignit que ce ne fût un prétexte pour l'abandonner; elle lui dit : En quoi puis-je vous avoir donné du mécontentement, pour vous obliger de me demander cette permission? Serait-il possible que vous eussiez oublié que vous m'avez donné votre foi, et que vous ne m'aimassiez plus, moi qui vous aime si passionnément! Vous devez en être bien persuadé par les marques que je ne cesse de vous en donner.

Ma reine, reprit le prince Ahmed, je suis très convaincu de votre amour, et je m'en rendrais indigne si je ne vous en témoignais pas ma reconnaissance par un amour réciproque. Si vous êtes offensée de ma demande, je vous supplie de me le pardonner; il n'y a pas de réparation que je ne sois prêt de vous en faire. Je ne l'ai pas faite pour vous déplaire : je l'ai faite uniquement par un motif de respect envers le sultan mon père, que je souhaiterais de délivrer de l'affliction où je dois l'avoir plongé par une absence si longue, affliction d'autant plus grande, comme j'ai lieu de le présumer, qu'il ne me croit plus en vie. Mais puisque vous n'agréez pas que j'aille lui donner cette consolation, je veux ce que vous voulez, et il n'y a rien au monde que je ne sois prêt de faire pour vous complaire.

Le prince Ahmed, qui ne dissimulait pas, et qui l'aimait dans son cœur aussi parfaitement qu'il venait de l'en assurer par ces paroles, cessa d'insister davantage sur la permission qu'il lui avait demandée, et la fée lui témoigna combien elle était satisfaite de sa soumission. Comme néanmoins il ne pouvait pas abandonner absolument le dessein qu'il avait formé, il affecta de l'entretenir de temps en temps des belles qualités du sultan des Indes, et surtout des marques de tendresse dont il lui était obligé en son particulier, avec l'espérance qu'à la fin elle se laisserait fléchir.

Comme le prince Ahmed l'avait jugé, il était vrai que le sultan des Indes, au milieu des réjouissances à l'occasion des

noces du prince Ali et de la princesse Nourounnihar, avait
été affligé sensiblement de l'éloignement des deux autres
princes ses fils. Il ne fut pas longtemps à être informé du
parti que le prince Houssain avait pris d'abandonner le
monde, et du lieu qu'il avait choisi pour y faire sa retraite.
Comme un bon père, qui fait consister une partie de son
bonheur à voir les enfants qui sont sortis de ses reins, particulièrement quand ils se rendent dignes de sa tendresse,
il eût mieux aimé qu'il fût demeuré à la cour, attaché à sa
personne. Comme néanmoins il ne pouvait pas désapprou-
ver qu'il eût fait le choix de l'état de perfection auquel il
s'était engagé, il supporta son absence avec patience. Il fit
toutes les diligences possibles pour avoir des nouvelles du
prince Ahmed; il dépêcha des courriers dans toutes les provinces de ses états, avec ordre aux gouverneurs de l'arrêter,
et de l'obliger de revenir à la cour; mais les soins qu'il se
donna n'eurent pas le succès qu'il avait espéré; et ses peines, au lieu de diminuer, ne firent qu'augmenter. Souvent
il s'en expliquait avec son grand-visir : Visir, disait-il, tu
sais qu'Ahmed est celui des princes mes fils que j'ai toujours
aimé le plus tendrement, et tu n'ignores pas les voies que
j'ai prises pour parvenir à le retrouver, sans y réussir. La
douleur que j'en sens est si vive, que j'y succomberai à la
fin, si tu n'as pas compassion de moi. Pour peu d'égards que
tu aies pour ma conservation, je te conjure de m'aider de
ton secours et de tes conseils.

Le grand-visir, non moins attaché à la personne du sultan, que zélé à se bien acquitter de l'administration des affaires de l'état, en songeant aux moyens de lui apporter du
soulagement, se souvint d'une magicienne dont on disait
des merveilles : il lui proposa de la faire venir et de la consulter. Le sultan y consentit ; et le grand-visir, après l'avoir
envoyé chercher, la lui amena lui-même.

Le sultan dit à la magicienne : L'affliction où je suis depuis les noces du prince Ali, mon fils, et de la princesse

Nourounnihar, ma nièce, de l'absence du prince Ahmed, est si connue et si publique, que tu ne l'ignores pas sans doute. Par ton art et par ton habileté, ne pourrais-tu pas me dire ce qu'il est devenu? Est-il encore en vie? Où est-il? Que fait-il? Dois-je espérer de le revoir?

La magicienne, pour satisfaire à ce que le sultan lui demandait, répondit : Sire, quelque habileté que je puisse avoir dans ma profession, il ne m'est pas possible néanmoins de satisfaire sur-le-champ à la demande que votre majesté me fait; mais si elle veut bien me donner du temps jusqu'à demain, je lui en donnerai la réponse. Le sultan, en lui accordant ce délai, la renvoya avec promesse de la bien récompenser si la réponse se trouvait conforme à son souhait.

La magicienne revint le lendemain, et le grand-visir la présenta au sultan pour la seconde fois. Elle dit au sultan : Sire, quelque diligence que j'aie apportée en me servant des règles de mon art, pour obéir à votre majesté sur ce qu'elle desire de savoir, je n'ai pu trouver autre chose, sinon que le prince Ahmed n'est pas mort; la chose est très certaine, et elle peut s'en assurer. Quant au lieu où il peut être, c'est ce que je n'ai pu découvrir.

Le sultan des Indes fut obligé de se contenter de cette réponse, qui le laissa à peu près dans la même inquiétude qu'auparavant sur le sort du prince son fils.

Pour revenir au prince Ahmed, il entretint la fée Pari-Banou si souvent du sultan son père, sans parler davantage du desir qu'il avait de le voir, que cette affectation lui fit comprendre quel était son dessein. Ainsi, comme elle se fut aperçue de sa retenue et de la crainte qu'il avait de lui déplaire, après le refus qu'elle lui avait fait, elle inféra premièrement que l'amour qu'il avait pour elle, dont il ne cessait de lui donner des marques en toutes rencontres, était sincère; ensuite, en jugeant par elle-même de l'injustice qu'il y aurait de faire violence à un fils sur sa tendresse pour un père, en voulant le forcer à renoncer au penchant naturel qui l'y portait, elle résolut de lui accorder ce qu'elle voyait bien qu'il desirait toujours très ardemment. Elle lui dit un jour : Prince, la permission que vous m'aviez demandée d'aller voir le sultan votre père m'avait donné une juste crainte que ce ne fût un prétexte pour me donner une marque de votre inconstance, et pour m'abandonner, et je n'ai pas eu d'autre motif que celui-là pour vous la refuser; mais aujourd'hui, aussi pleinement convaincue par vos actions que par vos paroles, que je peux me reposer sur votre constance et sur la fermeté de votre amour, je change de sentiment, et je vous accorde cette permission, sous une condition néanmoins, qui est de me jurer auparavant que votre absence ne sera pas longue, et que vous reviendrez bientôt. Cette condition ne doit pas vous faire de peine comme si je l'exigeais de vous par défiance; je ne le fais que parceque je sais qu'elle ne vous en fera pas, après la conviction où je suis, comme je viens de vous le témoigner, de la sincérité de votre amour.

Le prince Ahmed voulut se jeter aux pieds de la fée, pour lui mieux marquer combien il était pénétré de reconnaissance; mais elle l'en empêcha. Ma sultane, dit-il, je connais tout le prix de la grâce que vous me faites; mais les paroles me manquent pour vous en remercier aussi dignement que je le souhaiterais. Suppléez à mon impuissance, je vous en conjure; et quoi que vous puissiez vous en dire à vous-même, soyez persuadée que j'en pense encore davantage. Vous avez eu raison de croire que le serment que vous exigez de moi ne me ferait pas de peine. Je vous le fais d'autant plus volontiers, qu'il n'est pas possible désormais que je vive sans vous. Je vais donc partir, et la diligence que j'apporterai à revenir vous fera connaître que je l'aurai fait, non pas par la crainte de me rendre parjure si j'y manquais; mais parce que j'aurai suivi mon inclination, qui est de vivre avec vous toute ma vie inséparablement; et si je m'en éloigne quelquefois sous votre bon plaisir, j'éviterai le chagrin que me pourrait causer une trop longue absence.

Pari-Banou fut d'autant plus charmée de ces sentiments du prince Ahmed, qu'ils la délivrèrent des soupçons qu'elle s'était formés contre lui, par la crainte que son empressement à vouloir aller voir le sultan des Indes ne fût un prétexte spécieux pour renoncer à la foi qu'il avait promise. Prince, lui dit-elle, partez quand il vous plaira; mais auparavant, ne trouvez pas mauvais que je vous donne quelques avis sur la manière dont il est bon que vous vous comportiez dans votre voyage. Premièrement, je ne crois pas qu'il soit à propos que vous parliez de notre mariage au sultan votre père, ni de ma qualité, non plus que du lieu où vous êtes établi, et où vous demeurez depuis que vous êtes éloigné de lui. Priez-le de se contenter d'apprendre que vous êtes heureux, que vous ne desirez rien davantage, et que le seul motif qui vous aura amené est celui de faire cesser les inquiétudes où il pouvait être au sujet de votre destinée. Pour l'accompagner, enfin, elle lui donna vingt cavaliers bien montés et bien équipés. Quand tout fut prêt, le prince Ahmed prit congé de la fée en l'embrassant et en renouvelant la promesse de revenir incessamment. On lui amena le cheval qu'elle lui avait fait tenir prêt : outre qu'il était richement harnaché, il était aussi plus beau et de plus grand prix qu'aucun qu'il y eût dans les écuries du sultan des Indes. Il le monta de bonne grâce, avec un grand plaisir de la fée; et après lui avoir donné le dernier adieu, il partit.

Comme le chemin qui conduisait à la capitale des Indes n'était pas long, le prince Ahmed mit peu de temps à y arriver. Dès qu'il y entra, le peuple, joyeux de le revoir, le reçut avec acclamation; et la plupart se détachèrent et l'accompagnèrent en foule jusqu'à l'appartement du sultan. Le sultan le reçut et l'embrassa avec une grande joie, en se plaignant néanmoins, d'une manière qui partait de sa tendresse paternelle, de l'affliction où une longue absence l'avait jeté; et cette absence, ajouta-t-il, m'a été d'autant plus douloureuse, qu'après ce que le sort avait décidé à votre désavantage en faveur du prince Ali, votre frère, j'avais lieu de craindre que vous ne vous fussiez porté à quelque action de désespoir.

Sire, reprit le prince Ahmed, je laisse à considérer à votre majesté si, après avoir perdu Nourounnihar, qui avait été l'unique objet de mes souhaits, je pouvais me résoudre à être témoin du bonheur du prince Ali. Si j'eusse été capable d'une indignité de cette nature, qu'eût-on pensé de mon amour à la cour et à la ville, et qu'en eût pensé votre majesté elle-même? L'amour est une passion qu'on n'abandonne pas quand on le veut : elle domine, elle maîtrise; et ne donne pas le temps à un véritable amant de faire usage de sa raison. Votre majesté sait qu'en tirant ma flèche, il m'arriva une chose si extraordinaire, que jamais elle n'est arrivée à personne : savoir, qu'il ne fut pas possible de trouver la flèche que j'avais tirée, quoique dans une plaine aussi unie et aussi dégagée que celle des exercices de chevaux; ce qui fit que je perdis une cause dont la justice n'était pas moins due à mon amour, qu'elle l'était aux princes mes frères. Vaincu par le caprice du sort, je ne perdis pas le temps en des plaintes inutiles. Pour satisfaire mon esprit inquiet sur cette aventure que je ne comprenais pas, je m'éloignai de mes gens sans qu'ils s'en aperçussent, et je retournai seul sur le lieu pour chercher ma flèche. Je la cherchai en-deçà, au-delà, à droite, à gauche de l'endroit où je savais que celles du prince Houssain et du prince Ali avaient été ramassées, et où il me semblait que la mienne devait être tombée; mais la peine que je pris fut inutile. Je ne me rebutai pas, je poursuivis ma recherche, en continuant de marcher en avant sur le terrain, à peu près en droite ligne où je m'imaginais qu'elle pouvait être tombée. J'avais déjà fait plus d'une lieue, toujours en jetant les yeux de côté et d'autre, et même en me détournant de temps en temps pour aller reconnaître la moindre chose qui me donnait l'idée d'une flèche, quand je fis réflexion qu'il n'était pas possible que la mienne fût venue de si loin : je m'arrêtai et je me demandai à moi-même si j'avais perdu l'esprit, et si j'étais dépourvu de bon sens au point de me flatter d'avoir la force de pousser une flèche à une si longue distance, qu'aucun de nos héros les plus anciens et les plus renommés par leur force, n'avait jamais eue. Je fis ce raisonnement, et j'étais près d'abandonner mon entreprise; mais quand je voulus exécuter ma résolution, je me sentis entraîné comme malgré moi, et après avoir marché quatre lieues, jusqu'où la plaine est terminée par des rochers, j'aperçus une flèche; je courus, je l'amassai, et je reconnus que c'était celle que j'avais tirée, mais qui n'avait pas été trouvée ni dans le lieu ni dans le temps qu'il le fallait. Ainsi, bien loin de penser que votre majesté m'eût fait une injustice, en prononçant pour le prince Ali, j'interprétai ce qui m'était arrivé tout autrement, et je ne doutai pas qu'en cela il n'y eût un mystère à mon avantage, sur lequel je ne devais rien oublier pour en avoir l'éclaircissement; et j'eus cet éclaircissement sans m'éloigner trop de l'endroit; mais c'est un autre mystère sur lequel je supplie votre majesté de ne pas trouver mauvais que je demeure dans le silence, et de se contenter d'apprendre par ma bouche que je suis heureux et content de mon bonheur. Au milieu de ce bonheur, comme la seule chose qui le troublait, et qui était capable de le troubler, était l'inquiétude où je ne doutais pas que votre majesté ne fût au sujet de ce que je pouvais être devenu depuis que j'ai disparu, et que je me suis éloigné de la cour, j'ai cru qu'il était de mon devoir de venir vous en délivrer, et je n'ai pas voulu y manquer. Voilà le motif unique qui m'amène. La seule grâce que je demande à votre majesté, c'est de me permettre de venir de temps en temps lui rendre mes respects, et apprendre des nouvelles de l'état de sa santé.

Mon fils, répondit le sultan des Indes, je ne puis vous refuser la permission que vous demandez; j'aurais beaucoup mieux aimé néanmoins que vous eussiez pu vous résoudre à demeurer auprès de moi. Apprenez-moi au moins où je pourrais avoir de vos nouvelles toutes les fois que vous pourriez manquer à venir m'en apprendre vous-même, ou que votre présence serait nécessaire. Sire, repartit le prince Ahmed, ce que votre majesté me demande fait partie du mystère dont je lui ai parlé; je la supplie de vouloir bien que je garde aussi le silence sur ce point : je me rendrai si fréquemment à mon devoir, que je crains plutôt de me rendre importun que de lui donner lieu de m'accuser de négligence, quand ma présence sera nécessaire.

Le sultan des Indes ne pressa pas davantage le prince Ahmed sur cet article; il lui dit : Mon fils, je ne veux pas pénétrer plus avant dans votre secret; je vous en laisse le maître entièrement, pour vous dire que vous ne pouviez me faire un plus grand plaisir que de venir me rendre, par votre présence, la joie dont je n'avais pas été susceptible depuis si longtemps, et que vous serez le bienvenu toutes les fois que vous pourrez venir, sans préjudice de vos occupations ou de vos plaisirs.

Le prince Ahmed ne demeura pas plus de trois jours à la cour du sultan son père, il en partit le quatrième de bon matin; et la fée Pari-Banou le revit avec d'autant plus de joie, qu'elle ne s'attendait pas qu'il dût revenir si tôt; et sa diligence fit qu'elle se condamna elle-même de l'avoir soupçonné capable de manquer à la fidélité qu'il lui devait, et qu'il lui avait promise si solennellement. Elle ne dissimula pas au prince, elle lui avoua franchement sa faiblesse, et lui en demanda pardon. Alors l'union des deux amants fut si parfaite, que ce que l'un voulait, l'autre le voulait de même.

Un mois après le retour du prince Ahmed, comme la fée Pari-Banou eut remarqué que, depuis ce temps-là, ce prince, qui n'avait pas manqué de lui faire le récit de son voyage et de lui parler de l'entretien qu'il avait eu avec le sultan son père, dans lequel il lui avait demandé la permission de venir le voir de temps en temps; que ce prince, dis-je, ne lui avait parlé du sultan non plus que s'il n'eût pas été au monde, au lieu qu'auparavant il lui en parlait si souvent, elle jugea qu'il s'en abstenait par la considération qu'il avait pour elle. De là elle prit occasion un jour de lui tenir ce discours : Prince, dites-moi, avez-vous mis le sultan votre père en oubli? Ne vous souvenez-vous plus de la promesse que vous lui avez faite, d'aller le voir de temps en temps? Pour moi, je n'ai pas oublié ce que vous m'en avez dit à votre retour, et je vous en fais souvenir, afin que vous n'attendiez pas plus longtemps à vous acquitter de votre promesse pour la première fois.

Madame, reprit le prince Ahmed, sur le même ton enjoué que la fée, comme je ne me sens pas coupable de l'oubli dont vous me parlez, j'aime mieux souffrir le reproche que vous me faites, sans l'avoir mérité, que de m'être exposé à un refus, en vous marquant à contre-temps de l'empressement pour obtenir une chose qui eût pu vous faire de la peine à me l'accorder. Prince, lui dit la fée, je ne veux pas que vous ayez davantage de ces égards pour moi; et afin que semblable chose n'arrive plus, puisqu'il y a un mois que vous n'avez vu le sultan des Indes votre père, il me semble que vous ne devez pas mettre entre les visites que vous aurez à lui rendre un plus long intervalle que d'un mois. Commencez donc dès demain, et continuez de même de mois en mois, sans qu'il soit besoin que vous m'en parliez, ou que vous attendiez que je vous en parle : j'y consens très volontiers.

Le prince Ahmed partit le lendemain avec la même suite, mais plus leste, et lui-même monté, équipé et habillé plus magnifiquement que la première fois; et il fut reçu par le sultan avec la même joie et avec la même satisfaction. Il continua plusieurs mois à lui rendre visite, et toujours dans un équipage plus riche et plus éclatant.

A la fin, quelques visirs, favoris du sultan, qui jugèrent de la grandeur et de la puissance du prince Ahmed, par les échantillons qu'il en faisait paraître, abusèrent de la liberté que le sultan leur donnait de lui parler, pour lui faire naître de l'ombrage contre lui. Ils lui représentèrent qu'il était de la bonne prudence qu'il sût où le prince son fils faisait sa retraite, d'où il prenait de quoi faire une si grande dépense, lui à qui il n'avait assigné ni apanage, ni revenu fixe, qui semblait ne venir à la cour que pour le braver en affectant de faire voir qu'il n'avait pas besoin de ses libéralités pour vivre en prince : et qu'enfin il était à craindre qu'il ne fît soulever le peuple pour attenter à le détrôner.

Le sultan des Indes, qui était bien éloigné de penser que le prince Ahmed fût capable de former un dessein aussi pernicieux que celui que les favoris prétendaient lui faire accroire, leur dit : Vous vous moquez : mon fils m'aime, et je suis d'autant plus sûr de sa tendresse et de sa fidélité, que je ne me souviens pas de lui avoir donné le moindre sujet d'être mécontent de moi.

Sur ces dernières paroles, un des favoris prit occasion de lui dire : Sire, quoique votre majesté, au jugement général des plus sensés, n'ait pu prendre un meilleur parti que celui qu'elle a pris pour mettre d'accord les trois princes au sujet du mariage de la princesse Nourounnihar, qui sait si le prince Ahmet s'est soumis à la décision du sort avec la même résignation que le prince Houssain? Ne peut-il pas s'être imaginé qu'il la méritait seul, et que votre majesté, au lieu de la lui accorder préférablement à ses aînés, lui a fait une injustice en remettant la chose à ce qui en serait décidé par le sort?

Votre majesté peut dire, ajouta le malicieux favori, que le prince Ahmed ne donne aucune marque de mécontentement, que nos frayeurs sont vaines, que nous nous alarmons trop facilement, et que nous avons tort de suggérer des soupçons de cette nature contre un prince de son sang, qui peut-être n'ont pas de fondement ; mais, sire, poursuivit le favori, peut-être aussi que ces soupçons sont bien fondés. Votre majesté n'ignore pas que, dans une affaire aussi délicate et aussi importante, il faut s'attacher au parti le plus sûr ; qu'elle considère que la dissimulation de la part du prince peut l'amuser et la tromper, et que le danger est d'autant plus à craindre, qu'il ne paraît pas que le prince Ahmed soit fort éloigné de sa capitale. En effet, si elle y a fait la même attention que nous, elle a pu observer que toutes les fois qu'il arrive, lui et ses gens sont frais, leurs habillements et leurs housses de chevaux, avec leurs ornements, ont le même éclat que s'ils ne faisaient que de sortir de la main de l'ouvrier. Leurs chevaux même ne sont pas plus harassés que s'ils ne venaient que de la promenade. Ces marques du voisinage du prince Ahmed sont si évidentes, que nous croirions manquer à notre devoir, si nous ne lui en faisions notre humble remontrance, afin que, pour sa propre conservation, et pour le bien de ses états, elle y ait tel égard qu'elle jugera à propos.

Quand le favori eut achevé ce long discours, le sultan, en mettant fin à l'entretien, dit : Quoi qu'il en soit, je ne crois pas que mon fils Ahmed soit aussi méchant que vous voulez me le persuader ; je ne laisse pas néanmoins de vous être obligé de vos conseils, et je ne doute pas que vous ne me les donniez avec bonne intention.

Le sultan des Indes parla de la sorte à ses favoris, sans leur faire connaître que leurs discours eussent fait impression sur son esprit. Il ne laissa pas néanmoins d'en être alarmé, et il résolut de faire observer les démarches du prince Ahmed, sans en donner connaissance à son grand-visir ; il fit venir la magicienne, qui fut introduite par une porte secrète du palais, et amenée jusque dans son cabinet. Il lui dit : Tu m'as dit la vérité, quand tu m'as assuré que mon fils Ahmed n'était pas mort, et je t'en ai obligation ; il faut que tu me fasses un autre plaisir. Depuis que je l'ai retrouvé, et qu'il vient à ma cour de mois en mois, je n'ai pu obtenir de lui qu'il m'apprit en quel lieu il s'est établi, et je n'ai pas voulu le gêner pour lui tirer son secret malgré lui; mais je te crois assez habile pour faire en sorte que ma curiosité soit satisfaite, sans que ni lui, ni personne de ma cour, en sache rien. Tu sais qu'il est ici; et comme il a coutume de s'en retourner sans prendre congé de moi, non plus que d'aucun de ma cour, ne perds pas de temps, va dès aujourd'hui sur son chemin, et observe-le si bien que tu saches où il se retire, et que tu m'en apportes la réponse.

En sortant du palais du sultan, comme la magicienne avait appris en quel endroit le prince Ahmed avait trouvé sa flèche, dès l'heure même elle y alla, et elle se cacha près des rochers, de manière qu'elle ne pouvait pas être aperçue.

Le lendemain, le prince Ahmed partit dès la pointe du jour, sans avoir pris congé ni du sultan ni d'aucun courtisan, selon sa coutume. La magicienne le vit venir; elle le conduisit des yeux jusqu'à ce qu'elle le perdit de vue, lui et sa suite.

Comme les rochers formaient une barrière insurmontable aux mortels, soit à pied, soit à cheval, tant ils étaient escarpés, la magicienne jugea de deux choses l'une, ou que le prince se retirait dans une caverne, ou dans quelque lieu souterrain où des génies et des fées faisaient leur demeure. Quand elle eut jugé que le prince et ses gens devaient avoir disparu et être rentrés dans la caverne ou dans le souterrain, elle sortit du lieu où elle s'était cachée, et alla droit à l'enfoncement où elle les avait vus entrer; elle y entra; et en avançant jusqu'où il se terminait par plusieurs détours, elle regarda de tous les côtés, en allant et en revenant plusieurs fois sur ses pas. Mais nonobstant sa diligence, elle n'aperçut aucune ouverture de caverne, non plus que la porte de fer qui n'avait pas échappé à la recherche du prince Ahmed; c'est que cette porte était apparente pour les hommes seulement, et particulièrement pour certains hommes dont la présence pouvait être agréable à la fée Pari-Banou, et nullement pour les femmes.

La magicienne, qui vit que la peine qu'elle se donnait était inutile, fut obligée de se contenter de la découverte qu'elle venait de faire. Elle revint en rendre compte au sultan; et en achevant de lui faire le récit de ses démarches, elle ajouta : Sire, comme votre majesté peut le comprendre après ce que je viens d'avoir l'honneur de lui marquer, il ne me sera pas difficile de lui donner toute la satisfaction qu'elle peut desirer touchant la conduite du prince Ahmed. Je ne lui dirai pas dès à présent ce que j'en pense : j'aime mieux le lui faire connaître d'une manière qu'elle ne puisse pas en douter. Pour y parvenir, je ne lui demande que du temps et de la patience, avec la permission de me laisser faire, sans s'informer des moyens dont j'ai besoin de me servir.

Le sultan prit en bonne part les mesures que la magicienne prenait avec lui. Il lui dit : Tu es la maîtresse; va, et fais comme tu le jugeras à propos : j'attendrai avec patience l'effet de tes promesses. Et afin de l'encourager, il lui fit présent d'un diamant d'un très grand prix, en lui disant que c'était en attendant qu'il la récompensât pleinement quand elle aurait achevé de lui rendre le service important dont il se reposait sur son habileté.

Comme le prince Ahmed, depuis qu'il avait obtenu de la fée Pari-Banou la permission d'aller faire sa cour au sultan des Indes, n'avait pas manqué d'être régulier à s'en acquitter une fois le mois, la magicienne, qui ne l'ignorait pas, attendit que le mois qui courait fût achevé. Un jour ou deux avant qu'il finît, elle ne manqua pas de se rendre au pied des rochers, à l'endroit où elle avait perdu de vue le prince et ses gens, et elle attendit là, dans l'intention d'exécuter le projet qu'elle avait imaginé.

Dès le lendemain, le prince Ahmed sortit à son ordinaire par la porte de fer, avec la même suite qui avait coutume de l'accompagner, et il arriva près de la magicienne qu'il ne connaissait pas pour ce qu'elle était. Comme il eut aperçu qu'elle était couchée, la tête appuyée sur le roc, et qu'elle se plaignait comme une personne qui souffrait beaucoup, la compassion fit qu'il se détourna pour s'approcher d'elle, et qu'il lui demanda quel était son mal, et ce qu'il pouvait faire pour la soulager.

La magicienne artificieuse, sans lever la tête, en regardant le prince d'une manière à augmenter la compassion dont il était déjà touché, répondit par des paroles entrecoupées, et comme pouvant à peine respirer, qu'elle était partie de chez elle pour aller à la ville, et que dans le chemin elle avait été attaquée d'une fièvre violente; que les forces à la fin lui avaient manqué, et qu'elle avait été contrainte de s'arrêter, et de demeurer dans l'état où il la voyait, dans un lieu éloigné de toute habitation, et ainsi sans espérance d'être secourue.

Bonne femme, reprit le prince Ahmed, vous n'êtes pas aussi éloignée du secours dont vous avez besoin que vous le croyez : je suis prêt de vous le faire éprouver, et de vous mettre fort près d'ici dans un lieu où l'on aura pour vous, non seulement tout le soin possible, mais même où vous trouverez une prompte guérison. Pour cela, vous n'avez qu'à vous lever, et qu'à souffrir qu'un de mes gens vous prenne en croupe.

A ces paroles du prince Ahmed, la magicienne, qui ne feignait d'être malade que pour apprendre où il demeurait, ce qu'il faisait, et quel était son sort, ne refusa pas le bienfait qu'il lui offrit de si bonne grace ; et pour marquer qu'elle acceptait l'offre, plutôt par son action que par des paroles, en feignant que la violence de sa maladie prétendue l'en empêchait, elle fit des efforts pour se lever. En même temps deux cavaliers du prince mirent pied à terre, l'aidèrent à se lever sur ses pieds, et la mirent en croupe derrière un autre cavalier. Pendant qu'ils remontaient à cheval, le prince, qui rebroussa chemin, se mit à la tête de sa troupe, et arriva bientôt à la porte de fer, qui fut ouverte par un des cavaliers qui s'était avancé. Le prince entra; et quand il fut arrivé dans la cour du palais de la fée, sans mettre pied à terre, il détacha un de ses cavaliers pour l'avertir qu'il voulait lui parler.

La fée Pari-Banou fit d'autant plus de diligence, qu'elle ne comprenait pas quel motif avait pu obliger le prince Ahmed à revenir si tôt sur ses pas. Sans lui donner le temps de lui demander quel était ce motif: Ma princesse, lui dit le prince en lui montrant la magicienne que deux de ses gens venaient de mettre à terre, et soutenaient par-dessous les bras, je vous prie d'avoir pour cette bonne femme la même compassion que moi. Je viens de la trouver dans l'état où vous la voyez; et je lui ai promis l'assistance dont elle a besoin. Je vous la recommande, persuadé que vous ne l'abandonnerez pas, autant par votre propre inclination, qu'en considération de ma prière.

La fée Pari-Banou, qui avait eu les yeux attachés sur la prétendue malade, pendant que le prince Ahmed lui parlait, commanda à deux de ses femmes qui l'avaient suivie, de la prendre d'entre les mains des deux cavaliers, de la mener dans un appartement du palais, et de prendre pour elle le même soin qu'elles prendraient pour sa propre personne.

Pendant que les deux femmes exécutaient l'ordre qu'elles venaient de recevoir, Pari-Banou s'approcha du prince Ahmed; et en baissant la voix : Prince, dit-elle, je loue votre compassion, digne de vous et de votre naissance, et je me fais un grand plaisir de correspondre à votre bonne intention; mais vous me permettrez de vous dire que je crains fort que cette bonne intention ne soit mal récompensée. Il ne me paraît pas que cette femme soit aussi malade qu'elle le fait paraître; et je suis fort trompée si elle n'est pas apostée exprès pour vous donner de grandes mortifications. Mais que cela ne vous afflige pas ; et, quoi que l'on puisse machiner contre vous, persuadez-vous que je vous délivrerai de tous les piéges que l'on pourra vous tendre : allez, et poursuivez votre voyage.

Ce discours de la fée n'alarma pas le prince Ahmed : Ma princesse, reprit-il, comme je ne me souviens pas d'avoir fait mal à personne, et que je n'ai pas dessein d'en faire, je ne crois pas aussi que personne ait la pensée de m'en causer. Quoi qu'il en puisse être, je ne cesserai pas de faire le bien toutes les fois que l'occasion se présentera. En achevant, il prit congé de la fée ; et en se séparant il reprit son chemin, qu'il avait interrompu à l'occasion de la magicienne ; et en peu de temps il arriva avec sa suite à la cour du sultan des Indes, qui le reçut à peu près à son ordinaire, en se contraignant, autant qu'il lui était possible, pour ne rien faire paraître du trouble causé par les soupçons que les discours de ses favoris lui avaient fait naître.

Les deux femmes cependant, que la fée Pari-Banou avait chargées de ses ordres, avaient mené la magicienne dans un très bel appartement et meublé richement. D'abord elles la firent asseoir sur un sofa, où, pendant qu'elle était appuyée contre un coussin de brocard à fond d'or, elles préparèrent devant elle, sur le même sofa, un lit dont les matelas de satin étaient relevés d'une broderie en soie, les draps d'une toile des plus fines, et la couverture de drap d'or. Quand elles l'eurent aidée à se coucher, car la magicienne continuait de feindre que l'accès de fièvre dont elle était attaquée la tourmentait de manière qu'elle ne pouvait s'aider elle-même ; alors, dis-je, une des deux femmes sortit, et revint peu de temps après avec une porcelaine des plus fines à la main, pleine d'une liqueur. Elle la présenta à la magicienne, pendant que l'autre femme l'aidait à se mettre sur son séant : Prenez cette liqueur, lui dit-elle, c'est de l'eau de la fontaine des Lions, remède souverain pour quelque fièvre que ce soit. Vous en verrez l'effet en moins d'une heure de temps.

La magicienne, pour mieux feindre, se fit prier longtemps, comme si elle eût eu une répugnance insurmontable à prendre cette potion. Elle prit enfin la porcelaine, et elle avala la liqueur en secouant la tête, comme si elle se fût fait une grande violence. Quand elle se fut recouchée, les deux femmes la couvrirent bien : Demeurez en repos, lui dit celle qui avait apporté la potion, et même dormez si l'envie vous en prend. Nous allons vous laisser, et nous espérons de vous trouver parfaitement guérie quand nous reviendrons, environ dans une heure.

La magicienne, qui n'était pas venue pour faire la malade longtemps, mais uniquement pour épier où était la retraite du prince Ahmed, et ce qui pouvait l'avoir obligé de renoncer à la cour du sultan son père, et qui en était déja informée suffisamment, eût volontiers déclaré dès-lors que la potion avait fait son effet, tant elle avait d'envie de retourner et d'informer le sultan du bon succès de la commission dont il l'avait chargée. Mais comme on ne lui avait pas dit que la potion fît effet sur-le-champ, il fallut, malgré elle, qu'elle attendît le retour des deux femmes.

Les deux femmes vinrent dans le temps qu'elles avaient dit, et elles trouvèrent la magicienne levée, habillée sur le sofa, qui se leva en les voyant entrer : O l'admirable potion! s'écria-t-elle; elle a fait son effet bien plus tôt que vous ne me l'aviez dit, et je vous attendais avec impatience il y a déja du temps, pour vous prier de me mener à votre charitable maîtresse, afin que je la remercie de sa bonté, dont je lui serai obligée éternellement; et que, guérie comme par un miracle, je ne perde pas de temps pour continuer mon voyage.

Les deux femmes, fées comme leur maîtresse, après avoir marqué à la magicienne la part qu'elles prenaient à la joie qu'elle avait de sa prompte guérison, marchèrent devant elle pour lui montrer le chemin, et la menèrent au travers de plusieurs appartements, tous plus superbes que celui d'où elle sortait, dans le salon le plus magnifique et le plus richement meublé de tout le palais.

Pari-Banou était dans ce salon assise sur un trône d'or massif, enrichi de diamants, de rubis et de perles d'une grosseur extraordinaire, et à droite et à gauche accompagnée d'un grand nombre de fées, toutes d'une beauté charmante et habillées très richement. A la vue de tant d'éclat et de majesté, la magicienne ne fut pas seulement éblouie, elle demeura même si fort interdite, qu'après s'être prosternée devant le trône, il ne lui fut pas possible d'ouvrir la bouche pour remercier la fée, comme elle se l'était proposé. Pari-Banou lui en épargna la peine : Bonne femme, dit-elle, je suis bien aise que l'occasion de vous obliger se soit présentée, et de vous voir en état de poursuivre votre chemin. Je ne vous retiens pas; mais auparavant vous ne serez pas fâchée de voir mon palais. Allez avec mes femmes : elles vous accompagneront et vous le feront voir.

La magicienne, toujours interdite, se prosterna une seconde fois le front sur le tapis qui couvrait le bas du trône, en prenant congé, sans avoir la force ni la hardiesse de proférer une seule parole, et elle se laissa conduire par les deux fées qui l'accompagnaient. Elle vit avec étonnement et avec des exclamations continuelles, les mêmes appartements pièce à pièce, les mêmes richesses, la même magnificence que la fée Pari-Banou elle-même avait fait observer au prince Ahmed la première fois qu'il s'était présenté devant elle, comme nous l'avons vu : et ce qui lui donna le plus d'admiration, fut qu'après avoir vu tout le contenu du palais, les deux fées lui dirent que tout ce qu'elle venait d'admirer n'était qu'un échantillon de la grandeur et de la puissance de leur maîtresse; et que, dans l'étendue de ses états, elle avait d'autres palais dont elle ne pouvait dire le nombre, tous d'une architecture et d'un modèle différent, non moins superbes et magnifiques. En l'entretenant de plusieurs autres particularités, elles la conduisirent jusqu'à la porte de fer par où le prince Ahmed l'avait amenée, l'ouvrirent, et lui dirent qu'elles lui souhaitaient un heureux voyage, après qu'elle eut pris congé d'elles, et qu'elle les eut remerciées de la peine qu'elles s'étaient donnée.

Après avoir avancé quelques pas, la magicienne se retourna pour observer la porte et pour la reconnaître ; mais elle la chercha en vain ; elle était devenue invisible pour elle, de même que pour toute autre femme, comme nous l'avons remarqué. Ainsi, à la réserve de cette seule circonstance, elle se rendit auprès du sultan, assez contente d'elle-même, de s'être si bien acquittée, de la manière qu'elle l'avait projetée, de la commission dont elle avait été chargée. Quand elle fut arrivée à la capitale, elle alla, par des rues détournées, se faire introduire par la même porte secrète du palais. Le sultan, averti de son arrivée, la fit venir ; et comme il la vit paraître avec un visage sombre, il jugea qu'elle n'avait pas réussi, et il lui dit : A te voir, je juge que ton voyage a été inutile, et que tu ne m'apportes pas l'éclaircissement que j'attendais de ta diligence.

Sire, reprit la magicienne, votre majesté me permettra de lui représenter que ce n'est pas à me voir qu'elle doit juger si je me suis bien comportée dans l'exécution de l'ordre dont elle m'a honorée, mais sur le rapport sincère de ce que j'ai fait et de tout ce qui m'est arrivé, en n'oubliant rien pour me rendre digne de son approbation. Ce qu'elle peut remarquer de sombre dans mon visage, vient d'une autre cause que celle de n'avoir pas réussi, en quoi j'espère que votre majesté trouvera qu'elle a lieu d'être contente. Je ne lui dis pas quelle est cette cause ; le récit que j'ai à lui faire, si elle a la patience de m'écouter, la lui fera connaître.

Alors la magicienne raconta au sultan des Indes de quelle manière, en feignant d'être malade, elle avait fait en sorte que le prince Ahmed, touché de compassion, l'avait fait mener dans un lieu souterrain, présentée et recommandée lui-même à une fée d'une beauté à laquelle il n'y en avait pas de comparable dans l'univers, en la priant de vouloir bien contribuer de ses soins à lui rendre la santé. Elle lui marqua ensuite avec quelle complaisance la fée avait aussitôt donné ordre à deux des fées qui l'accompagnaient de se charger d'elle, et de ne la pas abandonner qu'elle n'eût recouvré la santé ; ce qui lui avait fait connaître qu'une si grande condescendance ne pouvait venir que de la part d'une épouse pour un époux. La magicienne ne manqua pas de lui exagérer la surprise où elle avait été à la vue de la façade du palais de la fée, à laquelle elle ne croyait pas qu'il y eût rien d'égal au monde, pendant que les deux fées l'y menaient par-dessous les bras, l'une d'un côté, l'autre de l'autre, comme une malade, telle qu'elle feignait de l'être, qui n'eût pu se soutenir ni marcher sans leur secours. Elle lui fit le détail de leur empressement à la soulager quand elle fut dans l'appartement où elles l'avaient conduite, de la potion qu'on lui avait fait prendre, de la prompte guérison qui s'était ensuivie, mais feinte de même que la maladie, quoiqu'elle ne doutât pas de la vertu de la potion ; de la majesté de la fée assise sur un trône tout brillant de pierreries, dont la valeur surpassait toutes les richesses du royaume des Indes ; et enfin des autres richesses immenses et hors de toute supputation, tant en général qu'en particulier, qui étaient renfermées dans la vaste capacité du palais.

La magicienne acheva en cet endroit le récit du succès de sa commission ; et en continuant son discours : Sire, poursuivit-elle, que pense votre majesté de ces richesses inouïes de la fée ? Peut-être dira-t-elle qu'elle en est dans l'admiration, et qu'elle se réjouit de la haute fortune du prince Ahmed son fils, qui en jouit en commun avec la fée. Pour moi, sire, je supplie votre majesté de me pardonner, si je prends la liberté de lui remontrer que j'en pense autrement, et même que j'en suis dans l'épouvante, quand je considère le malheur qui peut lui en arriver ; et c'est ce qui fait le sujet de l'inquiétude où je suis, que je n'ai pu si bien dissimuler qu'elle ne s'en soit aperçue. Je veux croire que le prince Ahmed, par son bon naturel, n'est pas capable de lui-même de rien entreprendre contre votre majesté; mais qui peut répondre que la fée, par ses attraits, par ses caresses et par le pouvoir qu'elle a déjà acquis sur l'esprit de son époux, ne lui inspirera pas le pernicieux dessein de supplanter, et de s'emparer de la couronne du royaume des Indes? C'est à votre majesté à faire toute l'attention que mérite une affaire d'une aussi grande importance.

Quelque persuadé que fût le sultan des Indes du bon naturel du prince Ahmed, il ne laissa pas d'être ému par le discours de la magicienne. Il lui dit en la congédiant : Je te remercie de la peine que tu t'es donnée, et de ton avis salutaire; j'en connais toute l'importance, qui me paraît telle que je ne puis en délibérer sans prendre conseil.

Quand on était venu annoncer au sultan l'arrivée de la magicienne, il s'entretenait avec les mêmes favoris qui lui avaient déjà inspiré contre le prince Ahmed les soupçons que nous avons dits. Il se fit suivre par la magicienne, et il vint retrouver ses favoris. Il leur fit part de ce qu'il venait d'apprendre; et après qu'il leur eut communiqué aussi le sujet qu'il y avait de craindre que la fée ne fît changer l'esprit du prince, il leur demanda de quels moyens ils croyaient qu'on pouvait se servir pour prévenir un si grand mal.

L'un des favoris, en prenant la parole pour tous, répondit : Pour prévenir ce mal, sire, puisque votre majesté connaît celui qui pourrait en devenir l'auteur, qu'il est au milieu de sa cour, et qu'il est en son pouvoir de le faire, elle ne devrait pas hésiter à le faire arrêter, et je ne dirai pas à lui faire ôter la vie, la chose ferait un trop grand éclat ; mais au moins de le faire enfermer dans une prison étroite pour le reste de ses jours. Les autres favoris applaudirent à ce sentiment tout d'une voix.

La magicienne, qui trouva le conseil trop violent, demanda au sultan la permission de parler; et quand il la lui eut accordée, elle dit : Sire, je suis persuadée que c'est le bon zèle pour les intérêts de votre majesté qui fait que ses conseillers lui proposent de faire arrêter le prince Ahmed; mais ils ne trouveront pas mauvais que je leur fasse considérer qu'en arrêtant ce prince, il faudrait donc en même temps faire arrêter ceux qui l'accompagnent; mais ceux qui l'accompagnent sont des génies. Croient-ils qu'il soit aisé de les surprendre, de mettre la main sur eux, et de se saisir de leurs personnes? Ne disparaîtraient-ils pas par la propriété qu'ils ont de se rendre invisibles? Et dans le moment n'iraient-ils pas informer la fée de l'insulte qu'on aurait faite à son époux; et la fée laisserait-elle l'insulte sans vengeance? Mais si, par quelque autre moyen moins éclatant, le sultan peut se mettre à couvert des mauvais desseins que le prince Ahmed pourrait avoir, sans que la gloire de sa majesté y fût intéressée, et que personne pût soupçonner qu'il y eût de la mauvaise intention de sa part; ne serait-il pas plus à propos qu'elle le mît en pratique? Si sa majesté avait quelque confiance en mon conseil, comme les génies et les fées peuvent des choses qui sont au-dessus de la portée des hommes, elle piquerait le prince Ahmed d'honneur en l'engageant à lui procurer certains avantages, par l'entremise de la fée, sous prétexte d'en tirer une grande utilité, dont il lui aurait obligation. Par exemple, toutes les fois que votre majesté veut se mettre en campagne, elle est obligée de faire une dépense prodigieuse, non seulement en pavillons et en tentes pour elle et pour son armée, mais même en chameaux, en mulets et autres bêtes de charge, seulement pour voiturer tout cet attirail; ne pourrait-elle pas l'engager, par le grand crédit qu'il doit avoir auprès de la fée, à lui procurer un pavillon qui puisse tenir dans la main, sous lequel cependant toute votre armée puisse demeurer à couvert? Je n'en dis pas davantage à votre majesté. Si le prince apporte le pavillon, il y a tant d'autres demandes de cette nature qu'elle pourra lui faire, qu'à la fin il faudra qu'il succombe dans les difficultés, ou dans l'impossibilité de l'exécution, quelque fertile en moyens et en inventions que puisse être la fée qui vous l'a enlevé par ses enchantements. De la sorte, la honte fera qu'il n'osera plus paraître, et qu'il sera contraint de passer ses jours avec la fée, exclus du commerce de ce monde ; d'où il arrivera que votre majesté n'aura plus rien à craindre de ses entreprises, et qu'on ne pourra pas lui reprocher une action aussi odieuse, que celle de l'effusion du sang d'un fils, ou de le confiner dans une prison perpétuelle.

Quand la magicienne eut achevé de parler, le sultan demanda à ses favoris s'ils avaient quelque chose de meilleur à lui proposer ; et comme il vit qu'ils gardaient le silence, il se détermina à suivre le conseil de la magicienne, comme celui qui lui paraissait le plus raisonnable, et qui d'ailleurs était conforme à la douceur qu'il avait toujours suivie dans sa manière de gouverner.

Le lendemain, comme le prince Ahmed se fut présenté devant le sultan son père, qui s'entretenait avec ses favoris, et qu'il eut pris place près de sa personne, sa présence n'empêcha pas que la conversation sur plusieurs choses indifférentes ne continuât encore quelque temps. Ensuite le sultan prit la parole, et en l'adressant au prince Ahmed : Mon fils, dit-il, quand vous vîntes me tirer de la profonde tristesse où la longueur de votre absence m'avait plongé, vous me fîtes un mystère du lieu que vous aviez choisi pour votre retraite ; et, satisfait de vous revoir et d'apprendre que vous étiez content de votre sort, je ne voulus pas pénétrer dans votre secret, dès que j'eus compris que vous ne le souhaitiez pas. Je ne sais quelle raison vous pouvez avoir eue pour en user de la sorte avec un père, qui dès-lors, comme je le fais aujourd'hui, vous eût témoigné la part qu'il prenait à votre bonheur. Je sais quel est ce bonheur ; je m'en réjouis avec vous, et j'approuve le parti que vous avez pris d'épouser une fée si digne d'être aimée, si riche et si puissante, comme je l'ai appris de bonne part. Si puissant que je sois, il ne m'eût pas été possible de vous procurer un mariage semblable. Dans le haut rang où vous vous êtes élevé, lequel pourrait être envié par tout autre que par un père comme moi, je vous demande non seulement que vous continuiez de vivre avec moi en bonne intelligence, comme vous avez toujours fait jusqu'à présent, mais même d'employer tout le crédit que vous pouvez avoir auprès de votre fée pour m'obtenir son assistance dans les besoins que je pourrais avoir, et dès aujourd'hui vous voudrez bien que je mette ce crédit à l'épreuve. Vous n'ignorez pas à quelle dépense excessive, sans parler de l'embarras, mes généraux, mes officiers subalternes, et moi-même, nous sommes obligés toutes les fois que j'ai à me mettre en campagne en temps de guerre, pour nous pourvoir de pavillons et de tentes, de chameaux et d'autres bêtes de charge pour les transporter. Si vous faites bien attention au plaisir que vous me ferez, je suis persuadé que vous n'aurez pas de peine à faire en sorte qu'elle vous accorde un pavillon qui tienne dans la main, et sous lequel toute mon armée puisse être à couvert, surtout quand vous lui aurez fait connaître qu'il sera destiné pour moi. La difficulté de la chose ne vous attirera pas un refus : tout le monde sait le pouvoir qu'ont les fées d'en faire de plus extraordinaires.

Le prince Ahmed ne s'était pas attendu que le sultan son père dût exiger de lui une chose pareille, qui lui parut d'abord très difficile, pour ne pas dire impossible. En effet quoiqu'il n'ignorât pas absolument combien le pouvoir des génies et des fées était grand, il douta néanmoins qu'il s'étendît à pouvoir lui fournir un pavillon tel qu'il le demandait. D'ailleurs, jusqu'alors il n'avait rien demandé d'approchant à Pari-Banou : il se contentait des marques continuelles qu'elle lui donnait de sa passion, et il n'oubliait rien de tout ce qui pouvait lui persuader qu'il y correspondait de tout son cœur, sans autre intérêt que celui de se conserver dans ses bonnes graces. Ainsi il fut dans un grand embarras sur la réponse qu'il avait à faire.

Sire, reprit-il, si j'ai fait un mystère à votre majesté de ce qui m'était arrivé, et du parti que j'avais pris après avoir trouvé ma flèche, c'est qu'il ne me parut pas qu'il lui importât d'en être informée. J'ignore par quel endroit ce mystère lui a été révélé. Je ne puis néanmoins lui cacher que le rapport qu'on lui a fait est véritable. Je suis époux de la fée dont on lui a parlé; je l'aime et je suis persuadé qu'elle m'aime de même : mais pour ce qui est du crédit que j'ai auprès d'elle, comme votre majesté le croit, je ne puis en rien dire. C'est que non seulement je ne l'ai pas mis à l'épreuve, je n'en ai pas même eu la pensée, et j'eusse fort souhaité que votre majesté eût voulu me dispenser de l'entreprendre, et me laisser jouir du bonheur d'aimer et d'être aimé, avec le désintéressement pour toute autre chose que je m'étais proposé. Mais ce qu'un père demande est un commandement pour un fils qui, comme moi, se fait un devoir de lui obéir en toutes choses. Quoique malgré moi, et avec une répugnance que je ne puis exprimer, je ne laisserai pas de faire à mon épouse la demande que votre majesté souhaite que je lui fasse; mais je ne lui promets pas de l'obtenir : et si je cesse d'avoir l'honneur de venir lui rendre mes respects, ce sera une marque que je ne l'aurai pas obtenue ; et par avance je lui demande la grace de me le pardonner, et de considérer qu'elle-même m'aura réduit à cette extrémité.

Le sultan des Indes repartit au prince Ahmed : Mon fils, je serais bien fâché que ce que je vous demande pût vous donner lieu de me causer le déplaisir de ne vous plus voir : je vois bien que vous ne connaissez pas le pouvoir d'un mari sur une femme. La vôtre ferait voir qu'elle ne vous aimerait que très faiblement, si, avec le pouvoir qu'elle a comme fée, elle vous refusait une chose d'aussi peu de conséquence que ce que je vous prie de lui demander pour l'amour de moi. Abandonnez votre timidité : elle ne vient que de ce que vous croyez n'être pas aimé autant que vous aimez. Allez, demandez seulement, vous verrez que la fée vous aime au-delà de ce que vous croyez; et souvenez-vous que, faute de ne pas demander, on se prive de grands avantages. Pensez que, de même que vous ne lui refuseriez pas ce qu'elle vous demanderait, parceque vous l'aimez, elle ne vous refusera pas aussi ce que vous lui demanderez, parcequ'elle vous aime.

Le sultan des Indes ne persuada pas le prince Ahmed par son discours : le prince Ahmed eût mieux aimé qu'il lui eût demandé tout autre chose, que de l'exposer à déplaire à sa chère Pari-Banou ; et dans le chagrin qu'il conçut, il partit de la cour deux jours plus tôt qu'il n'avait coutume. Dès qu'il fut arrivé, la fée, qui jusqu'alors l'avait toujours vu se présenter devant elle avec un visage ouvert, lui demanda la cause du changement qu'elle y remarquait. Comme elle vit qu'au lieu de répondre, il lui demandait des nouvelles de sa santé, d'un air qui faisait connaître qu'il évitait de la satisfaire : Je répondrai, dit-elle, à votre demande quand vous aurez répondu à la mienne. Le prince s'en défendit longtemps, en lui protestant que ce n'était rien ; mais plus il se défendait, plus elle le pressait. Je ne puis, dit-elle, vous voir dans l'état où vous êtes, que vous ne m'ayez déclaré ce qui vous fait de la peine, afin que j'en dissipe la cause, quelle qu'elle puisse être : il faudrait qu'elle fût bien extraordinaire si elle était hors de mon pouvoir, à moins que ce ne fût la mort du sultan votre père; en ce cas-là, avec ce que je tâcherais d'y contribuer de mon côté, le temps vous en apporterait la consolation.

Le prince Ahmed ne put résister plus longtemps aux vives instances de la fée; il lui dit : Madame, Dieu prolonge la vie du sultan mon père, et le bénisse jusqu'à la fin de ses jours! Je l'ai laissé plein de vie et en parfaite santé;

ainsi ce n'est pas là ce qui cause le chagrin dont vous vous êtes aperçue. C'est le sultan lui-même qui en est la cause ; et j'en suis d'autant plus affligé, qu'il me met dans la nécessité fâcheuse de vous être importun. Premièrement, madame, vous savez le soin que j'ai pris, avec votre approbation, de lui cacher le bonheur que j'ai eu de vous voir, de vous aimer, de mériter vos bonnes graces et votre amour, et de recevoir votre foi en vous donnant la mienne; je ne sais néanmoins par quel endroit il en a été informé.

La fée Pari-Banou interrompit le prince Ahmed en cet endroit. Et moi, reprit-elle, je le sais : souvenez-vous de ce que je vous ai prédit de la femme qui vous a fait accroire qu'elle était malade, et dont vous avez eu compassion ; c'est elle-même qui a rapporté au sultan votre père ce que vous lui aviez caché. Je vous avais dit qu'elle était aussi peu malade que vous et moi : elle en a fait voir la vérité. En effet, après que les deux femmes auxquelles je l'avais recommandée lui eurent fait prendre d'une eau souveraine pour toutes sortes de fièvres, dont cependant elle n'avait pas besoin, elle feignit que cette eau l'avait guérie, et se fit amener pour prendre congé de moi, afin d'aller incessamment rendre compte du succès de son entreprise. Elle était même si pressée, qu'elle serait partie sans voir mon palais, si en commandant à mes deux femmes de la conduire, je ne lui eusse fait comprendre qu'il valait la peine d'être vu. Mais poursuivez ; et voyons en quoi le sultan votre père vous a mis dans la nécessité de m'être importun : chose néanmoins qui n'arrivera pas; je vous prie d'en être persuadé.

Madame, poursuivit le prince Ahmed, vous avez pu remarquer que jusqu'à présent, content que vous m'aimiez, je ne vous ai demandé aucune autre faveur. Après la possession d'une épouse si aimable, que pourrais-je desirer davantage? Je n'ignore pas néanmoins quel est votre pouvoir; mais je m'étais fait un devoir de bien me garder de le mettre à l'épreuve. Considérez donc, je vous en conjure, que ce n'est pas moi, mais le sultan mon père, qui vous fait la demande indiscrète, autant qu'il me le paraît, d'un pavillon qui le mette à couvert des injures du temps quand il est en campagne, lui, toute sa cour et toute son armée, et qui tienne dans la main. Encore une fois, ce n'est pas moi, c'est le sultan mon père qui vous demande cette grace.

Prince, reprit la fée en souriant, je suis fâchée que si peu de chose vous ait causé l'embarras et le tourment d'esprit que vous me faites paraître. Je vois bien que deux choses y ont contribué : l'une est la loi que vous vous êtes imposée, de vous contenter de m'aimer et d'être aimé, et de vous abstenir de la liberté de me faire la moindre demande qui mît mon pouvoir à l'épreuve; l'autre, que je ne doute pas, quoi que vous en puissiez dire, que vous vous êtes imaginé que la demande que le sultan votre père a exigé que vous me fissiez était au-delà de ce pouvoir. Quant à la première, je vous en loue, et je vous aimerais davantage s'il était possible. Quant à la seconde, je n'aurai pas de peine à vous faire connaître que ce que le sultan me demande est une bagatelle, et, dans l'occasion, que je puis tout autre chose plus difficile. Mettez-vous donc l'esprit en repos, et soyez persuadé que, bien loin de m'importuner, je me ferai toujours un très grand plaisir de vous accorder tout ce que vous pourrez souhaiter que je fasse pour l'amour de vous.

En achevant, la fée commanda qu'on lui fît venir sa trésorière. La trésorière vint. Nourgihan, lui dit la fée (c'était le nom de la trésorière), apporte-moi le pavillon le plus grand qui soit dans mon trésor. Nourgihan revint peu de moments après, et elle apporta un pavillon, lequel tenait non seulement dans la main, mais même que la main pouvait cacher en la fermant, et elle le présenta à la fée sa maîtresse, qui le prit et le mit entre les mains du prince Ahmed, afin qu'il le considérât.

Quand le prince Ahmed vit ce que la fée Pari-Banou appelait un pavillon, le pavillon le plus grand, disait-elle, qu'il y eût dans son trésor, il crut qu'elle voulait se moquer de lui, et les marques de sa surprise parurent sur son visage et dans sa contenance. Pari-Banou, qui s'en aperçut, fit un grand éclat de rire. Quoi! prince, s'écria-t-elle, vous croyez donc que je veux me moquer de vous? Vous verrez tout à l'heure que je ne suis pas une moqueuse. Nourgihan, dit-elle à sa trésorière, en reprenant le pavillon des mains du prince Ahmed et en le lui remettant, va, dresse-le, que le prince juge si le sultan son père le trouvera moins grand que celui qu'il lui a demandé.

La trésorière sortit du palais, et s'en éloigna assez loin pour faire en sorte que, quand elle l'aurait dressé, l'extrémité vînt d'un côté jusqu'au palais. Quand elle eut fait, le prince Ahmed le trouva, non pas plus petit, mais si grand, que deux armées aussi nombreuses que celle du sultan des Indes eussent pu y être à couvert. Alors, ma princesse, dit-il à Pari-Banou, je vous demande mille pardons de mon incrédulité : après ce que je vois, je ne crois pas qu'il y ait rien de tout ce que vous voudrez entreprendre dont vous ne puissiez venir à bout. Vous voyez, lui dit la fée, que le pavillon est plus grand qu'il n'est besoin; mais vous remarquerez une chose, qu'il a cette propriété, qu'il s'agrandit ou s'appetisse à proportion de ce qui doit y être à couvert, sans qu'il soit besoin qu'on y mette la main.

La trésorière mit bas le pavillon, le réduisit dans son premier état, l'apporta, et le mit entre les mains du prince. Le prince Ahmed le prit; et le lendemain, sans différer plus longtemps, il monta à cheval, et, accompagné de sa suite ordinaire, il alla le présenter au sultan son père.

Le sultan, qui s'était persuadé qu'un pavillon tel qu'il l'avait demandé était hors de toute possibilité, fut dans une grande surprise de la diligence du prince son fils. Il reçut le pavillon; et après en avoir admiré la petitesse, il fut dans un étonnement dont il eut de la peine à revenir, quand il l'eut fait dresser dans la grande plaine que nous avons dite, et qu'il eut connu que deux autres armées aussi grandes que la sienne pouvaient y être à couvert fort au large. Comme il eût pu regarder cette circonstance comme une superfluité, qui pouvait même être incommode dans l'usage, le prince Ahmed n'oublia pas de l'avertir que cette grandeur se trouverait toujours proportionnée à celle de son armée.

En apparence, le sultan des Indes témoigna au prince l'obligation qu'il lui avait d'un présent si magnifique, en le priant d'en bien remercier la fée Pari-Banou de sa part; et pour lui marquer davantage l'état qu'il en faisait, il commanda qu'on le gardât soigneusement dans son trésor. Mais en lui-même il en conçut une jalousie plus outrée que celle que ses flatteurs et la magicienne lui avaient inspirée, en considérant qu'à la faveur de la fée, le prince son fils pouvait exécuter des choses qui étaient infiniment au-dessus de sa propre puissance, nonobstant sa grandeur et ses richesses. Ainsi, plus animé qu'auparavant à ne rien oublier pour faire en sorte qu'il périt, il consulta la magicienne, et la magicienne lui conseilla d'engager le prince à lui apporter de l'eau de la fontaine des Lions.

Sur le soir, comme le sultan tenait l'assemblée ordinaire de ses courtisans, et que le prince Ahmed s'y trouvait, il lui adressa la parole en ces termes : Mon fils, dit-il, je vous ai déjà témoigné combien je me sens obligé par le présent du pavillon que vous m'avez procuré, que je regarde comme la pièce la plus précieuse de mon trésor; il faut que pour l'amour de moi vous fassiez une autre chose qui ne me sera pas moins agréable. J'apprends que la fée votre épouse se sert d'une certaine eau de la fontaine des Lions, qui guérit toutes sortes de fièvres les plus dangereuses; comme je suis parfaitement persuadé que ma santé vous est très chère, je ne doute pas aussi que vous ne veuilliez bien lui en demander un vase et me l'apporter, comme un remède souverain dont je puis avoir besoin à chaque moment. Rendez-moi donc cet autre service important, et mettez par là le comble aux tendresses d'un bon fils envers son père.

Le prince Ahmed, qui avait cru que le sultan son père se contenterait d'avoir à sa disposition un pavillon aussi singulier et aussi utile que celui qu'il venait de lui apporter, et qu'il ne lui imposerait pas une nouvelle charge capable de le mettre mal avec la fée Pari-Banou, demeura comme interdit à cette autre demande qu'il venait de lui faire, nonobstant l'assurance qu'elle lui avait donnée de lui accorder tout ce qui dépendrait de son pouvoir. Après un silence de quelques moments : Sire, dit-il, je supplie votre majesté de tenir pour certain qu'il n'y a rien que je ne sois prêt à faire ou à entreprendre pour contribuer à procurer tout ce qui sera capable de prolonger ses jours; mais je souhaiterais que ce fût sans l'intervention de mon épouse : c'est pour cela que je n'ose lui promettre d'apporter de cette eau. Tout ce que je puis faire, c'est de l'assurer que j'en ferai la demande; mais en me faisant la même violence que je me suis faite au sujet du pavillon.

Le lendemain, le prince Ahmed, de retour auprès de la fée Pari-Banou, lui fit le récit sincère et fidèle de ce qu'il avait fait et de ce qui s'était passé à la cour du sultan son père à la présentation du pavillon, qu'il avait reçu avec un grand sentiment de reconnaissance pour elle; et il ne manqua pas de lui marquer la nouvelle demande qu'il était chargé de lui faire de sa part; et en achevant, il ajouta : Ma princesse, je ne vous expose ceci que comme un simple récit de ce qui s'est passé entre le sultan mon père et moi. Quant au reste, vous êtes la maîtresse de satisfaire à ce qu'il souhaite, ou de le rejeter, sans que j'y prenne aucun intérêt : je ne veux que ce que vous voudrez.

Non, non, reprit la fée Pari-Banou, je suis bien aise que le sultan des Indes sache que vous ne m'êtes pas indifférent. Je veux le contenter; et quelques conseils que la magicienne puisse lui donner (car je vois bien que c'est elle qu'il écoute), qu'il ne nous trouve pas en défaut, ni vous ni moi. Il y a de la méchanceté dans ce qu'il demande; et vous allez le comprendre dans le récit que vous allez entendre. La fontaine des Lions est au milieu de la cour d'un grand château, dont l'entrée est gardée par quatre lions des plus puissants, dont deux dorment alternativement pendant que les deux autres veillent; mais que cela ne vous épouvante pas; je vous donnerai le moyen de passer au milieu d'eux sans aucun danger.

La fée Pari-Banou s'occupait alors à coudre; et comme elle avait près d'elle plusieurs pelotons de fil, elle en prit un, et en le présentant au prince Ahmed : Premièrement, dit-elle, prenez ce peloton; je vous dirai bientôt l'usage que vous en ferez. En second lieu, faites-vous préparer deux chevaux, un que vous monterez, et l'autre que vous mènerez en main, chargé d'un mouton coupé en quatre quartiers, qu'il faut faire tuer dès aujourd'hui. En troisième lieu, vous vous munirez d'un vase que je vous ferai donner pour puiser l'eau entre-ci demain. De bon matin, montez à cheval, avec l'autre cheval en main; et quand vous serez sorti par la porte de fer, vous jetterez devant vous le peloton de fil; le peloton roulera, et ne cessera de rouler jusqu'à la porte du château. Suivez-le jusque-là; et quand il sera arrêté, comme la porte sera ouverte, vous verrez les quatre lions, dont les deux qui veilleront éveilleront les deux autres par leur rugissement. Ne vous effrayez pas; mais jetez-leur à chacun un quartier de mouton, sans mettre pied à terre. Cela fait, sans perdre de temps, piquez votre cheval; et d'une course légère, rendez-vous promptement à la fontaine; emplissez votre vase, sans mettre encore pied à terre, et revenez avec la même légèreté : les lions, encore occupés à manger, vous laisseront la sortie libre.

Le prince Ahmed partit le lendemain à l'heure que la fée Pari-Banou lui avait marquée, et il exécuta de point en point ce qu'elle lui avait prescrit. Il arriva à la porte du château;

il distribua les quartiers de mouton aux quatre lions; et après avoir passé au milieu d'eux avec intrépidité, il pénétra jusqu'à la fontaine; il puisa de l'eau. Le vase plein, il revint, et sortit du château sain et sauf comme il y était entré. Quand il fut un peu éloigné, en se retournant il aperçut deux des lions qui accouraient en venant à lui; sans s'effrayer il tira le sabre, il se mit en défense. Mais comme il eut vu, chemin faisant, que l'un s'était détourné à quelque distance, en marquant de la tête et de la queue qu'il ne venait pas pour lui faire mal, mais pour marcher devant lui, et que l'autre restait derrière pour le suivre, il rengaîna son sabre, et de la sorte, il poursuivit son chemin jusqu'à la capitale des Indes, où il entra accompagné des deux lions, qui ne le quittèrent qu'à la porte du palais du sultan. Ils l'y laissèrent entrer; après quoi ils reprirent le même chemin par où ils étaient venus, non sans une grande frayeur de la part du menu peuple et de ceux qui les virent, lesquels se cachaient ou fuyaient, qui d'un côté, qui d'un autre, pour éviter leur rencontre, quoiqu'ils marchassent d'un pas égal, sans donner aucune marque de férocité.

Plusieurs officiers qui se présentèrent pour aider le prince Ahmed à descendre de cheval, l'accompagnèrent jusqu'à l'appartement du sultan, où il s'entretenait avec ses favoris. Là, il s'approcha du trône, posa le vase aux pieds du sultan, et baisa le riche tapis qui couvrait le marchepied; et en se relevant: Sire, lui dit-il, voilà l'eau salutaire que votre majesté a souhaité de mettre au rang des choses précieuses et curieuses qui enrichissent et ornent son trésor. Je lui souhaite une santé toujours si parfaite, que jamais elle n'ait besoin d'en faire usage.

Quand le prince eut achevé son compliment, le sultan lui fit prendre place à sa droite; et alors: Mon fils, dit-il, je vous ai une obligation de votre présent aussi grande que le péril auquel vous vous êtes exposé pour l'amour de moi. (Il en avait été informé par la magicienne, qui avait connaissance de la fontaine des Lions, et du danger auquel on s'exposait pour en aller puiser de l'eau.) Faites-moi le plaisir, continua-t-il, de m'apprendre par quelle adresse, ou plutôt par quelle force incroyable vous vous en êtes garanti.

Sire, reprit le prince Ahmed, je ne prends aucune part au compliment de votre majesté ; il est dû tout entier à la fée mon épouse, et je ne m'en attribue d'autre gloire que celle d'avoir suivi ses bons conseils. Alors il lui fit connaître quels avaient été ces bons conseils, par le récit du voyage qu'il avait fait, et de quelle manière il s'y était comporté. Quand il eut achevé, le sultan, après l'avoir écouté avec de grandes démonstrations de joie, mais en secret avec la même jalousie qui augmenta au lieu de diminuer, se leva et se retira seul dans l'intérieur de son palais, où la magicienne, qu'il envoya chercher d'abord, lui fut amenée.

La magicienne, à son arrivée, épargna au sultan la peine de lui parler de celle du prince Ahmed, et du succès de son voyage ; elle en avait été informée d'abord par le bruit qui s'en était répandu, et elle s'était déjà préparée sur le moyen immanquable, à ce qu'elle prétendait. Elle communiqua ce moyen au sultan, et le lendemain, dans l'assemblée de ses courtisans, le sultan le déclara au prince Ahmed, qui s'y trouva, en ces termes : Mon fils, dit-il, je n'ai plus qu'une prière à vous faire, après laquelle je n'ai plus rien à exiger de votre obéissance, ni auprès de la fée votre épouse : c'est de m'amener un homme qui n'ait pas, de hauteur, plus d'un pied et demi, avec la barbe longue de trente pieds, qui porte sur l'épaule une barre de fer du poids de cinq cents livres, dont il se serve comme d'un bâton à deux bouts, et qui sache parler.

Le prince Ahmed, qui ne croyait pas qu'il y eût au monde un homme fait comme le sultan son père le demandait, voulut s'excuser ; mais le sultan persista dans sa demande, en lui répétant que la fée pouvait des choses encore plus incroyables.

Le jour suivant, comme le prince fut revenu au royaume

souterrain de Pari-Banou, à laquelle il fit part de la nouvelle demande du sultan son père, qu'il regardait, disait-il, comme une chose qu'il croyait encore moins possible qu'il n'avait cru d'abord les deux premières : Pour moi, ajouta-t-il, je ne puis imaginer que dans tout l'univers il y ait ou qu'il puisse y avoir de cette sorte d'hommes. Il veut, sans doute, éprouver si j'aurai la simplicité de me donner du mouvement pour lui en trouver; ou, s'il y en a, il faut que son dessein soit de me perdre. En effet, comment peut-il prétendre que je me saisisse d'un homme si petit, qui soit armé de la manière qu'il l'entend? De quelles armes pourrais-je me servir pour le réduire à se soumettre à mes volontés? S'il y en a, j'attends que vous me suggériez un moyen pour me tirer de ce pas avec honneur.

Mon prince, reprit la fée, ne vous alarmez pas : il y avait du risque à courir pour apporter de l'eau de la fontaine des Lions au sultan votre père, il n'y en a aucun pour trouver l'homme qu'il demande. Cet homme est mon frère Schaïbar, lequel, bien loin de me ressembler, quoique nous soyons enfants du même père, est d'un naturel si violent, que rien n'est capable de l'empêcher de donner des marques sanglantes de son ressentiment, pour peu qu'on lui déplaise ou qu'on l'offense. D'ailleurs, il est le meilleur du monde, et il est toujours prêt à obliger en tout ce que l'on souhaite. Il est fait justement comme le sultan votre père l'a décrit, et il n'a pas d'autres armes que la barre de fer de cinq cents livres pesant, sans laquelle jamais il ne marche, et qui lui sert à se faire porter respect. Je vais le faire venir, et vous jugerez si je dis la vérité; mais, sur toutes choses, préparez-vous à ne vous pas effrayer de sa figure extraordinaire quand vous le verrez paraître. Ma reine, reprit le prince Ahmed, Schaïbar, dites-vous, est votre frère? De quelque laideur et si contrefait qu'il puisse être, bien loin de m'effrayer en le voyant, cela suffit pour me le faire aimer, honorer et regarder comme mon allié le plus proche.

La fée se fit apporter sous le vestibule de son palais une cassolette d'or pleine de feu, et une boîte de même métal, qui lui fut présentée. Elle tira de la boîte d'un parfum qui y était conservé; et comme elle l'eut jeté dans la cassolette, il s'en éleva une fumée épaisse.

Quelques moments après cette cérémonie, la fée dit au prince Ahmed : Mon prince, voilà mon frère qui vient; le voyez-vous? Le prince regarda, et il aperçut Schaïbar, qui n'était pas plus haut que d'un pied et demi, et qui venait gravement avec la barre de fer de cinq cents livres pesant sur l'épaule, et la barbe bien fournie, longue de trente pieds, qui se soutenait en avant, la moustache épaisse à proportion, retroussée jusqu'aux oreilles, qui lui couvrait presque le visage; les yeux de cochon enfoncés dans la tête, qu'il avait d'une grosseur énorme, et couverte d'un bonnet en pointe, avec cela enfin, il était bossu par devant et par derrière.

Si le prince n'eût été prévenu que Schaïbar était frère de Pari-Banou, il n'eût pu le voir sans un grand effroi; mais, rassuré par cette connaissance, il l'attendit de pied ferme avec la fée et il le reçut sans aucune marque de faiblesse.

Schaïbar, qui, à mesure qu'il avançait, avait regardé le prince Ahmed d'un œil qui eût dû lui glacer l'âme dans le corps, demanda à Pari-Banou, en l'abordant, qui était cet homme. Mon frère, répondit-elle, c'est mon époux; son nom est Ahmed, et il est fils du sultan des Indes. La raison pourquoi je ne vous ai pas invité à mes noces, c'est que je n'ai pas voulu vous détourner de l'expédition où vous étiez engagé, d'où j'ai appris avec bien du plaisir que vous êtes revenu victorieux; c'est à sa considération que j'ai pris la liberté de vous appeler. A ces paroles, Schaïbar, en regardant le prince Ahmed d'un œil gracieux, qui ne diminuait en rien néanmoins de sa fierté ni de son air farouche : Ma sœur, dit il, y a-t-il quelque chose en quoi je puisse lui rendre service? Il n'a qu'à parler. Il suffit qu'il soit votre époux pour m'obliger à lui faire plaisir en tout ce qu'il peut souhaiter.

Le sultan son père, reprit Pari-Banou, a la curiosité de vous voir ; je vous prie de vouloir bien qu'il soit votre conducteur. Il n'a qu'à marcher devant, repartit Schaïbar, je suis prêt de le suivre. Mon frère, repartit Pari-Banou, il est trop tard pour entreprendre ce voyage aujourd'hui ; ainsi vous voudrez bien le remettre à demain matin. Cependant, comme il est bon que vous soyez instruit de ce qui s'est passé entre le sultan des Indes et le prince Ahmed depuis notre mariage, je vous en entretiendrai ce soir.

Le lendemain, Schaïbar, informé de ce qu'il était à propos qu'il n'ignorât pas, partit de bonne heure, accompagné du prince Ahmed, qui devait le présenter au sultan. Ils arrivèrent à la capitale ; et comme Schaïbar eut paru à la porte, tous ceux qui l'aperçurent, saisis de frayeur à la vue d'un objet si hideux, se cachèrent, les uns dans les boutiques ou dans les maisons, dont ils fermèrent les portes, et les autres, en prenant la fuite, communiquèrent la même frayeur à ceux qu'ils rencontrèrent, lesquels rebroussèrent chemin sans regarder derrière eux. De la sorte, à mesure que Schaïbar et le prince Ahmed avançaient à pas mesurés, ils trouvèrent une grande solitude dans toutes les rues et dans toutes les places publiques jusqu'au palais. Là, les portiers, au lieu de se mettre en état d'empêcher au moins que Schaïbar n'entrât, se sauvèrent, les uns d'un côté, les autres d'un autre, et laissèrent l'entrée de la porte libre. Le prince et Schaïbar avancèrent sans obstacle jusqu'à la salle du conseil, où le sultan, assis sur son trône, donnait audience ; et comme les huissiers avaient abandonné leur poste dès qu'ils avaient vu paraître Schaïbar, ils entrèrent sans empêchement.

Schaïbar, la tête haute, s'approcha du trône fièrement, et sans attendre que le prince Ahmed le présentât, il apostropha le sultan des Indes en ces termes : Tu m'as demandé, dit-il ; me voici. Que veux-tu de moi ?

Le sultan, au lieu de répondre, s'était mis les mains devant les yeux, et se détournait pour ne pas voir un objet si effroyable. Schaïbar, indigné de cet accueil incivil et offensant, après lui avoir donné la peine de venir, leva sa barre de fer, et en lui disant : Parle donc! il la lui déchargea sur la tête et l'assomma ; et il eut plus tôt fait que le prince Ahmed n'eût pensé à lui demander grâce. Tout ce qu'il put faire fut d'empêcher qu'il n'assommât aussi le grand-visir, qui n'était pas loin de la droite du sultan, en lui représentant qu'il n'avait qu'à se louer des bons conseils qu'il avait donnés au sultan son père. Ce sont donc ceux-ci, dit Schaïbar, qui lui en ont donné de mauvais? Et en prononçant ces paroles, il assomma les autres visirs à droite et à gauche, tous favoris et flatteurs du sultan, et ennemis du prince Ahmed. Autant de coups, autant de morts, et il n'en échappa que ceux dont l'épouvante ne s'était pas emparée assez fortement pour les rendre immobiles, et les empêcher de se procurer la vie sauve par la fuite.

Cette exécution terrible achevée, Schaïbar sortit de la salle du conseil; et, au milieu de la cour, la barre de fer sur l'épaule, en regardant le grand-visir qui accompagnait le prince Ahmed, auquel il devait la vie : Je sais, dit-il, qu'il y a ici une certaine magicienne, plus ennemie du prince mon beau-frère, que les favoris indignes que je viens de châtier; je veux qu'on m'amène cette magicienne. Le grand-visir l'envoya chercher, on l'amena ; et Schaïbar, en l'assommant avec sa barre de fer : Apprends, dit-il, à donner des conseils pernicieux et à faire la malade. La magicienne demeura morte sur la place.

Alors : Ce n'est pas assez, ajouta Schaïbar, je vais assommer de même toute la ville, si dans le moment elle ne reconnaît le prince Ahmed, mon beau-frère, pour son sultan, et pour sultan des Indes. Aussitôt ceux qui étaient présents, et qui entendirent cet arrêt, firent retentir l'air en criant à haute voix : Vive le sultan Ahmed! En peu de moments toute la ville retentit de la même acclamation et proclamation en même temps. Schaïbar le fit revêtir de l'habillement de sultan des Indes, l'installa sur le trône; et après lui avoir fait rendre l'hommage et le serment de fidélité qui lui était dû, il alla prendre sa sœur Pari-Banou, la mena en grande pompe, et la fit reconnaître de même pour sultane des Indes.

Quant au prince Ali et à la princesse Nourounnihar, comme ils n'avaient pris aucune part dans la conspiration contre le prince Ahmed, qui venait d'être vengé, et dont même ils n'avaient pas eu connaissance, le prince Ahmed leur assigna pour apanage une province très considérable, avec sa capitale, où ils allèrent passer le reste de leurs jours. Il envoya aussi un officier au prince Houssain, son frère aîné, pour lui annoncer le changement qui venait d'arriver, et pour lui offrir de choisir dans tout le royaume telle province qui lui plairait, pour en jouir en propriété. Mais le prince Houssain se trouvait si heureux dans sa solitude, qu'il chargea l'officier de bien remercier le sultan, son cadet, de sa part, de l'honnêteté qu'il avait bien voulu lui faire, de l'assurer de sa soumission, et de lui marquer que la seule grâce qu'il lui demandait était de permettre qu'il continuât de vivre dans la retraite qu'il avait choisie.

Histoire des deux sœurs jalouses de leur cadette.

La sultane Scheherazade, en continuant de tenir en suspens le sultan des Indes, par le récit de ses contes, savoir s'il la ferait mourir, ou s'il la laisserait vivre, lui en raconta un nouveau en ces termes :

Sire, dit-elle, il y avait un prince de Perse nommé Khosrouschah, lequel, en commençant de prendre connaissance du monde, se plaisait fort aux aventures de nuit : il se déguisait souvent, accompagné d'un de ses officiers de confiance, déguisé comme lui; et en parcourant les quartiers de la ville, il lui en arrivait alors d'assez particulières, dont je n'entreprendrai pas d'entretenir aujourd'hui votre majesté; mais j'espère qu'elle écoutera avec plaisir celle qui lui arriva dès la première sortie qu'il fit peu de jours après qu'il eut monté sur le trône à la place du sultan son père, lequel, en mourant dans une grande vieillesse, lui avait laissé le royaume de Perse pour héritage.

Après les cérémonies accoutumées, au sujet de son avénement à la couronne, et après celles des funérailles du sultan son père, le nouveau sultan Khosrouschah, autant par inclination que par devoir, pour prendre connaissance lui-même de ce qui se passait, sortit un soir de son palais environ à deux heures de nuit, accompagné de son grand-visir, déguisé comme lui. Comme il se trouvait dans un quartier où il n'y avait que du menu peuple, en passant par une rue il entendit qu'on parlait assez haut : il s'approcha de la maison d'où venait le bruit ; et en regardant par une fente de la porte, il aperçut de la lumière, et trois sœurs assises sur un sofa, qui s'entretenaient après le souper. Par le discours de la plus âgée, il eut bientôt appris que les souhaits faisaient le sujet de leur entretien. Puisque nous sommes sur les souhaits, disait-elle, le mien serait d'avoir le boulanger du sultan pour mari; je mangerais tout mon soûl de ce pain si délicat, qu'on appelle par excellence pain du sultan. Voyons si votre goût est aussi bon que le mien. Et moi, reprit la seconde sœur, mon souhait serait d'être femme du chef de cuisine du sultan ; je mangerais d'excellents ragoûts; et comme je suis bien persuadée que le pain du sultan est commun dans le palais, je n'en manquerais pas. Vous voyez, ma sœur, ajouta-t-elle en s'adressant à son aînée, que mon goût vaut bien le vôtre.

La sœur cadette, qui était d'une très grande beauté, et qui avait beaucoup plus d'agrément et plus d'esprit que ses aînées, parla à son tour. Pour moi, mes sœurs, dit-elle, je ne borne pas mes desirs à si peu de chose, je prends un vol plus haut; et puisqu'il s'agit de souhaiter, je souhaiterais d'être l'épouse du sultan : je lui donnerais un prince dont les cheveux seraient d'or d'un côté et d'argent de l'autre; quand il pleurerait, les larmes qui lui tomberaient des yeux seraient des perles ; et autant de fois qu'il sourirait, ses lèvres vermeilles paraîtraient un bouton de rose quand il éclôt.

Les souhaits des trois sœurs, et particulièrement celui de la cadette, parurent si singuliers au sultan Khosrouschah, qu'il résolut de les contenter; et sans rien communiquer de ce dessein à son grand-visir, il le chargea de bien remarquer la maison pour venir les prendre le lendemain, et de les lui amener toutes trois.

Le grand-visir, en exécutant l'ordre du sultan le lendemain, ne donna aux trois sœurs que le temps de s'habiller promptement pour paraître en sa présence, sans leur dire autre chose, sinon que le sultan voulait les voir. Il les amena au palais, et quand il les eut présentées au sultan, le sultan leur demanda : Dites-moi, vous souvenez-vous des souhaits que vous faisiez hier au soir, que vous étiez de si bonne humeur? Ne dissimulez pas, je veux le savoir.

A ces paroles du sultan, les trois sœurs, qui ne s'y attendaient pas, furent dans une grande confusion. Elles baissèrent les yeux, et le rouge qui leur monta au visage donna un agrément à la cadette, lequel acheva de gagner le cœur du sultan. Comme la pudeur et la crainte d'avoir offensé le sultan par leur entretien leur faisaient garder le silence, le sultan, qui s'en aperçut, leur dit pour les rassurer : Ne craignez rien, je ne vous ai pas fait venir pour vous faire de la peine; et comme je vois que la demande que je vous ai faite vous en fait contre mon intention, et que je sais quel est chacune votre souhait, je veux bien le faire cesser. Vous, ajouta-t-il, qui souhaitiez de m'avoir pour époux, vous serez satisfaite aujourd'hui ; et vous, continua-t-il, en s'adressant de même à la première et à la seconde sœur, je fais aussi votre mariage avec le boulanger de ma bouche, et avec le chef de ma cuisine.

Dès que le sultan eut déclaré sa volonté, la cadette, en donnant l'exemple à ses aînées, se jeta aux pieds du sultan pour lui marquer sa reconnaissance. Sire, dit-elle, mon souhait, puisqu'il est connu à votre majesté, n'a été que par manière d'entretien et de divertissement : je ne suis pas digne de l'honneur qu'elle me fait, et je lui demande pardon de ma hardiesse. Les deux sœurs aînées voulurent s'expliquer de même; mais le sultan en les interrompant : Non, non, dit-il, il n'en sera pas autre chose : le souhait de chacune sera accompli.

Les noces furent célébrées le même jour, de la manière que le sultan Khosrouschah l'avait résolu, mais avec une grande différence. Celles de la cadette furent accompagnées de la pompe et de toutes les marques de réjouissances qui convenaient à l'union conjugale d'un sultan et d'une sultane de Perse, pendant que celles des deux autres sœurs ne furent célébrées qu'avec l'éclat que l'on pouvait attendre de la qualité de leurs époux, c'est-à-dire du premier boulanger et du chef de cuisine du sultan.

Les deux sœurs aînées sentirent puissamment la disproportion infinie qu'il y avait entre leurs mariages et celui de leur cadette. Aussi cette considération fit que, loin d'être contentes du bonheur qui leur était arrivé, même selon chacune son souhait, quoique beaucoup au-delà de leurs espérances, elles se livrèrent à un excès de jalousie qui ne troubla pas seulement leur joie, mais même qui causa de grands malheurs, des humiliations et des afflictions les plus mortifiantes à la sultane leur cadette. Elles n'avaient pas eu le temps de se communiquer l'une à l'autre ce qu'elles avaient pensé d'abord de la préférence que le sultan lui avait donnée à leur préjudice, à ce qu'elles prétendaient; elles n'en avaient eu que pour se préparer à la célébration du mariage. Mais dès qu'elles purent se revoir quelques jours après dans un bain public où elles s'étaient donné rendez-vous : Hé bien! ma sœur, dit l'aînée à l'autre sœur, que dites-vous de notre cadette? n'est-ce pas un beau sujet pour être sultane? Je vous avoue, dit l'autre sœur, que je n'y comprends rien; je ne conçois pas quels attraits le sultan a trouvés en elle pour se laisser fasciner les yeux comme il a fait. Ce n'est qu'une marmotte, et vous savez en quel état nous l'avons vue vous et moi. Était-ce une raison au sultan pour ne pas jeter les yeux sur vous, qu'un air de jeunesse qu'elle a un peu plus que nous? Vous étiez digne de sa couche, et il devait vous faire la justice de vous préférer à elle.

Ma sœur, reprit la plus âgée, ne parlons pas de moi : je n'aurais rien à dire si le sultan vous eût choisie; mais qu'il ait choisi une malpropre, c'est ce qui me désole; je m'en vengerai, ou je ne pourrai, et vous y êtes intéressée comme moi. C'est pour cela que je vous prie de vous joindre à moi, afin que nous agissions de concert dans une cause comme celle-ci qui nous intéresse également, et de me communiquer les moyens que vous imaginez propres à la mortifier, en vous promettant de vous faire part de ceux que l'envie que j'ai de la mortifier de mon côté me suggérera.

Après ce complot pernicieux, les deux sœurs se virent souvent, et chaque fois elles ne s'entretenaient que des voies qu'elles pourraient prendre pour traverser et même détruire le bonheur de la sultane leur cadette. Elles s'en proposèrent plusieurs; mais en délibérant sur l'exécution, elles y trouvèrent des difficultés si grandes, qu'elles n'osèrent hasarder de s'en servir. De temps en temps cependant elles lui rendaient visite ensemble; et, avec une dissimulation condamnable, elles lui donnaient toutes les marques d'amitié qu'elles pouvaient imaginer pour lui persuader combien elles étaient ravies d'avoir une sœur dans une si haute élévation De son côté, la sultane les recevait toujours avec toutes les démonstrations d'estime et de considération qu'elles pouvaient attendre d'une sœur qui n'était pas entichée de sa dignité, et qui ne cessait de les aimer avec la même cordialité qu'auparavant.

Quelques mois après son mariage, la sultane se trouva enceinte; le sultan en témoigna une grande joie : et cette joie, après s'être communiquée dans le palais à la cour, se répandit encore dans tous les quartiers de la capitale de Perse. Les deux sœurs vinrent lui en faire leurs compliments; et dès lors, en la prévenant sur la sage-femme dont elle aurait besoin pour l'assister dans ses couches, elles la prièrent de n'en pas choisir d'autres qu'elles.

La sultane leur dit obligeamment : Mes sœurs, je ne demanderais pas mieux, comme vous pouvez le croire, si le choix dépendait de moi absolument ; je vous suis cependant infiniment obligée de votre bonne volonté ; je ne puis me dispenser de me soumettre à ce que le sultan en ordonnera. Ne laissez pas néanmoins de faire en sorte chacune que vos maris emploient leurs amis pour faire demander cette grâce au sultan ; et si le sultan m'en parle, soyez persuadées que non seulement je lui marquerai le plaisir qu'il m'aurait fait, mais même que je le remercierai du choix qu'il aura fait de vous.

Les deux maris, chacun de son côté, sollicitèrent les courtisans leurs protecteurs, et les supplièrent de leur faire la grâce d'employer leur crédit pour procurer à leurs femmes l'honneur auquel elles aspiraient ; et ces protecteurs agirent si puissamment et si efficacement, que le sultan leur promit d'y penser. Le sultan leur tint sa promesse ; et dans un entretien avec la sultane, il lui dit qu'il lui paraissait que ses sœurs seraient plus propres à la secourir dans ses couches que toute autre sage-femme étrangère ; mais qu'il ne voulait pas les nommer sans avoir auparavant son consentement. La sultane, sensible à la déférence dont le sultan lui donnait une marque si obligeante, lui dit : Sire, j'étais disposée à ne faire que ce que votre majesté me commandera ; mais puisqu'elle a eu la bonté de jeter les yeux sur mes sœurs, je la remercie de la considération qu'elle a pour elles pour l'amour de moi, et je ne dissimulerai pas que je les recevrai de sa part avec plus de plaisir que des étrangères.

Le sultan Khosrouschah nomma donc les deux sœurs de la sultane pour lui servir de sages-femmes ; et dès lors l'une et l'autre passèrent au palais avec une grande joie d'avoir trouvé l'occasion telle qu'elles pouvaient la souhaiter, d'exécuter la méchanceté détestable qu'elles avaient méditée contre la sultane leur sœur.

Le temps des couches arriva, et la sultane se délivra heureusement d'un prince beau comme le jour. Ni sa beauté, ni sa délicatesse, ne furent pas capables de toucher ni d'attendrir le cœur des sœurs impitoyables. Elles l'enveloppèrent de langes assez négligemment, le mirent dans une petite corbeille, et abandonnèrent la corbeille au courant de l'eau d'un canal qui passait au pied de l'appartement de la sultane; et elles produisirent un petit chien mort, en publiant que la sultane en était accouchée. Cette nouvelle désagréable fut annoncée au sultan, et le sultan en conçut une indignation qui eût pu être funeste à la sultane, si son grand-visir ne lui eût représenté que sa majesté ne pouvait pas, sans injustice, la regarder comme responsable des bizarreries de la nature.

La corbeille cependant, dans laquelle le petit prince était exposé, fut emportée sur le canal jusque hors de l'enceinte d'un mur qui bornait la vue de l'appartement de la sultane par le bas, d'où il continuait en passant au travers du jardin du palais. Par hasard l'intendant des jardins du sultan, l'un des officiers principaux et des plus considérés du royaume, se promenait dans le jardin le long du canal; comme il eut aperçu la corbeille qui flottait, il appela un jardinier qui n'était pas loin: Va promptement, dit-il en la lui montrant, et apporte-moi cette corbeille, que je voie ce qui est dedans. Le jardinier part, et du bord du canal il attire la corbeille à soi adroitement avec la bêche qu'il tenait, l'enlève et l'apporte.

L'intendant des jardins fut extrêmement surpris de voir un enfant enveloppé dans la corbeille, et un enfant, lequel, quoiqu'il ne fît que naître, comme il était aisé de le voir, ne laissait pas d'avoir des traits d'une grande beauté. Il y avait longtemps que l'intendant des jardins était marié; mais quelqu'envie qu'il eût d'avoir lignée, le ciel n'avait pas encore fécondé ses vœux jusqu'alors. Il interrompt sa promenade, se fait suivre par le jardinier chargé de la corbeille et de l'enfant; et quand il fut arrivé à son hôtel qui avait entrée dans le jardin du palais, il entra dans l'appartement de sa femme : Ma femme, dit-il, nous n'avions point d'enfants, en voici un que Dieu nous envoie. Je vous le recommande; faites-lui chercher une nourrice promptement, et prenez-en soin comme de notre fils; je le reconnais pour tel, dès à présent. La femme prit l'enfant avec joie, et elle se fit un grand plaisir de s'en charger. L'intendant des jardins ne voulut pas approfondir d'où pouvait venir l'enfant : Je vois bien, se disait-il, qu'il est venu du côté de l'appartement de la sultane; mais il ne m'appartient pas de contrôler ce qui s'y passe, ni de causer du trouble dans un lieu où la paix est si nécessaire.

L'année suivante, la sultane accoucha d'un autre prince. Les sœurs dénaturées n'eurent pas plus de compassion de lui que de son aîné : elles l'exposèrent de même dans une corbeille sur le canal; et elles supposèrent que la sultane était accouchée d'un chat. Heureusement pour l'enfant, l'intendant des jardins étant près du canal le fit porter à sa femme, en la chargeant d'en prendre le même soin que du premier : ce qu'elle fit, non moins par sa propre inclination, que pour se conformer à la bonne intention de son mari.

Le sultan de Perse fut plus indigné de cet accouchement contre la sultane que du premier. Il en eût fait éclater son ressentiment, si les remontrances du grand-visir n'eussent encore été assez persuasives pour l'apaiser.

La sultane enfin accoucha une troisième fois, non pas d'un prince, mais d'une princesse : l'innocente eut le même sort que les princes ses frères. Les deux sœurs, qui avaient résolu de ne pas mettre fin à leurs entreprises détestables, qu'elles ne vissent la sultane leur cadette au moins rejetée, chassée et humiliée, lui firent le même traitement, en l'exposant sur le canal. La princesse fut secourue et arrachée à une mort certaine, par la compassion et par la charité de l'intendant des jardins, comme les deux princes ses frères, avec lesquels elle fut nourrie et élevée.

A cette inhumanité les deux sœurs ajoutèrent le mensonge et l'imposture comme auparavant; elles montrèrent un morceau de bois, en assurant faussement que c'était une môle dont la sultane était accouchée.

Le sultan Kosrouschah ne put se contenir quand il eut appris ce nouvel accouchement extraordinaire. Quoi! dit-il, cette femme, indigne de ma couche, remplirait donc mon palais de monstres, si je la laissais vivre davantage? Non, cela n'arrivera pas, ajouta-t-il; elle est un monstre elle-même, je veux en purger le monde. Il prononça cet arrêt de mort, et il commanda à son grand-visir de le faire exécuter.

Le grand-visir et les courtisans qui étaient présents se jetèrent aux pieds du sultan pour le supplier de révoquer l'arrêt. Le grand-visir prit la parole : Sire, dit-il, que votre majesté me permette de lui représenter que les lois qui condamnent à mort n'ont été établies que pour punir les crimes. Les trois couches de la sultane, si peu attendues, ne sont pas des crimes. En quoi peut-on dire qu'elle y a contribué? Une infinité d'autres femmes en ont fait et en font tous les jours : elles sont à plaindre; mais elles ne sont pas punissables. Votre majesté peut s'abstenir de la voir, et la laisser vivre. L'affliction dans laquelle elle passera le reste de ses jours, après la perte de ses bonnes grâces, lui en sera un assez grand supplice.

Le sultan de Perse rentra en lui-même; et comme il vit bien l'injustice qu'il y avait de condamner la sultane à mort pour de fausses couches, quand même elles eussent été véritables, comme il le croyait faussement : Qu'elle vive donc, dit-il, puisque cela est ainsi. Je lui donne la vie; mais à une condition qui lui fera desirer la mort plus d'une fois chaque jour. Qu'on lui fasse un réduit de charpente à la porte de la principale mosquée, avec une fenêtre toujours ouverte : qu'on l'y enferme avec un habit des plus grossiers, et que chaque musulman qui ira à la mosquée faire sa prière, lui crache au nez en passant; si quelqu'un y manque, je veux qu'il soit exposé au même châtiment. Et afin que je sois obéi, vous, visir, je vous commande d'y mettre des surveillants.

Le ton dont le sultan prononça ce dernier arrêt, ferma la bouche au grand-visir. Il fut exécuté avec un grand contentement des deux sœurs jalouses. Le réduit fut bâti et achevé; et la sultane, véritablement digne de compassion, y fut renfermée dès qu'elle fut relevée de sa couche, de la manière que le sultan l'avait commandé, et exposée ignominieusement à la risée et au mépris de tout un peuple : traitement néanmoins qu'elle n'avait pas mérité, et qu'elle souffrit avec une constance qui lui attira l'admiration, et en même temps la compassion de tous ceux qui jugeaient des choses plus sainement que le vulgaire.

Les deux princes et la princesse furent nourris et élevés par l'intendant des jardins et par sa femme, avec la tendresse de père et de mère; et cette tendresse augmenta à mesure qu'ils avancèrent en âge, par les marques de grandeur qui parurent autant dans la princesse que dans les princes, et surtout par les grands traits de beauté de la princesse qui se développaient de jour en jour, par leur docilité, par leurs bonnes inclinations au-dessus de la bagatelle, et tout autres que celles des enfants ordinaires; et par un certain air qui ne pouvait convenir qu'à des princes et qu'à des princesses. Pour distinguer les deux princes selon l'ordre de leur naissance, ils appelèrent le premier Bahman, et le second Perviz, noms que d'anciens rois de Perse avaient portés. A la princesse, ils donnèrent celui de Parizade, que plusieurs reines et princesses du royaume avaient aussi porté.

Dès que les deux princes furent en âge, l'intendant des jardins leur donna un maître pour leur apprendre à lire et à écrire, et la princesse leur sœur, qui se trouvait aux leçons qu'on leur donnait, montra une envie si grande d'apprendre à lire et à écrire, quoique plus jeune qu'eux, que l'intendant des jardins, ravi de cette disposition, lui donna le même maître. Piquée d'émulation par sa vivacité et par son esprit pénétrant, elle devint en peu de temps aussi habile que les princes ses frères.

Depuis ce temps-là, les frères et la sœur n'eurent plus que les mêmes maîtres dans les autres beaux-arts, dans la géographie, dans la poésie, dans l'histoire et dans les sciences, même dans les sciences secrètes; et comme ils n'y trouvaient rien de difficile, ils y firent un progrès si merveilleux, que les maîtres en étaient étonnés, et que bientôt ils avouèrent sans déguisement qu'ils iraient plus loin qu'ils n'étaient allés eux-mêmes, pour peu qu'ils continuassent. Dans les heures de récréation, la princesse apprit aussi la musique, à chanter et à jouer de plusieurs sortes d'instruments. Quand les princes apprirent à monter à cheval, elle ne voulut pas qu'ils eussent cet avantage sur elle : elle fit ses exercices avec eux, de manière qu'elle savait monter à cheval, tirer de l'arc, jeter la canne ou le javelot avec la même adresse; et souvent même elle les devançait à la course.

L'intendant des jardins, qui était au comble de sa joie de voir ses nourrissons si accomplis dans toutes les perfections du corps et de l'esprit, et qu'ils avaient correspondu aux dépenses qu'il avait faites pour leur éducation, beaucoup au-delà de ce qu'il s'en était promis, en fit une autre plus considérable à leur considération. Jusqu'alors, content du logement qu'il avait dans l'enceinte du palais, il avait vécu sans maison de campagne; il en acheta une à peu de distance de la ville, qui avait de grandes dépendances en terres labourables, en prairies et en bois; et comme la maison ne lui parut pas assez belle ni assez commode, il la fit mettre bas, et il n'épargna rien pour la rendre la plus magnifique des environs. Il y allait tous les jours pour faire hâter par sa présence le grand nombre d'ouvriers qu'il y mit en œuvre; et dès qu'il y eut un appartement achevé, propre à le recevoir, il y alla passer plusieurs jours de suite, autant que ses fonctions et le devoir de sa charge le lui permettaient. Par son assiduité enfin, la maison fut achevée ; et pendant qu'on la meublait, avec la même diligence, de meubles les plus riches, et qui correspondaient à la magnificence de l'édifice, il fit travailler au jardin, sur le dessin qu'il avait tracé lui-même, et à la manière qui était ordinaire en Perse parmi les grands seigneurs. Il y ajouta un parc d'une vaste étendue, qu'il fit enclore de bonnes murailles et remplir de toutes sortes de bêtes fauves, afin que les princes et la princesse y prissent le divertissement de la chasse quand il leur plairait.

Quand la maison de campagne fut entièrement achevée et en état d'être habitée, l'intendant des jardins alla se jeter aux pieds du sultan ; et après avoir représenté combien il y avait longtemps qu'il était dans le service, et les infirmités de la vieillesse où il se trouvait, il le supplia d'avoir pour agréable la démission de sa charge, qu'il faisait entre les mains de sa majesté, et qu'il se retirât. Le sultan lui accorda cette grâce avec d'autant plus de plaisir, qu'il était satisfait de ses longs services, tant sous le règne du sultan son père, que depuis qu'il était monté lui-même sur le trône ; et en la lui accordant, il demanda ce qu'il pouvait faire pour le récompenser. Sire, répondit l'intendant des jardins, je suis comblé des bienfaits de votre majesté et de ceux du sultan son père, d'heureuse mémoire, à un point qu'il ne me reste plus à desirer que de mourir dans l'honneur de ses bonnes grâces. Il prit congé du sultan Khosrouschah ; après quoi il passa à la maison de campagne qu'il avait fait bâtir, avec les deux princes Bahman et Perviz, et la princesse Parizade. Pour ce qui est de sa femme, il y avait quelques années qu'elle était morte. Il n'eut pas vécu cinq ou six mois avec eux, qu'il fut surpris par une mort si subite, qu'elle ne laissa pas le temps de leur dire un mot de la vérité de leur naissance : chose néanmoins qu'il avait résolu de faire, comme nécessaire pour les obliger de continuer de vivre comme ils avaient fait jusqu'alors, selon leur état et leur condition, conformément à l'éducation qu'il leur avait donnée, et au penchant qui les y portait.

Les princes Bahman et Perviz, et la princesse Parizade, qui ne connaissaient d'autre père que l'intendant des jardins, le regrettèrent comme tel, et ils lui rendirent tous les devoirs funéraires que l'amour et la reconnaissance filiale exigeait d'eux. Contents des grands biens qu'il leur avait laissés, ils continuèrent de demeurer et de vivre ensemble dans la même union qu'ils avaient fait jusqu'alors, sans ambition de la part des princes de se produire à la cour, dans la vue des premières charges et des dignités auxquelles il leur eût été aisé de parvenir.

Un jour que les deux princes étaient à la chasse, et que la princesse Parizade était restée, une dévote musulmane, qui était fort âgée, se présenta à la porte, et pria qu'on lui permît d'entrer pour faire sa prière, dont il était l'heure. On alla demander la permission à la princesse, et la princesse commanda qu'on la fît entrer, et qu'on lui montrât l'oratoire, dont l'intendant des jardins du sultan avait eu soin de faire accompagner la maison au défaut de mosquée dans le voisinage. Elle commanda aussi que, quand la dévote aurait fait sa prière, on lui fît voir la maison et le jardin, et qu'ensuite on la lui amenât.

La dévote musulmane entra, elle fit sa prière dans l'oratoire qu'on lui montra; et quand elle eut fait, deux femmes de la princesse, qui attendaient qu'elle sortît, l'invitèrent à voir la maison et le jardin. Comme elle leur eut marqué qu'elle était prête à les suivre, elles la menèrent d'appartement en appartement; et dans chacun elle considéra toutes choses en femme qui s'entendait en ameublement et dans la belle disposition de chaque pièce. Elles la firent entrer aussi dans le jardin, dont elle trouva le dessin si nouveau et si bien entendu, qu'elle l'admira, en disant qu'il fallait que celui qui l'avait fait tracer fût un excellent maître dans son art. Elle fut enfin amenée devant la princesse qui l'attendait dans un grand salon, lequel surpassait en beauté, en propreté et en richesses tout ce qu'elle avait admiré dans les appartements.

Dès que la princesse vit entrer la dévote : Ma bonne mère, lui dit-elle, approchez-vous, et venez vous asseoir près de moi. Je suis ravie du bonheur que l'occasion me présente de profiter pendant quelques moments du bon exemple et du bon entretien d'une personne comme vous, qui a pris le bon chemin en se donnant tout à Dieu, et que tout le monde devrait imiter s'il était sage.

La dévote, au lieu de monter sur le sofa, voulut s'asseoir sur le bord ; mais la princesse ne le souffrit pas : elle se leva de sa place, et en s'avançant elle la prit par la main et l'obligea de venir s'asseoir près d'elle à la place d'honneur. La dévote fut sensible à cette civilité : madame, dit-elle, il ne m'appartient pas d'être traitée si honorablement, et je ne vous obéis que parceque vous le commandez, et que vous êtes maîtresse chez vous. Quand elle fut assise, avant d'entrer en conversation, une des femmes de la princesse servit, devant elle et devant la princesse, une petite table basse, marquetée de nacre de perle et d'ébène, avec un bassin de porcelaine dessus, garni de gâteaux et de plusieurs porcelaines remplies de fruits de la saison, et de confitures sèches et liquides.

La princesse prit un des gâteaux, et en le présentant à la dévote : Ma bonne mère, dit-elle, prenez, mangez, et choisissez de ces fruits ce qu'il vous plaira ; vous avez besoin de manger après le chemin que vous avez fait pour venir jusqu'ici. Madame, reprit la dévote, je ne suis pas accoutumée à manger des choses si délicates, et si j'en mange, c'est pour ne pas refuser ce que Dieu m'envoie par une main libérale comme la vôtre.

Pendant que la dévote mangeait, la princesse, qui mangea aussi quelque chose pour l'y exciter par son exemple, lui fit plusieurs questions sur les exercices de dévotion qu'elle pratiquait, et sur la manière dont elle vivait, auxquelles elle répondit avec beaucoup de modestie; et, de discours en discours, elle lui demanda ce qu'il lui paraissait de la maison qu'elle voyait, et si elle la trouvait à son gré.

Madame, répondit la dévote, il faudrait être d'un très mauvais goût pour y trouver à reprendre : elle est belle, riante, meublée magnifiquement, sans confusion, très bien entendue; et les ornements y sont ménagés on ne peut pas mieux. Quant à la situation, elle est dans un terrain agréable, et l'on ne peut imaginer un jardin qui fasse plus de plaisir à voir que celui dont elle est accompagnée. Si vous me permettez néanmoins de ne rien dissimuler, je prends la liberté de vous dire, madame, que la maison serait incomparable, si trois choses qui y manquent, à mon avis, s'y rencontraient. Ma bonne, reprit la princesse Parizade, quelles sont ces trois choses? Enseignez-les-moi, je vous en conjure au nom de Dieu; je n'épargnerai rien pour les acquérir, s'il est possible.

Madame, reprit la dévote, la première de ces trois choses est l'oiseau qui parle; c'est un oiseau singulier qu'on nomme Bulbulhezar, lequel a encore la propriété d'attirer des environs tous les oiseaux qui chantent, lesquels viennent accompagner son chant. La seconde est l'arbre qui chante, dont les feuilles sont autant de bouches, qui font un concert harmonieux de voix différentes, lequel ne cesse jamais. La troisième chose enfin, est l'eau jaune, couleur d'or, dont une seule goutte versée dans un bassin préparé exprès, en quelque endroit que ce soit d'un jardin, foisonne d'une manière qu'elle le remplit d'abord, et s'élève dans le milieu en gerbe, qui ne cesse jamais de s'élever et de retomber dans le bassin, sans que le bassin déborde.

Ah! ma bonne mère, s'écria la princesse, que je vous ai d'obligation de la connaissance que vous me donnez de ces choses. Elles sont surprenantes, et je n'avais pas entendu dire qu'il y eût rien au monde de si curieux et d'aussi admirable. Mais comme je suis bien persuadée que vous n'ignorez pas le lieu où elles se trouvent, j'attends que vous me fassiez la grace de me l'enseigner.

Pour donner satisfaction à la princesse, la bonne dévote lui dit : Madame, je me rendrais indigne de l'hospitalité que vous venez d'exercer envers moi avec tant de bonté, si je me refusais de satisfaire votre curiosité sur ce que vous souhaitez d'apprendre. J'ai donc l'honneur de vous dire que les trois choses dont je viens de vous parler se trouvent dans un même lieu aux confins de ce royaume, du côté des Indes. Le chemin qui y conduit passe devant votre maison. Celui que vous y enverrez de votre part n'a qu'à le suivre pendant vingt jours; et le vingtième jour, qu'il demande où sont l'oiseau qui parle, l'arbre qui chante et l'eau jaune : le premier auquel il s'adressera les lui enseignera. En achevant ces paroles, elle se leva; et après avoir pris congé, elle se retira et poursuivit son chemin.

La princesse Parizade avait l'esprit si fort occupé à retenir les enseignements que la dévote musulmane venait de lui donner de l'oiseau qui parlait, de l'arbre qui chantait et de l'eau jaune, qu'elle ne s'aperçut qu'elle était partie, que quand elle voulut lui faire quelques demandes pour prendre d'elle un plus grand éclaircissement. Il lui semblait en effet que ce qu'elle venait d'entendre de sa bouche, n'était pas suffisant pour ne pas s'exposer à entreprendre un voyage inutile. Elle ne voulut pas néanmoins envoyer après elle pour la faire revenir, mais elle fit un effort sur sa mémoire, pour se rappeler tout ce qu'elle avait entendu, et n'en rien oublier. Quand elle crut que rien ne lui était échappé, elle se fit un vrai plaisir de penser à la satisfaction qu'elle aurait si elle pouvait venir à bout de posséder des choses si merveilleuses; mais la difficulté qu'elle y trouvait, et la crainte de ne pas réussir, la plongeaient dans une grande inquiétude.

La princesse Parizade était abîmée dans ces pensées, quand

les princes ses frères arrivèrent de la chasse : ils entrèrent dans le salon, et, au lieu de la trouver le visage ouvert et l'esprit gai, selon sa coutume, ils furent étonnés de la voir recueillie en elle-même, et comme affligée, sans lever la tête, pour marquer au moins qu'elle s'apercevait de leur présence.

Le prince Bahman prit la parole : Ma sœur, dit-il, où sont la joie et la gaîté qui ont été inséparables d'avec vous jusqu'à présent? Êtes-vous incommodée? Vous est-il arrivé quelque malheur? Vous a-t-on donné quelque sujet de chagrin? Apprenez-le-nous, afin que nous y prenions la part que nous devons, et que nous y apportions le remède, ou que nous vous vengions, si quelqu'un a eu la témérité d'offenser une personne comme vous, à laquelle tout respect est dû.

La princesse Parizade demeura quelque temps sans rien répondre et dans la même situation; elle leva les yeux enfin, en regardant les princes ses frères, et les baissa presque aussitôt, après leur avoir dit que ce n'était rien.

Ma sœur, reprit le prince Bahman, vous nous dissimulez la vérité : il faut bien que ce soit quelque chose, et même quelque chose de grave. Il n'est pas possible que, pendant le peu de temps que nous avons été éloignés de vous, un changement aussi grand et aussi peu attendu que celui que nous remarquons en vous, vous soit arrivé pour rien. Vous voudrez bien que nous ne vous en tenions pas quitte pour une réponse qui ne nous satisfait pas. Ne nous cachez donc pas ce que c'est, à moins que vous ne vouliez nous faire croire que vous renoncez à l'amitié et à l'union ferme et constante qui ont subsisté entre nous jusqu'aujourd'hui, dès notre plus tendre jeunesse.

La princesse, qui était bien éloignée de rompre avec les princes ses frères, ne voulut pas les laisser dans cette pensée. Quand je vous ai dit, reprit-elle, que ce qui me faisait de la peine n'était rien, je l'ai dit par rapport à vous, et non pas par rapport à moi, qui le trouve de quelque importance; et puisque vous me pressez par le droit de notre amitié et de notre union qui me sont si chères, je vais vous dire ce que c'est. Vous avez cru, et je l'ai cru comme vous, continua-t-elle, que cette maison que feu notre père nous a fait bâtir était complète en toute manière et que rien n'y manquait : aujourd'hui cependant j'ai appris qu'il y manque trois choses qui la mettraient hors de comparaison d'avec toutes les maisons de campagne qui sont au monde. Ces trois choses sont l'oiseau qui parle, l'arbre qui chante et l'eau jaune de couleur d'or.

Après leur avoir expliqué en quoi consistait l'excellence de ces choses : C'est une dévote musulmane, ajouta-t-elle, qui m'a fait faire cette remarque, et qui m'a enseigné le lieu où elles sont et le chemin par où l'on peut s'y rendre. Vous trouverez peut-être que ce sont des choses de peu de conséquence pour faire que notre maison soit accomplie, et qu'elle peut toujours passer pour une très belle maison, indépendamment de cet accroissement à ce qu'elle contient, et ainsi que nous pouvons nous en passer. Vous penserez ce qu'il vous plaira; mais je ne puis m'empêcher de vous témoigner qu'en mon particulier je suis persuadée qu'elles y sont nécessaires, et que je ne serai pas contente que je ne les y voie placées. Ainsi, que vous y preniez intérêt, que vous n'y en preniez pas, je vous prie de m'aider de vos conseils, et de voir qui je pourrais envoyer à cette conquête.

Ma sœur, reprit le prince Bahman, rien ne peut vous intéresser qu'il ne nous intéresse également. Il suffit de votre empressement pour la conquête des choses que vous nous dites, pour nous obliger d'y prendre le même intérêt; mais indépendamment de ce qui vous regarde, nous nous y sentons portés de notre propre mouvement, et pour notre satisfaction particulière; car je suis bien persuadé que mon frère n'est pas d'un autre sentiment que moi; et nous devons tout entreprendre pour faire cette conquête, comme vous l'appelez; l'importance et la singularité dont il s'agit méritent bien ce nom. Je me charge de la faire : dites-moi seulement le chemin que je dois tenir, et le lieu ; je ne différerai pas le voyage plus longtemps que jusqu'à demain.

Mon frère, reprit le prince Perviz, il ne convient pas que vous vous absentiez de la maison pour un si long temps, vous qui en êtes le chef et l'appui ; et je prie ma sœur de se joindre avec moi pour vous obliger d'abandonner votre dessein, et de trouver bon que je fasse le voyage : je ne m'en acquitterai pas moins bien que vous, et la chose sera plus dans l'ordre. Mon frère, repartit le prince Bahman, je suis bien persuadé de votre bonne volonté, et que vous ne vous acquitteriez pas du voyage moins bien que moi ; mais c'est une chose résolue : je le veux faire, et je le ferai. Vous resterez avec notre sœur, qu'il n'est pas besoin que je vous recommande. Il passa le reste de la journée à pourvoir aux préparatifs du voyage, et à se faire bien instruire par la princesse des enseignements que la dévote lui avoit donnés pour ne pas s'écarter du chemin.

Le lendemain de grand matin, le prince Bahman monta à cheval ; et le prince Perviz et la princesse Parizade, qui avaient voulu le voir partir, l'embrassèrent et lui souhaitèrent un heureux voyage. Mais au milieu de ces adieux, la princesse se souvint d'une chose qui ne lui était pas venue dans l'esprit. A propos, mon frère, dit-elle, je ne songeais pas aux accidents auxquels on est exposé dans les voyages ; qui sait si je vous reverrai jamais ? Mettez pied à terre, je vous en conjure, et laissez là le voyage : j'aime mieux me priver de la vue et de la possession de l'oiseau qui parle, de l'arbre qui chante et de l'eau jaune, que de courir le risque de vous perdre pour jamais.

Ma sœur, reprit le prince Bahman en souriant de la frayeur soudaine de la princesse Parizade, la résolution en est prise, et quand cela ne serait pas, je la prendrais encore, et vous trouverez bon que je l'exécute. Les accidents dont vous parlez n'arrivent qu'aux malheureux. Il est vrai que je puis être du nombre; mais aussi je puis être des heureux qui sont en beaucoup plus grand nombre que les malheureux. Comme néanmoins les événements sont incertains, et que je puis succomber dans mon entreprise, tout ce que je puis faire, c'est de vous laisser un couteau que voici.

Alors le prince Bahman tira un couteau; en le présentant dans la gaîne à la princesse : Prenez, dit-il, et donnez-vous de temps en temps la peine de tirer le couteau de sa gaîne : tant que vous le verrez net, comme vous le voyez, ce sera une marque que je serai vivant; mais si vous voyez qu'il en dégoutte du sang, croyez que je ne serai plus en vie, et accompagnez ma mort de vos prières.

La princesse Parizade ne put obtenir autre chose du prince Bahman. Ce prince lui dit adieu, à elle et au prince Perviz, pour la dernière fois, et il partit bien monté, bien armé et bien équipé. Il se mit dans le chemin; et sans s'écarter ni à droite ni à gauche, il continua en traversant la Perse, et le vingtième jour de sa marche il aperçut sur le bord du chemin un vieillard hideux à voir, lequel était assis sous un arbre à quelque distance d'une chaumière qui lui servait de retraite contre les injures du temps.

Les sourcils blancs comme de la neige, de même que les cheveux, la moustache et la barbe, lui venaient jusqu'au bout du nez; la moustache lui couvrait la bouche, et la barbe avec les cheveux lui tombaient presque jusqu'aux pieds. Il avait les ongles des mains et des pieds d'une longueur excessive, avec une espèce de chapeau plat et fort large qui lui couvrait la tête en forme de parasol; et pour tout habit, une natte dans laquelle il était enveloppé.

Ce bon vieillard était un derviche, qui s'était retiré du monde il y avait de longues années, et s'était négligé pour s'attacher à Dieu uniquement, de manière qu'à la fin il était fait comme nous venons de voir.

Le prince Bahman, qui depuis le matin avait été attentif à observer s'il rencontrerait quelqu'un dont il pût s'informer du lieu où son dessein était de se rendre, s'arrêta quand il fut arrivé près du derviche, comme le premier qu'il rencontrait, et mit pied à terre, pour se conformer à ce que la dévote avait marqué à la princesse Parizade. En tenant son cheval par la bride, il s'avança jusqu'au derviche; et en le saluant : Bon père, dit-il, Dieu prolonge vos jours, et vous accorde l'accomplissement de vos desirs!

Le derviche répondit au salut du prince, mais si peu intelligiblement qu'il n'en comprit pas un mot. Comme le prince Bahman vit que l'empêchement venait de ce que la moustache couvrait la bouche du derviche, et qu'il ne voulait pas passer outre sans prendre de lui l'instruction dont il avait besoin, il prit des ciseaux dont il était muni, et après avoir attaché son cheval à une branche de l'arbre, il lui dit : Bon derviche, j'ai à vous parler, mais votre moustache empêche que je ne vous entende : vous voudrez bien, et je vous prie de me laisser faire, que je vous l'accommode avec vos sourcils qui vous défigurent, et qui vous font ressembler plutôt à un ours qu'à un homme.

Le derviche ne s'opposa pas au dessein du prince : il le laissa faire; et comme le prince, quand il eut achevé, eut vu que le derviche avait le teint frais, et qu'il paraissait beaucoup moins âgé qu'il ne l'était en effet, il lui dit : Bon derviche, si j'avais un miroir, je vous ferais voir combien vous êtes rajeuni. Vous êtes présentement un homme; et auparavant personne n'eût pu distinguer ce que vous étiez.

Les caresses du prince Bahman lui attirèrent de la part du derviche un souris, avec un compliment : Seigneur, dit-il, qui que vous soyez, je vous suis infiniment obligé du bon office que vous avez bien voulu me rendre; je suis prêt de vous en marquer ma reconnaissance en tout ce qui peut dépendre de moi. Vous n'avez pas mis pied à terre que quelque besoin ne vous y ait obligé. Dites-moi ce que c'est, je tâcherai de vous contenter, si je le puis.

Bon derviche, reprit le prince Bahman, je viens de loin.

et je cherche l'oiseau qui parle, l'arbre qui chante et l'eau jaune. Je sais que ces trois choses sont quelque part ici aux environs; mais j'ignore l'endroit où elles sont précisément. Si vous le savez, je vous conjure de m'enseigner le chemin, afin que je ne prenne pas l'un pour l'autre, et que je ne perde pas le fruit du long voyage que j'ai entrepris.

Le prince, à mesure qu'il tenait ce discours, remarqua que le derviche changeait de visage, qu'il baissait les yeux, et qu'il prit un grand sérieux, jusque-là qu'au lieu de répondre, il demeura dans le silence. Cela l'obligea de reprendre la parole : Bon père, poursuivit-il, il me semble que vous m'avez entendu. Dites-moi si vous savez ce que je vous demande, ou si vous ne le savez pas, afin que je ne perde pas de temps, et que je m'en informe ailleurs.

Le derviche rompit enfin son silence : Seigneur, dit-il au prince Bahman, le chemin que vous me demandez m'est connu; mais l'amitié que j'ai conçue pour vous dès que je vous ai vu, et qui est devenue plus forte par le service que vous m'avez rendu, me tient encore en suspens, savoir si je dois vous accorder la satisfaction que vous souhaitez. Quel motif peut vous empêcher, reprit le prince, et quelle difficulté trouvez-vous à me le donner? Je vous le dirai, repartit le derviche : c'est que le danger auquel vous vous exposez est plus grand que vous ne le pouvez croire. D'autres seigneurs, en grand nombre, qui n'avaient ni moins de hardiesse, ni moins de courage que vous n'en pouvez avoir, ont passé par ici, et m'ont fait la même demande que vous m'avez faite. Après n'avoir rien oublié pour les détourner de passer outre, ils n'ont pas voulu me croire : je leur ai enseigné le chemin malgré moi, en me rendant à leurs instances; et je puis vous assurer qu'ils y ont tous échoué, et que je n'en ai pas vu revenir un seul. Pour peu donc que vous aimiez la vie, et que vous vouliez suivre mon conseil, vous n'irez pas plus loin, et vous retournerez chez vous.

Le prince Bahman persista dans sa résolution. Je veux

croire, dit-il au derviche, que votre conseil est sincère, et je vous suis obligé de la marque d'amitié que vous me donnez; mais quel que soit le danger dont vous me parlez, rien n'est capable de me faire changer de dessein. Quiconque m'attaquera, j'ai de bonnes armes, et il ne sera ni plus vaillant, ni plus brave que moi. Et si ceux qui vous attaqueront, lui remontra le derviche, ne se font pas voir (car ils sont plusieurs), comment vous défendrez-vous contre des gens qui sont invisibles? Il n'importe, repartit le prince; quoi que vous puissiez dire, vous ne me persuaderez pas de rien faire contre mon devoir. Puisque vous savez le chemin que je vous demande, je vous conjure encore une fois de me l'enseigner, et de ne pas me refuser cette grace.

Quand le derviche vit qu'il ne pouvait rien gagner sur l'esprit du prince Bahman, et qu'il était opiniâtre dans la résolution de continuer son voyage, nonobstant les avis salutaires qu'il lui donnait, il mit la main dans un sac qu'il avait près de lui, et il en tira une boule qu'il lui présenta : Puisque je ne puis obtenir de vous, dit-il, que vous m'écoutiez, et que vous profitiez de mes conseils, prenez cette boule, et quand vous serez à cheval, jetez-la devant vous, et suivez-la jusqu'au pied d'une montagne où elle s'arrêtera : quand elle sera arrêtée, vous mettrez pied à terre, et vous laisserez votre cheval la bride sur le cou, qui demeurera à la même place en attendant votre retour. En montant, vous verrez à droite et à gauche une grande quantité de grosses pierres noires, et vous entendrez une confusion de voix de tous les côtés, qui vous diront mille injures pour vous décourager, et pour faire en sorte que vous ne montiez pas jusqu'au haut; mais gardez-vous bien de vous effrayer, et sur toutes choses, de tourner la tête pour regarder derrière vous; en un instant vous seriez changé en une pierre noire, semblable à celles que vous verrez, lesquelles sont autant de seigneurs comme vous, qui n'ont pas réussi dans leur entreprise, comme je vous le disais. Si vous évitez le danger que je ne vous dépeins que légèrement, afin que vous y fassiez bien réflexion, et que vous arriviez au haut de la montagne, vous y trouverez une cage, et dans la cage l'oiseau que vous cherchez. Comme il parle, vous lui demanderez où sont l'arbre qui chante et l'eau jaune, et il vous l'enseignera. Je n'ai rien à vous dire davantage : voilà ce que vous avez à faire, et voilà ce que vous avez à éviter ; mais si vous vouliez me croire, vous suivriez le conseil que je vous ai donné, et vous ne vous exposeriez pas à la perte de votre vie. Encore une fois, pendant qu'il vous reste du temps à y penser, considérez que cette perte est irréparable et attachée à une condition à laquelle on peut contrevenir, même par inadvertance, comme vous pouvez le comprendre.

Pour ce qui est du conseil que vous venez de me répéter, et dont je ne laisse pas de vous avoir obligation, reprit le prince Bahman après avoir reçu la boule, je ne puis le suivre ; mais je tâcherai de profiter de l'avis que vous me donnez, de ne pas regarder derrière moi en montant, et j'espère que bientôt vous me verrez revenir, et vous en remercier plus amplement, chargé de la dépouille que je cherche. En achevant ces paroles, auxquelles le derviche ne répondit autre chose, sinon qu'il le reverrait avec joie, et qu'il souhaitait que cela arrivât, il remonta à cheval, prit congé du derviche par une profonde inclination de tête, et jeta la boule devant lui.

La boule roula et continua de rouler presque de la même vitesse que le prince Bahman lui avait imprimée en la jetant ; ce qui fit qu'il fut obligé d'accommoder la course de son cheval à la même vitesse pour la suivre, afin de ne la pas perdre de vue : il la suivit, et quand elle fut au pied de la montagne que le derviche avait dit, où elle s'arrêta, alors il descendit de cheval, et le cheval ne branla pas de la place, quand même il lui eut mis la bride sur le cou. Après qu'il eut reconnu la montagne des yeux, et qu'il eut remarqué les pierres noires, il commença à monter, et il n'eut pas fait quatre pas que les voix dont le derviche lui avait parlé se firent entendre sans qu'il vît personne. Les unes disaient : Où va cet étourdi? où va-t-il? que veut-il? ne le laissez pas passer. D'autres : Arrêtez-le, prenez-le, tuez-le. D'autres criaient d'une voix de tonnerre : Au voleur! à l'assassin! au meurtre! D'autres au contraire criaient d'un ton railleur : Non, ne lui faites pas de mal, laissez passer le beau mignon; vraiment c'est pour lui qu'on garde la cage et l'oiseau!

Nonobstant ces voix importunes, le prince Bahman monta quelque temps avec constance et avec fermeté, en s'animant lui-même; mais les voix redoublèrent avec un tintamare si grand, et si près de lui, tant en avant qu'en arrière, que la frayeur le saisit. Les pieds et les jambes commencèrent à lui trembler, il chancela; et bientôt, comme il se fut aperçu que les forces commencèrent à lui manquer, il oublia l'avis du derviche : il se tourna pour se sauver en descendant; et dans le moment il fut changé en une pierre noire : métamorphose qui était arrivée à tant d'autres avant lui, pour avoir tenté la même entreprise; et la même chose arriva à son cheval.

Depuis le départ du prince Bahman pour son voyage, la princesse Parizade, qui avait attaché à sa ceinture le couteau avec la gaîne, qu'il lui avait laissé pour être informée s'il était mort ou vivant, n'avait pas manqué de le tirer et de le consulter, même plusieurs fois chaque jour. De la sorte, elle avait eu la consolation d'apprendre qu'il était en parfaite santé, et de s'entretenir souvent de lui avec le prince Perviz, qui la prévenait quelquefois en lui en demandant des nouvelles.

Le jour fatal enfin que le prince Bahman venait d'être métamorphosé en pierre, comme le prince et la princesse s'entretenaient de lui sur le soir, selon leur coutume : Ma sœur, dit le prince Perviz, tirez le couteau, je vous prie, et apprenons de ses nouvelles. La princesse le tira; et en le regardant, ils virent couler le sang de l'extrémité. La princesse, saisie d'horreur et de douleur, jeta le couteau. Ah! mon cher frère! s'écria-t-elle, je vous ai donc perdu, et perdu par ma faute! Je ne vous reverrai jamais! Que je suis malheureuse! Pourquoi vous ai-je parlé d'oiseau qui parle, d'arbre qui chante et d'eau jaune, ou plutôt que m'importait-il de savoir si la dévote trouvait cette maison belle ou laide, accomplie ou non accomplie? Plût à Dieu que jamais elle ne se fût avisée de s'y adresser! Hypocrite, trompeuse, ajouta-t-elle, devais-tu reconnaître ainsi la réception que je t'ai faite? Pourquoi m'as-tu parlé d'un oiseau, d'un arbre et d'une eau, qui tout imaginaires qu'ils sont, comme je me le persuade par la fin malheureuse d'un frère chéri, ne laissent pas de me troubler encore l'esprit par ton enchantement?

Le prince Perviz ne fut pas moins affligé de la mort du prince Bahman que la princesse Parizade; mais sans perdre le temps en des regrets inutiles, comme il eut compris par les regrets de la princesse sa sœur qu'elle desirait toujours passionnément d'avoir en sa possession l'oiseau qui parle, l'arbre qui chante et l'eau jaune, il l'interrompit : Ma sœur, dit-il, nous regretterions en vain notre frère Bahman; nos plaintes et notre douleur ne lui rendraient pas la vie : c'est la volonté de Dieu; nous devons nous y soumettre, et l'adorer dans ses décrets, sans vouloir les pénétrer. Pourquoi voulez-vous douter présentement des paroles de la dévote musulmane, après les avoir tenues si fermement pour certaines et pour vraies? Croyez-vous qu'elle vous eût parlé de ces trois choses, si elles n'existaient pas, et qu'elle les eût inventées exprès pour vous tromper, vous qui, bien loin de lui en avoir donné sujet, l'avez si bien reçue et accueillie avec tant d'honnêteté et de bonté? Croyons plutôt que la mort de notre frère vient de sa faute, ou par quelque accident que nous ne pouvons pas imaginer. Ainsi, ma sœur, que sa mort ne nous empêche pas de poursuivre notre recherche; je m'étais offert pour faire le voyage à sa place, je suis dans la même disposition; et comme son exemple ne me fait pas changer de sentiment, dès demain je l'entreprendrai.

La princesse fit tout ce qu'elle put pour dissuader le prince Perviz, en le conjurant de ne pas l'exposer au danger de perdre deux frères au lieu d'un ; mais il demeura inébranlable, nonobstant les remontrances qu'elle lui fit : et avant qu'il partît, afin qu'elle pût être informée du succès du voyage qu'il entreprenait, comme elle l'avait été de celui du prince Bahman, par le moyen du couteau qu'il lui avait laissé, il lui donna aussi un chapelet de perles de cent grains pour le même usage ; et en le lui présentant : Dites ce chapelet à mon intention pendant mon absence. En le disant, s'il arrive que les grains s'arrêtent de manière que vous ne puissiez plus les mouvoir ni les faire couler les uns après les autres, comme s'ils étaient collés, ce sera une marque que j'aurai eu le même sort que notre frère ; mais espérons que cela n'arrivera pas, et que j'aurai le bonheur de vous revoir avec la satisfaction que nous attendons vous et moi.

Le prince Perviz partit ; et le vingtième jour de son voyage il rencontra le même derviche à l'endroit où le prince Bahman l'avait trouvé. Il s'approcha de lui ; et après l'avoir salué, il le pria, s'il le savait, de lui enseigner le lieu où étaient l'oiseau qui parle, l'arbre qui chante, et l'eau jaune. Le derviche lui fit les mêmes difficultés et les mêmes remontrances, qu'il avait faites au prince Bahman, jusqu'à lui dire qu'il y avait très peu de temps qu'un jeune cavalier, dont il lui voyait beaucoup de ressemblance, lui avait demandé le chemin ; que, vaincu par ses instances pressantes et par son importunité, il le lui avait enseigné, il lui avait donné de quoi lui servir de guide, et prescrit ce qu'il devait observer pour réussir ; mais qu'il ne l'avait pas vu revenir, d'où il n'y avait pas à douter qu'il n'eût eu le même sort que ceux qui l'avaient précédé.

Bon derviche, reprit le prince Perviz, je sais qui est celui dont vous parlez : c'était mon frère aîné, et je suis informé avec certitude qu'il est mort. De quelle mort ? c'est ce que j'ignore. Je puis vous le dire, repartit le derviche : il a été changé en pierre noire, comme ceux dont je viens de parler, et vous devez vous attendre à la même métamorphose, à moins que vous n'observiez plus exactement que lui les bons conseils que je lui avais donnés, au cas que vous persistiez à ne vouloir pas renoncer à votre résolution, à quoi je vous exhorte encore une fois.

Derviche, insista le prince Perviz, je ne puis assez vous marquer combien je vous suis redevable de la part que vous prenez à la conservation de ma vie, tout inconnu que je vous suis, et sans que j'aie rien fait pour mériter votre bienveillance; mais j'ai à vous dire qu'avant que je prisse mon parti, j'y ai bien songé, et que je ne puis l'abandonner. Ainsi, je vous supplie de me faire la même grace que vous avez faite à mon frère. Peut-être réussirai-je mieux que lui à suivre les mêmes enseignements que j'attends de vous. Puisque je ne puis réussir, dit le derviche, à vous persuader de vous relâcher de ce que vous avez résolu, si mon grand âge ne m'en empêchait, et que je pusse me soutenir, je me lèverais pour vous donner la boule que j'ai ici, laquelle doit vous servir de guide.

Sans donner au derviche la peine d'en dire davantage, le prince Perviz mit pied à terre; et comme il se fut avancé jusqu'au derviche, celui-ci, qui venait de tirer la boule de son sac, où il y en avait un bon nombre d'autres, la lui donna, et il lui dit l'usage qu'il en devait faire, comme il l'avait dit au prince Bahman; et après l'avoir bien averti de ne pas s'effrayer des voix qu'il entendrait, sans voir personne, quelque menaçantes qu'elles fussent, mais de ne pas laisser de monter jusqu'à ce qu'il eût aperçu la cage et l'oiseau, il le congédia.

Le prince Perviz remercia le derviche; et quand il fut remonté à cheval, il jeta la boule devant le cheval, et en piquant des deux en même temps, il la suivit. Il arriva enfin au bas de la montagne; et quand il eut vu que la boule s'était arrêtée, il mit pied à terre. Avant qu'il fît le premier pas pour monter, il demeura un moment dans la même place, en rappelant dans sa mémoire les avis que le derviche lui avait donnés. Il s'encouragea, et il monta, bien résolu d'arriver jusqu'au haut de la montagne, et il avança cinq ou six pas; alors il entendit derrière lui une voix qui lui parut fort proche, comme un homme qui le rappelait et l'insultait, en criant : Attends, téméraire, que je te punisse de ton audace !

A cet outrage, le prince Perviz oublia tous les avis du derviche ; il mit la main sur le sabre, il le tira, et il se tourna pour se venger : mais à peine eut-il le temps de voir que personne ne le suivait, qu'il fut changé en une pierre noire, lui et son cheval.

Depuis que le prince Perviz était parti, la princesse Parizade n'avait pas manqué chaque jour de porter à la main le chapelet qu'elle avait reçu de lui le jour qu'il était parti, et, quand elle n'avait autre chose à faire, de le dire, en faisant passer les grains par ses doigts l'un après l'autre. Elle ne l'avait pas même quitté la nuit tout ce temps-là : chaque soir en se couchant, elle se l'était passé autour du cou, et le matin, en s'éveillant, elle y avait porté la main pour éprouver si les grains venaient toujours l'un après l'autre. Le jour enfin, et au moment que le prince Perviz eut la même destinée que le prince Bahman, d'être changé en pierre noire, comme elle tenait le chapelet à son ordinaire, et qu'elle le disait, tout à coup elle sentit que les grains n'obéissaient plus au mouvement qu'elle leur donnait, et elle ne douta pas que ce ne fût la marque de la mort certaine du prince son frère. Comme elle avait déjà pris sa résolution sur le parti qu'elle prendrait au cas que cela arrivât, elle ne perdit pas le temps à donner des marques extérieures de sa douleur. Elle se fit un effort pour la retenir toute en elle-même ; et dès le lendemain, après s'être déguisée en homme, armée et équipée, et qu'elle eut dit à ses gens qu'elle reviendrait dans peu de jours, elle monta à cheval et partit, en prenant le même chemin que les deux princes ses frères avaient tenu. La princesse Parizade, qui était accoutumée à monter à cheval en prenant le divertissement de la chasse, supporta la fatigue du voyage mieux que d'autres dames n'auraient pu faire. Comme elle avait fait les mêmes journées que les princes ses frères, elle rencontra aussi le derviche dans la vingtième journée de marche. Quand elle fut près de lui, elle mit pied à terre, et en tenant son cheval par la bride, elle alla s'asseoir près de lui ; et après qu'elle l'eut salué, elle lui dit : Bon derviche, vous voudrez bien que je me repose quelques moments près de vous, et me faire la grace de me dire si vous n'avez pas entendu dire que quelque part aux environs il y a dans ces cantons un lieu où l'on trouve l'oiseau qui parle, l'arbre qui chante et l'eau jaune.

Le derviche répondit : Madame, puisque votre voix me fait connaître quel est votre sexe, nonobstant votre déguisement en homme, et que c'est ainsi que je dois vous appeler, je vous remercie de votre compliment, et je reçois avec un très grand plaisir l'honneur que vous me faites. J'ai connaissance du lieu où se trouvent les choses dont vous me parlez : mais à quel dessein me faites-vous cette demande ?

Bon derviche, reprit la princesse Parizade, on m'en a fait un récit si avantageux, que je brûle d'envie de les posséder. Madame, repartit le derviche, on vous a dit la vérité : ces choses sont encore plus surprenantes et plus singulières qu'on ne vous les a représentées ; mais on vous a caché les difficultés qu'il y a à surmonter pour parvenir à en jouir : vous ne vous seriez pas engagée dans une entreprise si pénible et si dangereuse, si l'on vous avait bien informée. Croyez-moi : ne passez point plus avant, retournez sur vos pas, et ne vous attendez pas que je veuille contribuer à votre perte.

Bon père, repartit la princesse, je viens de loin, et il me fâcherait fort de retourner chez moi sans avoir exécuté mon dessein. Vous me parlez des difficultés et du danger de perdre la vie : mais vous ne me dites pas quelles sont ces difficultés, et en quoi consistent ces dangers ; c'est ce que je desirerais de savoir pour me consulter, et voir si je pourrais prendre ou non confiance en ma résolution, en mon courage et en mes forces.

Alors le derviche répéta à la princesse Parizade le même discours qu'il avait tenu aux princes Bahman et Perviz; en lui exagérant les difficultés de monter jusqu'au haut de la montagne où étoit l'oiseau dans sa cage, dont il fallait se rendre maître ; après quoi l'oiseau donnerait connaissance de l'arbre et de l'eau jaune ; le bruit et le tintamarre des voix menaçantes et effroyables qu'on entendait de tous les côtés sans voir personne, et enfin la quantité de pierres noires, objet qui seul était capable de donner de l'effroi à elle et à tout autre, quand même le saurait que ces pierres étaient autant de braves cavaliers qui avaient été ainsi métamorphosés pour avoir manqué à observer la principale condition pour réussir dans cette entreprise, qui était de ne pas se tourner pour regarder derrière soi qu'auparavant on ne se fût saisi de la cage.

Quand le derviche eut achevé : A ce que je comprends par votre discours, reprit la princesse, la grande difficulté pour réussir dans cette affaire est premièrement de monter jusqu'à la cage sans s'effrayer du tintamarre des voix qu'on entend sans voir personne ; et en second lieu, de ne pas regarder derrière soi. Pour ce qui est de cette dernière condition, j'espère que je serai assez maîtresse de moi-même pour la bien observer. Quant à la première, j'avoue que ces voix, telles que vous me les représentez, sont capables d'épouvanter les plus assurés ; mais comme dans toutes les entreprises de grande conséquence et périlleuses, il n'est pas défendu d'user d'adresse, je vous demande si l'on pourrait s'en servir dans celle-ci, qui m'est d'une si grande importance? Et de quelle adresse voudriez-vous user? demanda le derviche. Il me semble, répondit la princesse, qu'en me bouchant les oreilles avec du coton, si fortes et si effroyables que les voix puissent être, elles en seraient frappées avec beaucoup moins d'impression ; comme aussi elles feraient moins d'effet sur mon imagination, mon esprit demeurerait dans la liberté de ne se pas troubler jusqu'à perdre l'usage de la raison.

Madame, reprit le derviche, de tous ceux qui jusqu'à présent se sont adressés à moi pour s'informer du chemin que vous me demandez, je ne sais si quelqu'un s'est servi de l'adresse que vous me proposez. Ce que je sais, c'est que pas un ne me l'a proposée, et que tous y ont péri. Si vous persistez dans votre dessein, vous pouvez en faire l'épreuve : à la bonne heure si elle vous réussit ; mais je ne vous conseillerais pas de vous y exposer.

Bon père, repartit la princesse, rien n'empêche que je ne persiste dans mon dessein : le cœur me dit que l'adresse me réussira, et je suis résolue à m'en servir. Ainsi, il ne me reste plus qu'à savoir de vous quel chemin je dois prendre. C'est la grace que je vous conjure de ne me pas refuser. Le derviche l'exhorta, pour la dernière fois, à se bien consulter ; et comme il vit qu'elle était inébranlable dans sa résolution, il tira une boule ; et en la lui présentant : Prenez cette boule, dit-il, remontez à cheval, et quand vous l'aurez jetée devant vous, suivez-la par tous les détours que vous lui verrez faire en roulant jusqu'à la montagne où est ce que vous cherchez, et où elle s'arrêtera ; quand elle sera arrêtée, arrêtez-vous aussi, mettez pied à terre et montez. Allez, vous savez le reste, n'oubliez pas d'en profiter.

La princesse Parizade, après avoir remercié le derviche et pris congé de lui, remonta à cheval ; elle jeta la boule, et elle la suivit par le chemin qu'elle prit en roulant : la boule continua son roulement ; et enfin elle s'arrêta au pied de la montagne.

La princesse mit pied à terre : elle se boucha les oreilles de coton ; et après qu'elle eut bien considéré le chemin qu'elle avait à tenir pour arriver au haut de la montagne, elle commença à monter d'un pas égal avec intrépidité. Elle entendit les voix, et elle s'aperçut d'abord que le coton lui était d'un grand secours. Plus elle avançait, plus les voix devenaient fortes et se multipliaient, mais non pas au point de lui faire une impression capable de la troubler. Elle entendit plusieurs sortes d'injures et de railleries piquantes par rapport à son sexe, qu'elle méprisa, et dont elle ne fit que rire. Je ne m'offense ni de vos injures ni de vos railleries, disait-elle en elle-même; dites encore pire, je m'en moque, et vous ne m'empêcherez pas de continuer mon chemin. Elle monta enfin si haut, qu'elle commença d'apercevoir la cage et l'oiseau, lequel, de complot avec les voix, tâchait de l'intimider, en lui criant d'une voix tonnante, nonobstant la petitesse de son corps : Folle, retire-toi, n'approche pas! La princesse, animée davantage par cet objet, doubla le pas. Quand elle se vit si près de la fin de sa carrière, elle gagna le haut de la montagne, où le terrain était égal; elle courut droit à la cage, et elle mit la main dessus, en disant à l'oiseau : Oiseau, je te tiens malgré toi, et tu ne m'échapperas pas.

Pendant que Parizade ôtait le coton qui lui bouchait les oreilles : Brave dame, lui dit l'oiseau, ne me voulez pas de mal de ce que je me suis joint à ceux qui faisaient leurs efforts pour la conservation de ma liberté. Quoique enfermé dans une cage, je ne laissais pas d'être content de mon sort; mais, destiné à devenir esclave, j'aime mieux vous avoir pour maîtresse, vous qui m'avez acquis si courageusement et si dignement, que tout autre personne du monde; et dès à présent je vous jure une fidélité inviolable, avec une soumission entière à tous vos commandements. Je sais qui vous êtes, et je vous apprendrai que vous ne vous connaissez pas vous-même pour ce que vous êtes; mais un jour viendra que je vous rendrai un service dont j'espère que vous m'aurez obligation. Pour commencer à vous donner des marques de ma sincérité, faites-moi connaître ce que vous souhaitez, je suis prêt à vous obéir.

La princesse, pleine d'une joie d'autant plus inexprimable que la conquête qu'elle venait de faire lui coûtait la mort de deux frères chéris tendrement, et à elle-même tant de fatigues et un danger dont elle connaissait la grandeur, après en être sortie, mieux qu'avant qu'elle s'y engageât, nonobstant ce que le derviche lui en avait représenté, dit à l'oiseau, après qu'il eut cessé de parler : Oiseau, c'était bien mon intention de te marquer que je souhaite plusieurs choses qui me sont de la dernière importance ; je suis ravie que tu m'aies prévenue par le témoignage de ta bonne volonté. Premièrement, j'ai appris qu'il y a ici une eau jaune dont la propriété est merveilleuse ; je te demande de m'enseigner où elle est avant toutes choses. L'oiseau lui enseigna l'endroit, qui n'était pas beaucoup éloigné : elle y alla, et elle emplit un petit flacon d'argent qu'elle avait apporté avec elle. Elle revint à l'oiseau, et elle lui dit : Oiseau, ce n'est pas assez, je cherche aussi l'arbre qui chante : dis-moi où il est. L'oiseau lui dit : Tournez-vous et vous verrez derrière vous un bois où vous trouverez cet arbre. Le bois n'était pas éloigné ; la princesse alla jusque-là, et entre plusieurs arbres, le concert harmonieux qu'elle entendit lui fit connaître celui qu'elle cherchait ; mais il était fort gros et fort haut. Elle revint, et elle dit à l'oiseau : Oiseau, j'ai trouvé l'arbre qui chante, mais je ne puis ni le déraciner ni l'emporter. Il n'est pas nécessaire de le déraciner, reprit l'oiseau ; il suffit que vous en preniez la moindre branche, et que vous l'emportiez pour la planter dans votre jardin : elle prendra racine dès qu'elle sera dans la terre, et en peu de temps vous la verrez devenir un aussi bel arbre que celui que vous venez de voir.

Quand la princesse Parizade eut en main les trois choses dont la dévote musulmane lui avait fait concevoir un desir si ardent, elle dit encore à l'oiseau : Oiseau, tout ce que tu viens de faire pour moi n'est pas suffisant : tu es cause de la mort de mes deux frères, qui doivent être parmi les pierres noires que j'ai vues en montant ; je prétends les emmener avec moi.

Il parut que l'oiseau eût bien voulu se dispenser de satisfaire la princesse sur cet article ; en effet, il en fit difficulté. Oiseau, insista la princesse, souviens-toi que tu viens de me dire que tu es mon esclave, que tu l'es en effet, et que ta vie est à ma disposition. Je ne puis, reprit l'oiseau, contester cette vérité ; mais quoique ce que vous demandez soit d'une plus grande difficulté que les autres, je ne laisserai pas d'y satisfaire. Jetez les yeux ici à l'entour, ajouta-t-il, et voyez si vous n'y verrez pas une cruche. Je l'aperçois, dit la princesse. Prenez-la, dit-il, et en descendant la montagne, versez un peu de l'eau dont elle est pleine sur chaque pierre noire : ce sera le moyen de retrouver vos deux frères.

La princesse Parizade prit la cruche ; et en emportant avec soi la cage avec l'oiseau, le flacon et la branche, à mesure qu'elle descendait, elle versait de l'eau de la cruche sur chaque pierre noire qu'elle rencontrait, et chacune se changeait en homme ; et comme elle n'en omit aucune, tous les chevaux, tant des princes ses frères que des autres seigneurs, reparurent. De la sorte, elle reconnut les princes Bahman et Perviz, qui la reconnurent aussi et qui vinrent l'embrasser. En les embrassant de même, et en leur témoignant son étonnement : Mes chers frères, dit-elle, que faites-vous donc ici ? Comme ils eurent répondu qu'ils venaient de dormir : Oui ; mais, reprit-elle, sans moi votre sommeil durerait encore, et il eût peut-être duré jusqu'au jour du jugement. Ne vous souvient-il pas que vous étiez venus chercher l'oiseau qui parle, l'arbre qui chante et l'eau jaune, et d'avoir vu en arrivant les pierres noires dont cet endroit était parsemé ? Regardez, et voyez s'il en reste une seule. Les seigneurs qui nous environnent, et vous, vous étiez ces pierres, de même que vos chevaux qui vous attendent, comme vous le pouvez voir; et si vous desirez de savoir comment cette merveille s'est faite, c'est, continua-t-elle en leur montrant la cruche, dont elle n'avait pas oublié ce qu'elle avait déjà posée au pied de la montagne, et la vertu de l'eau dont cette cruche était pleine, que j'ai versée sur chaque pierre. Comme après avoir rendu mon esclave l'eau qui parle, que voici dans cette cage, et trouvé par son moyen l'arbre qui chante dont je tiens une branche, et l'eau jaune dont ce flacon est plein, je ne voulais pas revenir sans vous ramener avec moi, je l'ai contraint, par le pouvoir que j'ai acquis sur lui, de m'en donner le moyen, et il m'a enseigné où était cette cruche, et l'usage que j'en devais faire.

Les princes Bahman et Perviz convinrent par ce discours l'obligation qu'ils avaient à la princesse leur sœur; et les seigneurs qui s'étaient assemblés autour d'eux, et qui avaient entendu le même discours, les imitèrent, en lui marquant que, bien loin de lui porter envie au sujet de la conquête qu'elle venait de faire, et à laquelle ils avaient aspiré, ils ne pouvaient mieux lui témoigner leur reconnaissance de la vie qu'elle venait de leur redonner, qu'en se déclarant ses esclaves, et prêts à faire tout ce qu'elle leur ordonnerait.

Seigneurs, reprit la princesse, si vous avez fait attention à mon discours, vous avez pu remarquer que je n'ai eu autre intention dans ce que j'ai fait, que de recouvrer mes frères: ainsi, s'il vous en est arrivé le bienfait que vous dites, vous ne m'en avez nulle obligation. Je ne prends de part à votre compliment que l'honnêteté que vous voulez bien m'en faire, et je vous en remercie comme je le dois. D'ailleurs, je vous regarde chacun en particulier comme des personnes aussi libres que vous l'étiez avant votre disgrace, et je me réjouis avec vous du bonheur qui vous est arrivé à mon occasion. Mais ne demeurons pas davantage dans un lieu où il n'y a plus rien qui doive nous arrêter plus longtemps; remontons a cheval, et retournons chacun au pays d'où nous sommes venus.

La princesse Parizade donna l'exemple la première, en allant reprendre son cheval, qu'elle trouva où elle l'avait laissé. Avant qu'elle montât à cheval, le prince Bahman, qui voulait la soulager, la pria de lui donner la cage à porter. Mon frère, reprit la princesse, l'oiseau est mon esclave, je veux le porter moi-même; mais si vous voulez vous charger de la branche de l'arbre qui chante, la voilà. Tenez la cage néanmoins pour me la rendre quand je serai à cheval. Quand elle fut remontée à cheval et que le prince Bahman lui eut rendu la cage et l'oiseau : Et vous, mon frère Perviz, dit-elle en se tournant du côté où il était, voilà aussi le flacon d'eau jaune que je remets à votre garde, si cela ne vous incommode pas. Le prince Perviz s'en chargea avec bien du plaisir.

Quand le prince Bahman et le prince Perviz, et tous les seigneurs furent tous à cheval, la princesse Parizade attendait que quelqu'un d'eux se mît à la tête et commençât la marche; les deux princes voulurent en faire civilité aux seigneurs, et les seigneurs, de leur côté, voulaient la faire à la princesse. Comme la princesse vit que pas un des seigneurs ne voulait se donner cet avantage, et que c'était pour lui en laisser l'honneur, elle s'adressa à tous, et leur dit : Seigneurs, j'attends que vous marchiez. Madame, reprit au nom de tous un de ceux qui étaient le plus près d'elle, quand nous ignorerions l'honneur qui est dû à votre sexe, il n'y a pas d'honneur que nous ne soyons prêts à vous rendre, après ce que vous venez de faire pour nous. Nonobstant votre modestie, nous vous supplions de ne nous pas priver plus longtemps du bonheur de vous suivre.

Seigneurs, dit alors la princesse, je ne mérite pas l'honneur que vous me faites, et je ne l'accepte que parceque vous le souhaitez. En même temps elle se mit en marche, et les deux princes et les seigneurs la suivirent en troupe sans distinction.

La troupe voulut voir le derviche en passant, le remercier

de son bon accueil et de ses conseils salutaires qu'ils avaient trouvés sincères ; mais il était mort, et l'on n'a pu savoir si c'était de vieillesse, ou parcequ'il n'était plus nécessaire pour enseigner le chemin qui conduisait à la conquête des trois choses dont la princesse Parizade venait de triompher.

Ainsi la troupe continua son chemin; mais elle commença à diminuer chaque jour. En effet, les seigneurs qui étaient venus de différents pays, comme nous l'avons dit, après avoir, chacun en particulier, réitéré à la princesse l'obligation qu'ils lui avaient, prirent congé d'elle et des princes ses frères, l'un après l'autre, à mesure qu'ils rencontraient le chemin par où ils étaient venus. La princesse et les princes Bahman et Perviz continuèrent le leur jusqu'à ce qu'ils arrivèrent chez eux.

D'abord la princesse posa la cage dans le jardin dont nous avons parlé ; et comme le salon était du côté du jardin, dès que l'oiseau eut fait entendre son chant, les rossignols, les pinsons, les alouettes, les fauvettes, les chardonnerets, et une infinité d'autres oiseaux du pays, vinrent l'accompagner de leur ramage. Pour ce qui est de la branche, elle la fit planter en sa présence dans un endroit du parterre, peu éloigné de la maison. Elle prit racine, et en peu de temps elle devint un grand arbre, dont les feuilles rendirent bientôt la même harmonie et le même concert que l'arbre d'où elle avait été cueillie. Quant au flacon d'eau jaune, elle fit préparer au milieu du parterre un grand bassin de beau marbre ; et quand il fut achevé, elle y versa toute l'eau jaune qui était contenue dans le flacon. Aussitôt elle commença à foisonner en se gonflant ; et quand elle fut venue à peu près jusqu'aux bords du bassin, elle s'éleva dans le milieu en grosse gerbe jusqu'à la hauteur de vingt pieds, en retombant et en continuant de même sans que l'eau débordât.

La nouvelle de ces merveilles se répandit dans le voisinage ; et comme la porte de la maison, non plus que celle du jardin, n'étaient fermées à personne, bientôt une grande affluence de peuple des environs vint les admirer.

Au bout de quelques jours, les princes Bahman et Perviz, bien remis de la fatigue de leur voyage, reprirent leur manière de vivre; et comme la chasse était leur divertissement ordinaire, ils montèrent à cheval, et ils y allèrent pour la première fois depuis leur retour, non pas dans leur parc, mais à deux ou trois lieues de leur maison. Comme ils chassaient, le sultan de Perse survint en chassant au même endroit qu'ils avaient choisi. Dès qu'ils se furent aperçus qu'il allait arriver bientôt, par un grand nombre de cavaliers qu'ils virent paraître en plusieurs endroits, ils prirent le parti de cesser et de se retirer pour éviter sa rencontre; mais ce fut justement par le chemin qu'ils prirent, qu'ils le rencontrèrent, dans un endroit si étroit, qu'ils ne pouvaient se détourner ni reculer sans être vus. Dans leur surprise, ils n'eurent que le temps de mettre pied à terre et de se prosterner devant le sultan, le front contre terre, sans lever la tête pour le regarder. Mais le sultan, qui vit qu'ils étaient bien montés, et habillés aussi proprement que s'ils eussent été de sa cour, eut la curiosité de les voir au visage ; il s'arrêta, et il leur commanda de se lever.

Les princes se levèrent, et ils demeurèrent debout devant le sultan, avec un air libre et dégagé, accompagné néanmoins d'une contenance modeste et respectueuse. Le sultan les considéra quelque temps depuis la tête jusqu'aux pieds, sans parler; et après avoir admiré leur bon air et leur bonne mine, il leur demanda qui ils étaient et où ils demeuraient.

Le prince Bahman prit la parole : Sire, dit-il, nous sommes fils de l'intendant des jardins de votre majesté, le dernier mort, et nous demeurons dans une maison qu'il fit bâtir peu de temps avant sa mort, afin que nous y demeurassions, en attendant que nous fussions en âge de servir votre majesté, et de lui demander de l'emploi quand l'occasion se présenterait.

A ce que je vois, reprit le sultan, vous aimez la chasse. Sire, repartit le prince Bahman, c'est notre exercice le plus ordinaire, et celui qu'aucun des sujets de votre majesté, qui se destine à porter les armes dans ses armées, ne néglige, en se conformant à l'ancienne coutume de ce royaume. Le sultan, charmé d'une réponse si sage, leur dit : Puisque cela est, je serai bien aise de vous voir chasser : venez, choisissez telle chasse qu'il vous plaira.

Les princes remontèrent à cheval. suivirent le sultan; et ils n'avaient pas avancé bien loin, quand ils virent paraître plusieurs bêtes tout à la fois. Le prince Bahman choisit un lion, et le prince Perviz un ours. Ils partirent l'un et l'autre en même temps avec une intrépidité dont le sultan fut surpris. Ils joignirent leur chasse presque aussitôt l'un que l'autre, et ils lancèrent leur javelot avec tant d'adresse, qu'ils percèrent, le prince Bahman le lion, et le prince Perviz l'ours d'outre en outre, et que le sultan les vit tomber en peu de temps l'un après l'autre. Sans s'arrêter, le prince Bahman poursuivit un autre ours, et le prince Perviz un autre lion, et en peu de moments ils les percèrent et les renversèrent sans vie. Ils voulaient continuer, mais le sultan ne le permit pas : il les fit rappeler; et quand ils furent venus se ranger près de lui : Si je vous laissais faire, dit-il, vous auriez bientôt détruit toute ma chasse. Ce n'est pas tant ma chasse néanmoins que je veux épargner, que vos personnes dont la vie me sera désormais très chère, persuadé que votre bravoure, dans un temps, me sera beaucoup plus utile qu'elle ne vient de m'être agréable.

Le sultan Khosrouschah enfin se sentit pour les deux princes une inclination si forte, qu'il les invita à venir le voir et à le suivre sur l'heure. Sire, reprit le prince Bahman, votre majesté nous fait un honneur que nous ne méritons pas, et nous la supplions de vouloir bien nous en dispenser.

Le sultan, qui ne comprenait pas quelles raisons les princes pouvaient avoir pour ne pas accepter la marque de considération qu'il leur témoignait, le leur demanda, et les pressa de l'en éclaircir. Sire, dit le prince Bahman, nous avons une sœur, notre cadette, avec laquelle nous vivons dans une union si grande, que nous n'entreprenons ni ne faisons rien, qu'auparavant nous n'ayons pris son avis ; de même que de son côté elle ne fait rien qu'elle ne nous ait demandé le nôtre. Je loue fort votre union fraternelle, reprit le sultan; consultez donc votre sœur, et demain, en revenant chasser avec moi, vous me rendrez réponse.

Les deux princes retournèrent chez eux, mais ils ne se souvinrent ni l'un ni l'autre, non seulement de l'aventure qui leur était arrivée de rencontrer le sultan, et d'avoir eu l'honneur de chasser avec lui, mais même de parler à la princesse de celui qu'il leur avait fait de vouloir les emmener avec lui. Le lendemain, comme ils se furent rendus auprès du sultan au lieu de la chasse : Hé bien! leur demanda le sultan, avez-vous parlé à votre sœur? A-t-elle bien voulu consentir au plaisir que j'attends, de vous voir plus particulièrement? Les princes se regardèrent, et la rougeur leur monta au visage. Sire, répondit le prince Bahman, nous supplions votre majesté de nous excuser ; ni mon frère ni moi nous ne nous en sommes pas souvenus. Souvenez-vous-en donc aujourd'hui, reprit le sultan, et demain n'oubliez pas de m'en rendre la réponse.

Les princes tombèrent une seconde fois dans le même oubli, et le sultan ne se scandalisa pas de leur négligence ; au contraire, il tira trois petites boules d'or qu'il avait dans une bourse. En les mettant dans le sein du prince Bahman : Ces boules, dit-il avec un souris, empêcheront que vous n'oubliiez une troisième fois ce que je souhaite que vous fassiez pour l'amour de moi; le bruit qu'elles feront ce soir en tombant de votre ceinture, vous en fera souvenir, au cas que vous ne vous en soyez pas souvenu auparavant.

La chose arriva comme le sultan l'avait prévu : sans les trois boules d'or, les princes eussent encore oublié de parler à la princesse Parizade leur sœur. Elles tombèrent du sein du prince Bahman quand il eut ôté sa ceinture en se préparant à se mettre au lit. Aussitôt il alla trouver le prince Perviz, et ils allèrent ensemble à l'appartement de la princesse, qui n'était pas encore couchée; ils lui demandèrent pardon de ce qu'ils venaient l'importuner à une heure indue, et ils lui exposèrent le sujet avec toutes les circonstances de leur rencontre avec le sultan.

La princesse Parizade fut alarmée de cette nouvelle. Votre rencontre avec le sultan, dit-elle, vous est heureuse et honorable, et dans la suite elle peut vous l'être davantage: mais elle est fâcheuse et bien triste pour moi. C'est à ma considération, je le vois bien, que vous avez résisté à ce que le sultan souhaitait; je vous en suis infiniment obligée : je connais en cela que votre amitié correspond parfaitement à la mienne. Vous avez mieux aimé, pour ainsi dire, commettre une incivilité envers le sultan, en lui faisant un refus honnête, à ce que vous avez cru, que de préjudicier à l'union fraternelle que nous nous sommes jurée; et vous avez bien jugé que, si vous aviez commencé à le voir, vous seriez obligés insensiblement à m'abandonner pour vous donner tout à lui. Mais croyez-vous qu'il soit aisé de refuser absolument au sultan ce qu'il souhaite avec tant d'empressement, comme il le paraît? Ce que les sultans souhaitent sont des volontés auxquelles il est dangereux de résister. Ainsi, quand, en suivant mon inclination, je vous dissuaderais d'avoir pour lui la complaisance qu'il exige de vous, je ne ferais que vous exposer à son ressentiment et qu'à me rendre malheureuse avec vous. Vous voyez quel est mon sentiment. Avant néanmoins de rien conclure, consultons l'oiseau qui parle, et voyons ce qu'il nous conseillera : il est pénétrant et prévoyant, et il nous a promis son secours dans les difficultés qui nous embarrasseraient.

La princesse Parizade se fit apporter la cage; et après qu'elle eut proposé la difficulté à l'oiseau, en présence des princes, elle lui demanda ce qu'il était à propos qu'ils fissent dans cette perplexité. L'oiseau répondit : Il faut que les princes vos frères correspondent à la volonté du sultan, et même qu'à leur tour ils l'invitent à venir voir votre maison.

Mais, oiseau, reprit la princesse, nous nous aimons, mes frères et moi, d'une amitié sans égale : cette amitié ne souffrira-t-elle pas de dommage par cette démarche? Point du tout, repartit l'oiseau, elle en deviendra plus forte. De la sorte, répliqua la princesse, le sultan me verra. L'oiseau lui dit qu'il était nécessaire qu'il la vît, et que tout n'en irait que mieux.

Le lendemain, les princes Bahman et Perviz retournèrent à la chasse; et le sultan, d'aussi loin qu'il se put faire entendre, leur demanda s'ils s'étaient souvenus de parler à leur sœur. Le prince Bahman s'approcha, et lui dit : Sire, votre majesté peut disposer de nous, et nous sommes prêts à lui obéir; non seulement nous n'avons pas eu de peine à obtenir le consentement de notre sœur, elle a même trouvé mauvais que nous ayons eu cette déférence pour elle, dans une chose qui était de notre devoir à l'égard de votre majesté. Mais, sire, elle s'en est rendue si digne que si nous avons péché, nous espérons que votre majesté nous le pardonnera. Que cela ne vous inquiète pas, reprit le sultan, bien loin de trouver mauvais ce que vous avez fait, je l'approuve si fort, que j'espère que vous aurez pour ma personne la même déférence et la même attache, pour peu que j'aie de part dans votre amitié. Les princes, confus de l'excès de bonté du sultan, ne répondirent que par une profonde inclination, pour lui marquer le grand respect avec lequel ils le recevaient.

Le sultan, contre son ordinaire, ne chassa pas longtemps ce jour-là, comme il avait jugé que les princes n'avaient pas moins d'esprit que de valeur et de bravoure, l'impatience de s'entretenir avec plus de liberté, fit qu'il avança son retour. Il voulut qu'ils fussent à ses côtés dans la marche : honneur qui, sans parler des principaux courtisans qui l'accompagnaient, donna de la jalousie, même au grand-visir, qui fut mortifié de les voir marcher avant lui.

Quand le sultan fut entré dans sa capitale, le peuple, dont les rues étaient bordées, n'eut les yeux attachés que sur les deux princes Bahman et Perviz, en cherchant qui ils pouvaient être, s'ils étaient étrangers ou du royaume. Quoi qu'il en soit, disaient la plupart, plût à Dieu que le sultan nous eût donné deux princes aussi bien faits et d'aussi bonne mine! Il pourrait en avoir à peu près de même âge, si les couches de la sultane, qui en souffre la peine depuis longtemps, eussent été heureuses.

La première chose que fit le sultan en arrivant dans son palais, fut de mener les princes dans les principaux appartements, dont ils louèrent la beauté, les richesses, les meubles, les ornements et la symétrie, sans affectation, et en gens qui s'y entendaient. On servit enfin un repas magnifique, et le sultan les fit mettre à table avec lui; ils voulurent s'en excuser, mais ils obéirent dès que le sultan leur eut dit que c'était sa volonté.

Le sultan, qui avait infiniment de l'esprit, avait fait de grands progrès dans les sciences, et particulièrement dans l'histoire, avait bien prévu que, par modestie et par respect, les princes ne se donneraient pas la liberté de commencer la conversation. Pour leur donner lieu de parler, il la commença, et y fournit pendant tout le repas: mais sur quelque matière qu'il ait pu les mettre, ils y satisfirent avec tant de connaissance, d'esprit, de jugement et de discernement, qu'il en fut dans l'admiration. Quand ils seraient mes enfants, disait-il en lui-même, et qu'avec l'esprit qu'ils ont, je leur eusse donné l'éducation, ils n'en sauraient pas davantage, et ne seraient ni plus habiles ni mieux instruits. Il prit enfin un si grand plaisir dans leur entretien, qu'après avoir demeuré à table plus que de coutume, il passa dans son cabinet, après être sorti, où il s'entretint encore avec eux très longtemps. Le sultan enfin leur dit : Jamais je n'eusse cru qu'il y eût à la campagne des jeunes seigneurs, mes sujets, si bien élevés, si spirituels, et aussi capables. De ma vie je n'ai eu entretien qui m'ait fait plus de plaisir que le vôtre; mais en voilà assez : il est temps que vous vous délassiez l'esprit par quelque divertissement de ma cour, et comme aucun n'est plus capable d'en dissiper les nuages que la musique, vous allez entendre un concert de voix et d'instruments qui ne sera pas désagréable.

Comme le sultan eut achevé de parler, les musiciens, qui avaient eu l'ordre, entrèrent, et répondirent fort à l'attente qu'on avait de leur habileté. Des farceurs excellents succédèrent au concert, et des danseurs et des danseuses terminèrent le divertissement.

Les deux princes qui virent que la fin du jour approchait, se prosternèrent aux pieds du sultan, et lui demandèrent la permission de se retirer, après l'avoir remercié de ses bontés et des honneurs dont il les avait comblés; et le sultan en les congédiant, leur dit : Je vous laisse aller, et souvenez-vous que je ne vous ai amenés à mon palais moi-même, que pour vous en montrer le chemin, afin que vous y veniez de vous-mêmes. Vous serez les bienvenus ; et plus souvent vous y viendrez, plus vous me ferez de plaisir.

Avant de s'éloigner de la présence du sultan, le prince Bahman lui dit : Sire, oserions-nous prendre la liberté de supplier votre majesté de nous faire la grace à nous et à notre sœur, de passer par notre maison, et de s'y reposer quelques moments, la première fois que le divertissement de la chasse l'amènera aux environs : elle n'est pas digne de votre présence; mais des monarques quelquefois ne dédaignent pas de se mettre à couvert sous une chaumière. Le sultan reprit : Une maison de seigneurs, comme vous l'êtes, ne peut être que belle et digne de vous. Je la verrai avec un grand plaisir, et avec un plus grand de vous y avoir pour hôtes, vous et votre sœur, qui m'est déja chère sans l'avoir vue, par le seul récit de ses belles qualités, et je ne différerai pas de me donner cette satisfaction plus longtemps que jusqu'a-près demain. Je me trouverai de grand matin au même lieu, où je n'ai pas oublié que je vous ai rencontrés la première fois; trouvez-vous-y, vous me servirez de guide.

Les princes Bahman et Perviz retournèrent chez eux le même jour; et quand ils furent arrivés, après avoir raconté à la princesse l'accueil honorable que le sultan leur avait fait, ils lui annoncèrent qu'ils n'avaient pas oublié de l'inviter à leur faire l'honneur de voir leur maison en passant, et qu'il leur en avait marqué le jour, qui serait celui d'après le jour qui devait suivre.

Si cela est ainsi, reprit la princesse, il faut donc dès à présent songer à préparer un repas digne de sa majesté; et pour cela il est bon que nous consultions l'oiseau qui parle; il nous enseignera peut-être quelque mets qui sera plus du goût de sa majesté que d'autres. Comme les princes se furent rapportés à ce qu'elle jugerait à propos, elle consulta l'oiseau en son particulier après qu'ils se furent retirés. Oiseau, dit-elle, le sultan nous fera l'honneur de venir voir notre maison, et nous devons le régaler : enseigne-nous comment nous pourrons nous en acquitter, de manière qu'il en soit content.

Ma bonne maîtresse, reprit l'oiseau, vous avez d'excellents cuisiniers, qu'ils fassent de leur mieux; et sur toutes choses qu'ils lui fassent un plat de concombres, avec une farce de perles, que vous ferez servir devant le sultan, préférablement à tout autre mets, dès le premier service.

Des concombres avec une farce de perles! se récria la princesse Parizade avec étonnement : oiseau, tu n'y penses pas, c'est un ragoût inouï. Le sultan pourra bien l'admirer comme une grande magnificence; mais il sera à table pour manger, et non pas pour admirer des perles. De plus, quand j'y emploierais tout ce que je puis avoir de perles, elles ne suffiraient pas pour la farce.

Ma maîtresse, repartit l'oiseau, faites ce que je dis, et ne vous inquiétez pas de ce qui en arrivera; il n'en arrivera que du bien. Quant aux perles, allez demain de bon matin au pied du premier arbre de votre parc, à main droite, et faites-y fouir; vous en trouverez plus que vous n'en aurez besoin.

Dès le même soir, la princesse Parizade fit avertir un jardinier de se tenir prêt; et le lendemain, de grand matin, elle le prit avec elle et le mena à l'arbre que l'oiseau lui avait enseigné, et lui commanda de creuser au pied. En creusant, quand le jardinier fut arrivé à une certaine profondeur, il sentit de la résistance, et bientôt il découvrit un coffret d'or d'environ un pied en carré qu'il montra à la princesse. C'est pour cela que je t'ai amené, lui dit-elle; continue, et prends garde de le gâter avec la bêche.

Le jardinier enfin tira le coffret, et le mit entre les mains de la princesse. Comme le coffret n'était fermé qu'avec de petits crochets fort propres, la princesse l'ouvrit, et elle vit qu'il était plein de perles, toutes d'une grosseur médiocre, mais égales et propres à l'usage qui devait en être fait. Très contente d'avoir trouvé ce petit trésor, après avoir refermé le coffret, elle le mit sous son bras, et reprit le chemin de la maison, pendant que le jardinier remettait la terre du pied de l'arbre au même état qu'auparavant.

Les princes Bahman et Perviz, qui avaient vu chacun de son appartement la princesse leur sœur dans le jardin, plus matin qu'elle n'avait de coutume, dans le temps qu'ils s'habillaient, se joignirent dès qu'ils furent en état de sortir, et allèrent au-devant d'elle; ils la rencontrèrent au milieu du jardin; et comme ils avaient aperçu de loin qu'elle portait quelque chose sous le bras, et qu'en approchant ils virent que c'était un coffret d'or, ils en furent surpris. Ma sœur, lui dit le prince Bahman en l'abordant, vous ne portiez rien quand nous vous avons vue suivie d'un jardinier, et nous vous voyons revenir chargée d'un coffret d'or. Est-ce un trésor que le jardinier a trouvé, et qu'il était venu vous annoncer?

Mes frères, reprit la princesse, c'est tout le contraire : c'est moi qui ai amené le jardinier où était le coffret, qui lui ai montré l'endroit, et qui l'ai fait déterrer. Vous serez plus étonnés de ma trouvaille, quand vous verrez ce qu'il contient.

La princesse ouvrit le coffret; et les princes, émerveillés quand ils virent qu'il était rempli de perles, peu considérables par leur grosseur, à les regarder chacune en particulier, mais d'un très grand prix par rapport à leur perfection et à leur quantité, lui demandèrent par quelle aventure elle avait eu connaissance de ce trésor. Mes frères, répondit-elle, à moins qu'une affaire plus pressante ne vous appelle ailleurs, venez avec moi, je vous le dirai. Le prince Perviz reprit : Quelle affaire plus pressante pourrions-nous avoir que d'être informés de celle-ci qui nous intéresse si fort? Nous n'en avions pas d'autre que de venir à votre rencontre.

Alors la princesse Parizade, au milieu des deux princes, en reprenant son chemin vers la maison, leur fit le récit de la consultation qu'elle avait faite avec l'oiseau, comme ils étaient convenus avec elle, de la demande, de la réponse, et de ce qu'elle lui avait opposé au sujet du mets de concombres farcis de perles, et du moyen qu'il lui avait donné d'en avoir, en lui enseignant et lui indiquant le lieu où elle venait de trouver le coffret. Les princes et la princesse firent plusieurs raisonnements pour pénétrer à quel dessein l'oiseau voulait qu'on préparât un mets de la sorte pour le sultan, jusqu'à faire trouver le moyen d'y réussir. Mais enfin, après avoir bien discouru pour et contre sur cette matière, ils conclurent qu'ils n'y comprenaient rien, et cependant qu'il fallait exécuter le conseil de point en point, et n'y pas manquer.

En rentrant dans la maison, la princesse fit appeler le chef de cuisine, qui vint la trouver dans son appartement. Après qu'elle lui eut ordonné le repas pour régaler le sultan de la manière qu'elle l'entendait : Outre ce que je viens de dire, ajouta-t-elle, il faut que vous me fassiez un mets exprès pour la bouche du sultan; et ainsi que personne que vous n'y mette la main. Ce mets est un plat de concombres farcis, dont vous ferez la farce des perles que voici. Et en même temps elle ouvrit le coffret, et lui montra les perles.

Le chef de cuisine, qui jamais n'avait entendu parler d'une farce pareille, recula deux pas en arrière, avec un visage qui marquait assez sa pensée. La princesse pénétra cette pensée. Je vois bien, dit-elle, que tu me prends pour une folle, de t'ordonner un ragoût dont tu n'as jamais entendu parler, et dont on peut dire certainement que jamais il n'a été fait. Cela est vrai, je le sais comme toi ; mais je ne suis pas folle, et c'est avec tout mon bon sens que je t'ordonne de le faire. Va, invente, fais de ton mieux, et emporte le coffret; tu me le rapporteras avec les perles qui resteront, s'il y en a plus qu'il n'en est besoin. Le chef de cuisine n'eut rien à répliquer; il prit le coffret et l'emporta. Le même jour enfin la princesse Parizade donna ses ordres pour faire en sorte que tout fût net, propre et arrangé, tant dans la maison que dans le jardin, pour recevoir le sultan plus dignement.

Le lendemain les deux princes étaient sur le lieu de la chasse, lorsque le sultan de Perse y arriva. Le sultan commença la chasse; et il la continua jusqu'à ce que la vive ardeur du soleil, qui s'approchait du plus haut de l'horizon, l'obligeât de la finir. Alors, pendant que le prince Bahman demeura auprès du sultan pour l'accompagner, le prince Perviz se mit à la tête de la marche, pour montrer le chemin; et quand il fut à la vue de la maison, il donna un coup d'éperon pour aller avertir la princesse Parizade que le sultan arrivait; mais des gens de la princesse, qui s'étaient mis sur les avenues par son ordre, l'avaient déjà avertie ; et le prince la trouva qui attendait, prête à le recevoir.

Le sultan arriva ; et comme il fut entré dans la cour, et qu'il eut mis pied à terre devant le vestibule, la princesse

Parizade se présenta et se jeta à ses pieds; et les princes Bahman et Perviz, qui étaient présents, avertirent le sultan que c'était leur sœur, et le supplièrent d'agréer les respects qu'elle rendait à sa majesté.

Le sultan se baissa pour aider la princesse à se relever; et après l'avoir considérée et admiré quelque temps l'éclat de sa beauté, dont il fut ébloui, sa bonne grace, son air, et un je ne sais quoi qui ne ressentait pas la campagne où elle demeurait : Les frères, dit-il, sont dignes de la sœur, et la sœur est digne des frères; et à juger de l'intérieur par l'extérieur, je ne m'étonne plus que les frères ne veulent rien faire sans le consentement de la sœur; mais j'espère bien la connaître mieux par cet endroit-là, que par ce qui m'en paraît à la première vue, quand j'aurai vu la maison.

Alors la princesse prit la parole : Sire, dit-elle, ce n'est qu'une maison de campagne, qui convient à des gens comme nous qui menons une vie retirée du grand monde; elle n'a rien de comparable aux maisons des grandes villes, encore moins aux palais magnifiques qui n'appartiennent qu'à des sultans. Je ne m'en rapporte pas entièrement à votre sentiment, dit très obligeamment le sultan; ce que j'en vois d'abord fait que je vous tiens un peu pour suspecte. Je me réserve à en porter mon jugement quand vous me l'aurez fait voir; passez donc devant, et montrez-moi le chemin.

La princesse, en laissant le salon à part, mena le sultan d'appartement en appartement; et le sultan, après avoir considéré chaque pièce avec attention, et les avoir admirées par leur diversité : Ma belle, dit-il à la princesse Parizade, appelez-vous ceci une maison de campagne? Les villes les plus belles et les plus grandes seraient bientôt désertes, si toutes les maisons de campagne ressemblaient à la vôtre. Je ne m'étonne plus que vous vous y plaisiez si fort, et que vous méprisiez la ville. Faites-moi voir aussi le jardin, je m'attends bien qu'il correspond à la maison.

La princesse ouvrit une porte qui donnait sur le jardin, et

ce qui frappa d'abord les yeux du sultan fut la gerbe d'eau jaune, couleur d'or. Surpris par un spectacle si nouveau pour lui, et après l'avoir regardée un temps avec admiration : D'où vient cette eau merveilleuse, dit-il, qui fait tant de plaisir à voir? Où en est la source? Et par quel art en a-t-on fait un jet si extraordinaire, et auquel je ne crois pas qu'il y ait rien de pareil au monde? Je veux voir cette merveille de près. En disant ces paroles, il avança. La princesse continua de le conduire, et elle le mena par l'endroit où l'arbre harmonieux était planté.

En approchant, le sultan, qui entendit un concert tout différent de ceux qu'il eût jamais entendus, s'arrêta, et chercha des yeux où étaient les musiciens; et comme il n'en vit aucun ni près ni loin, et que cependant il entendait le concert assez distinctement, dont il était charmé : Ma belle, dit-il en s'adressant à la princesse Parizade, où sont les musiciens que j'entends? Sont-ils sous terre? Sont-ils invisibles dans l'air? Avec des voix si excellentes et si charmantes, ils ne hasarderaient rien de se laisser voir : au contraire, ils feraient plaisir.

Sire, répondit la princesse en souriant, ce ne sont pas des musiciens qui forment le concert que vous entendez, c'est l'arbre que votre majesté voit devant elle qui le rend ; et si elle veut se donner la peine d'avancer quatre pas, elle n'en doutera pas, et les voix lui seront plus distinctes.

Le sultan s'avança, et il fut si charmé de la douce harmonie du concert, qu'il ne se lassait pas de l'entendre. A la fin il se souvint qu'il avait à voir l'eau jaune de près; ainsi, en rompant son silence : Ma belle, demanda-t-il à la princesse, dites-moi, je vous prie, cet arbre admirable se trouve-t-il par hasard dans votre jardin? Est-ce un présent que l'on vous a fait, ou l'avez-vous fait venir de quelque pays éloigné? Il faut qu'il vienne de bien loin : autrement, curieux des raretés de la nature, comme je le suis, j'en aurais entendu parler. De quel nom l'appelez-vous?

Sire, répondit la princesse, cet arbre n'a pas d'autre nom que celui d'arbre qui chante, et il n'en croît pas dans le pays; il serait trop long de raconter par quelle aventure il se trouve ici. C'est une histoire qui a rapport avec l'eau jaune et avec l'oiseau qui parle, qui nous est venu en même temps, et que votre majesté pourra voir après qu'elle aura vu l'eau jaune d'aussi près qu'elle le souhaite. Si elle l'a pour agréable, j'aurai l'honneur de la lui raconter quand elle se sera reposée de la fatigue de la chasse, à laquelle elle en ajoute une nouvelle, par la peine qu'elle se donne à la grande ardeur du soleil.

Ma belle, reprit le sultan, je ne m'aperçois pas de la peine que vous dites, tant elle est bien récompensée par les choses merveilleuses que vous me faites voir ; dites plutôt que je ne songe pas à celle que je vous donne. Achevons donc, et voyons l'eau jaune; je meurs déjà d'envie de voir et d'admirer l'oiseau qui parle.

Quand le sultan fut arrivé au jet d'eau jaune, il eut longtemps les yeux attachés sur la gerbe, qui ne cessait de faire un effet merveilleux en s'élevant en l'air et en retombant dans le bassin. Selon vous, ma belle, dit-il en s'adressant toujours à la princesse, cette eau n'a pas de source, et elle ne vient d'aucun endroit aux environs, par un conduit amené sous terre; au moins je comprends qu'elle est étrangère, de même que l'arbre qui chante.

Sire, reprit la princesse, la chose est comme votre majesté le dit; et pour marque que l'eau ne vient pas d'ailleurs, c'est que le bassin est d'une seule pièce, et qu'ainsi elle ne peut venir ni par les côtés, ni par dessous ; et ce qui doit rendre l'eau plus admirable à votre majesté, c'est que je n'en ai jeté qu'un flacon dans le bassin, et qu'elle a foisonné comme elle le voit, par une propriété qui lui est particulière. Le sultan enfin s'éloignant du bassin : En voilà, dit-il, assez pour la première fois, car je me promets bien de revenir souvent. Menez-moi, que je voie l'oiseau qui parle.

En approchant du salon, le sultan aperçut sur les arbres un nombre prodigieux d'oiseaux qui remplissaient l'air chacun de son chant et de son ramage. Il demanda pourquoi ils étaient là assemblés plutôt que sur les autres arbres du jardin, où il n'en avait ni vu ni entendu chanter. Sire, répondit la princesse, c'est qu'ils viennent tous des environs pour accompagner le chant de l'oiseau qui parle. Votre majesté peut l'apercevoir dans la cage qui est posée sur une des fenêtres du salon où elle va entrer; et si elle y fait attention, elle s'apercevra qu'il a le chant éclatant au-dessus de celui de tous les autres oiseaux, même du rossignol, qui n'en approche que de bien loin.

Le sultan entra dans le salon; et comme l'oiseau continuait son chant : Mon esclave, dit la princesse en élevant la voix, voilà le sultan, faites-lui votre compliment. L'oiseau cessa de chanter dans le moment, et tous les autres oiseaux cessèrent de même : Que le sultan, dit-il, soit le très bien venu! que Dieu le comble de prospérités et prolonge le nombre de ses années!

Comme le repas était servi sur le sofa près de la fenêtre où était l'oiseau, le sultan, en se mettant à table : Oiseau, dit-il, je te remercie de ton compliment, et je suis ravi de voir en toi le sultan et le roi des oiseaux.

Le sultan qui vit devant lui le plat de concombres qu'il croyait farcis à l'ordinaire, y porta d'abord la main, et son étonnement fut extrême de les voir farcis de perles. Quelle nouveauté! dit-il, à quel dessein une farce de perles? Les perles ne se mangent pas. Il regardait déjà les deux princes et la princesse pour leur demander ce que cela signifiait; mais l'oiseau l'interrompit : Sire, votre majesté peut-elle être dans un étonnement si grand d'une farce de perles qu'elle voit de ses yeux, elle qui a cru si facilement que la sultane son épouse était accouchée d'un chien, d'un chat, d'un morceau de bois? Je l'ai cru, repartit le sultan, parceque les sages-femmes me l'ont assuré. Ces sages-femmes, sire, repartit l'oiseau, étaient sœurs de la sultane, mais sœurs jalouses du bonheur dont vous l'aviez honorée préférablement à elles; et pour satisfaire leur rage, elles ont abusé de la facilité de votre majesté. Elles avoueront leur crime, si vous les faites interroger. Les deux frères et leur sœur que vous voyez, sont vos enfants qu'elles ont exposés, mais qui ont été recueillis par l'intendant de vos jardins, et nourris et élevés par ses soins.

Le discours de l'oiseau éclaira l'entendement du sultan en un instant : Oiseau, s'écria-t-il, je n'ai pas de peine à ajouter foi à la vérité que tu me découvres et que tu m'annonces. L'inclination qui m'entraînait de leur côté, et la tendresse que je sentais déja pour eux, ne me disaient que trop qu'ils étaient de mon sang. Venez donc, mes enfants, venez, ma fille, que je vous embrasse, et que je vous donne les premières marques de mon amour et de ma tendresse de père. Il se leva; et après avoir embrassé les deux princes et la princesse, l'un après l'autre, en mêlant ses larmes avec les leurs : Ce n'est pas assez, mes enfants, dit-il; il faut aussi que vous vous embrassiez les uns les autres, non comme enfants de l'intendant de mes jardins, auquel j'aurai l'obligation éternelle de vous avoir conservé la vie; mais comme les miens, sortis du sang des rois de Perse, dont je suis persuadé que vous soutiendrez bien la gloire.

Après que les deux princes et la princesse se furent embrassés mutuellement avec une satisfaction toute nouvelle, comme le sultan le souhaitait, le sultan se remit à table avec eux; il se pressa de manger. Quand il eut achevé : Mes enfants, dit-il, vous connaissez votre père en ma personne; demain je vous amènerai la sultane votre mère, préparez-vous à la recevoir.

Le sultan monta à cheval, et retourna à sa capitale en toute diligence. La première chose qu'il fit dès qu'il eut mis pied à terre en entrant dans son palais, fut de commander à son grand-visir d'apporter toute la diligence possible à faire

faire le procès aux deux sœurs de la sultane. Les deux sœurs furent enlevées de chez elles, interrogées séparément, appliquées à la question, convaincues et condamnées à être écartelées; et le tout fut exécuté en moins d'une heure de temps.

Le sultan Khosrouschah cependant, suivi de tous les seigneurs de sa cour qui se trouvèrent présents, alla à pied jusqu'à la porte de la grande mosquée, et après avoir lui-même tiré la sultane hors de la prison étroite où elle languissait et souffrait depuis tant d'années : Madame, dit-il en l'embrassant les larmes aux yeux, dans l'état pitoyable où elle était, je viens vous demander pardon de l'injustice que je vous ai faite, et vous en faire la réparation que je vous dois. Je l'ai déja commencée par la punition de celles qui m'avaient séduit par une imposture abominable, et j'espère que vous la regarderez comme entière quand je vous aurai fait présent de deux princes accomplis et d'une princesse aimable et toute charmante, vos enfants et les miens. Venez et reprenez le rang qui vous appartient, avec tous les honneurs qui vous sont dus.

Cette réparation se fit devant une multitude de peuple innombrable, qui était accouru en foule de toutes parts, dès la première nouvelle de ce qui se passait, laquelle fut répandue dans toute la ville en peu de moments.

Le lendemain de grand matin, le sultan et la sultane qui avait changé l'habit d'humiliation et d'affliction qu'elle portait le jour de devant en un habit magnifique, tel qu'il lui convenait, suivis de toute leur cour qui en avait eu l'ordre, se transportèrent à la maison des deux princes et de la princesse. Ils arrivèrent; et dès qu'ils eurent mis pied à terre, le sultan présenta à la sultane les princes Bahman et Perviz, et la princesse Parizade, et lui dit : Madame, voilà les deux princes vos fils, et voici la princesse votre fille; embrassez-les avec la même tendresse que je les ai embrassés, ils sont dignes de moi et de vous. Les larmes furent répandues en abondance dans ces embrassements si touchants, et particulièrement de la part de la sultane, par la consolation et par la joie d'embrasser deux princes ses fils, une princesse sa fille, qui lui en avaient causé de si affligeantes, et si longtemps.

Les deux princes et la princesse avaient fait préparer un repas magnifique pour le sultan, pour la sultane, et pour toute la cour. On se mit à table; et après le repas, le sultan mena la sultane dans le jardin, où il lui fit observer l'arbre harmonieux et le bel effet de l'eau jaune. Pour ce qui est de l'oiseau, elle l'avait vu dans sa cage, et le sultan lui en avait fait l'éloge pendant le repas.

Quand il n'y eut plus rien qui obligeât le sultan de rester davantage, il remonta à cheval; le prince Bahman l'accompagna à la droite, et le prince Perviz à la gauche; la sultane, avec la princesse à sa gauche, marcha après le sultan. Dans cet ordre, précédés et suivis des officiers de la cour, chacun selon son rang, ils reprirent le chemin de la capitale. Comme ils approchaient, le peuple, qui était venu au devant, se présenta en foule, bien loin hors des portes, et ils n'avaient pas moins les yeux attachés sur la sultane, en prenant part à sa joie, après une si longue souffrance, que sur les deux princes et sur la princesse, qu'ils accompagnaient de leurs acclamations. Leur attention était attirée aussi par l'oiseau dans sa cage, que la princesse Parizade portait devant elle, dont ils admirèrent le chant, qui attirait tous les autres oiseaux : ils suivaient en se posant sur les arbres dans la campagne, et sur les toits des maisons dans les rues de la ville.

Les princes Bahman et Perviz, avec la princesse Parizade, furent enfin amenés au palais avec cette pompe; et le soir la pompe fut suivie de grandes illuminations et de grandes réjouissances, tant au palais que dans toute la ville, lesquelles furent continuées plusieurs jours.

<small>Ce conte est le dernier de la collection des *Mille et et une Nuits*, publiée par Galland. Pour compléter ce volume, nous avons emprunté à la *Continuation* de</small>

Histoire du prince Habib et de Dorrat Elgoase.

La tribu de Benou-Helal, la plus nombreuse et la plus vaillante de l'Arabie, avait jadis pour chef Ben-Hilac Selama, l'homme le plus renommé de son temps par toutes les vertus qui caractérisent l'administrateur et le guerrier. Ses qualités l'avaient fait choisir pour chef de soixante-six autres tribus, qu'il gouvernait avec sagesse, et dont il avait mérité la confiance. Le succès l'avait toujours suivi dans les combats, et le bonheur embellissait ses loisirs dans les temps de paix. Il manquait pourtant quelque chose à la félicité de Selama, car il n'est pas donné à l'homme d'être parfaitement heureux. Le ciel lui avait refusé un fils qui pût hériter de son courage et de sa puissance. Il n'avait cessé d'adresser des vœux au ciel, lorsqu'une nuit il crut entendre une voix qui lui disait : Approche-toi de ton épouse, elle te rendra père.

Selama obéit à la voix du ciel, et au bout de neuf mois Camar Alaschraf, sa femme, lui donna un fils plus beau que l'astre bienfaisant des nuits, et auquel on donna le nom de Habib, ou le bien-aimé.

Selama rassembla tous les mages de la nation, et les chargea d'interroger les astres sur les destins de son fils. Le plus âgé des astrologues lui dit : Prince, votre fils vivra glorieux et admiré; mais jamais mortel n'éprouvera autant de dangers que lui. Les hasards et les revers l'attendent. L'amour et la gloire couronneront ses travaux, s'il a assez de courage et de force d'ame pour surmonter toutes ces épreuves. Quelle étrange destinée ! s'écria Selama. Ne pourrait-on rien opposer à sa rigueur? Prince, les cieux ont parlé; mais comme l'homme peut quelquefois détourner les coups du sort, c'est à votre fils à forcer son étoile à lui être favorable.

Le jeune prince fut élevé avec les plus grands soins, et annonça de bonne heure, par les plus heureuses dispositions,

Cazotte un de ses meilleurs contes, l'*Histoire d'Habib et de Dorrat Elgoase*, qui va suivre.

un être au-dessus du vulgaire. Sa mère se chargea de former son esprit. On habitua son corps aux exercices les plus fatigants, et il profita si bien en tout qu'à sept ans il pouvait passer pour un vrai prodige.

Selama songea à perfectionner une éducation si heureusement commencée; mais il fallait trouver un instituteur aussi parfait pour la jeunesse que sa mère l'avait été pour l'enfance. Il y avait dans le camp de l'émir un vieillard philosophe nommé Ilfakis, instruit dans toutes les sciences, et d'une conduite irréprochable. Selama le fait appeler, lui propose de se charger de l'éducation de son fils; ce qui est accepté, et le jeune Habib part avec son nouveau maître. Les soins du gouverneur trouvent un terrain si bien disposé que tout y germe sans difficulté. L'esprit du jeune élève embrasse rapidement toutes les merveilles de la nature, et bientôt elle n'a plus de secrets pour lui.

Selama voulut un jour que son fils lui fît part de ses connaissances, et fut enchanté de ses réponses. Il demanda au sage gouverneur s'il était encore quelque chose qu'il pût enseigner à son fils. Déjà, répondit Ilfakis, quand le jeune prince m'interroge, il pourrait prévenir toutes mes réponses. J'ai ouvert à ses yeux le grand livre du monde; il peut maintenant marcher seul dans la route que je lui ai tracée. Mais il est temps que mon élève s'occupe des arts nécessaires à l'homme qui doit un jour dominer sur soixante-six tribus belliqueuses; mes secours dans ce genre ne pourraient plus lui être utiles, et mon corps, que la terre réclame, n'aspire qu'à se rendre dans son lieu de repos. Quel noir pressentiment! s'écria l'émir. Vous pouvez encore vous promettre de longues années, et mes trésors vous les feront passer dans l'abondance. Prince, dit le sage, un grain de sable et les richesses de la terre sont à mes yeux la même chose; je suis mort depuis longtemps à tous les besoins. Ce corps chétif que je n'ambitionne plus de conserver, ne doit la prolongation de son existence qu'à des vues secrètes de la Providence pour l'avantage de Selama; les destins ont marqué aujourd'hui sa destruction. J'ai trouvé ma récompense en remplissant mes devoirs, et je n'en veux pas d'autres ici-bas. Adieu donc, vertueux Ilfakis, dit l'émir; recevez les embrassements de mon fils et les miens : votre absence nous coûtera bien des larmes; mais nous en adoucirons l'amertume en allant souvent sous votre tente. Vous n'y reviendrez plus, répondit le vieillard; ma tente est comme une vapeur que le vent va dissiper, et je suis semblable à la poussière qu'il entraîne. Adieu, Selama! adieu, mon cher Habib! Souvenez-vous de moi au milieu des peines qui doivent vous assaillir.

Combien le jeune prince fut touché de cette séparation; mais que sa sensibilité fut mise le lendemain à une rude épreuve! son sage gouverneur mourut en rentrant sous sa tente. Le jeune élève versa des larmes dans le sein de sa mère, qui, en cherchant à le consoler, jouissait de sa sensibilité. Elle l'engageait à porter ses regards au-dessus de cette terre insuffisante à notre bonheur. Ces idées consolantes versaient un baume sur la douleur du jeune prince; mais il voulut rendre les derniers devoirs à son bienfaiteur, répandre quelques fleurs sur sa tombe, et offrir ses prières au Très-Haut. Il arrive sous la tente d'Ilfakis; une douce mélancolie s'empare de son ame, elle ouvre un passage aux larmes qui viennent sans effort inonder ses joues, il garde un moment le silence pour jouir d'une affliction qui n'a rien de pénible, enfin il élève la voix, et ses vœux montent purs et entendus vers le ciel.

Selama attendait le retour de son fils. Habib, lui dit-il, après avoir satisfait aux devoirs naturels de votre reconnaissance, il faut songer à acquérir maintenant des talents plus directement utiles à votre état. Vous êtes mon fils; le ciel vous destine après moi au commandement des vaillantes tribus qui sont sous ma domination; vous êtes appelé à marcher à leur tête, dans toutes les expéditions militaires; mais il faut apprendre à les conduire, vous endurcir aux fatigues, et vous mettre en état de terrasser l'ennemi qui oserait vous résister. La force, jointe à l'adresse, doit faire de vous le soldat le plus intrépide de vos armées. Vous avez commencé à vous habituer au port des armes; le lâche seul succombe sous leur poids, l'homme de courage s'y familiarise. Ah! que ne puis-je trouver dans le nombre de mes guerriers l'homme aussi propre à vous instruire dans ce métier que l'était Ilfakis dans les sciences qu'il vous a fait connaître. Un guerrier parfait est un phénix difficile à trouver. Le grand prophète pourrrait seul m'envoyer l'homme extraordinaire que je voudrais attacher auprès de vous. Mon père, s'écria Habib, j'attaque dans mes jeux vos chevaux les plus vigoureux; la force et le courage ne m'abandonnent jamais. Changez en cuirasse de fer cette robe de lin qui me couvre, et, chargé du plus épais bouclier, armé de la plus forte lance, je vous offrirai un digne compagnon d'armes. Ah! quand pourrai-je abandonner ces habits qui rendent presque mon sexe équivoque, et ne laissent rien présumer des forces que la nature m'a départies? Elles ont besoin d'être réglées, et je n'aspire qu'à connaître l'art d'en diriger l'emploi. Digne présent du ciel! dit l'émir en embrassant son fils; heureux enfant! espoir de mes tribus! celui qui met en vous de si glorieuses dispositions nous fera trouver les moyens de les cultiver.

Cette conversation était à peine terminée, qu'un guerrier se présente aux barrières du camp de Selama; il desire être admis à l'honneur de sa présence. Qu'on le laisse approcher, dit l'émir : mon cœur, jaloux de voir régner sur la terre la justice et la paix, n'aspire qu'à vivre parmi ceux qui en sont les protecteurs. L'étranger s'avance. Habib, qui était allé au-devant de lui, saisit la bride de son cheval, qu'il remet ensuite à un des écuyers de l'émir. Vaillant chevalier, lui dit celui-ci, quel dessein vous amène en ces lieux? Prince, répondit l'étranger, la profession des armes eut toujours des attraits pour moi. J'ai acquis quelque expérience dans les combats; je viens vous en faire hommage et offrir mes leçons au prince Habib. Je sens que je puis paraître téméraire en sollicitant l'honneur de servir de maître à votre fils ; mais si vous voulez me permettre de me mesurer avec vous, peut-être trouverez-vous que je ne suis pas tout à fait indigne de ce glorieux emploi.

Les ministres du prince voulaient l'empêcher d'accepter le défi, et lui représentaient qu'il avait peut-être affaire à un chevalier méchant et discourtois, ou même à quelque génie jaloux de sa réputation, qui espérait le vaincre en employant la ruse et la perfidie. Selama, méprisant la crainte qu'on lui voulait inspirer, répondit en ces termes : Brave chevalier, la noblesse de votre maintien, la franchise et la loyauté de vos discours m'annoncent que je puis sans déshonneur accepter le combat que vous me proposez. L'émir ordonna aussitôt qu'on lui apportât ses armes. Il se revêtit d'une cotte de mailles aussi serrée et aussi à l'épreuve que celle de l'inconnu, prit un cimeterre capable de pourfendre un rocher, et une lance longue de trente coudées. Il se fit ensuite amener le meilleur de ses chevaux.

Toute la tribu sortit de ses tentes pour être témoin du combat. Les deux guerriers descendent dans l'arène comme deux lions furieux, s'éloignent d'abord, et fondent ensuite l'un sur l'autre avec la rapidité de l'éclair. Leurs lances ne peuvent résister à la violence du choc, et volent en éclats. Les deux guerriers n'ont point été ébranlés d'une atteinte aussi terrible, et mettent aussitôt l'épée à la main. Les coups sont portés et parés de part et d'autre avec une rapidité que l'œil a peine à suivre. On s'attaque, on se presse, on s'évite, on se fuit tour à tour. L'air retentit du cliquetis des armes ; un nuage de poussière couvre les combattants.

L'émir ne tarda pas à s'apercevoir que son adversaire ne lui était point inférieur. Il ne jugea pas à propos de pousser plus loin l'épreuve, et fit signe à l'inconnu de cesser le combat. Celui-ci, sautant à bas de son cheval, se jeta aux pieds de Selama, et lui dit : Si j'ai proposé un combat à l'émir, ce n'était pas dans l'espoir de le vaincre. Je desirais seulement ne pas lui paraître indigne de l'emploi que je sollicite auprès de son fils. Brave chevalier, lui dit Selama, jamais je n'ai rencontré un rival aussi redoutable que vous. Je voulais seulement éprouver par moi-même la valeur de celui que je donnerais pour maître à mon fils, et je me félicite de pouvoir le confier à des mains telles que les vôtres. En disant ces mots, l'émir fit signe à Habib d'embrasser le chevalier inconnu. Le jeune prince, rempli d'admiration pour l'adresse et la valeur qu'il venait de montrer, vola dans ses bras, et lui demanda son nom. Je m'appelle Alâbous, répondit le chevalier. Ce nom, repartit aussitôt le jeune prince, ne saurait être qu'une contre-vérité ; car, loin de paraître austère et de mauvaise humeur, comme votre nom semblerait l'indiquer, vous réunissez tout ce qui peut charmer, et je sens que j'ai déja beaucoup d'attachement pour vous. Alâbous sourit et serra dans ses bras le jeune prince qui le prit par la main et ne le quitta plus. Chevalier, dit Selama, mon fils va trouver en vous un autre moi-même. J'espère qu'il profitera de vos leçons et qu'il deviendra le plus vaillant de nos chevaliers. J'y ferai mes efforts, répondit Alâbous, et je suis d'avance assuré du succès.

Le jeune Habib s'appliqua dès-lors avec ardeur à tous les exercices du corps. Son maître l'endurcissait par degrés à la fatigue. Son courage et son adresse croissaient avec ses forces. Chaque jour il faisait de nouveaux progrès, et bientôt il donna des preuves éclatantes de sa valeur dans les guerres que son père avait à soutenir contre les tribus voisines. Il traversait les déserts pendant la nuit, et fondait à l'improviste sur les ennemis. Il défiait quelquefois les plus braves, et sortait toujours victorieux de ces combats singuliers. Sa réputation s'était déja répandue au loin, et il passait pour le plus vaillant chevalier qu'il y eût au monde.

Le guerrier, ou plutôt le génie chargé d'instruire le jeune prince dans le métier des armes, devait le quitter aussitôt que sa mission serait remplie. Alâbous, voyant que le prince n'avait plus besoin de ses leçons, lui dit un jour en se promenant à cheval avec lui dans la campagne : Mon fils, vous savez que vous devez endurer bien des fatigues, courir bien des dangers; mais vous ignorez quel doit être le prix de tant de travaux. Ce prix, c'est la belle Dorrat Elgoase, qui règne sur des milliers d'îles situées aux extrémités de l'Océan, et habitées tout à la fois par des génies et par des hommes. Ces deux espèces vivent ensemble sous ses lois dans la meilleure intelligence, et chérissent également leur reine. Elle a deux visirs, l'un de la race des génies, l'autre de celle des hommes, qui rendent chacun la justice à leurs semblables. Plusieurs génies recherchent ardemment la main de la reine; mais votre réputation et vos exploits lui ont inspiré pour vous l'amour le plus vif. Elle n'ignore pas que bien des obstacles s'opposent à cette union; mais elle espère que vous en triompherez par votre courage, et que vous ne balancerez pas à abandonner votre famille et votre patrie pour chercher les lieux où elle fait sa résidence.

Ce discours attendrit le cœur du jeune prince et enflamma son courage. Il pria son maître de lui faire mieux connaître celle qui, seule, pouvait faire désormais son bonheur. Alâbous y consentit, et lui raconta ainsi l'histoire de Dorrat Elgoase.

Histoire d'Illabousatrou, du roi Schal-Goase, et de Camaralzaman.

Vous n'ignorez pas, mon cher prince, que parmi les génies de la race d'Éblis, il y en a qui ont fléchi le genou devant le grand Salomon. Illabousatrou est un des premiers d'entre eux; je suis de cette race, j'ai pris le même parti, et suis ce qu'on appelle parmi les miens un cadi par la grace de

Dieu et de Salomon. Pour nous soustraire au ressentiment et à la vengeance du parti que nous avons abandonné, et pour engager le prophète à qui nous sommes soumis, à alléger en notre faveur le joug qu'on nous impose, nous faisons des alliances avec les enfants d'Adam, et nous jouissons par elles des douceurs terrestres.

Illabousatrou avait eu d'une femme mortelle une fille d'une grande beauté, qu'il avait nommée Camarilzaman ; il desirait assurer son repos et sa félicité, en lui faisant épouser un des grands souverains de la terre.

Dans ce temps-là régnait sur les îles qui sont au milieu des sept mers, à l'extrémité de l'Orient, un monarque puissant nommé Schal-Goase. Illabousatrou lui apparaît sous la figure d'un vieillard, et lui propose une alliance dont la belle Camarilzaman devait être le gage. Le monarque voit la princesse, s'enflamme d'amour, et l'épouse.

Les génies sujets d'Illabousatrou se fixèrent en grande partie dans les terres de la domination de Schal-Goase. La mer des environs en fut peuplée, et nulle part sous le ciel les génies et les enfants des hommes ne vivaient en aussi bonne intelligence. Ce bonheur parut redoubler tout à coup par la naissance de la charmante Dorrat Elgoase, premier fruit des liens qui unissaient Schal-Goase à Camarilzaman.

Si les dons du ciel étaient toujours dans ce monde des garants de la prospérité, personne n'aurait dû y jouir d'une félicité plus parfaite que cette aimable princesse. Chaque jour on voyait se développer en elle une nouvelle perfection ; mais lorsque ses parents eurent consulté les astres sur ses destins, on y reconnut un si grand rapport avec le système planétaire qui présida à votre naissance, qu'il fut démontré que vous étiez le prince arabe, issu de la tribu la plus chère au grand prophète, auquel le sort la destinait, et que cette union seule pouvait assurer sa tranquillité, son bonheur, sa fortune et la vôtre.

Dès ce moment Illabousatrou me commit le soin de votre éducation ; mais les ordres de Salomon ne me permettaient pas encore de m'approcher de vous. Je n'en pus obtenir de favorables à nos desseins qu'au moment où, au sortir de votre enfance, on vous chercha un instituteur. Ilfakis, sur lequel l'émir votre père avait inutilement jeté ses vues, allait mourir : je m'approchai de lui, je saisis l'instant où l'ange de la mort venait enlever son ame, je substituai mon esprit à sa place, à l'aide d'un puissant élixir je ranimai le corps dont je m'étais emparé, et vous fûtes redevable d'un gouverneur à ce premier prodige.

Quand je vis qu'il était temps de vous occuper de travaux différents, je rapportai le corps d'Ilfakis dans sa tente; je le rendis à l'action de la nature humaine qui avait été suspendue ; et il fut détruit dans un instant.

Je m'occupai du soin d'aller vous chercher un vaillant chevalier ; j'en trouvai un qui allait expirer sur le champ de bataille, que son bras venait de couvrir de morts. Je m'emparai de lui, j'étanchai le sang qui coulait de ses blessures, je les cicatrisai avec un baume bien plus puissant que celui de la Mecque, je lui rendis sa première vigueur, je l'armai du cimeterre qui avait servi à Salomon, et vous voyez devant vous ce chevalier. C'est sous cette forme que je me présentai à l'émir Selama, et que je lui demandai la faveur de vous prendre pour mon disciple.

Mon cher Habib, vous avez pris sous mes deux formes une tendre amitié pour moi, votre cœur ne vous a pas trompé. Jamais un être de ma nature ne conçut pour un enfant d'Adam une aussi tendre inclination que celle que je ressens pour vous. Rappelez-vous les leçons que je vous ai données sous le nom d'Ilfakis. La race d'Éblis est généralement bien méchante et bien corrompue. Heureux celui d'entre nous que le grand Salomon a scellé de son sceau! Les autres ne sont occupés que de notre destruction et de la vôtre. C'est ainsi qu'ils poursuivent dans la belle Dorrat Elgoase celle qui pourrait les arracher à la malédiction dont ils sont frappés, comme étant fille de l'homme et des génies C'est ainsi que vous leur êtes déjà suspect comme fidèle musulman et comme le héros destiné à venger Dorrat Elgoase de leurs entreprises et de leurs trahisons.

Cette princesse est devenue souveraine par la mort de son père; Illabousatrou, son grand-père, lui a donné pour visirs les plus habiles génies; mais l'île dans laquelle sa capitale est située, est la seule tranquille, les six autres et les sept mers qui composent ses états, sont ou révoltées ou infestées : il n'est qu'une seule ressource pour elle, et les constellations l'amènent; c'est l'instant où le jeune Habib, à qui elle a donné son cœur, pourra parvenir jusqu'à elle et la délivrer de ses ennemis.

Pendant tout ce récit, le jeune prince, passant tour à tour de l'espoir à la crainte, de surprises en surprises, et de merveilles en merveilles, était demeuré l'œil fixe et la respiration suspendue ; des mouvements inconnus jusqu'alors agitaient à la fois son cœur et son esprit. Appelé par ses destinées au trône des sept mers, à recevoir la main d'une princesse dont la félicité ne dépendait que de lui seul, il éprouvait une émotion involontaire, il brûlait déjà de s'exposer aux dangers dont il était menacé ; et les feux de l'amour, le desir de la gloire l'encourageaient à une entreprise dont le succès lui promettait une double couronne.

Cher et puissant génie, dit-il à son protecteur, quel chemin dois-je prendre? Daignez avant de vous séparer de moi, m'indiquer les moyens les plus efficaces pour voler au secours de celle qui attend tout de ma valeur. Le sacrifice de mon repos et de ma vie est bien peu de chose pour justifier le penchant qui la décide en ma faveur, et les arrêts du destin qui veulent nous unir l'un à l'autre.

A cet élan de la gloire, répondit l'instituteur, je reconnais mon élève et le fils du grand émir Selama. Vous souvenez-vous, mon cher Habib, que les génies, vos rivaux auprès de

Dorrat Elgoase et vos ennemis déclarés, agiront contre vous : ils révolteront les hommes corrompus qui leur obéissent sans le savoir; les animaux, les éléments, la nature entière serviront de concert leurs trames odieuses. Dieu et mon courage ne m'abandonneront pas, dit Habib, et vous-même contribuerez à mes succès. Ah! sans doute, reprit le génie, je pourrais vous être d'un grand secours si je n'étais pas forcé de rendre à la terre la dépouille mortelle du chevalier indien; mais je suis assujetti à une loi rigoureuse que je ne peux pas éluder. Persistez avec courage dans vos nobles desseins, n'attendez pas que je vous indique à présent la route que vous devez suivre; vous êtes séparé de votre amante de toute la longueur de la terre, et les ordres du destin peuvent seuls vous ouvrir ses états, que la malice de ses ennemis rend inaccessibles.

Vous avez dit une fois, mon cher précepteur, que l'homme courageux pouvait forcer les destins. — Vous pouvez prendre les partis extrêmes toutes les fois qu'il ne vous en restera pas d'autres à choisir; mais attendez que quelque événement vous instruise de ce que vous devez faire. Je pense que ce que vous entreprendriez maintenant ne pourrait tourner que contre vous. Allez attaquer des lions, vous en avez déjà détruit un sans moi avec le secours seul de votre poignard; familiarisez-vous ainsi avec les dangers, afin de vous préparer d'avance à ceux qui vous attendent. Adieu, mon cher Habib : je ne rentrerai pas dans le camp de Selama; je dois fuir avec lui toute explication; et s'il doit apprendre de vous qui j'ai été et qui je suis, il faut que tout le monde l'ignore. Comptez sur l'attachement éternel de celui qui ne fut pas toujours l'ami de vos semblables : mais vous m'avez réconcilié avec les enfants des hommes..... Embrasse-moi. A ces mots il monta sur son coursier, et s'éloigna.

Dès qu'il a perdu de vue le jeune prince, il s'enfonce dans le désert, et s'arrête au pied d'un coteau : il abandonne le cheval qu'il montait, et s'étant creusé une fosse profonde, il y étend le corps terrestre dont il était revêtu. Dégagé de cette dépouille mortelle, et profitant des deux derniers jours que lui laissaient encore les ordres de Salomon, il se transporte aussitôt sur les frontières des états de Dorrat Elgoase. Un noir bataillon lui en défend les approches; mais il apprend par un esprit transfuge que l'île Blanche, l'île Jaune, l'île Verte, l'île Rouge et l'île Bleue, ont été subjuguées par le génie rebelle Abarikaf, qui, n'étant maître d'abord que de l'île Noire, s'était emparé de toutes les autres et des mers qui les séparaient.

La princesse, renfermée dans Médinazilbalor, sa capitale, n'était plus maîtresse que du pays dans lequel cette ville était située. C'était tout ce que la protection d'Illabousatrou, son grand-père, et les efforts des génies qui lui servaient de visirs, avaient pu sauver des attaques du rebelle, qui avait rassemblé de l'abîme des mers une légion d'esprits révoltés. Les six îles, livrées au pouvoir de ces scélérats, étaient gouvernées par des chefs encore plus méchants et tyranniques; les peuples étaient la victime de leurs vices et le jouet continuel de leurs noirs enchantements. Dorrat Elgoase demandait en vain le libérateur annoncé par les destins : toutes les issues étaient gardées, son abord était impénétrable aux hommes, la nature entière paraissait asservie à ces génies malfaisants.

Le précepteur du jeune prince gémissait en secret des obstacles dangereux qui s'opposaient à la valeur de son élève; mais réduit alors à l'inaction et au silence, il attendait impatiemment le moment où sa protection lui serait nécessaire. Il se rendit à ses premiers devoirs, retourna à son poste ordinaire, et veillait sur les événements.

Cependant Habib, au départ de son précepteur, était accouru auprès de son père et de sa mère, et leur faisait part des choses surprenantes qu'il venait d'apprendre. Le feu de ses regards, l'émotion de sa voix, le désordre de ses discours peignaient à la fois les dangers et les charmes de Dorrat El-goase, son embarras et ses espérances C'est sur moi seul qu'elle doit compter, disait-il avec une noble assurance; il n'est plus de repos pour moi que je ne l'aie délivrée, les moments sont chers, et personne ne peut me frayer le chemin qui conduit à elle. Que devenir dans cette incertitude?

Ses parents virent que cette passion extraordinaire était moins l'effet de la sympathie que celui de la puissance des astres qu'ils ne pouvaient pas contrarier. Ainsi, loin de combattre ses résolutions, ils se bornèrent à lui retracer ses devoirs et à lui rappeler les sages conseils de son gouverneur. Le jeune prince, autant pour s'y conformer que pour éviter une inaction qui lui paraissait odieuse, sortit des tentes, et fut chercher l'asile solitaire qu'il s'était pratiqué avec son précepteur, dans un petit vallon champêtre qu'environnaient les montagnes voisines du camp de Selama.

En engageant Habib à former cette retraite, son maître lui enseignait les moyens de se suffire un jour à lui-même. Assis à la porte de cette demeure, il lui faisait considérer le bel amphithéâtre sur lequel il dominait. Ne trouvez-vous pas, lui disait-il, du plaisir à ne devoir qu'à vous-même les petites jouissances que nous goûtons ici? C'est ainsi que nous ne pouvons jamais être parfaitement heureux que par nous-mêmes.

Ce séjour, qui plaisait beaucoup à Habib, était bien propre à nourrir sa passion naissante. Il vint s'y renfermer pour rêver à l'unique objet de ses pensées et aux moyens de le joindre.

Un jour qu'il s'abandonnait à ses rêveries, les yeux fixés sur l'Alma sans y lire, et l'imagination absorbée par ses pensées amoureuses et guerrières, il entendit tout à coup dans les airs un bruit extraordinaire. Il se mit à genoux, écarta doucement les branches qui bornaient sa vue, et aperçut une ombre considérable sur le bassin. Elle venait d'en haut, et après avoir parcouru un peu d'espace, l'objet qui la produisait se reposa sur le bord de l'eau. C'était un oiseau noir et gris d'une grosseur prodigieuse : il portait sur son dos un pavillon dont les murs paraissaient de gaze ; la porte et les croisées étaient cintrées de fleurs.

L'oiseau s'étant abattu, le pavillon s'ouvrit. Il en tomba une échelle d'or au sommet de laquelle parut une figure soutenue par d'autres, non moins remarquables par leur beauté. Elle portait sur sa tête une tiare formée des tresses de ses cheveux et de filets de perles. L'éclat de ses yeux et les fossettes qui bordaient ses lèvres vermeilles semblaient animer tour à tour les graces du sourire et le feu du sentiment. Elle s'appuya sur le bras d'une des beautés qui étaient avec elle, s'achemina auprès de la retraite du prince, et s'assit sur un banc de gazon à deux pas de lui sans l'apercevoir.

Elle porta ses regards de côté et d'autre, et soupira. Il n'y est pas, dit-elle ; on m'a trompée, il ne fait pas ici son séjour ! O vous ! gazons et bosquets qui devez vos progrès aux soins de mon cher Habib, dites à mon amant que la tendre Dorrat Elgoase vint chercher son héros au fond de l'Arabie pour lui offrir un trône et son cœur, et accomplir par là ses destinées ! Sera-t-elle donc forcée d'abandonner ces contrées sans avoir vu l'idole de son ame ! Ainsi parlait cette inconsolable princesse en portant ses mains sur ses yeux comme pour arrêter ses larmes prêtes à couler. Habib saisit ce moment, et se précipite à ses pieds qu'il baigne de pleurs, avant qu'elle ait pu s'apercevoir du mouvement et le prévenir.

C'est donc vous que je vois ! s'écria-t-elle en jetant à la fois les yeux sur celui qui était à ses genoux et sur le portrait qu'elle avait toujours dans son sein. N'est-ce plus une illusion, mon cher Habib ? C'est votre amant, votre libérateur, ô reine de ma vie ! répondit-il en couvrant sa main de baisers. Le silence fut alors la seule expression de l'amour et de l'admiration.

Cependant cette jouissance, aussi douce que pure, ne fut

que d'un moment ; un bruit soudain se fait entendre, un oiseau paraît dans les airs, il approche, et changeant tout à coup de nature, on aperçoit un génie sous une figure humaine, qui se présente à Dorrat Elgoase. Quoi! c'est vous, Ilbaracas? lui dit-elle ; quel motif si pressant vous a fait sortir de Médinazilbalor pour venir me chercher ici?

Reine, reprit le génie, votre absence vous expose à la perte entière de vos états. Le rebelle Abarikaf en profite pour attaquer la seule île qui vous reste. Votre grand-visir résiste en vain aux ennemis innombrables dont vos côtes sont infestées ; tous les génies rebelles sont venus se ranger sous les drapeaux de votre adversaire. Venez opposer la magie de votre talisman à cette invasion ; profitez encore du seul passage qui vous est ouvert en planant au-dessus de la moyenne région de l'air.

A ce récit, le sang bouillonnait dans les veines du jeune Habib. Marchons à ces monstres, s'écrie-t-il ; j'en purgerai la terre et les mers, je vengerai le ciel et la reine. Prince, répondit Ilbaracas étonné, si vous étiez armé comme on doit l'être, vous suffiriez à cette entreprise ; mais les ennemis du grand Salomon ne peuvent être vaincus que par les armes de Salomon ; il faut les aller chercher sur les hauteurs du Caucase, et mille dangers effrayants se rencontrent sur la route. Puis, s'adressant à la reine : Partons, madame ; les instants sont précieux ; un seul perdu dans l'inaction peut faire triompher le criminel Abarikaf.

Les deux amants, après s'être tendrement embrassés, se séparèrent avec un courage digne de leur grand cœur. Dorrat Elgoase rentra dans son pavillon, le roc prit son vol et disparut. Habib la suivit des yeux et se livra ensuite avec plus de passion que jamais aux feux de l'amour et aux desirs de la gloire ; et ayant fait sa prière et ses ablutions, il revint aux tentes de son père, déterminé à prendre la route du Caucase dès qu'il aurait pu en obtenir la permission.

On peut juger avec quelle chaleur il raconta à ses parents les détails de sa dernière aventure; mais quelle fut leur surprise lorsqu'il fit le vœu solennel de ne plus reposer sa tête sous aucune tente qui ne fût tendue sur le mont Caucase!

Quelle entreprise désespérée, mon fils! lui dit l'émir : ignorez-vous que ce mont est aux extrémités de la terre, et que pour y parvenir il faut traverser des déserts affreux? Vous pouvez vaincre des hommes, mais comment supporterez-vous les rigueurs de climats que vous ne connaissez point? Quelle ressource aurez-vous contre la disette générale qui désole les pays immenses que vous devez parcourir? Ce sont là des ennemis que vous ne pouvez vaincre. Ah! mon père, reprit le jeune prince, est-il aucune crainte qui puisse me retenir quand je suis commandé par l'amour, la gloire et les destinées? et n'eussé-je pas connu tous ces maîtres, la haine des tyrans est dans mon cœur; je fouillerais dans les entrailles de la terre pour y trouver Abarikaf.

Selama fut forcé de céder aux sentiments qu'il avait nourris dans le cœur de son fils; et qu'aurait-il répondu qui n'eût détruit ses propres principes? Il fit choix de vingt personnes dont le courage et la prudence lui étaient bien connus, les associa à son fils, et leur donna un équipage convenable et peu embarrassant. Deux chameaux devaient porter les tentes et le bagage.

Le jour du départ étant arrivé, il fallut s'arracher des bras de ce tendre fils. La séparation fut pénible, la mère d'Habib ne put retenir ses larmes. Consolez-vous, lui dit Selama; le dessein de notre fils est noble; son vœu l'engage à cette entreprise. La lionne ne nourrit pas ses petits pour elle; quand l'âge et l'ennemi les appellent aux combats, elle les lance elle-même contre les tigres.

Enfin la caravane se met en route : en peu de temps Habib est au centre des déserts, au milieu des privations de tout genre, éprouvant les rigueurs de la soif et de la faim. De temps à autre, le hasard lui présente quelques fruits sauvages, et l'écoulement de quelques sources lointaines; ces petites ressources lui font oublier bientôt les privations qu'il essuie. Mais les guerriers qui accompagnaient le jeune prince n'étaient ni des amants ni des héros; deux mois de fatigues commençaient à les lasser. Leurs premières plaintes furent modérées. Une circonstance heureuse leur fit rencontrer un endroit habité par des pâtres, où ils trouvèrent du lait dont ils remplirent quelques outres. Habib pensa que ce secours inespéré devait ranimer leur courage et dissiper leur mauvaise humeur; mais eux, bien convaincus qu'il était impossible de parvenir jusqu'au Caucase sans être exposés à périr de faim et de fatigue, adressèrent au jeune prince des observations à ce sujet.

Je croyais, leur dit-il, que mon père m'avait fait accompagner par des hommes; mais je vois que vous êtes des femmes en cuirasse : je n'abuserai pas de la faiblesse de votre sexe. Cependant je vous ferai observer que vous êtes déjà venus trop loin pour vous exposer à reculer sans danger; mais puisque vous jugez ceux que je vais courir plus difficiles à surmonter, donnez-moi ma part du trésor que vous a confié mon père, emportez vos bagages, emmenez vos chameaux : je sais me coucher et dormir en plein air. Ce n'était pas pour mon secours que j'ai consenti à ce que vous me suivissiez; je croyais que vous étiez faits pour la gloire, et que vous l'aimiez; j'étais jaloux de partager la mienne avec de braves Arabes et des frères : ce titre ne vous convient plus, séparons-nous. Allez revoir Selama; dites-lui que vous avez laissé son fils sur le chemin de la gloire, armé de force et de courage, sous la protection du grand prophète, et plein d'espérance pour le succès.

La fermeté de ce discours étonna les compagnons de voyage du jeune prince, mais ne les ébranla point; ils le regardèrent comme un fou opiniâtre qui sacrifiait tout pour courir après des chimères. Nous sommes comptables de notre existence, se disaient-ils entre eux, à nos femmes et à nos enfants, et nous serions des insensés de suivre les caprices d'un jeune homme qui va chercher la mort en courant après ce mont Caucase qui paraît fuir devant nous. Nos harnais s'usent, nos chevaux dépérissent, nous nous trouverons sans ressource au milieu des déserts. Cependant, ajoutaient-ils, si nous retournons sans lui en Arabie, Selama nous regardera comme des lâches qui ont abandonné son fils, et nous ne pourrons pas échapper à sa vengeance. Si ce Habib pouvait mourir ici! Il ne manque pas de plantes pour l'embaumer, nous le placerions sur un de nos chameaux et le ramènerions tranquillement à son père.

La lâcheté mène à l'ingratitude, et celle-ci précède le crime. Les perfides compagnons d'Habib le projettent bientôt; mais comment surprendre le vigilant prince? toujours armé, toujours prêt à vendre chèrement sa vie à ceux qui voudraient la lui ravir, la nuit il repose sur son bouclier, il est réveillé au moindre bruit, sa valeur et son activité ne se perdent jamais dans le repos.

Parmi les conspirateurs, il en était un à qui le crime répugnait; mais il n'osait hasarder ses véritables sentiments; il craignait de s'exposer au ressentiment des autres : en révélant cette trame à Habib, il exposait toute la troupe à sa vengeance, et pouvait se trouver compromis dans l'événement. Si le héros était vainqueur, il se voyait nécessairement attaché seul à sa suite.

Dans cette incertitude, il reprocha à ses compagnons leur sanguinaire projet. Il est, leur dit-il, un moyen plus sûr et moins criminel. Je connais une herbe particulière qui croît dans ces lieux; la feuille est revêtue d'une poussière blanche qui a une activité plus puissante que l'opium. J'en ramasserai, et je saurai trouver l'occasion de lui faire prendre ce soporatif. Une fois qu'il sera endormi, abandonnons-le dans ces déserts.

Les conjurés se rendirent à l'avis de Rabir, et il fut chargé de l'exécution du projet : il recueillit le dangereux poison, en ménagea soigneusement la quantité nécessaire pour éviter au prince une mort certaine, et la tint en réserve pour l'occasion : elle se présenta dès le soir même.

On arrivait dans une plaine où la fraîcheur d'un petit ruisseau entretenait un excellent pâturage. Habib se laissa conseiller de prendre du repos, et, plus par prudence que par besoin, il se rendit à ce conseil. Il se retira avec sécurité sous sa tente, prit quelque nourriture, et avala d'un trait le poison qu'on avait préparé dans une coupe de lait. Les conjurés, profitant du profond assoupissement de leur chef, enlevèrent tout ce qu'ils purent, et partirent à la hâte, ne laissant au jeune Habib que son bouclier qui était sous sa tête, le manteau sur lequel il était couché, et le poignard qui était embarrassé dans sa ceinture. Ils reprirent la route de l'Arabie, et après bien des fatigues, ils virent enfin flotter les banderolles des tentes de l'émir.

Cet instant, qui semblait leur promettre le bonheur, devint pour eux le moment de l'embarras, des inquiétudes et des remords. Comment nous présenter devant Selama? disaient-ils; que lui dirons-nous sur la perte de son fils? Rabir, vous qui avez déjà si bien commencé et exécuté notre projet, aidez-nous à le terminer heureusement. Vous vous êtes trompés sur mes desseins, répondit-il; quand je vous vis résolus de sacrifier le sang d'Habib, je cherchai à vous détourner d'un crime en feignant de vous y inviter, et ce fut pour cela seul que je parus être alors votre complice. Maintenant les remords me déchirent : je ne serais pas en état d'inventer un mensonge pour déguiser notre trahison ; mes regards, mon silence, ma confusion, tout servirait à nous trahir. Inventez vous-mêmes une fable, que le plus hardi d'entre vous la débite; je ne vous démentirai point, mais il m'est impossible de vous aider. Hé bien! reprit un d'entre eux, je m'en charge.

La caravane arrive dans le camp de Selama, qui vient au-devant de la troupe avec son épouse, empressés tous deux de revoir leur fils chéri. Mais quelle fut leur surprise! ils ne voient que des larmes couler; ils n'entendent que des sanglots. Celui qui s'était chargé de porter la parole s'avance près de Selama, et lui dit :

Puissant émir, nous revenons ici pénétrés de douleur de la nouvelle affligeante que nous avons à vous annoncer. Mais que serviraient nos ménagements! Vous cherchez votre fils, et le ciel l'a ravi à vos espérances. Les déserts que nous avons traversés sont infestés de serpents venimeux qui sont cachés dans les sables. Un soir, le jeune prince, voulant faire sa prière, étendit son manteau par terre pour s'y mettre à genoux. Au moment qu'il se baissait, un serpent s'est élancé sur lui, et l'a piqué au visage. Les plus affreux accidents s'en sont suivis, et la mort les a terminés. Nous avons voulu embaumer son corps pour le rapporter avec nous, mais la violence du venin l'avait tellement ravagé, que nous avons été forcés de le couvrir de sable pour éviter la contagion pestilentielle dont nous étions menacés.

A cette nouvelle, l'émir déchire sa robe, arrache sa barbe et couvre son corps de poussière. L'inconsolable mère d'Habib fait retentir le camp de ses cris, et les soixante-six tribus de Selama sont plongées dans le deuil.

Revenons au jeune prince si indignement abandonné par ses compagnons. Lorsqu'il fut sorti de l'engourdissement où l'avait plongé le poison, il se leva, rappela ses sens et sa mémoire, et chercha en quel lieu il pouvait être. Le silence régnait autour de lui. Il jeta au loin la vue, et n'aperçut que les déserts; il demanda ses compagnons, ses armes, son coursier, tout avait disparu. O trahison! s'écria-t-il. Pleure, malheureuse Arabie! tes chevaliers sont sans vertu. Ils ont redouté les travaux et la mort; pour échapper à la crainte, ils sont tombés dans l'infamie!

Après avoir exhalé ses plaintes amères, Habib se mit à genoux à côté de la source, fit son ablution, et adressa sa prière à Dieu et à son grand prophète avec plus de ferveur sans doute, mais avec autant de tranquillité que s'il eût été sous les tentes de son père.

Il jette ses regards du côté de l'étoile du Nord, qui doit être désormais son guide, il aperçoit une haute montagne escarpée qu'il se détermine à franchir; il voit auprès de lui son manteau et son bouclier : Chers présents du ciel, s'écrie-t-il, vous fûtes arrachés des mains de la perfidie, vous serez mon boulevart et ma défense! Il retrouve son poignard à sa ceinture : Ne craignez plus rien, ma chère Dorrat Elgoase, ajoute-t-il, votre chevalier n'est plus désarmé, on lui a laissé de quoi vous venger de vos ennemis.

Avant de partir, il se pourvut de quelques plantes sauvages qu'Alâbous lui avait fait connaître, et dont les racines pouvaient lui servir d'aliment, et s'achemina enfin vers son but avec moins d'inquiétude que lorsqu'il était accompagné de vingt mécontents, ne s'arrêtant que pour faire ses trois prières, et se rafraîchissant de temps en temps la bouche avec les racines dont il avait fait provision.

Il arriva avant la nuit au tiers de la montagne qu'il avait aperçue le matin; il y vit une ravine pleine d'eau dans laquelle il descendit pour étancher la soif qui le dévorait.

Il fallut passer la nuit dans cet endroit, et se garantir des bêtes féroces. Il aperçut à quelques pas de lui un rocher creusé par les eaux. Il rassemble bientôt d'énormes pierres, et se forme une espèce de caverne où il pourra dormir en sûreté. Il y étend son manteau, arrange son bouclier sous sa tête, et se livre au sommeil, non sans réfléchir sur sa situation.

Les féroces habitants des bois, attirés sur ce rocher par les traces du voyageur, vinrent rôder autour de sa caverne; ils poussaient d'affreux mugissements, et se disputaient d'avance la proie dont ils se croyaient déjà maîtres. L'amour pouvait tenir éveillé l'amant de Dorrat Elgoase; la crainte ne pouvait rien sur son sommeil. Il avait besoin de repos, et malgré le bruit épouvantable des lions et des tigres, la nature bienfaisante versa sur lui ses pavots.

Enfin le soleil se fait jour au travers des fentes de l'énorme clôture dont Habib est environné; il sort, redescend dans la ravine, y fait son ablution et ses prières, rafraîchit le peu de racines qui lui restent, vient reprendre son manteau et son bouclier, et se met en route.

A peine est-il arrivé sur le sommet d'un mont, qu'un autre plus inaccessible se présente devant lui. Aucun chemin praticable ne s'offre à ses yeux; il faut franchir en sautant des rochers. S'il est en plaine, il marche sur un sable épais et brûlant; pas une touffe d'herbes dans l'endroit le mieux défendu de l'ardeur du soleil ; pas une goutte d'eau : la nature a desséché ces affreux climats, et semble préparer au voyageur le chemin des enfers.

Habib, consumé de fatigue, dévoré de soif et de faim, voyait s'épuiser ses provisions de racines. Il redouble sa marche pour arriver avant la nuit à la montagne qui est devant lui; il y parvient enfin après bien des efforts, mais il n'y trouve ni sources ni ravins. Il forme à la hâte une hutte avec des pierres, et s'y renferme tourmenté par la fatigue et le besoin. Cependant il essaie le seul moyen qui lui reste de rafraîchir sa langue et son palais, que l'ardeur du soleil et la poussière ont rendus brûlants; ayant vu que les rosées sont très abondantes dans la contrée qu'il parcourt, il étend son mouchoir sur un rocher, en dehors de sa caverne, et se propose d'en exprimer la rosée dès qu'il le jugera suffisamment imbibé.

Après cette précaution, qui le garantit d'un plus grand mal, il remplit ses devoirs de musulman, se couche, et s'endort paisiblement.

Il se réveille avec l'aurore; il sort de sa caverne pour prendre son mouchoir : ô Providence! ô bienfait! ce linge dont il exprime l'humidité lui fournit, dans le creux d'un caillou, une coupe de bénédiction, remplie du plus délicieux breuvage, puisqu'il est assaisonné par le besoin.

Il poursuit sa route en bénissant le Très-Haut. Au milieu

de deux roches, il rencontre un repaire de tigres; la femelle venait de mettre bas. A la vue d'un étranger, ses yeux étincellent de nouveaux feux, son poil se hérisse, elle frappe l'air de sa queue, et les échos répètent ses rugissements. Elle veut fondre sur le héros; il lui oppose son bouclier, et saisissant son poignard, il le plonge, d'une main sûre et vigoureuse, dans le cœur de l'animal. La tigresse tombe, et Habib, mettant à profit le bienfait qui lui est envoyé, se fait un manteau de sa peau, coupe les parties de son corps qui pouvaient servir à sa nourriture et à ses besoins, et rend graces au ciel et à Mahomet du succès de sa victoire.

Il était tard, et il fallait songer à une retraite pour la nuit. La caverne des tigres lui en fournit une. Après avoir égorgé les petits, et rangé l'intérieur, il en condamne l'entrée par un caillou énorme, il y expose son mouchoir pour recueillir la rosée, et se couche dans la caverne sur la peau de la tigresse.

Le crépuscule du soir allait finir, et le mouchoir était imbu de rosée : il le retire et l'exprime dans le crâne de la tigresse. Quelques morceaux de sa chair, desséchée au soleil pendant le jour, lui fournirent un repas délicieux, après lequel il se coucha et s'endormit.

A la pointe du jour, Habib, rempli de force et de courage, reprend sa route avec plus d'activité que jamais; cependant il n'aperçoit pas encore le but de ses travaux : les obstacles et les dangers semblent naître sous ses pas. Des monts escarpés ne paraissent offrir aucune issue ; de leurs cimes affreuses, on ne découvre au loin que des déserts. Dans ces chemins où l'homme n'a jamais passé, on ne voit que de féroces animaux qui s'enfuient ou qu'il faut combattre avec le poignard, des serpents monstrueux qu'il faut écraser avec des rochers; et le courage, ralenti par l'incertitude des succès, diminue les forces physiques du héros.

Habib ne pouvant faire un pas sans être brûlé des rayons du soleil et sans perdre l'usage des pieds sur un sol ardent, prend le parti de se reposer le jour, et de marcher à son but à la clarté de l'étoile qui doit lui servir de guide pendant la nuit. Le soleil étant en son midi, il s'arrête; à l'aide de son poignard, il arrange son bouclier, en sorte que sa tête est garantie du soleil; il se couche sur sa peau de tigre et s'endort.

Dès que la nuit étend son voile, il s'arrache des bras du sommeil et se met en chemin. Le mouchoir destiné à recevoir la rosée est attaché à son cou et flotte sur ses épaules : ainsi il peut étancher sa soif; mais comment apaisera-t-il sa faim? Il ne lui reste que deux racines, et il ignore quand la Providence lui donnera d'autres ressources. Cependant il se livre en marchant à l'admiration du spectacle que le ciel étale à ses regards.

Vers le matin, comme il observait l'horizon dans l'éloignement, il crut voir un petit point noir. Enfin, dit-il, la plaine que je parcours a une borne; j'entrevois un but. Ce que j'aperçois est une montagne sans doute, ou quelque amas de vapeurs qui s'élèvent sur des lieux habités.

Habib fait en vain de prodigieux efforts pour avancer vers ce point noir, et cet objet paraît toujours à la même distance. Il est tourmenté de la soif et de la faim, accablé d'une chaleur brûlante; il s'arrête, se couche, et son imagination, occupée d'espérances chimériques, lui procure bientôt un sommeil bienfaisant.

La fraîcheur du soir le réveille; il se lève, et se flatte, en marchant toute la nuit, d'atteindre, au lever de l'aurore, le point sur lequel ses yeux sont sans cesse fixés, et dans lequel son cœur a déjà placé tout son espoir. Le jour vient éclairer les progrès d'une marche inouïe; mais à mesure qu'il avance, le point noir semble toujours dans la même position où il l'avait découvert. Cependant Habib est sans chaussure, le sable échauffé de l'ardeur du soleil a brûlé ses pieds; le désert n'offre toujours qu'une carrière de poussière; ses forces s'épuisent tout à fait. Il étend sa peau de tigre sur le sable, se laisse tomber à genoux, fait son ablution avec de la terre, et levant ses mains en haut, il adresse au ciel la plus fervente prière.

Tandis qu'il priait, et que ses yeux étaient toujours fixés sur l'objet vers lequel il semblait marcher continuellement, il aperçoit comme un point noir qui s'en détache et s'avance vers lui en s'élevant dans les airs. Il plane quelque temps et redescend : c'est un oiseau d'une taille monstrueuse, c'est un roc qui vient s'abattre à cinquante pas de lui, et reste en place sans faire aucun mouvement.

Habib se lève et marche vers l'oiseau. Dès qu'il est à portée d'être entendu : Oiseau, lui dit-il, tu es une créature du Seigneur, et je te respecte comme une œuvre de sa providence. Si tu es envoyé pour secourir un malheureux mais fidèle musulman que ses frères ont lâchement abandonné, je t'ordonne, au nom de Dieu et de son prophète, de faire un signe qui m'instruise de ta mission. Aussitôt le roc étendit ses ailes, en battit trois fois, et inclina sa tête devant Habib. Le jeune prince s'approcha de lui, vit que ses pattes tenaient, par des fils de soie, un coussin de damas, s'assit dessus, et à peine y fut-il placé, que l'oiseau s'envola au plus haut des airs. Oiseau, messager du Très-Haut, lui dit Habib, obéis aux ordres d'un fidèle musulman : porte-le sur le mont Caucase, vers le dépôt des armes du sage et puissant Salomon.

Le roc obéissant a transporté le jeune Habib sur la montagne, qui était le but de son voyage. Tous ses sens engourdis par la rapidité du vol, ont augmenté sa faiblesse; Alàbous le reçoit et le transporte aussitôt dans un lieu où une chaleur douce et pénétrante doit bientôt le ranimer.

A mesure qu'il est en état de rappeler le sentiment de ses forces, celui de la reconnaissance vole sur ses lèvres. Quoi ! c'est vous, mon cher Alàbous! vous ne m'avez donc pas abandonné!

Des ordres bien supérieurs aux miens, ô valeureux prince,

reprit le génie, vous ont conduit ici. Un oiseau du grand Salomon vous y a apporté, mon devoir veut que je vous y reçoive, et vous devez juger avec quelle satisfaction je m'en acquitte. Je n'ignore ni la trahison qui vous a été faite, ni les peines que vous avez surmontées dans les déserts, ni l'affreux désespoir auquel Selama est livré; gardien des trésors de Salomon renfermés dans les entrailles de la terre, je n'ai pu m'écarter d'ici sans ses ordres ni vous être d'aucun secours. Le ciel veut que la vertu soit éprouvée par les revers, et vous venez d'en essuyer de bien étranges. Les souffrances de vos parents égalent les vôtres; des couronnes de gloire vous attendent, mais il faut les ravir par la force : c'est le sort des privilégiés entre les enfants d'Adam.

Pendant qu'il parlait ainsi, une collation se rassemblait sur une table; elle était composée de mets qui ne pouvaient pas fatiguer un estomac déjà anéanti par l'abstinence la plus rigoureuse. Habib en prit sa part, tout en s'étonnant de trouver une abondance aussi délicate au milieu du plus affreux desert qui fût dans la nature.

Vous êtes ici dans le séjour des enchantements, dit Alâbous; aucune ressource ne peut manquer au grand Salomon, qui s'est asservi la nature entière par sa profonde sagesse. Avant d'aller occuper sa place auprès du prophète par excellence, il enfouit ici ses trésors pour les soustraire à l'avidité téméraire de l'homme, qui ne trouve de jouissances que dans les abus. C'est ici que sont en dépôt les armes avec lesquelles il combattit les hommes et les esprits rebelles. Illabousatrou, père de Dorrat-Elgoase, moi et les génies d'Eblis, nous sentîmes de bonne heure notre infériorité, et nous nous soumîmes sans résistance. D'autres furent moins sages, et les cachots qui les renferment ne sont pas loin d'ici. Le redoutable Abarikaf, que vous devez combattre, et nombre d'autres rebelles se dérobèrent à l'esclavage par la fuite, la ruse, et même par la force.

Jusqu'ici, mon cher Habib, vous avez montré une fermeté

constante; vous avez déployé avec courage vos forces contre les bêtes féroces : les obstacles et les privations n'ont point ébranlé votre valeur. L'œil qui veillait sur vous vous a secouru quand vous ne pouviez plus rien par vous seul. Quand le roc a été à votre rencontre, il vous restait encore cinq monts de glace à traverser avant d'arriver au sommet du Caucase, que vous aviez aperçu à deux cents lieues de distance. Mais les dangers qui vous attendent à présent sont d'un autre genre. Vous n'avez plus de forces à leur opposer : c'est par le calme du sang-froid, c'est par un courage inaccessible aux terreurs, qu'il faut puiser dans les trésors de Salomon les armes redoutables auxquelles aucune puissance ne résiste. Dès que le repos aura achevé de fortifier votre corps, je vous entretiendrai des devoirs que vous aurez à remplir, et des moyens que vous devez employer.

Alàbous fit ensuite entrer son élève dans l'intérieur de sa caverne, où il lui procura tout ce qui était nécessaire pour qu'il se remît de ses fatigues.

Dans l'épuisement où était Habib, il lui fallait plus d'un jour pour se rétablir, et le mettre en état de consommer sa pénible entreprise : sans l'empire que le génie avait pris sur lui dès sa première jeunesse, il lui aurait été difficile de contenir un amant passionné ; mais le sage Alàbous usait d'un pouvoir fortifié par une longue habitude, et engageait son élève à ne point s'exposer à de nouvelles épreuves, que lorsqu'il aurait repris toutes ses forces. Il employait cet intervalle à l'instruire de ce qu'il devait faire pour parvenir à remplir l'objet qui avait été le but de son voyage au mont Caucase.

Mon cher Habib, lui disait-il, vous êtes appelé par les destins à venger Dorrat-Elgoase de la rébellion du barbare Abarikaf. Les états de cette reine sont à une distance prodigieuse d'ici; des déserts aussi immenses que ceux que vous avez traversés vous séparent des mers qui les environnent; et si vous vouliez d'ici aller chercher la mer pour vous embarquer, les chemins que vous rencontreriez ne sont ni plus courts ni plus faciles : ce n'est qu'en passant par le centre de la terre qu'il vous sera possible d'en approcher. Mais quelle prudence, quelle force d'ame il faut avoir, mon cher prince, pour entreprendre avec fruit ce périlleux voyage ! Si quarante portes de bronze, gardées par des génies malfaisants, doués d'une force et d'une puissance extraordinaire, peuvent vous arrêter, si un seul moment d'oubli et de distraction vient vous surprendre, vous serez exposé au plus grand de tous les malheurs.

Vous traverserez toutes les salles dans lesquelles Salomon a renfermé ses trésors : la première contient les plus précieux et les véritables armes avec lesquelles il parvint à ce haut degré de puissance qui étonna la terre. Cette partie est la moins gardée, et celle qui est le plus exposée à la recherche des hommes; qu'ils seraient heureux, si, pouvant parvenir jusque-là, ils se contentaient de l'acquérir sans vouloir pénétrer plus avant !

Salomon surpassa par sa science tous les hommes du monde. Il en a fixé les principes et les développements par trois cent soixante-six hiéroglyphes, qui demanderaient chacun un jour d'application à l'esprit le mieux exercé pour en dévoiler le sens mystérieux; voulez-vous vous donner le temps de le pénétrer? J'aime Dorrat-Elgoase, répondit Habib; elle est en péril, il me faut des armes pour combattre Abarikaf! Je chercherai à m'instruire quand j'aurai vaincu. On pourrait être moins excusable que vous, reprit le génie; mais depuis que Salomon a disparu de dessus la terre, cinq cents chevaliers ont pénétré dans ces déserts; tous ont négligé les études que je vous propose, pour courir aux trésors renfermés dans les cavités de cet immense souterrain : ils voulaient avant tout satisfaire leur passion, vous cédez à la vôtre; pas un d'eux n'est revenu, l'ignorance les a fait succomber : tâchons cependant de vous garantir des mêmes disgraces

Je vais vous conduire à la première porte : vous verrez à vos pieds une clef d'or, ramassez-la, ouvrez. Le ressort de la serrure cédera au moindre effort : conduisez la porte avec précaution, afin qu'elle se referme derrière vous sans le moindre bruit.

Vous trouverez dans cette première salle un esclave noir d'une taille gigantesque; les quarante clefs des autres pièces par lesquelles il faut que vous passiez, sont suspendues à une chaîne de diamants qui pend à sa main gauche. A votre aspect, il jettera un cri épouvantable qui ébranlera les voûtes du souterrain, et lèvera sur vous la lame d'un énorme cimeterre : défendez votre ame de toute espèce de crainte, jetez les yeux sur son sabre, je vous ai suffisamment instruit dans la connaissance des caractères talismaniques; prononcez tout haut ce que vous lirez sur cette lame d'acier, gravez tellement ces mots dans votre mémoire, que quelque trouble que vous éprouviez jamais, ils ne puissent s'en effacer : votre sûreté en dépend.

Alors l'esclave vous sera soumis, vous le désarmerez et vous prendrez avec les clefs le sabre du grand Salomon; mais vainement vous y rechercheriez le talisman, vous l'aurez fait disparaître en prononçant les mots qui le formaient. Vous ouvrirez ensuite la première des quarante portes, vous la refermerez avec la même précaution : là, vous verrez les armes de Salomon ; mais ne touchez ni à son casque ni à sa cuirasse, ni à son bouclier; vous avez son cimeterre, et ce n'est pas de fer qu'il faut vous armer. Salomon vainquit par le courage, la force, la patience et la prudence. Quatre statues chargées d'hiéroglyphes vous représenteront ces quatre vertus : réfléchissez longtemps sur ces savants emblèmes, et sachez vous en approprier le sens; ce seront des armes qu'on ne pourra jamais vous enlever : examinez avec soin celles du prophète ainsi que le cimeterre de l'esclave; les lumières que vous en tirerez vous mettront dans le cas de vaincre tous les ennemis qui se présenteront; mais sans cela, et si vous avez oublié les caractères gravés sur le sabre, songez que vous n'avez entre les mains qu'une lame d'acier, que la rouille et le temps consumeront.

Quand vous aurez séjourné dans cette première pièce tout le temps que vous aurez pu juger convenable, vous franchirez d'un saut l'intervalle qui conduit à la seconde salle, dont vous ouvrirez et fermerez la porte toujours avec la même attention : l'arme qui pendra à votre baudrier, les mots que vous aurez prononcés, vous rendront maître des esclaves gardiens quels qu'ils soient. Je n'entrerai point ici dans le détail des immenses richesses que vous y rencontrerez : aux yeux de Salomon, l'or et les pierreries étaient ce qu'il y avait de plus vil; et quoiqu'il s'en soit servi pour faire des ouvrages dont la mémoire durera éternellement, il les rendit avec complaisance aux entrailles de la terre, d'où sa science les avait tirés : il ne les jugea pas nécessaires au bonheur des mortels.

Si, dans le trajet de ces quarante salles, il se trouvait un objet dont l'explication se refusât à votre intelligence, frottez la lame de votre cimeterre, en répétant les mots que vous aurez dû retenir, et vous trouverez le sens des énigmes qui vous seront présentées.

Je n'ai pas besoin, ô vertueux prince! de vous prévenir contre la cupidité et l'indiscrétion, cause première de la perte des chevaliers qui tentèrent avant vous cette périlleuse aventure; vous avez appris sous les tentes de l'émir Selama, en quoi consistent la véritable richesse et la vraie puissance: l'or n'y donnait point d'éclat à ses pavillons, il n'était pas forcé d'en ramasser et d'en répandre : une armée formidable marchait à son premier signal ; le bon choix des choses utiles et le mépris du superflu composaient son abondance.

La curiosité est aussi un défaut qu'il faut prévenir. Souvenez-vous que tout ce qui pourra la réveiller dans le chemin que vous allez faire, est absolument dangereux à l'homme qui ne connaît pas exactement les trois cent soixante-six vérités, principe unique de la sagesse de Salomon.

Surtout, quand vous aurez ouvert la quarantième porte au-delà de laquelle se trouve le terme de votre voyage souterrain, gardez-vous d'arrêter vos regards sur ce que vous verrez : il y aura un voile de soie; des caractères d'or et en relief frapperont vos yeux, détournez-les, vous liriez l'arrêt de votre mort, et il aurait son exécution sur-le-champ. Mais levez le rideau, vous serez frappé du plus beau des spectacles, si vous avez sagement observé jusqu'alors les règles de prudence que je vous ai enseignées; vous verrez la première des sept mers que vous aurez à traverser pour vous rendre auprès de Dorrat-Elgoase, et vous trouverez sous votre main toutes les facilités nécessaires pour vous y conduire; mais si vous avez manqué à un seul point des instructions que je vous ai données, vous serez exposé à des périls affreux. Il est peut-être malheureux pour moi, reprit Habib, de ne pas connaître le sentiment de la crainte, et je puis m'en prendre à vous et à mes parents; vous vous étudiâtes à m'armer contre toute espèce de frayeur, et peut-être à trop compter sur moi-même; mais je m'efforcerai de pratiquer vos sages leçons.

Marchez donc, vaillant héros, sous l'égide du grand Salomon : que son esprit vous accompagne! Je forme les vœux les plus ardents pour vos succès, et j'y trouverai la récompense des travaux dont je fus chargé auprès de vous.

Alâbous dépose dans sa caverne la peau de tigre, le bouclier et le poignard du sultan; il l'habille d'une manière simple et commode pour l'entreprise dans laquelle il va s'engager : le génie le prend ensuite par la main et le conduit, à travers une allée tortueuse du souterrain, jusqu'à la première porte de bronze dont ils aperçoivent la clef.

Prenez cette clef, lui dit son gouverneur : n'oubliez pas, dès que vous apercevrez le sabre du premier esclave levé sur vous, de prononcer tout haut les caractères talismaniques que vous lirez sur la lame; faites-y une telle attention, que vous ne puissiez jamais les oublier; prononcez-les à chaque apparence de danger, tant dans l'intérieur qu'au dehors de la caverne immense que vous allez traverser. Ouvrez et fermez les portes avec les plus grandes précautions; songez que tout est symbolique dans ce séjour, et que les actions doivent s'y rapporter : vous n'oublierez pas mes autres conseils; mais je viens d'insister sur ceux qui sont les plus importants pour vous. Embrassez-moi, mon cher Habib, je retourne où mon devoir m'appelle.

Alàbous s'est retiré : Habib ouvre et referme doucement la première porte. Il aperçoit un géant noir, d'une figure épouvantable, qui jette, en le voyant, un cri dont les voûtes de cette première grotte sont ébranlées. Le monstre tire le terrible cimeterre; Habib, attentif, jette les yeux sur la lame, et prononce à haute voix le mot *puissance*, gravé en lettres d'or; l'esclave est désarmé. Le cimeterre et les clefs lui tombent des mains en même temps, et il s'incline devant son vainqueur.

Le jeune prince se saisit de l'arme redoutable, et marche vers la seconde porte : il l'ouvre. Sept chemins différents se présentent à ses regards, et pas un seul n'est éclairé. Indéterminé sur le choix de celui qu'il doit prendre, il prononce à voix forte le mot enchanté : une lumière pâle et vacillante s'offre à l'entrée du quatrième chemin; il la suit en descendant quatorze cent quatre-vingt-dix marches dans un escalier à demi éclairé.

Il parvient à la troisième porte, se conduisant toujours avec la même prudence. Il est accueilli par deux monstres moitié hommes et moitié femmes, qui lancent sur lui deux énormes grappins de fer pour le prendre : il dit *puissance*, le fer s'amollit, et les monstres s'enfuient.

Habib est frappé d'un ravissant spectacle : un lustre d'escarboucles éclaire un salon en rotonde, soutenu par des colonnes de jaspe. L'armure du grand Salomon forme le centre en trophée, le phénix étalant toutes ses plumes en couronne le casque. Les yeux ne peuvent soutenir l'éclat de la cuirasse et du bouclier, le fer de la lance étincelle de feu; le cimeterre n'y est pas, mais Habib s'aperçoit avec plaisir que celui dont il s'est emparé correspond aux autres pièces du trophée. Toutes ces armes sont chargées de caractères mystérieux, dont il cherche à pénétrer le sens : il lit sur la cuirasse : « La fermeté de l'ame est la véritable cuirasse de l'homme. » Il poursuit, et trouve sur les autres parties de l'armure : « La patience est son bouclier. Sa langue est sa plus forte lance. La sagesse doit être son casque; la prudence sa visière. Sans la valeur ses bras sont nus; ses jambes inutiles sans la constance. »

O grand Salomon ! s'écria le héros, le phénix étale encore avec orgueil ses plumes sur le cimier de ton casque !

Couvrez-vous de lames de fer, impuissants guerriers de la terre! le prophète du Tout-Puissant marchait aux triomphes à l'aide des vertus.

Habib contemple ensuite les trois cent soixante-six hiéroglyphes qui font l'ornement des murs du salon : il en est un unique par sa simplicité, mais que l'insuffisance de son esprit ne peut expliquer; un autre, plus compliqué, dévoile à l'instant son mystère : les trois cent soixante-cinq hiéroglyphes s'expliquent et ne peuvent cependant être expliqués que par un seul.

Tout en réfléchissant, il s'avançait vers la porte qui devait lui ouvrir les espaces où les richesses de Salomon étaient renfermées. Trouvant toujours de nouvelles marches à descendre, et des sentiers tortueux, il arrive aux différentes portes, qu'il ouvre et referme sans bruit; et rencontre partout des monstres qui cherchent à l'effrayer par leur difformité, leurs cris et leurs menaces. La tête de l'un, formée d'un crâne humain armé de cornes, se terminait par un bec d'aigle; celle de l'autre réunissait les trois espèces entre le lion, le tigre et l'éléphant; celui-ci avait une gueule de crocodile sur des épaules humaines; une hydre à trois têtes de femmes coiffées de serpents, présentait au héros son effrayante chevelure.

Mais Habib, plein d'un ferme courage, et fidèle aux conseils du génie, en imposait d'un mot à ces fantômes menaçants, et jetait les yeux sans intérêt sur des monceaux d'or et de diamants, sur des idoles brisées; il passait rapidement d'une porte à l'autre, dès que les objets qu'il rencontrait ne lui retraçaient aucun signe symbolique des victoires du prophète : cependant il s'arrête dans un seul endroit.

C'était un immense salon, autour duquel étaient assis une infinité d'êtres sous la figure humaine; ils paraissaient écouter la lecture du plus vénérable d'entre eux placé sur un siége élevé et devant un lutrin. Lorsque Habib entra, l'assemblée se leva et fit une inclination au héros; le respect suspendit la lecture, et le prince, s'adressant à celui qui la faisait, lui dit : S'il vous est permis de m'instruire, dites-moi qui vous êtes et ce que vous lisiez. Je suis un génie esclave de Salomon, répondit le lecteur, chargé par lui d'instruire les frères que vous voyez ici : ils seront libres quand ils auront acquis les connaissances nécessaires pour se conduire. Le livre que je lis est l'Alcoran : hélas ! il y a plusieurs siècles que je le leur explique, et le demi-quart de ceux qui m'écoutent n'en comprennent pas seulement la première ligne. Passez, jeune musulman, vous n'avez rien à apprendre ni d'eux ni de moi; marchez droit à vos destinées, et soyez toujours aussi circonspect que vous l'avez été. Habib sortit de cette école en pensant combien il est difficile de saisir la vérité quand on n'est pas disposé à l'entendre. Il bénit Dieu et son prophète de l'avoir instruit de bonne heure sur celle de l'Alcoran.

Le prince a déja ouvert et refermé trente-neuf portes. Il y a déja cinq jours qu'il parcourt ces demeures souterraines, lieux où le soleil ne marque point les heures, et où le temps s'écoule sans qu'on puisse le soumettre au calcul. Il ne s'est point rendu compte du nombre des portes qu'il a déja passées ; à mesure qu'il s'en présente une nouvelle, la clef qui doit l'ouvrir, se démêlant elle-même du trousseau qu'il tient à la main, vient se placer à la serrure. Enfin le voilà vis-à-vis de la quarantième porte ; elle s'ouvre, et il aperçoit le funeste rideau de soie dont le génie lui a parlé. Les brillants caractères qu'il ne doit pas lire frappent ses regards ; il detourne précipitamment le rideau, et voit la mer sur laquelle il doit s'embarquer pour parvenir enfin au but de ses pénibles travaux, et il s'élance brusquement pour en atteindre les bords. Mais au même instant cette quarantième porte, qu'il a oublié de refermer, roule sur ses gonds avec un bruit affreux qui fait trembler le Caucase jusque dans ses fondements.

Toutes les portes qu'il a déja passées, toutes celles des cachots se renversent et se brisent avec un fracas qui paraît ébranler les voûtes même du ciel ; des légions d'esprits, sous les formes les plus hideuses, sortent et se précipitent sur Habib ; les signes les plus affreux, les menaces les plus effrayantes accompagnent leurs pas et leurs gestes.

Habib se retourne pour leur faire face ; s'il eût été aussi susceptible de crainte qu'il l'avait été de distraction, c'en était fait de lui. Mais l'excès du danger lui a rendu le sang-froid : il se rappelle le mot redoutable, et déployant en même temps le fer de Salomon, il articule d'une voix ferme la parole magique : aussitôt la foule effrayée rentre précipitamment, la porte qui donnait sur la mer se referme avec violence ; mais tous ces génies malfaisants ne sont pas rentrés.

Une partie s'est précipitée dans la mer ; elle en soulève les abîmes : les flots s'élèvent au plus haut des airs ; et appelant au loin les vapeurs, elle en fait des amas effrayants. Le jour disparaît, le soleil s'obscurcit, les tonnerres commencent à gronder, les nuages pressés combattent contre les vents déchaînés, et les flots de la mer sourdement agités, se roulant les uns contre les autres, présentent le spectacle d'une surface noire et liquide que le feu des éclairs paraît teindre de sang.

La tempête éclate de toutes parts ; les vents renfermés avec la foudre profitent des passages qu'elle leur a ouverts; la mer fuit devant eux dans les abîmes qu'elle s'est creusés ; le bruit des flots, le sifflement des vents, ébranlent la base des rochers, et les éclats bruyants et redoublés du tonnerre semblent menacer du premier chaos cette partie du globe.

Tout n'était pas naturel dans le tumulte qui mettait alors en confusion les éléments. Alâbous, préposé à la garde des armes et des trésors du prophète, au moment où les génies rebelles s'étaient échappés, était sorti de son poste ordinaire à la tête des esprits soumis à son commandement; et la terre, la mer et les airs étaient devenus le théâtre de trois combats opiniâtres et furieux.

Habib, frappé du désordre qui l'environne, ne peut en imputer la cause qu'à son imprudence : quand il avait ouvert le rideau fatal, le ciel et la terre étaient riants, la mer était tranquille. Il se prosterne, le front contre terre, et adresse au ciel une fervente prière. Ensuite il se lève pour reconnaître autour de lui le terrain sur lequel il se trouve. Il est sur la cime des rochers au pied desquels la mer brise ses vagues avec violence; il est environné d'une montagne taillée à pic, qui semble le séparer du reste de l'univers ; en sautant d'un rocher à l'autre on parcourt un espace de mille pas en longueur : la lumière du soleil était interceptée par d'épais nuages; les éclairs qui s'en échappaient donnaient une couleur ardente et cuivrée à tous les objets sur lesquels frappait leur éclat, et une vapeur infecte et saline formait l'atmosphère dangereuse au milieu de laquelle il fallait respirer.

Le jour qui éclairait ce tableau effrayant était fait pour en augmenter l'horreur : Habib considéra pendant quelque temps le désordre qu'il avait sous les yeux ; puis jetant ses regards sur son cimeterre, il vit briller avec plus d'éclat les caractères du talisman qui y étaient gravés. Il apprit jadis d'Alâbous que la Providence n'opérait jamais de merveilles sans motif; le nouvel éclat du talisman devait déterminer celui qui le portait à en employer les vertus pour faire cesser le choc des éléments conjurés : il sort aussitôt la lame mystérieuse, et s'écrie en en frappant trois fois les airs : Puissances du feu, de la terre, de l'air et des eaux! je vous ordonne de rentrer chacune dans l'ordre accoutumé; autrement je vais vous réduire à l'inaction.

Au même instant on vit jaillir du cimeterre un éclat qui fit pâlir celui des éclairs; on entendit un bruit confus, pareil à des montagnes de sable qui s'affaisseraient les unes sur les autres; la mer devint calme et tranquille; les orages se dissipèrent; le souffle du zéphyr succéda aux noirs aquilons, et l'astre brillant du jour vint dorer de ses rayons les rochers affreux dont la cime servait de retraite au héros.

A ce prodige étonnant, le prince ne put se défendre d'une sorte de terreur que la joie accompagnait. Tout d'un coup un mouvement qu'il aperçut à ses côtés lui fit lever la tête; il vit Alâbous. O mon protecteur! ô mon maître! lui dit-il, c'est vous sans doute qui avez opéré les merveilles que je viens de voir. Non, mon cher Habib, reprit le génie, elles sont l'effet des vertus du grand Salomon, dont vous venez d'être l'instrument. Vous ignorez le désordre dont l'oubli de mes conseils et votre négligence ont été la cause; sans vous le mal que vous aviez fait était difficile à réparer.

Lorsqu'au lieu de fermer après vous la quarantième porte, vous vous précipitâtes au bord de la mer, les portes des cachots qui renfermaient les esclaves rebelles s'ouvrirent sur-le-champ; ils en sortirent en foule : vous deveniez leur première victime si vous n'eussiez fait usage du talisman au nom duquel ils furent soumis autrefois; effrayés à sa vue, ils s'élevèrent dans les airs, se précipitèrent dans les eaux, et occasionèrent la tempête dont vous avez été témoin.

Je les suivis à la tête des miens; nous commençâmes le

violent combat dont vous avez vu les effets sans les comprendre : alors vous employâtes les seuls moyens qui étaient en votre pouvoir; leur succès entre les mains d'un fidèle musulman leur était indubitable. Sur-le-champ les armes leur tombèrent des mains; saisis d'un engourdissement subit, ils se sont renversés comme des masses de terre; nos guerriers les ont mis aux fers et les ont renfermés dans les cachots qui les avaient vomis : mais sans votre secours le combat durerait encore. Je ne vous ferai point de reproches sur la distraction qui éloigne vos succès, et vous expose à des travaux inouïs pour y arriver : c'est plus la faute de l'amour que la vôtre, et votre passion est l'effet de votre étoile.

Rappelez les connaissances que vous avez dû acquérir en visitant les trésors du grand Salomon. Vous trouverez partout, et dans vous-même, les armes qui assurent le succès du vrai chevalier; il sait qu'elles se présentent plutôt à lui dans l'adversité que dans les heureuses positions.

Les avis que je vous donne ici sont les derniers que vous recevrez de moi..... Vous êtes dans une carrière où l'on doit rougir d'obtenir des succès par de petits moyens; il n'est que le ciel dont on puisse recevoir sans honte, et qu'on puisse solliciter sans mesure, lorsqu'on est sage dans ses vues, et qu'on veut triompher sans orgueil. Adieu, mon cher Habib; je vous laisse, au milieu de tous les besoins, en proie à de nouvelles aventures; mais je crois que vous aurez le courage de suffire à tout.

Alàbous laissait Habib sur un rocher; la mer s'était retirée et cessait de briser ses ondes au pied de son asile; il en pouvait descendre et se promener sur un espace assez court d'un rocher à l'autre; mais il n'avait là nul abri pour la nuit, nulle ressource apparente contre la soif et la faim. Telle était la position du héros, lorsque son génie protecteur disparut.

Une ame moins élevée que la sienne se fût abandonnée à l'inquiétude; mais le cimeterre du grand Salomon pend toujours à son côté, et menace encore les ennemis du Très-Haut; il n'a plus à redouter d'autres adversaires que lui-même. Ma faute m'avait abattu, s'écriait-il; mais la main de Dieu me relève. Terre, tu es derrière moi comme un mur effrayant! Mer, tu parais sans borne, tu sembles n'offrir à mes regards que des abîmes; mais l'espérance surnage sur tes eaux, elle se montre à moi à travers les vapeurs qui te couvrent!

En effet, Habib voyait alors la terre sans s'en douter : c'était la pointe la plus avancée de l'île Blanche, qui faisait partie des états de Dorrat Elgoase. Cependant la nuit survient, et, pour n'être pas exposé à sa fraîcheur incommode, il s'arrange entre trois rochers, pour se préserver d'un vent frais dont l'action continuelle eût engourdi son corps.

Au point du jour, le jeune musulman fit son ablution et ses prières. Il parcourut ensuite rapidement le terrain qui l'environnait, pour y chercher des ressources à sa subsistance; les cavernes qu'il rencontre sont remplies de coquillages, les flots ont charié avec eux des fragments d'herbes qu'il fait sécher; et il pourvoit ainsi à ses besoins, en attendant que sa destinée l'appelle à des événements plus intéressants.

Un matin qu'Habib s'était arrangé sur le rocher le plus avancé dans la mer, pour découvrir, s'il le pouvait, quelque bâtiment, il se laissa gagner par un léger sommeil; trois filles de la mer élèvent tout à coup la tête au-dessus de l'eau. Il dort, ma sœur, dit l'une des naïades aux deux autres : approchons-nous de lui, et tâchons de savoir qui il est. Vous aurez du plaisir à le voir, il est beau comme le premier rayon du jour. Hier, je le vis penché sur l'eau pour y faire son ablution; ses traits, se réfléchissant sur la nacre, semblaient la colorer avec plus de vivacité; vous eussiez dit que le fond de la mer était jonché de roses. Mais, pour le voir plus à notre aise, il faut l'endormir de manière que le bruit que nous allons faire autour de lui ne puisse l'éveiller; donnez-moi la main, et nous allons tourner en rond jusqu'à ce qu'il soit profondément endormi.

Dès que les filles de la mer se furent assurées de l'effet de eur enchantement, elles sortirent de l'eau : elles étalèrent sur leurs épaules leurs blonds cheveux, qui étaient captivés par une tresse; les doux zéphirs rendirent bientôt à cette chevelure les graces et la légèreté dont elle avait besoin : une étoffe faite d'un tissu de plantes marines, aussi fine que la gaze, prenait depuis les épaules, et venait ceindre leurs reins; leurs jambes ornées de brodequins de perles, leurs bras parés de bracelets de corail, achevaient de les rendre aussi belles que séduisantes. Toutes trois jettent un coup d'œil dans l'eau, et contentes d'elles-mêmes et de leurs parures, elles entourent le chevalier.

Quel beau jeune homme! disait l'aînée des trois; si ce pouvait être un chevalier! C'en est un assurément, dit la cadette : voyez son sabre; mais n'y touchez pas, car j'ai voulu mettre la main sur la poignée, et elle m'a brûlée.

Ilzaïde, dit l'aînée à la plus jeune des deux, il faut que nous sachions qui il est et d'où il vient. Il peut avoir été apporté ici par la tempête : cependant rien n'annonce, dans son équipage, qu'il ait été naufragé : apportez-moi un des plus grands coquillages qui soient sur le sable, et remplissez-le d'eau.

Ilzaïde obéit : la coquille est apportée; l'aînée des filles de la mer arrache ensuite légèrement un cheveu d'Habib : Nous allons, dit-elle, faire causer celui que je tiens; il nous dira tous les secrets de la tête qui l'a nourri. Elle le plonge aussitôt dans l'eau, et le promène autour de la coquille par un mouvement circulaire. Remuez l'eau, dit-elle à ses sœurs; plus elle sera trouble et mieux j'y verrai. Regardez donc, ma sœur, dit Ilzaïde, je crois que le cheveu s'est fondu, l'eau est devenue de la couleur du firmament, on y voit des étoiles, et on n'aperçoit plus le fond de la coquille. Tant mieux, reprit l'aînée; après la nuit vient le jour. Baissez-vous; voyez le tableau qui se forme. Voilà une campagne remplie d'arbres, à l'ombre desquels paissent des troupeaux!... voilà des tentes!...... Il est né en Arabie.

En Arabie! mes sœurs, dit celle des trois qui n'avait pas encore parlé; c'est de là que notre reine Dorrat Elgoase attend son libérateur! Que nous serions heureuses d'avoir ici son brave chevalier! il nous délivrerait sûrement de Racachik et de toute sa race...... mais l'eau n'en dit rien; troublez-la de nouveau, pour savoir par où il a passé.

Ah! ma sœur, dit Ilzaïde, l'eau devient noire, noire! C'est bon, reprit l'aînée, la vérité en sortira plus claire. Doublez le mouvement. Ma sœur, dit la seconde, voilà l'eau qui blanchit : oh! que ce qu'on y voit est triste! Ce sont des montagnes, des sables et des déserts, ajouta l'aînée; il a traversé tout cela sans être accompagné, car je l'y vois seul. Il doit avoir bien de la force et du courage..... Troublez, troublez encore l'eau; car la route que je lui vois prendre n'a pu le conduire où nous le trouvons..... O ciel! s'écria-t-elle, je vois les entrailles de la terre. C'en est assez, mes sœurs, car l'eau, à ce que je vois, ne nous dira rien des secrets de son cœur; mais je sais un moyen plus naturel pour les surprendre : il est, vous le savez, de notre grand intérêt de les connaître; nous sommes instruites que nous ne pouvons être délivrées de nos maux et de nos tyrans que par un amant parfait qui ne soit pas le nôtre. Certainement ce chevalier, quel qu'il soit, reprit vivement Ilzaïde, ne saurait être notre amant, puisque nous ne l'avons jamais vu. Mais quand il ouvrira les yeux, reprit l'aînée, il faudra bien qu'il nous voie : ayez alors l'attention de baisser les vôtres, ma sœur; vous y avez une magie plus puissante que la nôtre, et s'il allait vous aimer, toute espérance serait perdue. Ma sœur, il vous aimera plutôt que moi, répondit Ilzaïde. Que Salomon nous en préserve les unes et les autres! ajouta l'aînée; mais il me paraît que nous sommes fort exposées : cependant, comme nous devons acquérir ses bonnes graces pour avoir droit à ses services, occupons-nous de ce que nous avons à faire pour cela.

D'abord, je vois qu'il manque de tout ici : la plage sur laquelle il est ne lui a fourni que quelques plantes marines et des coquillages qu'il a mangés crus : préparons-lui pour son réveil un repas tel que nos environs peuvent le procurer. Partez, Ilzaïde : vous êtes plus agile que la chèvre qui s'élance d'un rocher sur l'autre; forcez-la de vous donner de son lait; remplissez-en une conque dont vous aurez fermé le haut et le bas avec des herbes aromatiques. Pénétrez dans les cavités de la montagne; vous trouverez dans des endroits cachés, des fleurs et des fruits; choisissez ce qui vous paraitra le plus agréable au goût, à la vue et à l'odorat : ma sœur et moi nous penserons au reste; nous aurons assez à faire de lui présenter une collation aussi parfaite qu'on peut se la procurer dans ces déserts.

A peine Ilzaïde est-elle partie que l'aînée des sœurs explique son projet à celle qu'elle a retenue auprès d'elle. Je connais, lui dit-elle, des branches de corail au fond de la mer, dont deux feraient la charge d'un chameau; nous en irons chercher; nous en placerons quatre ici en carré, que nous couvrirons d'étoffes semblables à celle dont nous sommes vêtues; nous formerons ainsi un pavillon; nous ramasserons ensuite de la mousse de mer, que nous parfumerons après l'avoir desséchée, et qui servira de sofa; nous ferons une table avec des pierres, et la couvrirons d'un tissu qui n'ait point passé par la teinture; nous la garnirons du meilleur poisson de la mer, cuit et desséché au soleil; les œufs d'oiseaux que je vais dénicher, et les fruits et le lait que doit apporter notre sœur mettront le comble à la bonne chère.

Dès qu'un génie est hors de son élément, son pouvoir est limité. Ici l'industrie doit suppléer à la puissance; l'ordre et le goût à l'abondance : le besoin fera tout valoir, la reconnaissance mettra du prix à la moindre chose.

Ilzaïde est de retour; le pavillon est dressé, orné; la table est couverte, il ne s'agit plus que de suspendre l'effet magique qui fait durer le sommeil d'Habib; mais il faut qu'il se réveille sur le sofa près duquel la table est assise, ayant les trois sœurs placées vis-à-vis de lui

Voyons, mes sœurs, dit alors l'aînée, si c'est ici le chevalier arabe, amant de Dorrat Elgoase. Je vais employer un moyen qui ne saurait manquer; levez les mains et remuez-les tandis que je vais parler : De par le grand prophète Salomon, chevalier, je t'éveille au nom de Dorrat Elgoase!

Dorrat Elgoase! s'écrie Habib, éveillé en sursaut, et se levant sur son séant; il regarde autour de lui, et demeure à la fois ébloui et stupéfait : trois jeunes beautés, presque demi-nues, une table chargée de mets appétissants, des fruits, des fleurs, un pavillon où tout est pourpre t corail, et le nom de Dorrat Elgoase viennent de causer cet effet.

Dorrat Elgoase! s'écrie-t-il en se rasseyant et regardant autour de lui, où est ma chère Dorrat Elgoase?

Elle n'est pas ici, seigneur chevalier, répond l'aînée des sœurs; mais vous êtes en face d'une des îles que les génies rebelles lui ont enlevées : vous en pouvez découvrir la terre au-delà de ce bras; c'est cette vapeur bleuâtre qui borne votre horizon.

Etes-vous de sa suite? Où m'a-t-on transporté? dit le jeune prince rempli d'émotion. Nous sommes, répondit l'aînée des filles de la mer, encore ses sujettes dans le fond du cœur, maintenant asservies malgré nous sous les lois du rebelle Abarikaf, et sous la domination immédiate du monstre Racachik.

Où sont-ils? repartit Habib, enflammé de colère, j'en purgerai le monde. Seigneur, répondit la plus âgée des filles de la mer, l'un et l'autre sont hors de la portée de vos coups : Abarikaf est sur l'île Noire, et vous en avez six à traverser avant d'arriver à lui; Racachik est sur l'île Blanche qu'on aperçoit d'ici. Je veux l'attaquer sur-le-champ, dit Habib.—

La chose est possible, mais il faut employer de nouveaux moyens. — Ils seront faciles à trouver, ajouta le héros : je suis ici au milieu d'un enchantement dont je suis sans doute redevable aux bontés d'Alàbous, ou à celles de Dorrat Elgoase : mais où suis-je ? — Sur le même rocher sur lequel vous vous étiez endormi ; nous avons tâché de vous le rendre plus commode. — Je vous en remercie, dit Habib, votre pouvoir me semble reposer sur des charmes de plus d'une espèce : mais si vous me continuez vos bontés, ne pourrait-on pas faire usage des moins puissants de tous, pour transformer ce pavillon en une barque, qui me transportât sur-le-champ dans l'île où commande l'ennemi de la reine Dorrat Elgoase ?

Chevalier, répondit l'aînée des filles de la mer, quoique nous soyons ici trois sœurs filles de génies, et génies nous-mêmes, il n'y a ici ni charmes ni enchantements. Ce pavillon et ce repas frugal ne sont dûs qu'à des soins très naturels ; les fatigues que vous avez eues, celles que vous avez essuyées depuis votre départ de l'Arabie, ont dû épuiser vos forces ; usez avec confiance de ces mets que des mains amies vous ont préparés. Vous ne pourrez point soupçonner notre zèle, quand vous saurez qu'en vengeant notre reine de la tyrannie de Racachik, vous ferez encore plus pour nous que si vous nous aviez rendu la liberté et le repos..... Mais je cesserai de parler, si vous refusez de toucher aux mets que nous vous offrons.

Habib se rendit à ses instances ; et la fille des eaux continua ainsi :

Depuis qu'Abarikaf a consommé son attentat en soufflant la révolte dans toutes les provinces dépendantes de Dorrat Elgoase, il a donné le commandement de l'île Blanche, frontière de ses états, au génie Racachik, le plus cruel et le plus infâme qui soient sous ses ordres.

Ce monstre, avant de se ranger sous l'étendard d'Abarikaf, courait les mers sous la figure d'un énorme requin ; il poursuivait les vaisseaux et charmait par le venin de ses regards tous les matelots ou passagers desquels il se faisait apercevoir ; malheur à ceux sur lesquels il pouvait fixer ses yeux : la tête leur tournait, ils tombaient dans la mer, et le monstre les entraînait sous les flots pour les dévorer. Il est sans cesse tourmenté de la même fureur, et quand les étrangers ne suffisent pas à sa voracité, il se rassasie des sujets de la reine ; le tyran Abarikaf l'autorise, et l'un et l'autre ont juré d'exterminer la race d'Adam.

Pour nous, il ne peut pas nous tuer, mais nous sommes réservées à des tourments plus cruels que la mort. Il choisit parmi nous ses femmes et ses esclaves. Il en change à chaque lune, et mes sœurs et moi devons entrer au croissant prochain dans un vivier d'eau salée qui lui sert de harem ; le terme fatal est fixé dans trois mois : si vous attaquez le monstre, quels vœux ne ferons-nous pas pour votre succès ! Cependant nous ne devons pas vous cacher les dangers que vous allez courir.

Pour habiter sur la terre le monstre a pris un corps humain, en conservant néanmoins sa tête de requin, à cause des trois rangées de dents dont elle est armée : il la quitterait s'il pouvait en imaginer une plus carnassière. Son corps gigantesque est couvert d'écailles enchantées qui lui servent d'armure ; celle d'une grosse tortue forme son bouclier ; une énorme coquille est sur sa tête en guise de casque, et le dard d'un espadon de mer de six coudées de longueur lui sert de lance : il monte un cheval marin aussi horrible que lui ; et quand l'un et l'autre s'animent au combat, les cris du cavalier sont encore plus affreux que ceux du coursier.

Il a pour sabre une côte de baleine qu'il a rendue plus tranchante que l'acier ; son bras et ses armes sont si pesants qu'il ne frappe jamais sans assommer : la force humaine ne peut rien sur lui, parceque tout ce qu'il porte, tout ce dont il se sert, tient d'un enchantement magique. Madame, interrompit vivement Habib, ne puis-je avant trois jours être porté sur l'île que désole Racachik? Facilitez-m'en bien vite les moyens; je me lève, et je jure de ne plus m'asseoir que je n'aie accompli la vengeance du ciel sur ce barbare ennemi de l'humanité.

En prononçant ce serment, la physionomie d'Habib s'anima et prit un si grand caractère qu'elle eût inspiré de la confiance à une armée entière. Il fit quelques pas sous le pavillon, et la majesté de son port, les graces nobles et fières de ses mouvements, ajoutèrent encore à l'expression de ses traits.

Kaïde cachant sa tête derrière celle de sa sœur aînée : Voilà un héros! ma sœur, lui disait-elle; je n'en avais jamais vu... Que c'est une belle chose qu'un héros!..... Je tremble..... de l'aimer. Je crains qu'il ne soit plus temps pour vous d'avoir peur, répondit l'aînée.

Vaillant chevalier! continua-t-elle en s'adressant au prince, nous sommes plus empressées que vous de vous procurer les moyens de nous délivrer du tyran qui nous opprime. Dans un des détours de cette montagne, il y a un marais rempli de roseaux d'une longueur et d'une force extraordinaires; nous allons en former un radeau sur lequel, profitant du calme de la mer, nous vous conduirons nous-mêmes à l'île Blanche; mais reposez-vous encore, et continuez de prendre tranquillement votre repas. Ma sœur, dit-elle ensuite à Kaïde, allons de ce pas préparer le radeau! je vous suivrai, reprit Habib; je ne manque ni d'adresse ni de forces, et je peux partager vos travaux. Mes sœurs et moi y suffirons, répondit l'aînée; nous devons passer entre deux eaux, dans un endroit où il vous serait impossible d'arriver; vous nous reverrez dans peu ; nous brûlons de vous affranchir du vœu que vous avez fait, et demain matin nous partirons pour l'île Blanche.

Elles s'éloignent en disant ces mots, s'élancent de rocher en rocher, et parviennent sur une petite éminence voisine de la mer : là, tout en disposant leurs vêtements et nattant leurs cheveux pour se plonger dans l'eau, la plus jeune des sœurs disait à sa compagne : Il va bien s'ennuyer tout seul! Vous lui auriez volontiers tenu compagnie, lui répondit l'aînée, et pendant que nous aurions fait le radeau, vous auriez travaillé à le faire échouer : ma sœur, vous avez déjà bien parcouru la mer, vous n'en connaissez pas tous les écueils; allons où notre devoir nous appelle. Elles se jettent toutes trois dans la mer, et vont préparer le radeau.

Habib ayant achevé son repas, et voyant arriver la chute du jour, fit son ablution et sa prière, et s'endormit tranquillement en attendant le retour des filles de la mer.

Les premiers rayons du soleil vinrent bientôt frapper ses paupières; ses regards se portèrent aussitôt sur l'espace qui le séparait de l'île Blanche; ses yeux en mesuraient avidement l'étendue. Tout à coup il aperçoit sur la mer, qu'un doux zéphyr ridait à peine, un mouvement extraordinaire; il distingue un objet qui avançait avec rapidité vers le rivage, plusieurs têtes hors de l'eau qui l'appelaient. Venez à nous, chevalier! montez sur ce radeau. Il reconnaît la voix des filles de la mer, il s'élance, et le frêle bâtiment vogue sur les flots.

Huit dauphins étaient attelés au radeau; la sœur aînée des naïades, le corps élevé au-dessus de l'eau jusqu'à la ceinture, et s'appuyant les deux mains sous la poupe du batiment, lui servait de gouvernail : les deux cadettes, nageant chacune d'un côté, le tenaient en équilibre avec une main; Habib, l'esprit occupé de son projet, était sur le radeau.

Bientôt l'on découvre toute l'île Blanche; le palais du tyran, bâti de coraux et de coquillages, paraît sur la pointe la plus avancée de l'île; les sentinelles, ayant aperçu de loin le guerrier, donnent l'alarme, et annoncent son arrivée à Racachik : le monstre croit déjà tenir une nouvelle proie. Qu'on le laisse avancer, dit-il; demandez-lui ce qu'il veut : il apprendra sans doute à ses dépens que nul étranger ne peut aborder ici sans se mesurer avec moi; je vais m'armer pour le recevoir comme il faut.

Cependant le radeau touche terre, et Habib y saute promptement; une des sentinelles, espèce de monstre amphibie, le joint, et lui fait des questions suivant les ordres qu'il en a reçus.

Va dire à ton maître, lui dit Habib, que je viens ici pour le combattre. Vous n'êtes pas armé, répondit le monstre, vous n'avez point de cheval. Tu ne t'y connais pas, reprit le prince; mon turban vaut un casque; mon cimeterre me tient lieu de cuirasse et de bouclier, et je n'ai pas besoin de cheval; que ton maître ose m'attaquer! je le défie lui et toute sa puissance à la fois.

Le message est rendu; Racachik devient furieux: couvert de ses écailles, monté sur son horrible cheval marin, dont le lourd galop fait voler devant lui un nuage de poussière, il accourt sur le rivage, et voit le héros.

Méprisable race d'Adam! lui dit-il, satellite de Mahomet! ta tête est donc bien vaine, parceque tu ne rampes pas avec les autres vers, et qu'elle est de trois coudées au-dessus du limon dont elle fut formée? Tu oses insulter et braver le génie Racachik! porte la peine de ta témérité. Et en même temps il pousse son cheval sur Habib, et se prépare à le percer de la terrible lance dont il est armé.

Le jeune héros tire son cimeterre, et la lance de son adversaire vole en éclats avant que le coup puisse arriver à lui : la force de la commotion engourdit le bras du tyran, son cheval se cabre, et cessant d'obéir à la main qui le guide, il l'emporte sur le rivage et le renverse avec lui.

Racachik, connaissant son danger, appelle à lui toutes les puissances qui lui sont soumises : au même instant la mer se trouble et les vomit; les veaux, les lions marins couvrent le rivage, les baleines s'en approchent et vomissent des torrents d'eau qui paraissent former une barrière entre le jeune prince et son ennemi; la plage retentit de cris épouvantables; tous les monstres appelés par Racachik s'élancent à la fois sur le héros : il les combat quelque temps avec son cimeterre; mais affaibli par le nombre, et prévoyant bientôt l'inutilité de ses efforts, il frappe trois fois l'air de son cimeterre, et prononce avec confiance le mot redoutable *puissance*.

L'effet en est prompt; les monstres qui ont pu résister au glaive, entraînés par une force supérieure, se précipitent dans les gouffres qui les avaient vomis. Racachik ose encore se présenter; il tente d'opposer la côte de baleine qui lui sert de cimeterre à l'arme redoutable de Salomon; elle les brise en mille pièces; son corps écaillé, son armure magique sont réduits en poussière. Va, malheureux, lui dit Habib, va gémir pour l'éternité dans les cavernes du Caucase! Au même instant tous les débris des monstres disparaissent, la plage est libre et solitaire, et Racachik n'existe plus que dans le souvenir des rebelles.

Un morne silence succède à l'agitation de cette scène effrayante; Habib vainqueur, reconnaissant la volonté des destins, se prosterne à deux genoux devant l'astre qui l'éclaire.

Puissance à qui rien ne résiste! tes ennemis sont renversés; ton souffle les a fait disparaître : que sont devenus leurs restes?

Habib se relève confus des graces qu'il vient de recevoir, et ne voit pas le piége que la reconnaissance va tendre à sa modestie.

Le rivage était couvert des filles de la mer, couronnées de plantes marines, ceintes de guirlandes : elles venaient rendre hommage à leur libérateur, et déposer à ses pieds les richesses de leur élément; le concert de leurs voix, les graces de leur maintien auraient attendri le cœur le plus farouche; elles entourent le héros, elles se prosternent à ses genoux; la jeune Ilzaïde et ses sœurs étaient plus empressées que les autres; mais Habib, confus, se refuse à ces témoignages.

Je n'ai rien fait pour vous, leur dit-il, et vous ne devez rien à un homme qui a rempli à peine son devoir : n'est-il pas ici des mosquées où la divinité soit adorée? Marchons au temple, je vous y précède. N'y a-t-il pas ici quelque sujet fidèle de votre reine Dorrat Elgoase? Je lui remettrai vos dons que je ne dois accepter que pour elle.

Dans le même instant se présente un vieux génie sous sa forme naturelle, la tête courbée sous le poids des siècles, les ailes brisées, et le corps meurtri de fers dont le tyran l'avait chargé; il se nommait Balazan.

Seigneur, dit-il, dans le temps que régnait la reine Camarilzaman, nous avions ici trois mosquées; Racachik les a profanées et détruites.

Cet amas de ruines que vous voyez sont les restes d'une ville qu'il a saccagée, et dont il a dévoré les habitants : l'île est demeurée sans commerce et sans culture. Illabousatrou m'en avait donné le commandement. Racachik, à son arrivée ici, me fit entrer dans le cachot d'où je viens de sortir par votre puissance. Je viens rendre hommage à l'envoyé de Salomon, qui fait briller sur ce rivage le glaive de ce prophète, et me soumettre au libérateur des enfants de Dieu et au vengeur de Dorrat Elgoase. Allez, Balazan! répondit Habib; je vous rends, au nom du grand prophète et de la reine Dorrat Elgoase, dont je suis le chevalier, tous les pouvoirs dont vous étiez revêtu : prenez ces trésors que vous voyez à mes pieds, faites rebâtir les mosquées, et que le muézin y appelle du haut des minarets les fidèles sujets que la crainte avait dispersés. Gouvernez tout ici au nom de Mahomet, du grand Salomon et de votre reine; rétablissez l'ordre partout, et facilitez-moi les moyens de me rendre à Médinazilbalor. Noble et vaillant chevalier, reprit Balazan, je reçois vos ordres avec confiance, et je m'y soumets au nom du puissant créateur de toutes choses. Mais, seigneur, il m'est impossible de vous donner des secours pour vous rendre où les destins vous appellent : l'île est dépourvue de moyens pour la navigation; le chemin des airs est inutile, mes ailes ont été coupées, vous le voyez : mais eussent-elles encore toutes leurs forces, Abarikaf s'est tellement rendu maître des passages d'en haut, que mes ressources ne serviraient à rien. Il faut que vous continuiez à marcher d'île en île par les mêmes moyens qui vous ont conduit ici ; profitez de l'enthousiasme que votre personne et vos vertus ont répandu chez les génies de la mer, faites-leur oublier les périls qu'ils vont courir en s'exposant avec vous, et il sera possible qu'ils vous conduisent jusqu'au centre des forces de notre ennemi ; le reste sera l'ouvrage de votre vaillance et des arrêts du destin. La terreur est déjà répandue dans l'île Jaune et l'île Rouge ; Mokilras, le tigre de mer, les gouverne toutes deux ; il est fils de l'affreux tyran dont vous venez de nous délivrer. Instruit de la défaite de son père, il a déjà pris toutes les précautions que la crainte autorise ; les difficultés vous attendent ; mais si vous parvenez à en être vainqueur, emparez-vous de la peau de ce monstre, faites-en un étendard, et à sa vue l'île Rouge vous sera soumise.

Habib, s'adressant ensuite à l'aînée des filles de la mer, lui dit : Si je pouvais trouver ici une barque de pêcheurs ou un petit esquif, je m'embarquerais sur-le-champ pour l'île Jaune : mais à défaut de ces secours, les génies de votre élément me refuseraient-ils le leur ? Si la frayeur les détournait de l'entreprise, répondit-elle, s'ils ne connaissaient pas le degré de confiance que mérite un chevalier comme vous, mes sœurs et moi leur montrerions leur devoir. Les dauphins peuvent encore conduire votre radeau jusqu'à une lieue de la terre, car il y aurait du danger pour eux d'aller plus loin, vu les précautions qu'aura prises Mokilras. Qu'est-ce qu'une lieue à faire à la nage, dit Habib pour un homme déterminé à tout entreprendre pour se rendre à son devoir ! O généreux chevalier ! reprit la fille de la mer, qui est-ce qui refuserait de vous suivre, ne fût-ce que pour vous voir, vous entendre et vous admirer ? Mais ne craignez-vous pas d'être dévoré vous-même par les monstres marins ? Je ne crains, madame, que de mal seconder mon étoile, en ne servant pas votre reine comme je le dois. Reposez-vous sur nous, vaillant héros; mes sœurs et moi nous nous réservons l'honneur de vous servir.

Sur l'instant le radeau part, et paraissait voler sur les eaux : déja on distinguait les mouvements qui se faisaient sur l'île Jaune; on n'en était plus qu'à une lieue, lorsque les dauphins, prévenus par leur instinct, s'arrêtent tout à coup, et font leurs efforts pour briser les liens qui les attachaient au radeau. Une des sœurs passe à l'avant, et les coupe; le bâtiment reste immobile. Bientôt une vague, que faisaient soulever les monstres marins, paraît venir engloutir le radeau. Habib voit qu'il n'a pas un moment à perdre pour délivrer ses aimables compagnes du danger qui les menace; il met le cimeterre à la main, et se jette à la nage en prononçant la parole redoutable du talisman. On eût dit que les eaux s'arrangeaient d'elles-mêmes pour lui frayer une route assurée : les vagues se dissipent, les flots s'aplanissent, et le héros est porté dans un endroit de la plage où rien ne met obstacle à sa descente.

Ses ennemis, dispersés par pelotons, semblent n'attendre que ses regards pour s'abandonner à la fuite. Il marche où la foule lui paraît la plus épaisse, il s'élance sur elle avec son sabre, et tout ce qui résiste au tranchant du glaive est à l'instant dissipé. Mokilras, tigre énorme, fait contenance sur ses deux pieds; il jette au héros la lourde massue dont il est armé, et reprenant bien vite sa nature, il s'enfuit sur ses quatre pattes. Habib le poursuit; mais ses forces humaines ne lui permettant pas de l'atteindre, il prononce à haute voix la fatale parole, et s'écrie en même temps : Mokilras, je t'arrête au nom de Salomon! Le monstre est immobile. Un coup de cimeterre lui fait voler la tête, et sa peau est enlevée au même instant.

Dès que le tyran de l'île Jaune est détruit, tous les éléments rentrent dans l'ordre naturel, et le silence succède au trouble affreux qui les agitait. Cependant les trois filles de la mer se sont ralliées au radeau ; la jeune Ilzaïde, debout sur le bâtiment, embouchant une longue trompette marine, rappelle au loin les dauphins effrayés ; dociles à sa voix, ils reviennent en foule : tous les habitants des eaux viennent se joindre à ces concerts de joie, l'air retentit de chants de victoire, tout le cortége aborde au rivage au moment où le héros vient de dépouiller Mokilras. Habib se retourne, et repoussant des hommages qui tiennent de l'adoration : Créatures du Très-Haut, leur dit-il, levez les yeux au ciel, c'est là qu'est le seul objet de votre reconnaissance. Sujets de Dorrat Elgoase, c'est à elle que vous devez respect, hommage et soumission : son chevalier ne se réserve que le droit de joindre ses vœux aux vôtres, et de partager votre délivrance.

Comme il finissait, une foule de peuple arrivant de toutes parts, vient augmenter son triomphe et son embarras ; tous veulent lui jurer obéissance, tous lui demandent de nouvelles lois ; heureusement le vieux Balazan se présente. Dès que tout fut rentré dans l'île Blanche sous la puissance de ce génie, il chercha à s'élever dans les airs pour suivre, s'il était possible, les succès du jeune Habib ; et il parvint avec beaucoup de peine à le joindre à l'île Jaune, au moment où les peuples de cette contrée lui rendaient hommage.

Sujets de Dorrat Elgoase, dit le vieux génie en arrivant, ce vaillant chevalier reçoit les témoignages de votre reconnaissance ; retournez à vos possessions ; vous rentrez dès aujourd'hui sous les lois de notre souveraine. Et vous, chevalier, dit-il à Habib, prenez un instant de repos. La soumission de l'île Rouge n'est pas une conquête digne de vos occupations ; je monterai seul le radeau qui vous a conduit ici. J'emporte avec moi la peau de Mokilras et ses armes ; à la vue effrayante du trophée que je vais former, les rebelles tendront d'eux-mêmes les mains aux fers que je vais leur porter : ménagez vos forces pour l'attaque des îles Verte et Bleue, et surtout pour celle de l'île Noire.

Habib ne sait pas vaincre sans péril; il abandonne l'entreprise à la conduite de Balazan, et cherche un repos nécessaire pour les travaux qui l'attendent. Il dormait encore quand Balazan arriva de l'île Rouge, tenant à sa main deux outres de peau de bouc. Chevalier, dit-il à Habib en le réveillant, voilà le reste des seuls ennemis dangereux qui fussent dans le pays que je viens de soumettre aux lois de la reine; je les ai renfermés dans ces outres, et je vais les envoyer sur-le-champ à l'entrée des cavernes du Caucase. Demain vous pourrez vous rendre sans obstacle à l'île Rouge, et vous aviserez de là aux moyens de poursuivre vos conquêtes; mais il est impossible de vous définir les dangers que vous allez courir. Nisabic gouverne l'île Verte, et son empire s'étend aussi sur la Bleue; c'est un génie dont les enchantements égalent peut-être ceux d'Abarikaf. On ne soupçonne jamais les moyens qu'il doit opposer aux attaques, parcequ'il les varie sans cesse; et si les effets en sont visibles, votre génie doit aller au-devant de ceux qu'il vous cache : tout serait impossible pour nous, et rien ne doit l'être au chevalier de Dorrat Elgoase.

La résistance et les difficultés enflamment le courage du prince arabe; il profite des premiers rayons du jour pour partir, et les dauphins le conduisent sur l'île Rouge. Il en dépasse la pointe pour se mettre à portée de l'île Verte, qu'il se propose d'attaquer le lendemain. Les filles de la mer n'ont point abandonné leur libérateur, et pourvoient sans cesse à tous ses besoins. Le héros, livré à ses réflexions, se rappelle les discours du sage Alàbous. Je crains moins pour vous la force ouverte que la ruse, lui disait son gouverneur. Ainsi il se met en garde contre celles du génie qu'il doit soumettre; il s'endort avec confiance dans les bras de la Providence, et se lève le lendemain le cœur rempli d'ardeur et d'espérance.

Le héros voguait tranquillement vers sa destinée; tout à coup les trois sœurs jettent un cri : la tête et les mains d'Ilzaïde, qui nageait à côté du radeau, disparaissent. Habib tire son cimeterre et se met à la nage ; il se trouve embarrassé dans des mailles de filets; il prononce le terrible mot, emploie le tranchant du fer, et les mailles cèdent de tous côtés. Il saisit Ilzaïde et la porte sur le radeau; aussitôt il vole au secours de ses sœurs: après qu'il les a sauvées, il s'aperçoit que le radeau s'agite sans avancer, et que les dauphins sont engagés dans les mêmes filets ; il nage autour d'eux et les délivre. Pour assurer sa route, il monte sur le premier des dauphins, et marche vers la terre en coupant à droite et à gauche les filets tendus sur son passage. Du sommet d'une des plus hautes tours de son palais d'acier, le tyran observait l'objet qui gagnait le rivage : il voit qu'on dépasse le filet magique dont il avait embarrassé la mer ; il n'aperçoit point le prince arabe, mais il voit sur un corps qui flotte avec rapidité, un groupe de trois femmes presque nues, et ne peut présumer contre quelle espèce de danger il doit se précautionner. On jugerait mal de ses dispositions, si l'on croit le séduire par la beauté; et les précautions qu'il a su prendre le rassurent sur toute espèce d'enchantement. Le palais qu'il occupe est de véritable acier, on n'y arrive qu'en passant sous une voûte taillée dans le roc, armée de pointes de fer, et soutenue par une clef qui ne tient qu'à un fil : cette défense ne peut céder ni aux enchantements, ni aux charmes d'aucune espèce de magie. Nisabic, se confiant ainsi dans ses forces, sort de son palais, franchit la voûte redoutable, et vient au-devant de son adversaire. Le groupe qu'il a découvert s'avance vers la terre : le chevalier s'élance sur le rivage ; le monstre méprise un pareil assaillant : lui qui est couvert d'une armure de la tête aux pieds, et qui apprit, en consultant les astres sur son sort, que, pour se rendre maître de sa personne, il fallait s'emparer de sa maison d'acier. Il lui paraît impossible que son ennemi échappe au danger de la voûte mystérieuse, et fût-il assez heureux pour cela, il ne serait aucun moyen de détruire le fort auprès duquel il doit se trouver après avoir passé la voûte dangereuse.

Nisabic, tenant à sa main une massue d'acier d'un poids énorme, se présente devant Habib : Qui es-tu, téméraire? lui dit-il; quelle rage te conduit à terminer ici ta vie? Je suis le chevalier de Dorrat Elgoase, répond Habib, je viens châtier les rebelles envers Dieu et Salomon. Vil insecte, reprit le génie furieux, tu n'as qu'une vie à perdre, et tu oses, sans armes, insulter Nisabic! Meurs de la mort que je réserve à mes esclaves. En même temps, avec une promptitude incroyable, il éleva sa massue, et la laissa tomber sur la tête du héros. Le prince arabe n'oppose à cette chute que la lame de son cimeterre; l'effet en est terrible, la massue lui échappe des mains et l'entraîne avec elle. Le talisman l'éblouit! il voit qu'il va tomber au pouvoir de son ennemi, il prononce de noires conjurations. Habib s'approche du corps pour percer le génie abattu, et ne connaissant que son armure, il voit qu'il ne s'est rendu maître que de l'écorce d'un guerrier. La substance matérielle de Nisabic avait disparu, et le prince arabe n'imaginait pas que cette victoire fût plus précieuse pour lui que le corps du génie; en effet, elle expliquait la prophétie, qui disait que, pour se rendre maître du rebelle, *il fallait s'emparer de sa maison de fer*, et l'oracle avait en vue l'armure qui le renfermait, et dans laquelle le génie paraissait avoir mis toute sa confiance. Habib foule aux pieds cette armure, dont les proportions excédaient de beaucoup les tailles ordinaires; en quatre coups de cimeterre il en fait disparaître les liens, il en disperse les débris, et remplit ainsi un autre sens de l'oracle : « Les puissances soumises à Nisabic seront « déliées et dispersées. »

En se rendant invisible et en se retirant sous la voûte qui forme l'entrée de sa demeure, le monstre a fait le dernier essai de son pouvoir. Il se présente sous sa forme naturelle avec son cimeterre, et attend Habib à l'entrée de la voûte, comme pour le défier à un combat singulier. Le jeune prince se laisse engager dans le piége, le génie recule deux pas; il coupe le fil qui suspend la clef de la voûte; les rochers s'écroulent sur-le-champ avec un horrible fracas. Aussitôt que le prince entend les premiers efforts, il prononce fortement le mot redoutable du talisman, et oppose à la chute des rochers la lame éblouissante; les débris en tombant se rangent à droite et à gauche sans lui causer le moindre dommage ; une poussière affreuse l'environne, et il n'entend autour de lui que des gémissements et des cris; c'était Nisabic lui-même qui les poussait. Arabe! lui disait le génie, je viens d'être instruit par le malheur ; je reconnais tes destinées et les miennes; j'ai cru à des oracles qui m'ont trompé : je t'attendais depuis longtemps, et ne t'ai point reconnu ; tu déguisais ton pouvoir sous de faibles apparences, je me suis livré imprudemment, et tu m'as vaincu; n'abuse pas de ta victoire, je suis écrasé sous ces ruines, mon existence y serait affreuse : fais-moi transporter dans les cachots du Caucase : au moins je n'y gémirai pas seul! Génie, répondit Habib, tu es coupable de bien des crimes ; mais moi, j'ai l'ame d'un chevalier, et mon ennemi peut me demander grace ; cependant je ne peux me décider sans conseil, et je ne te rendrai réponse qu'après avoir fait trois prières.

Habib était comme enseveli dans un trou au milieu des rochers. A peine la poussière fut-elle dissipée, qu'il vit briller comme deux étoiles au-dessus de sa tête; c'étaient les yeux charmants de la plus jeune des filles de la mer. C'est vous, seigneur, lui dit-elle; que nous sommes heureuses! nous avons tremblé pour vos jours quand nous avons vu cette montagne s'écrouler sur vous! Prenez mes cheveux, chevalier, ne craignez pas de me blesser, j'ai de la force et du courage. En disant cela elle laisse aller sa tresse jusqu'à lui; il en saisit le bout, s'y attache, et elle parvient à le sortir du souterrain. Le premier soin d'Habib fut de remercier sa libératrice. Je n'ai rien fait pour vous, lui dit-elle, ne me remerciez pas; je voudrais vous rendre le plus heureux des hommes! En même temps elle lui tendait la main pour lui aider à passer de rocher en rocher, jusqu'à ce qu'enfin ils fussent parvenus sur le rempart extérieur des fossés du palais d'acier, résidence ordinaire du génie Nisabic.

A peine étaient-ils arrivés, qu'ils aperçurent les deux autres sœurs sur les coteaux voisins. Venez, mes sœurs, s'écriait Ilzaïde; le voici! Il n'y avait qu'une forte et véritable passion qui pût mettre notre héros à couvert des attaques d'autant plus dangereuses d'Ilzaïde, qu'elles étaient innocentes; mais il était déja vaincu par son destin, et la reine ne devait rien craindre. Cependant la conquête de l'île Verte n'était pas achevée; le château d'acier est inaccessible, les fortifications sont gardées, les portes et les ponts sont fermés. J'ignore encore, disait Habib, comment je peux suffire à une entreprise aussi hardie; voilà un fort inattaquable, les forces humaines n'y peuvent rien : ma confiance n'est plus en moi, elle est dans les décrets du sort qui me conduisent; il serait possible que les aveux de la défaite de Nisabic ne fussent qu'un piége adroit pour m'engager dans un nouveau combat, et que je fusse attendu ici par des périls que vous ne devez point partager; retournez sur votre élément, faites des vœux pour le chevalier de Dorrat Elgoase, et que du moins votre éloignement me tranquillise entièrement sur votre compte. Nous ne vous quitterons point, répondirent les filles de la mer; on ne court aucun danger avec vous. Si vous étiez toujours à mes côtés, ajouta la plus jeune, je braverais les tempêtes qui brisent les rochers.

Habib s'approche du pont-levis, le sabre à la main. De par Salomon, s'écrie-t-il, et en vertu de son talisman, j'ordonne à ce pont de s'abaisser. Sur-le-champ il tourne sur ses gonds, et le passage est ouvert. Le guerrier coupe avec son cimeterre les deux chaînes qui aident à le relever, et pénètre dans la cour de la forteresse. Au milieu de cette cour s'élève une colonne au sommet de laquelle est une cage de fer : ce monument est couvert de talismans; on y lit cette inscription :
« Tu ne peux être détruite que par la force de l'Arabie. »
Habib frappe de son glaive tous les talismans; un bruit sou-

dain retentit du centre des souterrains jusqu'au sommet des voûtes; la colonne se brise, et les sujets de Dorrat Elgoase, retenus dans les fers, sortent à la fois des cachots. La cage se trouve à terre; Habib aperçoit dedans un objet extraordinaire dont il a peine à distinguer l'espèce : c'était une femme nue, dont les cheveux couvraient le visage. Qui êtes-vous, madame? demande le héros. Seigneur, répond-elle, faites-moi sortir de ma prison, et donnez-moi quelques vêtements pour paraître décemment devant vous; cette cage est fermée par un talisman que le féroce Nisabic porte toujours avec lui ; tâchez de l'ouvrir, rendez-moi la liberté, et je ne cesserai de bénir Dieu, Mahomet et vous. Vous n'oublierez pas le grand Salomon, reprit le chevalier, au nom duquel je brise tous les barreaux. En même temps il les frappait avec son cimeterre.

Les trois filles de la mer ayant partagé leur ceinture, en couvrirent la prisonnière, de façon qu'elle pouvait s'offrir aux regards du chevalier sans que sa modestie en souffrît. Dès que les sujets de Dorrat Elgoase furent délivrés de leurs fers, ils se prosternèrent devant la dame inconnue, et lui donnèrent toutes les marques d'un attachement et d'un respect dont Habib ignorait les motifs. Que faites-vous donc? leur dit-il; quelle est cette dame? Hélas! seigneur, répondit un d'entre eux, c'est la dame aux beaux cheveux; c'était notre reine avant la rébellion d'Abarikaf; elle est parente de la belle Dorrat Elgoase. O ciel! s'écria le prince arabe, une reine, une parente de Dorrat Elgoase! comment pourrai-je lui rendre tout ce qu'elle a perdu? Rien ne vous sera difficile à cet égard, répondit celui qu'il interrogeait. Le tyran a accumulé dans cette forteresse, avec les richesses de notre reine, toutes celles de l'île dont il s'est emparé; et dès que vous êtes maître ici, vous êtes dans l'abondance. Les femmes que vous voyez au fond de la cour, et que leur situation empêche d'approcher, étaient à son service; elles ont montré trop d'attachement pour elle après son malheur, et une prison a été la récompense de leur fidélité.

Cherchez ici, dit Habib, tous ceux qui étaient attachés à la personne de votre reine, et qu'on la fasse rentrer en possession d'un palais où tout lui appartient. J'étais moi-même à son service, reprit celui qu'il interrogeait, et dans une place de confiance. Vous la reprendrez, dit Habib, si elle le juge à propos; en attendant rassemblez autour d'elle tout ce qui peut ici contribuer à sa commodité; et si vous connaissez les appartements de ce château, après que vous aurez parlé à ceux qui doivent se réunir pour son service, vous m'accompagnerez, afin que je puisse la conduire au plus magnifique.

En un moment, les gens qui devaient composer le service de la dame aux beaux cheveux se sont rassemblés : Habib les lui présente, et la prie d'accepter sa main. Vous rentrez dans vos droits, madame, lui dit-il, vous commandez ici; accordez au chevalier de Dorrat Elgoase l'honneur de vous reconduire dans votre palais.

La dame aux beaux cheveux baissa les yeux et se laissa conduire à un appartement préparé pour elle par le génie, et auquel elle avait préféré la cage dont on venait de la tirer. Tout y était superbe; les richesses y étaient accumulées dans tous les genres, et la dame trouva sur-le-champ beaucoup plus qu'il ne lui était nécessaire pour se vêtir convenablement, elle et toute sa cour. Les trois filles de la mer l'avaient suivie, et comme compagnes du chevalier arabe, elles lui demandèrent la grace de leur laisser arranger ses beaux cheveux. Hélas! leur dit-elle, ils ont été la cause de mon malheur; cependant comme, dans mon infortune même, ils ont été toute ma ressource, je ne puis me reprocher le trop d'attachement que j'ai eu pour eux : je vous les abandonne donc avec beaucoup de satisfaction. La dame aux beaux cheveux sortit de sa toilette avec une natte en tiare sur la tête, ornée de filets de perles et de rubis; deux autres lui tombaient sur le dos et plus bas que la ceinture. A peine était-elle parée, que des écuyers vinrent l'avertir qu'elle était servie.

Habib la prit pour la conduire : elle engagea les aimables filles de la mer à venir dîner avec elle, et le chevalier arabe se trouva pour la première fois de sa vie à table avec des femmes, et la première fois depuis six mois, vis-à-vis d'un repas qui ne fût point le produit forcé de son industrie ou de celle des autres. On avait trouvé de tout dans les cuisines et les offices de Nisabic.

La dame aux beaux cheveux était jeune, d'une taille riche et parfaitement belle ; d'ailleurs ses regards pleins de feu respiraient une langueur touchante : un cœur qui n'aurait pas été préoccupé se serait aisément pris de passion pour elle ; mais il n'en était aucun qui pût se refuser à l'intérêt que sa personne et ses malheurs pouvaient inspirer. Habib laissait tomber sur elle des regards d'attendrissement. Ilbaïde les surprenait sans les chercher ; et, sensible sans s'en douter, elle était jalouse sans le savoir. Le repas se passa en attentions réciproques : quand il fut achevé, la compagnie passa dans un salon, et Habib pria la dame de vouloir bien, si cela ne lui était pas trop à charge, lui faire le récit de ses disgraces. La dame poussa un soupir, passa la main sur ses beaux yeux pour en essuyer le larmes, et commença ainsi :

Histoire de la dame aux beaux cheveux.

Mon père tenait la couronne de l'île Verte et de l'île Bleue des bontés de son frère, père de Dorrat Elgoase, moyennant un hommage et un tribut annuel. Je fus, comme ma cousine, le seul fruit du mariage d'un prince uni à une fille de l'ordre des génies. Illabousatrou, père de ma tante Camarilzaman, avait formé le projet d'établir dans cette contrée tous les génies soumis à Salomon, dont ce prophète l'avait rendu chef, et, pour prévenir leur inconstance et leurs rechutes, de les engager à se marier tous avec des enfants d'Adam. Plusieurs d'entre eux s'y refusèrent, entre autres Abarikaf, Mokilrakam et sa famille, et Nisabic : ils colorèrent leurs motifs, mais le véritable était la rébellion déjà née dans leur cœur, avec le désir de la faire éclater quand ils pourraient se flatter de se rendre puissants par elle. Je perdis les auteurs de mes jours presque en même temps que ma cousine Dorrat Elgoase perdit les siens. Je me vis reine sous la tutelle d'un vieux visir que mon père m'avait choisi. L'insolent Nisabic, un des favoris d'Abarikaf, était devenu amoureux, non de moi, mais de mes cheveux. Sans cesse occupé d'enchantements et de pronostics, il demeurait convaincu que, s'il pouvait m'épouser, il soumettrait à sa puissance autant de génies que j'avais de cheveux : ils devaient lui servir à les lier, et il m'en aurait coûté un à chaque opération. Je connus le fond et l'extravagance de son projet, parcequ'il eut l'audace de me le détailler, pour essayer de me séduire par le tableau de la puissance dont je pourrais jouir un jour. Je rejetai ses offres, et donnai ma main au prince Daliska, à qui j'avais donné mon cœur. A peine étions-nous unis que la révolte d'Abarikaf se déclara : il y entraîna tous les habitants de l'île Noire, qu'il gouvernait comme visir. Des légions d'esprits révoltés viennent se joindre à lui des parties les plus reculées de la terre. Illabousatrou peut à peine se maintenir avec sa petite-fille, dans l'île de Médinazilbalor, et ne peut donner du secours à celles-ci, que Mokilrakam et Nisabic envahissent sous les ordres d'Abarikaf. Daliska, mon mari, est vaincu et conduit à l'île Noire, où le traître Abarikaf le garde comme un otage, et le scélérat Nisabic vient de nouveau m'offrir son odieuse main. Reine, me dit-il, votre main est dégagée; vous ne pouvez la conserver à mon esclave, elle doit entrer dans celle du vainqueur. Vil rebelle, lui dis-je, les étoiles entreront un jour en jugement pour avoir combattu pour toi. Il se retira furieux et me rendit prisonnière dans mon palais.

Chaque jour il venait renouveler ses importunités, et je m'étudiais à l'accabler de mépris ; mais il voulait absolument ma main, aveuglé qu'il était par cet horoscope qui la lui faisait paraître si précieuse. Enfin, désespérant de réussir, il imagina d'employer, vis-à-vis de moi, les dernières rigueurs. Je le menaçai de m'arracher les cheveux un à un, il écumait de rage. Je vous en empêcherai bien, me dit-il, ils deviendront votre unique ressource. Ce fut alors que ce monstre résolut de m'enchaîner dans cette cage dont vous m'avez tirée, où il me nourrissait d'air et m'abreuvait de mes larmes; mes cheveux étaient la seule couverture qui me restât pour me mettre à l'abri des rigueurs du climat, des injures du temps, et de la confusion de paraître nue aux regards auxquels il m'avait exposée. Je ne pouvais les peigner qu'avec les doigts : ainsi il me força à conserver mes cheveux, qui étaient le principe de mon malheur et de ses folles espérances.

Chaque matin il venait au pied de la colonne me demander si j'étais lasse de souffrir et si je voulais enfin lui donner la main. Je lui demandais la mort avec instance, et il me répondait en jetant en l'air de l'eau avec la main : Vivez, souffrez, soupirez, pleurez et tressez vos cheveux. Chaque soir il venait me presser de consentir à entrer dans son lit, et il répétait avec la même cérémonie les mêmes paroles.

Voilà, seigneur chevalier, mon affligeante histoire : il m'est impossible de vous dire combien mes souffrances ont duré; j'étais absolument plongée dans mes réflexions, et comme absorbée par elles. Vous avez mis fin à une partie de mes peines; séparée d'un époux que j'aime tendrement, affectée de l'idée des tourments rigoureux qu'il éprouve sans doute, je suis bien éloignée de pouvoir me livrer à la joie que devrait me causer la vue de mon libérateur et le changement de ma fortune.

En prononçant ces dernières paroles, la dame aux beaux cheveux fondait en larmes, et, par un mouvement habituel et involontaire, elle portait encore les doigts à ses cheveux comme pour les arranger. Habib n'avait jamais connu de disgrâces que les siennes; le récit de celles de la dame le pénétra d'un sentiment nouveau pour lui, son ame s'émut, ses yeux se remplirent de larmes : Ilzaïde se mit à sangloter et sortit de table. Sa sœur aînée la suivit : Qu'avez-vous? lui dit-elle; contenez-vous. Je ne saurais, répondit la jeune sœur; cette dame fait trop de peine au chevalier arabe. Vous n'êtes donc pas comme moi, ma sœur? je voudrais qu'on ne lui fît que du plaisir. Pendant qu'elle faisait cette réponse on reconduisit Ilzaïde à table.

La dame aux beaux cheveux, s'apercevant de l'impression qu'elle cause, s'est composée; et Habib, devenu maître de sa propre émotion, peut parler. Madame, lui dit-il, je jure par le cimeterre qui m'a été confié, que votre époux vous sera rendu, et que je vengerai les injures de Dorrat Elgoase et les vôtres jusque sur la dernière des têtes des rebelles qui vous ont offensée. Nisabic, si j'ai dû l'en croire, porte déja en partie la peine de ses abominables excès sous un amas de rochers dont il avait voulu m'accabler; je suis plus que vengé du mal qu'il voulait me faire. Mais le ciel, Dorrat Elgoase et vous, madame, ne l'êtes pas assez. Nous allons nous rendre ensemble au pied de cette masse sous laquelle il avait prétendu m'écraser, et je veux employer à son châtiment le moyen qu'il avait imaginé, d'après ses horoscopes, pour s'élever au-dessus des autres. Daignez m'accompagner, madame, en attendant qu'avec la protection du ciel et celle de ses favoris, je puisse mettre fin à tous vos malheurs, je veux vous faire goûter le plaisir de la vengeance.

En disant cela, il prenait avec la dame aux beaux cheveux et les trois filles de la mer le chemin des rochers renversés qui fermaient le passage pratiqué dans le roc pour aller de l'esplanade du château au bord de la mer. Dès qu'ils y sont arrivés, Habib tire son cimeterre, en frappe trois fois les rochers écroulés, puis il élève la voix : Nisabic, s'écrie-t-il, si tu gémis sous ces masses de pierres, donne-s-en des signes; le chevalier arabe vient te tenir sa parole. Au même instant l'amas de rochers parut se soulever un peu, et il en sortit un gémissement d'une nature effrayante; la dame aux beaux cheveux reconnut la voix et tressaillit.

Habib reprend la parole. Génie rebelle, je ne connaissais pas tous tes crimes, et avant que je te les envoie expier dans les cavernes du Caucase, il faut que tu sois humilié aux yeux d'une reine que tu as si lâchement outragée.

Après ce discours adressé au génie, le chevalier s'arrête et se retourne du côté de la reine. Madame, cet impie voulait se servir de vos cheveux pour lier et s'assujettir les êtres spirituels : il faut qu'il soit puni de son ambition et de ses desirs insensés, par ce qui en était pour lui le moyen comme l'objet. Habib frappe de nouveau le rocher et élève la voix : Tu auras trois des cheveux que tu as desirés, malheureux coupable! ce sont trois liens de fer qui te tiendront par le cou, par les mains et par les pieds. Puis jetant les trois cheveux en l'air, il prononce d'un ton de voix plus grave et plus fort : Nobles créatures de Dieu, esprits conservateurs des éléments, serviteurs du grand Mahomet et amis de Salomon, enchaînez le coupable, jetez-le aux pieds de celle qu'il a offensée, et portez-le dans les prisons du Caucase!

On entendit des cris affreux, les rochers s'entr'ouvrirent; Nisabic, chargé de fers, parut un instant, le front humilié jusqu'à terre, devant la dame aux beaux cheveux, et sur-le-champ la vision fut dissipée. Pendant le temps que l'horrible génie fut exposé à la vue, Ilzaïde se tint cachée derrière le chevalier. La dame aux beaux cheveux ne put se garantir d'un mouvement de dégoût et de crainte. Habib s'adressa à elle : Rassurez-vous, madame; vous voyez que votre chevelure est un précieux trésor : vos cheveux vous délivreront ce soir des nombreux ennemis qui infectent les cachots de votre forteresse de leur souffle impur, et même de ceux que la fuite a pu garantir de ma vengeance, si leur imprudence leur a fait choisir un asile dans cette île. Nous ferons plus, j'y vois un moyen sûr de soumettre tous les rebelles de l'île Bleue, sans qu'on ait la peine de les aller chercher. Que ne puis-je me flatter de pouvoir m'en servir contre Abarikaf même, et d'achever de vérifier, aux dépens de tous les ennemis de Dorrat Elgoase et des vôtres, l'horoscope qui destinait votre chevelure à donner des fers à des légions de génies! Il ne faudra pas la ménager, madame; livrez-la à sa destination, et par suite vous n'en serez que plus parée.

La dame aux beaux cheveux est rentrée dans son appartement, et les trois filles de la mer la servent encore pour la toilette du soir; pleine de confiance dans la sagesse du chevalier, elle arrache une poignée de ses cheveux, glorieuse de les voir servir à un aussi noble emploi. Ilzaïde s'en saisit, et va les remettre à Habib. Celui-ci se fait conduire à la porte des cachots, il y répète l'opération qu'il a faite auprès des rochers, et tous les rebelles sont enlevés sur-le-champ pour être conduits dans les souterrains du mont Caucase. Il monte ensuite sur la terrasse qui couronne le château, et répand des cheveux dans l'air en les confiant aux ministres des prophètes, pour que leur effet se produise sur ce qui reste d'ennemis dans l'île Verte, et sur ceux qui sont en possession de l'île Bleue; un bruit occasionné par des gémissements éloignés se fait entendre, et le rend certain que ce qu'il a fait a eu son plein succès. Ensuite il s'arrête un moment pour jouir et pour réfléchir. Il serre ensuite avec précaution sur sa poitrine ce qui lui restait de la chevelure de la dame, et vient la rejoindre au salon dans lequel elle était avec les trois filles de la mer. Tranquillisez-vous, madame, lui dit-il en l'abordant; vous êtes délivrée de vos ennemis. Née sur le trône, si vous avez eu besoin de mes secours, mes conseils vous deviennent désormais inutiles : mon étoile et mon devoir me forceront demain à me séparer de vous; mais si le ciel protége mes armes, croyez que je ne perdrai pas de vue vos plus chers intérêts. Je porterai demain vos ordres sur l'île Bleue, si vous voulez m'en honorer. Je vous enlève mes aimables compagnes; mais j'ai deux mers encore à traverser, et dans un pays où la tyrannie avait détruit toute espèce de navigation, j'aurai besoin de leur obligeant secours.

La dame aux beaux cheveux vit avec peine que le jeune héros, à qui elle avait tant d'obligations, voulût se séparer d'elle aussi promptement; mais elle crut devoir céder honnêtement à des instances dont elle ne pouvait qu'approuver le motif; et ils prirent congé l'un de l'autre avec les témoignages de la plus parfaite estime.

Le jour naissant vit partir Habib et ses compagnes; ils volaient sur les flots et atteignirent les rivages de l'île Bleue vers le milieu du jour. Les habitants rassemblés s'y livraient à la joie de leur délivrance inopinée ; leurs tyrans avaient presque visiblement été terrassés et enlevés devant eux. Habib vient augmenter leur satisfaction en leur apprenant l'heureuse délivrance de leur belle reine; et comme ils sont les plus proches voisins de l'île Noire, il cherche à s'informer d'eux si rien n'a pu les instruire de ce qui s'y passe, et des succès d'Abarikaf, dans l'attaque qu'il fait de l'île restée fidèle à Dorrat Elgoase.

Seigneur, lui disent les habitants, depuis que les rebelles se sont emparés de cette île, ils n'ont pas même laissé subsister un bâtiment pour la pêche; ayant des moyens de se communiquer entre eux, ils nous ont privés de toute espèce de moyens d'entretenir des relations avec les êtres vivants qui sont de notre nature : nous ne pouvons pas nous éloigner de notre côte, et il nous est impossible de rien savoir de ce qui se passe sur la leur. Mais sans que ce puisse être l'effet d'aucun orage prochain ou éloigné, le bras de mer qui nous sépare est devenu depuis quelques jours plus noir qu'il ne l'était; les flots de la mer, sans que le vent ou aucun courant les agite, se soulèvent inégalement, et nous jugeons, sans pouvoir en dire la véritable cause, que le passage d'ici à l'île Noire est infiniment dangereux, quand la fureur du monstre qui y règne n'effraierait pas tous ceux qui voudraient le tenter.

Le guerrier arabe, se proposant de voir le lendemain par ses yeux ce qu'on venait de lui décrire, accepta l'hospitalité qu'on lui offrait, et sans rien communiquer de son projet, il se livra aux amusements d'une fête dont la délivrance de l'île était l'occasion. Il se déroba au repos avant le retour du soleil, monta sur son radeau, côtoya l'île Bleue jusqu'à ce qu'il l'eût entièrement dépassée, et chercha à s'avancer dans le détroit qui la séparait de l'île Noire; mais la mer devint si furieuse devant lui, que les dauphins qui le conduisaient prirent l'effroi et vinrent échouer sur le rivage de l'île Bleue. Habib frappe en vain les flots avec son sabre, il prononce en vain ce mot qui l'a fait prévaloir contre tous les enchantements, le charme qu'il combat n'agit pas dans l'air, et l'effet qui vient de jeter son bâtiment à la côte est absolument naturel, quoique mis en mouvement par une cause qui ne l'est pas.

Les poissons, les monstres habitants des mers des environs ont été rassemblés dans le détroit qu'il faut traverser. Les flots qu'il contient en sont remplis ; leurs masses énormes, mises en mouvement par l'inquiétude qui leur a été communiquée, mettraient un gros vaisseau en danger d'être submergé : la mer dans laquelle ils se tourmentent est affreuse.

Tant aguerries que soient les filles de la mer à voir ses plus monstrueux habitants, quoique rassurées par la présence d'un héros, faite pour encourager l'inexpérience et la timidité même; frappées par ce spectacle étrange et nouveau pour elles, elles ont promptement gagné la terre et viennent sur le rivage entourer le chevalier arabe, qui demeure un instant absorbé dans ses pensées.

Le héros était alors sur la pointe d'un rocher escarpé : il se précipite dans la mer, la tête la première, et se trouve environné de toutes parts de poissons qui le pressent, mais sans l'offenser. Partout où le cimeterre les atteint, il tue, et la mer est bientôt couverte de sang, mais leur foule augmente loin de se dissiper : il en est pressé de toutes parts, ils sont retenus par des barrières qui les empêchent de s'échapper. Le guerrier couvre la mer de cadavres flottants et se fatigue, tandis que les légions écaillées qui sont autour de lui paraissent être renforcées. Il s'élève un moment au-dessus des débris mourants qui l'environnent. Au nom de Salomon, s'écrie-t-il, par quelque force que ces poissons soient retenus ici, qu'ils se retirent dans les mers les plus reculées de cette partie du monde.

Ce commandement est suivi de l'effet le plus prompt; il se fait dans les flots un mouvement prodigieux, et la foule des animaux aquatiques se dissipe. Le chevalier se trouve nageant au milieu d'une mer libre, sur laquelle on voit flotter des corps dépourvus de mouvement; tout ce qui avait vie s'est éloigné. Les trois filles de la mer observent ce qui se passe du haut du rocher; Ilzaïde a vu à plusieurs reprises la mer se teindre de sang : et à chaque fois Ilzaïde a poussé des cris de frayeur. Quand elle voit le bras et le sabre s'élever au-dessus de l'eau, elle se rassure. Voilà bien du sang, dit-elle, mais ce n'est pas le sien. Enfin il lui semble que la mer devient plus calme, et elle voit que le héros nage, mais en pleine mer. C'est lui, dit-elle; il tente de passer la mer à la nage! il va se noyer! et elle s'élance dans les flots. Ses sœurs l'appellent vainement, et finissent par se jeter à la mer après elle; mais elles ne sont pas les seules qui la suivent. Deux des dauphins, dégagés du radeau, et habitués à jouer avec elle, sont à ses côtés; leur instinct les y attache, et les flots apaisés n'opposent plus de résistance à des nageurs aussi exercés.

Ilzaïde croit qu'elle sera bientôt à portée de donner du secours à l'objet dont le sort lui inspire de l'inquiétude; mais tout à coup il vient de s'enfoncer et de disparaître : elle plonge et devient le témoin d'un combat terrible. Habib est aux prises avec Abarikaf lui-même, entré dans le corps d'une baleine à laquelle il fait faire des efforts prodigieux. Lorsque héros veut en approcher, l'animal démesuré ouvre une gueule immense, et vomit un torrent d'eau qui le repousse. Habib reparaît sur l'eau, s'y enfonce de nouveau, s'élance sur le dos du monstre, et son cimeterre, auquel rien ne peut opposer de résistance, pénètre à travers les côtes jusque dans l'intérieur de l'énorme masse vivante qu'il attaque. Le colosse aquatique se débat, couvre la mer de sang et d'écume, et s'enfonce dans les abîmes.

Habib est obligé de venir chercher à respirer au-dessus de l'élément liquide, ayant soin toujours de suivre la trace sanglante qui s'échappe du corps qu'il a percé ; mais les forces commencent à lui manquer, quand il voit approcher de lui Ilzaïde. Montez sur un dauphin, seigneur chevalier, lui dit-elle, vous vous hasardez trop. Comment, vous qui n'êtes qu'un homme, pouvez-vous vous risquer en pleine mer, et y faire tout ce que vous faites ? Le chevalier arabe reconnaît le ciel qui le protége dans le secours qui lui est envoyé; il suit les conseils d'Ilzaïde, et bientôt, avec son aide, et monté sur le dauphin, il est en état d'observer plus à son aise les suites du redoutable combat dont il vient de sortir victorieux.

Quand Abarikaf l'a attaqué, le rebelle était environné de monstres pareils à lui, et d'autres plus effrayants encore, tous assujettis aux génies ses vassaux, complices de ses crimes; son danger les a tous écartés de lui. Aveuglés par la terreur, ils ont cru trouver leur propre sûreté dans la fuite : ils veulent même abandonner les corps des espadons, des souffleurs, des lions marins, dans lesquels ils étaient entrés par la force d'un charme : mais un charme plus puissant les y retient. Ce sont les cheveux de la reine des îles Verte et Bleue, dont Habib a jeté une partie à la mer, dans un moment d'impatience : Que ces cheveux, a-t-il dit, fassent autant d'esclaves de Dieu, par Salomon, que le scélérat Nisabic a prétendu s'en faire par eux pour établir sa propre puissance.

Le charme attaché aux cheveux avait eu son effet; et, dès ce moment même, les génies étaient devenus captifs dans les corps des habitants de la mer qu'un enchantement leur avait assujettis.

La baleine dans laquelle est Abarikaf, épuisée par la perte entière de son sang, reparaît sur l'eau comme un corps inanimé, et y flotte comme une île. Le chevalier arabe s'élance de dessus son dauphin, monte sur le dos de l'ennemi qu'il a vaincu, et y rend grâce à celui qui donne les victoires. J'avais ma confiance en lui, disait-il, et je n'ai pas craint de m'enfoncer dans les profondeurs de la mer; il m'y a tenu les yeux ouverts et donné la liberté des mains. J'attaquais un monstre démesuré, il a fait descendre le fer jusqu'au cœur de mon ennemi. Quand mes forces ont été épuisées, il a envoyé Ilzaïde à mon secours : un enfant qui vient de sa part vaut seul une légion.

Dans ce moment, Ilzaïde, encouragée par l'exemple du vaillant chevalier, s'est élancée sur le dos de l'énorme poisson; ses sœurs la voient, se pressent d'arriver, suivies des six autres dauphins, et s'enhardissent à suivre son exemple. Cependant la masse inanimée qui les porte, entraînée par un courant, est sortie du canal qui menait à l'île Noire, et l'a dépassée. Habib, après avoir reçu avec reconnaissance et modestie les félicitations des compagnons de ses aventures, leur demande quelle est la terre qui paraît de loin à l'horizon : C'est, lui répond l'aînée, l'île de Médinazilbalor, dans la capitale de laquelle demeure notre souveraine. A ce discours, Habib a peine à contenir sa joie. Quoi! dit-il, j'ai le bonheur de voir cette terre désirée! Si je pouvais y arriver conduisant le monstre que nous avons sous les pieds, que sa vue serait agréable à votre reine! car je ne doute pas que le rebelle Abarikaf ne soit enchaîné dans les entrailles de la baleine. Vous le pouvez, disent les trois sœurs; ce sera un radeau un peu lourd, mais nous allons chercher, dans le fond de la mer, des plantes dont nous formerons des traits pour nos dauphins. Sur-le-champ elles se jettent dans les flots, et disparaissent. Leur adresse et leur vivacité remplissent en un moment leurs intentions, les dauphins sont attelés, le corps de la baleine cesse d'obéir au courant, et prend la route du grand port de Médinazilbalor.

Alors on entendit partir du sein de la baleine des gémissements semblables au bruit des flots, lorsqu'ils s'engouffrent dans quelque cavité profonde des rochers du rivage. Abarikaf voit qu'il va être livré à la vengeance d'Illabousatrou et de Dorrat Elgoase, et présume qu'il ne sera pas épargné.

Cependant l'arrivée d'une énorme masse flottante qui s'acheminait vers l'île de Médinazilbalor, a frappé les regards d'Ilbacaras, chargé de veiller continuellement aux intérêts de Dorrat Elgoase dans toute l'étendue de la terre et des mers de l'île Noire. Ce visir, métamorphosé en oiseau, se tenait en station au haut de la moyenne région; l'inférieure, tout autour de Médinazilbalor, étant infestée par les patrouilles des rebelles. Il s'est aperçu de quelques mouvements sur la mer et il n'a pu, de la hauteur à laquelle il est élevé, juger de ce qui les occasionne; il voit tout à coup qu'un point se détache et flotte sur l'onde. Il hasarde de descendre avec précaution de son poste, et l'air lui paraît absolument libre; en se précautionnant contre les piéges, il s'approche encore davantage de terre : les brouillards qui couvraient les côtes de Médinazilbalor et la mer se sont tous jetés sur l'île Noire; ils y sont comme affaissés; elle en paraît écrasée.

Peu à peu le point qu'il suivait des yeux s'est étendu; il paraît comme une petite île flottante, capable de combler le port de Médinazilbalor, vers lequel il suppose que les courants la portent, et cette île n'est point déserte, quoiqu'elle semble d'ailleurs être absolument nue : il part d'un vol précipité, et va donner avis à Dorrat Elgoase de sa découverte. Grande reine! lui dit-il, je vous ai avertie que j'avais aperçu des mouvements extraordinaires sur l'île Noire et sur la mer qui nous sépare d'elle; aujourd'hui, au lever du soleil, j'ai vu de l'agitation sur ses flots, sans qu'elle fût occasionnée par les vents, et ses mouvements semblaient se contrarier.

Tout à coup une île s'est élevée de son sein; elle est portée, je ne sais comment, sur vos côtes et vers votre port qu'elle peut fermer, et j'ai distingué des figures humaines sur sa surface. D'ailleurs Abarikaf a fait dégarnir tous ses postes; toutes ses forces semblent s'être repliées sur l'île Noire, à laquelle elles doivent intercepter les rayons du jour. L'île qui s'avance peut être une manière d'attaque imprévue, dont l'aspect n'a rien de trop menaçant; mais comme elle doit être le produit d'un enchantement, votre prudence ne doit rien négliger pour en prévenir et surmonter l'effet.

Dorrat Elgoase fait avertir ses deux ministres et son grand-père Illabousatrou : en un moment la côte est garnie de tous les guerriers du pays. Illabousatrou rassemble autour de lui les génies qui lui sont restés soumis, pour être en état de repousser les attaques que pourrait tenter de faire Abarikaf, à la tête de ceux qu'il a enveloppés dans sa rébellion. Tout est en mouvement dans Médinazilbalor pour se préparer à la plus vigoureuse défense, dans le cas où la masse énorme qui s'avance recélerait dans ses flancs de nombreux bataillons, et viendrait tout à coup les vomir à terre.

Habib, les yeux toujours fixés vers cette terre dont il desire si ardemment les approches, a bientôt reconnu, à ce qu'il voit faire, la sorte d'inquiétude qu'il occasionne. Le hasard, en entrant dans la rade de Médinaz, le fait passer assez près d'une île couverte de mangliers : il en accroche une branche, qu'il coupe avec son cimeterre; il la donne à Ilzaïde : Allez à terre, ma belle enfant, lui dit-il; présentez-vous avec cette branche en signe de paix, faites-vous conduire à la reine Dorrat Elgoase, et dites-lui qu'un chevalier arabe, qui lui est dévoué pour la vie, lui demande la permission de venir tomber à ses pieds.

Ilzaïde prend la branche et va sortir entre deux eaux, sous un rocher qui était à l'entrée du port; là elle s'arrange, et se montre tout à coup, son caducée à la main, à ceux qui faisaient la garde de ce côté, en les priant de la conduire à la reine: on peut juger du transport de joie dont fut saisie Dorrat Elgoase, à la vue et au discours de ce charmant ambassadeur. Cependant son premier ministre l'arrête quand elle voudrait voler vers le rivage. Madame, lui dit-il, votre ennemi est instruit que les étoiles vous promettent les secours d'un chevalier d'Arabie; il peut emprunter des lèvres naïves pour vous tendre un piége; le bâtiment qui porte votre chevalier paraît bien extraordinaire ; laissez-moi faire quelques questions à l'ambassadeur qu'on vous envoie. Jeune fille de la mer, car je vois bien que vous en êtes une, pouvez-vous nous dire par quel moyen le chevalier qui s'annonce prétend arriver ici? Il ne saurait aborder sur la terre qui le fait flotter sans courir le risque de combler le port. Prenez-vous donc pour de la terre, dit Ilzaïde, une grosse vilaine baleine que je lui ai vu tuer, et sur laquelle nous sommes montées avec lui, mes deux sœurs et moi ? Il dit que cet énorme monstre était le plus grand ennemi de la reine, et qu'il veut le lui présenter. Et vous ne reconnaissez pas Habib à cet exploit? dit vivement la reine à son ministre. Pas encore, madame, dit le ministre; Abarikaf peut venir s'emparer de votre port sous la forme d'une baleine, et vous donner des lois sous la sienne. Abarikaf! reprend vivement Ilzaïde : il nous a fait bien du mal avec les siens; mais je pense qu'il ne pourra plus nous en faire : je crois que c'est lui qu'on entend se plaindre dans le ventre de la baleine, du moins le héros le dit. Et quel est ce héros, ma belle fille? reprit le visir. C'est, dit plus vivement encore Ilzaïde, celui qui a tué ce vilain requin Il'rachamcham, son fils le tigre, un grand géant tout de fer, celui qui a délivré la dame qui a de si beaux cheveux, qui a détruit tous les monstres qui faisaient notre malheur; il fait tout au nom de notre reine Dorrat Elgoase : mes sœurs disent que c'est un héros; je ne sais ce que c'est qu'un héros, mais si vous aimiez celui-là autant que moi, vous courriez bien vite pour le voir.

Dorrat Elgoase jouissait, malgré son impatience, en entendant les éloges naïfs donnés à l'idole de son cœur. Elle adresse la parole à Ilbaracas : Prenez votre vol, lui dit-elle; vous connaissez Habib, allez le chercher : présentez-vous à lui sous votre forme naturelle, et faites-le apporter ici commodément par deux de vos génies; vous ferez échouer la baleine sur le sable. Et mes sœurs, madame, dit Ilzaïde, il faut que vous les fassiez venir; elles ont toujours été avec le héros, et ne voudront pas le quitter. Oui, ma charmante fille, dit la reine, nous recevrons ici vos sœurs comme vous, et nous vous comblerons de caresses.

Ilbaracas part : ce vieux ministre est tranquille lorsqu'il voit que le gentil ambassadeur reste en otage; la vérité du récit qu'il a fait ne semble presque plus douteuse. Illabousatrou arrive : C'est votre chevalier arabe que nous allons recevoir, ma fille; je viens de m'en assurer, et d'être averti qu'il a replacé sur votre tête toutes les couronnes qu'on vous avait enlevées. La belle reine éprouve des transports de joie qui la mettent hors d'elle-même; elle commande à son visir, elle prie son grand-père de donner tous les ordres pour qu'on reçoive en triomphe son chevalier, son vengeur, son héros, son amant, son époux, et se fait rapporter par la naïve Ilzaïde des circonstances qui la font passer des transports de la joie à ceux de l'attendrissement.

Ilbaracas a joint le héros, et lui propose de le faire transporter sur-le-champ au palais de la reine. Je dois encore, répond Habib, ce moment-ci à ses intérêts. Vous devez faire échouer la baleine, il faut que j'y sois présent; j'ai manqué de prudence une fois, et cela m'a servi de leçon pour l'avenir. Je soupçonne que le cruel ennemi de votre reine vit encore dans les entrailles du monstre qu'il avait suscité contre moi. Je dois m'en assurer, pour me conduire à son égard comme un instrument de Salomon contre lequel il s'était révolté, et assurer le repos de votre souveraine. Ilbaracas fait traîner la baleine vers un endroit de la plage où il était aisé, en multipliant les efforts, de la tirer à terre; après quoi Habib s'en approche en élevant la voix : Vil ennemi de Dieu, dit-il en paraissant parler au monstre, criminel envers lui et ses prophètes, renégat de la loi à laquelle tu t'étais soumis, es-tu détenu dans cette enveloppe?

On entend un grincement de dents affreux qui paraît sortir du ventre de l'animal. Parle, dit Habib en insistant, ou je te dévoue aux plus cruels supplices. Alors on entend sortir par la gueule un *oui* douloureux et plaintif.

Le chevalier tire alors de son sein le paquet de cheveux qui lui restait : Que les projets des insensés, dit-il, achèvent d'avoir ici leur accomplissement contre eux; que ces cheveux deviennent des liens de fer qui te privent de toute action; sois livré avec tous les tiens aux ministres esclaves de Salomon, et précipité dans le fond des cavernes du Caucase. En faisant ce commandement, Habib liait les barbes de la baleine avec les cheveux, et l'énorme masse parut faire un effort comme pour se soulever ; mais il ne fut pas redoublé, et les dépouilles de la tête de la dame aux beaux cheveux, employées sans doute ailleurs, disparurent sur-le-champ. Ma reine est en sûreté, dit Habib à Ilbaracas; je puis maintenant me livrer à la satisfaction de la voir, et je vous prie de me conduire auprès d'elle.

Tandis que le chevalier arabe s'occupait d'assurer la tranquillité de Dorrat Elgoase, on préparait tout dans le palais et dans la ville de Medinazilbalor pour y recevoir en triomphe un libérateur victorieux, un vengeur qui devait bientôt en être le souverain. Et la charmante reine amusait sa tendre impatience en se faisant répéter par Ilzaïde les actions dont elle avait été témoin, et jusqu'au moindre discours que cette jeune personne avait pu retenir de son cher chevalier.

Comme la nuit était venue, ce fut à la faveur de superbes illuminations, qu'Habib parvint à l'appartement où il était attendu. Jamais passion, qui fût l'ouvrage des destinées, n'était entrée dans des cœurs aussi bien faits pour être assortis l'un à l'autre. Jamais tant de beautés et d'avantages extérieurs n'avaient été réunis à tant de mérite et de vertus. Habib s'extasiait de l'excès de son bonheur, et Dorrat Elgoase s'écriait : Et je ne puis vous donner, mon cher Habib, que mon cœur, ma couronne et ma main ! quelle faible récompense de tant de services ! quel prix de tant de travaux et de vertus aussi héroïques !

La même soirée qui fut témoin de leur entretien, le fut aussi de la cérémonie qui devait assurer leur union. La même nuit les vit amants et époux heureux, et le lendemain, le soleil éclaira avec les transports de leur félicité, ceux de la joie de toute l'île de Medinaz. Mais le bonheur d'Habib ne lui faisait pas perdre de vue les obligations qu'il avait contractées. Le prince Daliska, époux de la dame aux beaux cheveux, devait encore languir dans les prisons de l'île Noire, et cette malheureuse contrée, si elle n'était plus infestée par les crimes et par la présence d'Abarikaf, devait être livrée à un très grand désordre. Il a donné sa parole à la dame aux beaux cheveux qu'il délivrerait son époux, et il est le pacificateur désigné par tous les états de Dorrat Elgoase ; il n'emploiera pas d'autres moyens que ceux que le sort lui mit entre les mains pour entreprendre et poursuivre son aventure. Les trois filles de la mer sont auprès de Dorrat Elgoase, qui s'attache à les combler de bienfaits. Il s'adresse à l'aînée : Nous avons ici, lui dit-il, quelques bâtiments que je pourrais faire mettre à la mer pour passer sur l'île Noire ; mais je préfère votre invention, qui nous a si heureusement servis. Tâchez, mesdames, de retrouver notre radeau, s'il ne vous est pas plus aisé d'en assembler un autre : je n'aurai point de repos que je n'aie tari les larmes de la dame aux beaux cheveux, et remédié aux désordres qui peuvent troubler le repos de ce qui reste de mes sujets sur l'île Noire. Les trois sœurs reçurent avec joie cette proposition. Elles se voyaient associées à la gloire dont jouissait Habib. Ilzaïde était un peu sérieuse depuis qu'elle avait vu le mariage du héros : mais comme l'affection qu'elle lui portait était vraie, elle l'aimait encore de tout son cœur, quoiqu'elle vît bien qu'il appartenait à une autre à qui elle ne pouvait rien disputer.

Habib appelle sa belle reine au conseil qu'il tient avec ses aimables compagnes d'aventures, et il est décidé qu'il se mettra en route dès que le radeau sera en état; mais Dorrat Elgoase, sur son roc, se propose de planer au-dessus de l'embarquement pour en surveiller la marche, avertir des périls s'il pouvait en survenir, et de se faire accompagner par Ilbaracas, celui des génies qui lui était le plus attaché et qu'elle affectionnait le plus. Le lendemain, le radeau était prêt, et Habib en mer au lever du soleil. Les dauphins attelés paraissaient doubler de force et de vitesse, et on découvre toute la côte de l'île Noire. Ilbaracas remarque avec satisfaction, et le fait remarquer à Dorrat Elgoase, que les côtes sont entièrement dégagées de ce rideau de vapeurs noires, qui en rendaient les jours précédents l'aspect horrible.

Habib aborde avec la plus grande facilité, et voit quelques habitants, défigurés par la maigreur, qui rôdent sur le rivage. Il les appelle, ils viennent à lui. Il leur demande quelle nouvelle ils ont d'Abarikaf leur tyran. Il a été vaincu, répondent-ils; nous devons le croire aux cris affreux qu'ont poussés tous les siens. Avant-hier nous fûmes obligés de fuir dans les montagnes. Tout à coup les plus horribles monstres marins couvrirent toutes nos côtes. Dans la fureur dont ils étaient agités, ils s'entre-déchiraient les uns les autres, et la plage est encore couverte de leur propre sang, qu'ils y ont fait couler. Nous autres, pauvres esclaves, depuis si longtemps, de tous ces monstres, nous avons cherché à nous dérober à leur furie et à cet abominable spectacle. Leurs rugissements, leurs hurlements répétés par les échos qui nous environnent, retentissaient encore à nos oreilles, et continuaient de nous effrayer, quand tout à coup nous avons cru entrevoir comme la lueur de quelques éclairs, et le bruit a cessé. Nous avons encore passé la nuit dans l'état d'inquiétude et de terreur dans lequel nous avions été jetés; mais ce matin, nous n'avons plus aperçu que la vapeur infecte produite par le sang que tous les monstres avaient répandu. Heureusement l'ardeur du soleil l'a attirée, les vents l'ont dissipée, sans quoi ce séjour eût été inhabitable.

Pendant qu'Habib s'entretenait avec les habitants, le roc, à une certaine élévation, planait au-dessus de l'île, et ses malheureux habitants, effrayés de tant de prodiges, levaient les yeux vers cet objet avec un air d'inquiétude. Le chevalier les rassure : Vous ne voyez rien ici, leur dit-il, qui vous soit contraire. Je suis l'époux de Dorrat Elgoase votre reine, et votre souverain. L'objet qui est en l'air est un roc sur le dos duquel est mon épouse qui vient avec moi pour vous donner les secours dont vous avez besoin, et rétablir ici l'ordre et la paix parmi vous. Mais où est le palais qu'habitait Abarikaf?

Sire, répondent les habitants, vous nous trouvez dans l'étonnement à ce sujet. Il était dans cette plaine-ci, et nous n'en découvrons pas même les ruines. Tout en était fantastique comme les formes qu'il prenait tous les jours; car sur terre c'était quelquefois un dogue d'une grosseur effrayante, dans l'air c'était un oiseau énorme, et dans l'eau une baleine. Il avait fait des prisonniers, poursuivit Habib; que sont-ils devenus? Sire, répondent les habitants, s'ils sont quelque part ici, ils doivent être bien languissants; le tyran les empêchait de mourir, mais il ne les faisait pas vivre. Connaissiez-vous le prince Daliska? reprit Habib. Nous en avons ouï parler, sire. Il le chargeait de chaînes à cause des cheveux de sa femme, dont lui et les siens voulaient se rendre maîtres. Il n'a jamais voulu consentir à les leur donner. Allez, leur dit Habib, répandez-vous partout. Je donnerai une récompense à celui qui me fera trouver cet infortuné prince.

Les habitants obéirent, et trouvèrent Daliska étendu sur l'herbe près de l'endroit où les cachots, bâtis par les enchantements d'Abarikaf, existaient dans le voisinage de son palais : ils forment à la hâte un brancard, et apportent à Habib le prince exténué et presque mourant. Les filles de la mer s'empressent autour de cet attendrissant objet de compassion ; Dorrat Elgoase observe le mouvement qui en résulte : curieuse d'en connaître la cause, rassurée par la présence de son héros contre toute espèce de crainte, elle fait abaisser son roc, et vient se poser auprès du groupe dont l'activité l'intéresse. Sur-le-champ elle mêle ses soins à ceux des trois sœurs. Ilbaracas y joint les siens, et de puissants élixirs ont rendu à l'époux de la dame aux beaux cheveux des forces suffisantes pour qu'il puisse se lever, agir, parler et rendre grace des secours qu'il vient de recevoir. Il apprend la délivrance de son épouse et de ses sujets, connaît qu'il en est redevable au chevalier qui est devant lui, à l'époux de sa parente Dorrat Elgoase, et leur témoigne à tous l'excès de sa reconnaissance et la satisfaction qu'il éprouve de les voir, ainsi que son impatience d'aller se jeter dans les bras de son épouse.

Il faut que Dorrat Elgoase et Habib pourvoient au gouvernement de l'île Noire, et ce soin va regarder Ilbaracas. Mais il se présente une occasion de reconnaître les services des filles de la mer, et le chevalier arabe en profite, en donnant l'aînée pour épouse à ce nouveau vice-roi. Ilzaïde applaudit sans envie à la fortune de sa sœur. Elle ne conçoit pas qu'on puisse avoir envie de se marier, si ce n'est avec un héros.

L'île a été dévastée pendant le règne des génies rebelles ; ses souverains se concertent avec le nouveau chef qu'ils lui ont donné pour ramener les peuples à la confiance et au bonheur ; et Dorrat Elgoase après ces précautions se décide, en visitant les îles soumises à sa domination, à reconduire elle-même le prince Daliska à l'île Verte, en passant par la

Bleue, pour qu'il puisse, en allant rejoindre son épouse, concerter les moyens de rétablir la communication par mer, entre deux îles soumises à sa domination. Dès le lendemain Habib et deux des sœurs sont à la mer avec le radeau. Le roc est en l'air; Daliska, un peu remis de ses longues souffrances, tient compagnie à la reine, et la promptitude préside à une traversée que favorisent les calmes ordinaires dans cette saison.

Les deux souverains et le prince leur tributaire trouvent les peuples de l'île Bleue en activité pour relever leurs demeures, et impatients de se remettre des troubles qui ont régné parmi eux, à l'abri des sages lois qui les gouvernaient avant la rébellion. Une barque de pêcheurs, la seule qui fût dans l'île Verte, leur a été expédiée par la dame aux beaux cheveux, avec l'assurance qu'elle partagerait bientôt avec eux les trésors trouvés dans le château d'acier du tyran, dès qu'elle pourrait faire mettre à la mer un bâtiment qu'elle pourrait construire. Daliska reconnaît la sagesse prévoyante de son épouse. Habib et Dorrat Elgoase y applaudissent, et tous se déterminent à passer à l'instant à l'île Verte. Les larmes de la dame aux beaux cheveux vont être taries; elle va revoir cet époux qui lui a été si cruellement ravi. Les deux charmantes cousines, vont, en s'embrassant, verser des pleurs de tendresse, et faire partager le sentiment qui les anime à leur vaillant libérateur. Il faut faire le voyage de l'île Blanche et de l'île Jaune. Les deux parentes ne se sépareront pas, et il est probable que ce sera le terme de leur voyage.

Quand les voyageurs sont sur l'île Blanche, Dorrat Elgoase, qui faisait sans cesse répéter à Habib toutes les particularités de ses aventures et de ses travaux, aperçoit le sommet du Caucase qui se perd dans les nues. Quoi! dit-elle, c'est là qu'habite notre fidèle Alâbous? Ah! Habib, vous ne deviez pas m'amener si loin, si, découvrant la retraite de notre meilleur ami, je dois retourner sur mes pas sans payer un tribut à la reconnaissance de tant de services qu'il nous a rendus. Laissez votre radeau aux filles de la mer, montez sur le roc avec nous, et pour varier nos plaisirs, allons goûter les douceurs de l'amitié.

Ce desir de la belle reine secondait les vœux les plus ardents de son époux, et le voyage est entrepris. A mesure que le roc approche de la rive escarpée qui borde la mer du côté du Caucase, Habib fait remarquer à la reine l'endroit sur lequel, après sa sortie des cavernes, il fut secouru par les filles de la mer; la tendre Dorrat Elgoase frémit à l'idée que cet horrible séjour lui fait naître dans la position de son amant. Quand ils furent plus élevés que le Caucase, il lui fit remarquer une partie des déserts qu'il avait traversés. Je suis charmé, disait-il, que mon amante voie à quel prix j'obtiens mon bonheur. Il est si grand qu'il m'a fait oublier tout ce qu'il m'a coûté.

Cependant la voiture aérienne dépasse la cime du Caucause, le roc qui la porte abaisse son vol et vient descendre à l'entrée de la caverne d'Alâbous. Ce bon génie avait déjà été prévenu qu'on apercevait dans l'air un objet qui paraissait venir de son côté; car à quel autre qu'à lui pouvait-on faire une visite dans un endroit impraticable à l'espèce humaine et inhabitable pour elle? Il était près du rocher qui masquait son entrée. Selon sa coutume, il parfumait l'air avec une cassolette, dont la vapeur était enchantée, pour lui faire perdre son extrême rigueur dans ces climats toujours glacés. Il a bientôt appris, par un de ses messagers, qu'Habib et Dorrat Elgoase sont les hôtes qu'il va recevoir. Cela l'instruit de la réunion des deux amants. Il va au-devant de la reine, l'aide à descendre de son roc, serre tendrement la main d'Habib, témoigne au prince Daliska et à son épouse la satisfaction qu'il a de les voir, et les fait entrer dans l'intérieur de sa demeure, et asseoir à une table déja préparée pour eux.

Le roc, né sur le Caucase même, ne se trouve point étranger où il est. Alâbous a bientôt appris les événements les plus importants de l'heureuse expédition de son jeune élève contre les esprits révoltés. Il en savait déja la plus grande partie. Depuis quelque temps les portes de la caverne, situées du côté de la mer n'avaient cessé de s'ouvrir pour y recevoir les prisonniers envoyés au nom d'Habib. Le criminel Abarikaf et tous les chefs révoltés avec lui étaient du nombre. Quand il eut appris de ses hôtes ce qu'il était intéressant pour lui de savoir, qu'il eut joui avec eux des douceurs de l'amitié et de la confiance, après avoir conduit Dorrat Elgoase et la dame aux beaux cheveux dans un endroit commodément arrangé pour les recevoir, il prit à part Habib et Daliska, et adressa la parole au premier. Mon cher élève, car je m'honorerai désormais du nom de votre gouverneur, vous avez jusqu'ici rempli vos nobles et glorieuses destinées : il ne vous reste plus qu'à satisfaire aux sentiments de la nature. Il est une partie de votre histoire bien affligeante pour vous, qu'il faut que je vous révèle. Habib témoigne de l'étonnement et de l'inquiétude. Continuez, lui dit le génie, de vous montrer digne de Dorrat Elgoase, du grand Selama votre père, des graces du ciel et de la protection particulière du prophète Salomon ; armez votre ame d'un nouveau courage, fortifiez-la contre l'excès de la sensibilité. Il n'y a que celui qui sup porte courageusement le malheur qui puisse lui faire face et le vaincre.

Après ce préambule, Alâbous instruit son élève du rapport que les vingt chevaliers, à leur retour, avaient fait à Selama, du désespoir de ce père tendre et vertueux, en apprenant la mort d'un fils, unique objet de son attachement à la vie. La douleur de ce prince avait été si vive, que ses yeux avaient été changés en deux ruisseaux de larmes, dont l'âcreté lui avait fait perdre la vue. Devenu incapable, par cette privation, d'en imposer, comme à l'ordinaire, par sa capacité, son activité, ses propres forces et son courage, une tribu, qu'il avait anciennement domptée par les armes, avait levé l'étendard de la rébellion contre lui, et en avait engagé d'autres dans sa révolte. Ceux qui lui étaient demeurés fidèles avaient déja perdu plusieurs batailles; et s'il n'était promptement secouru, il se voyait dans le risque de tomber au pouvoir de ses ennemis.

A ce récit d'Alâbous, il se fût fait une révolution dans l'ame d'Habib, où les plus violentes comme les plus nobles passions dominaient; mais il avait été d'avance armé contre elles. Donnez-moi conseil, ô mon cher génie tutélaire! et vous verrez que je ne connais que mon devoir. Le voici, répond Alâbous. Vous avez des moyens pour voyager, partez sur-le-champ pour l'Arabie. La vue de votre père est absolument obscurcie; mais ses yeux ne sont pas détruits. Le remède qui les rétablira doit être appliqué par la main qui fut la cause de son mal, et c'est celle de Dorrat Elgoase. Le secret en existe dans les trésors de Salomon, et c'est vous qui devez aller l'y chercher. Leur accès n'a plus de danger pour vous, ni de difficulté. Vous en avez la clef sur la langue. C'est la parole écrite sur le talisman; d'ailleurs l'ouvrier du prophète a tout privilége chez lui.

Mais, dit Habib, si je pars avec mon épouse, que deviendront Daliska et la sienne? nous pourront-ils suivre lorsqu'ils sont si nécessaires dans leurs états? et qui calmera dans les miens l'inquiétude qu'y va causer notre absence? — Quand vous avanciez si péniblement vers le Caucase, mon cher Habib, comment envoyai-je à votre secours? Les mêmes moyens me restent pour faire reconduire à l'île Verte la dame aux beaux cheveux et son époux. Le même esclave du prophète, qui les reconduira sur le roc, donnera de vos nouvelles à Illabousatrou, votre grand-père, et à vos visirs, et vous prendrez tranquillement le chemin de l'Arabie. Je ne puis vous y accompagner, mes devoirs me retiennent ici d'autant plus que mes occupations ont plus que doublé depuis vos expéditions. Il m'a été même impossible de pouvoir calmer les inquiétudes de votre vertueux père, en lui donnant de vos nouvelles.

Puisque vous voulez bien, continua Alâbous, vous conduire par mes avis, vous n'irez point descendre aux terres de votre père. Vous conduirez votre épouse dans notre petit asile de la montagne. Comme il n'y a rien qui puisse y attirer la cupidité, il a été respecté dans les troubles excités par la rébellion. Les meubles que Dorrat Elgoase emporte avec elle dans son pavillon y suffiront pour sa commodité, et ne vous inquiétez pas de la manière dont la petite-fille d'un génie peut vivre en un endroit où il y a du poisson, du gibier et des fruits. Vous serez obligé, ajouta encore le génie, en entrant dans le temple de Salomon, de remettre au trophée le cimeterre dont vous avez été autorisé à vous servir contre ses ennemis. Ce n'est pas une épée de bataille ordinaire, et vous ne voulez point prendre d'autres avantages sur vos pareils, que ceux que peuvent donner les soins, l'expérience, la force acquise par les travaux et le courage. Mais vous n'arriverez pas désarmé à vos tentes; il y a apparence que vous aurez à combattre, et je vous donnerai deux armures complètes à la manière des Parthes, pareilles à celles que je portais quand je me présentai aux barrières de votre camp : les caparaçons et les barbes des chevaux y seront joints, et vous en ferez l'usage que vous suggérera votre prudence.

Cher Alâbous, dit Habib, mes entrailles sont émues. Je ne vivrai qu'au moment où je pourrai donner du secours à mon père : ouvrez-moi encore une fois la porte qui doit me conduire jusqu'au talisman qui rendra la vue au cher auteur de mes jours. Le retard d'un instant est un poids énorme sur mon cœur, et je ne doute pas que ma chère Dorrat Elgoase ne partage mon empressement.

Sans doute la charmante reine ne pouvait être que très disposée à entrer dans les vues d'un époux dont elle partageait toutes les affections. On fait les préparatifs du voyage.

Habib est descendu dans la caverne où sont les armes de Salomon. Personne ne s'est offert pour lui en disputer le passage. Quand il approche du trophée pour y attacher le cimeterre, il aperçoit sur la visière du casque deux pierres opales, plates, liées ensemble par un fil d'or de la largeur des yeux d'un homme. Elles brillaient d'un éclat éblouissant. Il les reconnait pour être le talisman indiqué, les prend et se retire, mortifié de ne pouvoir rester plus longtemps dans un endroit dont il pourrait tirer tant d'instruction; mais le sentiment de l'amour filial éteint alors en lui toute autre passion. Il ne s'occupe plus que de voir partir Daliska et son épouse, pour pouvoir voler sur-le-champ où l'appellent sa tendresse et son devoir. Mais un soin l'occupe encore, il a laissé les filles de la mer à l'île Blanche. Il engage les époux à s'y arrêter pour les ramener avec eux.

L'aurore du lendemain voit les deux rocs s'élever dans les airs et prendre les deux routes opposées. Vers la nuit du troisième jour, les enfants de Selama peuvent découvrir ses tentes, et l'oiseau qui les porte va s'abattre près de la palissade qui ferme l'entrée de la retraite pratiquée par Habib et Alâbous. Le couple heureux y pénètre. Le génie conducteur du roc débarrasse l'animal de son fardeau, et l'abandonne à l'instinct qui lui fera trouver sa pâture. Habib et Dorrat El-goase s'arrangent pour attendre la renaissance du jour, et dès qu'il paraît, il se met en état d'en profiter.

Il faut qu'Habib pénètre inconnu dans les tentes de son père, qu'il lui sauve, ainsi qu'à sa mère, le danger d'une reconnaissance trop subite : en un moment il prépare son déguisement. Le hasard lui fait trouver parmi ses anciens meubles une paire de vieilles babouches qui lui avaient servi pour le travail : voilà sa chaussure. Il couvre ses épaules d'une peau de chamois; il en attache une autre autour de sa ceinture : voilà son vêtement. Il se frotte le visage et le cou avec une terre d'un jaune foncé, qui en fait disparaître le coloris, hérisse sa barbe, ses cheveux ; et, son poignard à la ceinture, un bâton à la main, il passe les barrières, et arrive jusqu'à la porte des tentes sous lesquelles habitaient les esclaves de sa mère. Là il trouve une pierre large et commode; il s'assied comme pour se reposer, il feint même de dormir. Plusieurs esclaves passent, mais il ne voit point celle qu'il doit mettre dans sa confidence. Enfin elle se présente, il l'appelle par son nom : elle avait été sa gouvernante. Ésecque! — Tu me connais, jeune homme? dit la bonne vieille. — Oui, répond Habib, et si vous voulez venir avec moi derrière ce gros arbre, je vous dirai une nouvelle qui fera un grand plaisir à nos maîtres.

L'esclave va derrière l'arbre : Voyons, dit-elle, jasons, que veux-tu me dire? — Me promettez-vous, si ce que je vous dis vous fait trop de plaisir, de ne pas éclater, de ne pas faire le moindre bruit? — Mais voyez l'enchanteur! dit la vieille; tu crois donc avoir la langue bien dorée? Il n'y paraît ni à ton manteau, ni à ta chaussure : as-tu déja fait crier bien des femmes rien qu'en leur parlant? — Non, ma chère bonne. Si vous n'y prenez garde, vous serez la première. — Mais, dit la vieille, voyez ce vagabond qui m'appelle sa bonne, et qui ne me déplaît pas! Finiras-tu de me faire ce gros plaisir que je me lasse d'attendre? — Vous aimiez bien ce pauvre Habib? — Et tu viens ici pour me faire pleurer? — Au contraire, si vous l'aimiez, consolez-vous, il n'est pas mort.

En disant cela, il lui tenait les mains et l'empêchait de crier. Tais-toi! tais-toi, ma bonne! disait-il; c'est moi-même qui suis Habib. Je te ferai voir le signe qui est à mon cou, celui qui était à ma poitrine, et je te chanterai la petite chanson que j'avais faite pour toi. Comment! comment! dit la bonne vieille, que le son de sa voix pénètre; et Habib lui ferme la bouche avec la main. Prends garde, tu feras mourir ma mère de surprise : je viens pour tirer mon père des mains de ses ennemis, et tu vas me faire manquer mon coup, s'ils savent que je suis ici. Tais-toi, tais-toi, contiens-toi, au nom de Dieu, ma bonne! indique-moi une tente où je puisse me cacher. Si je ne puis entrer par la porte, je m'introduirai par-dessus la muraille, et je t'indiquerai comment il faut t'y prendre pour que la nouvelle de mon retour, qui sera donnée par toi, ne puisse occasionner aucune révolution et demeure secrète entre nous quatre : cela est essentiel à la sûreté de tous tant que nous sommes.

La bonne esclave a été comme suffoquée; maintenant elle ne peut plus parler, car elle pleure; il n'y a personne dans sa tente, elle y conduit son cher élève; là, après qu'il lui a fait une leçon sur la manière dont elle doit prévenir sa mère, il cherche à se cacher de manière à ne pouvoir être découvert, et sa bonne gouvernante va épier le moment de pouvoir parler à Yamira, qui ne quittait presque pas Selama.

Habib demeure seul, et réfléchit douloureusement en comparant l'état redoutable dans lequel était le camp de son père, et celui dans lequel il vient de le retrouver. Il est diminué des trois quarts. Ce ne sont plus de simples barrières qui le ferment, ce sont des palissades retranchées. Et si, dans ce qu'il a traversé, on paraît occupé de préparatifs militaires, c'est pour une guerre visiblement défensive.

Il est impossible d'imaginer quelle est l'impatience du héros d'embrasser, de consoler son père et sa mère; de pouvoir rendre la vue au respectable auteur de ses jours, et de se voir aux prises avec les ingrats et les lâches qui ont abusé de l'infirmité de leur souverain pour se révolter, et porter l'excès jusqu'à menacer sa liberté. Heureusement, pour abréger ces affligeantes réflexions, la bonne gouvernante doit revenir. Le sommeil a fermé pour quelque temps les paupières de l'émir, et Yamira est rentrée dans sa propre tente pour y prendre des rafraîchissements et du repos. La gouvernante la suit et s'enferme avec elle. Madame, lui dit-elle, vous avez beaucoup de confiance dans mes rêves. Il y a longtemps que je n'en ai fait que de tristes, et malheureusement ils se sont trouvés vrais; mais celui que j'ai à vous raconter m'a remplie de consolation et d'espérance. Les vingt chevaliers qui avaient accompagné notre enfant dans le désert ont été des lâches, des menteurs. Notre cher Habib n'est pas mort. Il se porte bien. J'ai baisé les signes qu'il a sur la poitrine et sur le bras. Et quand vous auriez baisé ces signes en rêve, dit Yamira, cela peut-il faire que les chevaliers soient des menteurs et notre enfant vivant? Oh! madame, répondit la vieille, c'est que j'ai appuyé très fort, et que lui m'a vivement serrée contre son cœur, qui battait violemment. Ce n'était pas là le cœur d'un mort, madame, je vous assure... Mais où et quand avez-vous fait ce rêve? Tout à l'heure, madame; mais buvez cette coupe d'eau fraîche, et je vous en dirai davantage. Yamira a la complaisance de boire. Bon, dit la vieille, je ne risque rien maintenant à vous parler plus clairement. Contenez-vous, madame, pour ne point mourir de joie. Je n'ai point rêvé. J'ai vu et tendrement embrassé notre véritable Habib. Il est arrivé ici, à ce qu'il appelait sa petite maison de retraite; il est entré dans le camp déguisé en pauvre, le visage barbouillé de terre. Il ne veut point se faire connaître de personne, que de son père et de nous. Cela, dit-il, est très important pour le bien des affaires de son père, et vous savez que notre Habib est sage. Il faut faire ce qu'il dit.

Malgré la précaution du verre d'eau, Yamira fut saisie. Alors la gouvernante lui fit respirer quelques essences : Remettez-vous, madame, lui dit-elle ; un grand bonheur va suivre et récompenser toutes nos souffrances; mon Habib me l'a dit; vous regarderez ce soir le ciel, et n'y verrez pas une étoile qui ne soit pour nous. Mais où est-il? dit Yamira un peu revenue Dans ma tente, derrière cette grande manne de joncs qui vous était arrivée pleine d'étoffes de Chiraz. Prenez du courage, recueillez vos forces, madame, venez le voir où il est. Nous nous enfermerons avec lui, nous lui bouclerons les cheveux, lui laverons le visage, et, ou je suis bien trompée, ou nous l'embrasserons plus beau que jamais.

Yamira essaie ses forces : elles ont pu la conduire jusque dans la tente de la bonne gouvernante. Là, après des précautions pour ne pouvoir être ni troublées ni surprises, la manne est dérangée, et Habib tombe aux pieds de sa mère, assise sur le lit de sa gouvernante; alors il faut avoir de nouveau recours aux essences pour tirer la mère et le fils d'un évanouissement commun.

Enfin tous les deux reviennent dans les bras l'un de l'autre. Eh! quelle grâce du ciel vous rend à nous, mon cher Habib? dit Yamira. Celle qui m'était promise par les étoiles, madame : vous voyez devant vous l'heureux époux de Dorrat Elgoase, le roi des sept mers, l'instrument, quoiqu'indigne, du grand Salomon, le vainqueur des ennemis de Dieu et de ses prophètes, mais qui pleurerait sur toute cette fortune, s'il ne conduisait pas avec lui le médecin qui doit rendre sur-le-champ la vue à son père. Rendre la vue à mon cher Selama! s'écrie Yamira. Oui, madame, répond Habib, et ce médecin est mon épouse elle-même, chargée par les décrets du ciel d'opérer immanquablement ce prodige. Votre épouse! répond encore Yamira, et où est-elle? Dans la cabane de mon jardin. Elle y attend un habillement d'Arabe. Vous en ferez chercher deux pour elle et pour moi, sous lesquels elle puisse déguiser son sexe, et moi n'être pas reconnu. Il s'agit, madame, sous les yeux de tout le camp, d'introduire auprès de mon père un médecin arabe et son esclave : chargez celui de tous les écuyers de l'émir, en la discrétion duquel vous ayez le plus de confiance, de me suivre avec trois mules jusqu'à ma petite retraite, où je vais me rendre sur-le-champ; qu'il ait soin de prévenir aux barrières, pour qu'elles lui soient ouvertes au retour. Vous annoncerez à vos esclaves que vous avez envoyé chercher un médecin à qui il faut préparer une tente pour la nuit. Nous y arriverons au coucher du soleil, et vous n'attacherez que ma seule gouvernante à notre service. Jusque-là, madame, préparez mon père par quelque fable qui relève ses espérances sur mon compte. Inspirez-lui de la confiance pour un habile homme qui ne demande qu'à voir ses yeux, qu'à en approcher légèrement les doigts, et qui se flatte de lui rendre aussitôt la vue. Quant à moi, je ne me ferai connaître qu'après l'opération.

On exécute tout ce qu'Habib a proposé, et il prend sur-le-champ le chemin de sa retraite, en précédant, sans parler, l'écuyer de son père. Quand ils approchent des palissades, il l'appelle par son nom. L'écuyer est frappé du son de la voix. Revenez de votre étonnement, lui dit-il, je viens de vous parler avec la voix d'Habib, parceque je suis Habib lui-même; vous verrez, où vous allez entrer, quelque chose qui pourra augmenter votre surprise; c'est la reine, mon épouse; préparez-vous à faire tout ce que nous vous ordonnerons pour le service de votre émir, mon père.

L'écuyer croyait rêver, mais le travail dont on le charge lui persuade bientôt qu'il n'est point enveloppé dans les illusions d'un songe. Habib lui fait mettre sur le dos des deux mulets les armures et les équipages de cheval, venant d'A-lâbous. Lui et Dorrat Elgoase ont pris leur déguisement. Le jeune médecin est monté sur la meilleure des mules. Son esclave conduit à pied un des mulets chargés, l'écuyer est le conducteur de l'autre. Les armures sont couvertes de peaux de lions et de tigres, qui servaient de meubles dans la cabane, et la petite troupe, à la nuit tombante, se présente et est admise en dedans des barrières du camp.

Pendant ce temps Yamira et la gouvernante sont autour de Selama, qui s'est réveillé. Elles l'abordent sur un ton moins triste qu'à l'ordinaire. Le bon émir en paraît satisfait.

Le ciel m'a humilié, leur dit-il; je m'étais trop enorgueilli de ses bienfaits, et il me les a tous retirés pour que je connusse mon néant. Je le bénis, ô ma chère Yamira! si je vous vois aussi résignée que moi. Privé de ma gloire et de ma puissance, de la jouissance de la lumière, je pourrai braver jusqu'à l'esclavage dont on me menace, dès que vous m'aiderez à tout supporter : mes lâches ennemis ne craignent plus ma lance, mais ils n'éviteront pas celle du grand prophète, et nous serons vengés; il nous rejoindra à notre Habib, et nous serons heureux.

Oh! oui, dit la gouvernante : après le rêve que nous avons fait, madame et moi, je suis sûre que nous rejoindrons notre Habib. Quel est ce rêve? dit Selama, et qui a jamais entendu parler d'un rêve fait à deux? Il est cependant fait à deux, dit la gouvernante, et exactement pour l'une et pour l'autre. Nous avons vu Habib; il était beau, il était roi, il avait une reine belle comme les houris. Il aimait son père et nous de toute la tendresse de son cœur; il comptait venir ici se montrer à vous, et.... Se montrer à moi! dit Selama, ce ne sera donc pas sur la terre : mes yeux sont fermés pour toujours. Vous serez peut-être, seigneur, poursuivit la gouvernante, trompé très agréablement. A cet égard, on nous a annoncé un médecin unique. Dès que la prunelle de l'œil n'est pas éteinte, il rend la vue en un moment, et sans occasionner de douleur. — Je n'ai que trop été victime des empiriques et des astrologues! — Celui-ci n'est ni l'un ni l'autre. Il offre de consigner mille pièces d'or avant d'entreprendre. S'il n'a pas réussi, s'il a fait le moindre mal, il perd la somme. Qu'on le fasse venir et consigner, dit Selama. Je veux gagner mille pièces d'or pour ceux de mes pauvres sujets à qui on a enlevé leurs troupeaux. Il ne m'en coûtera qu'un peu de patience, et l'homme sera puni de sa présomption.

Cette complaisance de la part de Selama était tout ce qu'Yamira pouvait attendre. Habib et Dorrat Elgoase sont arrivés : introduits dans l'appartement de l'émir, l'écuyer y dépose les armures, couvertes des peaux dont elles avaient été enveloppées. L'opération sur les yeux de l'émir va se faire; mais les curieux, quels qu'ils soient, sont en défaut, on les a écartés. On a fait préparer un souper que la seule gouvernante doit servir, et l'écuyer est mis de garde à la porte de la tente, pour empêcher que personne n'en approche. Yamira annonce à son époux la visite du médecin, et en même temps lui remet à la main une bourse remplie d'or

Pesez-la, lui dit-elle, émir; voyez si le gage que le médecin vous fait remettre est suffisant : emparez-vous-en pour en disposer, dans le cas où l'opération serait manquée. Mais comme vous êtes souverain, il trouve que votre personne ne saurait être compromise pour un prix aussi vil que celui-là, et pour établir une sorte de proportion, il vous prie de lui permettre d'engager sa tête. Ma chère Yamira, dit Selama, ne me faites-vous pas rêver, comme vous avez fait tantôt, la gouvernante et vous? Ceci serait-il un rêve à trois? J'espère, mon cher émir, que ce sera bientôt un rêve à cinq, et le plus charmant et le moins trompeur que nous puissions faire; mais voici le médecin. Approchez-vous, lui dit l'émir. Est-il vrai que vous soyez sûr de me guérir? — Aussi sûr que je le suis de mon existence. — Vous avez la voix d'un ange et non celle d'un médecin. M'apporteriez-vous une grâce du ciel? Je n'en attends et ne puis en attendre que de lui. — Vous vous trompez sur la nature de mon essence, mais vous définissez bien ma commission. — Je ne sais, mais vos paroles m'enchantent et me remplissent d'espoir. Regardez mes yeux. — Je les vois. Trouvez bon que j'y touche, et que j'applique dessus les pouces de mes mains. — Je sens une chaleur agréable... Oh! quelle douce sensation! Il s'opère sûrement une espèce de révolution dans ma tête : elle se communique à tous mes nerfs; il me semble que mes organes et tout mon corps se raniment...

— L'opération doit être faite, seigneur, ouvrez les yeux sans crainte. Les rayons du soleil vous blesseront moins qu'ils ne l'ont jamais fait. — Ciel! je vois, s'écrie le bon émir; et avant de rien regarder, il se précipite la face contre terre pour rendre grace. Il se relève, après avoir fait sa prière. Où est mon médecin? dit-il, dans une espèce de transport; où est le messager de Dieu? — C'est moi qui le suis. — Créature céleste! — Je ne suis point céleste, ô mon vertueux père! je suis Dorrat Elgoase, votre fille, à qui le sort vous avait sacrifié; je suis l'épouse de votre cher Habib. — Épouse d'Habib!.... approchez-vous.... Yamira! soutenez-moi... mon fils est marié, est vivant! où est-il? — A vos genoux, dit Habib en s'y jetant. — O ciel! s'écrie Selama, je sens que tu m'as rendu mes forces; mais il m'en faut beaucoup pour soutenir l'excès de mon bonheur; et il demeure comme privé de sentiment entre les bras des jeunes époux.

Mais ce n'est qu'une crise d'un moment, dont l'effet est de faciliter le passage à deux torrents de larmes de tendresse, qui cherchent à s'échapper de ses yeux. Elles se confondent bientôt avec celles qui coulent sur les joues de ses enfants, avec celles d'Yamira son épouse : et la vieille gouvernante, emportée par la force de son attachement, a la confiance de venir y mêler les siennes.

Enfin Yamira se rappelle qu'il faut prendre quelque nourriture. Le père est à table entre ses deux enfants; Yamira est vis-à-vis, jouissant d'un tableau formé par la réunion des objets de sa tendresse.

Le repas a été court, la gouvernante s'est retirée, et il est temps que Selama apprenne, de la bouche même de son fils, comment le ciel le lui a rendu. Le jeune héros raconte son histoire, dès le premier instant où il partit pour s'acheminer vers le Caucase; fait le tableau de la conduite des vingt chevaliers, jusqu'au moment où ils l'abandonnèrent, dans le désert, à la rigueur du climat, et exposé à la faim, à la soif et aux bêtes féroces. Il dépeint naïvement ses travaux, jusqu'à sa faute impardonnable, selon lui, dans les cavernes qu'il lui avait fallu traverser, et les suites qu'elle avait eues. Il passe à la rencontre des filles de la mer, dont les secours lui avaient facilité tous ses travaux, et même en quelque façon sauvé la vie. Enfin il dépeint le bonheur dont il avait joui au moment où le sort l'avait réuni à sa chère Dorrat Elgoase. Il en vient aux raisons qui, l'ayant ramené vers le Caucase, l'avaient mis dans le cas d'apprendre pour la première fois, d'Alàbous, le malheur et l'extrémité auxquels se trouvaient réduits son père, sa mère et sa tribu, et le parti qu'il avait pris soudain de se rendre en Arabie.

Selama écouta tout sans l'interrompre; mais, dès qu'il eut fini : Ne pensez-vous pas, lui dit-il, mon fils, à tirer vengeance des lâches chevaliers qui se sont résolus à consommer votre perte? Mon père, répond Habib, je crois cela fort inutile. Je les abandonne à leurs remords et à la vengeance céleste; de pareils monstres sont trop au-dessous de moi pour que je ne fusse pas compromis dans la vengeance que je pourrais en tirer. Ce que vous dites est magnanime, répond Selama; vous pensez comme un héros; mais vous devez penser comme un roi : les traîtres doivent être punis.

Habib se laissa convaincre : il pria ensuite son père de l'instruire des détails de la révolution arrivée en Arabie, qu'Alâbous n'avait fait que lui annoncer, et dont en arrivant il avait aperçu les tristes effets. O mon fils! reprit le vertueux émir, je vous excite à la punition de monstres dont l'existence est pernicieuse à l'humanité; et quand je vous force à faire violence à votre caractère pour assurer le repos des hommes qui vous seront assujettis, qu'il m'est désagréable de faire de ceux-ci un tableau révoltant, qui puisse éloigner de votre cœur le sentiment de bienveillance à leur égard qui doit animer le véritable musulman! Quand mes yeux eurent été privés de la clarté du jour, quand les Arabes ne purent plus se flatter de triompher avec moi et par moi, je ne fus plus à leurs yeux qu'un vil fardeau sur la terre. Les émirs qui m'étaient soumis oublièrent qu'ils me devaient leur élévation; chacun d'eux s'éloigna de moi. La dissension se mit entre eux, et ils méprisèrent jusqu'à mes conseils. Ils étaient parvenus sous mes ordres, par les effets de mes travaux, de ma conduite et de mes exploits, à soumettre la nombreuse et redoutable tribu de Kleb, toute composée d'infidèles, adorateurs du soleil et des astres. Nous avions été forcés de la réduire à l'esclavage, en lui imposant un fort tribut, qu'elle supportait impatiemment. Il s'est élevé parmi elle un guerrier nommé Zir, homme d'une taille presque démesurée, d'une force de corps extraordinaire, ambitieux, factieux, entreprenant, vaillant et cruel. Ce Zir a excité ses frères à la révolte; ils ont pris les armes, tandis que les émirs, divisés entre eux, cherchaient à se disputer les vains honneurs du commandement ; il les a vaincus, dispersés, a enlevé leurs troupeaux, et ceux qu'il n'a pas entièrement soumis sont errants dans les déserts qui entourent mon palais. Délivré des ennemis qui auraient pu l'inquiéter, le redoutable Zir s'est porté sur mon camp pour accomplir la plus importante partie de son projet. La tribu de Ben-Hilac, dont notre saint prophète tira tant d'importants services, est la plus odieuse aux yeux des infidèles. Zir veut la soumettre à l'esclavage dont il a délivré la sienne, et en effacer, s'il le peut, la trace de dessus la terre. Jusqu'ici la situation favorable de notre camp, entre deux collines escarpées, la police que j'y fais observer, les moyens que je suggère pour rendre les attaques difficiles et les surprises impossibles, ont retardé ma défaite; mais nous consommons tous les jours, et ce qui nous reste de troupeaux trouve à peine de quoi subsister autour de nous. Nous étions, mon fils, sans votre arrivée, sans la grace du ciel qui vient de me rendre la vue, dans l'attente de la mort ou du plus humiliant de tous les esclavages. Si l'ennemi, qui connait notre position, cesse d'essayer de nous forcer dans notre camp, chaque jour il se montre à notre barrière, et vient insulter, par des défis, à la lâcheté de nos guerriers. Pas un des miens n'ose repousser ses insultes, il semble qu'il n'y ait plus dans la tribu de Ben-Hilac que des enfants et des femmes.

L'effet de ce récit fut déchirant pour le cœur d'Habib; son père abandonné, sa tribu avilie étaient des idées insupportables pour lui. Mais l'abus révoltant que faisait de la faiblesse des siens leur ennemi, le chef de la tribu de Kleb, le remplit de courroux. O mon père! dit-il, j'espère que les premiers rayons du soleil éclaireront des coups portés pour commencer notre vengeance. En même temps il brandissait sa lance en l'air d'une manière à inspirer la terreur. Malgré son poids énorme, elle était entre ses mains comme un roseau dans celles d'un enfant. O Mahomet! dit-il, tu viens de redonner deux chefs à ta chère tribu ; tu lui rendras la vaillance et la force !

Yamira et Dorrat Elgoase, au lieu de se livrer aux alarmes, jouissaient en voyant leurs époux s'aider réciproquement à se couvrir de leurs armes, et faire tour à tour des essais de leur poids et de leur trempe. Quand ils se furent revêtus de ces armures, ils s'embrassèrent : Tu étais mon fils, dit Selama, j'étais ton père; aujourd'hui nous sommes frères et rivaux pour l'honneur. Pourquoi faut-il que nous n'ayons à combattre que contre des esclaves! mais consolons-nous, puisqu'il s'agit de servir notre grand prophète : nous trouverons notre gloire dans la sienne.

Alors Selama envoie chercher son écuyer : Prenez, lui dit-il, deux de mes meilleurs coursiers, mettez-leur ce harnais, conduisez-les à votre tente; tenez-les prêts. C'est là que nous irons les monter au point du jour. Dieu m'a rendu mes forces avec la vue; vous le voyez. Mon fils et moi irons demain matin recevoir le défi des faux chevaliers de l'armée de Zir. Quand nous sortirons de votre tente, vous pourrez nous suivre à quelque distance, et si on vous demande dans le camp qui nous sommes : Ce sont, direz-vous, deux chevaliers étrangers, qui sont venus pour présenter leurs services à Selama.

L'écuyer se retire pour obéir aux ordres qui lui ont été donnés, et profite des ombres et du repos qui règne dans le camp pour les mettre à exécution sans être aperçu. La garde qui veille autour des tentes de l'émir voit entrer et sortir deux chevaux conduits par un homme connu pour être à Selama, et ne fait pas le moindre mouvement.

Au lever de l'aurore, les deux guerriers tout armés, après

avoir embrassé leurs épouses, sortent par un endroit qui n'était pas observé. Ils parviennent à la tente de l'écuyer, montent à cheval, et vont attendre en dedans des barrières que les guerriers, envoyés par Zir, viennent renouveler leurs bravades accoutumées. Ils ne se font pas attendre. On en voit arriver six, armés de toutes pièces, et que suit une petite troupe, sans doute attachée à leur service; ils s'approchent des barrières du camp. Un d'entre eux descend de cheval et porte la parole à ceux qui le gardent.

Gens d'Arabie, avez-vous perdu le sens, de vouloir rester ici ignominieusement enfermés, comme votre bétail que vous achevez de consommer? Comptez-vous y mourir de faim auprès d'un aveugle? Les fers que nous vous offrons sont honorables; nous les destinons aux plus vaillants peuples de la terre, et en vous y soumettant vous n'aurez qu'un sort commun. Empressez-vous de les recevoir, et vous aurez l'avantage d'être un des marche-pieds du trône du très puissant émir Zir, notre glorieux souverain. Quittez un vieillard impuissant qui ne saurait partager avec vous que l'infirmité, les besoins et la honte. Tu en as menti, vil esclave d'un esclave rebelle, dit Habib, sortant tout à coup de derrière la palissade : et il lance de toute sa force un de ses gantelets contre la visière de son casque. Voilà mon gage de bataille, dit Habib, ose attendre à pied ou à cheval un chevalier du grand émir Selama. En même temps le vaillant époux de Dorrat Elgoase se lance par-dessus la barrière, et joint son adversaire avant que celui-ci ait le temps de remonter à cheval, ni de prendre son bouclier.

Habib jette le sien, comme dédaignant tout avantage, et le combat commence sur-le-champ; mais il est bien vite terminé. Le fils de Selama ne frappe pas un coup qui ne pénètre à travers l'armure de son adversaire, et il est étendu mort à ses pieds avant que les autres chevaliers de la tribu de Kleb soient venus à temps pour donner du secours à leur compagnon d'armes. Le premier arrivé, oubliant les lois de la guerre, fond sur Habib pour le renverser du coup de poitrail de son coursier : le vaillant fils de Selama évite le choc, blesse mortellement son adversaire, et le terrasse. Selama sort de la barrière, vient à la rencontre du troisième; son fils, à qui l'écuyer a amené son cheval, le joint, et tous deux s'élancent contre les trois guerriers qui restent de la tribu de Kleb.

Ceux-ci fuiraient si la présence de leurs gens ne leur en imposait pas. Mais la terreur les a frappés; ils sont attérés, et les terribles coups qu'on leur porte ne font que les achever.

Selama et son fils sont rentrés dans leur camp. Tout ce qui porte le nom de chevalier dans la tribu de Ben-Hilac, les entoure à demi armés. Une joie mêlée de jalousie et de confusion couvre le visage de ces guerriers découragés. Ils veulent savoir qui sont ceux qui viennent de se montrer pour eux avec autant d'assurance et d'intrépidité, et de remporter à deux contre six une victoire aussi prompte, aussi inégalement disputée. Les deux héros ne lèvent point la visière de leur casque. Ils s'inclinent honnêtement devant ceux qui les comblent de louanges. Leur bouche est muette, et l'écuyer qui parle pour eux répond que ces deux nobles et vaillants étrangers viennent d'arriver pour offrir leurs services à l'émir, à la tente duquel ils demandent à être conduits pour se faire reconnaître de lui.

Les deux héros remontent sur leurs coursiers, et prennent le chemin de la tente de Selama. L'écuyer les y précède, y entre avant eux, comme pour les annoncer, et un moment après ils sont mystérieusement introduits. Ils y tombent dans les bras ouverts d'Yamira et de Dorrat Elgoase. Le fer qui les couvre semble s'amollir et céder à la force et à la tendresse des embrassements. Nos héros sont désarmés par leurs épouses, et on leur sert un repas dont ils avaient besoin. Selama apprend que sa tente est environnée de curieux de tous les ordres. Il ordonne qu'on publie dans tout le camp qu'il tiendra conseil avec toute sa chevalerie, après la prière de midi.

Le bruit de l'arrivée du médecin qui devait opérer sur les yeux de l'émir, s'était répandu; mais cet homme et son esclave avaient disparu, et on pensait que Selama, n'ayant pas pris de confiance dans l'opération qu'on lui avait proposée, avait renvoyé brusquement l'homme qui était venu s'offrir pour la tenter. D'un autre côté, chacun se demandait à quelle heure et par quelle barrière deux chevaliers armés de toutes pièces avaient pu s'introduire dans un camp fermé, et pénétrer jusque dans le quartier de l'émir sans être aperçus de personne, pas même de la garde.

Tandis qu'on se livre aux conjectures sur ces deux événements, Selama, Yamira, Habib et Dorrat Elgoase goûtent les charmes d'un repos qui leur était absolument nécessaire; tout ce qui doit entrer au conseil annoncé se prépare à y voir éclore une nouveauté, de quelque espèce qu'elle doive être, et personne ne néglige de s'y trouver à l'heure indiquée. Selama reçoit ses chevaliers, assis sur son sofa, la main appuyée sur son front, pour ne pas laisser voir le feu nouvellement ranimé de ses regards. Dès que l'assemblée est complète, et que la séance est ouverte, il prend la parole, retrace avec chaleur et éloquence les malheurs qui l'ont trop longtemps accablé, lui et sa tribu, et demande à son peuple s'il consent à la punition des traîtres qui ont attiré tant de désolation sur le pays.

L'émir avait prononcé son discours avec un ton de fermeté, d'autorité qu'on n'attendait pas de l'état d'abattement dans lequel on le supposait; l'assemblée en reste dans l'étonnement : quelques regards s'abaissent vers la terre, mais un vœu unanime, en apparence, déclare que le crime horrible dont le ciel poursuit la vengeance doit être puni sur-le-champ aux dépens de la vie de ceux qui auront été convaincus de l'avoir commis.

On veut des preuves, dit l'émir en se levant, et faisant sortir Habib de derrière un rideau qui le tenait caché : paraissez, mon fils, venez convaincre dix-neuf chevaliers qui sont ici, de la fausseté des rapports qu'ils ont faits de votre mort, à moi et à toute la tribu. Puis, s'adressant aux coupables : Lâches et cruels imposteurs, osez disconvenir que, choisis de préférence, et chargés par moi de garder et de défendre votre prince; passant de la pusillanimité au crime, vous résolûtes de l'abandonner pour vous mettre à l'abri de la honte de notre vengeance, et vous le quittâtes après l'avoir privé de toute espèce de ressources pendant son sommeil, lui enlevant jusqu'à ses armes, le livrant tout à la fois à la fureur des éléments et à la rage des bêtes féroces !

Habib se montre, les chevaliers coupables demeurent comme frappés de la foudre, et Selama continue de parler. Chevaliers de la tribu de Ben-Hilac, le jugement et l'exécution de ces criminels vous regardent. C'est à vous de venger tous les enfants de Mahomet, sur ceux qui ont apporté le déshonneur dans le cœur de sa tribu favorite, et attiré les verges du ciel sur elle et sur toutes les autres.

Les coupables ne proférèrent pas un mot. Sur-le-champ on les entoure, on les lie, on leur fait arracher leur armure pièce à pièce. Les bourreaux s'emparent d'eux, les conduisent hors du camp, où le sabre fait voler leurs têtes : leurs corps restent abandonnés en proie aux bêtes féroces.

Rabir avait été préservé de l'infamie de ce supplice par la mort qui l'avait enlevé peu après son retour; l'idée du crime auquel il avait consenti ne lui avait pas laissé de repos, et avait occasionné son trépas, qu'en toute autre occasion on aurait dû regarder comme prématuré.

Après avoir rendu à leurs souverains la justice qui dépendait d'eux, les chevaliers s'empressèrent de venir témoigner leur joie du retour d'Habib.

Pendant que Selama leur avait parlé, l'importance de son discours avait entièrement captivé leur attention, et ne leur avait pas permis de remarquer le feu qui brillait dans ses regards.

A leur tour, Selama leur adresse à tous la parole l'un après l'autre, et ils reconnaissent avec surprise qu'il a recouvré la vue. Vous devez, leur dit l'émir, avoir ouï parler d'un médecin qu'on a introduit auprès de moi par la grace de Dieu et de son prophète; son secret a réussi, mais ce n'est pas la seule grace que nous ayons reçue. La victoire qui nous a été accordée ce matin, à mon fils et à moi, est le gage de toutes celles que nous devons attendre. Vaillants Arabes! la tache du crime n'est plus sur vous. Reprenez avec votre confiance dans vos forces toute votre bravoure et votre zèle accoutumé; préparez-vous à marcher vers les tentes de Zir. Je ne veux avec moi que ma chevalerie; mes autres guerriers resteront à la garde des troupeaux dans les pâturages éloignés où je veux qu'on les conduise; on fera bonne garde dans le camp. Qu'on fasse avertir celles de nos tribus errantes dans le désert, que la frayeur habitera demain sous les tentes de nos ennemis, et qu'elle doit être bannie du cœur de tous ceux qui se réuniront sous l'étendard de Selama. En attendant que nous ayons pu réunir des forces véritablement imposantes, dont l'appareil puisse jeter le découragement dans le cœur de nos ennemis et nous épargner le chagrin de leur faire une guerre trop sanglante, jouissez et faites jouir avec moi, s'il se peut, tout ce qui reste d'Arabes soumis au culte du vrai Dieu, des faveurs que je viens d'en recevoir.

Le retour d'Habib et le bonheur d'avoir recouvré la vue ne sont pas les seules qui m'aient été faites : c'est la reine des septs mers qui sont à l'extrémité de l'Orient, c'est Dorrat Elgoase, l'épouse que les étoiles avaient promise à mon fils, que le ciel a chargée de venir ici me rendre, avec la force de mes plus belles années, la faculté d'élever vers le firmament mes yeux dégagés des ténèbres qui les avaient obscurcis. Que la nouvelle en retentisse dans toutes les contrées soumises aux lois de l'Alcoran, pour que graces en soient rendues à Dieu et à son prophète. Qu'on ordonne partout des fêtes religieuses. Que les transports de notre reconnaissance éclatent, et que le bruit en retentisse dans les tentes de Zir, et ébranle tous les cœurs qui lui restaient affectionnés.

Les actions de grace sont unanimement et publiquement rendues dans tout le camp de Selama, avec la solennité et l'éclat dont sa position les rend susceptibles. Dorrat Elgoase reçoit les respects et les hommages de toute la tribu de Ben-Hilac, et le camp retentit des acclamations de joie qui se mêlent au bruit occasionné par les fêtes et réjouissances. Le camp de Selama a pris l'apparence de la plus grande prospérité. Les nouvelles heureuses se sont répandues, et y attirent successivement les chevaliers des autres tribus que le malheur avait écartés.

Selama les reçoit, et engage Habib et son épouse à les accueillir avec bonté; lui-même va au-devant de leurs excuses et leur en épargne la confusion, en rejetant sur le châtiment du ciel la conduite qu'on a tenue à cet égard. En quinze jours de temps l'émir se voit entouré d'une nombreuse chevalerie, ardente à réparer par des faits d'armes la honte dont la défection d'un côté, et l'inaction de l'autre, les avait couverts.

Zir ne peut ignorer cette révolution; la défaite de ses six guerriers l'y avait préparé : trois d'entre eux sont restés morts sur le champ de bataille ; trois sont prisonniers dans le camp de Selama : ceux-ci font passer dans leur tribu les nouvelles qui percent jusque dans leur prison, et Zir passe d'un étonnement à un autre, en apprenant la guérison subite de Selama, et le retour d'Habib, avec une reine dont il est devenu l'époux. Il voit quels sont les deux guerriers qui ont combattu contre ses chevaliers, et il se reproche de ne s'être point présenté lui-même aux barrières de son ennemi, pour y soutenir un choc dans lequel les siens avaient eu tant de désavantage. L'opinion qu'il a de lui-même lui persuade qu'il en fût sorti vainqueur, mais il se propose de réparer le déshonneur qui en rejaillit sur ses armes, en allant défier Selama à la tête du camp de cet émir.

Yemana sa sœur, princesse belle et sage, quoiqu'elle présume des forces plus qu'humaines et du courage de son frère, n'est pas de son avis. Mon frère, lui dit-elle, vous regardez peut-être mon sentiment comme une suite de mon attachement à des principes qui ne sont pas les vôtres; qu'elles qu'aient été les forces de celui que nous avons appelé si longtemps le grand Selama, si je donnais quelque chose à la fortune, je vous croirais fait pour la forcer à balancer entre vous deux, mais j'attribue beaucoup aux astres. Leurs malignes influences avaient accablé la tribu de Ben-Hilac; elle et toutes celles qui leur étaient soumises vous ont été comme abandonnées, et vous avez vaincu. Calculez les événements heureux, tenant presque du prodige, qui viennent d'être accumulés en faveur de vos ennemis, et pensez aux moyens d'assurer avec votre sort celui de la tribu de Kleb, dont vous seul faites les véritables forces, sans compromettre votre gloire.

J'y penserai, ma sœur, répondit Zir, quand j'aurai remporté l'avantage sur Selama : sa gloire m'importune plus que sa puissance; je l'ai vu attéré, et il renaît de ses cendres. Il élève un fils pour mettre, s'il le peut, un obstacle de plus à l'étendue de ma réputation. L'Arabie entière devient trop étroite pour moi; jugez si j'y puis supporter l'idée de deux rivaux: ma sœur, vos astres prendront le parti qu'ils voudront, mais s'ils me sont contraires, je les ferai pâlir de crainte pour les champions qu'ils m'auront préférés.

Pendant qu'Yemana et son frère s'entretenaient ainsi, l'émir Selama, à la tête de ses vassaux, avançait vers les tentes de la tribu de Kleb, qui n'était qu'à trois lieues d'éloignement des siennes. Cet espace est bientôt franchi; Zir prévenu de cette marche, a fait sortir ses guerriers dans un nombre à peu près égal, et les deux armées ne sont plus qu'un peu au-delà de la portée de l'arc. Zir, reconnaissable par sa taille, fait caracoler orgueilleusement son cheval en avant de ses escadrons. Selama veut s'avancer pour le défier et le combattre. Non, mon père! non, dit le jeune guerrier : le ciel, en me conservant, en me renvoyant vers vous, m'a commis le soin de votre vengeance. Vous êtes trop jeune, Habib, répondit ce père tendre, vos membres n'ont pas encore acquis toute la force nécessaire pour que vous puissiez vous mesurer avec un géant. Ah! dit Dorrat Elgoase, vous douteriez que le héros que vous avez engendré fût digne de vous! reposez-vous sur la gloire que vous avez acquise, chargez mon Habib de votre querelle, et vous verrez qu'il n'y a point de géant pour lui.

Les supplications d'Habib, d'Yamira et de Dorrat Elgoase ont enfin engagé le vaillant émir à céder le pas d'honneur à son fils. Habib quitte la lance à la mode des Parthes, en prend une arabe, pour se conformer à la manière dont son ennemi est armé; il s'avance au pas de son cheval, la visière haute, et lâche le cri de défi. Zir s'avance, et prenant un ton d'ironie : Vous avez, dit-il, le son de la voix bien argentin; ne seriez-vous pas une femme? — Tu me connaîtras pour ce que je suis, répond fièrement Habib. — Ah! je vous reconnais, mon bel enfant! je vous ai vu sur les genoux d'Yamira; vous étiez plein de gentillesse. Votre père ne vous envoie pas pour vous battre contre moi; on doit savoir que j'aime la jeunesse : allez lui dire que je l'attends, et que je ne me mesure qu'avec les hommes. — Mon père, réplique Habib, n'est pas fait pour se battre avec un esclave révolté; j'appris sur les genoux de ma mère à mépriser les insolents. — Mais, jeune homme, je vais faire prendre une seconde fois le deuil à votre mère, et il faut penser qu'elle ne le quittera plus; allez, vous dis-je, chercher votre père; quelque vain qu'il puisse être de ses anciens triomphes, est-ce que le trophée de mes armes, s'il peut le rassembler, n'ornerait pas assez magnifiquement le dehors de sa tente? — Je t'ai déjà dit, esclave, que mon père ne peut te faire l'honneur d'accepter ton défi. Tu as été trente fois mené au combat en chantant les victoires qu'il avait remportées sur des gens plus valeureux que toi : ta défaite n'ajouterait rien à sa gloire. Tu n'auras pas la peine d'envoyer un habillement de deuil à ma mère. Je ne saurais faire un semblable présent à la tienne : on sait que tu ne la connus jamais; mais j'en promets un bien ample à ta sœur Yemana. — Téméraire! s'écrie Zir en se démenant sur son cheval. J'ai été mené au combat au chant des victoires de ton père; la tribu de Kleb était esclave, et on force des esclaves à chanter; et ta mère, ton aventurière, ta reine trouvée dans les déserts, chanteront demain la mienne; elles porteront mes fers, fléchiront sous mes volontés, ou j'abreuverai de leur sang la même terre que le tien et celui de ton père auront désaltérée. En disant cela, il lance de toute sa force sa lance contre Habib.

Le jeune guerrier prévoyait où le coup devait porter. Il fait faire un mouvement prompt à son cheval, s'efface aussi vivement, et la lance le dépassant va tomber à trente pas. Habib joint Zir, la lance haute. Tu as, lui dit-il, osé prononcer le nom de ma mère et de mon épouse, tu les as insultées comme un lâche insulte les femmes. Ta sœur est bien faible, elle le sera encore plus après ta mort, et cela lui donne toutes sortes de droits à ma compassion. Puis lui frappant sur l'épaule trois petits coups de sa lance, il lui dit : Va chercher ton arme où ta maladresse te l'a fait jeter; que ne l'attaches-tu à ton poignet, puisque tu es si peu mesuré dans tes coups? Armé, je te méprise ; désarmé, tu es pour moi un objet de dérision. Zir, outré de rage, court à son arme, la ramasse, et revient sur Habib en la lançant contre lui de toute la force que la fureur pouvait ajouter à sa vigueur naturelle, qui passait pour démesurée. Habib, par le mouvement le plus adroit, dérobe son corps en passant sa jambe sous celui de son cheval. Le coup vient en rasant à demi pied de la selle, et le fer de la lance va percer un tronc d'arbre à quelques pas de là. Alors Habib laisse tomber sa propre lance, et Zir, devenu plus furieux d'un ménagement qu'il regarde comme une preuve de mépris, tire son cimeterre, et fait tomber sur le corps de son adversaire une grêle de coups sans les mesurer.

Ici les forces des deux champions pouvaient être égales ; mais elles ne l'étaient ni dans le sang-froid ni dans l'adresse. Tous les coups de Zir sont prévenus et parés, tandis que son adversaire n'en frappe pas un qui n'emporte quelque pièce de la forte armure de Zir : elle offre le passage au fer de tous côtés, et au moment que celui-ci lève le bras sur le fils de Selama pour le frapper, un revers parti de la main du jeune héros, le prévient et lui coupe le poignet : alors Zir veut chercher son salut dans la fuite ; mais sa tête, d'un second revers, tombe aux pieds de son vainqueur.

Les deux camps et même les femmes avaient été témoins du combat d'Habib et de Zir. La chevalerie des deux partis avait écouté et suivi des yeux, avec un sentiment d'admiration, les discours, les actions, les procédés du vaillant fils de Selama. Quelle franchise! disait-on, quelle modération! que de retenue! que d'adresse! que de forces et de graces unies ensemble! rien ne doit résister à ce héros. Mais s'il n'y avait pas de partage dans la manière de juger le combat, les mouvements qu'en occasionnait l'issue étaient bien différents. La tribu de Kleb est consternée, elle se regarde comme vaincue dans un seul homme et par un seul guerrier. Tous ses chevaliers rentrent comme de concert dans le camp pour s'occuper des moyens de soustraire leurs meilleurs effets au pillage, suite nécessaire d'une entière défaite, à laquelle ils se voient exposés.

Le peuple se répand déjà par pelotons dans la campagne, s'occupant des moyens d'échapper par la fuite à un esclavage plus dur que celui auquel il avait cherché à se soustraire. Du côté de Selama, le corps qu'il commande s'ébranle en bon ordre pour se mettre en état de profiter de l'avantage que vient de remporter le fils de son émir, et du désordre qu'on aperçoit. Pour Habib, plein de confiance dans sa fortune, ses forces et son courage, il entre dans le camp de la tribu de Kleb à la suite des guerriers, et se fait conduire à la tente d'Yemana.

La princesse, accompagnée de cinquante gardes attachés à sa personne, avait vu de loin le combat, montée sur un *hodage* commode et élevé, qu'on avait arrangé sur un *hetnacka* [1]. A peine eut-elle vu son frère étendu sur la poussière, qu'elle reprit la route du camp, et se rapprocha de sa tente pour y prendre des effets qui lui étaient précieux.

Elle les recevait de la main des siens, lorsque Habib arriva auprès d'elle. Les gardes dont elle était environnée se mettaient en mouvement pour la défendre : Qui êtes-vous? leur dit-elle, pour résister au vainqueur de mon frère, au favori du ciel? Préservez votre vie, que vous auriez vainement compromise. J'aime mieux être son esclave volontairement que princesse subjuguée par la force. Puis se tournant du côté d'Habib : Vaillant émir, lui dit-elle, celui qui a renversé le cèdre dédaignera d'étendre ses coups jusqu'à la plus faible des branches de l'arbre majestueux qu'il vient d'abattre. En même temps elle descend de son hetnacka, soutenue par ses écuyers, et vient prendre la main d'Habib, en lui disant : Prince, vous voyez une femme éplorée et confiante dans vos vertus, qui vient se rendre à votre discrétion. Le héros l'accueille avec des témoignages de respect : Jamais, madame, lui répondit-il, le fils de Selama n'apprit de son magnanime père à abuser du malheur d'une femme ; je vous rends votre état en son nom, et je me flatte d'en être applaudi. Vous êtes libre, madame, et princesse sur toute votre tribu ; faite pour gouverner ce peuple-ci, guérissez-le de son inquiétude, éclairez-le sur ses devoirs, et mon père, je le dis avec orgueil, vertueux musulman, n'aspire qu'à faire le bonheur de ses sujets, même de ceux qui se sont par aveuglement révoltés contre lui.

[1] Le *hodage* est le siége formé de tapis roulés sur le dos des chameaux femelles ou *hetnacka*, montés par les femmes.

Aidez-moi, madame, à arrêter le désordre que je vois ici, il favoriserait le pillage que je veux empêcher; ordonnez à votre garde, tandis que je vais vous en servir moi-même, de rappeler autour de vous et vos gens de guerre et jusqu'aux femmes que la frayeur force de s'en écarter; commandez en maîtresse, et que vos tentes reprennent leur lustre, leur dignité, avec tous ces ornements dont on s'empresse de les dépouiller.

Yemana, confuse d'un procédé aussi héroïque, mais moins surprise qu'une autre, parcequ'elle avait l'ame élevée, prend le ton de souveraine comme Habib vient de l'autoriser à le faire, et donne tous les ordres nécessaires au rétablissement de la tranquillité dans son camp.

Des guerriers de la troupe commandée par Selama, et qui précèdent le corps, arrivent auprès de leur jeune sultan : il en place auprès d'Yemana; il envoie les autres pour empêcher le pillage, et en faire dépouiller ceux des siens qu'on en trouverait chargés. Selama voit les peletons épars de la tribu de Kleb venir paisiblement se ranger sous leurs tentes, au moment où il va commander qu'on les poursuive. Il apprend que c'est l'effet du bon ordre établi par son fils. Il entre dans le camp vaincu avec Yamira et Dorrat Elgoase, et est conduit aux tentes d'Yemana. Quand la princesse de Kleb les voit arriver, elle se lève pour aller au-devant d'elles et de l'émir d'un air de suppliante; mais Habib l'empêche de s'abaisser : il va à la rencontre de son père. O mon glorieux souverain ! J'ai promis vos bontés à Yemana, princesse de la tribu de Kleb ; elle a toutes les grandes qualités nécessaires pour la gouverner. Si son frère s'écarta de son devoir et nous offensa, elle n'y eut jamais la moindre part, et je puis dire qu'elle réclame vos bontés avec tant de graces que je les lui ai promises pour vous, et au nom de ma mère et de ma chère Dorrat Elgoase.

Avantageusement prévenu en faveur d'Yemana, Selama

applaudit à tout ce qu'avait fait son fils en faveur de cette princesse; il savait qu'elle n'avait aucun des défauts de son frère, et qu'elle était même disposée à se soumettre aux lois prescrites par l'Alcoran.

Je ratifie, lui dit-il, avec joie, madame, tout ce que mon fils a fait en votre faveur, et vous crois tellement au-dessus de cette grace que je chercherai à y ajouter s'il est possible. En même temps Yamira et Dorrat Elgoase embrassent la nouvelle princesse de Kleb avec les démonstrations de l'affection la plus sincère.

On voudrait pouvoir la ramener aux tentes de Ben-Hilac, pour lui faire oublier par des caresses la perte d'un frère auquel elle était attachée; mais il faut qu'elle préside à ses obsèques, qu'elle pratique les cérémonies extérieures de deuil en usage dans sa tribu, et donne des soins pour le rétablissement de l'ordre parmi les siens, puisqu'elle demeure chargée de le maintenir.

Habib, pour la seconder dans ces devoirs, laisse à ses ordres cent chevaliers, et le vénérable émir, après avoir pris congé d'elle, retourne avec sa famille aux tentes de Ben-Hilac, où il est reçu avec des chants de triomphe. On entendait retentir de tous côtés le nom d'Habib, dans des chants dont sa victoire sur Zir était le sujet. On ne vit que fêtes et réjouissances pendant dix jours dans le camp de Ben-Hilac; les Arabes écartés par la crainte de tomber sous la tyrannie de Zir, sont réunis autour de leur ancien émir; leurs camps se sont rapprochés de lui; il est de nouveau à la tête de soixante-six tribus, et le ciel, qui lui a rendu son ancienne vigueur, l'a mis en état de leur commander avec plus d'autorité que jamais.

Au bout de six jours de fêtes, Yemana, à la tête des principaux de sa tribu, vint rendre ses hommages à son souverain; elle était encore couverte de deuil, et n'en paraissait que plus belle. Elle fut reçue par l'émir et par Habib avec tous les égards dus à son sexe et à sa qualité, et par Yamira et Dorrat Elgoase avec toutes les graces du plus vif intérêt et de la franchise.

Selama avait un neveu, fils de son frère, nommé Saphé, jeune guerrier de la plus grande espérance ; l'émir conçoit le dessein de le donner pour époux à Yemana, en le faisant émir de Kleb. Yemana accepte de sa part avec reconnaissance ce nouveau bienfait ; et la remise du tribut annuel est le présent des noces.

De nouvelles réjouissances suivirent cette union, qui ôtait toute apparence d'esclavage à la tribu de Kleb ; les chevaliers qui avaient suivi leur princesse étaient dans l'étonnement d'une grace aussi peu attendue. C'est ainsi, leur disait leur nouvelle souveraine, qu'un musulman se venge ; et dès ce jour ses sujets montrèrent moins d'éloignement pour une loi qui engage à faire des actes aussi vertueux. Désormais la tribu de Kleb renoncera à l'ignorance et à la férocité ; on y cessera d'admirer des héros tels que Zir, dont tout le mérite est dans la force et la violence, et qui croient qu'on ne peut être grand qu'autant qu'on est redouté.

Lorsque Yemana et son nouvel époux se furent retirés dans leur camp, Dorrat Elgoase et Habib sentirent quelque impatience de retourner dans leurs états, pour y donner des secours à leurs peuples, à peine tranquillisés depuis la défaite d'Abarikaf. Selama était trop bon juge des devoirs d'un souverain pour ne pas entrer dans leurs vues, et exiger d'eux le sacrifice du bonheur de leurs peuples à sa propre satisfaction.

Le départ d'Habib et de son épouse est arrêté ; ils doivent retourner dans leur petite demeure solitaire, et en partir secrètement par le même moyen qui les y a conduits. Selama et Yamira voudraient les y accompagner pour les perdre plus tard de vue ; mais ils attireraient trop de regards, il y a bien des choses qu'il faut que le peuple ignore ; il se passionne pour celles qui sont extraordinaires, et perd de vue ses devoirs.

Les jeunes époux se séparent, les larmes aux yeux, du vertueux émir et de son épouse ; et après être convenus des moyens dont ils useraient pour entretenir un commerce qui leur rendît à tous quatre la séparation supportable, ils montent sur un chameau, et conduits par l'écuyer de confiance, ils se rendent dans la petite habitation solitaire, d'où, le lendemain avant le jour, le roc reprend son vol vers les hauteurs du Caucase. Ils reverront leur fidèle Alàbous, et le combleront de joie par le récit de leurs heureuses aventures. Habib ira reporter le talisman qu'il a pris dans le trésor de Salomon.

A son entrée dans cet endroit mystérieux, un hiéroglyphe qu'il n'avait pas remarqué attire ses regards et le jette dans une profonde méditation ; voici les figures de l'emblème : sur un ciel pur et très brillant de lumière, un aigle paraît s'élancer jusqu'au disque du soleil, tandis que sur la terre une couleuvre, en rampant, s'est élevée jusqu'au nid de l'oiseau, et en dévore les œufs.

Habib revient pensif vers son instituteur, et lui rend l'image qui vient d'attirer ses regards et d'attacher son esprit. Vous me faites le tableau, dit Alàbous ; mais il faut en trouver le sens. Je crois l'avoir pénétré, dit Habib ; voici ce que cela me représente : en s'élevant trop, on court risque d'être aveuglé par sa prospérité, et de perdre de vue ses véritables intérêts. Je reconnais mon ancien élève, dit Alàbous ; il ne passera jamais, sans en retirer quelque fruit, la porte qui renferme les trésors de Salomon : quel dommage qu'on n'y apprenne les vérités qu'une après l'autre, faute de pouvoir les prendre d'assez haut !

Après que les jeunes époux eurent donné deux jours à l'amitié auprès du respectable concierge du prophète, le roc reprit le chemin de l'île Blanche, puis de l'île Jaune, où, par les soins du vieux génie Ilbalhis, on commençait à apercevoir des marques de prospérité.

Les deux époux se trouvent enfin dans la petite cour de

la dame aux beaux cheveux et de Daliska ; tout y respirait l'abondance ; les deux filles de la mer y avaient été conduites, et attendaient avec une grande impatience le retour du héros auquel elles avaient si obligeamment voué leurs services, et surtout Ilzaïde, qui, jusque-là, n'avait jamais connu l'ennui, et s'étonnait de le retrouver partout, avec quelque empressement qu'elle cherchât à le fuir.

Habib et Dorrat Elgoase passèrent quelques jours chez leurs parents, et se rendirent de là à Medinazilbalor, en emmenant avec eux Ilzaïde et sa sœur par une route sur laquelle leurs dauphins ne purent point les suivre.

Tout avait généralement pris l'air du bonheur dans l'île capitale des états de Dorrat Elgoase, et le retour de ses souverains y mit le comble ; les deux époux, toujours amants, ajoutèrent à leur propre satisfaction celle de s'étudier à ouvrir de nouvelles sources de félicité pour leurs sujets.

Illabousatrou, de son côté, en jouissant du bonheur de sa famille, voyait avec plaisir son grand projet marcher vers l'accomplissement. Chaque jour le rendait témoin de l'union légitime de quelqu'un de ses génies avec un des enfants d'Adam ; il les voyait passer sous la loi la plus avantageuse pour eux, bien que ce fût en apparence au détriment de leur puissance.

Bientôt une des filles de la mer épousera un parent de Dorrat Elgoase, on parle même à Ilzaïde de la marier. Avec qui ? répond-elle ; il n'y a point ici de chevalier, il faut me mener en Arabie, c'est de là qu'il en vient. Ma belle enfant, répond Dorrat Elgoase, nous voulons bien vous y conduire quand nous irons voir nos bons parents ; mais vous êtes née dans la mer : habituée à cet élément, comment ferez-vous pour vous en passer, dans un pays où l'on ne trouve que des plaines de sable ? L'amour se contente de tout, reprend vivement Ilzaïde ; les éléments mêmes lui cèdent leur empire : si le chevalier, votre charmant époux, eût craint de les braver, vous ne le posséderiez pas aujourd'hui, et je défie en courage et en générosité tous les chevaliers du monde, lorsqu'il s'agira d'en conquérir un pareil à lui.

Le sultan des Indes ne pouvait s'empêcher d'admirer la mémoire prodigieuse de la sultane son épouse, qui lui fournissait toutes les nuits de nouveaux divertissements par tant d'histoires différentes.

Mille et une nuits s'étaient écoulées dans ces innocents amusements; ils avaient même beaucoup aidé à diminuer les préventions fâcheuses du sultan contre la fidélité des femmes; son esprit était adouci; il était convaincu du mérite et de la grande sagesse de Scheherazade; il se souvenait du courage avec lequel elle s'était exposée volontairement à devenir son épouse, sans appréhender la mort à laquelle elle savait qu'elle était destinée le lendemain, comme les autres qui l'avaient précédée.

Ces considérations, et les autres belles qualités qu'il connaissait en elle, le portèrent enfin à lui faire grace. Je vois bien, lui dit-il, aimable Scheherazade, que vous êtes inépuisable dans vos petits contes : il y a assez longtemps que vous m'en divertissez; vous avez apaisé ma colère, et je renonce volontiers en votre faveur à la loi cruelle que je m'étais imposée; je vous remets entièrement dans mes bonnes graces, et je veux que vous soyez regardée comme la libératrice de toutes les filles qui devaient être immolées à mon juste ressentiment.

La princesse se jeta à ses pieds, les embrassa tendrement, en lui donnant toutes les marques de la reconnaissance la plus vive et la plus parfaite.

Le grand-visir apprit le premier cette agréable nouvelle de la bouche même du sultan. Elle se répandit bientôt dans la ville et dans les provinces; ce qui attira au sultan et à l'aimable Scheherazade, son épouse, mille louanges et mille bénédictions de tous les peuples de l'empire des Indes.

N. B. Le dénouement qu'on vient de lire est de l'invention de Galland, qui, sans doute, n'en connaissait pas d'autre. Le dénouement réel des *Mille et une Nuits* est plus ingénieux et surtout plus naturel. Il a été retrouvé, en 1801, dans un manuscrit arabe, par M. de Hammer, et traduit tout récemment par M. G.-F. Trébutien de Caén à la suite de ses *Contes inédits des Mille et une Nuits*. Le voici.

Lorsque Scheherazade eut fini son histoire de cette manière, n'ayant pas envie d'en recommencer une nouvelle, elle se jeta aux pieds du sultan des Indes, et lui dit :

Roi du monde, puissant monarque de ce siècle ! ton esclave t'a raconté pendant mille et une nuits des contes agréables et amusants, des histoires et des anecdotes en prose et en vers. N'est-ce point assez, et persistes-tu toujours dans ton ancienne résolution ? C'est assez, dit le sultan des Indes ; qu'on lui coupe la tête, car ses dernières histoires surtout m'ont causé un ennui mortel. Alors Scheherazade fit un signe à la nourrice, et celle-ci entra avec trois enfants dont le sultan avait rendu mère Scheherazade pendant les mille et une nuits qu'avaient duré ses récits. L'un de ces enfants commençait à marcher seul, le second marchait à la lisière, et le troisième était encore suspendu au sein de la nourrice. Elle présenta ces enfants au sultan des Indes, et se jeta de nouveau à ses genoux.

Grand roi, dit-elle, voici tes enfants, je te supplie de m'accorder la vie pour l'amour d'eux, et non à cause de mes histoires ; car, si tu les prives de leur mère, ils deviendront orphelins : aucune autre femme ne peut avoir pour eux le cœur d'une mère. En disant ses mots, elle pressa ses enfants contre son sein, et répandit un torrent de larmes.

Le sultan, ému jusqu'aux larmes par ce spectacle, embrassa ses enfants, et dit : Par le Dieu miséricordieux ! Scheherazade, je te pardonne pour l'amour de ces enfants, car je vois que tu es une bonne mère. Je te pardonne ! Dieu m'en est témoin !

Scheherazade lui baisa les pieds, et fut transportée de

joie. Que Dieu dit-elle, prolonge tes jours, et t'accorde une puissance et une félicité sans fin!

La joie se répandit aussitôt dans tout le palais. Cette mille et unième nuit fut une nuit à jamais mémorable; elle se passa au milieu des réjouissances et d'une allégresse universelle.

Le lendemain le roi convoqua un grand divan, et revêtit d'une magnifique robe d'honneur le visir, père de Scheherazade. Puisse le ciel, lui dit-il, récompenser le service que tu as rendu à l'empire et à ma propre personne, en mettant un terme à mon courroux contre les filles de mes sujets! Ta fille, qui m'a rendu père de trois enfants, est mon épouse!

Il ordonna ensuite d'illuminer toute la ville et de faire des réjouissances publiques. Les tambours battirent, les trompettes sonnèrent, les bouffons s'établirent sur les places publiques pour amuser le peuple par leurs jeux. Ces fêtes durèrent trente jours, pendant lesquels tout le monde fut admis aux festins de la cour. Le roi combla les grands de présents magnifiques, et fit distribuer de nombreuses aumônes aux pauvres. Il régna heureux encore de longues années, jusqu'au jour où il fut surpris par la mort, qui met un terme à toutes les félicités de ce monde.

FIN DES MILLE ET UNE NUITS.

TABLE.

Suite de l'histoire du Dormeur éveillé.	1
Histoire d'Aladin ou de la Lampe merveilleuse.	14
Les Aventures du calife Haroun-al-Raschid.	147
Histoire d'Ali-Baba et de quarante voleurs exterminés par une esclave.	217
Histoire d'Ali Cogia, marchand de Bagdad.	260
Histoire du cheval enchanté.	275
Histoire du prince Ahmed et de la fée Pari-Banou.	318
Histoire des deux Sœurs jalouses de leur cadette.	388
Histoire du prince Habib et de Dorrat Elgoase.	444
Histoire de la Dame aux beaux cheveux.	504

FIN DU TROISIÈME ET DERNIER VOLUME.

www.ingramcontent.com/pod-product-compliance
Lightning Source LLC
Chambersburg PA
CBHW070823230426
43667CB00011B/1685